花都祠堂文化丛书

花都祠堂风韵

（第二部·下卷）

主　编◎邓静宜
副主编◎卢福汉

华南理工大学出版社
·广州·

图书在版编目（CIP）数据

花都祠堂风韵. 第二部. 下卷 / 邓静宜主编. —广州：华南理工大学出版社，2021.7
（花都祠堂文化丛书）
ISBN 978-7-5623-6718-5

Ⅰ.①花… Ⅱ.①邓… Ⅲ.①祠堂-介绍-广州 Ⅳ.①K928.75

中国版本图书馆 CIP 数据核字（2021）第 101181 号

花都祠堂风韵（第二部·下卷）
Huadu Citang Fengyun (Di-er Bu · Xia Juan)
邓静宜　主编

出 版 人：	卢家明
出版发行：	华南理工大学出版社
	（广州五山华南理工大学17号楼，邮编510640）
	http://hg.cb.scut.edu.cn　E-mail: scutc13@scut.edu.cn
	营销部电话：020-87113487　87111048（传真）
策划编辑：	罗月花
责任编辑：	罗月花　陈哲菲
责任校对：	詹伟文
印 刷 者：	广州市新怡印务股份有限公司
开　　本：	787 mm×960 mm　1/16　印张：47.5　字数：1038千
版　　次：	2021年7月第1版　2021年7月第1次印刷
定　　价：	380.00元（上下卷）

版权所有　盗版必究　印装差错　负责调换

《花都祠堂风韵》（第二部）
编委会

领导小组	郭共添　李耀棠　陈家飞　李　波　徐永生　全泰源
	李一霖　邵　靖　李君民　何东升　李　标　邱崇达
	龙　敏　陈　英　郝海锋　徐鹏姬　杨兴年　彭健芸
	杨　艳　王　智　曾永汉　朱启明
主　　编	邓静宜
副 主 编	卢福汉
摄　　影	张运强　关振伦　刘兆江
编　　委	钟伟彬　黄永奎　徐文锦　陆志丹　郭利群　钟桂潮
	曾昭财　冯云峰　龚越洪　张运强　吕金乐　袁　野
	余鸿浩　邓沛煊　谭晓瑜　刘　浪　刘武松　倪西赟
	石　政　胡先菁　姚朗宁
顾　　问	胡力平
资　　料	卢福汉　余鸿浩
封面题字	李卓祺
支持单位	花都区人大　花都区政协
	花都区委宣传部　花都区委统战部　花都区文联

目 录

■ 花东镇

2/ 红色基因传千古
　　——记九湖村王氏大宗祠与活元王公祠及王氏精神 ……………… 邓静宜

10/ 蹈锋饮血求真理
　　——三凤村迅峰书舍和王彭楼的故事 ……………… 邓静宜

15/ 崇祖睦族的见证
　　——记联安村侯氏宗祠和百岁流芳祠 ……………… 郭利群

21/ 凤凰于飞怀桑梓
　　——记凤岗村江氏宗祠 ……………… 张运强　万可欣

26/ 浴火重生尽沧桑
　　——记农光村康祖危公祠 ……………… 欧政芳　倪西赟

31/ 君子之泽世代绵
　　——记吉星村曾氏祠堂 ……………… 卢福汉

38/ 古祠新颜复旧貌
　　——记港头村云门曾公祠 ……………… 卢福汉

43/ 安居福地胜桃源
　　——记望顶村温氏大宗祠和文锦温公祠 ……………… 邓静宜

49/ 百鸟朝凤鸣佳音
　　——记莘田二村明氏祠堂 ……………… 余清平

54/ 居福地易富难穷
　　——胡家庄绍文胡公祠及保良村的变迁 ……………… 欧政芳

60/ 四海一家人心齐
　　——记镇东村牛山杨氏与苏氏诸祠堂 ……………… 毕旖旎

65/ 杨氏螺岭发新枝
　　——记元岗村螺岭庄秀华杨公祠 …………………… 吕金乐　杨记彬

69/ 客家金枝结硕果
　　——记元岗村黄洞庄江氏与大坟墩新屋庄宋氏宗祠 …………… 吕金乐

74/ 凌空俯瞰客乡韵
　　——记山下村成杰潘公祠和世钦潘公祠 …………………………… 汤慧雅

80/ 他乡久居成梓里
　　——四联村诸姓祠堂群像 …………………………………………… 石　政

86/ 天开鸿运鹤起舞
　　——记鸿鹤村大龙庄张氏宗祠 ……………………………………… 张运强

92/ 姓李庄陈年往事
　　——记联安村姓李庄李氏祠堂 ……………………………………… 张运强

■ 炭步镇

98/ 和睦相处建家园
　　——记埗溪村埗头四姓宗祠 ………………………… 龚越洪　汤正佳

104/ 骆村风雨话祠堂
　　——记骆村骆氏诸祠堂 ……………………………………………… 余清平

111/ 毓秀华岭出英才
　　——记华岭村骆氏与骆氏祠堂 ……………………………………… 欧政芳

121/ 兄弟同心建祠堂
　　——记大涡村原爵骆公祠 …………………………………………… 张　倩

126/ 西陲汤氏扬花邑
　　——记石南村边头渔隐与楷所汤公祠 ……………… 吕金乐　汤景林

131/ 根深叶茂一脉承
　　——记水口村竹溪任公祠及任姓宗族文化 ………………………… 石　政

136/ 经纶敦孝友齐家
　　——东风村坳西甘姓初探 …………………………………………… 江永强

141/ 宗族百世的纽带
——记社岗村康辅应元祖祠 ······ 龚越洪

146/ 族人共同的记忆
——访东凤村坳头黄氏诸祠堂 ······ 成文耀

151/ 旧村新貌留古芳
——记新太黄村庆宗与安宗黄公祠 ······ 石 政

156/ 小村大祠有何因
——访唐美村庚氏大宗祠 ······ 谭晓瑜

160/ 宗祠楹联传家风
——新太村友亮庚公宗祠寻访记 ······ 谭晓瑜

165/ 张氏族人的风俗
——记横岗村横北张氏宗祠 ······ 张 倩

171/ 探晓植氏之源流
——记大涡讴村植氏与植氏宗祠 ······ 张 倩

176/ 林大枝繁传两广
——记石南村南冲林氏宗祠 ······ 吕金乐 汤景林

181/ 发枝南海开新叶
——记三联村竹湖叶氏宗祠 ······ 黄永奎 龚越洪

■ 赤坭镇

186/ 佳山望族竞风流
——记佳锦山村宋氏祠堂 ······ 卢福汉

197/ 六姓六德和合亲
——记缠岗村瓦岭和合公祠 ······ 卢福汉

201/ 睦邻敦乡义干云
——记赤坭镇的乡祠义祠 ······ 卢福汉

206/ 崇德睦邻好风水
——记荷塘村何曾徐三姓祠堂及风物 ······ 袁 野

214/ "民国法院"遗僻乡
　　　——记西边村田头三怡堂 …………………………………… 张运强

219/ 利氏源长故事多
　　　——荷溪村利氏宗祠和炮楼探秘 ………………………… 黄永奎

223/ 晚清名臣题堂号
　　　——记竹洞村邝氏宗祠 ………………………… 张运强　万可欣

228/ 乌石扬名的村庄
　　　——记乌石村黄氏大宗祠 ………………………………… 黄烈荣

233/ 无地坪的黄家祠
　　　——记黄沙塘村昶文黄公家塾 …………………………… 邓沛煊

238/ 望出江夏源流长
　　　——记赤坭村沙湾黄氏宗祠及黄氏源流 ………………… 石　政

244/ 瓜瓞绵绵兄弟情
　　　——记心和村黄氏祠堂 …………………………………… 石　政

250/ "四角走马楼"重光
　　　——记下连珠红门楼张氏宗祠 …………………………… 钱春华

254/ 回纹屋福泽绵连
　　　——记下连珠村超远张公祠 ……………………………… 钱春华

258/ 勤劳起家有大爱
　　　——记石坑村坤高张公祠 ………………………………… 钱春华

263/ 魂牵梦萦桑梓情
　　　——记东升村陈氏宗祠 …………………………………… 刘小慧

268/ 蓝田古村话陈氏
　　　——记蓝田新村达章陈公祠及陈氏源流 ………………… 张　倩

274/ 古村落见新面貌
　　　——记蓝田村廷芳李公祠 ………………………………… 范剑峰

278/ 明朝风韵在西陲
　　　——记东升村钟氏大宗祠 ………………………………… 郭利群

283/ 日照中山紫气临
　　——记莲塘村钟氏宗祠 ……………………………………… 卢福汉

287/ 钟氏源长故事多
　　——记丰群村尧爵钟公祠 ……………………………………… 郭利群

292/ 祖先有谷诒子孙
　　——记缠岗村罗氏大宗祠 ……………………………………… 卢福汉

299/ 藏在深山的眷念
　　——记丰群村文炳罗公祠 ……………………………………… 邓静宜

304/ 白手起家福绵长
　　——记乌石村邹氏大宗祠 ……………………………… 欧政芳　倪西赟

309/ 善耕勤劳丰衣食
　　——记门口坑村柱万骆公祠和古建筑 ………………… 汪　琳　欧政芳

314/ 一段尘封的往事
　　——记西边村岗头梁氏南北祠 ………………………………… 黄永奎

320/ 丞相后裔的传奇
　　——记荷溪村龙塘叶氏宗祠 …………………………………… 黄永奎

326/ 奇闻轶事出宝地
　　——记白石村高氏大宗祠 ……………………………………… 姚朗宁

331/ 莲塘开出范阳花
　　——记莲塘村卢氏三祠堂 ……………………………………… 卢福汉

335/ 古墙深巷忆韶华
　　——记莲塘村官坑甘氏大宗祠 ………………………… 张运强　余鸿浩

339/ 南迁的名臣之后
　　——记缠岗村鹤栖圩郭氏宗祠 ………………………………… 郭利群

344/ 九曲画廊藏古风
　　——探访鲤塘村林氏宗祠 ……………………………………… 张　婧

348/ 丫髻山下好安家
　　——记剑岭村邱屋邱氏宗祠 …………………………………… 余鸿浩

353/ 不忘初心守祖德
　　——访丰群村新华庄戴氏宗祠 ······················· 刘小慧

■ 梯面镇

360/ 山里的洪氏人家
　　——访联民村洪屋相球洪公祠 ····················· 汤慧雅

365/ 基开花邑接连平
　　——记联丰村世坤傅公祠和傅氏源流 ················· 汤慧雅

370/ 人世沧桑李婆峒
　　——记红山村永卓李公祠 ························ 张运强

376/ 绿水青山景如画
　　——记红山村韩氏宗祠 ························· 张运强

■ 后　记

381/ 聆听先贤的跫音 ······························· 邓静宜

花东镇

红色基因传千古

——记九湖村王氏大宗祠与活元王公祠及王氏精神

◎ 邓静宜

在花东镇九湖村,王氏大宗祠与活元王公祠并排而立,这两座祠堂的地理位置独特,毗邻广州白云国际机场,空中不时有飞机飞过,发出阵阵轰鸣。祠前是花都区的主干道花都大道,整日

九湖村花县农民运动陈列馆

车水马龙，川流不息，一派繁忙景象。20世纪20年代初，一场声势浩大的农民运动，使这里成为全国最早的农民运动中心之一。这座有着红色历史的祠堂，历经岁月洗礼，仍然焕发出圣洁的光芒。

古老祠堂　焕发新春

活元王公祠与王氏大宗祠，两座祠堂以青云巷相隔，有廊门相通，密不可分。

两座祠堂的造型用料基本相同，都是青砖石脚、硬山顶，人字封火山墙，灰塑博古脊，碌灰筒瓦。垂脊飞檐上翘，极具装饰性。青云巷门楼、衬祠檐下绘有鳌鱼、人物、狮子、花鸟等图案的灰塑，工艺精细。王氏大宗祠坐北朝南，三间三进，左右一列衬祠。王氏大宗祠始建于明万历四十一年（1613），最初只建有三间大堂，即主祠部分，直到清道光三年（1823），也就是210年后，加建了两边衬祠，祠堂重光之日，村里举办了一场盛大的入伙仪式。王氏大宗祠占地1083平方米，规模宏大，头门与中堂之间的天井宽阔，种有左槐右桂。中堂悬挂着"显承堂"堂号，"皇恩封诰"匾额两边书有"文魁""武魁"四字。特别是王氏大宗祠大门镶嵌宽阔的红砂岩门夹，显得高大气派，庄严华丽。

活元王公祠始建于清光绪十八年（1892），坐北朝南，三间三进，体量较大，占地530多平方米。王活元是开基祖王积忠之孙，王活元的十三世孙赚到钱后，为纪念先祖建了活元王公祠。活元王公祠头门设七级石台阶，中堂设五级石台阶，后堂设三级石台阶。祠堂虽然没有高耸的镬耳山墙，然而却层次分明、步步攀升，不仅高大气派、富丽堂皇，而且彰显了王氏先祖的显赫荣光。这种两座七级台阶的祠堂，规格较高。

活元王公祠头门设两根石檐柱，柱子四边饰以竹节纹，柱础层次繁复、造型别致。檐柱设挑头、雀替等石雕装饰，次间有虾公梁，上有石狮柁墩，栩栩如生。前廊梁架为戏曲人物造型木雕，工艺精细，保存较好。门额上阴刻着"活元王公祠"几个字，比一般祠堂的字要大。明间设仪门。次间砌厢房，在后开门，以木板间二层，上层北面以通花窗棂间隔。后金柱与后檐柱间设轩廊，卷棚顶。

花县农民协会总部牌匾

皇恩封诰

中堂前两侧不带庑廊，因此天井显得尤为宽阔。前檐柱与前金柱设轩廊，卷棚顶，后侧以木挡板收边，廊架木雕精美，饰以蝙蝠、鳌鱼及戏台人物等图案。明间后金柱间设六扇屏门，刻有"三凤两狮一条龙"，三凤，是指居住在九湖村的凤翔、凤岐、凤岭三兄弟。九湖王氏共有四兄弟，还有一个凤仪在九一村，因"四"不好听，就没有把九一村的算上去。屏门上方饰以通花间板，次间在前金柱与墙壁间设屏风，上接轩廊挡板。这样，次间前面、明间后面都有屏风间隔，形成了一个相对封闭的空间。后堂前带两廊，卷棚顶。后堂次间砌墙为房，檐墙到顶以灰塑划线饰边。明间设神桌，摆放王氏历代祖先牌位。

头门的仪门与中堂的六扇屏风相对应，平时仪门和屏风都关闭，只有祠堂办喜事时，才全部打开，在后堂的祖先可以"看"到子孙办喜事时的热闹场面。

王氏大宗祠曾于清道光三年（1823）、清宣统元年（1909）、1990年、2013年和2015年多次重修。特别是在2013年和2015年，由区政府拨款120万元，对王氏大宗祠进行了全面修葺。2019年10月，王氏大宗祠与活元王公祠一起被定为红色文化基地。为方便游客参观，政府专门出资整修了祠堂前面的道路，使这一带更加靓丽。如今，王氏大宗祠与活元王公祠已成为一座农民运动纪念馆。王氏大宗祠石门额的两侧，挂着"花县农民协会""花县农民自卫军总部"两块牌匾，彰显了祠堂昨日峥嵘的岁月。祠堂首进、二进及两廊的墙壁和空间，陈列了花县近代农民运动的各种图片、实物。而活元王公祠正在修葺中，它将与王氏大宗祠一起，作为大革命时期的红色遗址，供社会各界人士在这里接受革命传统教育。中华人民共和国成立后，王氏大宗祠做过村委仓库、牛栏，活元王公祠长期作为九湖小学。过去每年清明祭祖，村民在此设宴、舞狮。在20世纪60年代，每逢节日，村中的露天舞台经常演出革命样板戏。"文革"期间，两座祠堂的雕塑和柱子都被破坏。2000年7月，王氏大宗祠被公布为广州市文物保护单位。

王氏大宗祠内挂有对联十多副，内容有：追本溯源、颂扬祖德宗功；承先启后，发扬先辈精神；描写山水风光，祠宇气派；缅怀追述，勉励后人等。透过这些楹联可以解读王氏大宗祠的文化内涵，发掘发生在祠堂的传奇故事。

祖上南下　辗转九湖

九湖村开基于明万历年间（1573—1619），因有九处泉水相汇于湖被称为九泉湖，简称九湖。过去，九湖村称文华乡，由相邻的九湖、三凤、天和、九一四村合在一起，1975年被分为四个行政村。这四个行政村的王姓村民都是始祖王积忠之后。九湖的王氏宗族资料称王姓祖上居南雄珠玑巷，自南宋咸淳九年（1273），王姓几兄弟同迁广州、南海，其中王积忠一支居番禺宝珠岗，洪武年间迁到广州龙眼洞，即现在白云区沙河广汕路口，后转到白云区江高镇沙溪村（过去称沙蚬村）。明洪武年间（1368—1398）王积忠的第五世孙王维贞，从沙蚬迁入九湖凤岭安居。

祠堂门前地坪上立有两对旗杆夹，分别为进士王命卿、乡进士（即举人）王国辅所立。据旗杆夹旁边竖立的石碑和《花县志》（民国十三年本）记载，该村王氏始居于番禺县沙蚬村（今属白云区江高镇），后分迁花县九湖凤岭。始祖王积忠钦授南漕使，此后历代功名显赫。其中，王命卿（字简之），明万历四十一年（1613）癸丑科进士，授福建省福清县知县，清介自持，不阿权贵，调五河，有治声，历郎中，迁湖南长沙府知府，迁升刑部主事，转迁礼部正郎。由于王命卿在任为官清廉，勤政爱民，刚毅秉直，政绩卓越辉煌，治誉传扬遐迩，故后得皇帝恩准，建造七级台阶之王氏大宗祠。

九湖村自王维贞至今已传二十七代，王维贞有七子，第一、第二、第三、第四、第七子有后人，其中九一村是九湖村的第二、第三、第四房后人迁入，距今已有100多年，繁衍2000多人，三凤村王姓族人也达到了2000人，九湖村有900多人，天和村200多人，加上大塘村马田300多人和沙溪老家的100多人。如今，开基祖王积忠后人在当地已达5000多人若加上其在海外的后人，已超过7000人。九湖村成立了王氏宗亲会，理事会有5名理事，专门接待来自全国各地的王氏宗亲。

九湖村村民收入来源主要有经济社集体分红、打散工收入和经营房屋出租，田地承包等。村中有起灯习俗，20岁前需选择一个双数年，正月初四起灯，正月十五落灯。二十世纪五六十年代，村中因大炼钢铁，导致村中300多亩松树林被砍光，流溪河水坝坍塌发生水灾等大事件。据花都地方资料《花都村情·花东镇卷》记载，抗日战争期间，因九湖村一村民拧掉路边日军军车的车头灯，36名村民被日军杀害。在日军飞机的狂轰滥炸中，九湖村伤亡惨重。

九湖村始祖墓碑

"门控九湖,兼文武群英,勿谓辟地村居,听朗朗书声,直接河阳新版籍;宗传两晋,萃东南佳气,不愧锦衣俦侣,溯累累甲第,依然江左旧名家。"这是王氏大宗祠内一副有名的对联,说的是九湖村文武之才众多,乡村之地有书声朗朗,联中的"河阳",是春秋纪年的晋国属地,这里曾经出过许多有名的文人,有"河阳之花"的美称。九湖王姓继承了"两晋"的王姓文人风气,历代中不乏举人、进士。东晋时江左名人辈出,人杰地灵的九湖也出了许多名人。

红色印记　永留青史

近百年过去,今天的王氏大宗祠和活元王公祠,一派温馨祥和,当年的硝烟早已散尽,呈现在世人面前的,是一座饱经风霜的古建筑,它静静地伫立着。

20世纪20年代的农民运动大革命,由王福三领导的花县农民革命运动的发源地在九湖村。1923年,中国共产党广东区委派黄学增、阮啸仙等来九湖进行农运宣传发动工作。他们以省农民宣传部特派员的身份,向九湖农民宣传革命真理,发动群众参加革命。中共广东区委彭湃及农民运动顾问法朗克(德国人)也先后来指导农民运动。此后,彭湃、阮啸仙、罗绮园等在鱼笱庄"迅峰书舍"召集会议,乡中有百多人参加,讨论成立农会事宜。

1924年4月,九湖乡农会正式成立。会址设在天和圩,大家推举王福三、王礼芬负责组织,王世根负责武装,王栖凤负责财务、文书,王冠流、王钿崇为干事,有200余人参加了农会。农会成立以后,马上领导农民开展斗争,将过去掌握在反动派手里的枪支没收过来,组建自己的武装——农民自卫军。农会还将盘剥农民的"猪屎会"解散,取消各项额外剥削,实行"二五"减租,取消送租制(过去交田租送到地主家)。农会的革命行动,打击了地主的威风,农民扬眉吐气。

不久,象山、大东、秀塘、联安、黄竹湖等地,也先后成立农会。凡新农会成立,各处的农会必派代表前往祝贺。若是农军参加仪式,则必背刀扛枪,或持锄头,高举犁头红旗(农会会旗),列队进场。其声势之盛,蔚为壮观。

据花都当年的文献资料显示,民国十三年(1924)10月19日,共产党员彭湃、阮啸仙、王福三在九湖乡王氏大宗祠成立了花县第一届农民协会,这是花县第一个农民协会,也是粤北地区最早成立的农民协会之一。大会通过了实行"二五"减租和组织农民自卫军两项决定,并制定了农会

祠前的龙眼树

章程。农民运动以九湖为中心,遍及花山、新华、狮岭等地区,这场以农民为主体的革命运动气势恢宏,摧枯拉朽,不仅狠狠地打击了封建势力,大长了农民志气,而且直接支援了广州起义。在斗争中,这些革命先烈不顾身家性命,不怕道路艰险,为革命事业,用鲜血为花县革命历史谱写了光辉的篇章。

1925年,因受地主民团武装围攻,县农民协会主力从九湖乡转移到鱼笱庄"迅峰书舍"。1926年8月19日,杨村地主黄鉴纯纠集民团300多人进犯农会,农军势单力薄,寡不敌众。九湖农会接到求援后,连夜赶到与农军内外夹击,迫使民团溃退。1927年,蒋介石在上海发动"四一二"反革命政变,大肆屠杀共产党人,1927年6月12日,驻广州国民党军13师十八团团长李务滋率部集28乡的民团6000余人,分别向九湖等乡的农军发起攻击,双方激战持续到下午五时,由于敌强我弱,各地农军先后失利,被迫撤退到九湖,李务滋部及民团在攻入各村后大肆烧杀抢掠。13日,民团集中力量攻击九湖,农会决定让农军中队长王世根、九湖乡农会会长王礼芬和农会特派员陈炳辉等撤退到鱼笱庄及固守王彭楼坚持战斗,其余各村农会随县农会转移到上古岭(也称响鼓岭,今联安村)山区。

人才辈出 光前裕后

轰轰烈烈的农民运动历经三年,最后虽然失败,但在国内产生了巨大的影响。在斗争中,九湖乡的王氏族人作出了巨大的贡献。王福三、王彭等十多个王氏族人在与地主反动派武装的斗争中壮烈牺牲。

王福三(1887—1925),出生于马来西亚董里埠的一个华侨家庭。原籍九湖乡米坳村,王福三八岁那年回国,在原籍生活长大。王福三家境贫寒,一家几口的生活,全靠母亲养猪、打草鞋来维持。乡中有个塾师见他聪明伶俐,于是收留他在书馆当杂役,半工半读四年,王福三学业进步很快,已经能粗通文字。

王福三从小就有强烈的反帝思想,辛亥革命给他很大的鼓舞。他跟一些人到广州听孙

学生接受传统文化教育

红色文化展区

中山演说，经常留心社会现状。1916年，王福三目睹"本乡土豪劣绅操纵公偿田产，鱼肉百姓"，于是和王彭等提倡组织九湖乡自治会，提出"要行独立革命"。1920年，王福三在一个偶然的机会认识了阮啸仙，阮啸仙对他宣传了马克思主义思想。1920年冬，王福三倡办"自卫农团"，从健全九湖乡自治会入手。自治会选出王福三、王彭、王炳坤等十人组成评议委员会，削弱了封建势力。1923年，王福三加入中国共产党。1924年1月，彭湃、阮啸仙、周其鉴等多次来花县对九湖乡自治会工作进行调查研究。到7月，农民自治会已发展到2000余家，杨村、大成庄、黄秀塘、曹家垰、骆塘垰、田螺湖、岭窟、火烧垰、兴隆庄、莲塘、横潭街、公益、罗洞、石岗头、石陂等地先后成立农运组织，花县的农民运动进入了高潮。

1924年10月19日，县、区农民协会成立，王福三被选为花县二区农民协会执行委员长，县农民协会副执行委员长。在这段时间，王福三为农民谋福利，不分昼夜，忘我工作。同年10月，花县的土豪劣绅江耀中、刘寿明等组织花县"田主维持会"，与农民协会作对。他们召集番、花两县商乡团骨干，派人在粤汉铁路新街站附近阻断铁路。王福三得知这个阴谋后，立即向当时在花县检查农运工作的彭湃汇报，由彭湃亲自发函向中央及省政府汇报，派出农军保卫新街站附近的铁路，并在征得彭湃同意后，王福三通知县长下令解散"田主维持会"，通缉江耀中、刘寿明。从此，土豪劣绅对王福三恨之入骨，暗悬花红九百元买凶谋杀他。

1925年1月18日上午，黄学增、王福三带领几十个农军，在九湖乡执行任务时，民团江锦棠（又称利记棠）、张九等部纠集民团100多人，把王福三等包围在九湖乡庙坜。为掩护其他同志安全撤退，他单枪匹马吸引敌人。最后寡不敌众，被敌人用石头猛击头部而牺牲。死后，他还被割去左耳，斩断了左手，死状极惨。花县农民为了记住这笔血债，于同年9月26日，在九湖乡召开公葬王福三烈士大会。由阮啸仙主祭，2000多人参加了公祭。同是米坳村的王泽民（1920—1942），原名王珠，抗日战争爆发后，积极投身抗日救亡活动，响应广东青年抗日先锋队的号召，参加广东动员委员会的战士工作队。1942年，王泽民被国民党反动派杀害于韶关。

三凤村的王姓烈士和革命志士较多，主要人物有王彭（1867—1927），原名王应彭，属鱼笱庄（今三凤村凤岐庄）人。爱国华侨，花县农民协会创始人之一。早年参加孙中山的兴中会，大力资助革命活动。1922年，与王福三组织九湖村"农民自治会"，1924年4月，成立九湖乡农会，王彭当选为农会委员，并主管农会伙食，为农会无偿地捐献大批粮食和款项，被大家称为"米饭主"。同年10月，当选花县农民协会执行委员会委员。不久，加入中国共产党。1927年夏天，为了保卫农会，掩护战友，在王彭楼抵抗1000多敌人的多次进攻，直至弹尽粮绝，被捕后英勇就义。在这场战斗中牺牲的还有王贯岑（1907—1927）等多名农民自卫军成员。王世根是农民自卫军中队长，骁勇善战，1926年率农军在杨村一带与民团对抗，1927年在鱼筥庄战役中率农军坚守王彭楼一个多月，后转移到上古岭一带继续斗争。王岳峰（1903—1938），原名王卓高，1925年在广州农讲所第三

红色教育基地

期毕业并参加革命。1926年，以省党部农会资格派回花县充实农会干部力量，参加花县调查委员会。1927年大革命失败后转移至越南，1935年回国，1938年在花县展开地下工作，同年10月在巡逻途中被日本侵略军包围杀害。

革命烈士还有凤翔庄的王炳坤（1899—1928），中共花县委员会委员。他1924年参加革命，"四一二"蒋介石叛变革命后，在花县负责地下工作。1928年农历正月廿五日，匪民党反动军队突然包围公益村教堂（县委地下机关），王炳坤和多名同志不幸被捕，1928年4月押解广州惨遭杀害。

王蔚垣（1903—1969），1925年毕业于广州第五届农民运动讲习所，曾任中共农民部特派员和中共英德县委书记，负责清远、英德、曲江农运工作。1926年参加花县调查委员会，1928年转移至南洋。王蔚垣在马来西亚21年，当过小贩，做过私塾教师，开设过中药铺，挂牌行医。他对中医很感兴趣，尤喜钻研妇儿科。他回国后，在花县除尽力本职工作外，还经常为群众义务诊病。如有贫困农民，因年老体弱，不便行动的，他就主动送医上门，并且分文不收。中华人民共和国成立后，王蔚垣先后担任二区副区长、县侨联会主任、中医协会主席、公社卫生院副院长、县、市人大代表等职。广州军区副师级干部王炽廷，福州军区副司令员王瑞兴，黄埔造船厂书记、曾任广州市人大常委会副主任的王文赞等都是王氏大宗祠的后人。

王氏大宗祠的杰出族人中，还有祖籍九湖村的刘百昌，刘百昌是美国加州首席大法官，在美国加州华人社区堪称风云人物。刘百昌原名王百昌，因为父亲来美入境登记时错换姓氏。刘百昌大学就读于加州大学伯克利分校，1955年毕业获法学学士学位，并获得美国职业律师资格。1956年至1966年，在旧金山地方检察处服务，任加州副首席检察官、职工赔偿上诉委员会专员。1974年，被加州州长委任为加州旧金山高等法院大法官，他是美国司法界获此高位的第一位华人。在退休多年后的2001年，他还被加州州长戴维斯任命为加州保险局局长，是加州司法界中职位最高的华裔。其兄王百谦是美国加州中部中华文化中心财政部长。

蹈锋饮血求真理

——三凤村迅峰书舍和王彭楼的故事

◎邓静宜

在花东镇三凤村凤岐庄,只看见一片密密麻麻的民居,为了寻找近百年前那个永存青史的战场遗址,我们在稠密的农民自建楼小巷里兜兜转转,终于在村的边缘找到了当年的迅峰书舍和王彭楼。

迅峰书舍

枪声已远　旧貌尚存

迅峰书舍位于三凤村的凤岐庄，凤岐庄又称鱼笱庄，因村庄轮廓呈鱼笱状，故名。凤岐庄是王姓人在此开庄，据《九湖王氏大宗祠族谱》（1996年编）记载，王姓祖上居南雄珠玑巷，自南宋咸淳九年（1273），王姓先祖王积忠迁番禺宝珠岗（或为今花山镇坺岗村），五世祖王维贞于洪武年间（1368—1398）迁到广州龙眼洞，再转到白云区江高镇沙溪村（过去称沙蚬村），后携七子自沙蚬迁入凤岭安居。至于凤岐庄的开基祖，有说是王维贞的一个儿子，还有一说是王氏十五世祖王宗纶在清初自凤岭庄至该村，村里有个祖厅就是纪念王宗纶的。

鱼笱庄有一座书舍，名迅峰书舍，还有一座碉楼，名王彭楼。迅峰书舍建于清代，三间两廊，坐东南朝西北，建筑占地217平方米。大门嵌花岗岩门夹，石门额阳刻"迅峰书舍"。迅峰书舍曾是九湖乡农民协会旧址，1920年3月，九湖乡人（当时包括九湖村、九一村、三凤村和天和村）王福三、王礼芬、王岳峰、王彭等组织成立九湖乡农民自治会。1923年，中共广东区委派阮啸仙、黄学增等到九湖乡指导农民运动，彭湃、阮啸仙、罗绮园等在迅峰书舍召集会议，有100多人参加，在这里讨论成立农民协会事宜。1924年4月，九湖乡农民协会成立。选举王福三、王世根等为领导，他们组织农民自卫军，取消"猪屎会"，实行"二五"减租，鼓舞了农民斗志。迅峰书舍该旧址现为三凤村老年人协会使用，2008年5月，被公布为花都区登记保护文物单位。

王彭楼是一座碉楼，是爱国华侨、革命烈士王彭的居所。王彭楼建于清光绪年间（1875—1908），主楼总建筑占地230平方米，高四层，过去都是木楼板、木楼梯，首层墙基为灰沙三合土，二、三、四层为实心青砖墙，一楼有一口水井，窗口有很多的射击眼，四面墙壁布满弹痕和炮弹孔，这都是当年那场激烈的战斗留下的印记，王彭楼于2008年被评为广州市文物保护单位。

在九湖农会的影响下，花县其他地区农民运动相继兴起，但由于各处东西，各自为政，农会之间的联系有诸多不便。为了将全县农民团结起来，统一思想，统一认识，统一指挥调度，在中共广东省委的领导下，花县农民协会于1924年10月19日成立，会址设在九湖王氏大宗祠（显承堂），九湖农会则迁往鱼笱庄迅峰书舍。1925年10月下旬，县农会遭受地主民团的突然袭击，协会被敌人攻入，会务文具、文件被烧毁。于是，县农会迁往鱼笱庄和九湖农会汇合。

王彭楼

1927年夏，地主武装民团袭击了九湖乡农民协会，在鱼笱庄，双方展开了激烈的战斗，最后农军弹尽粮绝，伤亡惨重，剩下的农军突围随县农民协会转移到上古岭（又称响鼓岭，今联安村）继续战斗。

碉楼血战　彪炳千秋

写鱼笱庄，不能不写1927年夏天发生在这里的一场长达40多天的殊死战斗。如火如荼的农民运动，令地主豪绅寝食不安。自从县农会被攻，王福三遭杀害之后，地主会和民团总局受到各方面的谴责。他们虽然表面上销声匿迹，不敢公开作恶，但实际上在暗中组织力量，伺机反扑。

1926年8月19日，杨村地主黄鉴纯诬说杨村农军挖去他一亩多的芋头，纠集团匪300多人进犯杨村上社。由于杨村农军刚成立不久，武器装备和战斗经验缺乏，敌我力量对比悬殊，农军退入炮楼。敌人攻入杨村后，在炮楼周围及门口等处，堆积大量柴草进行火攻。在万分危急之际，九湖农军及时赶到，内外夹攻，逼使团匪溃退。至24日，地主民团又调集平山团匪增援杨村。他们从北面一路攻占黄麻㘵、宝珠岗、元田；另一路从东面进犯曹家㘵、九湖、凤岐庄。所到之处，大肆烧杀抢掠、打死打伤农民100多人，造成骇人听闻的"花县惨案"。

1927年6月10日，国民党反动军官李务滋率领匪军一团，配有机枪、大炮等重型武器从广州开来。他以清党为名，会同花县地主会、民团总局纠集了28个乡的地主武装7000余人，于6月12日早上分别向田螺湖、杨村、元田等乡村进攻，战斗持续到下午四时左右。敌人受到农军猛烈冲杀，无法推进。而小㘵、广岭、清潭、田美、铁山、沥贝、仙阁、大东㘵等地的团匪，急忙前来增援。至下午六时，敌人分成两股，在李务滋团的配合下，从南北夹攻杨村、元田，以打通县农会所在地九湖，双方经过激烈的搏斗，田螺湖、杨村、庆隆庄、元田、宝珠岗等村庄被敌人攻下。攻下杨村、元田后，敌人于13日集中力量猛扑九湖。九湖农军从外围战到巷战，英勇抗敌，前仆后继。后由于敌我力量悬殊，当日下午，九湖也失守了。县农会决定由中队长王世根和九湖乡农会会长王礼芬、农民部特派员陈炳辉等率领农军40余人退入鱼笱庄。

李务滋团和地主民团占领了农会根据地九湖乡，以及已组织农会的村乡，他们入村后，大肆进行野蛮的烧杀抢掠。见屋就烧，见人就杀，见物就抢，奸淫掳掠，为所欲为。农民自卫军孤立无援，只好退入王彭楼与敌抗争。

《花县文史》在"鱼笱庄战斗"中记载："1927年农历五月十一日，花县反动派集结番（禺）、花（县）28乡反动民团向九湖村农会发动了疯狂进攻。其时王彭恰逢六十大寿，准备宴客，听到敌人进攻的消息，立即停止寿宴并勉励农会坚决抵抗，决不屈膝，誓与乡土共存亡。过了两天，敌人占据了凤岭及白泥塘岭，南北夹攻农会所在地凤岐庄（今三凤村），形势险恶。在这危急关头，王彭果断地决定与农军中队长王世根等二十几名英勇善战的农军一道，以王彭大楼及文省楼（王氏太公楼）为据点，抵御敌人进攻。前后为期40多天，农军所用伙食，均为王彭所提供（大多是为庆寿而准备之物）。"当地流传一首民谣："两山（凤岭、黄泥塘岭）夹两楼（王彭楼、文省楼），谁能打入铁鱼笱。"

坚固的铁窗至今留有当年枪击的弹痕

当时敌人包围对两幢大楼多次发起冲锋，但都被农军击退。敌人又在地下挖坑道，企图从南偷袭，炸毁王彭楼。可是王彭楼石脚为水泥沙石混凝土，坚如磐石，墙厚处达80公分，屡攻未破。敌人又派两民团架梯至二楼，欲凿墙而入，但被农军中队长王世根击毙。就这样，王彭和农军凭着二十几条枪，打得敌人狼狈不堪。

然而，敌人并不死心。民团又火攻两大楼，两人抱着烂棉被到楼下，企图放火，被王彭悄然击毙，但后来文省楼还是被焚。由于王彭大楼结构坚牢，虽屡遭火劫而无恙，只是楼内的水井被火水油污染，已无法食用。在敌人的严密封锁下，王彭等失掉后援，弹尽粮绝而被迫撤退。据原九湖农会创始人之一王栖凤老人回忆（《花县文史》记载）：时值黄昏，大雨滂沱，乌天黑地，敌人放松了警戒。王彭与中队长王世根迅速指挥农军撤退，用大麻绳从窗口滑下，敌人全然不觉。王彭最后一个撤出时，不慎于半空摔下，腿部受伤，走动不便。王彭吩咐其他农军迅速疏散，他日再图大计。翌日，敌人再度发起进攻，发觉楼内空无一人，恼羞成怒，撬门而入，将楼内之家私物什劫掠一空，继而又火烧大楼，但终因大楼坚固，未被全毁。

据当年的农军领导人，这场战斗的亲历者王礼芬回忆（《花县文史》记载）：农军凭借楼坚粮足，在王彭的支持下，与敌人对垒40多天，最后安全撤退。当初进楼后，农民自卫军两次派人前往广州找组织，可是都没有消息。后来，王礼芬自告奋勇到广州找党的特派员。他趁黑夜顺着大麻绳从大楼溜了下来，昼伏夜行了两天才到广州。可此时省农协会大门已经贴上了封条，他又去了彭湃所在的横滘乡，这里也成了一片断墙破壁。王礼芬十多天后回到花县，碰上了熟人才知，王彭楼里的农民自卫军已安全撤至联安上古岭，但楼主王彭为了革命却壮烈牺牲。

烈士英名　昭示后人

三凤村的凤岐庄是花县农民运动的发源地，涌现出王彭、王世根、王贯岑、王岳峰等一大批农民运动的先驱。1957年6月1日，经省人委批准，该村被定为红色革命根据地（革命老区）。王彭等一批烈士英名永留青史，光照后人。

王彭（1867—1927），原名王应彭，鱼笱庄（凤岐庄）人，16岁赴美谋生，是花县农民协会创始人之一。1905年，他参加了孙中山的兴中会，除自己带头捐款外，还四处奔走，劝导旅美华

王彭烈士像

侨大力资助革命活动。1920年王彭回到阔别30多年的家乡。1922年，他与王福三组织九湖村农民自治会，领导花县农民运动。1924年4月，成立九湖乡农会，王彭当选为农会委员，并主管农会伙食，为农会无偿捐献大批粮食和款项，被大家称为"米饭主"，解决了农会经费不足的困难。

1924年10月，王彭当选为花县农民协会执行委员会委员。不久，加入中国共产党。1927年4月12日，蒋介石叛变革命，大肆捕杀共产党员。6月9日，花县民团团长李务滋率兵抵达花县清乡，并纠合土匪6000多人分头攻击杨村、元田、九湖等农会。13日，他们集中力量直扑九湖村。这一天，刚好是王彭60岁生日，他正准备宴客，获悉此事后，立即停止寿宴，带领农会会员进行殊死抵抗。两天后，由于寡不敌众，农军决定向上古岭（又称响鼓岭）一带撤退。王彭便带领24名农军战士回到鱼笱庄自己的家里。敌人包围王彭楼，上千人把王彭楼围得像铁桶一般。但王彭楼构筑牢固，难以攻下，子弹像雨点一样打在窗户上。最后，农军弹尽粮绝，为了保存实力，决定弃楼撤退。

那天晚上，电闪雷鸣，天降大雨，趁敌军避雨之空隙，王彭命令指挥农军战士沿着缆绳从大楼滑下。他最后一个撤出，不料失手从空中跌落，腿部受伤。王彭拖着伤腿，独自一人跑去连石庄（今属李溪村）其妻弟家隐蔽，准备与家人前往香港。然而却遭暗探举报，王彭不幸被捕。敌人将王彭的手脚用铁线穿起，用大竹杠抬回凤岭村，在灿生王公祠前示众三天，随即押往迳口岭，被民团杀害。王彭牺牲后，耳朵被割下作为刽子手领赏之证物，尸首被切割为四部分弃于山中，惨不忍睹。传说后来有人曾拾王彭遗骨葬于迳口岭，但因年代久远，其碑坟已不可考。王彭是王积忠的第二十一世孙，王彭牺牲时，遗有一妻四子，后来两个儿子去了美国，另外两个避走中国香港。如今，王彭的后代散落在海内外，有二三十人，多数在美国和中国香港。据村民们说，王彭的孙子偶尔会返乡，缅怀他们的祖父。中华人民共和国成立后，花县人民政府追认王彭为革命烈士，将他的名字刻在"花县革命烈士纪念碑"上，给世人瞻仰。

现楼内还留有王彭的照片。照片上的王彭神情凝峻，刚毅果敢。2019年，政府对王彭楼进行了全面修葺，建成王彭纪念馆，平时也作为村里的活动中心。瞻仰王彭楼，英雄的壮举令人肃然起敬。

与王彭在碉楼浴血奋战有记载的王氏族人还有王世根，九湖乡农民自卫军中队长，骁勇善战，1926年率农军在杨村一带与民团对抗，1927年在鱼笱庄战役中率农军坚守王彭楼，后转移到联安村上古岭继续领导农军抗敌。王贯岑（1907—1927），花县农民自卫军成员，1922年参加农民自卫军，1927年在鱼笱庄被民团杀害。

崇祖睦族的见证

——记联安村侯氏宗祠和百岁流芳祠

◎ 郭利群

　　花东镇联安村位于机场高速以北,距离花都新华城区约23公里,是一条较为偏远的村子。村内有一条村级公路与花都大道和山前大道连接,下辖27个经济社,户籍人口6000多人。联安村属山区,也是一个革命老区。联安村70%的村民都姓侯,此外还有温、陈、黄、胡、冼等姓氏。

重修后的侯氏宗祠

从联安村的侯氏开基祖算起,他们已经在这里生活了300多年。恢弘大气的侯氏宗祠和历史悠久的百岁流芳祠见证了联安村侯氏的发展。

才兼文武的侯氏先人

联安村侯氏有族谱,而且梅州的《侯氏族谱》详细地记录着他们这支侯氏的发展路径。据梅州《侯氏族谱》记载,清朝康乾间,梅州开基祖侯安国的后裔中有许多族人迁居花县,其中开风气之先的,是侯安国的第十四世孙侯孝文。

侯孝文(1656—1733),名乔嵩,又名商霖,字汉云,号遯庵,是梅州梅塘村十一世祖侯林川曾孙。侯孝文的曾祖父侯林川开基梅州梅塘村大屋下,"勤创而作承启之谋,恭敬而严毅正之

正脊陶塑"二龙戏珠"

守",因为德高望重,明朝万历三十四年(1606),曾作为乡饮冠带(古代尊贤礼士的乡礼中官府封与的崇高身份),并旌表匾额"盛世耆宾"。侯林川与原配夫人陈氏生下四子,传十六孙、四十九曾孙、玄孙约九十人,迅速成为一个大家族,这正是康乾盛世带来的人口迅猛增长的一个缩影。而丁口的快速增长,导致"人稠地狭"(《侯氏族谱·卷十四·以美公实录》),也给族群的生活带来了无形的压力。据《侯氏族谱·卷十三·乔嵩公实录》记载:"康熙丙寅(1686),广州府新开花县,招民承垦。"这给正为生计愁苦的客家先民们带来了福音,侯孝文(乔嵩)"游学至此,见上古岭(又称响鼓岭,在今花东镇联安村)地旷人稀,风俗淳古,遂卜居焉……后叔侄辈闻风思慕,接踵而迁者,代亦有人"。

据了解,清初实施的海禁与迁界政策结束后,康熙二十二年(1683)朝廷发布了招垦令,闽粤赣地区的客家人遂来到广州府周边各地垦殖。侯孝文来到花县后,大力开垦并攻书进学,广收门徒。他的事迹影响了家乡众多子侄,于是,许多同宗子弟接踵来到花县落籍,逐渐繁衍成当地盛族。据侯氏族人介绍,除侯孝文支派以外,还有其他由梅州迁来的侯氏族人在花县等地开枝散叶。到现在,整个花都侯氏的祖屋、祠堂就有数十座之多,其后裔主要分布在花东、花山等地,

大约有两万侯氏族人。除此之外，有许多侯氏族人在国外，联安村近20年来迁至巴拿马的侯氏族人超过千人。

据资料介绍，侯孝文是一位十分注重教育的读书人，他本人在艰苦的起家创业过程中刻苦攻书，终于在61岁时考中秀才，补增贡生，后曾回乡拜祖。"耕读传家"的励志让他感慨不已，为此题下一副堂联："际遇多艰回首不堪追岁月；雄心犹壮行年谁复计春秋。"表达了在艰苦持家之中矢志不移的高贵品质。族谱记载，直到78岁，他还坚持参与科举考试，"欲争魁解"，可惜"有志未遂"，赍志而殁，有诗稿遗于子孙，后世尊称其为孝文公。

侯孝文的崇文重教精神，既是对梅州文教先驱的继承，也是对后人的激励。在他之后，四个儿子都很有出息，尤其长子侯志敦和三子侯志周都是备受乡里敬重的人物，侯志周还于乾隆三十九年（1774）蒙旨覃恩敕封修职郎，得赐诰轴曰："雅尚素风，长迎善气；躬冶克勤于庭训，箕裘丕振大家声。"良好家风很快造就了书香门第并广泛影响了族中子弟，从侯孝文之孙侯振连成为乾隆辛未（1751）拔贡生开始，花县侯氏家族开始在科举考试中人才涌现，到十九世共有20多人中举或入庠，反映出花县侯氏家族文武并重的风气。

据《侯氏族谱·卷十四·以刚公实录》记载，侯以刚是随堂叔侯孝文移居花县的侯家珍第六子，他"少年苦志芸窗"，得到国学生的身份，但"壮岁无缘泮水"，考取秀才无望，"以致弃文就武"，"觅利图耕，广置田园"，建造祠堂，大开家业。在他的教导下，第三子侯子干也"少年励志诗书，中年纳粟成名，勤课儿孙，亲睹长男觐采芹，稍慰生平苦学之志"。侯子干长子侯从秀（名觐，号扬亭）考中秀才，后来侯以刚家族也产生了多名秀才，可见侯氏家族在兴家创业中奋发进取的精神传承。而当中尚武的风气，也体现在现今仍盛行的舞狮活动中，从花都侯氏各支威武雄壮的狮队中就可以知道侯家人经文纬武的优良家风。

慎终追远重族情

联安村侯氏宗亲对于崇祖睦族的事务尤为重视，侯氏是客家人，他们秉承传统习俗，红事入祠堂，白事入祖屋。为缅怀先祖恩德，纪念开基祖丰功，继承先祖壮志，凝聚裔孙力量，促进宗亲团结。1996年7月，由联安村侯氏族人侯永祯、侯伙荣、侯桂维等人发起修建侯氏宗祠。侯氏裔孙积极响应，踊跃捐款，宗祠得以顺利建设，并于1997年1月22日竣工。该宗祠的前身是客家人的厅屋，曾做过国民党北江第二游击队挺进纵队独立大队旧址，占地约3500平方米，建筑面积2000平方米。重修后的宗祠前有两尊栩栩如生的大石狮子，可谓规模宏大、富丽堂皇。

2016年，联安村侯氏宗祠建成已有20年之久，已显老旧之貌。侯氏宗亲发起了修葺宗祠的号召，获得了海内外侯氏裔孙的大力支持，其中海外巴拿马侯氏裔孙捐款合计60多万元人民币，家乡宗亲捐款30万元。侯氏宗祠按原有布局重修后焕然一新，三间三进，坐东南向西北，仿青砖墙，龙船脊，镬耳封火山墙，仿古筒瓦，两边虾公梁上的石狮子惟妙惟肖。门前两只大石狮子目

祠堂内景

视前方,风采依旧,像卫士一样守护着祠堂。

宗祠大门门楣上的"侯氏宗祠"几个大字,以及"乡贤世泽;上谷家风"对联已重新上了鲜明的金色,很是醒目。宗祠后堂摆放着许多侯氏祖先的牌位,每当传统的大节日或家中有喜事,抑或是侯氏裔孙远洋归来,村民都会到这里上香敬祖。侯氏宗祠的壁画非常精美,大都是在原有的基础上进行复原,有"老子出关""紫气东来""引福图"及大气磅礴的"江上青山横绝壁"等。中堂的"祖德千秋""祖德流芳""宗族之光"等匾额为宗祠修建时梅州侯氏宗亲所赠。

花都的侯氏与梅州的侯氏来往密切,感情颇深。在中华人民共和国成立前,花都的侯氏每年添丁,都会担50斤稻谷前往梅州侯氏宗祠,把新生儿姓名写入族谱。在联安村宗祠竣工落成庆典之时,梅州的侯氏宗亲到场,赠匾赠联,彰显同宗同源的情谊。花都侯氏宗亲们对梅州侯氏宗亲也深怀感情,在20世纪80年代,联安村委会曾牵头发动乡亲们捐款襄助修缮梅州梅塘祖屋。近几年,也多次组团回梅州拜祖,大力支持维护祖屋、祖墓等事业的工作,深受梅州侯氏宗亲的欢迎和尊重。

历史悠久百岁流芳祠

联安村除侯氏宗祠外,还有其他祠堂,其中百岁流芳祠是花都区登记保护文物单位,它始建于清代,是纪念百岁老人梁氏太婆的祠堂。修建祠堂要符合一定的条件,比如族中有人当上大官,或人口达到一定数量等。联安村侯氏之所以可以建百岁流芳祠,且是为女性而建,是因为朝廷曾为长寿老人梁氏太婆题字"百岁流芳"。梁氏太婆百年归寿后,侯氏后人便为她修建了百岁流芳祠。

百岁流芳祠是联安村历史较悠久的建筑,保留典型的"七龙过脊"客家建筑特色,门前有水塘、小广场,广场上还留有古井和刻有对联的石柱,对联字迹已辨认不清。广场右侧立有精美的刻着"圣旨"两字的石碑,据说,古时路人经过都要停下来敬拜百岁流芳祠,就连骑马路过的官

百岁流芳祠

员,都要下马步行通过,以表敬意。

目前百岁流芳祠有两进,前进保存较完好,后堂的旁厅只剩断垣残壁,不过中厅仍然保留着完好的"福禄寿"牌匾,在通往旁厅的两边门的门楣上,"百岁流芳"和"五代同堂"字迹还很清晰。神龛上的香炉插满了烧过的香烛和香,可见侯氏后人对百岁太婆的敬重。

敢为人先续华章

在大革命时代,联安村侯氏就涌现了侯桂芳、侯坚、侯瑞龙等为革命事业奉献的人士。1943年,当时的花县中共党组织利用有利条件,建立三支抗日武装,其中一支就是由联安村共产党人侯坚通过开明人士的关系,以北江第二游击队挺进纵队的名义,在上古岭(现联安村)建立的以侯坚为大队长的独立大队。当时大队队部设在现在的侯氏祠堂,这支队伍后来发展到拥有机枪两挺、长短枪100多支,队员100多人,成为花县东隅地区一支重要的抗日武装斗争力量。

20世纪80年代开始,联安村有些村民在农闲时进村入乡把一些废品回收回来,整理分类后再卖给回收厂,从中赚差价。慢慢地,越来越多的村民加入回收废品行列,联安村自发形成了回收废品的产业,特别是对报废汽车的回收、拆卸,蔚然成风,联安村早期的报废车拆卸场也由此而来。

20世纪90年代,根据国家政策要求,报废车拆卸场需要升级改造办理牌照才能营业。联安村侯氏族人又敢为人先,拿到了当时花县唯一正规的废车拆卸场的牌照。联安村的废车拆卸场越做越兴旺,规模越来越大,场地达到200亩,带动邻村村民参与到拆卸废车事业中,增加了收入。

百岁流芳祠前立的"圣旨碑"

在20世纪90年代后期,联安村成了为数不多的亿元村。

21世纪初,国家严格报废车回收管理,且随着汽车技术的更新换代,联安村的废车拆卸场不能继续再办,联安村侯氏族人又集思广益,争取到政府支持,把拆卸场转变为工业用地,招商引资。2004年,联安村的村级工业园正式建成,由村引进企业。如今,联安村的工业园集中了家电、家具等企业,达到了由废车拆卸场到工业园的成功转型,有效地带动了村工业经济的发展。

联安村的侯氏族人勤劳上进、敢为人先,还体现在海外侯氏裔孙身上,其中外迁到巴拿马发展的最多。据悉,近20年来,联安村侯氏后裔到巴拿马发展的有1000多人。他们在海外努力拼搏,但心系家乡,无论是修建祠堂还是改善村中公路、鱼塘、公园等,他们都踊跃捐资。每逢传统大节日,他们都携带家人回家乡拜望亲人,到祠堂上香追思。在他们心中,祠堂是他们的精神寄托,家乡是他们的根。

重修后的祠堂,更显庄严,它是侯氏子孙兴旺发达的见证。

凤凰于飞怀桑梓

——记凤岗村江氏宗祠

◎ 张运强　万可欣

凤岗村（原名凤凰岗村）位于花东镇的西北部，在花都大道的北面。凤岗村的江氏宗祠在大革命时期曾是花县农民运动协会的秘密联络点之一，这与它的地理位置有很大的关系。凤岗村西邻革命老区花山镇元田村，南临凤凰岗岭，岭后就是花都区另一个革命老区九湖村。凤岗村的北面是知名港商胡忠先生的故里阳升村，村东路口连接胡忠先生捐资兴建的桑梓大道。

江氏宗祠

江氏源流

在凤岗村，若与当地江姓老人聊天，很多人会说一句老话："东边一条江，西边一碗汤，中间一支毕（笔）"。其中"东边一条江"就是指花都的江姓族人。江氏大部分居住在花都东部的花东和花山镇，花山镇包括平山、龙口、洛场、唐村、东华、东湖、小埗、西岭、新和、平东、平西、铁山、仙阁、河塱沙等村，花东镇包括象山、陶塘、利农、大东、保良、石角、黄竹湖、山下、元岗、高溪、永光、凤岗等地。也有少部分居住在梯面镇五联、狮岭镇廻狮岭、新雅街清埗等。目前，凤岗村有常住人口约1560人，其中江姓占全村总人口的60%以上。

凤岗旧称凤凰岗、鸡啼埗，中华人民共和国成立前，该村背后的小山岭上树木茂盛，传说有凤凰在此栖息。该村始建于明朝正德年间（1506—1521），1951年改为凤岗。据该村江氏族老介绍，凤岗村江氏族人的开基祖是江大壬，至于什么时候来此开村，什么原因来的，由于年代久远，无从考究。村里有这样的传说，宋朝风水大师赖布衣当年在芙蓉嶂顺着龙脉一路勘察风水，来到凤凰岗岭，他见凤凰岗岭地形似一只展翅的凤凰，于是便留下了这样的诗句："头顶凤凰岗，脚踏母和坛。谁能寻得着，代代出英才。"这首诗韵律不工，可信度不高。

《江氏族谱》记载，江大壬来自今广州市白云区江高镇江村，与花山镇小埗村江氏同出自一脉，都是太始祖江一龙的后代。

江氏发源于河南正阳，后北迁到淮阳（今属河南），后又迁至济阳考城（今河南兰考），并在此发展成为名门望族，故江氏以"济阳""淮阳"为郡号。唐初，开始有江姓人迁到福建落籍；宋代，江氏大规模南迁到浙江、江西、福建、广东等地。明清时期，有江氏族人跟随郑成功入台或移居海外。

《江氏族谱》记载：凤岗村江氏太始祖江一龙、太始祖母刘氏，自唐代景福元年（892），在今广州市北部白云区江高镇江村开基立村后，子孙繁衍昌盛，分成西庵、西斋、西圃三大房，至今有1100多年历史，子孙遍布各地及海外。江氏族人对太始祖墓葬地点众说不一，由于年代久远，现已无从考究。有说葬在流溪田心，有说葬在江村塔山，还有说葬在从化鳌头镇芋笋塘村、清远市。从化鳌头镇芋笋塘村和清远市东的姓江山现各有一座太始祖墓。

在每年的农历九月初九重阳节，江氏本族的宗亲都会相约前往各自认定的太公太婆山拜祭。在抗战时期，江氏族人还坚持每年去拜太公太婆山，那时，从村中严格挑选少部分精壮的中青年，趁着夜色，穿过五六道日军封锁线前往。拜祭中，裔孙们不忘捐资以维护管理好太始祖的山墓，让太公太婆庇佑裔孙们合家平安。

百年古建的风韵

凤岗村江氏宗祠在凤岗村委会旁，东侧一座三层青砖房是村老人活动中心，西侧还有一座洪贵江公祠。江氏宗祠坐南朝北，背紧靠树木茂盛的凤凰岗岭，前有小溪，环境清幽，是读书育人的好地方。

据记载：凤岗村江氏宗祠建于清道光三年（1823），三间三进，面积268平方米。主体建筑为青砖墙，花岗岩石脚，镬耳封山墙，灰塑博古脊，碌灰筒瓦。前廊木雕梁架，博古纹饰图案，封檐板木雕戏剧人物、花草精致细腻。大门嵌花岗岩门夹，

洪贵江公祠

石门额阴刻"江氏宗祠"，落款"道光癸未仲春吉旦"。前廊墙楣绘有人物、山水、花鸟等壁画，后堂前带两廊，堂上设有神龛。

据当地村民介绍，20世纪50年代至90年代中期，江氏宗祠一直是凤岗小学校址。正因为这个原因，江氏宗祠在历次政治运动中，都避免了被拆掉和毁坏的命运。

进入21世纪，江氏宗祠因年久失修，祠堂内的木料长期受白蚁侵蚀，祠堂屋脊出现了大面积塌方。2008年，在政府的帮助和热心乡贤的资助下，加上村民个人捐款等，筹得有限的资金，对祠堂进行了一次大范围修补，基本上恢复了原貌。但由于资金不足，该祠从2008年重修，一直至2010年12月才修缮完毕。墙体扫水泥，重划砖线。壁画重绘，地面改铺白色耐磨砖。

由于当时条件所限，江氏宗祠在重修时，缺乏古建筑维修专业人士参与，虽然整体结构基本完整，但未能按原样复原。后堂金柱改用钢筋混凝土构造。江氏宗祠在2010年4月公布为花都区登记保护文物单位。

江氏祠堂通常用于村民的各种喜宴和喜庆活动。目前，凤岗村在元宵节还有投灯的习俗，投到的资金用于祠堂的日常开支和奖励学子等。江氏族人有人生了小孩，女方娘家人会酿造几坛臭屁醋，加上红绳绑着带子的扁柏柚子叶和生姜，在男方家摆满月酒时，与一张儿童座椅和小孩背带作为贺礼，一起送到男方家，这是当地的习俗。带子的扁柏柚子叶和生姜，表示百子千孙。凤岗村传统美食有煎堆、油角等。

消失的凤凰古庙

凤岗村的族老讲，江氏宗祠东面约300米，靠凤凰岗岭边曾有一座"凤凰古庙"。

凤凰古庙建造的时间不详，是两进式青砖木瓦结构的庙宇，庙顶脊梁有龙、凤、花鸟等浮雕，东侧有附设房屋，小门门楣写"青云"两字，屋内有房间、天井、厨房。庙前是块篮球场一样大的平地，场上两边各有一棵五六米高的梧桐树，庙东侧有棵古榕树，树荫盖地，庙后是母和坛，长有十几棵生长了几百年的老松树。庙门口是三级进出的台阶，门楣上用花岗岩刻上"凤凰古庙"四个金字，门口两边砌着两块花岗岩石板，并有对联："圣德汪洋威凤岭；神功浩荡镇凰岗。"庙内墙上都挂满别村送来的牌匾，后厅是洪圣公神台，长约三米，高宽各一米左右，神台正中座着全身黑色的洪圣公菩萨，东西侧各站着一个菩萨。洪圣公右侧放着"正德皇帝万万岁"的御赐令牌。

据说在当年，凤凰古庙香火很鼎盛，这里有个传说。

明朝正德年间（1506—1521），皇城内皇帝的宫殿突然发生火灾，大火烧得很猛烈，京城将士和臣民都赶往参与救火，其中一处殿堂的大火总是无法扑灭。忽然，在救火的人群中，有位勇士双手各挽着水桶冲入火场，把火扑灭，他出来的时候，全身都被大火熏黑。宫殿大火扑灭后，皇帝奖赏有功人员时，发现这位"黑人"上来领奖。于是他好奇地问："你姓甚名谁，家住何方，为什么这么黑，需要什么赏赐？"这位黑勇士马上跪谢帝恩，回答说："小民叫洪圣，身上的黑色，是在宫殿救火时被大火熏的。家住岭南番禺凤凰岗村的一座庙内，自幼没有读书，目不识丁，只想回到家乡过些安稳的日子。"皇帝见他这么老实，于是赐他一道通关御旨，赏他"玉琴台"，安排人送他回家乡。洪圣带着皇帝的通关御旨，一路上受到了沿途当地官员和百姓的尊敬，顺利地回到凤岗村。凤岗村的村民听闻他的事迹后，敬重他乐于助人，尊称他为"洪圣公"。

日子一天天地过去了。有一天，皇帝派去岭南巡视的官员来到凤岗村，见到熟人洪圣公在庙里，于是上前问候。官员发现庙里没有御赐的玉琴台，这事非同小可，赶紧追查是怎么一回事。有位官员说："玉琴台是派专人送来的，说天快亮时就到岭南，公鸡叫三遍就到这里，不会有纰漏。后来经调查，原来送玉琴台的公差，那天在鸡啼第一次时，就到了鸡啼埗（现花东镇凤凰村），但鸡啼第二次时却走错路，把玉琴台送去广州河南的凤凰岗了。"南巡的官员回到京城，把这事的前因后果禀告了圣上，正德皇帝念洪圣救火有功，重新御赐一块高40公分、宽30公分、写着"正德皇帝万万岁"的令牌给洪圣。于是洪圣公声名远播，四海皆知。从此，但凡有到岭南巡视的官员，到了这里，无论官职多大，都会下马下轿。

洪圣公死后，当地官民为了纪念他，纷纷捐资捐物，重新修整洪圣庙，并将它更名为凤凰古庙，还专门请了名叫李枝的庙祝公打理。前来拜洪圣公的村民，有求必应，很灵验。十里八乡的乡邻听闻此事，也在每月的初一、十五来此烧香，祈求洪圣公保佑。特别是在春节、元宵等节日，这里更是鞭炮声声、锣鼓喧天、舞狮舞龙，热闹非凡。慢慢地，拜洪圣、祈福到、保平安成了当地的习俗。

到了二十世纪五六十年代，凤凰古庙已破损严重，正好又遇上了"破四旧"，于是，大队拆了古庙，用古庙的青砖在江氏宗祠旁建了凤岗大队队部，现在成了老人活动中心。

据村民说，刻有"凤凰古庙"的石门匾和一只石狮，被埋在古庙遗址附近的河堤下，现在这里修了路，再也找不到了。

一腔热血保家国

在20世纪20年代花县农民运动时期，凤岗村江氏子弟，有不少人翻过凤凰岗岭，到九湖村参加王福三创办的"九湖自卫农团"。凤岗村江氏宗祠当时曾是花县农民运动协会的秘密联络点，阮啸仙、王福三、卢克文曾在这里指导农运工作。

抗日战争时期，凤岗村有位名老中医梁凤巢，在一次偶然的出诊归来途中，看到侵华日军往凤岗村方向而来。他连忙吩咐两个轿夫停轿，然后步行抄近路快速赶到村里，通知驻扎在江氏宗祠和凤凰古庙的国民党抗日军队马上撤离。正在做饭的国民党抗日军队收到消息后准备撤走，但又意识到这样一走，会连累凤岗村村民。于是直接冲上凤凰岗岭上，一边阻击日军，一边吸引日军往阻击圈里走。在凤凰岗岭，国民党军与日军激战了一天一夜，因寡不敌众，最终趁着夜色下山撤离。在高溪村横沙庄旁边流沙河道的掩护下，撤到山里。后来日军和汉奸以私藏枪械为由，抓到凤岗村村民江韶波进行严刑烤问，威逼他讲出国民党抗日军队的去向，但江韶波宁死不屈。日军见问不出任何消息，只好放人。

凤岗村村民一直有保家卫国的优良传统，如龙玉铁烈士，他早年参加革命，协助东江游击队筹粮筹款，中华人民共和国成立后任花东税收员，在1950年3月28日凌晨被土匪杀害。

1949年10月，凤岗村江氏子弟江建基在田埂放牛时，恰好遇上南下的解放大军，江建基要求入伍，他随同南下大军解放广州。江建基1952年退伍，当时朝鲜战场战况激烈，兵员紧缺。他听闻后，主动要求重新入伍，与同村兄弟江定烈一起参加了志愿军。江建基参加了朝鲜战场上的多次战斗，全身多处被弹片所伤。

1979年，凤岗村江氏子弟江福涛、江福杜、江发平（曾用名江化平）、江永光、江发贤、江福泉和同村的龙杰玲、李流杜、曹耀满等参加了对越自卫反击战，战争结束后，他们又回家乡参加社会主义建设。

浴火重生尽沧桑

——记农光村康祖危公祠

◎欧政芳　倪西赟

在花都东北部的花东镇，有一个全区绿萝种植面积最大的村庄——农光村，该村的绿萝种植面积800多亩，是花都当之无愧的绿萝种植大村。

农光村交通较为落后，山地旱田较多，水田较少。村由五个经济社组成，即大水坑庄、天伦庄、欧阳庄、沙挞庄、农光庄。有四姓，即危、欧阳、沈、冯，其中危姓人口最多，占全村百分之九十以上，约900人。危悦康是大水坑庄危氏的开村祖，康祖危公祠就在农光村。

康祖危公祠

危氏溯源　源远流长

危姓有多个起源。危姓起源有三个说法：一是周武王庶子的赐姓；二是源于妫姓，出自两汉大司空甄丰之子甄寻，属于避难改姓；三是出自蚩尤后裔三苗，以居邑名称为氏。三苗祖之一的"郎"，就是号称"饕餮"的苗族祖先，被舜帝迁徙到三危山，郎的儿子及其所率领的部族以危为姓。

根据《花都危氏族谱》记载：危氏为三苗后裔。根据东汉学者王符所著的《潜夫论》说："危氏，三苗之后。"危氏遍布四川、云南、西藏、贵州、湖南、广西及琼州等地，与汉人关系密切，历史上亦有不少危姓人出人头地，如元末明初的史学家、文学家危素等。

花都危氏是最早从河源迁来花县平山，后来悦康祖于明朝宣德年间（1426—1435），从花山镇平山村迁至花东镇农光村大水坑庄。

花县危氏以危元一为第一世，而危悦康则为大水坑的开村祖。危元一创基以来，历经600多年。危元一原籍江西临川，原配何氏，侧室利氏。生四子：长梅清、次清时、三清行、幼细奴。明永乐元年（1403），危元一携长子危梅清外出谋生，途经粤地南雄珠玑巷，再至惠州府河源县竹溪洞树下村，之后又辗转跋涉到平山村落籍开基，是为第一世。危梅清为第二世，生六子，长明进、次进英、三才俊、四惠宏、五进桓、幼缘贵，是为三世。三世长房无嗣，五房殇，次房、三房、四房、六房后裔则枝繁叶茂，自成支系，花都危氏之后裔，均为二、三、四、六房的裔孙。迁徙大水坑危氏，谱载为三世祖危惠宏和四世祖危悦康从平山村迁至大水坑庄建村的。

广东花都危氏字辈行楹联为："朝亮绍宗声家祥日国宏支蕃流衍派德荫序簪缨；兰桂腾芳茂诗书藉显荣徽猷敦古道昭穆达瑶琼。"

据传，农光村有位叫危致平的人，是光绪年间庠生，他一生重视教育，曾在光绪三十年（1904），与胡桐光、卢达源、武举人江万清、武生胡瑞良和胡文光等倡议在三角市建筑文安书院，在宣统元年（1909），危致平和绅士王公允、卢达源等召集各乡绅耆老议决在天和圩建筑同安书院。危致平在《花县侨商杂志》上发表有五言古诗《前题》，原来的危氏族谱载有危致平所撰写的对联，但因为旧谱在"文革"时期被毁，新谱没有依据，所以没有记载危致平的世系。

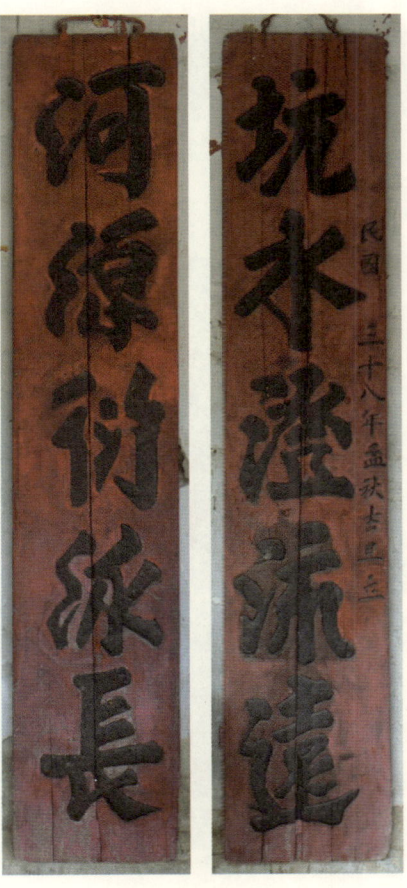

祠堂楹联

康祖危公祠现状

康祖危公祠坐西向东，始建于咸丰八年（1858），1937年重修，1938年毁于战火，1949年重建。危公祠现存祠貌为1949年重建的模样。大水坑庄是花都平山危氏三世祖危惠宏和四世祖危悦康后裔聚居地，在广场西侧与康祖危公祠并列的是成昌家塾。

据危氏族谱记载，危悦康和危成昌为父子关系。当年，成昌家塾曾是大水坑族人子弟的启蒙教育的唯一场所，如今大门紧锁，已经失去了它应有的功能。在人民公社化时期，成昌家塾被当作村食堂以及仓库。门额花岗岩石刻"成昌家塾"上还隐隐约约覆盖着当年的标语，石柱门坊上有对联"福禄寿三星高照；丁财贵五福临门"。在家塾前廊的檐口下，连片全是斑驳的壁画，青砖黛瓦上长满厚厚的绿色青苔，略显破败与荒凉。

康祖危公祠大门前是一片宽阔的地坪，广场前面有两口大水塘，水塘左右是青翠茂盛的大榕树。康祖危公祠为三间两进，夯土墙基厚约60厘米，墙体外层为青砖，里层为泥砖，俗称"金包银"，这是一种既体面又节约材料成本的在当地流传广泛的建筑方式。康祖危公祠大门的两条石柱左边为原有的石柱，右边为重建时新立的石柱，原来的旧石柱材料细腻结实，每个切面凿制打磨精细，而新石柱材料较为粗糙，加工手法也有所不同。门额刻着"康祖危公祠"五个大字。右侧台头写着"咸丰八年"，落款则难以辨认。祠堂大门前的绘画大多已经剥落，只有一团团大块大块的彩色残存，题在墙上的诗词同样不可辨认。祠堂大门两侧各摆放着一条长达五米左右的长凳。村中老人说，这原是一棵马尾松原木，被从中锯开两边，做成了两条长凳，以前在没有电视机手机的年代，这两条长凳上常常坐满人，夏天纳凉，冬天晒太阳。长条凳下面的方形地阶砖，被踩得碎裂，凹凸不平。

成昌家塾

跨过门槛，进入祠堂，只见前厅有红色的屏门门框，天井两侧有檐廊，檐廊前有六根石立柱。右侧的檐廊有一门，通往衬祠的厨灶间。祠堂是危氏人聚会办红白喜事的地方，所以厨灶必不可少。走进厨灶间，只见灶台上有大铁锅，洗菜盆和木砧板，大理石案台又长又厚。案台前的小天井内还有一口古井，井里的水一直是祠堂办宴饮的专用水，井水清澈见底。

祠堂正中的大天井，前后各有三级台阶，直通后殿的祭祀神龛。神主位供奉着危氏历代先祖"危门堂上历代考妣祖先神位"。横额是"金玉满堂"，有楹联"阳光普照坪山地；式枝花发大水坑"。旁边再有一对木刻的楹联为"坑水澄流远；河源衍派长"，木楹联上留款为"民国三十八年孟秋吉旦立"。

战火燃烧　祠堂遭殃

康祖危公祠始建于咸丰八年（1858），由于族人勤俭节约持家有方，在乱世中仍然保持一派丁财两旺欣欣向荣的景象。到了20世纪30年代，危氏成为大水坑人口最多的姓氏，于是合族集资，在1937年将康祖危公祠重新修葺一新。岂料当年日军发动全面侵华战争，1938年，广州沦陷，日军出动飞机到处狂轰滥炸，崭新的康祖危公祠顷刻间被日军投放的炸弹炸成了废墟，残砖瓦砾散落一地。

日军的飞机为什么要将康祖危公祠列为轰炸目标呢？

据村中老人口述，从1937年起，日军就在大水坑附近的石头栅山上修有军事设施，并且长期驻守。日军非常残暴，他们光天化日下进村抢粮食、强奸妇女、抓挑夫，甚至实行"三光"（烧光、杀光、抢光）政策，百姓稍有不顺或者反抗，就会被砍头剖腹。对于这些杀人不眨眼、无恶不作的日本强盗，百姓对他们恨之入骨，在当时的大水坑村流传着这样的一句话："蟹横行，日本仔更横行。"当时的花县成立了"御敌救亡委员会"等组织，宣传抗日救亡，县内同时存在保安团、国民党军队和游击队等抗日队伍。大水坑的危姓族人为了保家卫国，他们借出祠堂，作为抗日部队的活动场所。

1938年冬天，一支抗日队伍正聚集在康祖危公祠内召开会议，这时传来了日军飞机在祠堂上空低飞盘旋的声音。飞机上的日军发现了康祖危公祠内的武装组织，抗日队伍也发现了日军的飞机，于是迅速疏散。罪恶的炸弹准确地投了下来，刚修葺一新的康祖危公祠顷刻间被炸成了废墟。日军飞机除了不停地投炸弹轰炸村庄之外，还架起机关枪向下扫射。

日军为了保护山上的军事设施，可能还会继续对大水坑轰炸，抗战队伍联合国军部队大规模聚集在大水坑村，做好反击日本飞机的准备。在1938年12月的一天，日本的轰炸机又开始在大水坑上空盘旋，国民党军展开了猛烈的射击，最终击落了一架日军飞机，机上的两名日本兵命丧黄泉。日军飞机被击落在大水坑的消息不胫而走，老百姓欢呼雀跃。这件事《花县志》有记载："1938年12月，国民党军在大水坑村击落日机1架，机上两名日军丧命。"

这里最高兴最解恨的还是危氏族人，祠堂的破坏者终于受到了惩罚。

敬老安居　群英荟萃

抗日战争结束后，大水坑危氏族人又开始集资，将被毁的康祖危公祠重建，在原来的墙基上，盖起了一座三间两进的祠堂，被战火毁灭的康祖危公祠再次重生了。由于经费不足，重建的康祖危公祠从原来的三间三进变成了三间两进，原来祠堂内的雕梁画栋也简化为在门檐下题诗作画。但是，由于一堵墙还是日军轰炸时幸存的，经几十年的风雨，这堵墙的裂缝大到可以伸进一只拳头，摇摇欲坠。由于资金不足，未能及时修缮，危氏族人只好用几根圆木顶住墙体。在采访中，危氏族人说除了本族人愿意出钱出力以外，也希望有关部门能从财力物力上给予一定的支持，让经历战火的康祖危公祠浴火重生。

如今，大水坑的危氏族人安居乐业，他们始终不忘根本，孝老敬亲。从1982年起，村里每年年底都举行敬老宴，在康祖危公祠内宴请60岁以上的村民，并给老人们发红包或送米送油等慰问品。这天也是大水坑村族人最高兴的日子，老人家乐享儿孙满堂的幸福，族人共聚宗亲情谊，康祖危公祠沉浸在吉祥和谐的氛围中。

大水坑村的舞狮很出名，"群庆堂"狮会自清朝同治年间就饮誉花邑，妇孺皆知。群庆堂舞狮表演技艺高超，武艺精湛，康祖危公祠也是群庆堂舞狮馆，本族弟子吃苦耐劳，人才辈出，一直为花东镇指定的舞狮表演队。

君子之泽世代绵

——记吉星村曾氏祠堂

◎卢福汉

吉星村位于花东镇东部,周围被十多座高山簇拥,榴花河和流溪河二水长绕,田野平畴宽阔,村乡错落规整,环境幽雅清静。吉星村先祖因封官入粤,深受儒家传统熏陶,较早开启文化

成之曾公祠

教育，代有闻人，世泽绵长，不仅出了一位广东佛门领袖天然和尚，还创下"五代举人"的传奇，极盛一时。因此，吉星村确实是钟灵毓秀、人杰地灵。

村落环境

吉星村为曾氏单姓村落，开基始祖曾晞尝因军功被封广东粤东侯，从江西庐陵县（今江西吉安）造阳村入粤，镇守岭南，赐封北山之地，晚年解甲归田，先迁至黄鹏响（又称"黄泥嶂"，今从化区太平镇黄溪村，自古是连接雄州与番禺的重要驿站），继迁杨村（今花都杨荷村），宋嘉定十一年（1218）再迁今吉星立村。为不忘故土，以家乡造阳村和此地形似"鱼迳"（一种捕鱼的工具）取名为"造迳"，后取"吉星高照"之意，改名吉星村。曾晞尝生二子，长子宋发为广州龙岗开基祖，次子宋炜居造迳。到了第五代，长男曾文孙分迁港头立村，次男曾惠孙留守祖居。之后，曾氏后代衍居广州白云区龙岗、钟落潭、白水塘、五龙冈、赤米塘、安平庄、江高上塘，花都区造迳、港头、迥龙、保良、西塘、茅草庄、黄竹坑，增城区牛㘵、茅田，从化区横山岭，后裔近四万人。

吉星村周边群山环绕，南面是南塘山，北面是天堂窝、围椅岭、神仙地伏，东面是卧牛岭、狮象岭，西面是西岭、龟蛇山，西北是跌死猫、大王岭（又称"大王椅"）、尖峰等，村前村后田野广阔，几口鱼塘点缀在村面上，榴花河和流溪河在村前流淌，形成一个"前临照水，后有靠山"的风水格局。

过去，吉星村有很多古树，其中"七棵松"和菩提树是最有名气的。七棵松，即是村里七棵成北斗七星布阵的松树，位于曾氏家庙后面土名为"庙后底"的地方，已经生长好几百年，高耸云天，要三四个人才能合抱，村民把它们当神树拜祭，每月初一十五都有村民在树下点香烛，一些命格与父母不合的小孩，父母会给松树上契，认松树做契爷，以保佑小孩健康成长。可惜，1958年全县大修水利，村里需要挖一口大井用以储水，但是挖到一定深度井壁就坍塌。村民最后没有办法，只好把松树砍倒，要来支撑井壁。东炮楼也同时被拆了，青砖用来砌大井。

沂溪曾公祠

曾氏家庙的前面有两棵菩提树，由村里得道高僧天然和尚亲手栽植，已经有三四百年的历史。如今，菩提树仍然枝繁叶茂、红皮赤壮。村民在清明节"闭墓"那天用菩提叶夹粉团做"粿糙"（糙，广州话Yid³音，为黏米粉煎成的薄饼），当地人叫这种清明食品为"糙仔"。因为，菩提叶是佛家法器，具有驱鬼功能，做成长条状，与牛头马面的舌头相似，可以把游魂野鬼吓回墓穴中，以免墓门关闭后游魂野鬼在外游荡，祸害人间。因此，村民把菩提树又称作"糙仔树"。

近年，吉星村被列入广州市美丽乡村建设项目，投入1000万元，铺筑了进村的景观大道，填平了中间一口水塘，修筑鱼塘护栏、绿化带、绿道、挡土墙。修建了休闲公园与荷花池。村道实施硬底化，巷道铺砌排污管、自来水等，维修和复原了成之曾公祠及沂溪曾公祠，计划将其辟为村史展览馆、名人陈列馆、文化室、老人活动中心。还准备雕塑天然和尚的铜像，复原多副旗杆夹，打造历史文化名人故里。

祠堂建筑

吉星村立村800余年，文化积淀厚重，文物遗存丰富，由于风雨侵蚀及人为破坏，现仅存明清时期的古建筑20多座，其中祠堂5座。祠堂建筑在村面一字排开，自东而西分别是子政曾公祠、俏禹曾公祠、成之曾公祠、沂溪曾公祠、千仁曾公祠。

子政曾公祠。又称"大祠堂"，位于吉星村4巷，为纪念该村曾氏第六世祖曾子政而建，三间三进，约600平方米，土改时分给了贫农，现已年久失修。

沂溪曾公祠。位于吉星村9巷，为纪念该村曾氏第十三世祖曾沂溪而建，陶脊，镬耳山墙，设包台。三间三进，约600平方米，2004年、2018年重修，保存现状良好，下一步计划将此祠打造成天然和尚文化展览馆。

俏禹曾公祠。位于吉星村7巷，为纪念该村曾氏第十五世祖曾俏禹而建，原三间三进，现仅存头门，屋顶塑博古脊，整体保护不周。

成之曾公祠。位于吉星村8巷，为纪念该村曾氏第十六世祖曾成之而建，三间三进，约600平方米，2017年曾重修，曾用作村委会办公地址，下一步计划建成曾氏家族文化展览馆。

千仁曾公祠。位于吉星村11巷，为纪念该村曾氏第十六世祖曾千仁而建，原三间三进，现存两进，为民居，现况一般。

吉星村是有800多年历史的古村，是进士及第而封官入粤，祖孙五代获举人功名，历史上有多人考取举人。举人公，在乡下称为"孝廉"，又称"老爷"，具备为官的资格。一个人成功后，肯定是修祠堂、修族谱、立旗杆，这么一个"举人村"应该是祠堂林立，旗杆布满的，曾晞尝的五世玄孙曾文孙到了港头立村，其后人还建了一座有包台的文孙曾公祠呢，而现在吉星村却只有这几间体量不大、工艺粗糙、破败不堪的祠堂。

千仁曾公祠

据村中老人说，村里最好的祠堂曾是曾氏家庙，位于松园脚的地方，衙门式的门口，规模比炭步石湖村的汤氏家庙还大，装饰工艺比资政大夫祠还精湛。日军侵华时，日军拆除了曾氏家庙，强迫村民把砖运到西岭去建碉堡、战壕等军事设施。现在，西岭还留有碉堡和战壕的遗迹，成为日军侵华的铁证。已经湮没的旧建筑还有理事堂、来善祖祠、振千祖祠、东西炮楼、旗杆夹、贞节牌坊和下马石等。

目前，吉星村现存的5座祠堂状况并不理想：一是体量小。大多数只有两进甚至仅剩门头。二是工艺粗糙。极少施有灰塑、砖雕、石雕、壁画等工艺。三是严重失修。除了曾作为村委会的成之曾公祠曾被维修外，其他显得残破不堪。接下来，该村拟结合美丽乡村建设，对祠堂群进行整体维修，并挖掘祠堂文化资源，打造曾氏家族文化展览馆、天然和尚文化展览馆和村史展览馆。

良好家风

一个地区的文化和人才需要这方水土来滋养与孕育，一个家族的兴旺和繁盛要有良好的家风来培养与承继。据族谱载，吉星村的曾氏是孔子的学生曾参的后代。始祖"东侯祖"曾睎尝是曾参第五十一代后人。曾参一生积极践行以仁孝为核心的儒家主张，他的修齐治平的政治观、省身慎独的修养观、以孝为本的孝道观影响中国两千多年，也成为曾氏修身齐家的传世法宝。

自东侯祖以来，就立下曾氏祖训："孝悌忠信，礼义廉耻；三省诚身，道传一贯。"还修订了曾氏家规："孝亲悦心，尊师扶幼；世袭立嫡，承嗣立长。嫡宗不婚，子嗣敏聪；抚子继嗣，同宗择侄。招赘为嗣，宗圣脉混；淫邪乱伦，圣规则罚。"

因为孔丘、孟轲、曾参、颜回同为四位圣哲，所以全国的孔、孟、曾、颜四姓共用50字的字辈派号，自明初起，至民初，先后五次立字辈，后成诗曰："希言公彦承，弘（宏）闻贞尚胤（衍）。兴毓传继（纪）广，昭宪庆繁祥。令德维垂佑，钦绍念显扬。鼎新开国运，克服振家声。建道敦安定，懋修肇彝常。裕文焕景瑞，永锡世绪昌。"这样，只要看到四大"圣裔"后代姓名中间的字，就可知道他们的辈分，这在华夏众多姓氏中，唯有孔、孟、曾、颜四姓享受这一殊荣，即所谓的"通天家谱"，这在中国历史上实为罕见。

古语云："君子之泽，五世而斩。"意思是指君子的品行和家风经过几代人之后，就不复存在了，也指先辈积累的财富家产经过几代人就会败光了。而曾氏由于祖训家规的恪守、字辈派号的遵从、良好家风的承继，数百年来人丁兴旺，世泽延绵，名声显赫，人才辈出。该村自曾晞尝起连续五代人考中举人，从宋朝至清代先后有多人考取了进士、举人，任知县以上官员不下十人，明代更是达到鼎盛时期。

其中，"五代联科甲"者，分别为：

第一代：曾晞尝。宋淳熙五年（1178）戊戌科进士，广西桂林府节度使、湖广兵部侍郎，奉诏监督湖广军务，授中宪大夫，封东侯，后人尊称"东侯祖"。

第二代：曾宋炜。宋淳祐四年（1244）甲辰科举人，福建福州府同知，授奉政大夫。

第三代：曾公靖。元大德四年（1300）庚子科举人，江西抚州府教谕，封文林郎。

第四代：曾挚。元至治元年（1321）辛酉科举人，广西桂林府临桂县知县、河南汝宁府罗山县知县，封文林郎。

第五代：曾文孙。元至正十一年（1351）辛卯科举人，元至正十八年（1358）迁港头村，是该村的开基祖。

除此之外，村中还有其他族中兄弟也颇有作为，如：

曾隽。明洪武十七年（1384）甲子科举人，江西九江府同知，授奉政大夫。

曾贯。明嘉靖四年（1525）乙酉科举人，广西仰利州知州，授奉直大夫。

曾士楚。明嘉靖三十七年（1558）戊午科举人，隆庆五年（1571）辛未科进士，湖广道监察御史。

曾涞。明隆庆四年（1570）庚午科举人，北京来安县知县。

曾士懋。明万历十九年（1591）辛卯科举人，广西河池州知州。

曾士捷。明万历二十二年（1594）甲午科举人，浙江山阴县教谕。

曾起莘。明崇祯六年（1633）癸酉科举人。

……

正是这些先贤圣哲为当地创造了灿烂的文化，支撑起厚重的历史，成为激励后辈承前启后、奋发向上的精神动力。

历史名人

曾晞尝（1156—?），字可远，号北超。吉星村曾氏始祖。江西庐陵县人，后徙居抚州。宋

天然和尚画像

淳熙五年（1178）戊戌科进士，任广西桂林府节度使（知府），累升湖广兵部侍郎，授中宪大夫衔。宋嘉定十年（1217），金人南侵，时年61岁高龄，奉诏监督湖广军务。翌年，会同湖北枣阳守军将领孟宗政密约出战，会合随州刺史许国，合围夹击全歼金兵于白水，后敕封东侯，南下入粤履职。后解甲归田，带着一众随从，先落户从化黄鹂响（又称"黄泥薑"，今从化区太平镇黄溪村）。十多年后，从黄鹂响迁往杨村（今花都杨荷村），随从在杨村落户生根。后再从杨荷再迁至造迳立村。和睦邻里，乐于助难解困，兴利除弊，关爱后代，远近百姓敬慕。

天然和尚（1608—1685），明末清初广东佛门中的领袖人物，法号函昰，别字天然，俗名曾起莘。博学聪明，少负才名，明天启四年（1624）得补诸生，崇祯六年（1633）中癸酉科举人。崇祯十三年（1640）在庐山归宗寺拜道独（南海人）为师，成为曹洞宗三十四传法嗣。曾氏在宗教、政治、文学、艺术诸方面，都颇有造诣，备受世人推崇，在明末清初的岭南文化史上，是一位具有标杆意义性的人物。他潜心弘扬佛法，创立了海云、海幢、丹霞别传等名刹，被誉为南粤的"法门砥柱"，在岭南佛教史上除唐代禅宗六祖惠能之外无人能及。他是一位"故国派"高僧，被众多明遗民奉为精神领袖。他为清初"岭南三大诗僧"之一，诗歌创作诸体兼擅，为清代岭南"海云诗派"的核心，著有《瞎堂诗集》等，堪称岭南文坛的风雅领袖。他被公认是当时的书坛巨擘，他"以书悟禅""以禅入书"，融佛理于书法中，故其书法天然裁成，超凡脱俗，格调高妙。

在天然和尚的影响下，他的父母兄弟姐妹都在他门下削发受戒。

曾万王传说

吉星村的山四面相连，逶迤不断，高低错落，蜿蜒而舞，颇有灵气。其实，这真是一条龙脉所在，村后的围椅岭两侧山脊高高隆起，游走如龙，直贯南北，村人称之为"双龙贯气"。该处被视为村中禁地，不能葬坟，不能劈山挖土，也不能砍柴割草，怕断了龙脉。而龙脉的"穴"却是在南面南塘山之上，称之为"天子穴"，而龙气聚结处即是大王岭与围椅岭之间，形成一个"二龙争珠"的局面。关于这个龙穴风水还流传着这样一个故事：

相传，宋代著名堪舆大师赖布衣点了芙蓉嶂的"龙穴"，留下一首谶诗："头顶芙蓉嶂，脚踏土地坛。左为莺蜂窦，右有覆船岗。鲤鱼把水口，狮象守门楼。谁人葬得中，世代出公侯。"

之后继续东行，被"双龙贯气"所吸引，来到迳阳村。他登上南塘山，环视四野，只见山高林密，山上云雾缭绕，岚光浮动，颇有仙气，于是决定上山一探。好不容易爬到山腰，正在饥渴难当的时候，忽然看见一户人家，于是上前讨些吃喝。原来，这户人家只有母子二人，儿子叫曾万王，平时靠在山上种些杂粮，闲时打打猎和采些野果竹笋等为生，与母亲相依为命。今天难得见有人到访，于是拿出家里的全部家当，热情地招待赖布衣。之后，赖布衣走上一个高岗，往北瞭望，只见左侧西岭有如龙蛇跃舞，右侧卧牛如狮虎匍匐，正对面的围椅岭像一张龙床，左右有天堂窝和神仙地伏拱卫，是一个非常上盛的风水格局。他越看越高兴，拿出罗盘摆在地上，左右移动，忽然罗盘指针指向了西北角的大王岭上，有"跌死猫"和"尖峰"两座高山簇拥。他暗自沉吟："奇了，双龙贯气，二龙争珠！"继而对着大王岭凝神眺望，仰天长叹了一口气，成败就看"围椅""大王椅"两把椅子谁赢了。

天然和尚手植菩提树

正看着，忽然狂风大作，飞沙走石，不见天日。狂风过后，又恢复了阳光明媚。而此时曾万王的母亲却被这场风沙给活埋了。赖布衣对曾万王说："这是有名的'天子穴'，就让你母亲长眠在这吧。明天，你母亲的坟头会长出三支箭竹，等它们七朝长到齐眉高的时候，把它们砍担，然后搬到西北角大王岭后面住，将来那里会出现一个'人王'。"说完，飘然而去。

三朝一过，曾万王来拜祭母亲，他跪下向母亲叩头，抬头看三支箭竹最长的刚好长到齐眉高，于是心急地挥刀把它们砍掉了。赖布衣当时没有道破，原来这三支箭是对着围椅岭、神仙地伏和天堂窝而射的，目的是要破了这道龙气，使得龙气在大王椅聚集，打破"二龙争珠"的局面。箭竹未长齐而被砍掉，结果却适得其反。那三支箭竹被砍掉后化成三支神箭，一直向北飞，结果射中皇帝的洗脸金盆，皇帝大吃一惊，派人彻查此事，于是把"天子穴"给毁了。

龙穴虽毁，而吉星村西北一个叫官禄埗的地方，后来真的出现一个"人王"。他，就是太平天国运动领袖洪秀全。这与南塘山的天子穴是否有关，那就见仁见智了。

吉星村南邻港头村和白云区寮窠、龙岗、米岗村，东靠水口营村，贯穿花都东西的花都大道在村前经过，从村子到广州白云国际机场仅需十分钟车程，交通十分便捷。目前，吉星村正在编制村落保护与发展规划，拟发挥天然和尚等名人效应，对村中民宅进行修缮和改造，利用古村落资源及广袤的农田和山地，发展乡村文化创意旅游，打造成一个田园绿野、自然生态、种植饲养、度假消闲、寻觅书香、感受乡情的国际空港花园新区。

古祠新颜复旧貌

——记港头村云门曾公祠

◎卢福汉

  花都的东隅有这么一个村,它有着中国第三批传统村落、广东省第三批古村落、广州市美丽乡村等一堆名头,有"五代联科甲"(即五代考取功名)的历史文化底蕴,与西隅闻名遐迩的塱

2020年重修后的云门曾公祠

头村相比,无论从村落规模、建筑特色还是人文历史都难分伯仲、旗鼓相当,在东西两隅分庭抗礼、各领风骚。

它,就是港头村。

古村概况

　　港头村位于花东镇中南部,面积约4平方公里,为典型的广府村落。村民有一户姓龙其余均姓曾。据族谱载,港头村的曾氏是孔子的学生曾参的后代。曾参的第五十一代后人曾晞尝被封东侯,南下入粤履职,于宋端平二年(1235)由江西庐陵县造阳村先迁入黄鹂响(也称"黄泥蕻",今从化太平镇黄溪村),居住十多年后转杨荷村建居,不久入迁造迳村(今吉星村)。因不忘故土造阳,而三面环山的地形酷似"鱼迳",于是各取一字,名为"造迳"。元至正十八年(1358),曾晞尝的玄孙曾文孙由造迳村迁此定居,立村已有660余年,现户籍人口约2000人。

　　港头村原名"港洲",因大坑河、小坑河、四清河三道水从东北流往西南,在村前向北迂回汇合,再往南注入流溪河,形成一个港湾和一片绿洲,村立于港湾之上绿洲之中,故名。何时改为"港头"已无从考究。曾有风水先生说,此地三水朝北、四水归源,是一个"聚财"的风水格局,在此立村,族人必定昌炽寿富,瓜瓞绵绵。或许是误泄天机,或许是无心插柳,却造就了曾氏家族繁盛昌荣,置下南起广州三元里北至从化黎头洞(今从化鳌头镇)的14万顷良田,成为花邑巨族,雄踞东隅;造就了镬耳高耸、青砖井然、长巷深深的庞大村落;造就了乡人盛传"东隅港头,西隅塱头"的美誉。

　　港头村坐北朝南,规划统一,布局严谨。村前有一口与村面等长的半月形水塘,镬耳高墙与天光云影在水中徘徊,风生水起,气蕴顿生;村东、村西各有门楼一座,分别叫"拱日楼"和"泰薰门",守护着村民在此生息繁衍,可惜后者已在20世纪50年代被拆除。村中的建筑呈梳式布局,井然有序,每座建筑以冷巷分隔,现存里巷11条,自东而西取名为安乐里、安宁里、安和里、安仁里、仁和里、安怀里、中庸里、安善里、安义里、安福里、安居里,巷名别致隽永;一条花岗岩石板路贯穿全村,不知留下多少先辈的足迹;村头、村尾各有一棵数百年的老榕树,曾氏的祖训和家规就在树底下口口相传,代代承继。

　　港头村拥有丰富的自然资源,有水田2000多亩、山林1700多亩、鱼塘400多亩,村落置身于郁翠无垠的农田中,数条清澈蜿蜒的河涌和一湾湾明镜似的鱼塘水氹点缀其中,周边被荔枝、龙眼、石榴、柑橙、木瓜等各种岭南水果环抱,传统建筑与自然环境相互交融,相互辉映,尤显古意盎然,和谐清新。

古祠旧貌

　　港头村现有3座祠堂，保存完好的是处于村中轴线为纪念开村始祖的文孙曾公祠，东边是1958年改建成村的"人民食堂"云门曾公祠，西边是已经仅剩头门的序五曾公祠。这里重点介绍云门曾公祠。

　　比起花都其他村落，港头村就是有些不一样，主要是它的村面有两座建筑非常特别。它们位于村落的东侧，最东侧一座的门面像南粤的骑楼又像西北的窑洞，后面却是很普通的瓦顶房；它的西侧一座就是云门曾公祠，但是头门改成了三层小楼，半新不旧地矗立在村面，与古村环境不太协调。

　　据村民说，这些建筑都是"人民公社化""大跃进"的产物。那时候全国上下都在大搞深翻改土，大攻"三类禾"，提高水稻产量，大力开展"广积肥，促生产"运动，高喊着"庄稼一枝花，全靠肥当家""积肥积得多，粮食堆成坡"等口号，通过养猪、烧火烧土、种紫云英、种田菁、放咸泥等办法积肥，甚至把各家各户放在房间门角的"便缸"（尿缸）都搬出来，把里面那层"积垢"刮下来当肥料。生产队为了要"咸泥"当肥料，把村里有百年历史的泥砖房和舂墙屋拆掉。后来，生产队在村东侧建了这座"共产房"给社员居住，一共三排，每排10间，基本满足每户一房。

　　云门曾公祠是为纪念港头村始祖曾文孙第十二世孙曾贞望而建，村民习惯称之为"绍闻堂"（以下统称绍闻堂），这其实是祠堂的堂号。该堂号取自《尚书·康诰》："今民将在只遹乃文考，绍闻衣德言。"绍闻衣德，即"绍衣"，绍者继承也，闻者名望也，是传承家族名望、奉行先人德化教言的意思，也是对子孙后代的厚望。

　　曾贞望（1667—1738），原名曾士望，字元龙，号云门，康熙四十年（1701）由国子监考授州盐司马。该祠原为三间三进，硬山顶，镬耳山墙，青砖墙、花岗岩石脚。"云门曾公祠"名称不是刻在石门额上，而是刻在木匾上，悬挂在门额上。村里老人解释，祠堂与墓葬是安放先人灵魂和遗骨的地方，属于阴宅。按传统观念认为，阴宅排序，应该是后辈在前而长辈居后，绍闻堂与文孙曾公祠同在港头村面一直线上，这样就显得没尊卑大小了。因此，在绍闻堂门额上悬挂祠名，使其比文孙曾公祠的更前，就表示该祠堂是小辈了。

　　绍闻堂在人民公社化运动中改变了用途，也改变了命运。生产队把它改造成"人民食堂"，头门搭建成三层小楼，用作生产队的广播站。

　　1958年，人民公社化运动席卷全国，县以下都成立了公社、大队和生产队，农民都成了"社员"。所有个人财产都"共产"了，家里不用开灶，都到生产队吃"大锅饭"去了。家里的铁锅、菜刀、铲子、勺子、斧头、铁锹、耙齿以及门锁等，都交到生产队炼钢铁。祠堂里面被搭建成一个大通堂，摆上几十张八仙台，社员们浩浩荡荡而来，饭菜随意吃，吃不完就倒掉喂猪。据当时统计，全县办起集体食堂有1180间。象山、港头、水口营、杨荷等大队的食堂，还让从化县到推广圩"趁圩"的一些群众免费就餐，以显示人民公社的优越性。这样的状况实行不久，食堂就已经寅吃卯粮了。再后来,采取"低指标,瓜菜代"的做法,粥水煮番薯、爆肚葛(木薯)、芋头。到最后,社员们到处挖野菜充饥,患营养性水肿病的更是比比皆是。

这段经历在村民心中永久地深藏着。不过,村民也分享了食堂一些开心的往事。人民食堂的后堂搭了个戏台,经常有粤剧团和宣传队来演出。看过粤剧《红花开遍凯旋门》《杜鹃山》《沙家浜》《红灯记》《山乡风云》等,电影队也不时来放电影,《地道战》《地雷战》《平原游击队》,小孩子最喜欢看了,一大早就来占位置,食堂里非常的热闹。

港头村在广州市美丽乡村创建中,还围绕是否复原绍闻堂开了好几次专题会。2019年夏天,由于普降暴雨,绍闻堂那三层小楼出现倾斜成了危房,为保护村民及游客安全,村委决定集资重修绍闻堂,经过一年多的重修,绍闻堂恢复了原来的旧貌,越发古朴迷人。

保护发展

闻名遐迩的港头村,历经数次的政治劫难和几百年的风侵雨蚀,烙下了沧桑颓败的印记。直到2003年,花都以文物普查为契机,对古村落进行了全面普查,整理出全区古村落的档案资料,加强对古村落保护、传承和发展的宣传。港头村在全社会的共同关注和努力下,慢慢恢复了庐山真面目,变得古意盎然,令人顾盼生辉。

2012年,港头村被省文联与省民协评定为广东省第三批古村落。2014年,港头村被纳入广州市第二批美丽乡村建设单位,由市、区、镇三级财政出资4000万元,按照"宜居、宜业、宜游"的现代化新农村目标,对各项农村基础设施进行升级改造,村道实施硬底化,安装路灯350多盏,改善了生活污水排水渠,新建了小公园以及公厕……农村面貌焕然一新。同年,被住建部、文化部、国家文物局、财政部、国土部、国家旅游局等联合公布为第三批中国传统村落,中央财政支持300万元,用于港头村的保

港头古村村貌

护与发展。

　　港头村东连水口营村，南邻白云区龙岗村，西接华侨农场，北临吉星村，村前的流溪河过去是连接省城的主要水路运输要道，贯穿花都东西的花都大道在村北经过，从村子到广州白云国际机场仅需十分钟车程，水陆空交通十分便捷。目前，港头村正在编制村落保护与发展规划，拟与文化产业创意公司合作，对古村落进行修缮和改造，利用古村落资源及广袤的农田和山地，发展乡村文化创意旅游，打造成一个田园绿野、自然生态、种植饲养、度假消闲、寻觅书香、感受乡情的乡村文化旅游品牌。

　　曾氏始祖所推崇以"仁孝"为核心的儒家思想实质即是以人为本，因此，增进民生福祉是经济、社会、文化、生态等一切发展的终极目标。现在的港头村，每当夜幕降临，华灯初上，晚饭后的村民三三两两聚集在小公园里，唱粤曲、跳广场舞、耍太极、玩健身、健步行、拉家常……完全的随心、随性和随意，村民脸上洋溢着平和、快乐、满足与幸福。

安居福地胜桃源

——记望顶村温氏大宗祠和文锦温公祠

◎邓静宜

  从地图上看,望顶村是离中心城镇较偏远的一个村。虽然偏,但地理位置却得天独厚,近邻机场北立交,北面是九龙湖。望顶村约在清康熙十年(1671)立村,全村2800余人大多数姓温,是花都名副其实的温姓大村。在花都,绝大部分温姓来自客家,望顶村温氏跟花山、狮岭等地的温姓人都有联系。

  在村委会,我们见到了年近九旬的温浩良和温海龙两位老人,村干部说,现在对村历史比较了解的就只有他们了。温浩良老人虽然年迈,但身体还很硬朗,记忆力也不错。他拿出一本陈旧的族谱,操着浓重的客家口音,与我们陈述先人的历史。

温氏大宗祠

村名从网顶到望顶

大宗祠内景

线装本族谱是温浩良的哥哥温四隆在20世纪80年代再一次抄写的，封面上横写着"温氏宗祠"四个大字，竖写"太原堂网顶温姓族谱"，左侧有"太原堂"，右侧有"三彦堂"几个字。

网顶即望顶，族谱上有一处温四隆在1993年4月写的关于网顶村更名为望顶村的说明。网顶村名据说来自一座山，温氏先人抱网到山顶，所以村名叫网顶。也有说是因为附近有个鸿鹤村，担心"鹤"飞来觅食，要设网拦住，故名。以前村民外出谋生艰难，无法立业，在外打拼总是空手而归。村民认为是村名中的网网得太紧，于是在1946年，村人商议，将网顶村改名为望顶村，认为可以坐得高，望得远。

太原堂网顶温氏姓族谱是根据温氏十三世祖温仁凤、温清华留下的手抄族谱重抄的，抄写族谱的时间是道光十九年（1839）冬。其中还记载了在乾隆元年（1736），十四世温心田，十六世温材霖、温秋霖三人回到兴宁县石马小水村老家，遍访始祖温良谟名下的五房子孙，根据叔伯兄弟口述内容，对族谱进行修补整理。

族谱记载："温氏系出太原，后辗转福建、广东，但其在汉唐以上家谱失传，不敢妄为附会。至今本朝乾隆年间有十三世祖温仁凤、温清华手抄旧谱一卷，方知以善公为始，祖妣廖氏，始祖在福建宁化县落叶，支派流传及洪武四年（1371），自闽迁粤东嘉应州（今广东梅州）兴宁县石马村，又至十世祖。"从温约三一房的三个儿子来望顶立足至今，望顶温氏族人现已有二十一传。

中华人民共和国成立后，在1956年建立合作社这段时间，望顶村被改为群星村，下设大队。1986年村镇体制改革时，又取消群星村社，改回望顶村。村里主要是以种水稻、花生、番薯等农作物为主。1985年以后的望顶村开始兴旺起来，村里有数十人到美国、巴拿马、新加坡等国家以及中国香港、中国澳门等地区谋生，还有不少人走出望顶村在外发展。改革开放后，九龙湖建了旅游度假区，大片望顶村的土地被征用，村里建了新村，村民现在基本上都搬到新村居住，旧村已完全冷清了。

温氏脉源和开基

广东是温氏的主要聚集地,有近50万人,占国内温氏的近三分之一。关于温姓之源,有多种版本。有以国为氏,有出己姓,有源姬姓。根据现存于河南省济源市坡头乡左山村温氏家族的一块历史最悠久、史料价值和文物价值最高的墓碑记载,"太原堂"温氏主脉是4000年前夏代温国受封立国之君温平后裔。

屋脊灰塑

温姓主流有三支,即温彦宏、温彦博、温彦将三兄弟,世称"三彦"。

望顶村温氏大宗祠的堂号是太原堂。温氏先祖出太原,辗转福建,温良善一支来到了粤东嘉应州(今梅州),繁衍到第十世温良谟的下一代,他们的迁徙线路发生了改变。发生改变的是他的儿孙一家,温良谟的孙子们在望顶(当年这里属番禺管辖)立村,温良谟父子和夫人的金骨也被后人们带到了望顶,于是,从未来过望顶的温良谟成了望顶温氏的始祖。

温良谟为人忠厚朴实,娶张氏生九子,分别为思三、约三、宣三、公三、协三、刚三、桢三、益三、锡三。九子中,仅二、三、四、八、九这五子有后人。次子温约三生下三子,分别是文远、文近、文锦。康熙二年(1663年),温约三、温益三兄弟偕儿子儿媳等十多口人在增城县分水村落户,以磨豆腐、养每猪为生。温约三去世后,留下遗孀和三个儿子。一大家人相聚一堂,在这里安家立业倒也其乐融融。后来由于一个意外事件,温氏一家由增城迁入番禺开基网顶(今花东镇望顶村)。

有一次,他们家的母猪被附近的村民打死了,温家人气极,与打死母猪的村民发生了激烈冲突。温氏的太祖婆,也就是温文远的妻子何氏,有一身好武艺,尤其善使飞砣(绳子末端捆绑铁砣甩投),在这次争斗中,太祖婆何氏施展飞砣绝技,失手打死了一个村民,于是,一家人匆匆逃离增城,往西南迁居,辗转到康熙十年(1671),终于定居于花县北兴望顶村(当时属番禺管辖)。

勤劳致富开枝散叶

他们来到望顶以种田为生，当时在这里住的是姓夏的族人。因望顶临近九龙潭，各家土地上的界碑经常会被大水冲到别的地方，因此引发不少争议。姓夏的族人由于人丁稀少，处在下方，在争斗中常常吃亏。而温家男丁多，又个个武艺高强，特别是太祖婆何氏有一手飞砣绝技，打得方圆十里无对手。于是，温氏就跟夏氏交换了居住地，从原来的九龙潭上方，搬到了下方，夏姓人先去了温姓人的居住地，后来又迁到了四联村。

目前望顶村或周边一些村的温姓村民都是温良谟的后代，望顶村实际上的开基祖是温良谟第二子温约三的三个儿子。温文远是温约三的长子，族谱记载他"生平好勇勤劳，弗恤营谋田舍，不囿兴宁，始则作生涯"。妻子何氏生七子，他们的子孙后代一直都在望顶居住。

望顶除温良谟第二子温约三一支，还有第四子温公三、第八子温益三和第九子温锡三几支，他们大都是后来迁望顶的。当年，全家人在望顶安顿下来后，兄弟酌议，回兴宁带祖妣父金骸，并邀各房伯叔侄同到番邑各处开庄。"惟我约公一房立业网顶始焉，造庐舍而乐妻拏继焉，筑坟茔以安祖妣，当是时也"，讲的是温约三一房来望顶开创基业的情况。他们在这里立足后，即回老家兴宁将先人的遗骨迁到望顶周边重新筑坟安葬。温良谟葬于番禺牛围，妣张氏和温约三母子葬于望顶筲箕窝。温约三的三个儿子中，第三子温文锦的后代人丁多，也比较富裕。族谱中记载，温文锦娶陈氏，生一子一女，子温清荣，为人性悭，老于农业，女儿嫁花山南村罗姓。温文锦续娶冯氏，生清华、清秀、清贵三子。温文锦子孙在望顶高门楼上下居住。乾隆四十六年（1781），温文锦四房分家，长房建三上三下居所，二、三、四房三兄弟有冯母在堂，又长幼不一，所以三人虽分仍合，后来，他们在长房温清荣屋后建上五下五住所，名曰"三德堂"。

温氏祠堂的兴衰

温氏原有四个祠堂，现在只有三个，分别是温氏大宗祠、文锦温公祠、文远温公祠，文近温公祠在抗战时期被日本人拆掉修建炮楼。温氏大宗祠、文远温公祠、文锦温公祠都是后来重建的，只是年代不一，文锦温公祠2017年才重光。目前比较有规模的是温氏大宗祠和文锦温公祠。

温氏大宗祠位于花东镇望顶村望顶二路105号，建于清宣统元年（1909），2004年小修了一次。温氏大宗祠西北朝向，广三路，深两进，面积368平方米，带有明显的客家建筑特色。青砖石脚，人字封火山墙，灰塑博古脊，碌灰筒瓦，绿琉璃瓦当，滴水剪边。前檐柱挑头为人物造型，花岗岩石雕，次间虾公梁上设石狮，雕花异形斗拱，石门额上阴刻"温氏大宗祠"。上款"宣统元年冬月立"；下款"成霖敬书"。门前三级石阶，后堂前带两廊，左右路建筑为衬祠。重修时地面改铺耐磨砖，重置头门门联："万年有道；和气致祥。"温氏大宗祠后堂的金柱对联道出了望顶温氏的心声："温氏家乡文武英豪欣辈出；良公后裔丁财贵胄喜频传。""最好斯方

文锦温公祠

居福地；何须别处觅桃源。"

温氏大宗祠的一面墙上，贴有红纸，用毛笔清晰地记录了开基祖当年望顶开基的情况。虽然纸张的颜色已褪，但字迹依然清晰。上书："文远公夫妇携弟文近、文锦四人从兴宁石马小水村迁于增城某村（分水村），由于'里不仁、邻不义'，住了几年后，迁来番邑北兴网顶（望顶）落业。后来恭（公）三公、益三公、锡三公的子孙才迁到附近落业。因都是良谟公的后裔，所以共同商议，以良谟公为开基祖，编写了40个字的辈分歌：良三文清学，其心国庆荣。光宗隆德业，耀祖显声名。美盛求开创，贤才贵守成。传为长发达，立定永章程。"此段文字与族谱记载基本相同。

温浩良老人说，花县解放时，解放军从望顶村经过，从下午三点到五点，部队绵延不断。中华人民共和国成立后，这几间温氏祠堂曾作过学校、仓库、卫生站、碾米厂、镀锌厂，现在文锦温公祠是老人活动中心。过去每年春节，村民们都要在祠堂门口烧爆竹、舞狮，非常热闹。但是，村里有一个风俗跟花都其他村的祠堂不一样，跟其他客家人的也不同，那就是红白喜事都不能在祠堂摆。哪怕是新人结婚，也只能在祖宗牌位前拜祭一下，不会在祠堂摆喜酒。

从温氏祖先的经历可以推断出，温氏族人过去一直有习武习俗，到了21世纪初，村里还有武术、舞狮等活动，不过现在都消失了。

文锦温公祠重光

温氏是望顶村最大姓氏，其中温文锦房约有1100人（包含附近大龙村约70人）。温文锦为温

文锦温公祠内景

约三的第三子，族谱记载他"生平嗜酒，自幼雁行辅兄成创"，温文锦去世后葬于太平场鹿颈坑。

文锦温公祠建于光绪十八年（1892），从2014年底开始筹备重建，2015年10月动工建设，2016年底完工，温文锦裔孙每人捐出1100元，共集资约161万元。2017年2月25日，望顶村举行了文锦温公祠落成庆典。据当地媒体记载，当天村里爆竹声声，醒狮劲舞，人声鼎沸，场面赛过春节。庆典的议程有：迎神位入祠堂、醒狮庆贺、子孙拜祖、宗亲祝贺等。上午8点15吉时是神位入祠堂的时间，在温文锦房最高辈分长者的引领下，诵读经文、首上神香，祈祷祖先保佑风调雨顺、世代平安、世泽绵长。

族中100多名男丁分成两排，一起手托红布，做出一条空中红路，把神主牌送入祠堂，由温文锦房最高辈分长者一一按序安放在神位上。待醒狮拜祖完毕，后裔子孙逐个祭拜祖先。这次活动邀请了花都区、白云区等地温氏宗亲，庆典共开255席，场面十分壮观。

祠堂内金碧辉煌，气派不凡，山墙壁画，喜鹊报春。后堂有祖先画像，下面有祖宗牌位和香炉。天井处，有一天然整石凿成的石香炉，便于插大香。金柱上的楹联、墙上的排联无不讲述温氏族人的创业经历，如："望出兴宁辗转花都千秋歌祖德；文锦家族落户望顶万代颂宗功。"祠堂内还有不少温氏文人留下的墨宝，如："叠翠群峦王光鼎，葱茏绿树绽奇葩。清音婉转闻千笛，碧水潺湲听万家。胜迹迷人呈美景，风光旖旎映红霞。穿梭丽辇时无断，下界仙姬众口夸。"

沧海桑田，转眼300多年过去，望顶村的温氏父老在岁月的流淌中依然静好。

百鸟朝凤鸣佳音

——记莘田二村明氏祠堂

◎余清平

  莘田二村位于花东镇东部,东临莘田村,再往东就是从化区的太平镇。它南接白云区钟落潭镇,北与水口营、港头村接壤。村里西南面不远处是流溪河。流溪河绕村而过,直下珠江。莘田二村原隶属于白云区江高镇大田村分支的一条村,当时取名莘田村,"大跃进"时期改为三联村

明氏宗祠

（三个社合并），1974年改名莘田二村。莘田二村下辖八个村民小组，现有人口2700多人。村以谢姓、叶姓居多，明姓是小姓，约240余人。明氏祠堂位于村南面，是莘田二村明氏村民祭祖、过节集聚的地方。

明氏源流

明氏一族源流颇为复杂，据《中华明氏族谱》记载，明氏有三大郡望。一是平原郡：平原郡鬲县（即今山东陵县及德州德城区）。鬲在东汉时为侯国，上古时有鬲氏住地。二是吴兴郡：唐太宗李世民命修《大唐氏族志》一百卷，并压制山东诸大姓士族，因此明氏位列吴兴郡（湖州）七姓之二，即姚、明、丘、钮、闻、施、沈。而在《元和姓纂》之前，《新集天下姓望氏族谱》记载湖州吴兴郡出十六大姓，明氏位列第十六位。三是河南郡：洛阳一带，辖境即今之河南以南的洛水，伊水下游，双追河，贾鲁河上游及黄河以北原阳县等地。

查看现在的莘田二村《明氏族谱》（手抄本，原印刷版本因故遗失）和佛山《明氏族谱》记载，两广的明氏先祖明泗，是南宋末期人，原籍河南省荥泽县，曾经官至户部郎中。户部郎中，北宋前期为五品寄禄官，神宗元丰年间（1078—1085）改制，开始有实际职掌，从六品。明泗为官清正廉洁，元朝时期，因战祸携家眷迁居于广东省韶关南雄珠玑巷，至今700多年。

推及明泗的先祖，是北周、隋朝时的明克让。太祖明泗娶妻麦氏，生五子：长子明以仁居于佛山南海九江镇；次子明以义与太祖明泗一起居佛山三水西南；三子明以礼居广西阳朔；四子明以智居广东封开罗洞镇寨岗村；五子明以信居广州市花都区花东镇莘田二村（原属番禺所辖）。其后，五子明以信之后人明元璋，携妻子陈氏迁至清远县回岐司清平乡清湖都聚贤堡明边村南（今清远市石角镇明边村），其后人有800多人；有一支分于佛冈汤塘镇九岭村，其后人约230人；还有一支分迁于澳大利亚，是为21世明金容。澳大利亚分支传至今日，也已经有了五传。据《明氏族谱》统计，南宋末年的先祖明泗，传至今日已有子孙万人之众，还有许多后人移居至中国香港、中国台湾、新加坡等地。

祠堂风雨变迁

莘田二村的明氏祠堂，是明泗第五子明以信的后人所建，始建于明末清初，因为族人少，加上经济不宽裕，建筑面积不大，不过明氏总算是有了祭奠先祖的地方。明氏祖翁明泗官居从六品，家族又是书香门第，其对儿孙的教育与影响自是非同凡响。从明泗让五个儿子分五处落户就可见端倪。因此，与人为善、和睦相处是他们处世的立根之本。五子明以信搬迁至莘田二村，明氏后人牢记先祖的教诲，与洪武十三年（1380）迁居至此的谢氏和光绪二十五年（1899）迁居至此的叶氏友好为邻。

清咸丰三年（1853）癸丑冬季，明氏家族由于族人增加和发展需要，原祠堂难以容纳众多的明氏子孙，祭拜先祖很不方便，因此，在清邑大唐埔的裔孙明儒盛与儿子明学余、明学昌等子嗣共同努力下（门口石柱有字为证），于现今（与原址南北相距100多米）的地方购买一块宽阔的土地，建起了新祠堂。祠堂三间两进，约500平方米，建筑面积200多平方米。祠堂有廊檐，正大门上和廊檐两侧的壁画和诗词告诉瞻仰者，这是一座有内涵的祠堂。廊檐中间是两根石柱，大门处两边石凳。走进大门是前堂，再往里走，两边是走廊，正中为天井。穿过走廊就是正堂。北面是正墙，置供桌和祖宗牌位。当时，也是由于经济所限，祠堂内没有间隔墙，四面通达。

至2001年，莘田二村明氏族人发展到200多人。族人计议决定重修明氏祠堂。大家纷纷捐款，共计收到捐款10万余元。由于祠堂历经风雨，许多横梁也已经毁损，10万元人民币虽然不够进行精修，但将梁柱换上了楠木，重修了墙体。砖是厚重的青砖，每块重达七八斤，瓦是绿瓦，六层木梁结构，柱子是楠木，筑了水泥地面。但是，没有钱贴墙砖。当时，大家为了节省经费，购买建筑材料和祠堂设计以及小工，都是明氏族人自己包下。

又至2016年，明氏族人决定再一次修葺明氏祠堂。改革开放多年，今时不同往日，族人生活富裕，一下子收到85户捐资款，共计20余万元人民币（外地明氏宗亲也有捐款）。

重修工程从2016年5月开始一直到年底，历时7个多月。这次修葺，使明氏祠堂焕然一新，不仅仅延续了祠堂原来的风貌，也融合了一些现代的建筑技术。正堂东墙新挂上"金玉满堂"牌匾，牌匾右面是一帆风顺图，左面是百鸟朝凤图，昭示着村民的日子顺利和富裕。祠堂墙体贴上了新式灰色墙砖，重新置换了楠木梁柱，建起了廊檐，瓦面用了灰塑，祠堂门前平了300多平方米水泥地坪，又按岭南风格挖了口一亩见方的蓄水池塘，养鱼栽荷，契合岭南讲究的风水模式。

岭南祠堂的建筑风格，一直是兼容并蓄的开放品格，是岭南文化融通性和开放性的一

祠堂内景

种外在表现。其既融合了北方大开大合的豪爽,也有自己独特的风格。明氏祠堂与岭南其他祠堂一样,很好地体现了这一风格。老队长明良材两次修葺祠堂,不仅带头捐资,也出工出力,事事争先,不计得失。

镇妖护村的八角古庙

在明氏祠堂不远处,有座八角古庙,占地600多平方米,为当地几大姓氏共有。八角古庙始建于明朝,距今600多年,是广东省三大新发现之一,也是国家文物局公布的第三次全国文物普查百大新发现之一。八角古庙内供奉洪圣爷,目的是镇妖护村。

当年的莘田二村前临流溪河,每年春夏两季洪水暴发,水祸不止,不仅十年九涝,而且村人趁圩搭横水渡过河到钟落潭时,一不小心就会翻船落水。族长心忧水患,经讨论决定建一神庙,是为八角神庙,供奉洪圣爷,镇妖护村,减少水患危害,化祸为福。洪圣爷,即海南洪圣大王,是中国南方有名的神祇。

这座庙堂的屋顶为歇山顶,前后两个歇山顶共八个角,故称八角古庙。八角古庙具有典型的明代风格,殿堂式架构。殿堂式属于"高等级"的架构形式,一般用于皇家建筑、寺庙等,布局严谨,讲究坐向、主次、对称,外型堂皇美观,具有较高的科学价值和实用价值。八角古庙建筑形制独特,是我国木架结构过渡到砖木石结构的实物建筑。

八角古庙结构独特、严谨科学。其主要特点是有两层屋顶(又叫重檐),屋内斗拱多,屋顶的力量经木柱、梁枋传递到地面,木结构各构件之间由榫卯连接,富有韧性。而柱子之间的墙壁,只起隔断作用而不承受房屋的重量。在庙堂之内,共有32根木柱,梁柱与墙面并不贴合,青

八角古庙内景

砖墙体都砌在柱子背后,实现"墙倒屋不塌"。庙堂内中的柱子,除了靠近天井的4根石柱以外,其余28根柱子都是由坤甸木制成。坤甸木材质硬重,强韧耐腐,抗蛀力强,且不怕潮湿。柱子的柱础由切割成圆形和多边形的花岗岩砌筑而成,形似一个倒扣的盆,没有繁冗的装饰。

除了木结构建筑,八角古庙的壁画同样让人印象深刻。门前的两幅壁画分别描绘了广九铁路的风景和老广州山清水秀、亭榭楼阁的景象。庙里的前堂有两幅壁画,左边是"八大仙",右边是"五鬼运钱程";后堂的壁画"双龙戏珠"历史较为久远,有文物价值。

八角古庙在清朝中期及民国初期曾经重修,改供奉释迦牟尼。2003年广州历史文物普查,被确定为广州市文物保护单位,2008年,由政府出资70万元进行全面重修。

明氏杰人

明氏族人安居莘田二村,牢记祖公的训诫,与村人为善,与家人和睦,克己守礼,勤于耕作。几百年来,顺顺利利发展、繁衍,到了近代,有教授,还有保卫祖国的战士。

明柱文,1934年生,北京大学毕业,杭州机械学院教授。明柱文出生在花东镇莘田二村,他现退休移居澳大利亚。两次修建明氏祠堂,他都积极捐款。

志愿军战士明信添,1950年参加抗美援朝战争,曾在零下四十摄氏度的朝鲜战场上英勇作战。还有1979年参加对越自卫还击战的明树科、明绍光。

莘田二村比较偏僻,过去经济来源匮乏,村干部就带领村民努力探索,寻找致富之路。莘田二村的品牌荔枝"鸭头绿",是闻名的桂味荔枝,其特色是肉脆、汁多、清甜、有桂花香味,在市场上很受欢迎。莘田二村水利资源丰富,土壤适合种植蔬菜,村民们就大量栽植四季石榴,栽培优质萝卜等,打造蔬菜种植基地,增加了农民收入,农村的居住条件和生活水平大有提高。

现在的明氏祠堂焕然一新,村民们的日子更加红火。

居福地易富难穷

——胡家庄绍文胡公祠及保良村的变迁

◎ 欧政芳

保良村位于花东镇东西南部，面积约三平方公里。东隔西岭和南唐山与吉星村、港头村相望。南靠流溪河（河对岸是白云区龙岗村、寮案村），西邻石角村、大塘村，北邻秀塘村。

陈济棠治粤期间，为抵御匪盗侵扰，胡家庄一带人口较少、姓氏较杂的一些小村庄的乡绅牵

绍文胡公祠

头联合村民，组织成立了一个互助自保的"保良约"，保良村因此得名。保良村有11个自然村，共16个姓氏。以前对外习惯上分称落柴岗、苔坑、胡家庄。胡家庄包括胡家庄、古馀庄、萧庄，均是广府人，有胡、曾、萧、冯四个姓。保良村胡姓人最多。

胡家庄立村较晚，在保良11个自然庄中倒数第二。胡家庄始建于嘉庆年间（1796—1820），由人口迁入而成，因村民姓胡，故名胡家庄。又因建村者为胡作芝，又名作芝庄。

胡作芝开庄

据阳升村《胡氏族谱》记载，其太始祖胡剑锋，字永泰，别号淳安，由浙江绍兴随儿子来粤任职，而成为广东胡氏始祖。入粤始祖胡剑锋裔孙胡缙，号三山，自三水梅村迁花县阳升村（当时属大东埔村）成为阳升村开基祖。胡缙的裔孙胡作芝，于清嘉庆年间，由阳升村迁居流溪河畔创立胡家庄（又名作芝庄），成为胡家庄的立村始祖。

胡作芝为什么要迁居胡家庄？有两种传说。一种传说是，胡作芝父亲胡裔显（字绍文），是清初名绅胡嘉宾之孙，为清雍正、乾隆年间的岁贡。由于胡绍文才华出众，创下了丰厚的家业，田产遍布大东埔周边，其中包括在流溪河畔这处广阔的肥沃良田。胡绍文有三个儿子，长子作芝，次子作兰，三子作汉。胡作芝成家后，陆续生下八个儿子，为了方便收租管理佃农，也顺应大户人家仔大分家的原则，胡绍文命作芝携带妻儿前往流溪河畔立村开基。另一种传说是，胡作芝娶有三位妻妾，由于妻妾不和，于是将大老婆和大儿子留在阳升村，自己带着两个小老婆及其子女来到流溪河畔立村肇基，开枝散叶后，渐渐形成了以其后裔为单一姓氏的胡家庄。庄中现有人口500多人，旅居海外和外地的乡亲约100人。

据阳升村旧《胡氏族谱》记载，在清朝中后叶，胡氏为男丁重新制定了辈序（分名序和字序），由胡三山十七世孙起字辈序诗为："祥应文明启，朝庭德泽深。国家崇志士，福禄寿同临。"后续字辈序诗为："世运良才显，高魁佐殿中。太平天日永，贤盛锡恩隆。"

自胡作芝在流溪河畔定居后，发家致富、丰衣足食、人丁兴旺、财力雄厚。据传，胡作芝为表孝心，后来将父亲胡绍文接到胡家庄安享晚年。"水有源，故其流不穷；木有根，故其生不穷。"在胡绍文去世后，胡作芝众子孙于光绪元年（1875）建成一座石条垒基、青砖筑墙、黑瓦脊塑、雕梁画栋、恢宏气派的三间两进两巷两衬祠一天井的

层次繁复、造型别致的檐柱柱础

绍文胡公祠，成为胡家庄胡氏子孙祭祀祖先，办理婚、丧、寿、喜等事件，以及商议宗族事务的场所。而今，当年那座曾经雄伟气派的绍文胡公祠，经历了140多年的风雨沧桑，遭受过战火的洗礼，以及历次运动的洗劫，仅存头门面的前厅及左边衬祠，天井及后进早被拆除荡然无存，整体损坏严重，令人不禁唏嘘惋惜。

绍文胡公祠的经历

绍文胡公祠位于胡家庄村口，坐北向南，青砖人字形封火山墙，头门面宽三间，头门梁架及前廊梁架均有木雕，次间虾公梁石柱的柱基层次繁杂、造型别致，虾公梁上设有栩栩如生的石狮驼墩。石门额上阳刻"绍文胡公祠"，落款为"光绪元年仲冬吉旦刻""荫堂王廷楠书"。王廷楠为当时花县著名的书法家，绍文胡公祠由他书写并落款，尤其显得高端大气上档次。右边衬祠尚存，冷巷门口被红砖封闭，石门额上"履中"二字尚存，左边原衬祠已毁，据传其冷巷石门额上有"蹈和"二字，原址上用红砖搭建的简易房一间，与原本古色古香的屋宇并列，尤显格格不入。

踏上三级台阶，头门前廊铺麻石条，次间前廊铺红阶砖，左右次间的墙上写满宣传政策的文字，有"拥护税收爱国公约""中华人民共和国治安管理处罚条例"法律法规的详细条文，毛笔书写，落款为1956年5月25日。墙上所有的壁画都被泥灰涂抹覆盖，檐口砖雕、托梁、门檐挡板上的雕刻统统被铲除。跨过红砖砌的门槛，进入前厅，只见屏风木架顶上有残存的精美木窗花，粗壮的七层瓜柱抬梁，隐约可见祠堂当年的雄伟壮观，室内全部铺红阶砖。墙壁均有石灰水涂抹过的痕迹，隐隐约约可见红色的标语。在石柱之后，是后来为了头门前厅建筑整体的完好，而加固修补搭建的水泥柱、瓦面以及后墙。

据胡氏族人回忆，绍文胡公祠后进以前有块牌匾写着"笃敬堂"三字，说明这是作芝公一族的堂号。笃敬，意指笃厚敬肃。《书·盘庚下》："朕及笃敬，恭承民命。"《论语·卫灵公》："言忠信，行笃敬，虽蛮貊之邦行矣。"梁启超《论新民为今日中国第一急务》："则试以一家比一国，苟一家之中，子妇弟兄，各有本业，各有技能，忠信笃敬，勤劳进取，家未有不浡然兴者。"绍文胡公祠在"文革"前，三间两进两巷两衬祠一天井全部建筑物整体完好，还有后花园及厨房和后厅，一直是村中最雄伟气派的建筑物，每逢年节或婚嫁喜庆宴客，祠堂内外人头涌动欢声笑语，十分热闹。中华人民共和国成立前夕，在花县乡村师范毕业的胡应巨在此办过初级小学。之后绍文胡公祠曾作为高级社的办公点，土改运动时，除了正门，整座祠堂被瓜分到户，划分给数户贫下中农。"文革"时期，是绍文胡公祠损坏的开始，旧建筑物被视为"旧思想、旧文化、旧风俗、旧习惯"的封建残余。祠堂头门前厅的灰塑屋脊，精致的砖雕、木雕统统被毁掉，墙壁上精美的壁画用泥灰涂抹覆盖，令人惨不忍睹。又因为祠堂内粗大的木质梁柱为坚固耐腐的格木，价格昂贵，一些见利忘义者，拆毁祠堂的后进，取出格木梁柱，以数千元一根的价格卖掉。

保良村沧桑

在民国时期，胡家庄一带没有大姓村庄，只有11个小村庄，由于人口较少，姓氏较杂，长期饱受兵侵匪扰、洪涝灾害、盗贼抢掠之苦。于是，部分士绅组织各个村庄的村民成立了一个互助自保的"保良约"，即11个村庄以契约形式，实行一方有难八方支援，村与村之间互帮互助、相扶相携，彼此同舟共济，团结一致共同抗击外来侵扰以及重大自然灾害，用民间的力量保护乡土安宁，与周边村落以及流溪河对岸龙岗、寮寀村等村世代睦邻友好，共享安宁。

早在光绪二十一年（1895），德国耶稣教巴陵会进入保良村苔坑（邱庄附近）建耶稣教堂一座，设有德华小学，招揽附近村民的子女入读接受教育，并作为花县东部传教的总堂。抗日战争时期，德国籍的牧师、传道员全部撤走，教堂因有本籍传道者赖祝平等坚持管理而保存，至"文革"才被拆除改建石角一小，原遗址现为金谷大道所占用。

1938年农历八月，日军在侵入华南前，派遣空军在广东境内上空侦察，飞至保良村上空时发现很多鸡公车（火钳车）在运输柴草，以为是军用物资，于是投弹轰炸。当时车夫见飞机来时，纷纷躲避，未造成人员伤亡，但是损毁房屋、车辆无数。农历十一月，日军侵入花县后，花县南部地区相继沦陷。日军一军用飞机在大水坑附近被国民党中央军用轻机枪击落，机上日军全部毙命。日军遂采取报复行动，出动多架战斗机对大东及其附近村庄大肆轰炸，保良村11个自然村庄也惨遭轰炸，所幸由于"保良约"，村与村之间互助自保，胡家庄村民躲避及时，无一被炸死炸伤。

1939年日军占领石角圩后，将石角圩的店铺和房屋全部拆毁，把材料全部运到保良村的台坑岭及禾叉窿等地建筑碉堡、工事、弹药库、营房。随后日军频频活跃于保良村附近的蛇头岭、深坑岭、禾叉窿等范围内。7月，日军建好了东起蛇头岭，沿山下岭、龙口、新街、五和至文冈等地制高点与南海县逢涌相连横贯花县的封锁线，总长50多公里，沿封锁线大都设铁丝网。近封锁线一公里范围不许耕种和居住，"线"之南部属沦陷区，北部属半游击区，沿"线"两侧一两公里内，田园荒芜、人烟极少。一度商旅云集上至从化街口、下至江村、高塘的花县东隅重镇石角圩全部被破坏，市集从此消失，包括胡家庄在内的保良村11个村庄都笼罩在战争的阴影之下，饱受着战乱的创伤。

随后，日本军队一个兵营近百名荷枪实弹的官兵进驻保良村。面对杀人不眨眼的侵略者，胡家庄的百姓心惊胆战，日夜生活在恐怖之中。虽然胡家庄人祖祖辈辈躬行"履中蹈和"的中庸谦和之道，并没有去招惹日军，但胡家庄还是有村民死于日军的枪下。一天，胡某志（村民胡应松的爷爷）到田间逻水（查看田间排灌情况），被日军无故开冷枪射死。村民胡文炽背着耙去田间劳作的路上，也被日军开枪射击，幸好子弹打在铁耙的耙齿上，侥幸躲过一劫。据对花都历史和发展颇有研究并在胡家庄土生土长的村民胡文汉说，当年村民们在绍文胡公祠结婚设酒席宴客时，常有日军在翻译官带领下"光临婚宴"，名为庆贺，实则为白吃白喝，并宣扬所谓"中日提携"。

直至1945年日本宣布投降，全国抗战胜利，花县抗日战争也画上了句号，盘踞在保良村台坑岭、禾叉窿、蛇头岭以及胡家庄的日军终于全部撤走，胡家庄村民从此恢复了日出而作日落而息的悠然农耕生活。

易富难穷的胡家庄

胡家庄向来有"易富难穷"的说法。村中经济一直以传统农业为主，主要种植水稻，兼种荔枝、龙眼等果树。胡家庄地处广花平原中部，土地肥沃，且得益于村前的流溪河以及流溪河右干渠的灌溉，粮食连年丰产丰收，在二十世纪六七十年代，一个劳动日往往创造高达八九毛甚至一元多的收入，村民无衣食之忧，一直为周边村民所称羡，邻近（包括钟落潭、竹料等地）很多女子都希望能嫁到胡家庄来。

流溪河，发源于从化县桂峰山，流经从化、花都、白云汇入珠江。流域内有大面积的水源涵养林、生态林，筑成了广州北部的重要生态屏障。流溪河流经保良的河段，水面宽阔，茂林修竹，风光旖旎。流溪河石角海龙王附近是花都东部、花泉、石角、花侨等多个自来水厂的取水点，它是花都人生命的源泉，更是广州人民的"母亲河"。华严寺、东方寺均在此处勒碑刻铭设立放生点。流溪河右干渠为1958年修建的灌溉工程，经从化县龟咀、牛心岭，入花县回龙、保良至梨园分水枢纽，分为花干及右干，右干全长约30公里。有效灌溉20多万亩农田。

改革开放初，保良村短暂出现过以种植柑橙，饲养塘鱼，养殖鸡鹅鸭为主的时期。随后，保良经济社与时俱进大力发展工业，村民也纷纷盖建商铺、厂房、出租屋出租，或将自留用地出租，不再依赖农业为生。大多村民到城镇从事工业、商业获利，为家庭创收，加上保良村经济社有集体分红，每年每人按股可以领到数千元不等，生活一天比一天富裕，日子一天比一天幸福。

保良村村党总支书记、村委主任胡文容表示：保良村属于被征地村，村中大部分耕地已被征用，如今尚有山林地约2000亩，耕地约250亩，集体收入主要靠出租土地及厂房收取租金。保良村交通便利，花都城市主干道花都大道横贯村庄，离大广高速金谷出口仅几公里。比邻流溪河，依山傍水，环境优美。随着广州空港经济区建设项目的迅速推进，保良村的城市化进程也在加快，发展优势愈发明显。胡家庄的每一个村民都期盼广州空港经济区的建设，能给胡家庄带来新的发展机遇。

胡家庄历来有耕读传家的优良传统，除太祖胡绍文为清雍正、乾隆年间的岁贡外，其次子胡作兰（作芝弟）也是当时在广州读书准备参加科举的秀才，可惜英才早逝葬于越秀山。之后先后出现了胡湛全、胡应巨等乡村塾师。

此外，在书法诗联方面有一定影响力的有胡应章（善长书法、对联，书法作品被多地多人收藏）、胡文汉（中国楹联学会名誉理事、广州楹联学会副会长以及香港诗词学会等各地多个诗联组织顾问，对联、诗词被多地使用或刻石、木悬挂）、胡文星（中国诗词楹联学会会员、解放军

东方寺流溪河放生处

红叶诗社社员、广东中华诗词学会和广东楹联学会理事、三水诗社副社长兼秘书长等,有《军事对联》《三江浪花》等著作问世,应征的对联和诗词多次获奖)。

如今,胡家庄周边兴起许多大型房地产,如流溪河畔的清水蓝湾、伟源商业楼,花都大道旁兴建面积达755亩的保良北机场安置区等大楼盘,渐渐将胡家庄包围着。此外,胡家庄毗邻花东商业城,遥望广州白云国际机场,有着得天独厚的地理位置优势,毫无疑问是一个名副其实的城中村,日后更是"易富难穷"了。

四海一家人心齐

——记镇东村牛山杨氏与苏氏诸祠堂

◎ 毕旖旎

镇东村,坐落在花东镇的东部,东紧邻杨三村,西与北兴村相邻,南与京塘村、莘田工业区相靠,北与大龙村接壤。京珠高速公路与花都大道纵横交错于村内,交通便捷。镇东村下辖牛山村、企岭庄、沙岭庄三个自然村,分为五个经济社。有杨、钟、廖、苏、高五个主要姓氏,杨、苏姓是村里的大姓,其中,杨姓村民达到了1700余人,苏、钟、廖、高等姓村民约420人。

该村祠堂主要集中在牛山村自然村,共有五座,分别是杨氏宗祠、康成杨公祠、胜立杨公

杨氏宗祠

祠、主成杨公祠和苏氏宗祠。该村村民杨湛溪给笔者介绍了杨氏宗祠和苏氏宗祠。

村名由来

牛山村是镇东村最大的一个自然村,立村至今已有770多年历史。沿着村路蜿蜒而入,道路两旁新房林立,绿树成荫,从村口的祠堂放眼眺望,远处山脉连绵,近看满眼翠绿,山清水秀的环境伴随着习习凉风,让人心旷神怡。经历几百年的风雨洗礼,如今这条村旧貌新颜、人丁两旺,五姓村民在这里安居乐业、繁衍生息。

杨氏宗祠头脊灰塑"鲤跃禹门"

牛山村最初的村名有两种流传下来的说法。据村民杨湛溪说,当时先祖是掌鹅看鸭才来到这里,后来觉得这里宜居宜衍,才定居于此,所以叫"鹅山村"。而另一种说法是,因该村坐落于一座被田野环绕的小山岗上,山岗状若一头东西向躺卧的老牛,故取名"牛山村"。这头"牛"的牛头向东面,牛脚和肚子向南,西面是牛尾,一直通往花都大道,而北面则是牛背脊。当时村子的东面,即牛头的方向,以山地为主,有许多大石块,地质比较特别,如果把石头打碎,就会渗出红色的水,宛如一头受伤的"牛"。后来,牛山村的名字就一直沿用了下来。到了20世纪60年代后,牛山村、企岭庄、沙岭庄合村行政,因位于北兴镇政府东部而名为镇东村。

正所谓牛鹅要吃草,该村的地理环境似乎应验了这个风水之说。由于该村地势平坦,东、西、南面均是耕地与山塘,利于农耕,村民多以农业耕种为生,种植水稻为主,兼种花生、蔬菜,以及荔枝、龙眼等经济作物。而世代的日出而作、日落而归的耕作劳动,让村民至今保留传承了善良、勤恳、朴实的民风和品质。

迁徙源流

据1993年版的《北兴镇志》记载,牛山村于宋淳祐八年(1248)立村,开村者非现在五姓而

苏氏宗祠

是褐姓，褐姓人家至清初人口渐趋减少，到清末已香火不继，后陆续有钟、杨、廖、苏、高等姓迁入。

钟姓先祖于元至元二十四年（1287）由从化屈洞迁此定居，建居于该村的东部，也就是"牛颈"的位置。民国初年，这里瘟疫流行，钟姓人家到中华人民共和国成立时只剩下少数人，到现在人口也没能增长多少。廖姓先祖于元顺帝至元三年（1337）由从化井岗迁此定居。

杨姓是该村的第一大姓。先祖杨富宗生于今白云区科甲水村，育有三子，后迁移至花东石渚村（今石角村）定居。明万历十五年（1587），长子杨祖裔由花东石渚村到此放鸭并定居开基立业。

苏姓是牛山村的第二大姓，先祖苏瑞鸾于清康熙二十六年（1687），从今白云区蚌湖村移居到牛山村。

村民杨湛溪说，关于姓氏的渊源，有一个比较特别的现象，无论在哪里，村里只要有杨姓的，就会有苏姓。有人说，杨、苏的谐音是"羊须"，有"羊"就有"须"，这不失为一个有趣的解释。

不管先来后到，也不管是否"有杨必有苏"，牛山村村民风雨同舟几百年，在此开枝散叶，日益兴旺。

祠堂概况

宗祠是一个家族瞻仰、祭拜祖先的地方，是一个家族承前启后、继往开来的发源地，是团结族人、凝聚宗亲、传播精神文化一个重要场所，也是族人出人头地后衣锦还乡、光宗耀祖、认祖归宗活动之处。

杨氏族人在镇东村现存宗祠有四座，为杨氏宗祠、康成杨公祠、胜立杨公祠、主成杨公祠；苏氏族人宗祠一座，为苏氏宗祠。其中康成杨公祠、胜立杨公祠的始建年份不详，均为三间两进，硬山顶，人字山墙，比较简朴，体量较小，其中胜立杨公祠前廊次间设塾台。主成杨公祠，1999年重建，为单间两进，体量很小。

杨氏宗祠墙楣处壁画《群英会》

　　苏氏宗祠始建年代不详，于民国二十一年（1932）重修，坐西朝东，三间两进，比较简朴，体量较小，青砖墙，人字封火山墙。头门石额上刻有"苏氏宗祠"四字，大门两侧贴上门联："三唐政绩；两宋文章。"彰显苏氏先哲在唐宋二朝的显赫，石门墩刻有"福寿"的纹饰，非常别致。以上四座祠堂的保存状况都不尽如人意：一是它们的体量都不大，相当于花都西隅其他村的"公厅"；二是相对破旧，其中有三座祠堂几十年来没有维修过；三是较为简朴，几座祠堂很少运用木雕、石雕、砖雕、灰塑和壁画等装饰工艺，感觉与村中民房无异。

　　杨氏宗祠算是村中比较有规模的祠堂，它于2015年重建，坐北向南，三间两进，总建筑面积约250平方米。花岗岩墙基，青砖墙，硬山顶，人字封火山墙，龙船灰塑脊，垂脊飞檐上翘。整座祠堂高大明亮，灵动精致。

　　头门门额上刻有"杨氏宗祠"四字。两侧门联"祖功垂福泽；宗德衍家声"寓意着祖辈奋斗留下的功德，后代要继续发扬光大传承下去。正脊龙船脊塑有《鲤跃龙门》图案，檐柱挑头为花鸟造型石雕，封檐板上雕满缠枝花草纹饰，墙楣施有《三元图》《丹凤朝阳》《瑶池赴会》《群英会》《渔樵读会》等壁画。

　　走进祠堂，堂内宽敞明亮，深浅适度，高低宜人。我们采访的时候，村中二十多位老人在搓麻将、打牌、下棋、聊天等，另有六七个小孩在看书，颇有人气。两廊壁画以"孝、善、礼、学"主题为主，展现出杨氏族人对孝善礼德的推崇和颂扬。该祠堂的堂号为"清白堂"，从几百年前的科甲水村就一直沿用至此，也真正体现了杨氏族人清白做人的良好家训。

　　杨湛溪说，杨氏宗祠见证了杨氏族人的日益繁衍壮大，是族人血脉相连落叶归根的精神归宿，是村民活动团聚拜祭先祖的地方。祠堂在民国二十一年（1932）曾重修过一次，由于久经流年风雨，饱经岁月沧桑，祠堂容貌破旧，于是村民决定重建宗祠。

　　2015年，杨氏族人共同商议，成立杨氏宗祠筹建小组，并得到了时任村社领导的鼎力支持，众多后裔子孙热烈响应，大家积极集资捐资。白云区科甲水村的宗亲以及花都其他村落的苏氏宗亲得知重建宗祠一事后，也自筹乐助慷慨捐资。最终，共筹集资金120万元，2015年年底祠堂重光，"清白堂"残存旧貌复原、焕然一新，皆大欢喜。

为了让村里的族人和村民有更好的精神家园和活动环境,杨氏族人在重建宗祠的同时,在宗祠旁边还新建了一个宗祠大小的文化广场,在这里,村民既可以运动娱乐,也可以举办各类活动。杨湛溪说,杨氏宗祠和文化广场是属于大家的,只要有需要,我们都会无偿提供使用。

和睦共处

牛山村世居村民主要有杨、苏、钟、廖、高等姓。多个姓氏生活在同一村庄,来自不同地方,也有先来后到,习俗不同,但他们团结友爱,宗族纠纷、各姓械斗这类事件从未发生过,村里哪家有个红白喜事的,邻居都会主动帮忙。村里的大姓,从不排挤异姓,大家团结一致,亲如一家。

杨湛溪道出了五姓村民和谐共处的秘密。他说,"儒"文化在我国千百年来已经传承数千年,其中"和"文化在老百姓心中更是根深蒂固,如"家和万事兴""和气生财""以和为贵",正是村民的相处之道。村中五个姓氏,虽然有的人丁兴旺,有的人口不多,但是树有根水有源,祖先留下的族谱家训,给子孙后代留下了宝贵的精神财产。虽然各家有各家的家风家训,但是受儒文化影响,大多结合"修身齐家治国平天下"去修订,因此大同小异。这些家风家训,成为规范村中各姓氏后人言行举止的法宝。

2014年,杨姓族人发起成立镇东村老年人协会,由各姓氏族人代表担任理事,共同为村里的老人家谋福利。每逢过年过节,老年人协会成员都会主动邀请60岁以上的老人家欢聚一起,茶话家常。到了重阳佳节,协会成员和村里的干部都会亲自为每一位老人家写好请柬,邀约大家到杨氏宗祠团圆聚会,设宴款待,气氛热烈而融洽。过新年的时候,杨氏族人会举办传统舞狮的活动,各姓村民都会互相走访庆贺。村里的男丁只要满16岁,就会在杨氏宗祠举行起灯仪式……在这里,他们就像一家人,关系融洽。

俗话说得好,家和万事兴。多个姓氏的村民,耕作的耕作,打工的打工,做生意的做生意,尽管文化不一、习俗不同,但当大家笑脸相对时,和睦共处,亲如家人,其乐融融。

苏氏宗祠门墩刻着"福""寿"二字

杨氏螺岭发新枝

——记元岗村螺岭庄秀华杨公祠

◎吕金乐　杨记彬

　　花东镇元岗村螺岭庄，因庄后有座小山形似田螺而得名。前后左右与胜峰庄、田心庄、秀华庄和大坟墩庄相邻。七月的龙眼、荔枝果垂枝头，满园希望。一垄垄壮硕的玉米、一片片翠绿的花生夹道两旁，好一派田园风光。

秀华杨公祠

螺岭庄杨氏宗祠

　　螺岭庄杨氏宗祠是为纪念开村始祖杨秀华而建，祠堂坐落在螺岭六巷1号。坐北向南，二进一天井，外观祠堂为砖木凹字形墙体结构，灰瓦白墙，典型的客家祠堂格局。后靠螺岭山（螺岭山在20世纪70年代已推平建房）、大王山。前有川流不息的大沙河，九湾潭碧水潺潺深情环绕。栅格水泥围栏围住平阔的水塘，在丽日晴空下波光潋滟，亦可浇园灌塘，聚财螺庄。

　　水泥铺就的禾塘左右各有一眼古井，禾塘平整达几百平方米，左右各植观赏树种凤凰树一株，迎风挺立。左侧挂有"卫生村"牌匾，右侧为第九经济社宣传栏，公示村的收入及开支。正门为大理石夹，有门当，杉木门板。大理石地脚，马赛克瓷片贴门洞，门楣大理石阴刻杨氏宗祠四个大字，门夹阴刻祠联："清白家声远；宏农世泽长。"据族人讲，该祠联原本是："清白家声远，弘农世泽长。"只因当时清朝要百姓避讳乾隆皇帝的名字弘历，而由弘改为宏。踏进石门槛抬头可见黑油漆题"万宝朝堂"四个大字，寓意财富满堂。门廊墙上嵌三块黑色大理石和一牌匾，一块为重修禾塘捐款芳名榜，记录了多达61人的捐款及芳名。一块为重修杨氏秀华公宗祠捐款芳名，记录捐款人数多达57人。还有一小块为赤坭杨氏二宗亲捐款记录及芳名。另有2009年12月花东镇首届文化欢乐节醒狮大赛二等奖的牌匾。

　　客家人祠堂讲究四水归堂，所以所有祠堂都会有天井。据族人讲，螺岭庄因祠堂在"打六乡"时已毁坏无存（打六乡，是指1927年间，地主民团与农民协会之间的斗争），祠堂很多物件都是现代后加的。唯独天井的麻条石，天井"铜钱井眼"还是原来的。天井四四方方，寓意天圆地方，四水归堂，天井出水口设计成铜钱状，意为聚财。再上一进，即为上厅了。为摆放神台供奉先祖神位的地方，神台下有土地。神台上放着三个香炉，供大理石神牌。神牌书："廿世，杨门堂上历代高、曾祖妣考神位。祖德源流远，宗枝奕叶长。"上厅屋顶正横梁挂有红布，原来是重修放正梁时的吉祥物。横墙上题黑油漆楷书"四知堂"三个大字。

追根溯源话杨氏

　　据1992年3月重修的《花县螺岭庄秀华公族谱》记载，螺岭杨氏祖先在清朝乾隆八年（1743），从惠州府龙川县迁至广州府从化县糯米田。在从化居住了两代（九廉、德成）后，清朝后期，螺岭庄立庄始祖杨秀华再从从化县糯米田迁至现址。族谱记载：杨秀华原居住从化县糯米田村时，经常到花县花城经营山货谋生，早出晚归，奔波劳碌。后杨母侯氏娘家人推荐他到螺岭暂住。杨秀华见螺岭草木茂盛，周边土地肥沃开阔，左边有一条河环抱，后有螺岭背靠，有龙脉之象，认为这里是风水宝地，适宜居住，因而率子孙迁居至此开庄立村。后来果然是丁财两旺，特别是立庄第二代杨悦东时期。经济快速发展，不但拥有大量农田，而且还经商。在当地办了一间花生油加工厂，因价格合理，经营有方，生意兴隆。门前广阔的花生晒场，成为当时螺岭村的特色。同时他还开有两间药材店,一间在本村,另一间在清远县源潭镇经营。

螺岭庄杨氏称杨秀华为开村祖,但排辈尊杨九廉为一世祖,杨德成为二世祖,杨秀华为三世祖。一世祖杨九廉生五子:长子德大、次子德成、三子德焕、四子德敏、五子德发。二世祖杨德成生二子:长子秀华、次子秀容。三世祖杨秀华生七子:长子悦水、次子悦进、三子悦东、四子悦尧、五子田芳、六子(名字不详,留在从化糯米田)、七子悦洪。螺岭庄辈分排序诗为:"九德秀悦开泰运,文明光彩达朝廷。道学嘉优成上品,万启弘芳易世昌。"一代对应一字,现螺岭庄杨氏已排至达字辈,第十二世。

民俗更改话当年

螺岭庄民俗与周边村庄的最大不同,是每年中秋节、冬至节都不拜神。为什么会这样呢?这还得从一件事讲起,话说清末民初的某一年中秋节,杨姓村民在村旁井边准备劏鸡杀鹅过节,忽然村内堆放柴火的房屋起火。村民们连忙提着水桶拿着打火棍跑去救火,救完火后回到井边,发现所有鸡鹅已无影无踪,由于当年村民家境都比较清贫,已无力再购置鸡鹅应节。一怒之下,说以后再也不拜神了,冬至节也一样。从此,杨氏族人就有了逢中秋节、冬至节不拜神的规矩,其余节日则与其他村落一样。

螺岭庄杨氏拜祭祖先也不同其他村庄,别的村庄多数在清明节一年一拜。螺岭庄杨氏却是一年春秋两祭,清明节前往狮前祭拜杨秀华父亲,以及杨秀华的后辈等祖先。而重阳节则组织族人前往从化糯米田祭拜杨姓先祖,现糯米田尚存两座杨氏祠堂。因糯米田离螺岭庄较近,宗亲往来比较密切,20世纪20年代"打六乡"时,螺岭庄杨氏很多宗亲远避糯米田。等情况好转,又从糯米田迁回。直至中华人民共和国成立后,均有互迁,正因如此,螺岭庄杨氏宗亲与糯米田宗亲显得格外亲。螺岭杨氏崇文尚武,也有舞狮习俗,舞狮在当地比较有名。

具有当地特色的趟栊门

四知堂号话清白

秀华杨公祠的堂号为"四知堂"。汉时之弘农郡治所位于今河南灵宝境内,辖华阴等地。秦汉初期,杨姓子孙分布以弘农最为集中,影响也最大。所以至今仍有"天下杨氏出弘农"之说。弘农杨氏人才辈出,其中最著名的莫过于以"四知"而著称的"关西孔子杨伯起"。

据《后汉书》记载:杨震,字伯起。弘农华阴人,少时好学,明经博览,无不穷究。时人称之为"关西孔子杨伯起"。50岁方开始为官,后多次升迁,官至太尉。曾在赴东莱太守任上,途经昌邑。时任昌邑令的王密曾受他举荐,听说杨震路过昌邑,就前往拜见,到了晚上临别之时取出十斤黄金送给杨震。杨震说道:"我了解你,你却为什么不了解我的为人呢?"王密劝说道:"天黑了,没有人会知道的。你就收下吧。"杨震回答道:"天知、地知、你知、我知。怎么能说没人知道呢?"王密行贿不成,惭愧离开。从此弘农杨氏以"四知"为荣,并以"四知"为堂号。以清白传家为门额,遗风至今可见,"四知堂"由此而来。

螺岭代有人才出

螺岭杨氏立庄时间虽短,不过两百来年。但勤劳聪明的螺岭杨氏也是人才辈出,在各个时期各展风采。比如立庄第二代杨悦东就是商业奇才,在交通不发达的古代,能把生意做到清远县源潭镇。在短短几十年,与族人一起,在当时把螺岭建设得颇具规模,有打铁铺、榨油坊等小手工作坊,既务农又经商。

在现代,村里出了抗日英雄杨金水(民国参军,后生死不明,杳无音讯)。还有参加抗日、解放战争、抗美援朝的英雄杨金钱(1924—1993),与杨金水是兄弟。杨金钱参加抗日战争后加入中国人民解放军西北第一野战军三师,后又投入到解放战争中去,转战陕西各地,解放战争结束后又奔赴抗美援朝战场,枪林弹雨俱不怕。参军十多年,大大小小打了近20多场仗,身体多处枪伤,屡立战功。纪念章、军功章、喜报奖状装满整整一小皮箱。1955年杨金钱复退回乡,任职大东乡乡长(当时包括现在的九子村、珠湖村、大东村、阳升村、元岗村)。任职期间,风雨时节,枪伤隐隐作痛,仍任劳任怨,从不叫苦叫累。在那艰苦年代,经常看见他的身影出现在田头地尾。他顾了国家、大家,而舍了小家。退休时,只拿了几件布衣,一箱书籍回家,真真正正践行了"家训堂言"清白传家,四知为官。杨运望,1939年生。1984—1996年任花县花东信用社主任,从事农村金融工作三十年,屡获个人先进称号。

客家人耕读传家,勤劳坚韧,崇文尚武,敢搏敢闯。螺岭庄自中华人民共和国成立后,虽人口仅二三百人,但移民巴拿马的有十几人,考上大学的有二三十人。其中考上985、211等重点本科也不乏其人。新时代,新螺岭庄,大沙河的水更清,九湾潭的水更美,大王山岭更绿,宜居螺岭庄更富裕。

客家金枝结硕果

——记元岗村黄洞庄江氏与大坟墩新屋庄宋氏宗祠

◎ 吕金乐

花东镇元岗村，位于花东镇西北部，东接联安村、西接大东村和九子村、南邻珠湖村、北连花山镇，居民多为客家人。元岗村在清咸丰四年（1854）建村，仅100多年历史，是个革命老区。山前大道东西横贯而过，下辖13个经济社。村中水资源有大沙河、九湾潭、新庄水库、蟾蜍石水库、元岗山塘，还有大王山、仙人石、鸡枕山青山峻秀。该村有丰富的水源、茂密的林木、广袤的良田。一片片荔枝、龙眼树，一垄垄玉米、花生田，一排排现代楼房，在城镇化快速发展的今天，人与自然和谐相处，共生共长。

长海江公祠

黄洞庄长海江公祠

长海江公祠内景

黄洞庄，因村后山上有一山洞名黄洞而得名。长海江公祠就坐落在黄洞庄15巷29号，为纪念黄洞庄十六世祖江长海而建。祠堂始建于清末民初，后在大革命"打六乡"时被毁，祠堂2016年重修，占地面积600平方米。禾塘已建成现代灯光球场，球场与水塘之间有防护网。门前水塘水泥栅格绕塘而围，安全又美观。祠堂整体结构为三间两进，坐东向西，成凹斗形。黄色琉璃瓦顶、瓦面，灰色瓷片贴墙。既具现代特色，又不失古韵典雅，实为典型的客家人新式祠堂。正门上方挂着两个喜庆大红灯笼，大理石门夹，左右有一门当，杉木板双开大门。门楣红纸贴"西望长庚"四个大字。大门贴红纸祠联："笔花门第；谏果家风。"

迈进大门，见左右连廊，连廊开侧门。居中天井，门洞及连廊贴淡黄色瓷片及腰，白色墙，大理石地板，给人整洁舒适感。天井四四方方，排水顺畅。上厅左右各一杉木圆柱，古木柱石垫。圆木柱之间正中放一大理石香炉，香气袅袅，敬奉祖先。右墙嵌一黑色花岗岩石刻，上书重修长海公记事："俗语云，饮水思源，知恩图报。为纪念先祖江长海，继承祖辈不畏艰辛，同心协力之优良传统。江长海的裔孙们，一致拥护，对原有上、下厅的砖木结构祠堂重修。并得到锦连、万真、建平、记钦无偿让出宅基地。将祠堂建造为上三、下三两进宽敞祠堂。各裔孙们群策群力，踊跃筹款。捐资历时年余，终于大功告成，特立此碑，以彰显我族敬祖感恩团结之良好风尚。"墙上挂祠堂进伙时庆贺红布对联："祖脉发宁城从花县爱处爱居淮阳世泽源流远；宗枝分惠府迁黄洞肯构肯堂梦笔家风奕叶长。"正中摆大理石供品案台，案台前摆神台。神台上摆龙凤呈祥元宝式大理石香炉。香炉前供江氏祖先神牌，神牌上书：江门堂上始高曾祖妣考神位。旁边撰有对联："淮阳世泽源流远，梦笔宗枝奕叶长。"族人介绍，整座祠堂只有门当、木柱石垫是原祠堂古件，其余都是现代设计的现代材料。

"三古"后裔传花县

黄洞庄江氏,堂号为"淮阳堂",自称三古后裔。始"三古"起,至今脉络分明,宗枝清晰,十分难得。"三古",即宋末名臣,江万里、江万载、江万顷兄弟。江万里,名临,号古心,官至丞相兼枢密使,诏赠太傅,益国公,后加赠大师,谥号文忠,享年七十三岁。江万载,名意,字子玖,号古山,授锦衣卫指挥使,摄行中军事,扶宋末皇帝赵昺入福建,后在"崖山"与元兵大战中殉职。其子钲继任保护小皇帝,封"开闽侯",谥号"武肃"。江万顷,名伯,号古崖,授翰林院中书官,户部左侍郎,知南剑州亦授指挥职,避兵入闽,后隐居杨板里。这就是"三古"的来历,黄洞庄族谱亦有记载。

黄洞庄江氏枝承江万载,而排辈则从江敬忠始,尊江敬忠为入粤一世祖,二世祖令常迁居广东博罗县剑潭。迁花县黄洞庄为十一世祖江腾仁后裔。腾仁之孙瑞桂迁花县黄洞庄开基,来此开庄的还有瑞字辈三兄弟瑞桃、瑞仁、瑞贤。瑞仁后裔又迁大坟墩庄另立村屋,故黄洞庄当年是堂兄弟四人迁徙而来。也有人说,当初来黄洞最早的是更长一辈的江盈贵一支,是叔侄来黄洞开基立村。因祖先腾仁、腾贵曾居现在的新丰县。直至现在,黄洞庄江氏族人每年重阳都会上新丰遥田拜祖。黄洞庄江氏辈分排序诗为:"玉祖贵士源,瑞世长章广。昆仑肇梓儒,予绍先泽启。展显廷昌其,应安定朝宗。"黄洞庄江氏现已排至先字辈。

现元岗村江氏人口已发展至五六百人。江氏不忘祖训,笔花门第,崇文重教,一直都有教书育人的好传统,村里大、中、小学教师均有,在教育战线上大放光彩。本科毕业生多人,从政人员处级、科级干部多人。更有抗美援朝英雄江水养(1934—),1951年入伍,1952年参加抗美援朝战争,1956年退伍复员,曾任可爱村(元岗、珠湖村前身)书记,现已86岁高龄,在家含饴弄孙,安享晚年。黄洞庄可谓人才济济,文武双全。

德扬家塾话沧桑

大坟墩新屋庄,建村100多年。从大坟墩老屋庄分村而来,相邻螺岭庄、秀华庄、老屋庄。而德扬宋公祠(德扬家塾)就坐落在新屋庄,德扬家塾建于什么时候没有记载,有记载的是1913年和2008年两次重修,为客家传统的双堂双横屋建筑形式。坐北朝南,正屋为五间两进。两侧为横屋,正屋与横屋间有水门。左路建筑已毁,建筑占地面积约890平方米。该公祠已列入第三次全国普查不可移动文物,2008年5月被公布为花都区登记保护文物单位。

德扬家塾背靠大王山,前有大沙河。堂前地塘平阔,铺水泥地面。弯月形水塘,铁栅格栏围住前面,一面三角宋氏族旗,迎风飘扬。禾塘左右各一口古井,是当年族人洗衣、取水的地方。右边古井已加护盖不用,而左边古井仍在用,水清如镜。只是现在家家户户已用上自来水,古井边已没有当年热闹景象。古井旁边堆了许多大理石古屋构件,它们见证了宋氏岁月沧桑,也是宋

德扬家塾内景

氏村民生活奔向幸福康庄大道的见证者。2008年重修后的德扬家塾墙体全部用淡绿色马赛克铺就，地脚贴淡灰色瓷片。门口摆一大理石香炉鼎，大理石门当、门夹、杉木板双开门。门额大理石阴刻"德扬家塾"四个苍劲有力大字。左阴刻小字"民国癸丑年重修"，右刻"宵邑江文卿书"踏进门洞，见二连廊，居中天井，天井有一外圆内方铜钱井眼，天井及上下厅地面均用麻条石铺就。墙脚贴淡灰色瓷片，淡绿瓷片贴及腰。上厅有绿琉璃窗花装饰两边。祠堂上厅屋顶正梁挂一红布，是客家人重修祠堂时的吉祥物。金柱上挂红布对联："兴旺发达始祖梅县艰苦创业朵朵金枝初发荣华叶；生龙活虎落叶花县发奋图强棵棵银树萌开富贵花。"正中摆花岗岩石台面，神台上放香炉、酒杯及油灯。神牌上书"宋门堂上历代高曾祖妣考神位""金玉满堂"，两旁书对联："祖德光前垂万载；宗扬裕后振家声。"挂"华南宋氏开基祖新恩公遗像"镜画一面，画像中宋新恩戴官帽，穿官服脚官靴，显得庄严威武，肃穆庄重，仪表堂堂。

源承新恩落花城

元岗村大坟墩新屋庄宋氏，堂号为"京兆堂"，尊宋新恩为入粤一世祖。宋新恩，字广传，号念三郎，出生地为今江西省瑞金市青（绿）草湖（潭）大柏地，生于北宋政和四年（1114）九月初十日寅时，后迁广东惠州府永乐县中镇塘，逝于南宋开禧元年（1205）八月十四日巳时，享寿91岁，诰赠中宪大夫，葬于今广东省河源市紫金县敬梓镇敬梓村（古称惠州府永乐县琴江都中正约径子圩）。

水有源，树有根。大坟墩宋氏，始宋新恩起，一脉相传，世系清晰。本世系只记直系宋德扬一支，其他旁系未记。德扬家塾（祠堂）就是纪念二十一世宋德扬而建。现大坟墩新屋庄宋氏已传至三十一代。入花县开基为十九世祖宋兴生，由紫金县迁花县花城三八街，后迁入大坟墩开基。清末，其后代由大坟墩老屋庄分村至新屋立庄。据族中老人回忆，村中并未出过高官达人，

德扬家塾

只是口口相传当年的宋德扬，拥有良田众多。每到夏秋收割二季，前来新屋庄交租的"鸡公车"（独轮车）排成长龙，而宋德扬为免"鸡公车"碾烂地堂，特意请石匠把地堂及来往地堂的路铺上麻条石，铺成石板路，可想而知当年宋德扬多富有。

元岗村村庄多为客家人聚居，客家人有"起灯"的习俗，因"丁""灯"谐音。但元岗村起灯与其他地方有所不同，不是规定在当年"元宵节"起灯，而是添丁家庭在男丁20岁前，选择一个双数年为该男丁挂起一个灯笼或一盏花灯，以示家族"添丁"。通常在正月初六"起灯"，正月十五落灯。真是各处乡风各处例，从前"起灯"一般在祠堂挂灯，现在就多数在自己家里挂。

元岗村是革命老区，1927年，花县地主民团联合攻击"上古岭六乡"的上古岭、东坎垱、珠坑湖、九子岭、黄洞和黄秀塘等地的农民协会，将上古岭六乡焚烧。地主民团惨无人道，见人就杀，奸淫掳掠。毁祠堂，烧族谱。致使村民无家可归，四处逃难。元岗村农民兄弟奋力还击，牺牲了许多农会兄弟及群众，红色基因已流淌在元岗村兄弟姐妹的血液里。其后涌现了公安剿匪英雄陈金常、战斗英雄陈建廷等人。

凌空俯瞰客乡韵

——记山下村成杰潘公祠和世钦潘公祠

◎汤慧雅

在全国三大航空枢纽之一——广州白云国际机场的东北角，聚集着几个成片的村庄，有青墙灰瓦、飞檐深巷的古村，也有连绵成片、整齐划一的新房，这就是花东镇山下村。

初建村时，因这里有肥沃的土地和广袤的田野，北部有山岭一座，名为山下岭，山下村也因此得名。岁月流转，沧海桑田，从前的田野变成了连通世界的国际机场。每天，1300多架飞机在广州白云国际机场起飞降落，平均每十来分钟，就有数架飞机从村庄的上空呼啸而过。从耕读传家到空港新村，山下村的变迁史，也是花都区近郊农村城镇化的缩影。

成杰潘公祠

山下村下辖15个村民小组，现户籍人口约5000人。20世纪90年代前，山下村由16个自然村组成，分别为贡贤庄、横文庄、黄沙湖、美南庄、三吉堂、西岭庄、向北庄、向东庄、向南庄、向西庄、姓邓庄、姓江庄、燕尾屋、富隆庄、姓郑庄、老杨庄。1998年，广州白云国际机场计划移址花都，征用富隆庄、姓郑庄（第六、七、八经济社）一带住房和农田。土地被征收的村民搬迁到新华镇（今新华街）三东村安置区。2006年，联邦快递亚太转运中心在山下村南面兴建，老杨庄（第九经济社）被征用，全社村民搬迁至花东镇保良村安置区。如今，山下村还有11个村民小组仍留在原址。

向东庄与成杰潘公祠

向东庄为村委会所在地，属第五经济社，户籍人口约500人，因村面朝向均为东面，取旭日东升、紫气东来的寓意而得名。向东庄由山下村潘成杰开基，大约清代康熙年间，潘氏自新丰县白沙迁至花县山下村，其后，潘氏族裔逐渐壮大，散居在横文庄、黄沙湖、向北庄、向东庄、向南庄、三吉堂、燕尾屋等村庄，成为山下村人数最多的姓氏。

成杰潘公祠，位于向东庄东面，建于清光绪二十年（1894），是向东庄潘姓村民为纪念开庄祖先潘成杰而修建的祠堂。潘氏虽是客家后裔，但成杰潘公祠采用的是广府风格。祠堂坐西朝东，三间两进，占地面积约350平方米。建筑顶部采用人字封火山墙，碌灰筒瓦，青砖墙，花岗岩墙基。头门建筑立两根花岗岩檐柱，挑头饰石雕，墀头饰人物造型的砖雕。头门明间为花岗岩石门框，门额嵌石匾刻"成杰潘公祠"，上款"光绪甲午仲秋"，下款"宗侄葆良敬书"。梁架、柁墩和斗拱均雕有精美木雕，造型丰富，雕工细腻。虾公梁上的一对隔架石狮子栩栩如生。这两只石狮子具有典型的南狮特征：头大脑凸、额平眼圆、嘴大唇圆、鼻尖耳突、腿细、尾部蓬松。后堂明间正中悬后侧设神台，供奉着向东庄潘氏祖先牌位。

由于年久失修，祠堂屋面漏雨，导致部分椽子、构架腐烂损毁，局部构件缺失。2017年，为纪念先祖功德，向东庄潘氏重修了祖祠，得全族响应，群策全力，宗亲们慷慨解囊，积极捐资，经能工巧匠精心雕筑，成杰潘公祠重光焕彩。重修后，祠堂内壁画被重新描绘，

祠堂壁画《三星耍乐》

封檐板木雕

对原壁画进行整体描边，上色，对其中老化、褪色的部分进行修复，经过翻新处理后，原壁画中文字、图案变得更清晰，也更易于保存，展现出祠堂壁画图文交融、题材丰富的特色。

在众多壁画中，以《三星耍乐》和《教五子名俱扬》最具特色。石门额上有《三星耍乐》壁画，描绘了福、禄、寿三星把酒言欢，其乐融融的场景，图中有蝙蝠、仙鹿、寿桃，寓意"福（蝙蝠）、禄（仙鹿）、寿（寿桃）"三全，吉祥如意，平安喜乐。壁画《五子登科》讲述了五代十国时期，后周窦义士教子有方，五子成才的故事，《三字经》有云：窦燕山，有义方，教五子，名俱扬，即出于此。向东庄开基祖潘成杰育有元泽、元松、元柏、元邦、元雍、元思六子，祠堂由六房后人合建，用"五子登科"典故，亦是表达六房子孙团结和睦，寄托了潘氏先人对后代苦学成才，金榜题名的厚望。

向北庄与世钦潘公祠

在向东庄的南面，山下村委会旁，居住着原向北庄的村民。向北庄同样是潘氏开基的村庄，与向东庄同宗同源但不同房系。1958年设花东人民公社曙光大队和同星大队，向北庄与向东庄划为同一个生产队。20世纪80年代，山下村大力建设村中基础生活设施，在全村铺设自来水管道、架设电线电网，并对全村道路进行水泥硬底化处理。时向北庄、向东庄同属第五生产队，本应统

门额"龙凤呈祥"

一进行安装处理，但两地距离较远，造成施工困难。经过商议，向北庄的村民集体搬迁至向东庄南面建房居住，顺利完成基础生活设施建设。据统计，属于向北庄的村民现有约200人。

向北庄潘氏的祖祠世钦潘公祠位于向东庄南部，这也是向北庄举庄迁至向东庄旁的另一个原因。清代，为纪念先祖潘世钦，山下村黄沙湖、燕尾屋、贡贤庄、向北庄的潘世钦后人合力修建世钦潘公祠。祠堂朝向东南，三间两进，建筑占地面积约300平方米，同样采用了广府风格。建筑顶部采用人字封火山墙，碌灰筒瓦，泥砖墙，花岗岩墙基。头门所立两根花岗岩檐柱上，刻有祠联："世行积善仁义宽容传后裔；钦德望重操庭寿禄振家声。"告诫子孙珍惜家族声望，努力进取，遵从忠厚老实、正直善良、勤俭持家的优良家风。世钦潘公祠历经百年沧桑，曾多次重修。1991年，族人合资重新描绘了祠堂墙上的壁画，内墙扇灰，修补了梁上的石构件。2015年清明节祭祖时，潘氏集资修筑了世钦潘公祠门口的混凝土路面。2017年夏，世钦潘公祠再次重修，头门外墙铺设瓷砖，并解决了瓦面天顶漏水的问题。

世钦潘公祠右侧建有同仁书院，这座书院建于民国十年（1921），由潘姓村民捐款筹建，20世纪50年代直到1994年，曾一度作为村小学使用。同仁书院与世钦潘公祠的制式相仿，但中华人民共和国成立后有改建，书院的右侧加建了砖混结构的房屋。建筑曾被翻新加固，但原本的木梁、石构件、花岗岩石门额被完整保留，使用至今。

潘氏源流略考

潘姓人徙居广东，大概始于唐，至宋，徙居广东的潘氏人逐渐增多。据潘氏族谱记载，潘氏进入今粤北清远地区的主体族支均由今新丰沙田分支而来，均属潘伯澜的裔孙，太祖潘伯澜是粤

世钦潘公祠

成杰潘公祠内景

北地区潘氏发展史上的关键人物。

明正统三年（1438）正月，潘伯澜生于嘉应州兴宁县（今梅州市兴宁市），他乐善好施，德泽乡邻，百姓敬重，是当地颇具影响的人物。明成化四年（1468）因阻军役和徭役，潘伯澜与兴宁县令结仇，为避官祸，乃携眷远离故土，从兴宁县迁到粤北韶州翁源县（今韶关市翁源县）南浦镇杨岸坝再创基业。数年后，家业重振，富甲乡里，身边妻妾贤惠，膝下五子承孝。明朝弘治年间，因潘伯澜在当地德高望重，广得民心，翁源县令因嫉成恨，遂栽赃陷害，派兵围剿潘府。潘伯澜为保血脉延续，迅速转移家中亲属，亲自殿后，于府中引燃火药，后身负重伤，趁乱逃脱，不久身亡。

潘伯澜生有五子，取名均带有"王"部旁，即玙、玟、玲、瑞、珠。

据传，翁源南浦一战之后，长郎潘玙幸存，后徙江西赣州龙南墩头开基；伯澜之妻陈氏随长孙潘千、次子潘玟、五子潘珠及三子潘玲之子潘贤往长宁（即今新丰县）沙田镇新岭开基立业，从而开启了潘氏在新丰县境内的发展历史。

潘伯澜的后裔在新丰县内发展迅速，房支频出，该县有64个村庄均为潘姓人所居，人口众多，民国时期有"潘半县"之称。由于沙田是个典型的山区，山多田少，耕作条件十分艰苦，潘氏族人为了生存发展，便不断地分迁外地。除向新丰县内四处迁徙外，毗邻的今清远市域更成为这个家族的向往之地。故从明代后期开始，这个家族便不断地分迁到江西及粤之南雄、阳山、连州、清远、江门、增城、花都、从化等地，至今裔盛嗣昌。

明朝万历年间，新丰沙田潘姓及其分支由族中长老商议约定字辈派系。时潘族往翁源南浦伯澜公祠祭拜后，回到新丰沙田新岭下富公祠，派出16字辈分诗曰："玉宗文士，维世廷宏。定成元绪，允启熙康。"至清代道光年间，广州府潘家祠扩建"荥阳书院"后，接续16字辈分诗曰："英才昌济，明德纯雅。学智名馨，宪锡勋华。"1985年，重修翁源南浦伯澜公祠后，选出32字排列为字辈诗曰："国器掌珠，天必有常。超群益众，万古传扬。善积四海，兰桂腑芳。恒心立业，发福悠长。"

山下村的潘氏族人，主要为潘伯澜第二子潘玟、第五子潘珠的后裔。按照族谱记载，山下村的潘姓自然村中，属于潘玟后裔的有三吉堂、向南庄、向西庄等，属于潘珠后裔的有横文庄、黄沙湖、贡贤庄、燕尾屋、向东庄、向北庄、美南庄等。百年来，山下村潘氏往海外谋生，后裔在新加坡、巴拿马、越南、美国、加拿大等国家亦有分布。

追溯向东庄开基祖的世系，从潘伯澜这一世往下算，分别为伯澜—念五（珠）—成—仲和—容—玉梁—以理—学成—明耀—维源—世臣—延宝—宏义—定尧—成杰。传说向东庄开基祖潘成杰，因经商致富，从黄沙湖迁出，在向东庄建起了六座"上三下三"结构的屋舍，房屋全部朝向东面。潘成杰生有六子，分别为元泽、元松、元柏、元邦、元雍、元思。他把六座"上三下三"的屋舍分别赠予六子，每座的结构是前面一厅，两侧住房，中央天井，两侧厨房，后进是中厅，厅的两侧也是住房，后进之间亦有通道，通往左右两幢。

向北庄的世系尚未有完整记载，仅知道九十七世祖为维祯，维祯之子世钦，是向北庄的祖先。

山下村的传统风俗

虽然山下村潘氏分属潘玟、潘珠后裔，潘姓族人历来团结和睦，同舟共济，不分彼此。中华人民共和国成立前，山下村潘氏族人有游灯的习俗，每年农历八月十五中秋节夜，潘氏族人组成游行队伍，高举灯笼，环游山下村潘氏属下田产。族人所擎灯笼，除了较为常见的各类花灯，还有极具特色的鱼灯，其中以鲤鱼灯最为出众。在封建土地所有制下，宗族内除了私田外还有公偿田（俗称"太公田"），其收益用于每年祭祖及分猪肉等宗族活动，并由村中长老管理账目。合族游灯，一方面是为了宗族团结和睦，另一方面是为了展示宗族势力，宣告田产主权。中华人民共和国成立后，随着时代的发展，游灯习俗已经消失了。

每年清明节，向东庄潘氏族人合族祭祖，先祭开基祖潘成杰，然后各家拜祭各房祖先，祭祖后，潘氏族人有"太公分猪肉"的风俗。俗语有云："太公分猪肉，人人有份。"分得猪肉，即为潘氏族人，可均分族中收益，也要为族中做出贡献。按山下村习俗，村中男丁及嫁入的妇女，不论老少，均可分得猪肉一碗，只要是当年清明前出生的子嗣，就有分猪肉的资格。

山下村村民还有起灯的风俗。育有男丁的家庭于男丁20岁前择双数岁年为男丁升起花灯，以示"添丁"之意。择定起灯年岁后，主人家于正月初十在祠堂升起花灯，正月十五下灯，仪式结束后男丁即可入族谱。中华人民共和国成立后，起灯习俗不断简化，现多于自家起灯。

世钦潘公祠内景

他乡久居成梓里

——四联村诸姓祠堂群像

◎ 石 政

　　花东地区，自古大族繁多，联安侯姓、山下潘姓、杨荷高姓、象山江姓、九湖王姓、吉星曾姓，远近闻名。除各处大姓外，还有一些村落姓氏繁杂，有些由圩市演化而来，更多是因人口迁移形成聚落，又以客家聚落为主。

　　四联村，位于花东镇东部，村中有宋、赖、钟、何、刘、曾、欧阳、陈、王、范、夏、邝、邹、梁、练、侯16姓，除曾、梁两姓外，其余姓氏均属客家民系，讲客家方言，该村是一个典型的客家村落。村内有10个自然村，高山庄、凤岭庄、西塘庄、莲塘庄、鸡埗地庄、茅草庄、陂角庄、杨旗庄（由各姓村民于明清至民国迁入形成）、马缺头庄、营盘庄（由九湾潭水库移民形成）。

　　清代，四联村一带被称为牛眠石，又因该地盛产黑褐色岩石，状似铁屎，且古时曾作兵营，故被称为铁屎营、铁器营。20世纪50年代末，铁屎营地区四个合作社合为一个生产大队，名为"四联大队"，这是"四联"这一名称最早的出处。在不同的时间，各个姓氏从各地迁入铁屎营，不同姓氏文化的碰撞形成了如今的四联村。四联村现有祠堂五座，分别为伯岷宋公祠（高山庄）、朝诒夏公祠（营盘庄）、练氏宗祠（杨旗庄）、刘氏宗祠（莲塘庄）、欧阳宗祠（鸡埗地庄），不同姓氏的祠堂也承载着不同的故事，有着不同的风韵。

练氏宗祠：岐山世泽，河内家声

　　练氏宗祠位于四联村杨旗庄，清代建筑，面积约210平方米。祠堂朝向东南，面阔三间，深两进，硬山顶，人字山墙，碌灰筒瓦。头门墙面由青砖砌成，麻石墙脚，正门两个立柱贴有对联，上书"岐山世泽"，下书"河内家声"。石门额阴刻"练氏宗祠"，上下款已模糊不清，隐约可见"光绪丙申立"字样,光绪丙申年,即光绪二十二年(1896)。

祠堂前进深约4.4米,两侧厢房作祠堂杂物间使用,墙体以石灰批荡。天井深约4米,长条麻石及水泥铺地。后进深约7米,广约11米。祠堂整体保存情况较好,是村民日常团聚设宴的场所。杨旗庄练姓村民素有修缮祠堂的习惯,每隔数年就对祠堂进行维护保养,2016年,练氏宗亲对祠堂又做了修葺,解决了屋顶漏水和墙体开裂等问题。

花都地区的练姓村落有花东镇四联村杨旗庄、狮岭镇振兴村花屋、梯面镇联民村窿尾笃三处,均为练姓始祖练何后裔。练何原姓东,名何,字子俊,出身河内县(今河南省沁阳市),唐贞观十九年(645),因东何军功显赫,唐太宗赐东何"练"姓,封岐山侯,以河内为郡,称河内堂,故有"岐山世泽,河内家声"之誉。初唐名臣李绩(又名徐世绩、徐懋公)有诗赞曰:"舜友贤裔,岐山侯第,贞观恩及,赐姓启宇。诗书冠冕,诒谋济美。"

历唐、宋两代,练姓子孙分支各地,其中又以福建练姓为主。至元代,二十八世练渊文(豪公)迁居福建武平县(属今福建省龙岩市)开基。明初洪武年间,三十二世练元龙自武平县迁广东嘉应州梅县(今广东省梅州市),为广东练姓入粤始祖。永乐年间,练元龙再从嘉应州迁居广东兴宁(今广东省梅州市兴宁县)。

练元龙育有思治、思化、思平、思明、思宁五子,第三子思平后人为狮岭花屋练姓远祖,第四子思明后人为花东四联、梯面联民练姓远祖。

明万历年间,四十世练建道自兴宁迁居永安县黄沙约(今广东省河源市紫金县)。明朝中期,四十三世练成优携练伟江、练伟华、练伟兰迁出,长子练伟江开基四联村练姓,次子练伟华开基联民村练姓,练成优则携幼子练伟兰迁至广州梅花园麦地村。此外,在增城地区亦有一支四联练姓分支。

练氏宗祠

按《北兴镇志》记载，四联村练姓源于清仁宗嘉庆十三年（1808），练成偕偕同妻黄氏，儿子练伟江、练伟兰由兴宁县金樽村到此定居，随后练成优又带着幼子练伟兰转移到今广州市梅花园麦地村定居。按村民收藏《练氏宗谱（广东紫金瓦溪老马车建道公系谱）》载，则是第四十四世练伟江、练伟华自永安县黄沙约（今紫金县瓦溪镇）迁入铁屎营，后练伟华迁居梯面。据村民讲述，开基祖有兄弟三人，长兄、次子随父迁入铁屎营，后父回到永安县找寻幼子，次子迁居梯面。故推测，练姓四十四世兄弟练伟江、练伟华、练伟兰兄弟三人，长子练伟江开基花东镇四联村练姓，次子练伟华开基梯面镇联民村练姓，幼子练伟兰开基白云区梅花园麦地村练姓。

以上几种说法都提到了父子在四联、联民、白云区麦地村等地的开基情况，但细节又各有不同，在此一并列出。

四联练姓素有联宗祭祖的习俗，每年清明节，麦地村、四联村、联民村练姓都会联宗往四联村附近牛栏窝山祭祖，狮岭花屋练姓亦偶尔往来。近年来，随着人们生活习惯的改变，练姓祭祖时间也灵活起来，一般根据宗亲节假日协调后设在四月的第一个或第二个周末。

春节期间，练姓有舞狮活动，杨旗庄练姓自行组建了一支醒狮队，由练雄文负责教导，每年腊月便开始操练，至除夕夜出动，在村中舞狮助兴，渲染节日喜庆气氛。从前，四联村练姓有"冬大过年"的习俗，每年冬至都会大设宴席，如今，因节假日，一年一度的除夕夜团圆饭成了一家人年前最重要的一次聚会。

伯岷宋公祠：历史悠久的客家氏族

伯岷宋公祠，位于四联村高山庄东北部，始建时间不详，1998年重修，面积约230平方米，为高山庄宋姓族人为纪念开基祖宋伯岷所建。祠堂坐西朝东，面阔三间，深两进，悬山顶，人字山墙，琉璃瓦顶。头门墙面由红砖砌成，有虾公梁，石门额阴刻"伯岷宋公祠"。

前进深约4.6米，上设二龙戏珠脊，做工精美，栩栩如生。南侧墙面上嵌有《重修公祠捐款芳名》石碑，上载祠堂重修捐资名单及重修时间，两侧有对联一副，上联"缅怀祖德源流远"，下联"造福儿孙万古留"。后进堂上设有宋门堂上历代祖先灵位，悬挂画像一幅，为唐代宋氏入粤远祖宋新恩像，绘于1970年。

四联村高山庄宋姓历史悠久，源出花县赤坭锦山宋姓。

唐代，宋氏始祖宋新恩自江西赣州瑞金迁居广东惠州。宋朝末年，五世宋行迁居兴宁，后人又迁居嘉应州（今广东省梅州）。明末，十九世宋汝良生六子，长子二十世宋宏纲迁居花县佳锦山长埔村（今赤坭镇剑岭村半仙寮）。

明末清初，宋宏纲次子二十一世宋志孝自佳锦山长埔村迁居把水上庄（今赤坭镇东升村上把水），清乾隆、嘉庆年间，二十三世宋启源自把水上庄迁居铁器营高山庄（现四联村高山庄），为高山庄宋氏开基祖，宋启源字江英，号伯岷。

伯岷宋公祠

赤坭镇锦山村《花邑佳锦山长埔村宋氏族谱（民国十年辛酉仲冬印，宋澜章修）》内载有宋启源世系，且有其曾孙宋桂森所述《伯岷公行述》。

按行述所载，宋启源（1783—1872）为清代国学生，祖父宋志孝，生父宋成儒，宋启源为家中长子，有兄弟六人，居住于花邑把水庄（今赤坭镇东升村）。父亲宋成儒去世后，家中一贫如洗，宋启源遂外出谋生，以耕田为业。经过数十载经营，宋启源蓄积渐丰，在从亿南蛇庄、番禺东瓜垄庄、花县铁屎营均购有产业，合计田地数百亩，其中铁屎营购置田地高山庄，即为今四联村高山庄，随即在高山庄开基立业。

宋启源发迹后更心念祖德，幼弟五人在把水居住，生活艰难，宋启源便每年运载谷物金银往把水救济胞弟，并在把水购置产业，用以祭祀祖父宋志孝与父亲宋成儒。宋启源伯父宋成球无后，启源便代伯父立养子宋开乔，在狮岭下猫虎垄（现狮岭镇军田村）购置产业。

民国年间，高山庄有宋姓族人宋其贵，黄埔军校毕业，曾任国民党海军司舰长，从化县县长。如今，在四联村南部，宋伯岷所开创的高山庄愈发壮大，欣欣向荣。

附：《伯岷公行述》原文

我曾祖伯岷公，讳启源，字江英，清国学生，乃志孝公之孙，成儒公之子也，生长花邑把水乡，昆仲六人，公居长。时高祖成儒公身后萧条，家无遗产，我曾祖立志宏伟，远出谋生，以耕为业。数十年含辛茹苦，蓄积渐丰，购置产业。由从邑而购南蛇庄，再至番邑购冬瓜垄庄，更复花邑铁器营购高山庄共田地数百亩，以是成为迁居焉。

宋氏百年客家老屋

然我曾祖友爱性成,常念有弟五人尚居把水,生计维艰,每年载谷携银,以济诸弟。并置产业于把水,以留祀志孝公、成儒公。再购产于狮岭下猫虎垄,以留祀成球公。惟成球公无传,我曾祖代立养子开乔公,立室生五子,即居猫虎垄。自开乔公逝世后,其子散亡,所有猫虎垄遗产,经桂森重托,把水乡伦彰叔竖界产志孝公。

尝溯我祖生平,德行上足以报祖宗之功德,下足以启后世之钦崇,迄今相传数世,俾炽俾昌,实藉祖德之所荫也。爰略述梗概,以志不忘。曾祖生于乾隆癸卯岁八月十一午时,卒同治壬申岁十二月二十二午时,享寿九十,葬花邑响水门前山上鲇鱼形,坐南向北。曾祖妣钟氏,生乾隆乙酉岁三月十八丑时,卒同治丁卯岁六月初九未时,享寿七十九。子三人,开国、开润、开创,孙七人,曾孙二十四人,元孙三十九人,来孙若干人。

民国十年季春　曾孙桂森谨述
——《花邑佳锦山长埔村宋氏族谱(民国十年辛酉仲冬印,宋澜章修)》,卷二,二八。
(注:四联村宋姓,按《北兴镇志》48页记载,开基祖宋九公,于清宣宗道光十年(1830),由从化县牛心岭迁到四联村定居,与族谱不符,以族谱记载为准。)

朝诒夏公祠:水库移民的远祖印记

朝诒夏公祠,位于四联村营盘庄中部,始建时间不详,2012年重修,约260平方米,纪念对象为夏姓先祖夏朝诒。祠堂面朝西南,广三间,深两进,悬山顶,人字山墙,琉璃瓦顶,红砖墙面,有虾公梁,石门额阴刻"朝诒夏公祠"。

祠堂内墙面以石灰批荡,前、后进屋顶均设二龙戏珠脊,堂内有《夏氏宗祠重修序言》石碑,上载朝诒夏公祠重修始末、重修时间及捐资人员名单。后堂内设夏门堂上历代祖先考妣神位,供夏姓族人日常祭祀用。

祠堂西北、东南两侧各有青云巷一条,东南侧巷道内设灶台两方,日常设宴时作厨房用,西

朝诒夏公祠

北侧巷道内较空旷，可在设宴时作为村民就餐的处所。

营盘庄原无住民，是一处名为"营盘"的空地，村中传说，该地元代曾有军队扎营，当地人便称之为"营盘"。20世纪50年代初，花县政府决定修筑九湾潭水库，陈、夏、邝三姓从长麻地（现九湾潭水库内）移民至营盘建村，称为"营盘庄"，是四联村的两个水库移民村之一。20世纪60年代初，九湾潭水库建成，营盘庄也已开枝散叶，快速发展起来。2020年，营盘庄内有陈、夏两姓，夏姓村民占全庄人口绝大多数，仅有几户村民姓陈。

据村民讲述，营盘庄夏姓与照镜湖（今新雅街东镜村）夏姓系出同源，照镜湖夏姓自西边（今赤坭镇西边村）迁入。西边夏姓最早从南雄珠玑巷入粤，再迁至佛山地区，复迁至西边开基。明代，西边夏姓分支开基照镜湖。据此推算，则营盘庄夏姓应于明清之际在今九湾潭水库内开基，20世纪50年代再迁至营盘庄。

20世纪50年代初营盘庄初建时，全庄均为泥砖搭建的传统民居，朝诒夏公祠也由泥砖搭建。由于当时物资匮乏，许多建筑材料都是从九湾潭水库内的旧村拆下的，再运到营盘庄建造新房。20世纪90年代，村中的泥砖房逐渐被拆除，建起新式的小洋楼。2012年，朝诒夏公祠也被重修，才有了如今的样子。

此外，花东镇鸿鹤村高板庄、从化区烂柴坑村均有营盘庄夏姓分支，每年大年初一和清明节前后，几地夏姓常欢聚一堂，往朝诒夏公祠祭拜先祖。

天开鸿运鹤起舞

——记鸿鹤村大龙庄张氏宗祠

◎张运强

张氏宗祠，位于花东镇东面，坐落在一条边远的客家小山村——鸿鹤村，称之为大龙地的山岗里。该山岗与花都著名旅游景区九龙潭连成一片，延绵起伏，从高处往下望，山的轮廓犹如一条起伏的巨龙。大广高速和山前旅游大道从南面的村口经过，村道通往山前旅游大道、县道281、乡道799等，使这个原来出行极不方便的山区乡村，成为交通便捷的村落。

张氏宗祠

张氏起源

鸿鹤村《张氏族谱》记载：唐玄宗时期，著名宰相张九龄是张良的后裔，是张氏二十四世祖。张九龄是岭南曲江（今韶关曲江）人，他除了诗歌创作享有盛名外，理政政绩也很出色。唐开元四年（716），张九龄向唐玄宗李隆基奏请开凿"大庾岭新路"改善南北交通，这个建议得到了唐玄宗的赞同。两年之后，古道告别了"人苦峻极"的时代，变成了可并行两辆马车的大山路，路两旁种植了大量的梅花，形成了"坦坦而方五轨，阗阗而走四通"的梅关大道。开元以后，尤其是明、清时期，南来北往路过梅关古道的商旅、挑夫"日有数千"，直到清末粤汉铁路通车前，珠玑巷梅关古道一直是中原和江南通往岭南的大道。

民间传言岭南很多张氏都是张九龄的后人。鸿鹤村《张氏族谱》记载，鸿鹤村张氏是唐朝著名宰相张九龄后人，村中族老传韶关张九龄墓是衣冠冢，张九龄葬在福建龙岩。张氏先祖从福建龙岩迁徙至梅州，然后辗转至惠州府龙川县清化都金鱼约江鼻头。五十五世张奇显生两子：长子广秀，次广捷。张广秀有三子：长子仕昌、次子仕鼎，另有一子给了一黄姓人收养，长大后去了四川。其中，仕鼎又过继给了张广秀的弟弟张广捷。

鸿鹤村大龙庄的张氏开基祖是张奇显之孙、张广秀长子张仕昌。关于张仕昌如何在鸿鹤村开基，说法有三种。第一种是鸿鹤村《张氏族谱》记载的："诸父老传说，公在原乡（龙川江鼻头），年二十余，尚未聘配，因思外出，遂由龙川永安博罗而下至增城，与人佣工，年至三十有余，方有蓄积，始娶祖妣李氏，是时花县新籍地广人稀，意欲往居焉，不意来至番邑鸿鹤埔处，见山明水秀，遂居于九湾潭焉，至子元才、元华、元万年龄俱长，于乾隆丁丑年始筑台于鸿鹤洞大龙埔。遂为鸿鹤开基祖焉，至道光元年冬月重修番邑鸿鹤约大龙埔祖祠。"文字以半文半白的形式记录，张仕昌的开基过程基本清楚。

第二种是族人张智仁的说法：张氏的五十七世祖张仕昌，从龙川县到增城打工谋生，挣了些钱。某日，张仕昌想去花县炭步、赤坭一带，找同宗族的兄弟，共谋发展。于是他从增城到广州，准备坐船到炭步。由于船家听不懂客家话，把炭步误听成泮湖，于是载他沿流溪河，一直送到了太平场的泮湖。张仕昌发现走错地方，认为这是天意，就一直往北寻找合适的落脚地方。后来，他发现九湾潭一带，群山环绕，溪水潺潺，环境清幽，景色宜人，适合居住，便在此安顿下来，以卖柴草为生。一日，张仕昌担着柴草，在一个叫大龙埔的小山岗歇脚，偶遇一风水先生，这位风水先生帮人看风水，发现九湾潭群山一带有龙脉，他是追着龙脉到这里的。风水先生见他知书懂礼，相谈甚欢，临别时问他是否准备在这一带长期定居，张仕昌老实地回答，确实想。风水先生指着大龙垭一个位置说，在此建房立业，必有后人出人头地。于是，张仕昌便在这里建房、立业、娶妻、生子，开枝散叶，造就了一个百年古村。

第三种是族人张显光的说法：当时，张仕昌在从花县炭步务工回乡探亲的兄弟口中听闻炭步那边有很多农田可以耕作，于是夫妻两人从龙川乘船，沿着东江坐到增城下船，问当地人（广府人），花县炭步怎么去？广府人听不懂龙川县的客家话，把炭步听成从化太平场的泮湖，就指往太平场方向，告诉他们："到了泮湖坐渡船过了流溪河，对面就是花县了，到杨荷再问人。"杨荷的当地人也是广府人，他们建议张仕昌夫妻找客家人问问。他们在望顶村终于遇到了客家人，才知道这里离炭步还有很远路程。

夫妻俩觉得这个叫大龙埔的小山丘也不错，适合定居，便有了在此起屋筑庐、开枝散叶的打算。他们向这里的客家人借了镰刀等工具，砍树割草，搭建了草屋，定居下来。初时以卖柴草为生，后来在东瓜窿等地方开荒，种植稻谷等作物。

张仕昌与妻子李氏育有四子，分别是元才、元梅、元华、元万，元梅早夭。仕昌公立下了56字辈序诗，分别是："奇广仕元仁悦祥，祖培青选振朝纲。贻嗣良德衡家吉，予效龄声启国昌。万继玉书文学重，世联金镒锦云芳。福通东海永鸿泰，禄庆南天日久长。"

如今，村中大龙庄的张氏族人，据不完全统计，已发展到1000多人，大部分分布在大龙庄，有户籍人口373人，其他分布在下新庄、鹤排庄、茶寮庄及广州周边地区（主要有钟落潭、长腰岭、从化街口等），中国香港、美国、加拿大、巴拿马等地也有后人。2017年4月，赤坭石坑村三社，张仕昌的叔父张广捷的后人张永就带兄弟来鸿鹤村寻亲，他们至今还经常互访。

据1993年出版的《北兴镇志》记载：另一支张氏是由福源迁冬瓜窿（现九龙湖度假区附近），开基祖是张庭光，1952年，张庭光后裔迁入大龙庄。20世纪50年代初，一些本地附近和从化县等地的外姓人士，陆陆续续迁入鸿鹤村定居，形成目前多姓氏村落群。

张氏宗祠

百年水井

没有奢华，也没有浓郁的色彩，鸿鹤村张氏宗祠很朴素。张氏宗祠位于鸿鹤村大龙庄，在2010年4月公布为广州市花都区登记保护文物单位。

祠堂始建于光绪年间，民国三年（1914）冬月重修，有100多年历史，是典型的客家祠堂。"五龙过脊"，即五间两进，也叫"上五下五"，悬山顶是重要标志。四周有抛出的挑檐，更是客家祠堂典型的代表之作。走入深深的内巷，祠堂四周为民居所包围，在与村民交谈的客家语系中，不时飘出些外地方言。

祠堂坐西北朝东南，建筑广三路，深两进，建筑占地308平方米。主体建筑为花岗岩石脚，青砖墙，硬山顶，碌灰筒瓦。封檐板木雕花草保存完好，大门嵌花岗岩门夹，石门额阴刻"张氏宗祠"。前廊次间设虾公梁，前廊墙楣绘有"花鸟图""瑶池耍乐图"等壁画，保存完整。后堂坤甸木金柱，前带两廊。天井以花岗岩条石铺地。墙体批荡灰沙，扫石灰水，地面改铺粉红色耐磨砖，头门走廊两次间堆放较多杂物。

祠堂保存现状还好，整体完整，但祠内瓦面渗漏，梁架受潮发霉，祠堂前面有一小片开阔地和水塘，是张氏先人按照"前有水塘、后有靠山"的传统风水格局布局。东南侧有一口立村时开挖的水井，当年供全村人饮用。古井有着岁月的气息，仿佛向人们述说着旧时的光阴。

20世纪50年代至90年代，张氏宗祠做过九湾潭林场办公室、农村信用社办公点、制衣厂等，20世纪90年代后期，祠堂被登记为区保护文物单位后，被打扫干净成为村中张氏族人议事、摆宴席之所。祠堂在道光年间和2009年维修过。近两年，祠堂虾公梁因货车调头被意外撞断，村民将肇事者的赔偿款用于维修工程。

传说与民谣

张仕昌在鸿鹤村定居后，很重视后人的教育，他把客家人的忠义勤俭、耕读尚武、诗书传家的优良家风带到这里，传承给子孙后代，也影响了附近的客家人。

传说、引路歌（民谣），语言生动，内容丰富，通俗易懂。它反映了客家人的社会生活，在张氏族人中广为流传。

鹩哥凤的传说。鹩哥凤原名张韶熙，花名张凤、鹩哥凤。清末民初，张韶熙出生在一户农民家庭。他从小机灵，又聪明好学，农忙时常跟父亲在田间劳动，平时说起话来滔滔不绝，很有条理，所以人们都叫他鹩哥凤。

鹩哥凤常为乡邻出力做事，还为鸿鹤村民创作了不少喜闻乐见的歌谣及对联，如同兴约（即原鸿鹤约）的约址、门联都是鹩哥凤的字迹。由于原屋迁拆原物已失，只有老一辈村民才知这门联原句。上联是：鸿禧共庆；下联是：鹤算同添；横额为：鸿鹤乡约。下面还有鹩哥凤的原诗《求足篇》：

　　劳碌奔波只为饥，到时肚饱又思衣。
　　衣吃两全皆具备，又想娇娘美貌妻。
　　娶得娇妻生贵子，恐无田地育娇儿。
　　买得良田千百顷，又无官职被人欺。

引路歌（民谣）。传说从前望顶村有一经营药店的老板叫温玉书，住在高山上。抗日战争时期，日寇经常入村骚扰，抓夫修筑工事。温玉书被迫歇业避难北行，沿途记下地名，写了这首《引路歌》：

鸿鹤高飞过**九湾**，**官坑**、**庙前**复修栏。**牛围**、**饿狗**同相斗，**立达石村**同路难。**独松秀盛长华树**，**石禾寮**睡确麻烦。**二京潭**上深如海，处在**高车**是捞般。**狮前圩**来买卖便，**禾田**、**萌迳**闹清风。**猪口**、**高庙横头档**，**犁屋**滩到新开田。**亿坑**叉北**从化**路，转弯西行上**窟窿**（加粗部分为地名）。

鸿鹤村的南面是望顶村，这里有个鲜为人知的传说。望顶村原名网顶村，传说在立村时，村民较迷信，听说北面村庄名叫鸿鹤村，怕鹤飞来觅食，影响村的风水格局，于是把村名叫网顶村，用网拦住，不让鹤飞过来。在中华人民共和国成立前夕，网顶村村人商议，将村名改为望顶村，顾名思义，望顶，可以坐得高，望得远。

人才辈出

鸿鹤村人才辈出，村民说是祖宗张仕昌为他们选了块风水宝地，真的是为族人积德，使村民受惠。

张凤凌，别名张玉庭。20世纪40年代，他毕业于广西桂林军医学校，国民党少校军衔。1944年，他参加了"衡阳会战"，在攸县后方医院救治伤病员。会战后，随部队退守广西百色田东县。中华人民共和国成立初期，在国民党部队从越南海防市退回台湾岛的晚上，他偷偷下船，回到田东县家中，接着他带妻儿辗转回到花县。当时花县缺医少药，他在当地政府联合诊所行医。

20世纪50年代初，朝鲜战争爆发，鸿鹤村适龄子弟纷纷响应祖国的号召，报名参军。张振强应征入伍，加入志愿军入朝作战。后来他进入东北航校，成为教官。20世纪60年代在湖南国防科技大学任教授，获少将军衔。其弟张祝南考入武汉大学，在四川攀枝花国家三线企业工作，后调入上海钢铁厂任副总工程师。曾受国家委派到日本留学，后到惠州大亚湾参与核电站建设。1979年，中越自卫反击战，张氏族人张汉林、张水泉等人参加了这场战争，为鸿鹤村争得了荣誉。

鸿鹤村还有一位少年英雄陈记好（1953—1966）。1966年5月14日，她与同伴上山割草，同伴不慎落水，陈记好舍身救人，献出了生命，被共青团广州市委授予"少年英雄"称号。

20世纪80年代，退休老人张智仁发现张氏族谱残缺不全，萌生了重修族谱的想法。他不顾近80岁的高龄，走遍各宗亲村落，历时两年终于完成。

近二三十年间，鸿鹤村张氏子弟有不少人考入了国家重点名校，有些成为成功商人，有些进入了政府部门任职，他们参与社会主义建设，为国家做贡献。

民风民俗

鸿鹤村是以种植水稻为主，兼种花生、番薯、芋头及荔枝、龙眼的农业村。过去，每年的大年初一，鸿鹤村的张氏族人都有斋戒的习惯，用素斋供奉祖先。现在，有这种习惯的村民逐渐少了。

  正月初四至十五，花都区各村的村民，都会在这段时间选择好的日子，为未上灯的男丁举行上灯仪式。在鸿鹤村这里，已淡化了男丁上灯这一仪式习俗。但在清明节期间，大龙庄的男丁基本上会回村祭祖。每年清明节前生男丁那些家庭的男人，在祭祖前一天，就必须把所有祖先的坟墓预先整理好，然后带着记录本挨家挨户统计有意在祠堂吃饭的人数及收钱和米。祭祖当天，生男丁的宗亲在祠堂负责做饭，等去祭祖的兄弟回来，共进晚餐。过去到山上祭祖，全部是男丁，现在少数女性也会去拜祭。

  清明节期间，大龙庄冬瓜窿张庭光后裔，有与儒林、锅底龙张姓后裔到花山福源一同祭祖的习俗。

  20世纪50年代，鸿鹤村冬瓜窿有个康乐村（麻风病医院），90年代中期因土地征收，康乐村搬迁至鸿鹤村的大坳（地名）。1996年12月8日，金马高尔夫球场在鸿鹤村九龙潭动工，部分村民告别家园乔迁新居。多年来，鸿鹤村张氏族人和谐共处，为乡村振兴出谋划策。

姓李庄陈年往事

——记联安村姓李庄李氏祠堂

◎ 张运强

凉风习习，沁人心脾，炊烟袅袅，鸡犬相闻。沿着绿树葱郁的道路一路前行，来到了拥有百年历史的美丽村庄——联安村姓李庄。姓李庄原属畚岭，中华人民共和国成立后另为自然村。

清道光三十年（1850），梯面红山村李国球举家迁入联安村畚岭，继续开枝散叶。目前，姓李庄人口近200人，村民仍沿用红山村李姓的字辈："永维宗子万年兴，远绍清勋祖武承。华国文章光凤彩，儿孙世代获高增。"

李庄村貌

审时度势迁居

资政大夫祠

俗话有"逢山必有客、无客不住山"之说，花都区客家人一般住在靠山的地方，姓李庄北面就是风景秀丽的花东蟛蟹石水库。李国球是红山村李氏开基祖李永卓的第四代裔孙。清朝末年，李国球见家族在红山村人多地少，对后世发展不利，深思熟虑后决定迁居。在迁往峇岭前，便在峇岭当地购置了500多亩良田。

李国球生四子，分别是年文、年行、年忠、年信。其中，最有出息的是次子李年行，小名李亚行。民国初年，花县留传一句话："本地刘万青，客家李年行。"刘万青是平山乡人，当地乡绅，于咸丰五年（1855）与兄弟子青、维青、纯青襄办均和局务，练团御寇，保卫桑梓。李年行约出生于1860年，他原娶花山洪姓女子为妻，然而洪姓女子还未过门就去世了，后来他又娶了联安村姓何庄的一位何氏女子。

李年行学有所成后，受聘出任广州知府首席文案师爷一职，负责审阅诉讼文书。民国初年，他被推荐为省参议员，县政府顾问等职务，成为当地有名望的士绅。

姓李庄村中有起灯习俗。男丁结婚前，一般要找算命先生按八字算出一个合适的年份，在这年的初十为该男丁在祠堂挂起一个灯笼，以示家族"添丁"，当地俗称"起灯"。逢过年过节、初一、十五，村民都会带上祭品，先在祠堂拜祭先祖祈福，然后再回家烧香供奉先人。在丰富多彩的客家文化中，祠堂是每个客家宗族大事的见证地与聚居地，每年喜庆节日、清明时节，李氏祠堂都是宗亲聚旧的地方。

百年洗尽铅华

李氏祠堂分东西两祠，东面祠堂属于李年文和李年行，西边的祠堂属于李年忠和李年信。峇岭李氏族人李贤津据族谱推算，两座祠堂始建于1890年前后。

祠堂古朴有些残旧，与邻近的新建楼房成鲜明对比，祠堂坐北向南，是颇具客家特色的围屋式祠堂，也是客家民居中最常见、保存最多的一种。两座祠堂的格局是五龙过脊，亦称上五下五，特殊土坯结构。两祠堂之间是通巷，设有前后门楼连接，通巷中间有一口百多年的水井，供东西两边房子用水。两祠侧边各有五间用青砖建的浴室和一块一米高的长石板洗衣台。浴室有隐藏的枪眼，专门用来射击入侵者。现西边冲凉房，屋顶有小部分塌陷。

墙壁上的枪眼

祠堂内，部分屋顶现有损坏漏水现象，墙壁局部有灰沙剥落。墙基是用土中掺石灰，用糯米、鸡蛋清作黏稠剂，以竹片、木条作筋骨夯筑，高一米。两祠堂门口东侧墙壁下有看门犬出入的小门洞，大门前是晒谷场，用于晒谷、乘凉和其他活动。晒谷场前面筑有一口半月形的池塘，池塘有蓄水、养鱼、防火、防旱等作用。过去，池塘曾经有一座两米宽、十米长的吊桥，连接外面的村道。

据村中老人说，整个庄园，包括祠堂在内，建有约50公分厚、两米多高的围墙，围墙四周有射击枪眼，外围有铁丝网和种有很密、带刺的大竹树，把整个村庄包围。附近有很多高大的柚子树、柿子树、龙眼树和荔枝树，龙眼、荔枝、柿子、柚子挂满树，十分诱人。林大鸟必多，树林中有斑鸠、白鹤、鹩哥、麻鹰、水鸡、麻雀等十几种鸟类，整天"叽叽喳喳"叫个不停。清晨，白鹤、水鸡飞到田里、鱼塘觅食；傍晚，百鸟归巢，如一片祥云降临。

时光悠悠，铅华洗尽，祠堂历经了岁月风霜洗礼，静静地藏在联安村这小小角落里，沉淀着岁月，默默诉说着经年往事、人世沧桑。

1923年，农民运动风起云涌，如火如荼。姓李庄附近的秀塘乡、七星乡、可爱乡、联安乡、宝珠岗乡等先后成立了农会组织。由于农协的反租、反息运动触动了当地地主的利益，从1924年至1927年，农民自卫军与地主民团、土豪、匪霸、国民党的武装冲突达十余次之多。1927年，地主民团、土豪、匪霸对参加过农会的村庄，实行了惨无人道的大清洗，这就是花都历史上有名的

李年文、李年行的祠堂

"打六乡"。六乡遭劫，村民各自逃亡。李氏祠堂在"打六乡"时被民团毁坏，拆了房屋的杉木梁、烧掉了吊桥等。祠堂后期修复，吊桥至今只剩下石桩，浸没在水塘里。

20世纪50年代的"大跃进"时期，村民听说祠堂内墙的泥砖可作肥料，于是把大量泥砖拆下来，碾碎混合在杂草中，用暗火焖成火烧土后，当基肥施入田中。在拆的过程中，族中有一太婆坐在祠堂中间，冒死不肯离开，祠堂才得以免遭被全拆的命运。

姓李庄的人和事

民国初期，当时李年行（李亚行）家族在当地很有钱，庄园有五六十人居住。祠堂门口的水塘装有吊桥进出，此处是整条庄园唯一出口，族中子弟在庄园全天候值班保卫。

庄园主事者怕被贼寇绑架，敲诈勒索钱财，一般不轻易让人外出，若要外出，需经族长同意，安排族中男性带枪陪同。庄园里日用品的采购是雇请附近村庄一陈氏男性代办。有一天，这名陈姓男人在庄外买货途中被贼寇捅死，为此李年行夫人何氏送了两名丫环给陈姓族人进行安抚。

民国时期的一年，国民党中央军进村剿匪，村民李国勋听到在禾堂晒谷的叔叔喊"有贼寇入村"时，跑到禾堂看究竟怎么回事。由于跑动致使裤头松脱，裤子往下掉，他急忙伸手抽裤。一士兵发现了他，以为他在掏枪反抗，于是向他开枪。子弹打中了李国勋的腹部，肠子都流了出来。李国勋托着肠子，痛得忍不住，叫同宗兄弟开枪打死他。村民不忍心，把他抬回家里，先用滴水观音汁敷，无效。再去邻村请医生，最终医治无效死亡。

抗日战争时期，在蟾蜍石水库南蛇头山上驻扎有日军一个小分队，这个小分队统治了花东镇北面八条村，他们抓本地村民挖战壕，建起了横穿山岭的防空洞和一座与花城文笔岭日军联系的瞭望台。在姓李庄通往蟾蜍石水库的路上，还有一棵两人都抱不过来的荔枝树，日军经常在这里

李年信、李年忠的祠堂

杀人。据村中老人讲述，日军这样做，是想杀一儆百，阻止村民的反抗。

现年80多岁的村民李维熊回忆当年的一些往事：有一天，姓茹庄有个茹姓村民在日军那里偷了些物资，日军得知后，下山到姓茹庄扫荡。日军在审讯村民时，有村民供出茹姓村民在姓李庄李远勋的家里。当日晚上，日军把姓李庄整条庄围住。李维熊的伯父在夜间看到有人围村，立即上门通风报信。由于这两人晚上吃了宵夜，喝醉了，没把这当做一回事。天亮时，他们准备偷偷溜出村，结果刚出村界，就被埋伏在此的日军打死在庄外的树林里。

为了搜出被盗物资，日军进村抓人，他们把男女村民分开，女的在祠堂里面，男的在祠堂外面。李维熊18岁的堂兄李志根反抗，被日本兵踩在地上，动弹不得。李志根父亲李宅旺被日军抓到祠堂外灌辣椒水，灌饱了又用脚踩肚子，反复折磨，令李宅旺痛不欲生。

当时年幼的李维熊坐在屋檐下，有个日军翻译问他一些问题，当他回答不知道时，被打了几个巴掌。由于问不出物资的下落，村民又被日军抓去关在秀塘的禾叉坑，后来还是村里的兄弟筹钱，通过村中的乡长和保长作保，才把奄奄一息的村民救出。

20世纪50年代初，朝鲜战争爆发，李志根积极报名参加志愿军保家卫国。1953年，战争结束，李志根回乡。2017年，村人李鸿航考入湛江广东海洋大学，拿到录取通知书时，恰好遇到村里征兵，他响应国家号召，毅然报名参军，被分配在深圳边防武警部队参与汕尾、海陆丰缉毒工作。

姓李庄这十年的变化很大，通过政府拨款和村民捐资，村中铺设了水泥路，建起了小公园，公园里健身设施一应俱全，村容村貌得到了极大的改善。村里还重新丈量了鱼塘亩数和开发荒地30多亩，并将鱼塘和土地发包给个人养鱼和种植绿萝，使村民分红由原来的500元增至1000多元。

炭步镇

和睦相处建家园

——记坉溪村坉头四姓宗祠

◎龚越洪　汤正佳

坉头村是坉溪村辖下的一个自然村,它位于炭步镇东南面,与佛山市南海区相接。西侧有南北向贯通的禅炭公路,南边有广州西二环高速公路。全村常住人口1140人,有汤、刘、徐、冼四姓,其中汤姓人口最多,占全村人口的一半以上,冼姓人口最少,只有六户25人。坉头村与朗溪村在20世纪60年代合并为朗溪大队,后于1989年改为坉溪村。

刘氏宗祠

村里四姓氏有祠

进入埗头村，首先是刘姓聚居地。路口有一棵大榕树，是19世纪70年代，由刘姓先人刘祖远、刘天伟二人，从省城彩章鞋铺迁回埗头种植的，该树是埗头村的风景大树，也是镇村之树。大榕树下，有一座文明亭及一处休闲场地。相传埗头村刘姓始祖刘兴伍，于明万历年间（1573—1620），从神山迁至埗头立村，距今已有400多年了。刘氏宗祠堂号"昌后堂"，始建于清乾隆四十年（1775），民国四年（1915）坍塌，民国十年（1921）重建，耗资大洋606元。刘氏宗祠坐北朝南，三间两进，占地343平方米。青砖石脚，石前檐柱，硬山顶、人字山墙、碌灰筒瓦，大门嵌花岗岩门夹，石门额阳刻"刘氏宗祠"，上款"乾隆乙未季冬吉旦立"字样。前廊墙楣绘有"一家诗赋"等壁画，但部分已模糊不清。封檐板保存较好。外墙石脚为红砂岩，内墙石脚为花岗岩。后堂杉木金柱，金柱间悬挂"昌后堂"木牌匾。后堂前带两廊，五架人字顶，两廊原貌已改为钢筋混凝土结构。祠内墙嵌《民国辛酉重修》碑记一方，落款"民国十年岁次辛酉季夏吉日立"。

沿村道前行200米，为一口长方形水塘，可两边绕行。左侧为汤姓，右侧为徐姓、冼姓住居地。早期还有洪姓村民，后迁往外地。据徐氏族谱记载，徐姓十六世祖徐文润（字泽之，号安南），生于明弘治十六年（1503）九月，其子名徐学邹（字维鲁），后携母卢氏迁居埗头村，为埗头村徐姓始祖。按明朝历代皇帝年历推算，迁居时间为明世宗，即嘉靖年间（1522—1566）较为合理。按此年份推算，徐姓在埗头村定居已有500年。徐姓祠堂因年久失修，内里尽显沧桑，但正门面保存良好，正门上方"徐氏宗祠"四字庄严肃穆，气势尽显。

根据《花都区炭步镇埗头村冼氏族谱》相关资料记录和推算，埗头村冼姓立村始祖冼兼侯、冼锡侯等五兄弟于明朝中期朱孝宗弘治年间，从番禺大石镇植村迁到埗头村，最初住居地是山烂埗（土名），即现冼姓祖宗陵墓附近一带，但该处人少偏僻，治安不好，常被土匪抢劫，有时一个月被抢几次。后为安全起见，经与徐姓、洪姓（后迁走）商量，征得同意，便搬迁到现住处，与徐姓、洪姓相邻为伴。搬迁时间为清朝同治年间之前。

徐氏宗祠

冼氏宗祠

冼姓宗祠石匾记载，原祠堂重建于清朝同治八年（1869）冬季，重建后祠堂占地面积108平方米。砖木结构，外墙青砖，内墙泥砖，前庭有一扇木屏风，中间偏西有一天井，中间东侧有一个小厨房。在20世纪50年代中期，祠堂后进倒塌，只遗留"冼氏宗祠"花岗石匾嵌在头门。1998年11月冼氏宗祠原址重建，除保留前后厅、走廊和天井外，在西侧建一厨房，新冼氏宗祠面积为182平方米，于1999年3月27日竣工入伙。

汤姓与徐姓、冼姓隔塘相望，与刘姓相依而居。村里汤姓族谱记载，明末清初，南海县和顺镇汤村汤文兴，生有四子，为志达、志聪、志明、志诚。长子汤志达即为圳头村汤氏始祖。按汤文兴是汤氏十六世，汤志达公为十七世算起，至现在记载的三十二世，已繁衍后代共有十五世。

汤氏祠堂有三座，分别是汤氏宗祠、白鹿汤公祠和汤信公祠。

汤氏宗祠位于村头最东侧，建于清道光元年（1821），坐北朝南，三间两进，建筑占地344平方米。硬山顶，人字山墙，碌灰筒瓦，青砖石脚。头门石前檐柱，大门嵌花岗岩门夹，石门额阳刻"汤氏宗祠"，上款"道光元年辛巳"，下款"仲秋吉旦立"。大门两侧有对联："文岭堂前耀；丫山案后培。"两次间设虾公梁、石狮、异形斗拱。后堂坤甸木金柱，堂上设有神位，红方砖铺地。后堂前两庑，面阔三间，四架卷棚顶，前设两架轩廊，两侧设廊门。右庑山墙嵌碑记一方，刻有"怀远堂立石"字样及捐款人姓名金额，但大部分字体已无法辨认。祠内墙体扫石灰水，头门正脊改为水泥博古纹饰。汤氏宗祠曾作圳头村小学使用，也曾做过圳溪村铸造厂。

白鹿汤公祠位于汤姓水塘西首，建于清乾隆二十二年（1757），坐北朝南，为三间两进，青砖石脚，硬山顶，人字山墙，碌灰筒瓦，灰沙筒脊，建筑占地218平方米。头门两根红砂岩石前檐柱，大门嵌鸭屎石门夹，石门额阳刻"白鹿汤公祠"，下款"乾隆丁丑春王吉旦立"。外墙石脚红砂岩，内墙石脚鸭屎石，台基红砂岩。后堂杉木金柱，头门地面已改铺水泥，右廊改建钢筋混凝土梁架，加建青砖墙，天井地面也已铺水泥。

汤信公祠位于汤姓水塘东首，坐北朝南，位置介于汤氏宗祠和白鹿汤公祠之间，是汤姓三间祠堂中保护得最好的一间。根据圳头村汤氏族谱记载，立村始祖汤志达，后人建怀远堂纪念他。

汤志达生两子，为汤安和汤信。后人为汤安建居业堂，为汤信建近义堂，汤信公祠由此而来。汤安、汤信为汤氏十八世传，汤信支传十九世汤盘溪，传二十世铭德堂；汤安传二十世传经堂，即白鹿汤公祠。

汤氏宗祠

汤信公祠大门两侧为花岗岩立石，右侧红漆木书"信近于义"，左侧红漆木书"公而且平"，上方正中横石匾，阳刻"汤信公祠"。石匾上方为手绘"福禄寿图"，颜色鲜艳，是后期重修时按原画图文风格补填补绘，力求还原旧貌风骨。祠堂正门面上方挂有"同庆堂"字样木牌匾，后损毁无踪。两侧有"李白斗酒""张良受书""东坡尝荔"等图，并配相关文字诗词。从黑漆木大门进入祠堂，右侧的门官与别处门官略有不同。一般的门官下方呈长方形宝塔状，上方半圆拱形，或外形线条浮凸于平面，以金色或红色漆之。但此处门官除了整体外形与别处相同外，门官圆拱形正中位置绘有一葫芦，葫芦嘴向上水平放置，葫芦身下方两侧分别有半相连的两个铜钱，呈金钱葫芦状。葫芦分上下两部分，上小下大，中间有赫色结带，下部分中间有一"福"字圆形图案，整个葫芦身漆绿色，门官外线条也漆绿色，铜钱、福图案和结带漆赫色。门官两侧各有长方形楹联位，但空白，无文字表述。与门官相对的左侧位置绘有奇石仙果图案。大门往前中间是小天井，天井两侧是小花厅，花厅中间有门，门两侧开有小花窗。再向前便进入主厅，中间是神主牌，神主牌上方绘"吉星高照"，前后左右四方墙上部绘有《玉琴献桃》《玉香献扇》《竹报平安》《锦上添花》《花开富贵》《渔樵问答》《耕读图》等壁画，寓意喜庆吉祥、勤劳上进，以及宗族的兴旺发达、人才辈出。

洪姓村民为何搬走

据说坭头村最早居住的是洪姓、徐姓村民，从冼姓族人搬到现居处，需要先征得洪姓、徐姓村民同意这段描述，可以推出这个结论。但作为与徐姓村民一起最早定居坭头村的洪姓村民，为何要搬走？搬到什么地方？其间到底发生了什么事情？文字上无从考究。

据熟知坭头村历史典故的村民徐伯和推测，洪姓村民突然搬离坭头村，应与晚清太平天国运

白鹿汤公祠

动有关。洪秀全是花县人，太平天国运动爆发后，官府到处搜捕与洪秀全及太平天国运动有关的人员。坭头村属花县管辖，洪姓也正好与洪秀全同一姓氏，虽不一定有宗族血缘关系，但同为洪姓已犯了朝廷大忌。其时，洪姓被列入通缉和抓捕的对象，是朝廷重犯，抓到后很大可能被灭族。因此推论，洪姓村民是太平天国运动爆发后，为躲避朝廷追捕，而离开坭头村的，后杳无音信。徐伯和言及，洪姓村民离开坭头村后，有可能往南海方向撤离，后辗转去了坭岗西跃村定居繁衍，离开时只有四户18人。至今洪姓族人仍没回坭头村寻故土，事实真相如何也只能是推测。若一定要寻找坭岗西跃村洪氏与坭头村洪氏的关系，只能去坭岗西跃村寻访洪姓后人了。

好风气的传承

坭头村不大，却有四个姓氏（不包括已迁离的洪氏），这与炭步大多一村一姓的情况大相径庭。但是，几百年来，四姓村民一直相依为伴，相安而居，各姓有各姓宗祠，各自繁衍生息，都在为坭头村的发展出力。

刘先航，光绪年间秀才，其时在延寿堂书舍教书育人。民国期间，汤慎权牵头发起成立"同庆堂"，其时办公场地就在汤信公祠，汤慎权任会长、汤润煊为秘书长，处理村中事务。中华人民共和国成立后，村民汤永福出资建造坭头小学，为村中小孩提供学习教育的机会和场地，让适龄儿童能够受到最基本的文化教育。汤翰芬，20世纪60年代任花县看守所所长。冼祖秋，20世纪90年代任花县国土局局长，他们都在各自工作岗位，以不同方式为村、为社会做出贡献。

近年来，随着社会的发展，村里投资企业增多，村民收入和分配也是逐年增高，村民福利大大提高，村容村貌有了很大变化，居住环境得到进一步改善，敬老、尊师、重学、互助等优良传统得以传承和发扬。重阳节开展敬老活动，请村里60岁以上的老人聚餐，村里一直这样坚持着。及后，村里还将筹建教育基金，用于奖励考试成绩优异的学子，以及帮助家庭困难的学生完成学业。

二十世纪四五十年代，垙头村有走菩萨的民间风俗，元宵节前后，村里张灯结彩，热闹非凡，爆竹喧天，村民抬着菩萨在村里四姓住居地轮番游行，四姓村民一路上鞭炮相迎，欢声笑语，喜气洋洋，寓意村民身康体健、事事如意。可惜这一风俗没有延续下来，20世纪50年代后期停办了。后来各姓氏各自开展活动，诸如徐姓投灯之类。但现在垙头村春节期间的民间活动，只有刘姓的游灯。

乡贤捐建垙头大道

从炭步到垙头村，垙头大道是必经之路，走过垙头村牌坊，就走上垙头大道进入垙头村。垙头大道全长1588米，于1998年底竣工。路西边建纪念碑，刻有"垙头大道"四字，路的另一端，建有一大牌坊，上书"垙头村"三字，颇具气势，牌坊侧也建有纪念碑，镌刻垙头大道建设的相关信息。

说到垙头大道，自然会想到垙头大道的捐建者——冼健兵。冼健兵1963年出生在垙头村一个普通家庭，父亲是小学校长，母亲在家务农。在艰苦的环境里长大，少年时代的冼健兵考入花县秀全中学就读，并加入花县少年体校，成为当时县里比较有名气的乒乓球运动员。冼健兵后在珠海市海运局工作。20世纪90年代，冼健兵辞职下海经商，经过艰苦打拼，事业兴旺，成立珠海市腾步建筑工程有限公司。

垙头村由于整体地势比较低，一下暴雨，道路就经常浸水，村民出入不便。在1930年，就有热心村民冼俊勋自掏腰包购买花岗岩，架小桥铺设几十米的白石路面，方便村民出行。1998年4月，冼健兵回村祭祖，见回村道路一片泥泞，低洼浸水，心有感慨，遂起造福家乡之念。于是他找垙头村干部商量，提出修建水泥路入村的设想，村里大力支持。垙头大道建设投资128万元，由冼健兵全资捐建。垙头大道的开通，大大方便了垙头村村民的出行，也为后来引入企业到村投资打下基础。

冼健兵还关爱家乡老人，成立老人基金会，节日慰问老人，对特困户和五保户伸出援手，成为垙头村的佳话。村民为了纪念冼健兵捐资建路的善举，特在垙头大道两头立碑纪念。

汤信公祠

骆村风雨话祠堂

——记骆村骆氏诸祠堂

◎余清平

巴江河在接近注入珠江处有一个古老的村庄叫骆村。

骆村原隶属于南海县管辖，清康熙二十五年（1686）花县建县，骆村所在地划归花县。骆村位于炭步镇西南部，前临水泽，地理地势平坦，由西社、中社、东社组成。东临袁竹坳村，南与佛山南海区接壤，西与佛山市三水区一衣带水，北与赤坭镇相邻。骆村有户籍人口2200余人。

雪轩骆公祠、观锡骆公祠

骆氏源流与迁徙

骆道德是两广骆氏的始祖。据《广州骆村家族谱》记载,骆道德(名达元,字道德,号敬三)是岭南骆氏始祖,是唐初著名诗人骆宾王的耳孙(九代孙),于后唐天成元年(926)出生,娶妻何氏、汤氏,去世于宋大中祥符二年(1009)七月二十六日,享年84岁,安葬的地方是今花都区炭步镇横岗村前飞鹅岭。

骆道德于北宋朝时曾官至中顺大夫转运使副使。由于不堪年年战祸,骆道德由浙江金华府义乌县杨塘村吉安里进入广东。刚来广东时,骆道德与妻子何氏、大儿子骆用文、二儿子骆用章在番禺县的高增(今广州市白云区高增村)落脚。多年后,妻子何氏与大儿子骆用文继续在高增居住,而道德公与二儿子骆用章来到南海县乌石岗(今炭步镇唐美村前面的山岗处)开创基业,这一脉后人在此居住300年后至元朝又移居至水坑村开基,即现在的骆村。骆村是这一带骆氏的祖居地,距今有600多年(晚清名臣骆秉章撰写的《花峰骆氏谱序》,印证了这个说法)。

南宋咸淳七年(1271),也就是元朝开国这年,骆用章十一世骆振孙出生。骆振孙生三子,即长子骆观锡、次子骆东垣、三子骆元杰。三兄弟分别开基骆村西社、东社、中社。

到了明朝,骆氏子孙开枝散叶,越来越多,渐渐地有部分后人往外迁居,分别迁移至赤坭莲塘、广西柳州市的三江县、融水县、融安县(十三世骆村中社骆仁敬)、大涡(十三世骆村东社骆静德、西社骆济安)、五指班(十六世骆村西社骆盘英)、横岗(十七世骆村西社骆扬山)、四会和广宁(十三世骆村中社骆仁厚)、花岭(即华岭,十三世骆村中社骆建庄)等地。

骆村祠堂风雨

骆村现有六座祠堂,分别为雪轩骆公祠、观锡骆公祠、凤山骆公祠、莲溪骆公祠、乐善骆公祠和东垣骆公祠。前五座骆公祠呈一字形排开,只有东垣骆公祠较远。雪轩骆公祠和凤山骆公祠现处于无人打理的状况,里面堆了杂物,凤山骆公祠尤甚。

这些祠堂分别是研究清代岭南建筑和民国南方建筑的实物资料。查阅《广州骆村家族谱》,五座祠堂均有文字记载,惟缺观锡骆公祠。现根据家谱记载整理以下文字。

雪轩骆公祠位于骆村西社,远接西社炮楼。建于民国十三年(1924)。坐北朝南,大门两侧各一石凳,走廊石柱左右各一,石柱正上方雕刻两个石象,走廊正上方雕刻石狮子,栩栩如生。主体建筑三间两进,面积323平方米。建筑人字封火山墙,灰塑博古脊,碌灰筒瓦,青砖石脚。石门额上阳刻"雪轩骆公祠"(骆万霖敬书)。堂内年久失修,有杂草,堂左是两个水泥做的灶。后堂前带两廊,天井以花岗岩条石铺地。位于左廊墙楣上绘有《引福归堂》《雨露归家》等壁画。

观锡骆公祠位于骆村西社。堂号"肇基堂"。始建于清乾隆五十一年(1786),曾于清光绪三年（1877）和2003年两次重修。坐北朝南，广三路，深两进，面积276多平方米。主体建筑人字封火山墙，人字七横梁，灰塑博古正脊，青砖石脚。头门九架，石门额阳刻"观锡骆公祠"（骆耀全书）；进大门一米远有木制屏风，后堂十五架，正堂设十二世祖考观锡骆公府君之神位，并设祭祀香炉。外墙灰砖，地面改贴粉红色耐磨瓷砖，两廊屋面钢筋混凝土结构，上盖陶瓦，走廊正上方左右各一石狮子，栩栩如生。全祠墙楣皆绘有壁画。

凤山骆公祠位于骆村西社。建于民国十五年（1926），坐北朝南，主体建筑三间两进，面积196平方米。整体建筑为人字封火山墙，碌灰筒瓦，青砖石脚。头门九架，石门额上刻"凤山骆公祠"；后堂十三架，前带两廊，左廊砌红砖墙，间成一间房。天井以花岗岩条石铺地，后堂前柱砌墙，留一下门，走廊正上方雕有石狮子，左侧置一长条石凳，大门口处两边各有一个两凹三凸四方形石凳。

莲溪骆公祠位于骆村中社，堂号"中和堂"。始建于清乾隆五十年（1785），曾于光绪三年（1877）、2001年两次重修。坐北朝南，广三路，深两进，面积514平方米。主体建筑人字封火山墙，灰塑博古正脊，青砖石脚。石门额阴刻"莲溪骆公祠"；大门前长石条置四节台阶，大门口置四方形石凳，大门右阳刻"莲开三郡"，左面阳刻"溪发五枝"。走廊正上方左右各一石狮子。后柱间悬挂"中和堂"牌匾，并设莲溪骆公神位。2001年重修时，外墙改贴浅蓝色瓷片，地面改贴粉红色耐磨瓷砖，两廊屋面为钢筋混凝土结构，上盖陶瓦，全祠墙楣皆绘有壁画。

乐善骆公祠位于骆村中社。建于嘉庆十五年（1810），曾于宣统元年（1909）重建。祠堂坐北朝南，三间两进，面积299平方米。建筑为人字封火山墙，碌灰筒瓦，青砖石脚。石门额阴刻"乐善骆公祠"；堂上设有骆氏祖先神位，后堂前带两廊。

莲溪骆公祠

东垣骆公祠位于骆村东社，堂号"百福堂"。离前面五座祠堂较远，始建年份不详。土改时，东垣骆公祠分给了本村第三生产合作社（即三队），由于年久失修，最后被拆除。至此，东垣骆公祠历尽沧桑，匿迹足半个世纪。

1999年至2000年，各村在维修旧祠及新建祠堂之风的影响下，东垣骆公祠后裔征得村两委的同意后，召开了社员大会。由于当时资金短缺，会议决定发动社员捐款，捐满200元以上的人士，他们的名字就刻在祠堂内作永久纪念。在各方努力下，一座平地而起的东垣骆公祠终于在2002年落成。祠堂门前有六级石阶，大门旁有长方形石凳，坐北朝南，三间两进，总面积300多平方米。建筑为人字封火山墙，碌灰筒瓦，青砖石脚。石门额阳刻"东垣骆公祠"；堂上设有骆氏祖先神位，后堂前带两廊。外墙贴浅蓝色瓷片，地面贴粉红色耐磨瓷砖，两廊屋面为钢筋混凝土结构，上盖陶瓦，全祠墙楣皆绘有壁画。

骆氏家族的兴盛

骆氏家族名人辈出，但追溯起源，始于东汉末年骆骏（骆氏家谱名，而《后汉书》里是名骆俊），字孝远，骆骏官至会稽太守。年轻时的骆骏在会稽郡当小吏，太守通过观察知道他不仅精通经史，又懂军事韬略，便对他特别器重，于是按照惯例向汉灵帝举荐骆骏为"孝廉"。骆骏奉召到了洛阳，起初担任尚书郎一职，很得一些皇亲国戚和大臣的喜爱。陈国的陈王刘宠求贤若渴，便向皇上央求要骆骏去做陈国的国相（相当于太守职务），帮助治理。汉灵帝答应陈王的要

凤山骆公祠

求，骆骏就做了陈国的地方官。

骆骏到了陈国，竭力配合陈王，励精图治，将陈国治理得国泰民安。中平元年（184），黄巾起义爆发，起义军所到之处，攻城拔寨，所向披靡，各处郡县官吏丢下城邑逃走。唯有陈国民心所向，同仇敌忾，上下一心，黄巾军竟然无法攻下，而且很多深受战祸的其他郡县的老百姓，都扶老携幼，来到陈国躲避灾难，短短时间，竟有十几万人。

骆骏治理有方，在倡导发展粮食生产的同时，也大力奖励生育，增长人口，民间妇女分娩之后，不管生男生女，他都送上一份丰厚的粮食和肉类，给产妇调养身体，养育婴儿，并说明这是陈王的恩德。陈国百姓由衷地爱戴骆骏。

骆骏爱护百姓，由于拒绝借粮给僭号军阀袁术，被袁术遣张闿暗杀，陈国被袁术洗劫。

骆骏之子骆统，也是一个英雄人物。骆统二十岁就升任乌程国相，由于治理有方，骆统被孙权直接提拔为功曹，行骑都尉，出任建忠中郎将。黄武二年（223），骆统随大都督陆逊在夷陵之战中击败刘备，拔擢偏将军（五品），后与严圭更在濡须击败曹仁大军，被孙权封新阳亭侯。

骆统在小说《三国演义》中，没被罗贯中着重书写，但在史书《三国志》里，作者陈寿却为他立传，可见他的功劳和贤德很不一般。只可惜，天妒英才，他36岁就病逝。

晚清八大中兴名臣之一、骆氏第二十八代孙——先后擢任湖南巡抚和四川总督、官居一品的骆秉章（原名骆俊），有一说他是骆村人，根据是一首流传于民间的歌谣："骆村举人华岭中，莲塘拜祖逞英雄。五指龙园烂衫都当尽，横岗大涡倒晒一山松。"而查及《广州骆村家族谱》却无记载。据说是当时骆村族长骆鸿彰拒绝骆秉章回来认族参加县试，原因是担心骆秉章回来分田，结果骆秉章落户华岭村。可惜的是，骆秉章所撰写的《花峰骆氏谱序》也无此记载。

骆建刚与龙母庙

骆建刚是骆村家谱和《花县志》记载的名人（但他在骆村的故居标注的名字为骆建光），骆建刚又名骆雍四，字振邦，号直山，是始祖骆道德第二十四代孙。他生于1734年，卒于1804年，享年70岁。

骆建刚自小喜欢读书，对人彬彬有礼。青年时的骆建刚有一次与几个朋友去省城广州游玩，当朋友们都去办自己的事，留下他一个人在大街上游览时，突然间，他看到一个褡裢，拎起来时很有些重量。他将褡裢口打开一看，是一锭锭银元宝。骆建刚知道丢落银子的人很焦急，于是，就坐在原地等失主。

也不知道等了多久，失主来了。骆建刚如数奉还银子，对于失主的赠银，也坚拒不收。大街上的很多人看到骆建刚拾金不昧的精神，都交口称赞。骆建刚的名声就在广州传开了。

后来，骆建刚在广州开了几家商铺客栈商栈。他信奉诚信经营，童叟无欺，绝不做缺斤少两、以次充好的事。后来，骆建刚生意做得大了，就去广西发展。这一去，给他发现了商机，因

乐善骆公祠

为，广西缺少广州市场上的许多物品，而广西的农产品和山里货在广州也很好销。于是，骆建刚就经常往返于广州与梧州之间，也带了许多乡亲族人一起去营销。

乾隆年间的一天，骆建刚在广州采集了很多物品坐船去梧州（象郡）。一路上很顺利，但是，当船行到肇庆府德庆州悦城镇水路的时候，突然间狂风大作，一排排巨浪汹涌而至，瞬间，似乎要将大船掀翻。一时间，船上的人大惊失色，惊呼不止，有的人吓得哭了起来。骆建刚知道此时必须镇定，他坐在船头上闭上眼睛默默祈祷。说来也怪，这时候，一条小青龙不知何时就盘在船的桅杆上，顿时，波涛退去，风也停了，一切如初始一样安稳。

骆建刚这才起身站在船头上，举目望去，原来在岸边有一座龙母祖庙。悦城龙母祖庙始建于秦末汉初时期，两广的人都知道龙母乐善好施，更能消灾解难。

骆建刚让船家将船靠过去，上岸走进龙母庙里，正殿上有龙母像，庙里还存有明代开国皇帝洪武帝的诏书碑，各种木雕、石雕、陶雕均有缺角和歪斜，略显破败。骆建刚问庙里的庙祝为何如此破败，回答说缺少银子。骆建刚感叹这千年古庙与庙外四周优美的风景格格不入。他点燃香烛，敬上随身携带的一些贡品，又打扫一番，默默念诵后，在香案的捐赠簿上写下"待我归来，捐赠银子一百两。"他又四处察看了一番，觉得一百两银子肯定无法完整修葺，怕到时候又留下遗憾，于是，又拿起笔改成捐赠一千两银子。

可是，到了梧州后，骆建刚望着积压的物品，心想到哪去赚这么多银子？得另想办法才行。

东垣骆公祠

于是,他决定再走远一些,将梧州的货物全部运到福州。到了福州,生意不是一般的好,货物很快就脱销了。骆建刚就带上赚来的银子回来,捐给了龙母庙1000两白银。

后来,骆建刚的生意越做越大,成为两广至福建一带有名的商人。《骆氏家谱》《花县志》和光绪年间的《德庆州志》(记载名字为骆建冈)均记载了这件事,更称赞骆建刚为人忠厚,行善积德,载人慈海,集悯济贫等善事。

骆氏家族迁居岭南年代久远,骆氏祠堂记载了骆氏的生存情况,这对群居民族的发展和研究很有价值。

毓秀华岭出英才

——记华岭村骆氏与骆氏祠堂

◎ 欧政芳

"华岳壮风云浙省传宗裔衍鹅岗兴创业；岭嶍凝瑞气义乌派系内黄郡氏发新枝。"炭步镇华岭村牌坊上的这副对联，由本村十九世裔孙骆锦钊书写。其涵义深远，大气磅礴，不仅简洁地记述了华岭村骆氏的渊源世系，而且清晰地刻画出其先祖迁徙的线路图，让后人瞻仰。不忘慎终追远，时刻铭记兄友弟恭，践行父慈子孝，在丰衣足食、安居乐业的日子里敬宗尊祖、敦亲睦族、守望相助。

云液骆公祠

华岭村开基祖是骆建庄

据广州骆氏宗族资料记述：骆达元，字道德，唐代骆宾王耳孙，字道德，号敬三，因后周时期兵乱不息，迁居岭南，初居番禺高增（今白云区人和镇高增村），娶何氏，生两子，长子用文，次子用章。之后骆道德与次子骆用章再迁居南海乌石岗（现炭步镇骆村与唐美村交界山岗）繁衍生息。据《华岭村骆氏族谱》记载，其太始祖骆道德，时由金华府义乌县杨塘村入粤省南海县乌石岗始居，成为广州骆氏始祖。骆道德第十三世孙骆建庄，由南海乌石岗（今炭步镇骆村地域）迁居华岭，成为华岭骆氏开村始祖。骆建庄，字以善，讳产，迪功郎（古代官名，又名宣教郎，从九品），骆元杰之四子，生于明洪武二十七年（1394），娶妻刘氏、罗氏，生两子，长子骆清江，次子骆定江，由乌石岗迁居华岭村。以骆建庄生于明洪武二十七年（1394）推算，其后裔在华岭村繁衍生息600余年。

骆建庄为什么要迁居华岭村，有两种传说。一种传说是，骆建庄在乌石岗出生的时候，他的父亲骆元杰已经60岁了，他的母亲是侧室。上有正室和嫡出的子孙，再说乌石岗地理位置低洼，常年受水患之扰，受居住局限，骆建庄的母亲为了自己和儿子不与正妻嫡子争执及长远发展，于是和已经成年的骆建庄来到华岭村安居。华岭之前已有黎、龙、谭、马姓氏在此定居，村名原叫"黎龙谭"，由黎屋、龙姓村、谭家巷三姓三个小村落组成。后来，黎姓村民，龙姓村民，谭姓村民不同时期迁出另择宝地而居。另一种传说是，骆建庄小时候放鸭子，发现华岭的水草丰茂，田地肥沃，于是萌生在此安居乐业的想法。自从骆建庄在此地定居后，枝繁叶茂人丁兴旺，随着黎、龙、谭三姓迁出，华岭村就渐渐以骆姓为主要姓氏。

松石骆公祠

华岭村，位于炭步镇的西南部，花都大道、西二环高速从村旁经过，交通便捷。华岭村地理位置优越，村庄依山傍水，村西面一方长形的大山塘，面积40多亩，常年蓄水充盈，波光粼粼，鱼游虾跃。村后的华岭山，山势险峻，茂林修竹，植被丰富，四季常绿，鲜花盛开。据村民世代相传，华岭村得名有两种说法：一是华岭山上长满杜鹃，花开时满山遍岭，姹紫嫣红十分壮观，令人叹为观止；二是华岭山上遍布稔子树，花开时铺天盖地，花团锦簇，美不胜收。因为杜鹃花和稔子花怒放景象，"花岭"的美名就叫开了，而花岭山下的村庄，自然而然被人冠以"花岭"村，又因"花"与"华"读音相同、字义相通，而"华"字的涵义比"花"字更为丰富，"华岭村"称呼的书写就固定了。

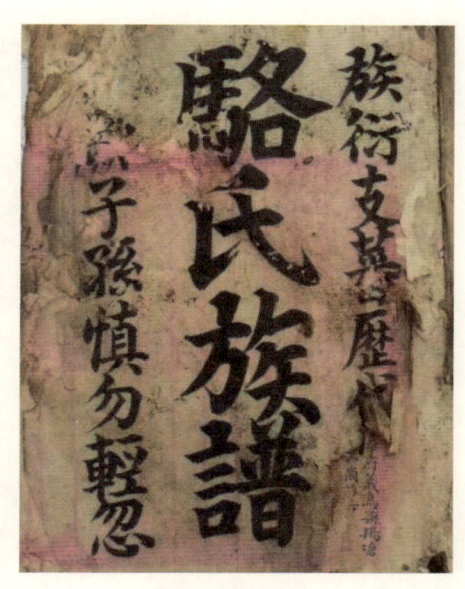

华岭村骆氏族谱

在村民口中，华岭山还有一个关于"七娘石"的传说。传说从前有位神仙担一担宝贝，需要在天亮之前到达目的地，中途到达华岭上空时，突然听到一种声音，非常像鸡叫，误以为天亮了，神仙一走神，挑着的宝物就掉落到凡间了：担挑上一头宝物掉落在三水同九曲河边，变成了乌石；另一头宝物落在华岭山上，也变成了乌石。在神仙和宝物掉落华岭山的一瞬间，华岭山上出现漫天红粉花纷纷而降的奇观。等到天亮时，村民见神仙腾云而去，漫天红粉花消失。当时正是早上七点钟，所以人们又叫这块大石头为"七娘石"。这块"七娘石"很神奇，每逢下雨前，石头的上方都会冒出烟雾，发出打铜鼓的响声，于是村民又称它为"铜鼓石"。

华岭村世居村民以骆姓为主，现有户籍人口1600多人。华岭村民世代以种植水稻、花生、红薯、甘蔗等传统农作物为生，兼以种植荔枝、龙眼、黄皮、柑、橙等果树，利用水塘养殖草鱼、金边鲮鱼等水产品为辅。虽然华岭村村内没有大河流经过，但村内地势西高东低，村东西两社的大山塘丰富的蓄水，为村内的农业灌溉提供了丰沛的水源，即使遭遇大旱，周边村落的农田干裂稻苗干枯了，华岭村的耕地依然有山塘水浇灌润泽，禾稻依然丰收。

重修三次的西炮楼

华岭村坐南向北，后倚华岭山，西临山塘，其风水格局为"渔翁撒网"。村前是松石骆公祠、云液骆公祠、礼屏书室等古旧建筑物和宽阔的水塘。一条花岗岩石铺成的石板路，从村西的牌坊一直延伸到村东，铺在这些古旧建筑物和水塘间，为华岭村的主干道。华岭村现存古建筑旧址、水井，以及古建筑材料随处可见，整体比较完好的明、清、民国时期的古建筑物有云液骆公祠、松石骆公祠、礼屏书室、贞寿之门牌坊、东炮楼、西炮楼等，以及骆天诒祖居和多座广府民居；复建的有光禄大夫家庙，迁建的有水月宫等。这一座座古老的建筑物青砖灰瓦，以石条垒基、石墩顶柱、雕梁画栋、灰塑博古脊、镬耳形封火山墙，规划整齐，严谨密集，横平竖直。村巷后高前低，它们曾经是村民赖以安居生息必备的场所，各有用途，既古朴典雅又雄伟壮观，既坚固实用又大方美观，如今却人去楼空，荒草丛生，破败不堪，在现代化水泥框架结构的小楼房掩映下，成为沧桑岁月的见证者，默默守候着这一方水土。

在华岭村牌坊旁，西炮楼是一座比较完好的古建筑。相传，按照华岭村的坐向，左青龙右白虎，西社炮楼属青龙位，东社炮楼为白虎位。炮楼又叫碉楼、门楼，是一种四周有枪眼、可以瞭望和射击的碉堡，多是财力雄厚、族人团结的村庄才有能力修建。华岭村旧时整个村庄的街巷均通往村前的石板路主干道，只有东、西两个出入口，而东、西炮楼的大门就是村子的大门。炮楼是当时村内最高、墙体最厚、最坚固的建筑物，日夜保护全村人员的生命财产安全。华岭村的西炮楼为长方形，高三层，青砖墙，花岗岩石条门框，一楼的前后大门对开，前大门门楣上刻着"西接长庚"，后大门门楣上刻有"闾阎保障"，内有楼梯通往二、三楼。东炮楼为长方形，原高三层，现高两层，首层大青砖墙，花岗岩石条门框，原炮楼旁边有门楼：原前门楣石刻：福闸重兴，后门楣石刻：义乌宗派，门楼现已不存，只剩下福闸重兴门额石。

华岭村的西炮楼，有三次重修的记录，均以碑刻形式记载，而且这些碑刻至今还镶嵌在炮楼一楼的内墙上。最早一块重修碑刻为道光廿一年（1841），这块《重修西社门楼碑记》说："盖闻善作者尤贵于善承，能守者不虚夫能创，是以有举莫废，有故必新。我华岭乡骆姓东、西二社建立门楼，由来尚矣，所以钟灵秀而备不虞，典至重也。但阅时既久，风侵雨蚀，西社门楼渐虑倾圮。岁值辛丑二月，社之人佥谋鼎新，于是鸠工庀材，输将恐后，不逾月而落成……"从碑文得知，华岭村的东、西门楼建造时间很早，由于年代久远风侵雨蚀，到了清朝道光廿一年已经破败欲将坍塌，于是本村的骆氏族人开会商议，决定拆除新建，族人争先恐后捐钱出力，新门楼不到一个月就落成了。新落成的门楼朴素、闳壮且坚固，门楼内仍然供奉福神，并且没有改变坐向，门楼的深度和广度则比原来旧

东炮楼

西炮楼

的有所增加。

民国四年（1915）的《新建炮楼碑记》记载："我乡前俯长塘，后依峻岭，论形势则素称巩固，所以几经兵燹，尚庆安康。自民国肇兴，秩序凌夷，盗氛肆起，因思官之卫民，不如民之自卫。爰召本社绅耆幼众，集议磋商，佥以关于建筑炮楼一事，实为防御上之唯一良策……民国四年岁次乙卯九月吉日立石。"由碑文可见，民国成立之初，列强入侵，匪盗肆虐，危机四伏。族人认为在乱世中，等政府保护自己，还不如自己保护自己，于是开会商讨，集资将原有的门楼拆除改建为更加坚固实用的炮楼。

然而后来，华岭村这座重修的坚固炮楼并没有庇护乡人的安宁，也没有阻挡住侵华日军的进攻。在23年后的1938年，日军攻击华岭村，杀害村中壮年男丁，放火烧民宅、祠堂，抢掠各种财物；1939年，日军烧毁光禄大夫家庙，杀害无辜村民38人，这次屠杀事件中有一位幸存者——骆德堂。骆德堂当时被日军的刺刀刺了七剑，其中六剑刺穿身体，身上留下十三处伤痕，被后人称为"七剑十三窿"。

2002年的《重修炮楼碑记》记载："昔日先辈艰辛创业建造炮楼，为保护全村老少安居乐业，过着鸡犬不惊的日子，立下丰功伟绩，后因年久失修，顶层漏水，导致二、三层楼板霉烂，近乎危危欲坠之际，作为后辈者无不痛惜，曾多商议集资修建，才向各位善长仁翁伸出求援之手，得以其将全部楼层重修为水泥结构，保存祖辈建造的历史遗产，现将助银芳名下列永留史册……"华岭村的西炮楼，已从保卫族人安居乐业的门楼炮楼，演变为今天的历史建筑遗产。

云液骆公祠与松石骆公祠

《华岭村功名碑记述》记载："我村原骆氏大宗祠、云霖云液两公祠及光禄大夫家庙门前均立有功名碑。遗憾的是，光禄大夫家庙在日本侵华时被日军烧毁，骆氏大宗祠及云霖骆公祠亦在20世纪50年代至70年代期间相继被拆毁。"华岭村保存得比较好的祠堂有两座，一座是云液骆公祠，一座是松石骆公祠，而且族人祭祀祖先或办红白喜事时仍然在使用。

云液骆公祠（三世祖祠），始建于清嘉庆十二年（1807），民国十九年（1930）重建，1998年重修。坐西南朝东北，三间三进、两廊、两天井，青砖墙，花岗岩石基，红阶砖地面，镬耳封火山墙，碌灰筒瓦，灰塑博古脊，建筑占地416平方米。大门石额阳刻"云液骆公祠"，落款刻"嘉庆岁次丁卯年季冬吉旦建，民国十九年孟秋重建"。在后堂设有"宝善堂祖位"神龛一座，两侧刻对联："列宗福荫千秋盛；后嗣德成万代传。"在两廊的墙上，镶嵌有"重修锦南骆公墓捐款芳名""华岭村牌坊道路热心人士捐款永留芳名""云液、松石两公墓园重修志"碑石，以及悬挂有相框陈列族人各种聚会时的照片。在祠堂大门口的右侧墙上，镶嵌有"华岭村功名碑记述"碑石。据记载，村内现存功名碑11块，立碑人有骆秉章、骆天诒、骆本钊、骆毓枢。

云液骆公祠雕花柁墩

所幸功名碑仍保存完好，现存功名碑11块，分布如下：云液骆公祠门前三块，均为骆秉章所立，其中，嘉庆己卯年（1819）乡进士（即举人）碑一对；同治六年（1867）协办大学士碑。西炮楼槟树脚两块，其中，骆天诒立同治丁卯年（1867）钦赐举人碑，骆本钊立光绪十一年（1885）己酉科第一名拔贡碑。

东地楼榕树脚三块，其中，骆秉章立道光壬辰年（1832）恩科第六十名进士、钦点翰林院庶吉士碑；第二块骆毓枢立内容相同，光绪三十四年（1908）旨特赏分部补用主事碑。骆秉章子孙骆鼎保存第三块，其中，骆秉章立道光壬辰（1832）恩科第六十名进士、钦点翰林院庶吉士碑；骆秉章立道光壬辰（1832）恩科进士、朝考二甲、钦点翰林院碑；骆天诒立同治丁卯年（1867）钦赐举人碑。据《华岭村骆秉章功名碑》载："2009年重修位于骆村的太祖道德公家庙，为使家庙增光，告慰太祖，经商议在家庙门前树四块功名碑。并选择参照我村的功名碑重新凿刻，分别为：骆秉章立同治六年协办大学士碑，骆秉章立道光十二年进士碑，骆天诒立同治丁卯年钦赐举人碑，骆本钊立光绪十一年乙酉科第一名拔贡碑。综上所述，道德公家庙门前功名碑均参照我村功名碑新凿。"

松石骆公祠（五世祖祠），始建于明代，清代重建，1995年重修。坐西南朝东北，三间三进，两廊、两天井，镬耳封火山墙，碌灰筒瓦，灰塑博古脊，青砖墙，红砂岩石基，红阶砖地面，大门两侧有包台，大门嵌红砂岩门框，石门额阴刻"松石骆公祠"，建筑面积477平方米。在后堂设有"敦礼堂祖位"神龛一座，两侧刻对联："列宗福荫千秋盛；后嗣德成万代传。"右边有塱头黄氏赠送"华岭表亲祠堂重修志庆"画匾一副，华岭骆氏世代与塱头黄氏联姻，表亲情谊深厚，世代往来。在入大门的一个天井两廊间，共有四条红色的红砂岩石柱，颜色鲜艳夺目，左廊墙上镶嵌有一块"永留芳名，西南骆启超先生热心于公益事业，捐资叁万元"的石碑。

华岭村原来还有"骆氏大宗祠"（始祖祠），祠堂门联为："枝开乌石；叶发鹅岗。"堂号为"世德堂"，朝向安葬太始祖骆道德的飞鹅岗，云霖骆公祠（三世祖祠）堂号"厚泽堂"。杏台骆公祠（八世祖祠），美卿书室（十世祖祠），匡王书舍（十二世祖祠）五间祠堂在20世纪50年代至70年代被拆毁，光禄大夫家庙毁于1939年日军侵华。据多位老人口述，"骆氏大宗祠"始建于明朝末年间，三间三进、两廊、两天井，规模宏大，如今残留的基址上，还可以看到粗大红砂岩石的墙基和石柱，花岗岩石墩，花岗石条平整铺就的天井地面。在《骆秉章自述年谱》有这样的记载："道光四年甲申，三十二岁。七月，先二兄病故。道光五年，三十三岁。是年回花岭乡在大宗祠教读，四月初十日丁父忧。"而云霖骆公祠，同样是三间三进、两廊、两天井的规模。在华岭村东，还有一座后来迁建的"水月宫"庙，用的是原来的门夹石，上有对联："八水灌林通竹岛；千峰拔地拥莲台。"记载为嘉庆戊寅年（1818）建造。在水月宫古庙旁，还有一块"帝王古庙"的门额石，而帝王古庙则无影无踪。现在，在华岭大涡旧圩现存一间破残的天后庙（又叫依灵庙）。中华人民共和国成立初期，云液骆公祠和松石骆公祠，礼平书室被用作乡政府、供销社、信用社、仓库，以及大涡中心小学等，从而躲过"破四旧""文化大革命"的浩劫得以完整保存下来。

据族谱记载，骆建庄的父亲骆元杰生四子，长子仁敬，字端肃，明初迁赤坭莲塘开基，门楼门楣石刻为"义乌世泽"，派自金华；次子仁礼，字梦璋，世居骆村中社，骆村中社为"义乌总派"；三子仁厚，字康保，迁四会上下塘；四子建庄，字以善，迁华岭开基，为"义乌宗派"，而炭步骆村西社分支横岗村南社骆姓则为"义乌分派"。骆建庄生二子：骆清江、骆定江。骆定江生三子：云会（云会过继清江，后人迁广西桂林临桂、永福）、云霖、云液（族谱记述后裔亦有往广西贸易经商不回）。云霖生一子：仙崖。仙崖生三子：都督、微轩、月泉。云液生一子：骆荣。骆荣生二子：松石、松冶。

由此可见，云霖和云液是亲兄弟，但松石骆公祠却建在云液骆公祠之前，且规模比云液骆公祠大，虽然云液骆公祠在民国十九年（1930）重建时，在原来基础上增高了一尺，却也还是比松石骆公祠低矮。一个小小的村庄，竟然庙宇齐全，从宗祠到公祠应有尽有，而爷孙三人在村内都有祠堂，可见骆氏家族在当年是生活富足，财力雄厚。而现在，新的钢筋水泥楼宇成了华岭村内的新风景，当年那些古建筑残留的墙基遗址，石条、石墩、阶砖等精美、实用、耐用的建筑材料则散落在村巷内，见者无不惋惜。骆氏族人曾有"见光不见漏，见残不见旧"的说法，意思是，祠堂是祖宗留下来的产业，即使没有瓦片了，也不觉得在漏水；即使是破残不堪，也不会觉得是旧的，祠堂在族人心中是神圣的，是完美的。

枝繁叶茂英才辈出

自骆建庄公在华岭村开基创业以来，耕读传家，经商致富，后裔星星点点遍布全国各地，迁往省内各县市的不计其数。迁居广西密集发展形成华岭分支的在柳州、桂林等多个亍县乡镇。其中广西融安车平村的骆氏宗亲，曾有过两次前往华岭村寻宗的经历。第一次，是骆建庄公十五世裔孙，车平村始祖骆可周的曾孙骆本德中考获得功名，于1903年跋山涉水回华岭光宗耀祖，并亲自手抄华岭族谱带回车平，让后人不忘血脉，念祖怀乡。第二次是2015年正月十三，车平骆氏族人共八人，带上手抄族谱和当地特产砂糖桔，组团回华岭村寻宗。由于华岭原谱已在"文革"中被毁，车平村宗亲带来的手抄族谱有如雪中送炭，让华岭村修谱接续世系有依据，华岭族人万分感谢车平宗亲百年护谱的功劳。同宗同源，你来我往，从此，华岭村和车平村的宗亲交流来往更加密切了。

自建庄公在华岭村开基创业以来，丁财两旺，人才辈出。而最为出名且在族人中广泛流传的，有考取功名为官从政，福荫祖孙上下三代的晚清一品大臣骆秉章，有以反清复明为己任的斗士"大头成"，有坚守贞洁恪守妇道且高寿的骆郑氏等。

骆秉章（1793—1867），原名骆俊，字吁门，号儒斋。晚清八大名臣之一。清道光十二年（1832）中进士，钦点翰林院庶吉士，先后任江南道、四川道监察御史、工科给事中、奉天府丞学正、詹事府右春坊庶子、鸿胪寺少卿、翰林院侍讲学士、湖北按察使、贵州布政使、湖南巡抚、四川总督等职，清同治六年（1867）卒于四川总督任上，同治帝追封其为一品光禄大夫，谥号文忠。

骆天保（1830—?），字保之，二品荫生，同治六年丁卯钦赐郎中，世袭一等轻车都尉，骆秉章嫡长子，热心家乡公益事业。

骆天诒（1852—?），号衡石，一品荫生，同治六年丁卯钦赐举人，骆秉章幼子，东河总督苏廷魁之婿，骆秉章61岁时所生。其终生未仕，为大魁堂值事，参与佛山的公共事务管理。

骆懋勋，生卒未详，光绪二十四年（1898）以员外郎用，光绪二十五年（1899）任浙江严州府捕盗水利同知，光绪二十九年（1903）调浙江温州府玉环厅清军总捕同知，宣统元年特授广西梧州知府，调署柳州知府，骆秉章嫡孙。

光禄大夫家庙

光禄大夫祠牌坊

骆秉章立碑

骆懋仁，生卒不详，以祖骆秉章授奉政大夫加五品衔。

骆懋勤（1853—1900），字勉吾，荫监生，光绪钦赐刑部主事。骆秉章嫡次孙，骆天保次子。以孝闻世，长期侍奉病母为其熬制汤药，母亲病危时，他连续十几天不眠不休，愿意用自己的身体为母亲代病，祈祷母亲早日康复。

骆懋湘（1850—?），廪膳生，光绪二十四年钦赐刑部贵州司主事，承袭一等轻车都尉，进士骆秉章嫡长孙，被慈禧太后特旨为"旨特用主政"人选。

骆毓麟，字瑞征，以曾祖

骆秉章世袭一等轻车都尉。是进士骆秉章嫡曾长孙，骆天保长孙，骆懋湘长子。

骆毓枢，字斗云，生卒未详，光绪年间增广生。光绪三十四年，以曾祖骆秉章特旨钦赐主事，分部行走。

骆肇铨，生卒未详，同治六年钦赐县丞，骆秉章长兄骆秉扬之孙，即骆秉章侄孙。骆秉扬，生卒未详，骆秉章长兄，以弟秉章封光禄大夫。

骆秉伦，生卒未详，骆秉章次兄，以弟秉章封荣禄大夫。

骆诚斋，生卒未详，骆秉章之父，以子秉章赠光禄大夫太子太保四川总督。

骆达时，生卒未详，骆秉章之祖父，以孙秉章赠光禄大夫太子太保四川总督。

骆熙和，生卒未详，骆秉章之曾祖父，以曾孙秉章赠光禄大夫太子太保四川总督。

骆维楒（？—1910），晋赠资政大夫，诰封朝议大夫，花翎五品衔，候选训导，贡生。

骆津（1919—？），原名骆毓溁，粤剧音乐唱腔设计师、演奏家。设计《花木兰》《母亲》《王侯宴》《武则天》《情深》等戏中大量主要唱段。1962年以来，他用小提琴领奏的《凯旋》《月影寒梅》等数十首乐曲，曾录成卡带或唱片，畅销海外，广受欢迎。

骆永成，花名"大头成"，生卒不详，族谱没有记载他的名字，关于骆永成是洪熙官师兄弟的传说在家族中广泛流传，因为其追随洪熙官反清复明，为当时响当当的反清复明斗士，族人怕惹官非，所以族谱上不敢记录他的名字，而他的神主牌一直被供奉在家中，还有一条伴随其一生的练武棍留给后人，直到"破四旧"时才遗失。

骆郑氏，华岭村骆有显之继室，骆维彬曾祖母，寿百零三岁。清道光二十年（1840）获得朝廷旌表，并获得恩赏给上用缎一匹，银十两，县衙拨款自行建立"贞寿牌坊"褒扬，子孙全部获得封荫。

骆维彬，字勤才，号述堂、麟士、璘士，生卒不详，同治六年（1867）署湖北东湖知县。

骆光润，生卒不详，以子维彬封朝议大夫东湖县知县。

骆可义，生卒不详，以孙维彬赠朝议大夫东湖县知县。

骆勤广，本名骆海光，号东池，生卒不详，候选直隶分司，四川绥靖府渠县县丞。据族谱记载他在四川负责修建供奉骆秉章的贤良祠事务。

骆镛彪，本名骆存规，号铭三，生卒不详，同治年间任广州协镇右营通济桥汛额外千总。

骆宗扬，本名骆可全，字宗扬，号礼屏，生卒未详。布政司理文衔。骆有显长子。

骆勤玉，本名骆锡光，号昆山，生卒未详。咸丰年间为湖南补用知县，候补府经历。

骆维桢，字健才，号翰士，生卒未详。两次考取佾生，以经古进第一名庠生，以廪生捐贡生，选用训导（未仕），骆有显曾孙。族谱记载他为人好善，捐资供养村中节孝妇女11名。

骆应钊（1897—？），自幼在广西长大，毕业于中央军校南宁分校第一期。1933年，在燕塘军校学员总队任上校大队长。抗战期间任第七战区干训团教育长，广西军管区司令部少将参谋长，军事委员会桂林办公厅少将高参。1942年回县接任花县县长。1949年往香港中途失联。骆应钊长子骆厚仁为中华人民共和国第一批飞行员；次子骆厚义为孙逸仙医院高级麻醉师，其后人现

水月宫开展投灯活动

多在北京、上海、河南、武汉等地发展。

华岭村骆氏族人至今保留的传统民俗节日活动有正月初七起灯、十三投灯、元宵节游灯、舞狮舞龙闹元宵。比较特别的是，华岭村舞龙舞狮助兴的武术与周边村落其他狮队不同，别人是整套的洪拳，而华岭村是洪拳开头，蔡李佛收尾；清明集体祭祖；中秋节烧禾楼赏月；现在又有新兴起的外嫁女回娘家和重阳敬老等集体活动。这些大型的活动，数百年以来一代传一代，代代相传，无形之中促成了族人的大团聚，加深了宗亲的情谊，体现出血脉相连和睦友爱亲情，共同享受国泰民安、人寿年丰、幸福美好的生活，这是骆氏族人祖祖辈辈的理想追求，也是福地华岭村的祥瑞。

兄弟同心建祠堂

——记大涡村原爵骆公祠

◎ 张 倩

大涡村，地处花都与三水交界处，是炭步镇西部边缘的村落。自北往南，均有崇山峻岭环拥，北部有树木丛生的中洞岭，主峰海拔337米，为花都区西南部最高点。南部是延绵不断的牛牯岭、巴岭和藏峰。西部有蜿蜒的河溪流淌，村民称其芦苞涌，又称大涡河，是花都区与三水区的界河。

原爵骆公祠

村名的由来，据《炭步镇志》有载："山下有梯田，西面是河堤，中间成涡滩田，像窝状故名大涡村。"大涡村由多姓村民聚居，其中，以植、骆、黄三姓居多。

骆氏源流

大涡村由大涡、太平庄、讴村三个自然村组成，以村民居住方位划分为上社、下社和新村，原爵骆公祠位于大涡自然村上社。为了解更多有关这座祠堂的信息，我们找到了骆原爵一房的后人，老人叫骆禧常，民国二十四年（1935）出生，恰巧他也是该村骆氏族谱编修人。据了解，村中原有一本世代相传的《骆氏族谱》，按照族规交由村中有学识、有担当的人保管。民国时期，族谱由骆禧富保管，他是村中的教书先生，在村里健斋家塾开设卜斋任教，后来在骆氏家塾创办昭明小学，任校长一职。中华人民共和国成立后，由于某种原因，骆禧富家中财产被搜刮，族谱与其家中的书籍一并烧毁。据1998年编修的《族谱》有载："禧富公，字学儒，堂名展筹，此人才学广博，死于战乱。"记载大涡上社骆氏源流的族谱，因意外被烧毁，族人心里一直感到遗憾。而禧常老伯也常常牵挂族谱一事，一心想要重修骆氏族谱，最终在1998年完成《骆氏族谱·大涡村原爵公房》的编写，使骆原爵一房的姓氏源流得以记载下来。

骆禧常老人向我们讲述了大涡村的开庄故事。刘氏最早开基大涡上社，建村时刘姓人丁兴旺，其中一户生有十多个儿子。元代，骆姓迁入大涡村，随着骆姓、黄姓相继迁入，人口不断繁衍发展，刘姓发展比不上这两姓，人丁逐渐减少，到民国时期最后一户刘姓迁走。

据《骆氏族谱》记载，骆姓入粤太始祖为骆达元，字道德，号敬三，传至十三世祖骆美成，于元代从骆村西社迁居大涡立业。另一支，十三世祖骆文燧由骆村东社迁入大涡。骆美成与骆文燧祖籍均属骆村，待成家立业之时，堂兄弟两人相继迁入大涡安家。骆美成有两个儿子，长子道安，次子济安。骆道安有二子，长子仪，次子季。骆仪生一子，名原爵；骆季，有一子，名原禄。自此，大涡上社按原爵、原禄两房族人开枝散叶，原爵骆公祠是族人为纪念骆原爵而建。另外，骆村东社迁入的骆文燧一支，形成廉章房，其族人建有廉章骆公祠。如今，大涡骆氏由原爵、原禄和廉章三房族人组成。

炭步镇骆氏聚居的村落，有骆村、华岭、大涡、横岗等，听闻骆村西社与大涡村的骆氏感情更深厚。据说，骆观锡在骆村西社生活，有两个儿子，大儿子叫美成，小儿子叫贤达。十余年过去，骆美成长大成人后，到大涡村成家立业，娶妻生儿，先后有两个儿子道安、济安。骆美成的亲弟骆贤达，留在骆村西社生活，数年过去以后，骆贤达没有子嗣。骆美成知道此事后，决定将次子骆济安过继给他，长子则留在自己身边生活。于是，骆济安被送到骆村西社，一直与其叔叔生活。后来，骆济安有一子骆鳌。骆鳌，号竹窗，有四子。此后，这两村的骆氏家族都人口兴旺，繁衍至今。正是因为有了这层关系，骆村西社与大涡上社的骆氏族人，交往更加密切一些。

建数座祠堂和书塾

骆姓自元代迁徙以来，经过多年的繁衍发展，明朝时已建成村落的雏形，建筑群房屋大多是坐东朝西，村落西面是一个水塘，东面是小山岭，民居依山傍水而建。直到清朝时期，骆氏人丁兴旺，原本的居住地已不能满足生活所需。但巷道再往东延伸便是山岭，也不适宜建房屋。三房族人商议后，决定沿着原巷道向西扩展，在村前的水塘东部填土后，在上面新建民居。如今，村里的古巷道仁和里，仍保留有两座门楼，分别位于巷道的前面、中间的位置。前门楼属清朝时期所建的村居，而中间的门楼则属明朝时期所建。

古巷道的铺设，明代时期的巷道用红砂岩和灰砂三合土铺地，属明代建筑用料特点，清代时期使用花岗岩，虽然如今大多巷道已改为水泥混凝土，但仍有迹可寻。大涡上社的一巷两门楼，是在花都区村落中稀有的特色建筑结构。

最初，三房族人筹建了骆氏宗祠，因其始建年代久远，族人当时没有富裕的钱财，筹集资金相当困难，建筑所用的材料一般，历经风雨后，外观显得破旧，后人称其"旧祠堂"。到了清光绪三十年（1904），各房族人生活稍微富裕一点，于是动工兴建骆氏家塾。禧常伯介绍说，筹建家塾之时，因村中已建有骆氏宗祠，家塾便以祠堂为名。待家塾落成之时，请来了华岭村的同宗兄弟大清名臣骆秉章之孙骆懋湘题字，骆懋湘在光绪二十四年（1898）钦赐刑部贵州司主事，以员外郎用，承袭一等轻车都尉。现存的石门额阴刻"骆氏家塾"，上款刻"光绪甲辰桂月谷旦立"、下款刻"族孙楸湘敬书"。

中华人民共和国成立前，原爵、原禄和廉章三房之中，以原爵房的太公田最多，田地最肥沃，因此公偿较富裕。如村前的水塘，原爵房的权属约占八成，原禄与廉章两房约占两成。原爵房的族人富裕以后，陆陆续续建成了"柳太公"大屋、健斋家塾、抱贞家塾、原爵骆公祠等建筑。该房第二十一世祖骆宏猷，别名健斋，又名柳太，在明末清初时建成了一座五层高的大屋，当时的房屋极少达到此高度。中华人民共和国成立前，在三水赤岗、范湖一带都能看到这座大屋，是当时大涡村的标志性建筑。民国初年，建成健斋家塾，堂号永思堂。为纪念原爵房第二十世祖骆抱贞（抱贞是宏猷的父亲），建成抱贞家塾。另外两房的骆氏族人，经济发展稍缓慢，公偿也相对少一些，因此所建的公祠、家塾较少。其中，原禄房的族人，建有原禄骆公祠。清康熙年间（1662—1722），廉章房的族人建成廉章骆公祠。现今保存下来的古建筑，以原爵房的为主，保存较完好，用材优质，造型精美。

每一座祠堂、书塾，都凝聚了骆氏族人的心思与精力，它们齐整、规范地排列在村面，是如今大涡上社建筑群的重要组成部分。建筑群整体坐东朝西，村北、村南各有两层高的炮楼一座，祠堂、书塾为古巷的首座建筑。现存较完整的古巷六道，自南向北分别为仁和里、中和里、安和里、太和里、健斋祠道、德和里。

重建原爵骆公祠

祠堂内景

清末民初,原爵房的族人骆鸿基到广西梧州、桂林等地谋生,售卖杂货,制作月饼等。他的同辈骆鸿飞,在村中负责管理太公的公偿。骆鸿飞的儿子简能、简瑶,跟着叔父鸿基在广西等地做生意。村里面将原爵房的公偿交由骆鸿飞管理,原爵房的族人对此都十分放心。一方面,骆鸿飞的家族里有生意人外出谋生,不会贪图祖上的钱财;另一方面,鸿飞的家规家训要求做人要正直不贪,处事要公正无私,在村中闻名。骆鸿飞的孙子名延钧,是简能的次子,承接广西的家族生意,担任会计一职,为人正直,做事公平公正,大公无私。据闻,其老婆在制作月饼期间,因为偷吃了月饼,最终被责罚整整一个月。有关鸿飞一家处事公正无私的事,在村中流传至今。

原爵骆公祠,筹建时使用泥砖建造,经历风雨多年,却未曾重修。民国初年,在外谋生的骆鸿基回到村中,见到破败不堪的公祠,心里不是滋味。于是,骆鸿基找到骆鸿飞和村中父老一起商议重建公祠,骆鸿飞说:"公偿比较富裕,可以将部分钱财拿出来"。父老们相信他的为人,纷纷点头赞成鸿飞的建议,却遭到二十八世祖骆延佳的反对:"我不同意,公偿是太公的钱财,大家都有份的,我要求分银。"他执意要分钱。骆鸿基说:"我在外谋生,多少也赚到了些银两,我可以负责大部分资金。"骆延佳便不好意思再反对了。民国十五年(1926),骆氏族人在骆鸿基、骆鸿飞两人的带领下,同心协力将原爵骆公祠改建成如今模样,《族谱》记载了新祠入伙对联:"革旧制创新基玉宇筹谋遂愿未偿有志卒能成厥举;妥先灵曾悉郎经算权衡计划多年无私自足慰平生。"此对联是歌颂当时建造者伟大无私奉献的精神。现今,骆鸿基的后人在广西桂林、梧州等地生活,清明期间有后人回村祭祖。

抗日战争时期,大涡村的房屋和祠堂遭到日军的肆意破坏。村民得知日军将要进村,便纷纷逃走躲藏,骆禧常的母亲留在家中。他们把家中仅剩的两箩筐大米藏匿在房间的床底。日军踢门而入,乱砸屋内的摆设、家具,发现床底的大米后并没有抬走,而是放火焚烧。母亲见日军走后,立刻上前灭火,可惜床板已被火烧掉一角,骆禧常家中仍保留当年被烧毁一角的床板。抗战期间,村中的抱贞家塾被日军破坏烧毁,廉章骆公祠的后进被毁,其他祠堂都遭受到不同程度的破坏。土地改革时期，骆氏宗祠划分给私人，曾用作牛房、柴房使用，灰沙墙体，木柱被白蚁腐蚀，最终塌毁。原来五层高的柳太公大屋，上面三层被拆下改建成民房，如今仅剩两层，保存较为完好。原禄骆公祠，仅剩门额。如今，村中保存完好的有骆氏家塾、健斋家塾和原爵骆公祠，它们成为历史的见证者之一。

祠堂现状

原爵骆公祠，位于大涡自然村上社中部，坐东朝西。前方一块平坦空旷的水泥地，再往前是种满荷花的水塘。公祠右侧紧挨古巷太和里。左侧带有一衬祠，以青云巷相隔，衬祠紧挨巷道安和里。青云巷，石门额上刻"云衢"二字。衬祠单间两进，前方挖有一口井，2017年7月，该井被花都区人民政府登记为花都区传统风貌建筑。

祠堂主体建筑为硬山顶，人字山墙，设有约半米高的石脚，碌灰筒瓦。前廊花岗岩铺地，两根石檐柱，四级石阶。前廊梁架，木雕戏曲人物图案，木雕卷草纹饰的大雀替，木雕上贴有金箔，装饰华丽，工艺精美。封檐板木雕戏剧人物、花草、动物等造型，雕刻精致细腻，保存完好。前廊次间设虾公梁、石狮、异形斗拱和雀替。青石挑头雕刻人物，造型生动。大门嵌花岗岩门夹，石门额刻"原爵骆公祠"，落款刻"星浦梁澄书"。木门两侧挂有木制门联："崇皆其共进；德泽□长延。"

踏入首进，地面使用红阶砖铺地，两根木柱。右侧设有门官土地得福正神位，供奉土地公，神龛两边有对联："门从积德大；官自读书高。"继续往前走，便是天井，使用花岗岩条石铺地，石缝长有杂草，前后各两根石檐柱。天井两侧为走廊，廊上梁架，木雕花草、动物造型，雕刻精美，保存完好。

明间原设有中门，已被毁；后堂面阔三间，坤甸木金柱。六架卷棚顶，堂上设有神位。神位上方为"崇德堂"，两侧配文："崇高致尚炫宗祖；德大永恒发子孙。"祠堂内部瓦面渗漏，部分梁架有裂纹；头门外墙粉刷石灰水，室内墙体扫水泥，重划砖线。前堂进深一间共十七檩，后堂进深一间共十七檩，后堂前轩廊，为四架卷棚顶。该祠是研究清代岭南建筑的实物资料。堂内安装数把风扇，后堂堆放大量木制桌子和凳子，方便族人设宴时使用。现公祠作为大涡村村民祭祖和喜庆宴席之场地。在2010年4月公布为广州市花都区登记保护文物单位。

西陲汤氏扬花邑

——记石南村边头渔隐与楷所汤公祠

◎吕金乐　汤景林

边头村位于炭步镇东南部，是炭步镇石南村的一个自然村庄。因该村建于村头，故名边头村。边头村立村于明永乐年间（1403—1424），该地土地肥沃，物阜民丰，民情淳朴。村北有巴江河自西向东与新街河汇合流入珠江，南有石湖涌，宝珠路在村前贯穿而过。明代，边头村属南海县管治，清康熙二十五年（1686）花县建县时，归属花县。

渔隐汤公祠

西边一碗"汤"

在花都提起汤姓,人们都会脱口而出道:东边一条"江",西边一碗"汤",中间一支"毕"(笔)。形象生动地比喻了"毕""汤""江"三姓在花都的名气众所皆知。据边头村民汤景林介绍,汤姓为炭步第一大姓。人口众多,约一万人。主要分居石湖、茶塘、石湖山、边头、中社、塘基头、塘唇、坎头、东向、格桥、赤岭、杞岗。

商汤王是上古"尧舜禹汤"四大名君之一,汤氏以此为豪。传至宋朝,汤氏聚居河南河北之中山郡、范阳郡较多,故汤姓主堂号为中山堂。时至南宋,因金人犯境,时任淮东参议加封中卫大夫汤纲(生于1131年),携弟汤维、汤统、汤纪等人,于绍兴三十二年(1162)南迁到南雄古驿道旁之始兴县牛田坊沙水村暂住。众人因怀念故乡,而将开封府祥符县之珠玑巷用来称呼暂居地。又至南宋开禧元年(1205),因受胡妃事件的影响,珠玑巷97户、33姓举家南迁,汤朝佐(汤纲之孙)等汤姓迁到顺德大良古塑横江。稍事休整,分赴各地自谋生计。汤纲到南海县和顺(汤村)胭脂塘,83岁老逝。汤纲生四子,其第四子汤穆,字缉熙,号敬止(其余三子因核查不确实,这里省略),定居石湖村塘唇社,此处山清水秀,土地肥沃,实为耕读宜居风水宝地,开基至今约800年。

大石湖村自汤穆起,人丁兴旺,各房各支脉络分明。汤穆之子汤义生四子:长子汤宽一早殇,次子汤宽二留居石湖村,三子汤宽三迁居石湖山村,为石湖山开基祖。四子汤宽四迁居茶塘村,为茶塘村开基祖。花都炭步三大汤姓村,全部追奉汤纲为南迁一世祖,炭步汤氏堂号为"垂裕堂"。后来炭步汤姓村皆开枝散叶,分赴各地占籍繁衍,汤氏宗亲遍布中华大地。

大石湖村五世祖汤观锡生三子,即后来石湖三山三大房。长子汤辅,号丹山,生于元大德五年(1301),文武全才,诰授中议大夫。次子汤弼,号龙山,加封中议大夫。三子汤佐,号瑞山。七世汤铭,字仲容。八世汤伯成,九世汤世明,字名正,号渔隐。十世汤行素,名性方。十一世汤麟,字启瑞,号模庵。辈分排序对联为:"大学明新善齐家可治平;中庸仁智勇达道

楷所汤公祠

本常经。"从对联可以看出祖先对后辈的殷切期望,既励志也作为对后人的训言,从十七世开始排辈。对联是十七世汤敬元联合中社汤德卿、汤辉山共同倡导使用。现最低辈分已排行到道字辈,即已排行至三十三世。现今辈分排行塘唇最老,边头社最嫩。三山三大房后裔分布炭步九社:丹山房居边头社、中社、塘基头社。龙山房居塘唇社、坎头社、东向社、格桥社、赤岭社。瑞山房居杞岗社,瑞山后裔大部分迁往清远洲心。按现行政管理分属石南村、石湖村、红峰村三个行政村管辖。三山三大房在炭步至今世居约800年,繁衍33代人,枝繁叶茂,丁财兴旺。

渔隐、楷所汤公祠昔与今

边头社渔隐汤公祠、楷所汤公祠坐落在石南村委左边300米处。前有碧水平阔达二十多亩的水塘,石湖涌从村前缓缓流过,宝珠路像一条长龙贯穿神山炭步,后有巴江河,左右祠堂书院簇拥。平整的古街,麻石铺就的古巷,斑驳的古墙都在诉说着汤氏族人在这里繁衍生息的过往。

先说渔隐汤公祠,九世祖汤世明,字名正,号渔隐。生于洪武年间,具体时间不详。明朝宣德八年(1433),因其子汤性方公功勋卓著,汤世明被诰封为刑部山西清吏司主事。汤世明配室谭氏生五子:长子行修、次子行素(性方)、三子行俭(性湜)、四子行洁、五子行表。长子行修、四子行洁、五子行表因早期已迁徙他处,所以记录不详。丹山房的汤世明为边头社肇基祖,汤世明本无建公祠,民国时期众族人筹资,从边头社村民汤启垣手中买回房屋,修作渔隐汤公祠,以便当时宗族议事、祭祖等活动。

一到渔隐汤公祠,就见祠堂门前有一口古井。八角井围,造型美观。打开井盖见水清平如镜,可辨脸容,井水现还有村民在饮用。渔隐汤公祠,现位于边头社文昌里1号,建于1916年,坐北朝南。三间二进,建筑占地面积158平方米。为镬耳封火山墙,青砖砌墙,花岗岩石脚,麻石铺地,碌灰筒瓦,封檐板建筑。两间偏房凸出与大门形成凹字形,偏房外墙各有一幅寓意灰塑画,只是已看不出具体画面。门槛前两石墩,四级麻条石垂带踏跺,大门嵌宽2.6米花岗岩门夹,石门额阴刻苍劲有力"渔隐汤公祠"五个大字,上款刻"民国丙辰年春三月",下款刻"宗侄孙伟辰拜书"。对联:"渔跃豕年

八角古井

万事如意共庆家乡美貌；隐现新岁龙凤呈祥同贺老少平安。"此联年年沿用，从未更改。渔隐汤公祠2010年公布为广州市花都区登记保护文物单位。门左砖墙挂"花都区炭步镇石南村老年人活动中心"牌匾一块，"渔隐汤公祠"牌匾一块。

踏进门洞，左室有一砖雕门官，人物花鸟精致灵动，栩栩如生。顶棚上开孔采光通风天窗，左右原偏门门楣上阴雕有楷书"信履""蹈规"字样。大门内墙门楣上方中间彩绘"风云际会"，两条龙腾云驾雾威猛无比。两边配以黑描小隶字诗词，显得十分诗情画意。再往一进，两侧廊门门楣上亦阴刻有楷书"根衢""核艺""抱渊"字样。越过天井，上厅四根圆木柱脚垫圆基石。摆有神枱，神枱上方及墙两面均有寓意吉祥富贵，花鸟龙凤鱼及人物彩绘画，隶书诗词。只是祠堂应该被租给他人用了，里面摆放了许多物品并有人生火做饭。

楷所（又称皆所）汤公祠，坐落在边头社文昌里2号，渔隐公祠旁。十九世汤楷所，康熙年间人，是十世祖汤行俭（性湜）之后裔，其后裔是现边头社汤氏人口主脉，听村中老人讲，该祠堂始建于明末。原为纪念明永乐年间甲午科举人汤行素（性方）而建，后来汤性方后裔全部外迁顺德、番禺，汤行俭后裔一直帮忙照看维护。汤行俭后裔为纪念汤楷所，改名为"楷所汤公祠"，这就有了明祠供清人的掌故。因石碑已失，记录不详而失传其人其事。该祠坐北朝南，三间二进，建筑占地面积274平方米。主体建筑为镬耳封火山墙，青砖墙，高一米的红砂岩石脚，碌灰筒瓦。左侧有衬祠，现已改建。以前门前地坪有两组纪念汤行素（性方）的功名石碑竖立，后在"文革"时遗失不见。门前两根明代特有红砂岩石柱，大门嵌宽三米红砂岩石门夹。两门墩也为红砂岩，石门额上设有挂钩，原挂有"楷所汤公祠"木质牌匾，后已失传，空剩两挂钩。门贴对联："皆由祖先发叶子孙荣华富贵；所以晚辈开花后代福寿康宁。"年年沿用，从未更改。入门有屏风，左侧有门官，上刻"聚宝"二字。后堂前带两廊，原为五架人字，后改建为五架单坡顶。上厅有四条木质圆柱，下垫红砂岩石基，堂上主梁有挂钩，应为挂牌匾之用。堂上设有神位，楷所公祠是目前花都保护较好的明朝为数不多的古祠堂之一，2010年4月，被公布为广州市花都区登记保护文物单位，现仍作宗祠使用。

汤氏代有人才出

从汤纲起，汤氏族人一直崇文重教，更是为历朝历代培养出廉官能臣。从现存及已知书院祠堂就可以窥一斑而知全豹，看出当时是何等崇文重教。由东至西算起依次为：楷所汤公祠、霭庭书室（现为老人活动中心）、渔隐汤公祠、官正公祠、桂花厅、乐泉公祠、乐泉书室、理泰公祠、西庵公祠、业儒公祠、铁山公祠、璧轩书室、献田公祠、大田公祠。一座座祠堂都在诉说着当年汤氏人丁兴旺，繁华景象。一座座书室都承载着族人对子孙破蒙启智，状元及第，功成名就的期望。边头汤氏族人没让先祖失望，一代又一代人从这里出发，为家为国，勇闯天下，名扬四方。

仅边头一支就有：六世祖汤辅，号丹山，武进士，《花县志》记载诰授中宪大夫，族谱记诰授中议大夫。七世祖汤铭,字仲容,贡元。八世祖汤伯成,庠生。九世祖汤世明,号渔隐,明宣德八年(1433)诰封刑部山西清吏司主事。十世祖汤行素,字性方,据《花县志》第八卷记载:"南海学廪生,明永乐十二年(1414)甲午科举人。授江南江宁府溧阳县正堂,钦授山西刑部清吏司主事,后转员外郎,升陕西行军都副帅加封中宪大夫,广西佥事等职。文武全才,谋略过人,屡立奇功,铁面无私,有曰:清慎贤能,宽猛兼济,莫如性方。"十一世祖汤麟,字启瑞,号模庵,南海庠生,明朝宣德壬子科副榜,徐闻县训导。其后更有:汤国祯,号雨溪,清同治赏戴蓝翎五品衔光禄寺署正,奉直大夫,商界奇才,善长仁翁。汤藻鎏,附贡加捐花翎五品衔,广东咨议局议员。汤藻芳,附贡加捐花翎五品衔,广东咨议局议员。近代更是大专、本科年年考中。正应了"边头'汤'香溢花邑,名扬四海多人才"这句话。

游灯习俗传承远

边头社还保留着元宵佳节游灯,清明节联宗祭祖的习俗,其中和顺德石龙岗汤氏年年互有拜访。大石湖村(九社)汤氏游灯习俗由来已久,是花都区最隆重的民间宗族盛会,百狮聚会齐拜汤氏家庙。边头社也不例外,只是大石湖村游灯不在十五夜,族人认为十五的月亮十六圆,所以大石湖汤氏先辈定在正月十六夜游灯,一直沿例至今。届时许多外出游子同时归乡省亲拜祖,邻乡邻村同姓多来助兴,如顺德石龙岗汤姓年年都来参加万人庆典。每年正月十六各社集体晚宴后,雄狮开道,举族旗,敲锣打鼓先到汤氏家庙拜祖。放烟花,燃鞭炮,点香烧烛,大人小孩个个虔诚许愿,大人祈求来年工作顺利,身体健康,小孩祈求学业百尺竿头,更进一步。群狮齐舞助兴,场面热闹非凡。

闹完汤氏家庙后大家各自回本社继续游灯,古时打着竹筒火把,现代街灯通明,主干道,主舞台张灯结彩,彩旗飘扬,装饰喜庆。族人举着汤氏族旗,狮队旗迎风招展,旌旗飘飘,人人笑口盈盈,兴高采烈,敲锣打鼓,舞狮行走在村巷祠堂。族人燃烟花放鞭炮,甚是热闹壮观,真是火树银花不夜天,汤氏族人整夜都沉浸在欢乐的海洋,今夜无眠。

村里的投灯游灯习俗

根深叶茂一脉承

——记水口村竹溪任公祠及任姓宗族文化

◎石 政

竹溪任公祠，始建时间不详，民国九年（1920）重修，位于炭步镇水口村。水口村地处炭步镇中部，《炭步镇志》（1992年版）提到，水口任氏古谱记载："观其地形，左带巴江，右绕巨湖，前临江水，后枕中山，极山川之胜，毓天地之精，由是名曰（风）水口。"

竹溪任公祠

水口自然村世居村民有赖、任两姓。按族谱记载,元末明初,任姓始祖迁入水口村,时水口村已有赖姓村民居住,任姓入赘至赖姓族中,自此开枝散叶,日渐壮大,繁衍至今。

村中传说,任姓始祖原为放牛出身,为水口赖姓家族内长工,时赖姓先人有女无子,任姓始祖为人勤劳稳重,赢得主人青睐,遂成为赖姓上门女婿,自此扎根水口。又有传说任姓始祖任国才为元末明初清远县龙塘村三家巷人,受父命往南海寻亲,经赤坭、炭步地区时迷路,偶遇水口赖姓姑娘,自此结缘,入赘水口赖姓,自此繁衍生息。

历史悠久的花县任姓

在花县地区,水口任姓为各地任姓之祖,素有"花县独脚任"的美誉。水口任姓分支炭步平岭头村、赤坭连珠村、肇庆四会虎头岗、贵州苦竹村、广西平乐县南洲村等地,瓜瓞绵绵,成为一方大族。

2009年,水口村村民任广荣根据各方资料整理出水口任姓繁衍世代简明表。从这份世代简明表中,水口任姓的悠久历史可见一斑。

秦始皇时置南海郡,治所在番禺县(今广州),任姓先祖任嚣为首任南海郡尉,是历史记载中最早定居岭南地区的任姓。南宋嘉定年间,任姓先祖,任不齐六十代孙任复在朝中为官,任礼部郎中,后因病辞官,与族弟任俦入粤,居惠阳,晚年迁至新会劳山(今鹤山),开基鹤山麦村。

南宋淳祐年间,任复之子任勉之为南雄司法参军,后弃官云游,归隐麦村。宋末元初,任勉之之子任简斋,字居敬,迁居南海西樵南村。元代,任简斋之子任应魁迁居清远。

明永乐十八年(1420),任应魁之子任不齐六十四代孙任国才离开清远迁居南海县水口乡(今水口村),为今水口任姓开基祖。

现水口村内有祖祠一座,为任氏祖祠,有公祠五座,分别为竹溪任公祠、佛安任公祠、峻峰任公祠、南轩任公祠和司直任公祠,有书室、家塾、各房太公厅若干。五座公祠均出自任国才四代孙任永端一房,任佛安、任南轩为任国才七代孙,任竹溪、任司直为任国才八代孙,任峻峰则为任国才九代孙。如今,水口任姓已繁衍逾二十世,总计约1600人,为水口村人数最多的姓氏。现水口任姓众多分支中最为繁盛的为任国才六代孙任铨所传五房,分别为长房(水石房)、二房(南轩房)、三房(南逸房)、四房(一峰房)、五房(松涧房),此外还有佛安房、竹溪房、峻峰房等,蠡斯衍庆,枝繁叶茂。

见证历史的百年祠堂

水口村位于炭步镇中部,面朝巴江河,背朝中洞山,四周地势平坦,水草丰茂,风景怡人,自古有"风水口"的美誉。村庄交通便利，南至东风村，北临巴江河，东望炭步镇城区，西交塱头村。村内村道纵横，环境优美宜居，村庄北端有康公古庙，东南侧则有古文笔塔，村中楼房林立，几处古村点缀其间，蔚为壮观。

经过数百年的发展，现水口村分为赖屋、北社、塘唇、元下、红门楼、川巷、巷尾、大围、乐安庄等部分，竹溪任公祠就位于村庄中部。在水口村的五座公祠中，竹溪任公祠相对其他公祠而言保存较为完好，祠堂门前为水塘，水口村文笔塔在水塘边巍然耸立，沿水塘旁的村道缓缓走着，不远就到了巴江河旁基围处。驻足基围，瞭望四周，可见巴江胜景，沁人心脾。

竹溪任公祠坐西向东，广三路，深两进，祠堂墙体为青砖砌成，人字封火山墙，青砖石脚。祠堂头门可见碌灰筒瓦、灰塑博古脊，两侧有虾公梁，梁上有石狮子，两侧砖雕埠头雕工精细，保存良好。祠堂石门额阳刻"竹溪任公祠"，上款"民国庚申年重修"，下款"新会谭恒甫书"。谭恒甫为民国年间广东新会人，清代秀才，与梁启超私交甚好，以书法闻

埠头砖雕

名，1932年南渡新加坡设帐收徒，在当时影响甚大，1950年，谭恒甫在新加坡病逝。有如此人物题字，想来民国年间竹溪任公祠重光必是轰动一时，远近闻名。

据村民讲述，竹溪任公祠始建时间即为民国九年（1920），在《广州市文物普查汇编·花都区卷》中亦有类似记载，这与祠堂门额上款"民国庚申年重修"矛盾，但真相如何已不可考。水口任姓后裔任文灿为清光绪年间进士，在其科举档案中可知其为水口任姓先祖任国才二十二代孙，任竹溪为任国才八代孙，任国才于明朝初年开基水口村，或可大胆推测任竹溪为明朝末年人氏。那么，竹溪任公祠的始建年代或许相当久远。

祠堂内部布局为常见的广府祠堂布局，后堂前带两廊，天井由麻石铺地，两侧种植绿色灌木作装饰用。20世纪60年代初，竹溪任公祠被集体用作办公场所，曾作村中幼儿园使用，20世纪80年代，竹溪任公祠被水口村委会用作村委会办公场所。2002年，水口村委会大楼建成，村委会办公场地从竹溪任公祠搬至村委会大楼。自2002年至今，竹溪任公祠作水口村民兵营办公及休憩场所，祠中挂有广州市花都区炭步镇水口村民兵营单位门牌。如今，竹溪任公祠内墙体批荡扇灰，后堂吊天花，除天井外，地面改铺马赛克瓷砖，天井作民兵营巡逻车停放处，后堂、两廊均砌墙装修成办公室、杂物间及村中巡逻队休息房间。

引人入胜的先人故事

水口任姓流传着许多任姓先人的故事。

清朝末年，花县赤炭地区曾有民谣曰："水口红门楼，鸭湖大巷口。石湖水唑头，塱头剃刀友。"讲述了时赤炭地区几处繁盛氏族分支势力庞大，威震一方的情形，这几处分别为水口任姓的红门楼一支、鸭湖张姓的大巷口一脉、石湖汤姓的坎头一族及塱头黄氏的黄谷诒一房，均为当时人丁兴旺、富甲一方的名宗大族。在如今的红门楼，还能看到几条当年铺就的白石巷道，述说着这里往日的辉煌。

抗日战争时期，水口任姓有外号"曹操坚""白马标"的抗日名人，如今在村中还留下许多传说。据村民讲述，白马标为民国年间赤炭地区联防大队长，名声远播清远、三水、南海等地，时人常见其身骑白马，肩带披风，故称其为白马标。抗日战争开始后，白马标任国民党军连长，活跃在花县、南海一带的抗日战场上，后在南海官窑被日军炸死。曹操坚为抗日战争期间水口村的抗日武装领袖，据村民讲述，抗日战争时，水口村有两名村民为日军做事，被村人视为汉奸，曹操坚抓到两人，想要押至赤坭深山内了结两人性命，不料其中一人意外逃跑。后日军收到逃跑者消息，于农历七月初七派出小队入水口村内抓人，汉奸指认出曹操坚，曹操坚因此被捕。同月，日军押送曹操坚至赤坭圩游街，将其身体捆绑在十字架上，双手钉在身体两侧，称为"放飞机"，最后将曹操坚折磨至死。虽然白马标、曹操坚均在抗日战争期间被日军杀害，但他们的抗战精神流传至今，已经成为水口村民心中宝贵的精神财富。

中华人民共和国成立初，水口红门楼也曾名噪一时。1961年，水口大队红门楼生产队成立了"三八"妇女科技小组，由三个年轻妇女组成，后小组人数增加至八人，均为女性。这个小组在反复实践中培育出了产量高、品种好的良种水稻，使水口大队粮食亩产从办组前的59公斤逐渐递增至583公斤。妇女科技小组也因此成了远近闻名的科技小组，多次被评为省、市、县、社的先进集体。1976年2月，妇女科技小组组长任后甜受邀参加中国科协代表团，赴泰国进行为期三周的参观访问活动。

水口村文塔

异彩纷呈的灯会风俗

水口任姓有投花灯的传统习俗，古时叫"灯笼会"，始于清朝初年，中华人民共和国成立后灯会活动停止，1997年起正式恢复游灯和投灯活动，持续至今，闻名花都地区。如今的水口村灯会活动改变旧时先游灯后投灯的做法，按"饮灯酒、投灯、游灯和送灯"四个仪式举行。

康公庙香火盛

饮灯酒。上届灯主交投灯款后，与亲朋好友、村中长者在庙前聚餐（称"千岁宴"）。

投灯。饮灯酒宴结束后，投灯活动正式开始。将制作好的三十多盏花灯，冠以好意头名称。花灯由价高者得，灯价从几千元到几万元不等。竞投第一个花灯又叫"抢头灯"，往往竞争最激烈。投灯活动从晚上七点半开始，一直到十一点半结束。

游灯。投灯结束后进行游灯活动。村中八头醒狮、村民和宾客聚集康公庙前，从庙内抬出康保裔元帅、文昌帝等五尊菩萨。由现届灯主和部分群众提着火把、灯笼组成队伍，在特定范围内游行。村民纷纷在家门前摆设香案，放置"利是"等候众菩萨来取，菩萨经过香案时即燃放爆竹迎接。游灯一直至正月十五日元宵节凌晨一时才结束。

送灯。若当晚外地宾客投得花灯不方便即时领取，在正月十五日早上，由"花灯会"筹委会人员专门组织醒狮队，敲锣打鼓亲自将花灯送到灯主家中。

经纶敦孝友齐家

——东风村坳西甘姓初探

◎江永强

东风村坳西自然村位于炭步镇西部,118省道从自然村南边穿过,坳西自然村全村姓甘。为探究该村历史文化,笔者找到村里一些长者进行了采访,这次给笔者介绍情况的是在村里被大家

肇基甘公祠

昵称为"四叔"的老人甘志成。四叔于民国二十二年（1933）出生，年近九旬，虽然上了年纪，但身体健朗。他早年曾对甘姓族人进行过探究，对村里的情况十分熟悉。

祖先来自南雄珠玑巷

四叔说，坳西村的甘氏祖先到坳西开村的具体年月不详，听老一辈人讲大约在400多年前，明确是从南雄珠玑巷迁来。当年始祖甘右兴从珠玑巷迁到今广州白云区蚌湖（丫湖），生了七个孩子，分别叫"仁、义、礼、智、信、光、尚"。甘右兴的孙子甘肇基迁徙到了坳西村开枝散叶。甘肇基的一些叔伯等人则迁徙到了广西。坳西村的甘氏早年还曾经与广西的甘姓宗亲联络，那边有甘姓族人十几万。

甘肇基到了坳西村后，一度住在土名叫"黄贵坛"的地方。黄贵坛上面还有间庙，早年村里举办游灯节，灯龙必然要游行到这里进行一番拜祭，以表示纪念祖先。后来到了20世纪80年代，村人开挖黄贵坛建鱼塘时，发现了大量的蚬壳和家庭杂物，证明这个地方早年的确居住过人。

甘肇基在坳西村生了三个儿子，分别叫孟雄、仲雄、季雄。目前甘姓已传十七代人，这与开基400多年的时间比较吻合。村人口约400人，有一些人迁居中国香港和马来西亚。

蟹形的村面风水格局

坳西村风水格局，背东朝西，村中形如螃蟹身，村南北边均向西伸出，形如螃蟹的蟹钳，蟹钳环抱村面水塘。村面南北入口分别建有三四层高的青砖炮楼。有趣的是，约300米长的村面南北各有一口古井，村里都知道是螃蟹的"眼"。

村里人也称一口井为"一眼井"。其中村面南边的古井位于宗礼书室的前面。井深约5米。井沿上凸，由两块半圆形的花岗岩组成。更罕见的是，井身竟然也是由花岗岩石砖砌成，而且层层六边形，每层又层次交错凸出，加上80公分的井身，可以让一个成年人轻松爬上爬下。村里的孩子们经常到水塘游泳，游完之后就爬到井里玩"透心凉"，十分舒畅清爽。四叔说，这两口古井应该是立村时就有，在他小

镬耳山墙

时候村里的用水都是从这两口井打上来的。

村面皆书室书舍

"一入门楼国盛公,后福宗礼到仲雄。以禄朝简槐泉公,季雄敦义肇基公。"这是坳西村村面祠堂、书室、书社的顺口溜,四叔唱给笔者时十分流畅。这首顺口溜也反映了该村村面从南门楼到北门楼之间,各个祠堂、书室、书社的名字。四叔告诉笔者,村民对这个顺口溜口口相传,家家户户的小孩从小就从老人那里传唱下来。笔者也跟着四叔从门楼遗址一直向北,沿着村面所有的祠堂、书室、书社走访了两遍。发现该村的书室书舍还不止这个顺口溜说的那么多,这在广州的古村来说,十分罕见。

首先,最南边的第一间是国盛公书舍,隔着一条巷子就是后福书室,再向北就是宗礼书室。宗礼书室北边有已废弃的空地,四叔介绍说过去有个破庙。再往北,就是甘肇基二儿子的仲雄家塾。仲雄家塾已经坍塌,只留下村面墙体和门口。花岗岩门额上刻着"仲雄家塾",并有上款"道光丙午",落款"季冬吉立"。仲雄家塾北面,是以禄书社。该书社只有门顶用花岗岩,门框没有用花岗岩,跟墙体一样都是青砖。门额上批荡用墨水手写"以禄书社"四字,相对其他祠堂更为简陋。该书社也损毁严重,没有门,屋顶也多处坍塌。而相对其他书社,该书社的门口向北。

仲雄家塾和以禄书社之间的巷子叫居仁里,沿着居仁里走进去北侧第三间屋子,则是门口向南边的凤纲书社。黄冈岩门额上款"同治九年"。

再往北边,则是朝简书室。该书室门口向西,门额上"朝简书室"四字被灰浆覆盖,只能隐约看到。继续往北,则是槐泉书舍,该书舍门口向北,而且经过修缮,比较新。槐泉书舍北面,是福超书舍,该书舍同样是门口向北。门额上款显示建于同治庚午年(1870)。福超书舍北面,则是季雄书室,该书室门额上款"咸丰庚申孟春"。季雄书室的北面是敦义书室,门额上款可见"道光戊申",该书室门口向南。

敦义书室北面还有两间民居,再北面就是村民新建的坳西饭堂。坳西饭堂最北面的祠堂是肇基甘公祠。据四叔介绍,坳西饭堂原本是一个旧祠堂,叫敦典堂,后来倒塌,近年才在原址上占用肇基甘公祠南边一侧廊重新建成。该饭堂北边有门与肇基甘公祠连通,平时一起用于村民结婚摆酒等喜庆事务。

肇基甘公祠则是坳西后人在该村为纪念开村始祖甘肇基建的祖祠。该祠堂坐东朝西,建于清光绪六年(1880)。三间两进两廊。但是中华人民共和国成立后,祠堂左边的"青云"、右边的"德庐"两廊均被拆除。

站在祠堂前面,抬头仰望,祠堂十分高大,镬耳火山墙,博古灰塑脊,墙脚用的是坚硬的花岗岩。墙体使用青砖。大门两侧嵌花岗岩门夹,门额也是花岗岩石,上阴刻"肇基甘公祠",上款"光绪庚辰春日",下款"番禺卢维庆书"。卢维庆,番禺人,光绪十八年(1892)壬辰科进士。门侧墙挂牌,显示该祠堂2008年5月被列为花都区登记保护文物单位。现在保存比较完好,作为宗祠使用。

肇基身边伴"猴王"

肇基甘公祠的北边紧邻后座位置是一间"帝王古庙",该庙过去连接着北边门楼。四叔说他小时候,听老人说该古庙原来叫"侯王庙",也是村民前来拜祭祈福的地方。而该庙原来紧挨着肇基甘公祠北侧廊后,有三进。20世纪50年代初,被拆去大部分砖瓦支持花县第二中学建设。目前该庙只剩下三间一进,每间一个圆拱门进出。庙为砖瓦结构,瓦顶屋脊为灰色博古脊,墙身大部分为青砖。墙身没有批荡,正面采用了部分红砖修复。而该庙在2018年挂牌"广州市花都区民间信仰庙宇帝王古庙",可见得到了政府相关部门的登记和保护。

日军侵华时期,有一天,两发炮弹从附近的文头岭(华岭山头,目前还留有日军侵华期间建的碉堡遗址)打到坳西村,其中一发打中了村面南边的炮楼,炮楼被炸穿了个大洞。另外一发炮弹则打中了村中一民居,打穿了屋墙,在屋内炸了个大坑。幸好当时屋里没人,没造成伤亡,这间老屋目前还保留着。在一条小巷第三进的房子旁边,笔者见到了这间老屋。上面还有那个洞的痕迹。虽然墙洞已经被其他砖修补上,但是周围留下一圈不规则、直径大概半米的痕迹。

还有一天,一小队日本兵闯进了坳西村,村民吓得四散逃跑。由于当时四叔父亲已经不在人世,他母亲和长辈带着他和其他小孩子,跟着村民们惊慌失措地跑出了村,躲到了村外的田间,一夜都不敢回。

当时让四叔印象深刻的是,日军白天在村里到处搜刮,到了晚上还不走,竟然住进了村面南边的宗礼书室。这个书室正是四叔的祖辈留下的老房子,他曾长期在这里居住。

出嫁女有挑醋回娘家习俗

一个神秘的毒誓

宗礼书室就在进村南门楼不远的村面。墙角花岗岩,十分牢固。墙身青砖结构,三间两进。门框花岗岩造,门额阴刻"宗礼书室"四个黑色楷体大字。右侧上款"光绪十四年重修",左侧落款因有批灰遮盖,只看到"马"字。推测为书写人名字落款。门额上面为三幅花鸟图。

打开门,墙体差不多有半米宽,花岗岩阶梯,门前有对联,是当年建祠堂留下来的。对联是:"宗枝传十一;礼仪著三千。"

四叔解说道:"上联是指村里甘氏十一传(传到第十一代),下联指甘氏个个知书识礼。"

宗礼书室第一进为厅房。正对着门的墙上挂着一个铭牌,镶着一个碑记,并贴着一张大红纸公告。铭牌标记着2014年维修宗礼公祠捐助芳名,镶嵌的碑记标记着1986年第二次重修公祠捐款芳名。红纸记录了元宵活动村民捐款和维修资金结余等情况。

铭牌侧边有一门通向第一进另一侧。天井通天,给侧厅和大厅透光照明。天井内墙雕刻有精美的灰塑。中间一米高的平台供摆放香炉,上贴瓷砖"天官赐福"。福字上边有"评芳"两字的灰塑,两侧刻有对联:"窗梅共索巡帘句;庭树先开及第花。"

走进大厅,可见四条木柱和屋顶大木榫结构顶架。这屋子的柱子和梁都是原来的,都是坤甸木,非常结实。笔者用手拍柱子,感觉十分坚硬。

大厅正中墙上批荡着二龙戏珠的陶瓷画,画两侧有对联:"仁泽存圣贤可以承先启后;经纶敦孝友方能治国齐家。"这是宗礼公之后的家族字辈,也是家训。记录着宗礼公的治国齐家之道。"我们就是甘仲雄一支传下来的,宗礼公就是我们的太祖公。"四叔告诉笔者。

更让笔者好奇的是,一般宗祠里面只有一个主神台,但是笔者发现宗礼书室主神台左侧还有一个小神台。神台上摆放着插满香骨的香炉,香炉上面墙壁贴着大红纸。红纸正中为"籍福堂",两侧对联为:"籍赖神恩添富贵;福如东海旺丁财。"这是为什么呢?

四叔告诉笔者,这是因为肇基祖二儿子甘仲雄的祠堂倒塌失修,村民在宗礼公的祠堂设置仲雄的神位供后人拜祭。籍福堂正是仲雄祖祠的堂号。

说到肇基祖的儿子,四叔还告诉笔者一个传说故事。原来,最早肇基祖来到坳西村时,村里还有少数李姓、江姓族人。当时肇基祖大儿子孟雄和另两姓决定抽签统一全村的姓氏。三人约定不许作弊,并发下毒誓:"做手脚(作弊)的人无后代。"但是孟雄考虑自己族人最多,怎么可以变成其他姓,他悄悄做了手脚,赢得了这次抽签。于是该村其他姓的人都改姓甘。但是他们发的毒誓也应验了,甘孟雄终生没有生儿育女。四叔说这个只是传说,并没有什么佐证,只是村民口口相传至今。

宗族百世的纽带

——记社岗村康辅应元祖祠

◎ 龚越洪

许氏大宗祠和康辅应元祖祠是社岗村的地标之一,具有典型的岭南建筑风格。祠堂前面是宽阔的广场,周围榕树郁郁葱葱。作为乡村地标,自然也占据着最好的风水之地。

"村里最好的建筑就是许氏大宗祠和康辅应元祖祠,集全族人的人力和物力建造了它,是族人祭祀和活动的场所,是村历史的见证者。"村里的老者说。

康辅应元祖祠

许氏渊源

社岗许氏族谱从始祖许高禄算起。许高禄是宋朝进士,诰授中宪大夫,任南雄知府,其子许胜三到南海县大安乡(今炭步大坳村)开村,为社岗许氏一世祖。至六世,康辅、应元两兄弟由大坳迁至社岗建村。这支派辈分诗为:"齐治均平嘉猷远裕;谦恭和厚美德昭彰。"

在康辅应元祖祠里,有一处碑记,由许氏裔孙许芬撰于民国二十五年(1936)。上面比较详细地记载了社岗村许氏的来龙去脉。碑记是用文言文写的,许氏后裔许湛钊将它翻译成白话文,大意是:"我们许氏家族在这里定居,已有600多年了。为什么要居于此地?因为祖先经过深思熟虑,认为凤山这个地方可以让后代兴旺吉祥,所以就在这里安居下来。最早在这里居住的祖先是谁?就是康辅和应元两位。自始祖许高禄公以江南进士身份出任南雄刺史,任职期满,入籍于南雄。到了一世祖胜三公,却遇上南宋绍兴二年(1132)处州之变,变故殃及南雄,他就直接由南雄流离迁徙,几经周折而在大安(大坳)定居下来。到康辅应元二公时已经是第七世。"

凤山草木茂盛、气象万千,看上去很像一只张开翅膀的凤凰,所以风水师称此地为丹凤衔书,凤山因此而得名。这种草木萋萋、百鸟和鸣的景象使人心旷神怡。康辅应元二公从大安(大坳)迁居到凤山南面。古人建造房屋一定要先设拜神之地,于是南边的小山岗设了土地神位,这样就成了社岗的由来。

从此,凤山种满了松树,许姓子孙耕田而食,挖井而饮,逐渐形成村落,有了这个基业,世代承传,宗族发展壮大。康辅房居于南边和元中,应元房居于北边为旧村,两房人均有居于凤山脚处称作新村。

祖祠纪事

在康辅应元祖祠的碑记详细记录了康辅应元祖祠的筹建过程。

许氏家族人才辈出。有人说是因凤山灵气所聚集,有灵气的地方会不断地出现杰出人才。但村民觉得,如果没有康辅应元两位先祖克服困难,精心谋划,哪能有这般景象?在许氏家族承传到二十五世时,子孙们便提出了建康辅应元祖祠的倡议。1934年,由仁山、明硕、凯嘉、远发这几位后裔提议建祠堂,并得到大家的一致赞同。

开始选定在宗祠右边宗族共有的一小块土地,然后再将周边的地买下来,土地平整后,面积有一亩多。第二年春,便开始准备材料,招募工匠,大兴土木。经过几个月,康辅应元祖祠工程就完成了。祠堂设计样式与宗祠相同,在群峰环绕下,祠堂背倚凤山,前有圆形的池塘,左边有文楼,右边是更楼。堂内前面是待客的门厅,高高的屏风可以遮蔽日光,长长的走廊能够引来和风,中间为聚集瑞气的厅堂。后为享堂,以缅怀祖宗的恩泽,传承先辈的美德。

民国二十五年(1936)二月初六,村里长者和许芬先后点主香上堂。当天来宾祝贺者上万人，人头攒动。连续几日演戏助兴，盛况空前。事情办理完毕，总共用去银元（外币）两万元，有多余的用于村里的医疗方面。

当年轰轰烈烈建造祖祠的经过在碑中被详细记录下来，并将建祠有功人士的芳名镌刻于石上，给后世留下了宝贵的精神财富和历史史料。

精美的木雕花罩

康辅应元祖祠古色古香，虽经岁月侵蚀，略有破损，但它仍然巍然屹立，仿佛在述说不尽的历史沧桑，现在该祠堂已经被政府定为文物保护单位进行保护。

绿树掩映的乡村风貌，富有岭南特色的景物，祠堂、老屋、榕树、池塘……那个传统意义上奉行耕读传家、聚族而居的社岗村也在时代变迁中，悄然发生改变，只有那一直守护着许氏子孙的许氏大宗祠和康辅应元祖祠依旧是村民们记忆的载体和乡愁的归宿，它默默承载着沉甸甸的情感和那份归属感。正如许氏大宗祠春节门联所撰："出颍水经珠水濒巴水寻源归一脉；绪箕山接庚山枕凤山问祖属同宗。"

每年清明或元宵，旅居海外的许氏宗亲都会不辞万里回家祭祖、省亲，而今许氏一系已经遍居世界各地。但无论走到哪里，祖先的风姿遗训已经深植于许氏族人的内心，许氏大宗祠和康辅应元祖祠成为他们的精神家园。祠堂一头连着家乡，一头连着茫茫的外乡，始终守护着村庄里的许姓人家，它是许氏宗族百世

元宵拜祖

得以相联的精神纽带。许氏族人回乡祭拜,离乡辞行,红白喜事在这里继续着,似水流年,一年复一年。现在祠堂空置了,天井等空地上甚至长出了矮矮的荒草,但祠堂祭祖这项活动却一直流传下来。每到清明、冬至,许姓族人赶到许氏大宗祠和康辅应元祖祠,点炮焚香祭奠祖先。

能人辈出

社岗虽是小村庄,但却人才济济,回顾过去,许氏精英纷呈,令后世子孙引以为豪。在社岗村这座拥有600多年历史的小村落里,从古至今,走出很多知名乡贤。如明朝广东水陆总兵左提督许荩臣,清光绪十五年(1889)恩科举人许焜,秀才许薰、许达恩、许晋、许芬、许寿慈等,广东水利厅原副厅长许绍宏,曾任省粮食厅督察的许丽峰,解放战争时期为国捐躯的许玉根,知名港商许锦桂,著名的珐琅制作大师许锐洪、许锐光兄弟等等。

爱国诗人许焜(1838—1901),光绪十五年己丑科恩科中式第九十九名举人。他是入粤始祖宋江南进士出任南雄府知府许高禄第二十一代孙,开基大安乡(今社岗)许胜三第二十代孙。据民国《花县志》记载,许焜是花县清末儒学大师,南海大儒朱次琦的弟子。他生平喜读线装书,不羡仕途,不求闻达,不屑攀附权贵。他曾当选岭南高等学府之一的学海堂学长,却因个性清高,不喜逢迎达官贵人,未被时任两广总督启用,民国《花县志》《花县清代士绅考》等文献有诗《厓门行》《虎门望海歌》。族谱有文《子不语怪力乱神》《来百功则财用足》《离娄之明公输子巧》,有诗《赋得荔实周天雨岁星得星字五言八韵》《虎门望海歌》,并有他撰的对联多副。

光绪十二年(1886),乡绅许琼和许焜向广东布政司领筑基费300银元,又在民间捐集数千银元,建成了县城西部的水利工程红冈围。晚年,他曾主讲香山书院,《广东书院制度沿革》称他留心史学,有独到见解,只可惜后人未能继承其衣钵,他的著作后来大多散佚无存。

他学识渊博,时望甚高,曾被选为广州最高学府学海堂学长,培养了不少人才,对广府地区的文化教育做出了重要贡献。许焜还是一位爱国诗人,我们现在已经无从了解他的博学,但从民间流传下来的书籍和家族的传闻,我们还是能够

富有特色的窗花

感受到这位爱国者的满腔悲愤。鸦片战争后，国家积贫积弱，官吏懦弱无能，这些想必都深深地刺激了这位学者，他以激昂愤恨的笔调为后人留下了气吞山河的《虎门望海歌》，其中"茫茫乎不知天之涵海海涵天，汪洋浩瀚无中边""独立茫茫，海山苍苍；鱼龙杂逮，鲲鹏翱翔，睇澄清兮万里，叹浩荡兮八荒"等诗句脍炙人口。该村多年前有建醮对联，多由许焜所作。如："十六年再证前因依然宝筏同登始信西方常驻佛；三千界应穷彼岸但得慈航普渡不劳东海远求仙。"还有许焜遗联："东亚维新呈气象；山河依旧换文章。"反映的都是一个传统知识分子的一种爱国的情操。他的故事，至今村人仍引以为傲，自然也影响了社岗村重视教育的风气，许氏得以被称"诗书人家"。

珐琅大师许氏兄弟。许锐洪（1907—1984）、许锐光（1913—1994）是同胞兄弟，因家道中落，生活贫苦。为了生计，许锐洪远赴香港学习四年，学成后在香港成了一名画工，专画花鸟、婴儿背带图案等，赚钱帮补家里。弟许锐光受兄长传授，也学会了绘画手艺；后在广州大新路一带从事老式的烧青（珐琅）行业，成为集设计、绘图、选坯、上瓷等一系列操作的工艺师傅。许锐洪、许锐光一生从事珐琅工艺，把生产珐琅技术传授给后人，为珐琅技艺的传承做出了重大的贡献，正因如此，花都区的申遗项目广州珐琅制作技艺才能成为省级非物质文化遗产。

族人共同的记忆

——访东风村坳头黄氏诸祠堂

◎ 成文耀

花都大道是炭步镇东风村对外交通运输的主要通道,连接三水和白云区。东风村下辖四个经济社,即汤边、旺边、坳西、坳东,总人口1280多人。坳头村东社紧邻炭步圩,是镇的中心地带,村民均为黄姓,现有人口560人,连香港等旅外人口,有700多人。

黄氏宗祠

黄氏宗祠概貌

坳头村黄姓,是大坳村六德房的分支,大约在明建文二年(1400)由大坳村迁居而来。先祖黄万一之长子黄寿孙建村,至今已有600多年历史。

黄寿孙生一子名启创,黄启创生三子,琮、赐、积。其后裔又分支到广州市均禾街的石马村、平沙村、青湖村、荔湾区的泮塘村。黄万一之弟黄万三公迁居南海科美村,黄万四公迁居南海小圳村,黄万三、黄万四之后人也有分支到其他地方。先祖为了维系家族立下字派,分清辈分:"作述家声显,明良国运兴。修齐庸德立,志泽冶功成。"

垂脊陶塑

炭步六德房本有大宗祠,它位于炭步第一小学内,临近20世纪40年代末被拆毁。坳头村黄氏宗祠堂名"燕诒堂",何时始建无从考究,祠堂建在村北面,坐西朝东,在咸丰八年(1858)重建,建筑面积500多平方米。该祠堂为三进式,三隅丁勾墙体,镬耳山墙,有精美的砖雕,虾公梁石狮,天井及门口的檐口板有精细的花纹浮雕。

在这座古老的建筑中,不论石雕、木雕、壁画、嵌瓷,应有尽有,而且做工精巧华丽,令人称绝。门楼屋架绘有"三仙会合"等人物故事,还有相当多的石雕饰品,这些石雕饰品,人物造型结构严谨,表情生动。

黄氏宗祠门口的主梁用浮雕进行雕刻,这样不影响结构受力,其他则采用普通雕刻,既符合结构要求,又适合审美观赏,充分体现能工巧匠构思的巧妙。祠堂对联:"燕翼开千顷;诒谋振万邦。"该祠堂在中华人民共和国成立前,办过燕诒小学,教育本村及邻村子弟。中华人民共和国成立后,改为前进小学分教室。1958年"大跃进"后做仓库存放粮食、肥料等物资。20世纪60年代办坳边民办小学,后又改为东风小学,东风小学办学期间,在墙体开窗、开门口来适应办学,1994年结束学校使命。由于年久失修,祠堂残破,在1997年,由黄汝成、黄焰球、黄海辉、黄煊荣、黄永权、黄景新、张友兴等主持,以村民自主集资、集体资助等形式筹集资金30万元进行重修,力求复原和重光先祖遗产。遗憾的是,墀头砖雕在"文化大革命"时期,人物头像被破坏,难以复原。博古脊未按原来砌成山水花鸟人物的灰雕。东风村黄氏宗祠、象峰黄公祠、积公书舍,均于2008年5月公布为花都区登记保护文物单位。

黄氏宗祠显得气宇轩昂,要登上六级台阶才能进祠堂。除黄氏宗祠外,据村民介绍,坳头村黄姓家族还有三间公祠（书室）：长房琮公书室，在1958年被拆除；二房象峰黄公祠，堂名为思本堂，二进式，面积200多平方米，位于东村的中间东升里与居仁里之间，坐西朝东，何时建则无从考究；三房积公书舍。

黄氏诸祠概述

象峰黄公祠俗称大厅，堂号为思本堂，据传以前因为厅堂较小，后来改建称大厅，祠内四根大柱，柱脚为雕花腰鼓形。

封檐板上的雕花

关于腰鼓形柱脚还有一段故事。原来，住在祠堂后面的人家认为村面的房子不能比后面的屋高，于是在维修时打算把屋面降低。后来众人认为，祠堂是宗族的圣殿，是陈列供奉祖先神主牌位的神圣之地，又是族长率领家族成员隆重祭祖、讨论、决断事务及进行宗法族规教育、执行奖惩的威严之地，逢年过节、喜庆丧事，都来祠堂拜祭，厅堂为什么不能比后面的屋高？这样一说，谁都没有二话了。可是，当时的四条金柱已经被锯短，唯一补救办法就是加上腰鼓形柱脚，以抬升祠堂大厅高度。

象峰黄公祠门口有对联："五博承祖德；千顷绍家声。"在20世纪人民公社时，象峰黄公祠成为集体食堂，祠堂的墙体开了窗口，天井被盖上瓦面，食堂解散后，祠堂又成生产队的仓库。改革开放后，在20世纪80年代后期，经族人呼吁，村民集资重修。祠堂基本恢复原貌，但遗憾的是，两廊建成水泥结构，未按原来的瓦面修复。

积公书舍，堂名思源堂，坐落在黄氏宗祠的北面，坐西朝东。积公书舍的对联："渊源承六德；支派衍三房。"积公书舍面积200多平方米，建于嘉庆十一年（1806）。积公宗祠在人民公社时成为集体食堂，解散食堂后为生产队仓库，而积公书舍保存较好，基本无大损坏，祠内四根大柱为坤甸木，门口横梁雕有精美人物像，脊屏风的花鸟灰雕，有的已经损坏，重修后补上，天井及门口檐口板，雕有花鸟的浮雕，1987年，族人集资重修，恢复原貌。

象峰黄公祠

坳头村东社，原塘边很窄，最窄的只有几米宽，全是泥面，在1963年扩宽了一些，并铺上灰沙面。1983年，香港同胞黄苏发起香港族人捐资，再扩宽塘边，使村容改观。

民风民俗概观

从前，东风坳头村有打醮祈福的习俗，村民说在正月十五晚上举行，每十年一届，最后一届是在1946年。闹元宵是传统习俗，又叫游元灯。元灯即是在正月初一至十五这段时间内择日子（该村正灯为初六），为新生的男孩设宴贺灯，元宵时在族谱上记上名字为添丁。

元宵节时，村民们兴高采烈，当晚各户村民在巷口摆上煎堆、油角、果品，点上香烛，迎接醒狮来拜贺。醒狮队先在宗祠拜贺采青，再到各公祠拜贺采青，后到各家各户拜贺采青，俗称"拦巷"，也称"摆巷头"。采青时，放鞭炮、放烟花，锣鼓喧天，各巷口拜贺后，回到祠堂礼拜。然后，村民举起火把，扛着彩旗舞动，醒狮带领村民进行巡游，巡游路线由祠堂起，围绕塘边，到属本村地界周游一遍，途经村古庙、北帝古庙（坳头村北帝古庙在1953年被拆除，材料被运去建花县二中，即现在区二中）朝拜后返回祠堂，游灯结束。

元宵节时，祠堂又有投灯笼的习俗，灯笼有若干个，价高者得之，开投前，先将灯笼用美言赞

封檐板木雕人物

祠堂内景

之，引动村民竞投，得者家族未来更加兴旺发达、丁财两旺。20世纪50年代闹元宵游灯的习俗停止，到80年代，坳头村又恢复这一传统习俗至现在。元宵当晚，全村男女老少在祠堂设宴庆祝，在外的族人这天也回村饮宴庆祝，敦和亲族，畅谈当年喜事。

坳头村黄氏宗祠作为一族圣地的象征，是维系海内外血脉亲情的一座桥梁，宗亲的红白喜事、摆酒设宴都喜欢在祠堂，祠堂里的各种活动也更加有意义，宣传科普知识，还有舞狮、唱粤曲、下棋等，成为老人和孩子的理想乐园。

族中名人概略

黄苏（1933—1998），花都市政协委员、海外联谊会会长。他生于广州，兄妹九人，他排行第八，人称"八叔"。

1938年10月，广州沦陷，黄苏随家人返回故里，靠耕田为生。他7岁时读过一年私塾，后因家贫而辍学。幼年随父在广州市海珠市场做小本生意，经营鱼档，12岁做过鞋厂学徒，生活很艰辛。1955年，他带着4元钱到香港谋生，在途中购买车票及用餐后，到港时只剩九毛钱，幸有一肉食档主收他做杂工。他靠勤奋和智慧积累了一些资金和经营经验，1961年与人合伙在香港九龙开了一个鱼档。后来独资经营鱼档，由于经营有方，生意越做越旺，并由香港发展到台湾、东南亚等地，曾当选为九龙渔业商会会长。20世纪80年代初，他向炭步镇政府和县侨办各赠工作用汽车一辆，向家乡卫生院捐献医疗设备一批，为本乡敬老院、福利事业和胡忠医院等捐款100多万元人民币，还捐款筑路修塘，兴建自来水工程，修建本村的牌坊和休闲凉亭，给村民捐赠彩电。

20世纪90年代中期，他投资3000多万元在新华镇（新华街）建成永福大厦。大厦占地7亩，建筑面积2.8万平方米，集商用、办公、娱乐为一体。此后，他又开发40余亩的锦绣花园商住小区。他惠泽桑梓的义举，赢得乡亲和政府的赞誉。1984年6月，他被选为花县政协委员；1993年被选为花都市政协委员、海外联谊会会长；1996年6月，花都市政府授予他"花都市荣誉市民"称号。

黄锐彬，土地改革时参加工作，曾在白云区人和以及花县赤坭、炭步、新华等地任职。退休后爱好写诗，在2011年出版了《家乡吟草》诗两集，字里行间透出一种对家乡的热爱之情。

旧村新貌留古芳

——记新太黄村庆宗与安宗黄公祠

◎石 政

新太村位于炭步镇中部地区,四周地势平坦,交通便利,炭范公路从村中穿过。黄村,是新太村下辖的一个自然村,位于新太村中部,是新太村委会所在地,也是新太村中面积最大、人数最多的自然村。

庆宗黄公祠

庆宗黄公祠，始建时间不详，1991年重修。安宗黄公祠，始建于清同治六年（1867），光绪十八年（1892）重修。两座祠堂位于炭步镇新太行政村黄村自然村。古时，黄村分为东头与西头两部分，分别由黄庆宗、黄安宗开基。如今，黄村旧村的轮廓仍保存完整，庆宗黄公祠坐落在黄村旧村东头，安宗黄公祠坐落在黄村旧村西头，是两房黄氏后人为纪念开基始祖所建。

在黄村，流传着黄氏先祖到黄村开基立业的故事。黄村始建于明朝年间，那时，黄庆宗、黄安宗四处寻觅开基立业的好去处。当他们经过花县时，发现炭步一带地势平坦，土地肥沃，是开枝散叶的好地方，便决定就此安定下来。两人精挑细选，终于找到一处宝地，又以姓氏为村命名，便是如今的黄村了。黄村开基后日益壮大，黄庆宗一房后人居住在东头，黄安宗一房后人居住在西头。

走过百年的两座祠堂

建村先祖黄庆宗、黄安宗明朝年间便已在黄村开基。至民国年间，黄村的布局基本稳定下来，整个村庄坐北朝南，面朝南面的水塘。村中房屋东起庆宗黄公祠，西至安宗黄公祠，房屋呈棋盘状排列，以康泰家塾西侧巷道为东头、西头分界。村庄东、西两侧各有炮楼一座，村东的炮楼就位于庆宗黄公祠旁。

20世纪70年代改革开放后，东头的黄氏族人继续向东南发展，部分新房越过村庄东侧的732乡道，部分则向南与黄泥塘自然村相接。西头村民则向西发展。2000年后，西头村民在村庄西南约100米处，靠近广州智佳食品有限公司的地方建起了新村，村中楼房林立。

黄村旧村东侧的庆宗黄公祠，头门额阴刻"庆宗黄公祠"，下款"宗姪孙健修敬书"，头门有壁画，画中有东头黄氏所传《认亲诗》："骏马登程出异乡，任从随地立纲常。年深外境犹吾境，日久他乡即故乡。"1991年，村民黄应纯带头修缮祠堂，修缮后祠堂面目焕然一新，保存至今。与安宗祠相比，庆宗祠内两侧墙壁上内容更丰富。东侧墙壁上有照片若干，记录了近年东头黄氏族人过节喜庆和村中兄弟外出旅游的场景，西侧墙壁上则有碑刻一副，为1991年祠堂重光时，黄氏族人刻下的祠堂重修情况与捐资芳名录。

坐落在黄村旧村西侧的安宗黄公祠，格局、布置与庆宗黄公祠基本相同，建于清同治六年（1867），曾于光绪十八年（1892）重修。主体面朝东南，阔三间，深两进，右侧有一路新建建筑，祠堂面积约200平方米。祠堂石门额阴刻"安宗黄公祠"，上款"光绪岁次壬辰立"，下款"骆枞湘书"。头门有明显的翻新痕迹，或在20世纪80年代后曾有重修。墙面新铺青砖，但从下方的麻石墙角和上方的碌灰筒瓦、灰塑博古脊还能看到祠堂旧时的风貌。祠堂的石狮子、挑头、虾公梁、砖雕、壁画、木雕一应俱全。祠堂头门的三幅壁画颇有特色，自西向东分别为"公孙耍乐""群仙耍乐""三田和合"，描绘了古时人们交游玩乐的场景，人物形象饱满，神态逼真，是少见的精美祠堂壁画。走进祠堂内部，整洁干净的祠堂内部环境一览无遗。祠堂内部为广府地区传统祠堂格局，后堂设先祖神位，为祭拜场所，悬挂"云懋堂"木横匾，前带两廊，天井改铺印花小瓷砖，祠堂内地面改铺粉红色耐磨瓷砖。祠堂内墙面上壁画保存良好，落款均为"丁卯年仲冬禤寿甫"。在一系列壁画中，有一首诗分外引人注目，是西头黄氏流传至今的《认亲诗》："骏马登程出异方，任从随地立纲常。年深外境犹吾境，日久他乡即故乡。"与东头黄氏诗句仅"异方"与"异乡"一字之差。

异彩纷呈的宗族文化

黄村黄氏有着丰富多彩的宗族活动。按照传统，每年春节期间，是黄村黄氏举族团聚的日子，许多宗族活动也在这时举行。春节期间，黄村有起灯的风俗，起灯意为"添丁"，是上年家中添丁的人家向族中老少宣告添丁的仪式。起灯时间一般在正月初八，起灯者将花灯挂在祠堂内，至正月十二取下，仪式方算完整。春节期间，黄村还会组织狮队舞狮，庆贺新年到来，若有人家想狮队过门带来喜气，会在家门口燃放一串鞭炮，狮头听到鞭炮声，便知道族中宗亲的需求，就会应声而去，非常热闹。

黄村的祭祖风俗与众不同。每年清明节，黄村村民会各家祭拜各自先祖，但一般为拜"新山"，即为去世三年内的先人祭扫坟墓。改革开放后，黄村的祭祖风俗逐渐恢复，每年五一假

安宗黄公祠

期，是黄村村民祭拜远祖的时间，东头黄氏村民会前往炭步镇平岭头村一带拜祭远祖黄庆宗，西头村民也会往村中远祖黄安宗山坟处拜祭。

中秋佳节，黄村村民有"烧禾楼"的风俗。在花都地区，"烧禾楼"是炭步地区的特色民俗，寄寓了人们祈盼丰收的美好愿景。中秋节前，村民用砖瓦堆砌成砖塔，放入稻草干柴，称为"禾楼"。中秋之夜，村民点燃禾楼，用长竹竿向塔口撩动，火花就会从塔周围向塔顶集中喷发，形成很高很美的火光，预示日子红火，生活幸福。

在黄村，祠堂不仅是宗族祭拜的处所，还是村民宴请团聚的场地，每逢村中有红白喜事，黄村村民多有在祠堂设宴的习惯。婚宴上，祠堂内挂起花灯，灯笼下的红拂，在祠堂里随风舞动。

扑朔迷离的先人故事

据村民所述，黄村东头庆宗房族谱在20世纪80年代因故被焚毁，西头安宗房族谱也在同一时期遗失。因两房族谱均因故遗失，现黄村村民也无法说清楚黄庆宗、黄安宗两人的关系，有村民猜测两人或为堂兄弟，却苦于族谱失传，无法找到证据。据村民讲述，新太村内共有黄村东头、黄村西头、黄泥塘三支黄氏族人。黄村东头先祖黄庆宗葬在炭步镇平岭头村一带，黄庆宗育有三子，三子后人居于黄村东头。黄村西头与黄泥塘黄氏族人关系较为亲密，两支族人历来有合族祭祖的习俗。其先祖原葬在佛山南海，近年迁回黄村，位于原黄村中学南侧，土名"牛耳堡"处，黄安宗有五房后人，现多居于黄村西头。

近年来，黄村族人亦有外出寻根的经历，主要是凭借先人传下的黄氏认亲诗寻找同宗的黄氏兄弟。经过多次努力，他们在东莞石龙、南海黄岐及云浮一带找到了一些线索。

黄村历史悠久，本应有许多故事与传说，但因族谱遗失，流传至今的先贤故事十分稀少，其中较为村人所熟知的是清代黄村先贤黄登。《炭步镇志》（1992年版）记载，黄村有名人黄登，字俊升，号积庵，清初人，晚年组织黄村探梅诗社，著有《五朝岭南诗选》《万代嘉言》《唐诗合璧》《见堂诗草》等。《花县志》（民国十三年刊本）亦有记载，黄登作有《百丈晴峦》《伏虎石歌》，但并未明确黄登里籍是否为炭步黄村。查黄登生平著述，亦并未有语句说明其里籍。

《粤东诗海》记载，黄登与梁佩兰、陈恭尹辈交游唱酬，于广州东郊黄村结探梅诗社。查资料可知，广州市天河区东圃黄村古时梅林遍布，又称梅林，是黄登所创探梅诗社实际所在地。据天河区《黄村村志》记载，探梅诗社确实为黄登在黄村所创，但黄登并非黄村人。笔者曾往天河区黄村走访，村中老人亦确定黄登并非天河黄村人。在黄登的著作《岭南五朝诗选》中，有梁佩兰所作序文，落款为"同里梁佩兰"，查资料可知梁佩兰为南海人，故居在今荔湾西浦，古时为南海县治下。若黄登为炭步黄村人，那么清初花县尚未建县，黄村或属南海县，梁佩兰称自己与黄登"同里"也并无不妥。故虽除《炭步镇志》外，无文献直接记载黄登的出身，但从各方侧面记载可以推测，黄登应为炭步黄村人。但因故在广州城内居住生活，于今天河东圃黄村创办探梅诗社，成为一代文学大家。

除黄登外，黄村还有先贤黄施勤、黄应澄。

黄施勤，清末秀才。

黄应澄（1928—1958），烈士，中国人民志愿军某部防化团副连长，1958年因公殉职。

黄村有名人黄应纯，原花都市粮食局局长，1991年带头修缮庆宗黄公祠。

黄村先人与花县其他地区名人也多有往来。安宗黄公祠石门额上的落款为"骆楸湘书"。骆楸湘（1850—?），字子清，号芷清、子爵，花县华岭人，廪膳生，骆秉章嫡长孙，光绪二十四年（1898）钦赐刑部贵州司主事，以员外郎用，承袭一等轻车都尉。清朝末年，骆楸湘作为名臣骆秉章嫡长孙，是花县地区身份最尊贵的人之一，曾与花县名绅一起呈请建宋大夫专祠。这样一位身世显赫的人物为安宗黄公祠题字，可见当时的黄村应该也是远近闻名的大村，地位非同一般。

此外，安宗黄公祠的壁画落款多为："丁卯岁仲冬禤寿甫。"这位禤寿甫是何方人士，与花县禤氏是否有关？他和黄村先人的渊源又是如何呢？笔者不得而知。

小村大祠有何因

——访唐美村庾氏大宗祠

◎ 谭晓瑜

唐美村位于炭步镇西南部,距离炭步镇镇政府约15公里,村庄坐北向南,东与佛山市南海区里水镇接壤,南与文冈相邻,西面是南北延伸的芦苞涌,北面与骆村相连,仰望东南一公里是海拔241米的大罗围山。

庾氏大宗祠

村名的由来及概况

唐美村，一个拥有如此动听村名的村庄，据说此名来自流传的祠联："宰相勋名绍于东晋；大夫世胄始自陶唐。"

唐美村村民姓氏为庾姓，目前在册村民约500人，辖区约1.8平方公里，是一个很小的行政村，如果以小在全国排名的话，唐美村也肯定能因小而排在全国前列。

封檐板上的木雕

该村明代时期属于南海管辖，康熙二十五年（1686）划归花县管辖。走进这个美丽的小村庄，村容村貌亦如它的名字一样宁静而美丽。

现在的唐美村交通十分便利，所有道路均已硬底化，村道直接连接西二环高速，由于出行方便，村民外出务工人员因此也较多。村委会就设在村口处，村委会门口的大榕树，枝繁叶茂，冠顶遮蔽烈日，为村民纳凉提供了好去处。村口的水塘与周边村的水塘相比，显得与众不同，大概是村内地形地貌的原因，其十分狭长，水质清澈，四周视野开阔，站在地势相对高的房屋楼顶，一眼就可以把全村收入眼底。

村民以种植水稻、花生、香芋等农作物为主，村内辖区有耕地1000多亩，出产的香芋远销到中国香港、新加坡、马来西亚等地。村内的山坡、河边、鱼塘边种植了茂密的荔枝、龙眼和柑橙等果树，每年不仅为村民提供了自给自足的美味岭南佳果，果实售卖也为村民增加了一定的经济收入。

立村之说及大宗祠之谜

常言道："麻雀虽小，五脏俱全。"唐美村尽管是一个非常小的行政村，但辖下也有三个经济社，村内小公园、球场、老人活动中心、农家书屋一应俱全，村里还曾经开办过养中小学，后停办。中华人民共和国成立后设立唐美小学，聘请教师在书舍授课，附近文冈村、骆村等村落的儿童也纷纷到此读书。1952年，唐美小学并入文冈小学，书舍后来在"大跃进"时期被毁。

据走访村民所知，唐美村立村始祖是广东庾氏先祖庾东旸第八代传孙庾德华的后代，名庾一秀。庾一秀以养鸭为生，明朝洪武年间（1368—1398）一路放鸭，从东莞谷涌迁徙至南海象台村察圳居住，后从察圳迁至唐美定居，历十九代，自成一村。原居住地南海察圳还有田地产业，太婆坟茔尚留埋南海，庚氏后裔不忘先人恩德，一直保持年年拜祭的习俗，至今没有中断过。

唐美村目前除了上述齐全的公共设施建筑外，还有一座距今200多年历史的大祠堂，即庚氏大宗祠。庚氏大宗祠位于进村入口约200米处，建于嘉庆十八年（1813）。民国二十六年（1937）第一次重修，2002年再次筹资重修。

大宗祠建筑面积约2100平方米，坐北朝南，三间三进式传统建筑，硬山顶，青砖石脚，地面铺设为红砖，灰塑博古正脊，大门嵌花岗石门夹，石门额上阳刻"庚氏大宗祠"字样。由于阳刻字难度大，在花都地区范围内，祠堂门额刻字绝大部分为阴刻，极少采用阳刻方式，该大宗祠采用阳刻手法可谓用心良苦，别具一格。

进入大宗祠内，透过雕花屏风望去，内庭十分宽敞，装饰不多，造型简朴而肃穆。四周墙面传统壁画皆是后期用彩漆描绘，只有二进间厅的左上方一幅"别君严峰"图是最初建祠堂时留下的用矿物质颜料画的画，经过百余年的风尘洗礼，仍然鲜亮清晰，甚至比后期用漆描画的壁画更为生动饱满，可见传统工艺之精妙。

宗祠二进间上方悬挂"敦裕堂"堂匾，最里间上方悬挂"源远流长"牌匾，此牌匾是从化鳌头白兔村庚梅轩裔孙在2002年祠堂重修时送来的贺匾，以示两地同姓氏族根源不断，情谊绵长。贺匾下方供奉着先祖神位，神位两边刻对联一副："一枝独秀香千里；万事俱成耀九州。"据村民介绍，这副对联是藏名联，上联隐藏着立村先祖"一秀"的名字，下联对应"万成"也是庚氏先人的名字，但因为无史料记载，此"万成"为何先人暂无资料佐证查实。从此对联可以看出，庚氏后人对先人丰功伟业充满着赞美和敬仰之情。

祠堂内景

在查看庚氏大宗祠内部建筑和设置时，发现地上布满了密密麻麻的黑色粒状物，村民指此为"蝠屎"，说由于村民人口不多，此大宗祠使用并不是特别频繁，因此祠堂成了蝙蝠寄居的天堂，每天黄昏时都有上百只蝙蝠在祠堂里飞来飞去，因为"蝠"与"福"谐音，蝙蝠在传统文化中是吉祥物，所以村民并不驱赶它们，任由蝙蝠在祠堂内生存繁衍，以求取祥和纳福，满地蝠屎，也寓意着满地福气，寄予了村民朴实的愿望。

笔者在走访唐美村庾氏大宗祠的过程中，发现有些疑问无法获得解答，其一是唐美这个这么小的村子，为什么会建有一座庾姓大宗祠？在林林总总的姓氏祠堂中，大都以公祠为主，而大宗祠是整个家族的总祠堂，一般是供奉这个宗族本地开基祖或包括第二、第三代祖先的祠堂，如果非前几世祖先，往往是一族中最光宗耀祖的人物，或是建这座祠堂贡献资财最多的人物，因为贡献大，所以牌位才能放总祠，接受整个宗族的祭拜。该村庾氏一族先人中是否出过什么名人或高官呢？但村民说自庾一秀在这里立村后，从来没有任何文献记载过该村出过哪位地位身份显赫的人物，也没有人知道为什么小村庄要用"大宗祠"这个名建祠堂。其二的疑问就更奇怪，这个祠堂不仅名字"大"，而且建筑上也与众不同，平常普通的宗祠门口都是廊柱设计，而唐美村这个大宗祠的大门两侧都建有塾台，唐美一族祖上既然没出过身份显赫的人物，可是为什么又要设置显示身份的塾台呢？后人至今不得而知。

风水宝地及民俗

据村民介绍，唐美村虽然很小，但一直以来都是风水很好的地方，这里环境相对偏远，山清水秀，安静舒适，而且民风朴实，村里的庾氏后人和睦相处，极少不良的情况出现。日军侵华期间，这里成了很多周边村民的避难所。抗日战争期间，唐美村民坚强抵御，村民庾永光、庾家声等人参加抗日自卫队，英勇抗日，率领队伍到逢冲袭击日军的据点，后日军疯狂报复，对炭步西南部村庄进行大面积的炮轰，毁坏民居十余间，有三个村民在炮击中丧命。日军残暴冷酷，抓了大批村民为其修路，据说村内有两位老人还被日军灌辣椒水，受害村民被折磨得生不如死。日军炮轰期间，祠堂所幸未被损毁，完好地保存下来。

庾氏大宗祠在20世纪60年代到1978年，被当时的生产队放置生产物资和工具，改革开放后，才空置出来用于宗族活动。

唐美村每年都开展传统的投灯活动，筹集到的资金用于敬老、助学、扶贫等事项，每年的"投灯"都非常热闹，有能力和爱心的人积极参与，热心做慈善，扶贫助困。中秋节，村里60岁以上的老人都会得到晚辈的探访和慰问。庾氏后人每年清明期间，都会组织集体拜祭先祖的活动，选5月1日这一天全村去大罗围山拜祭立村始祖一秀公，缅怀祖先恩德，传承先人遗训，教导后人敦亲睦邻，勤奋努力，善待他人。良好的村风让唐美村从地理环境到人文环境都十分和谐，2018年，被授予全区首条"无毒村居示范村"称号。

宗祠楹联传家风

——新太村友亮庾公宗祠寻访记

◎ 谭晓瑜

　　庾姓，这个在中国百家姓中的小姓氏，却有为数不少的族人在花都炭步、花东等村落生根发芽，开枝散叶。庾氏后人勤耕苦读，出了不少文武之才。笔者到访位于炭步镇新太村的友亮庾公祠，这里就记载着庾氏一族数百年来的人文历史和宗族故事，且宗族遗训传世后人，子孙铭记。

友亮庾公宗祠

新太村立村年限考究

据新太庾氏第二十六代孙庾国才先生整理的族谱资料考证，庾氏最早的祖先是春秋时代的掌庾大夫。由河南迁至广东的庾氏始祖庾东旸，于宋元祐年间（1086—1093）任广南东路经略安抚使，其在宋政和元年（1111）生一子，名观圣，任职广南东路提举。庾观圣亦生一子，名昆善。庾昆善生四子：岳辅、岳轨、岳轼、岳辙。其中庾岳辅于宋绍兴二十三年（1153）任朝议大夫，生四子：孟奇、孟良、孟初、孟成。第二子庾孟良于宋淳熙四年（1177）任宋翰林学士、御史大夫，其生三子：公望、公进和公相。庾孟良第三子庾公相于宋嘉泰二年（1202）登进士，任翰林学士，出使安南，迁居顺德龙江，生一子，名永新，于宋宝庆二年（1226）迁居今花都新太立村，新太村庾氏立村始祖即为庾永新，新太村庾氏后人皆为庾永新后裔。

由此氏族年谱可见，庾永新是广东庾氏始祖庾东旸第七代孙，于宋宝庆二年（1226）迁居花都新太，也就是说，新太村的立村时间应该是1226年。如果根据这个年数推算，新太村是炭步镇范围内立村较早的一个村落。

据庾氏后人口述，庾氏虽然是中国的小姓氏，但后人勤勉自立，重视传承，团结敦睦。每年清明祭祖，广东省内的庾姓后人都会派代表前来共同祭拜安葬于白云山上的先祖东旸公，把尊先礼贤、不忘祖训、和睦相敬的良好传统持续传承下去。

新太村立村始祖及后人

新太村立村始祖庾永新在朝代更替的乱世期间，为了避祸，举家从顺德迁移，选炭步新太村定居。据资料记载，庾永新家境富裕，被称为"庾十万"，且相貌堂堂，童颜鹤发，德行俱佳，好行善事。立村取新太名，是取其名中的"新"字和太婆中的"太"字。庾永新生二子，分别为水园和西园。庾水园和庾西园两房均在新太村立有祠堂，分别为水园庾公祠、西园庾公祠。两房皆有后裔世袭用名排辈谱牒，其中《水园公房谱牒》为："新园刚亮雪，承胜应裆庭。润和翼泽元，显可国家珍。广宗超世业，本纪开远景。继启续英贤，文礼耀祖乡。"《西园公房谱牒》为："新园刚亮雪，承胜应祥恒。云文章伟超，永福定元亨。创业贻谋远，深仁厚泽隆。和平开泰运，勤俭德丰功。"

从两房编制的谱牒文字上看，庾氏一族对后人寄予了创业、勤俭、礼贤、谋远、开泰的家训，以及对氏族未来的美好愿景。水园庾公祠、西园庾公祠位于新太村的西面，如今都已空置丢荒，年久失修，由于大门紧锁，无法入内细看。从外观可见其规模不小，均在上千平方米，两祠相邻联排而建，外形敦厚宽敞，色泽灰中带青，肃穆沉稳。祠堂旁边建有永祥书院，是族人私塾教学的场地，据讲述人庾国才说，书院墙上刻有著名的《朱熹家训》全文，足见两房十分重视后人的教育和家风传承。庾水园生有二子，名为虎刚、南刚。庾西园也生有二子，名为珠刚、和刚，后人繁衍不断。

水园庚公祠和西园庚公祠地处村居西隅，记载皆于光绪八年（1882）重修，距今已有100多年。据说那里曾经是一片草木茂盛，鸟语花香的地方，风水极佳。从现在的地理位置看，虽然偏居西角，但地势平缓，阳光充足，四周树木繁盛，安静舒适，祠堂前的水塘水波清碧，涟漪荡漾，让人赏心悦目，确实是个居住的好地方。

宗祠门联传家风

进入新太村，友亮庚公祠就在村中央安静地矗立着，远观坐西朝东，恢弘大气，镬耳封火山墙上，双耳博古脊梁弧线优美，色泽鲜亮，如官帽加顶，十分好看。祠堂入门上方的屋脊上雕有双龙戏珠装饰，二进间屋脊上则雕有两只凤戏珠装饰，龙凤呈祥，活灵活现，且意喻生动，给祠堂增添了祥和气氛。这些龙凤纹饰是在近次重修时添加的。

友亮庚公祠建于乾隆五十五年（1790），光绪初年第一次重修。2003年庚氏后人筹资40多万元再次重建，至今作氏族宗祠所用。该宗祠为三间三进两廊式传统建筑，从入门屏风向里望，中庭较为狭长，但整洁有序，看得出重修后的祠堂管理十分细致，几无尘土、杂物，梁、廊、脊、

水园庚公祠

柱均光洁整齐。入门后宽敞明亮，中庭上方悬挂"手足情深"牌匾，是2003年重修志庆时，从化白兔梅轩祖裔孙赠送的贺礼。抬头从中庭向屋顶上方仰望，各种曲线造型在屋脊上蜿蜒辗转，错落于视觉空间，在蓝天的衬托之下，令人赏心悦目。

这座宗祠之所以能保存如此完好，与其在战争年代没有被毁坏也有关系。据说，日军入侵时，当时在日本经商的庾氏后人庾盘基正好也在家乡暂住，他能讲一口流利的日语，当日军进村后，搜刮了财物准备损毁村内建筑时，刚好遇到庾盘基出来，于是他上前与日军用日语对话斡旋，日军见村内有会日语之人，便离开了村庄，村内建筑及宗祠皆免于一难。

友亮庾公祠不仅造型美观，形态优美，最值得一书的是该祠堂入门的一副门联："东晋忠良世胄；南齐孝顺家声。"这副门联看似简单，其实蕴涵了生动的故事和寓意，更是庾氏后人奉为家训的标尺。该门联上、下联分别引用了与庾氏有关的非常出名的两个典故，上联的"东晋忠良"即指东晋的一名叫庾亮的将军，其忠诚勇猛，一生报效国家，征战疆场，保家卫国，建立了显赫的功勋。下联的"南齐孝顺"则是引用《二十四孝》典故其中"尝粪忧心"的故事。故事讲述的是南齐人庾黔娄，任孱陵县令。到孱陵县赴任不满十天，忽然觉得心惊胆战，浑身流汗，预感家中有事，当即辞官返乡，到家得知父亲病重已两天了。医者说："要想知道病情好转还是恶化，需尝一点病人粪便，味苦则说明是好事。"庾黔娄毫不犹豫地去尝父亲的粪便，发现味甜，内心顿时更加忧虑。到夜里，跪拜北斗星，叩头乞求以自身代父去死，孝感天地。

庾氏先祖将与忠孝有关的两个典故嵌入门联，意义深远，目的是告诫后世子孙以先人为榜样，忠良传家，孝顺父母，报效国家。

在采写祠堂的过程中，笔者了解到讲述人庾国才老先生就是一位秉承先祖遗训、热心淳朴、以孝持家的人。庾国才年近八旬，幼年随父母前往香港谋生，后因日本侵占香港，父亲带着全家返回家乡暂避。而后不久，父亲再次携同其生母及其他兄弟前往香港，将庾国才独自留在乡下的大妈家抚养。从此大妈作为他的养母与他在新太村相依为命。70多年过去了，庾国才感恩养母对自己的养育之恩，成人后竭尽所能照料养母的衣食住行，他以身作则，言传身教，养母在庾国才一家的悉心照顾下，活至103岁高寿。庾国才觉得新太庾氏这些传统的东西很有用，更希望把这些好的传统记录下来，一代一代传承下去。他平时非常热衷收集有关庾氏的历史资料，义务收集庾氏资料已经做了十余年，期望将来编制庾氏族谱，这些资料就显得弥足珍贵。

庾氏后人文武留名

友亮庾公祠是庾氏为庾友亮建造的祠堂，庾友亮是新太村庾氏一脉第四传。据村民说，嘉庆年间，新太庾氏一族人丁兴旺，积累了较多的财富，因此族人建议修建宗族祠堂，庾友亮因在宋朝时曾任职朝官，有一定的功名，因此祠堂以其名而建。

"友亮庾公祠"几个字是庾氏第十六代孙庾京所书。庾京从小勤奋好学，并参加朝廷的科举考试，从一名童生，经县试、府试、院试后成为生员，再以生员的身份参加乡试，最后考取当时的文职副贡名次，即第五名，后任职朝廷，授修职郎职务。在友亮庾公祠正门外，还专门为其考取功名建了一座旗杆夹，以彰显成绩，鼓励后辈。据闻庾京为人清廉朴实，做事认真勤勉，深得朝廷信任和庾氏族人尊重。其生有一子，名庾国春，但儿子未婚先逝，因此庾京后继无人。庾京还写得一手好书法，其笔法灵秀轻盈中带着稳健气势，拙朴天然，独具一格，任职为官期间很多人请他写字，多处留下了他的墨宝，其中新太村的"友亮庾公祠""水园庾公祠""永祥书舍"，以及花东镇莘田二村"北帝古庙"、炭步镇唐美村"庾氏大宗祠"皆为庾京留下的亲笔字迹。可以说，庾京是新太村庾氏一族中文才较为显著之人，受其影响，庾氏一族后人勤耕勉读，秉承良好家风，在二十世纪五六十年代，出了好几个大学生，因此新太庾氏在炭步邻乡有口皆碑，传为佳话。

新太村庾氏一脉也出过不少忠勇的武官，据记载，庾西园有一后代名庾日初，民国期间就做过广州荔湾警察局长。另外，现代还有一位庾氏后人被中央军委授予上校军衔，名叫庾保平。庾保平（1936—2009）出生在新太村，17岁之前在炭步镇水口小学读书，其父亲庾杰初早年在村镇的商铺里给人做账房先生，据说他打算盘非常了得，能用脚趾同时拨打算珠算账，令人称奇，但英年早逝。庾保平1953年5月参军，入伍后一直以"余保平"为名。参军后，他随即赴朝鲜参加抗美援朝战争，曾三次负伤。1953年他在沈阳军校技术学院学习，毕业后先在部队任技师，后调至广州军区后勤部军械厂任副厂长。1967年1月至1968年11月又被派往越南援越抗美。1988年9月，获得由时任军委主席邓小平亲自签发的中央军委授予的上校军衔。庾保平一生戎马生涯，北上朝鲜，南征越南，他英勇善战，忠诚刚正，把一生都献给了国家。卸甲归田后，也一直与爱人留在长沙清贫度日，成为后世楷模。

新太村目前在册人口约1900人，该村有较多旅居国外的华侨，主要分布在美国和加拿大等国家，在港澳台的新太村乡亲有100余人。

近十年来，在政府的大力扶持下，村内的祠堂、书室、书院等古建筑也逐渐挂牌保护起来。友亮庾公祠重建时得到了村民和华侨们的积极支持，旅美华侨庾宝森等经商者带头捐款，承办宗祠筹建工作，宗亲庾东华、庾石祥等人也积极捐助，使友亮庾公祠得以及时地保护和修缮，重现光彩。

如今的新太村，村内整洁干净，绿树成荫，古建筑与现代建筑错落相邻，倒映在池塘中，宁静祥和，美不胜收。

张氏族人的风俗

——记横岗村横北张氏宗祠

◎ 张 倩

横岗村位于炭步镇中部,村庄中部有座山名叫横岗,村落依山而建,因此取名横岗村。横岗村管辖四个自然村,按其方位分为横东村、横南村、横西村和横北村。村庄四周是碧绿的鱼塘和肥沃的田地,一片田园风光,景色宜人。横东有龚、谢、王三姓,横南为骆姓,横西有温、周两姓,横北为张姓。

张氏宗祠

横北张氏源自鸭湖、李溪

横北村张氏分为两支人,为两个不同太公的后人。一支于400多年前,由花东李溪迁入。另一支于清雍正年间,由炭步鸭湖村迁入,定居横北村田螺下(地名)。张豫,居南雄,为张氏入粤始祖。根据《张氏族谱·梅秀系》记载:"六十六世祖豫,生于陈,临海王,光太元年戊子十月十三,豫因隋灭,奔岭南南雄府,夫人胡氏,生一子,太京。"张贵四(鸭湖村人称张仰华),为张豫的第十八世裔孙,娶宝鸭湖(今炭步镇鸭一)罗姓女子后定居当地,即炭步鸭湖村的立村始祖。张贵四生有四个儿子,长子张庆一迁居南海大樊村,三儿子张庆三为从化教谕,二儿子张庆二和最小的儿子张庆四居住在鸭湖村。张庆二,又名至泗,番禺学庠生,生有两个儿子,长子张盛五,次子张盛一,均定居鸭湖村永福里。数百年来,鸭湖村张氏的人口不断增多,子孙后人开始往外发展,选择异地安家建业,开枝散叶。

明代,鸭湖村张庆二的后裔迁居李溪村。张梅秀,字兴松,号竹庵,是鸭湖村张庆二儿子张盛五的孙子,为李溪村的开村始祖,明永乐三年(1405),张梅秀由鸭湖迁居李溪。自张梅秀定居李溪村以后,张氏族人在李溪村繁衍数百年,人丁兴旺,人才辈出。其中,张梅秀的后裔张大猷(1500—1568),字元敬,号豸岩,考取进士。他与夫人曹氏生下两个儿子,长子居广州城,次子分居东莞;与侧室李氏生了一个儿子,居南京;又与梁氏生了两个儿子,一个居横岗村,另一个居张村(何处张村无从考究)。据族谱上记载:"至此可知横岗村之始祖是大猷公之第四子也,名字不详,暂称猷四。""猷四"可能是指张大猷的第四子,因为按照中国古代取名习惯,父亲之名不可能用在儿子身上。由此可知,400多年前,进士张大猷的第四子由李溪村迁入横北村落户。据李溪村的张氏族谱记载,横岗村的世系字派为:"嘉珍廷国尚;远庆福猷同。"

横北古建街

据横岗村横北自然村的张姓村民称，清雍正年间（1723—1735），另一支张氏族人由炭步鸭湖村迁入横北村田螺下（地名）定居。清末，随着人口增长繁衍，田螺下的张氏后裔，分支到赤坭镇珊瑚村珊瑚里，后人在珊瑚里建起了一座张氏宗祠。据称，中华人民共和国成立之前，社会治安不稳定，时常有土匪、恶霸劫村，大村欺压小村的事情也时有发生。而横北村规模小、人口数量少应该难免受到欺压，但一直以来有鸭湖、李溪两条大村的族人帮助关照，因而并未受到其他村落欺压。不论从前或是现在，每逢清明祭祖或祠堂落成之喜，鸭湖、李溪、珊瑚、横岗等村的张氏族人便相聚一堂，共商族事，情同手足。

重修张氏宗祠

鸭湖分支而来的张氏族人，定居横北村数十年期间，在村中田螺下（地名）附近筹建祠堂、庙宇各一座。历经风雨沧桑，中华人民共和国成立前，祠堂、庙宇均已湮灭。李溪分支而来的张氏后人兴建了一座庙宇和张氏宗祠，庙宇兴建在如今的门口塘边，因年久失修，已破败不堪，中华人民共和国成立后为修建晒谷场所而被拆除。现存的张氏宗祠，为李溪迁入的张氏族人所建，保存较完整。

张氏宗祠，坐落于横北村的中部，坐西朝东，三间两进，左侧建筑为单间两进的衬祠，与宗祠以青云巷相隔。祠堂前面有水泥旷地、村路和一口长方形水塘，后面有小树林。周边有较多的水塘和河涌，往西南约两公里处为中洞山，向东北约三公里处为巴江河。主体建筑为灰塑脊，碌灰筒瓦，人字封火山墙，青砖墙。因烈日暴晒、风雨侵蚀，年久失修，屋顶灰塑部分脱落，仍依稀可见花鸟、虫草、瑞兽等灰塑造型，彰显古朴恢宏的岭南建筑特色。

走近宗祠，可见大门嵌宽花岗岩石门夹，石门额阴刻"张氏宗祠"，上款刻"丙辰岁冬月吉旦立"，下款刻"黄健修敬书"，文字清晰可见。前廊地面使用红阶砖铺设，步级铺设花岗岩。平时，地面堆放村民农作的用具，墙身张贴告示或宣传画报，成为村民了解村中资讯的信息窗口。前廊的木雕和石雕装饰工艺较为考究，保存较为完好。青石挑头雕刻戏剧人物，造型生动。墙楣处绘有精美壁画，画面虽已斑驳，色彩仍然靓丽。

垂脊灰塑装饰

次间设虾公梁、石狮、异形斗拱和雀替等精美石雕。两侧虾公梁上各有石狮子一只，栩栩如生。封檐板木雕花果、卷草纹饰的图案，木雕工艺精美，精致细腻。

推开木大门，跨过约半米高的木门槛，走进宗祠。据队长介绍，天井地面原来是大红砖铺地，后来才改铺水泥地面。室内墙体全部粉刷石灰水，细心观察可见，祠堂内部大多壁画原本的颜色被石灰水掩盖了。在岁月洗礼中，大多精美壁画依然颜色鲜艳、图案清晰、画面基本保存完整。其中，有壁画"烂柯图"，落款"杨贯亭"，寓意教人领会知识的无穷无尽，只有专心致志，超越自我，才能得到成功，教会后人领略这种"烂柯精神"。祠堂内部还绘有壁画"松芝益寿""醉酒图"等，这些壁画寄托了村民祈求平安如意、美满幸福、长寿等美好生活愿望。

后堂前带两廊，六架卷棚顶，屋脊顶分别有灰塑灰雕，以及花鸟、鳌鱼、瑞兽，栩栩如生。后堂的左侧前廊加砌灶台，作为村民喜庆宴席时的临时厨房。宗祠内部放置大量桌椅，并且加装了电灯和风扇，为张氏族人祭祖和喜庆宴席场所。后堂中部建有供奉放置祭品的水泥神台，上面设有张氏祖先神位。据队长介绍说，祠堂曾作为粮仓使用，堆放村民集体的粮产。村民堆放过多的粮食，由于负荷过重，祠堂的墙身、瓦顶均出现开裂的现象。外加祠堂多年未进行整体修葺，导致瓦面有部分地方渗漏，梁架受潮发霉，开始出现裂纹。近年，张氏族人计划重修祠堂，大家纷纷出钱出力，有人无偿将左侧走廊部分房舍献出给集体所用，大家为重现张氏宗祠昔日辉煌的风采，纷纷做贡献。

寻找过往的风俗：舞狮

横北醒狮队

张氏宗祠连接着张氏族人的过去与现在，承载着村中老一辈人很多美好回忆，少年舞狮、习武、成亲、幼儿满月、起灯，还有许许多多的传统习俗。中华人民共和国成立前，横北村拥有自己的醒狮队，由二三十个青年人组成，狮队有一个响亮的堂号"泽荫堂"。现年86岁的张鉴芬老人回忆称，横北村专门组建的少年班，当时任教的老师叫张鉴波，炭步人。少年班除了教授舞狮外，还教授蔡李佛拳、洪拳等功夫以强身健体。村中适龄青年都可自愿参加，少年班的开支主要由张氏宗祠的公偿支付，学生只需支付少部分费用。

泽荫堂的醒狮队活动，成为当时村中年轻人最主要的娱乐方式之一。每到傍晚，晚饭结束后，村中喜欢舞狮的青年聚集在张氏宗祠，从学习舞狮的步法、动作开始，包括麒麟步、跳步、翻身、翻滚等动作。这些动作硬桥硬马，刚劲有力，步法稳固，落地生根。先在地面上进行练习，熟练之后才能上桩，当时醒狮仅有一只，需要轮流排队练习，大家都非常踊跃认真投入。每逢清明节，张氏族人携带祭品祭祖，此时醒狮队便派上用场。舞狮队伍随行，敲锣打鼓，热闹非凡，前往鸭湖村祭祀张氏太公。新春佳节，村内有举行游灯、舞狮巡游活动，活动一般在晚饭后开始。伴随着锣鼓声，活动正式开始，走在队伍最前面的是醒狮队，带领参与游灯的人群，走遍张氏族人所属的土地。游灯队伍首先到达张氏宗祠，拜祭张氏先祖。接着，游灯队伍从村头走到村尾，其间不断燃放鞭炮，每到一户门前，主人家就会燃放鞭炮，迎接狮队的到来。村中民居，田地各处都要走一遍，包括距村中心好几公里远的大姐岭、牛南岭等山岭，活动一般持续到凌晨才结束。近年，老一辈的人逐渐隐退，村中青年纷纷外出谋生，舞狮活动逐渐式微，醒狮和鼓闲置在张氏宗祠内。

寻找过往的风俗：婚嫁

讲到旧时的婚礼习俗，有幸从张鉴芬老人口中了解到民国年间横北村的婚礼习俗。张伯未满16岁便成婚，在同辈中算是比较早。当年他的爷爷身体欠佳，依据旧时风俗"冲喜"，选取吉日提前娶妻。他的妻子黄婆婆，是炭步黄村人，14岁嫁入张氏家族，在横北村生活将近70年。黄婆婆在结婚前没有见过张伯一面，花轿落地，拜堂成亲时才透过红盖头的间隙看到了张鉴芬老伯的脸。张伯和黄婆婆笑称，两人遵从"父母之命，媒妁之言"，两人以及父母双方，在成亲之前并没有正式见面，主要是媒人出谋划策。从那"盲婚哑嫁"的年代，他们一起走过了大半辈子，两人相亲相爱走到白头。

按照成亲礼俗，双方定好成亲吉日后，男方提前数日，准备生猛的活鸡、十多斤猪肉、喜饼等，这些物品作为聘礼送往女方。旧时的礼金一般用谷计量，黄婆婆回忆称，当时收到的礼金就是谷粮，大概能换购约十尺的布匹。迎娶当天，抬着花轿的轿夫八人，嘀嗒佬（吹唢呐的民间艺人）、担彩旗、灯笼等十多人，在媒人的带领下，组成迎亲队伍。提前请算命佬选好吉时，迎亲队伍待到吉时从新郎家中出发，不能走近路或偏僻小路，只走村中的主干道，前往新娘子家中。依照当地风俗，接新娘时新郎不能随行，沿途也不能吹响嘀嗒。接到新娘子后，回程才能吹奏乐曲。新娘子在家中闺房等待，身穿大红衣，头盖红布。黄婆婆回忆那大红衣，由母亲提前亲自准备，像是粤剧花旦穿着戏服。

新娘子双脚不能碰地面，由"大妗"（接嫁婆）背上八人花轿。黄婆婆说，当时迎娶注重是否有"排场"，被八人花轿迎娶的人，算是相当有排场了。男方将新娘子接到横北村，新娘子最先到达张氏宗祠，上香祭拜张氏先祖，再前往男方家中。一对新人拜堂前，村人和男方亲戚在旁起哄，开始"轿"新娘（玩新娘），即与新娘子谈条件。直到新娘子答应男方亲戚所说的要求，"轿"新娘环节才结束。新娘子需要将男方亲人所"轿"的相应物品，在回门当天从家里带回男方家中。待到吉时，两位新人先是拜天地，再拜父母。拜堂结束后，在张氏宗祠举办酒席，宴请亲朋好友，共聚晚宴。

寻找过往的风俗：祭神、起灯

　　村内庙宇历年以来虽然没有专人管理，却能做到祭祀香火长年不断，只因每天都有张姓族人前往庙宇上香。按照族规，以横北村丁头（男人）年龄由大到小排序，负责每日的庙宇管理。轮到该丁头的家族，在家中准备好祭品，祭神仪式一般交由妇女负责。天刚亮，家中的妇女就前往庙宇祭祀。首先，向神祇跪拜，并将祭品放置在祭坛上，然后上香、添油，祈求家人平安健康，横北村风调雨顺。完成了庄严的祭祀仪式后，再将庙宇各处打扫干净，才算结束。附近的村民，亦会前往庙宇祭祀。经历了"文化大革命"的波折，村民历年奉祀的这间小小的庙宇也被摧毁了。

　　村中小孩有两次"起灯"的习俗，仪式一般只为男孩子举办。正月初六家人为小孩准备一盏灯笼，在祠堂悬挂后，村中父老将小孩的名字登记到族谱上面。完成"添灯"仪式以后，在张氏宗祠摆宴席，宴请亲朋好友欢聚一堂。正月十一在鸭湖村的张氏宗祠再举办一次较为简单的仪式。中华人民共和国成立后，这些风俗仪式，很多都逐渐简化或消失。

展望未来　经济发展

　　中华人民共和国成立前，横北村四周的田地虽然很多，但大多的产权属附近水口、华岭等大村，村民向华岭村的人租田耕作为主，主要种植水稻、花生等经济作物，在山岭种植果树、甘蔗等。由于村中没有榨油坊，花生成熟时，需要运到炭步圩加工。中华人民共和国成立初期，村民开始外出务工，在炭步镇裕成、建联石矿场工作，大多数村民以种地为主，生活较为艰辛贫苦。改革开放以后，经济水平逐步提升，发展塘鱼养殖，渔业成为村民收入的主要来源之一。从20世纪90年代开始，鱼塘和耕地逐渐出租外地人，至2014年已没有村民以种地为生。如今，村民大多外出谋生，有的做小生意，有的在深圳开公司，有的搞运输、开电器铺、卖杂货等，村民生活水平大大提高。其中，在横北村较为有名的是张细权，他生于1963年，1988年华南农业大学动物遗传育种专业硕士研究生毕业，获农学硕士学位；1999年6月获中国农业大学动物遗传育种与繁殖专业农学博士学位，现为华南农业大学教授。

探晓植氏之源流

——记大涡讴村植氏与植氏宗祠

◎ 张 倩

植氏宗祠位于炭步镇大涡村的讴村自然村。讴村靠山而建，坐落于铜鼓岭的西南部，村庄西面1公里处是芦苞涌，与三水区范湖镇以涌相隔，属花都西南部边界村庄之一。

讴村，原来有姓欧的人，在此地开庄生活，故名欧村。康熙版《花县志》有载，县城西部村落有"欧村"。后来，欧姓人逐渐迁离，植姓人迁入以后不断繁衍发展，今改称为讴村。现居住

植氏宗祠

在此的村民主要为植姓，人口700多人，划分三个经济社。讴村与太平庄、大涡三个自然村同属大涡村委会管辖。

建村故事

相传，讴村是由欧姓人开庄，落户以后，此姓氏人丁兴旺，子孙绵延，发展到人口将近万人，已远远超过邻近村庄的规模，在当时是数一数二的大村庄。村庄的建筑规模之大，由如今的村落位置，向东南方延伸到如今的骆村范围内，占地面积非常广。村落附近有多条公路经过，水路有西面的芦苞涌，四通八达。

传说该村在欧姓人未来之前，也曾是一个万人大村，但被朝廷整村毁灭。据说是村里有一群"烂仔"，仗着宗族人多势众，为非作歹，经常在村落附近的交通要道拦路抢劫。有一次，一批运送献给朝廷的贡品，在途经附近的芦苞涌时，被这帮烂仔打劫了。这事惊动了朝廷，朝廷下旨严惩村庄。大批朝廷官兵杀到，村子一夜之间被铲平，村民死的死逃的逃，这个万人大村就此变成一片废墟。

植姓先祖从三水的土塘村出发，赶着鸭子，到处寻觅合适的地方居住，沿途养鸭卖鸭谋生，一路走走停停。途经讴村此地，发现风景优美，景色宜人，便定居在附近的松岗上，在小山岗上搭建草寮生活，鱼塘边上饲养鸭子，生活悠闲自在，温饱不成问题。转眼过去一段时间，一次，连着下了好几天的大雨，导致发大水，洪水浸到草寮的门口处。植氏太公深思熟虑以后，决定搬迁到欧姓人原来居住的位置，成家立业，开枝散叶。

据村民植昌业称，二十世纪七八十年代，村民在村里建造房屋挖地基时，曾多次发现一些碎石瓦片，猜测那是曾居住在此的欧姓人所使用过的。近年，在如今讴村与骆村交界的位置，亦有发现一些建房子的碎石瓦片，还有一些不完整的生活器皿，或许那些也是欧姓人曾使用过的。

村中还流传着另一个开庄故事。据说，欧氏始居于现今的顺德，一路迁徙到现今的讴村，搭建草寮居住。欧氏定居数年以后，讴村的植氏先祖由三水土塘下村，一路赶鸭而

祠堂内景

来,在距离欧氏房屋数百米外的地方,定居生活。由于两姓房屋相距不到半里,他们交往甚密,欧氏觉得植氏为人正直、待人友好,便邀请植姓搬来地势较高的地方,在自己屋旁建屋居住,于是两姓成为邻居。数十年过去,两姓后裔还有嫁娶的往来,只是欧姓人口发展远远比不上植姓,欧姓便决定搬回顺德居住,植姓人丁越来越兴旺,子孙繁衍。搬回顺德的欧姓,仍然与植姓有密切的往来,到了清光绪年间,植姓后人建成植氏宗祠,还请来了顺德的欧姓前来为祠堂题字。

讴村植氏渊源

关于讴村植氏始祖的建村过程,众说纷纭,族谱上会不会给出答案呢?据了解,记录讴村植氏源流的族谱,一直由村中的长老保管,经历"文化大革命"以后,仅剩人称"启二公"留存下来的唯一一本旧谱。启二公名叫植启,在家中排行第二,故村中的人都称他为"启二公"。他生于清末,广东陆军讲武堂毕业,中华人民共和国成立后,在中山大学教书,1976年回到村中,他临终前,将族谱交由族人植赞辉留存下来。2018年,植赞辉将族谱转交给植启康。几经曲折,旧谱能保存至今实属不易,可惜旧谱被虫蛀而残缺不全,仅剩前面部分较为完好,缺失了记录植氏迁移到讴村开庄历程的部分。

根据讴村植启康提供的《植氏源流》及采访资料整理,植氏起源于黄河流域、古代中原重镇的河南省信阳县。唐朝末年,植元真南迁,是广东、广西植氏的始迁祖。植氏是广东早期(南宋中原人大规模南迁南雄珠玑巷之前)的七姓之一。植氏发展至今,已经历千年,子孙繁衍,遍布广东、广西约40个县区,并有支派迁徙定居江西、安徽、四川等省,其主要集中聚居由中原转为岭南一带。

植氏为岭南土著,植氏公认的始祖是植元真。始祖植元真传至二十世祖植文华,植文华于明朝洪武年间(1368—1398)由土塘下村(今属佛山市三水区大塘镇)迁居骆村堡东竹岗清湖村(今属讴村境内),生四子,琮瑜、琮盛、琮荫、琮聚。植文华传至玄孙植云高、植云汉,因北江涌水涨,迁居讴村。兄弟二人定居此地以后,成家立业,植云高娶了任氏,生三子,名悦西、悦东、悦吴。植云汉娶了谭氏,生二子,名悦湖、悦洲。其中植悦西,配王氏,迁居炭步镇袁竹坳,为该村开族始祖。植悦东,号东湖,其后人为纪念他,在讴村下社建了东湖大楼。现讴村植氏分为三房人,植悦东、植悦湖、植悦洲,三个小太公的后裔,历经沧桑,繁衍生息,聚居于此。

植氏宗祠现状

清光绪八年(1882),植氏族人在讴村上社筹建了植氏宗祠。该祠堂历年未曾重修,瓦面上

传说是立村时挖的古井，井内有小井，小井有泉眼

长满了杂草，整体结构基本完整，保存较为完好。祠堂坐东朝西，三间二进，建筑占地255平方米，面临一口水塘，视野开阔。主体建筑为青砖墙，花岗岩石脚，镬耳封火山墙，灰塑博古脊，碌灰筒瓦。从门外观看整座祠堂，旧迹斑斑的青砖外墙及保存尚好的各种木雕、砖雕、灰塑脊，无不显示出清代建筑的独特风格。

前廊梁架花果卷草纹饰图案木雕，卷草纹饰的木雕雀替保存完好。封檐板花草木雕，保存较好。大门嵌花岗岩门夹，石门额阴刻"植氏宗祠"。前廊次间设虾公梁、石狮、异形斗拱和雀替。青石挑头雕刻人物，造型生动。

后堂面阔三间，前带两廊，左廊砌砖墙间房。天井用花岗岩条石铺地，长满杂草，头门左次间和左廊砌砖间房。祠内瓦面渗漏，梁架有裂纹，墙体粉刷石灰水，斑驳的墙壁上依稀可见绘有壁画，地面红阶砖全毁。

植氏宗祠，为植氏族人共同拥有的建筑，曾用作村民聚众议事、学子修学等场所。中华人民共和国成立前，曾在此开办私塾，教书先生是三水人范老师，讴村的适龄儿童前往就读，有学生约20人，交谷粮作为学费。

中华人民共和国成立前，植氏族人在祠堂内举行游灯、祭祖、舞狮表演等风俗活动。春节期间，村中青年在祠堂内舞狮，拜祠堂同祭祖，祈求祖先庇佑。曾聘请白云区高增的骆洪师傅到村中教授武功，在祠堂内教青年武功，主要以洪拳为主，同时教授舞狮动作。如今，祠堂为村民祭祖、筹办红白喜事、休闲娱乐的公共场所，在2010年4月公布为广州市花都区登记保护文物单位。

勤劳谋生的植姓村民

与炭步镇大部分村落一样，讴村村民历来以种植水稻为主要经济作物。各家各户除了种植番薯、土豆、蔬菜等作物，均种植少量马蹄（荸荠），待马蹄收成以后直接食用，或将其当作蔬菜烹煮成佳肴。过去，家家户户饲养一两头肉猪，散养数只鸡鸭。大多数村民从事农业生产，靠种田过着自给自足的生活。民国年间，有少数村民脱离农业生产队伍，离开村庄到外地谋求发展。其中，植赞球到广西玉林拜师学艺，从当学徒起步，跟师傅学习制作镜画，后来自己做镜画生意。其子女继承父亲的衣钵，在炭步镇开设"球记"玻璃镜画店，店铺营业至今。

民国年间，餐饮业成为讴村的特色产业之一。讴村村民除了农业生产，有几户做起了餐饮，开茶馆、茶楼，生意红火，做得有声有色。例如，植赞球的父亲在距村庄两公里处的大涡圩开设茶楼。植裕宁与植志宁兄弟两人合作，在三水范湖镇，共同经营"冠南"茶楼。植普宁在三水独树岗，开设长珍茶楼，占地面积100多平方米。他们经营的茶楼以早茶、早点为主，售卖各类糕点、点心，不设饭餐。包点有叉烧包、生肉包、莲蓉包等，糕点包括芋头糕、马蹄糕等，还有必不可少的干蒸、烧卖、蒸排骨等早点。光顾的客人，大多数是不用从事农业生产的中老年男性顾客，极少女性顾客。因此，茶楼生意不受农忙、农闲的时节影响，不分淡市、旺市。讴村餐馆茶楼经营者，有着丰富的餐饮经验，对自己的饮食也有一定的要求，逐渐形成如今讴村人的生活饮食习俗，家常菜由家中妇女掌厨，过节喜庆举办酒席时，必须由男人亲自掌厨。设宴有白切鸡、焖鸭、焖鹅、虾米粉丝、芋头扣肉、笋虾等必备菜式。

20世纪50年代初，讴村村民充分利用地区的优势，矿产资源的开发成为经济支柱之一。讴村后面的山头，蕴藏数量可观的煤，中华人民共和国成立初期已有少量开采。1958年，讴村组织人力开采后山的煤，开办讴村煤场。讴村背后的山上，赤黑色的泥，当地人称为火山灰土，这土经直窑烧炼，成为熟料，作为制造水泥之用。20世纪70年代至1985年，讴村的山下，直窑林立，每日都出产火山灰土熟料。1998年4月，因安全等问题，煤矿厂和黏土场被关闭。

人才辈出的植氏族人

植有秋，别名信友、号剑泉，民国十六年（1927）组织捐资兴建龙珠桥，广州沦陷时曾任广州市红十字会会长。

植伯根，"文革"后广东粤剧学校的首批毕业生，2018年12月13日，他领队到澳洲墨尔本国家级皇冠棕榈剧院演出。

植伯桐，生于1962年，他身有残疾却自强不息，多次被区市残联评为先进个人，任广州市肢残协会副主席。

植启康，1973年出生，佛山敏捷时代管理有限公司和三水范湖开发区投资服务中心总经理。他积极支持与关心植氏宗族事务发展，还是广州市洪拳协会、花都区武术协会成员，领队参加2017年全国传统武术比赛、2019年第八届世界传统武术锦标赛等比赛。

植俊麟，这位大学生村干部被评为"农村青年致富带头人"，被花都区评为"2014年度感动花都十大好人"。

植绍伟，生于1970年，在服兵役期间荣立三等功，后加入公安队伍，参加突发事件救援，再立三等功，2010年，立区政府公务员三等功。

2009年，讴村村民与同宗兄弟集资重建东湖植公祠，植伯均、植远麟、植永洪、植伯祥、植伯桐、植永耀等100多位植姓宗亲踊跃捐款，建成东湖大楼一座，建筑面积400平方米，作为村民娱乐使用场所。

林大枝繁传两广

——记石南村南冲林氏宗祠

◎吕金乐　汤景林

　　石南村南冲自然村,位于炭步镇东南部,东邻石湖中社,南临塱溪,西接环山江夏,北连步云。南冲立村于元代(具体时间不详),因村前有一条小河涌流过,村民姓林,俗称"林涌"。因粤语"林"与"南"、"涌"与"冲"谐音,时间日久,称呼南冲成习惯,故得名南冲,也有

林氏宗祠

记作南涌的。南冲在花县建县前属南海县,2000年属炭步镇石南村管辖至今,该自然村现有人口500多人。

南冲林氏溯源

参天大树,必有其根;环山之水,必有其源。林姓,主要源自子姓、姬姓。而炭步镇石南南冲属子姓,是商朝末年名臣比干的后裔。比

堂号"知礼堂"

干夫人妫氏怀孕三月逃至长林(今河南省卫辉市狮豹头乡龙卧村),生儿子泉。周武王伐纣,天下大定,寻找比干后人,后知其遗孤生于长林,于是赐以林为姓,改名"泉"为"坚"。林氏奉林坚为始祖,比干为始太祖。后世子孙繁衍发大,流长世远,今分支族裔遍及全球。后世子孙约7000万人,其中广东亦有300多万林氏族人。唐朝莆田林氏林披,天宝年间授太子詹事,赠睦州刺史,生九子:苇、藻、著、荐、晔、蕴、蒙、迈、蔇,皆官居州刺史,世称"九牧林家",亦称"唐九牧",九龙世泽堂号由此而来。莆田系为晋安林之最大支派。而南冲林氏,为福建莆田系。林茂,字汝盛,隋开皇文帝二年(582)任右丞,次年,由晋安迁徙至莆田之北螺村,为莆田世系始祖。

南冲一世祖林天有从福建迁至惠州,生六子,分别是原山、原福、原嘉、原仁、原德、井庵。其中林原德(宗泗)迁惠州府归善县(今惠州市惠阳区),到现在已发展到二十四世。南冲尊林天有为一世祖,林原德(宗泗)为二世祖,林思义为三世祖,林秉禄为四世祖。史载林原德,宋代进士,任大理寺评事,仕官入粤,生思容、思礼、思义、思宁四子,长幼两子居惠州府归善县平政司黄浦乡,二、三子成年后从黄浦乡迁居花县。其中三子林思义生三子,分别是秉禄、季荣、添禄。林思义及其第三子林添禄居炭步南涌,南冲堂号为"知礼堂"。二子林思礼,生于南宋景定三年(1262)六月二十七日,居马溪,马溪堂号为"笃敬堂"。马溪南冲,兄弟情谊,一脉同源。同在花邑繁衍将近700年,传承二十七代人。而属南冲分支出去后裔更是远有广西、湛江、香港,近有鸦湖、岗尾、狮岭、赤坭。兄弟宗亲互有往来,正应了林大枝繁传两广这句话。

祠宇辉煌佑林氏

一踏入炭步南冲村，首先映入眼帘的是平阔长达百米的水塘，波光潋滟，浇田淋菜，把族人滋养；要两人方能合抱，笔直英挺的百年英雄树木棉（已挂牌列为保护古树），如卫士般默默地守护注视着南冲林氏族人。有昭示林氏子弟勤奋好学、功成名就、光宗耀祖的两对旗杆夹，其中一组石刻为："雍正八年岁贡生林应春立，道光二十九年己酉科考取拔贡生林中霭立。"另一组石刻为："嘉庆十八年癸酉科乡拔进士林圣藻立，咸丰十一年辛酉科考取第一名拔贡生林子芳立。"旗杆夹见证了南冲林氏的家族荣耀，也见证了林氏子弟求学终有成就的过往。历经几世，仍静静地屹立在林氏宗祠正门前，守望林氏，更守望永续辉煌的林氏未来。

南冲庙宇祠堂从东至西算起依次为二天庙（门面已改）、林氏宗祠（1999年重修）、庄庵林公祠、桂庭林公祠（老人活动中心）、步蟾林公祠。

南冲林氏宗祠，现位于南冲白米巷2号。始建于道光二年（1822），1999年重修，坐北朝南，三间三进，主体建筑为镬耳封火山墙，青砖墙，花岗岩石脚，灰塑博古脊，博古脊在1999年重修时改贴现代瓷片画"龙凤呈祥"，碌灰筒瓦。三级麻条石台阶，两边护垂带踏跺，两根石檐柱。木雕封檐板，门洞上方画寓意吉祥故事图画六幅，其中一幅字迹清晰为"英雄得鹿"。左右挂阴刻木质苍劲有力对联："九龙世泽；双桂家声。"门额挂阴刻木匾，上书"林氏宗祠"四个大字。更为难得的是花岗岩门夹包木门，门头中间突出有正方木刻字"户对"一对，"户对"在花都祠堂中甚是少见。下有"门当"一对，喻合"门当户对"，在封建社会，户对越多，官阶越高，南冲虽然只有一对，但南冲林氏也堪称当地大户人家。门左挂"南涌文化活动中心""农家书屋""科普活动室""老人活动中心""花都区登记保护单位"五块牌匾。花岗岩石刻"林氏三世祖太公山修建水泥路捐资芳名榜"一块，2019年5月立。祠堂曾在二十世纪七八十年代做过玻璃厂工场，蘑菇种植场及小手工业作坊，现用作南冲喜庆宴请场所。

迈入祠堂门槛，前堂隔一屏风，屏风两根石础木柱刻祠联："系出莆田世胄簪缨十八公侯皆宰相；支分花邑科名仍盛两姓发展在南溪。"祠联明白道出南冲林氏系出莆田，为名门望族。上有寓意吉祥喜庆精美壁画数幅，左有砖雕精美门官，门官亦刻寓意美好对联一副："祝多福多寿多男；尊达爵达齿达

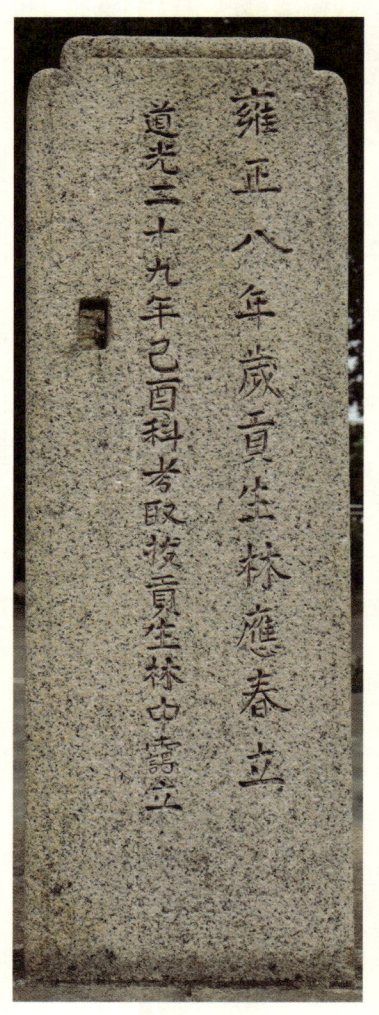

旗杆夹石

德。"寓意福寿双全,人丁兴旺,爵齿俱尊。右墙嵌一嘉庆四年（1799）通塘筑基芳名碑,因年代久远,只能模糊看出大概。通塘筑基为防涝抗旱,族人纷纷响应,有谷捐谷,有钱出钱,没钱以工代偿。碑文详细记录了当年族人兴修水利,为建设美好家园捐钱捐物捐谷的实况。另挂有1999年祠堂重修、兄弟宗亲送楹联一副:"祠貌庄严喜得人杰地灵开胜境;堂构肃穆欢庆民康物茂永欣荣。"左右连

刻花瓜柱

廊,右连廊嵌"南涌村祠堂捐资芳名碑记"石刻一块,1999年春立,记录了当年重修祠堂族人捐款情况。天井铺麻条石,天井中间设一香炉,天井采风采光,宽阔明亮,中堂有屏风。

再往一进,两侧墙上挂满宗亲赠送的镜画,还有南冲林氏世系图及介绍始祖比干的图画十几幅。上挂"知礼堂"木匾,匾右小楷书"道光二年壬午正月",印章模糊看不清。左题"广东等处承宣布政使司布政加三级鹤樵程国仁题",并刻"程国仁印"四字。关于这块木匾,还有一段故事,83岁守祠老人林伯说,在"破四旧"时,这块木匾被族人拿来做砧板劏鱼杀猪,因猪油浸润而幸运地保护了下来,成为南冲祠堂宝贵文物之一,此匾1882年刻,距今有100多年。石础木柱刻南冲辈分诗:"文章昭世泽,廷献显猷为。履泰传家礼,敦庸立本基。"表达了先辈对林氏后人的殷殷期盼及美好愿望。

后堂摆放供奉祖先神位的神龛,神龛里摆林氏先祖灵牌。上刻"百子千孙",庇佑林氏螽斯衍庆,瓜瓞绵绵。上挂宗亲送匾"西河世耀",堂上祠联众多,其中一副:"九龙绵德泽弘扬文采振家声;双桂溯源流世代书香垂永荫。"更是言明了林氏源流及往日荣光。旗杆石刻记载:"林应春,雍正八年岁贡生;林圣藻,嘉庆十八年癸酉科乡拔贡;林中霭,道光二十九年己酉科拔贡;林子芳,咸丰十一年辛酉科第一名拔贡。"《炭步镇志》载,林洪钧,晚清武举人,南冲林氏出俊杰,文武双全栋梁材。文官武将,南冲占齐。近代林氏族人更是频频考取大专、本科、硕士,经商开店办厂,在各行各业中大放光彩。

禾楼游灯传承久

在炭步镇石南南冲,烧禾楼,元宵游灯民俗由来已久,已成为花都民间隆重宗族盛会。烧禾楼,史载源自反抗元兵的义举。元朝建立后,进行血腥统治,把人分三六九等,蒙古人最高贵,

汉人为低等。于是汉人进行了不屈的反抗，各地相约在中秋节起事。筑砖瓦塔，在宝塔顶点火为号，类似烽火台。这种反抗虽然最终被镇压，最后却为后世遗留下了"烧禾楼"习俗。

禾楼特色各异，有用砖块，也有用瓦块搭建，但通常砌成三米高砖瓦塔。在旧时，每年中秋一到，村中小孩都会早早蹦蹦跳跳，提着灯笼到每家每户去收取稻草，捡柴火。嘴里说着："恭喜发财，请您拿捆秆株（禾秆草）来。"意为添火，寓意村旺、家旺、人丁旺。烧禾楼时，通常会在塔口放木糠或禾秆草，当火正旺时，塔体通红，向火中撒粗盐，并用力搅动柴火。这时禾楼火花，火舌上窜，直冲云霄。火花如繁星点点，且噼噼啪啪，四散空中，煞是好看壮观，堪称古代烟花。禾楼火花上蹿越多越高，寓意来年越好。当地有句俗话讲："火烧旺地，越烧越旺。"族人都希望生活过得像烧禾楼一样，红红火火。每逢佳节倍思亲，每年中秋，远在外地经商或工作的宗亲都会抛下俗务，回乡参加烧禾楼活动。一边拜着月光，吃着月饼沙田柚，呷着螺，一边看着禾楼火旺。烧禾楼俨然成为南冲林氏凝聚人心、团结宗亲、联系乡情的好习俗、好传统。

南冲元宵游灯定在正月十五夜，一直沿例至今。届时许多外出游子都会相约回乡省亲拜祖，马溪林氏宗亲，鸦湖林氏宗亲也会前来助兴。晚宴后，人们举着族旗，雄狮开道，锣鼓喧天。放烟花，烧炮仗，点香燃烛，到林氏宗祠拜祖。大人小孩都虔诚祈福，大人祈求诸事顺利，身体健康，生意兴隆。小孩祈求学业百尺竿头，更进一步。古时族人打着火把或油灯，现在装了街灯，灯火通明如白昼。族人跟着雄狮游走在街巷，小孩追逐嬉戏，锣鼓声、鞭炮声响彻夜空。

发枝南海开新叶

——访三联村竹湖叶氏宗祠

◎黄永奎　龚越洪

在炭步镇的东南部，有一个古村落，叫作竹湖村，是三联村的一个自然村。说它古老，是因为它在明代初年就已经建村，距今已有600多年。为什么叫"竹湖"呢，是因为建村时山坡上有大片的竹林，村前有一片低洼地，一到下雨天，洪水便沉积，成为一片湖泊，竹湖村因而得名。

叶氏宗祠

在这个村子，共生活着两个姓氏人家，一个姓叶，一个姓龚。姓叶的大概有500人，姓龚的大概100多人。龚姓是最早迁来立村的，立村者名叫龚景善，他带着家族于明代从环山村迁入，村中建有景善龚公祠纪念他。叶姓在竹湖村人数最多，村中建有叶氏宗祠。叶氏宗祠有两座，一个在旧村，一个在新村。

竹湖叶氏渊源

在70多岁的老人叶钜添家里，珍藏着一本民国族谱《南阳叶氏族谱》。该族谱已虫噬蚁咬，破烂不堪。此谱为民国十五年（1926），该村族人叶永光所著。根据叶钜添老人所述与《南阳叶氏宗谱》，可以梳理竹湖村叶氏的渊源。

灰塑博古脊

600多年前的明代洪武年间，从南海大圃来了一家人，他们来到花县炭步竹迳（位于文岗村附近象岗山脚）。这家人的户主叫叶酉孙，至于为何从南海大圃迁来，村中已鲜有人知。据叶钜添老人听祖上传闻，当初酉孙先祖是一路捉田鸡（青蛙）而来，后见竹迳是块风水宝地，因为它地处象岗山脚下，土地肥美。从花县其他族人迁移来看，有放鸭而来，有放鹅而来，还有逃难而来，林林总总，但为捉田鸡而来，笔者还是第一次听说。

这叶酉孙是何许人也？据《叶氏族谱》（壬辰年十二月重编）所载，这叶酉孙是叶元实的第五代孙，叶元实的父亲是宋朝大名鼎鼎的丞相叶颙，叶元实为叶颙的次子。叶颙（1100—1167），南宋宰相，字子昂，宋兴化军仙游（今福建）人，绍兴二年（1132）进士，授广州南海县主簿，又升任信州贵溪知县、绍兴府上虞知县等，有治声，累官至端明殿学士、参知政事兼同知枢密院事，因事罢，擢左相兼枢密使，建请汰冗兵以节国用，乾道三年（1167）冬天，提举太平兴国宫，以观文殿学士致仕，卒，年六十八。叶颙晚年携五子到南海定居，成为南海颜峰村叶姓始祖。炭步竹湖村村民正是叶颙的次子元实衍生一脉。叶元实的第五代孙叶酉孙来到炭步竹迳开基，后又迁至竹湖村。叶明昌是叶酉孙的孙子，他生有两子，分别为碧泉和税泉；碧泉又生有两子,为一弘和一秀;而税泉也生有两子,为孔阳和逢阳;一弘生有两子,一个叫北溪,一个叫象湖。自此,从叶酉孙迁竹湖开基立村后,已衍派有北溪、象湖、孔阳。

叶税泉后来迁信宜开基,孔阳第三世孙书腾迁花县赤坭楠木树,成为该村的开基始祖。目前,花都叶氏为东边村人最多,有1000多人。2004年,由于国家征地建水泥厂,竹湖村民舍小家顾大家迁居至现在的炭步广场东北角,生活至今。

叶氏宗祠的变迁

建立新村之后,叶氏宗祠重建提上议事日程。叶氏宗祠在旧村很破旧,据《叶氏族谱》(壬辰年十二月重编)所载:"叶氏宗祠为清光绪年间始建。嗣后,文人学士,在祠内设馆教授,为国育才,造福桑梓,诚可嘉也!"

然风云不测,抗战时期,日本侵略者驻扎逢冲、文冈,国民党部队多次攻打日军炮台,日军为了搜捕国军,进行疯狂的报复,多次入村烧杀抢掠。村民们纷纷提前逃到三水、赤坭等地避难,来不及跑的村民被日军用机枪打死。1939年冬天,国民党军队袭击了日军象岗岭据点后撤离。竹湖村再次遭到日军的疯狂报复,在烧毁老百姓的房屋时,祠堂也被破坏。1943年,日军再次到村庄扫荡,这一次,祠堂被日军彻底地破坏,山墙倒塌。日军放火焚烧,祖祠化为一片焦土。

50多年后,竹湖村叶氏儿女认为,我等共沾祖德遗泽,复祖祠,慰先灵,为族人之厚愿。经该村全体族人商议,于旧址卜吉重建。族人纷纷慷慨解囊,有钱的出钱,没钱的出力,新祠终于在1997年落成,可谓美轮美奂。2004年因国家建设征用土地,族人迁炭步广场东北角,创建新竹湖村。迁村后,叶氏族人再次筹款,集腋成裘,在政府的补贴下,筹款140多万元,在新村建了新祠。新的叶氏宗祠雕龙绘凤,雄伟壮观,祠内金碧辉煌,祠外花木掩映,广场雄丽。族人们纷纷感叹:祖祠于此,先灵也可安矣!

走进新叶氏宗祠,后堂上方高悬"明德堂",神案供奉的是宋朝丞相叶颙。

祠堂内景

生活习俗和叶氏名人

叶氏村民有清明祭祖的习惯。每年4月4日或5日,叶氏族人都会拜祭太公。在没有迁村之前,他们曾经去过广西岑溪、花都赤坭楠木树、花都赤坭荷溪龙塘等地,一起找这些族人寻根问祖。迁村之后,他们改为每年的4月8日或9日回乡祭祖。

每年的正月十一,为叶颙的生忌,叶氏族人大都回到佛山南海颜峰村聚会。用这种方式表明,他们都是丞相的后裔。在叶颙之前,他们的先祖最早发源于河南叶县。竹湖村老人叶钜添曾经和族人驱车去离家1000多公里的河南叶县寻根。

壁画《三星拱照》

除了祭祖外,最大的民俗是元宵晚会。正月十五,叶氏族人喜欢舞狮,这与赤坭的叶氏宗亲很相似。但是在炭步,受到习武风尚的影响,他们还会增加武术的表演。据说洪熙官曾到炭步地区传授武术,所以在炭步很多地方,村民都喜欢武术,最有名的就是藏书院村。竹湖的叶氏族人与赤坭的叶氏宗亲还有一点不同是,八月十五,竹湖村会有烧禾楼的习俗,而这种习俗主要是受炭步地区的影响,而赤坭就没有。烧禾楼是炭步的习俗,别的镇几乎没有。

在600多年的竹湖古村里,叶氏族人名人辈出,据村中老人传言,清朝时出过一个举人,名字叫叶仕洪,但是在《花县志》中,并无记载,但笔者在赤坭荷溪龙塘的旗杆夹上,发现了叶仕洪的名字,他和花县清代最后一名举人叶其蓁并列刻在一起。而《花县志》里只有叶其蓁的名字,这让人不得不怀疑,有人说叶仕洪可能是南海人,因为竹湖村民先祖来自南海。

赤坭镇

佳山望族竞风流

——记佳锦山村宋氏祠堂

◎卢福汉

过去,有这么一个村子:乾隆初年才立村,地处偏僻的丫髻山麓,土地瘦瘠资源匮乏,经济基础较为薄弱,人丁不足一千,对比于立村近千年、人口七八千的毕村、三华、平山、吉星、文岗和骆村等古村,确实是小巫见大巫。然而,就是这个村子,却是文风鼎盛、英才辈出,发展势头一时无两。清代,花县自建置(1686)到光绪三十一年(1905)废除科举考试的220年间,共出了进士8名、举人约40名。而该村宋氏来邑只有170年,却出了进士3名、举人9名、秀才57名,有15人入选民国版《花县志》,一跃成为花邑的名门望族……它,就是佳锦山村。

宋氏宗祠

有人说，是丫髻山风水的庇佑；也有人说，是宋氏先祖的福荫；还有人说，是村名改得好。孰是孰非，我们进村一探究竟。

村名来由

佳锦山，所指的其实不是一个村，而是指丫髻山与剑岭之间而居的村落，总称为"佳锦山峒"，包括现在的锦山、剑岭、集益、皇母四个行政村。

正所谓："丫山毓秀多异卉，剑岭钟灵有奇英。"丫髻山，也称丫髻岭，为花县（今广州市花都区）名山，位于佳锦山村的东侧，因山上双峰夹峙，高耸入云，望之如丫角髻，因此得名，为西隅群峰之首。建县之初，首任知县王永名主持评选"花县八景"，丫髻山为其中一景，名为"双峰朝旭"，描绘的是曙光初露、雾散云开、丫髻双峰争辉的奇景。开邑乡贤黄士龙题《双峰朝旭》诗云：

为望朝阳上翠微，明霞灼灼映崔巍。
山鸡未叫气先觉，海水欲浮星已稀。
千古乾坤生色相，一时岩谷有光辉。
神仙曾此频来往，天外谁同一振衣。

剑岭像一把长剑矗立在佳锦山的西侧，宋氏祖祠"崇德堂"后面的山名为金星岭（也称"狮形岭"），处于剑岭的"柄"的位置，是一个"金星挂角"的风水宝地，也成就了该村文运大开的势头，难怪说是宋氏先祖的福荫了。还有，宋氏二十世祖宋轩妻温氏葬在山麓下土名为"乌鸦落洋"处，当时的堪舆师曾断言谁葬在此风水穴中，其子孙后代代代出功名。

佳锦山，最初原名为"鸡筌山"，因村后的山岭形似当地农家养鸡的"鸡筌"（当地人称为"鸡枕"）而得名。筌，捕鱼笱也。当地人编成下阔上窄"鱼笱"状竹器称"鸡筌"，用于晚上圈养鸡只。

钟灵毓秀锦山村

在鸡筌山峒生活的为康乾朝间先后从粤东迁来的客籍人，统称鸡筌山峒人。现在，从赤坭入锦山的尽头就是鸡筌山，峒左丫髻山为青龙，右剑岭为白虎，前赤坭为朱雀，后鸡筌为玄武，形成了依山傍水、藏风聚气的上乘风水格局。听村民说，宋朝堪舆大师赖布衣还留下"狮鼓旗剑出天王"的谶语，说的是花县境内的"狮岭""鼓岭""旗岭""剑岭"都是很好的风水宝地，将来会出王侯将相。而鼓岭、剑岭就在丫髻山附近。因此，"狮鼓旗剑"到如今仍是舞狮必需的阵容。难怪人说，这是丫髻岭风水的庇佑了。

后来，宋氏读书人多了，为表斯文，于是取"鸡筌山"的谐音改村名为"佳锦山"。佳，有美、好、善等意思；锦，本意是有彩色花纹的丝织品，比喻鲜艳华美。村名经此一改，意境大不相同，难怪有人说是村名改得好了。

佳锦山地处丘陵山岗地带，大多为干旱沙质坜地，适宜种植果树、甘蔗、花生等农作物，其中以大红柿最为出名。该村种植大红柿已经有近200年的历史，全村几乎家家户户都种植柿树，现有树龄超过100年的老柿树500多棵，其他柿树不计其数，以果大、皮薄、无核、通透、甜润而闻名，在市场上有很高的知名度，长期以来畅销广州及珠江三角洲等地，形成"锦山红柿"品牌。

迁徙源流

佳锦山村宋氏主要分布在山下、新寮、蚬子岗、崇厚庄、岭咀、下宋屋、小乌石、半仙寮、福华庄、糖寮下、糖肚、犁头咀、新屋下等村，还有向外分迁的三和庄、宋屋等，隶属锦山村、剑岭村、集益村、赤坭村和皇母行政村。

据《花县新隆庄山下村·宋氏族谱》（第二十六世祖宋士伸编）载，佳锦山村宋氏先祖，乃自周封宋后，遂以国为姓，族大而远，近世居福建兴化府莆田县。近一世祖宋元东，居福建兴化府莆田县，生四子，分别是宋新惠、宋新悠、宋新恩、宋新思，其中宋新惠、宋新思迁居南京，宋新悠迁居江西雩都（今江西于都）。宋新恩先迁居江西瑞金县绿草湖，后迁广东惠州府长乐县中镇塘，为宋氏入粤始祖，称为一世祖。五世祖宋行（号震一）因受元兵之迫，由长乐初迁兴宁县霍山石下，继迁程乡（即嘉应州）白渡前山下村。十六世祖宋翰（字易梧）精于理学，疏义行世，且以孝友醇笃，行谊方正，行迹载于府县志，获崇祀镇平乡贤祠。十八世祖宋元亨、宋光亨兄弟手刃杀父仇人的事迹载于《广东通志》及《广东新语》。

宋氏从二十世开始，各房头陆续迁居花县佳锦山。二十世祖宋崇慎（名奕宾，号悒轩）生四子，长子宋彻（字凤德，号能斋）、次子宋衍（字凤捷，号静亭）、三子宋衢（字凤徽，号道亭）、四子宋徽（字凤献，号洁斋），都是秀才出身。乾隆元年（1736），宋彻因开煤矿出现塌方，出了人命，于是避走花县，于佳锦山安身立命，到了乾隆九年（1744）取得户籍，"凤"字四公的裔孙都集居于此。该村名字源于他们的故乡程乡白渡前山下村，为表示不忘故地，仍名

"山下"。

宋彻避走花县,其二弟宋衍代替兄长入狱。宋衍十分孝敬父母,留在梅县侍奉父母,死后入祀本县孝悌祠。他行孝的事迹,除了宋氏族谱有记录,还载于《广东通志》和《广州府志》。《广东通志》这样记载:"宋衍,字凤捷。性孝友少居程乡。尝以兄事逮狱,搒楚累年,州牧怜而释之。父病,衍祷天请代。母目疾,衍舔之,旬日复明。及病笃,医药罔效,尝粪以测病原,夜梦神人授以方,一饮而愈,人以为孝感所致。居丧,庐墓三年,朔望赴墓悲号,闻者心恻。"他的两个儿子宋希智、宋希信是双胞胎,先后来到佳锦山落户,而且宗枝繁盛,后裔众多。

宋氏最早立村是半仙寮村,由十九世祖宋汝良兄弟于雍正初年开基,二十世祖宋宏纶分迁赤坭,之后又有族裔迁出,到宋屋立村。另外,二十世祖宋崇美(名来宦,号西轩)带四子从白渡前辗转迁居花县,其中宋凤举、宋凤翠兄弟俩在下宋屋定居。宋凤翠的孙子宋廷桢于道光九年(1829)从下宋屋迁出,开基三和庄,因生三子,取家族和顺之意而得名。二十四世祖宋萱谦(字怀美,号楸堂)于咸丰元年(1851)从山下分居建屋,取名新寮。二十四世祖宋澍(字怀怡、润生,号萼楼)从山下迁出立庄,因庄在宋氏祖祠"崇德堂"后面,故取名崇享庄,另有后裔于光绪五年(1879)分迁到小乌石。

从宋氏渊源来看,他们均在雍正乾隆年间从梅县白渡前迁来的,这与花县实行"招抚流亡,奖掖农桑"的政策相符。建县前,由于长年受"花山寨"滋扰,当地村民被迫离乡别井,建县后为恢复农业生产,鼓励粤东地区的山民前来开垦耕种,吸引了大批客家人落籍。宋氏也是在这个时候来到花县的,他们都是宋新恩的后人,毕竟已经繁衍了二十多代,因此不是一个房族,同来的还有其他的姓氏,来时平原早已被本地人占领,于是聚居在丫髻山下的鸡笼山垌。

佳锦山垌的村落除有宋姓外,还有徐、丘、谢、张、赖、蓝等多个姓氏。关于宋氏在佳锦山开村,还有一个非常感人的故事:

相传,乾隆元年(1736),宋彻为逃避牢狱而来到丫髻山麓,心想此处地僻人稀,正好在此安身立命,于是想置地开耕建房。原来,这里的土地原属何氏,宋彻求何氏出卖这片山地。何地主开了一个价,宋彻派人回去卖掉嘉应州的部分田产来这边置业,但没想到钱带来了,何地主改口了,将价格提了一倍,他们只好又回嘉应州卖田产。等到再次携钱来到这里,何地主又将价格提了一倍。这一回,宋彻再也筹不够钱了,只好拼了命去做生意,直到乾隆九年(1744)才筹够这一笔钱。没想到何地主只收下最早开的价,他将其他的钱返还给宋彻,说:"我只是想看看你们有没有足够的诚意,你如果愿意为这土地舍命奋斗,它一定会回报你的。"

宋彻很感念何地主的恩德,因"何""荷"同音,于是在金星岭下栽下一棵荷树,将它视为何地主的化身。在荷树的下面,修建了"崇德堂",教育宋氏后人不忘恩德。现在,这棵老荷树依然叶茂根深,树干要五六人才能合抱,与祠堂相互映衬,成为佳锦山一道独特的风景。

祠堂概况

客家人基于各种因素从粤东迁来此地，山区的生存条件异常艰难，他们有感于先祖开基创业的艰难，有感于族人离乡别井的辛酸，有感于客居人心凝聚的渴望，更需要有一种精神力量去支撑，最有力的精神力量来自宗族内部的团结，这时用祠堂这个祖宗的旗号来团结族人是最恰当的。因此，宋氏来到佳锦山生活，留下了多座祠堂，分别是宋氏祖祠、恒佩宋公祠、汝良宋公祠、崇美宋公祠、三和庄的进士第，还有分迁到花东四联和元岗也有两座宋氏宗祠。

宋氏祖祠，也称奉政大夫祠，位于山下村；恒佩宋公祠位于新屋下，为纪念宋氏十七世祖宋恒佩而建，因年久失修而破败不堪，宋氏族人于近年拆旧重建；汝良宋公祠位于半仙寮，为纪念宋氏第十九世祖宋汝良而建；崇美宋公祠位于下宋屋，为纪念宋氏二十世祖宋崇美而建，他的曾孙玄孙为"父子进士"宋廷桢、宋蔚谦，因损坏严重，2018年在原址上拆了重建；进士第位于三和庄，为宋氏二十三世祖宋廷桢所建的祠宅。本文主要介绍山下村的宋氏祖祠。

宋氏祖祠位于山下村金星岭脚，坐西朝东，三间三进，硬山顶，镬耳山墙。屋面黄色琉璃瓦非常抢眼，墙面刷水泥粉描砖线虽然规整但欠古朴，其他构件也基本上是水泥做的，地坪上竖着的旗杆夹和铜像也少了岁月的打磨，崭新的祠堂与青山绿树环抱的周边环境不相协调。原来，祠堂是近年重新修建的。

内堂装饰

祠堂的地坪竖着十多副旗杆夹。旗杆夹，又称旗杆石。在古代科举选拔人才制度下，为表彰族人考取功名，都会在宗族的祠堂前两侧，竖起旗杆夹，很是气派，以此光宗耀祖，流芳百世，是祖辈功成名就、光宗耀祖的见证，也是激励后人成才立业、造福桑梓的动力。从旗杆夹的数量，可以看出宋氏在科举考试中荣获的殊荣。地坪的塑像为抗日陆军少将、宋氏二十六世祖宋士台。

祠堂里面镶嵌着一块《芳名榜》，上面写着："我祖悒轩公自嘉应州来花（县），于乾隆初年在此立祠，兴开宋户，门对双峰，堂朝旭日，尔后贤能辈出，光耀门第。惜七十年代，因历史原因，祖祠被毁，族人无奈。幸千年际遇，我中华传统文化得以光复，即唤起我族人重建祖祠之热望，众裔孙踊跃捐款，于壬午年四月十五日吉时兴工，十一月二十九日圆满落成……兴工日，壬午年四月十五日；升梁日，壬午年五月二十五日；进宅日，壬午年十一月二十九日。"

从这块碑文上透露几个信息：一是说明该祠堂于乾隆初年建设，20世纪70年代被毁，2002年重建，2003年初落成重光；二是说明祠堂的选址非常好，门前有丫髻山双峰拱卫，大堂迎着东升的旭日，此乃紫气东来、万象更新的格局；三是祠堂的程序重建非常讲究，从兴工、上梁到进宅都挑选了黄道吉日。

宋氏功名旗杆夹林

过去，建造房子尤其是祠堂是村族的大事，有时几代人才有一次建造房子的机会，建造祠堂就更加难得了，因此其仪式非常隆重和讲究，主要有旺地、开线、抛梁、出煞、入伙等仪式，仪式尤为虔诚神心，每个程序都会挑选好日子进行，确保家宅平安，人畜两旺。

步入中堂，堂上挂着醒目的堂号"崇德堂"。是家族门户的代称，是表明一个家族源流世系的共同徽记，是家族文化中用以弘扬祖德、敦宗睦族的符号标志，是寻根意识与祖先崇拜的体现，所以旧时每个家族都会有本家族的祠堂，并给它取一个堂号，目的是让子孙们每提起自家的堂号，就会知道本族的来源，记起祖先的功德。门联"尚书门第；崇德家风"是指祠堂专用的一种对联，悬挂在祠堂内或门口两侧。这些祠联内容多为反映对祖先的崇拜及绍继祖风、光耀门间、寻根追祖、崇拜故土祖根，表彰先贤、显扬光荣历史，训勉后人、激励家族不断进取，心系华夏、不忘本土文化恩泽等，启迪后人，意义深远。

崇德堂的管理者宋南生介绍说，上联"尚书"一语相关，既可解释为"崇尚读书的门第"，也指唐代宋璟，他弱冠中进士，官至吏部尚书、刑部尚书，辅佐唐玄宗实现开元盛世，与房玄龄、杜如晦、姚崇并称唐朝四大贤相。下联写的是宋氏一向秉持的"崇德"家风。德，指的是人的德性、德行。崇德，就是人要尊崇德性，敬重德行，自觉地把自己的言行纳入道德的规范之中。通俗说，崇德就是要做好人。

祠堂的中堂还挂着一块写着"爱国将领"的牌匾，是番禺南亭村的宋友文赠送的。

由于祠堂是在1969年被拆毁的，过了几十年，村民对旧祠堂的样貌没有什么印象，但是都记得地坪有很多旗杆夹，中堂挂着很多牌匾。听村民说他们的俚语："我们的旗杆夹多过筷子，头锣多过锅盖。"形象地形容了宋氏祖祠前的旗杆夹和报喜头锣之多。

书香门第

宋氏在科举考试所取得的成就是县内其他村落无法比拟的，或许是有丫髻山和剑岭的孕育与滋养，或许是村名本身寓意隽永，或许是宋氏家山有灵……但是，有一点可以肯定的是，这里把"耕读传家"作为改变自身命运的一条重要出路，以兴学为乐、读书为本、文章为贵、知识为荣成为家族独特的文化风气。

宋氏来自偏僻山区嘉应州，那里山多地少、人口众多。科举制度对于农耕社会来说也为农家子弟跻身上层社会提供了机会，读书入仕是他们梦寐以求的理想和不懈追求的目标。虽然离开了家乡，他们在丫髻山麓建房立村，开荒种地，虽然由于缺水只能种植旱地作物和果树，糊口都不易，但是却把崇尚文化、重视教育的风气带来了花县，这里读书蔚然成风。

在这样一个人口不多、立村时间不长、较为偏僻的小山村，培育出3名进士、9名举人、57名秀才，并不是偶然的，这与其"耕读传家"的家训家风，以及教孝劝学、崇德尚书的祖训密不可分。

据宋氏二十八世孙宋聘莘在《宋维屏文武双全》中介绍，宋氏于嘉庆年间在山下村半山上建了一间大书楼，用来培育乡中子弟，因书楼面对着丫髻岭的两个山峰而得名，故取名"双峰楼"。宋维屏在道光二十三年（1843）癸卯科乡试中举后，他当时已经迁居小乌石，但是他仍关心梓里的文化教育，为书楼亲撰联语以资激励。其中，书楼的大门联云：

书藏万卷；
楼对双峰。

书楼的大堂联云：

天道益谦，地道流谦，人道好谦，谦卦六爻皆吉；
孔子忠恕，曾子藏恕，孟子强恕，恕字终身可行。

祖祠前旗杆夹林立，正对鸡笙山

书楼的书房联云：

满架诗书皆古墨；
一家风景是儒冠。

书楼的前厢联云：

几层楼，几层山，每当月夕风晨，独得乾坤清气；
一张床，一张席，闲对圣经贤传，便成今古奇观。

书楼的后厢联云：

不慕利，不慕名，顺父顺母，性天中何等快乐；
亦看经，亦看史，希贤希圣，心地内自释忧虞。

从对联中，我们可以领略到宋氏崇尚读书、遵守圣贤之道、坚持儒学传家等家风家训，以及"书藏万卷"的远大志向。

竞逐风流

旧时，乡间有"东隅多钱财，西隅多人才"之说，而造成此说的很大原因是佳锦山村宋氏在科举考试中所创造的辉煌。我们只取其中优秀者，历数宋氏风流。

父子进士。父，宋廷桢（1768—1836），字昌任，号金甫、屏垣，室名"一根堂"。三和庄开基者，下宋屋开村者宋凤翠之孙，入粤宋氏二十三世祖。乾隆五十四年（1789）进庠，粤秀书院肄业。嘉庆九年（1804）甲子科由廪生中式副榜，嘉庆十三年（1808）戊辰恩科中式顺天榜第十四名举人，次年（1809）己巳恩科二甲三十三名进士。钦点即用知县，分发四川，历任汶川、富顺、秀山、营山、岳池、内江等县知县，代理茂州直隶州知州、番厅同知，历充戊寅（1818）、己卯（1819）、乙酉（1825）三科四川乡试同考官。宋氏为官20年，在任期间，颇有政声。在秀山县期间，正值春荒，百姓饥馑，宋氏开仓平粜，秋天歉收，粮库所欠无法填补，刚好母亲病逝要回乡守孝，为此而归家不得。有富户愿意帮忙，宋氏说这是为官分内事，怎能用老百姓的钱呢？汶川素称"瘠壤"，宋氏在任8年，勤勉不懈，处之怡然。调往富顺，"去之日，（内江）百姓遮道送，妇孺至跪泣……闻君得莅富顺，内江人咸喜相告，谓幸去君迩，可不时见也"。由于宋氏秉性刚介，不善奉迎，在六十一岁那年辞官归乡。在乡八年，宋氏好做善事，适逢连年水旱两灾，鼎力协助县令赈灾救民，声名济美。

子，宋蔚谦（1803—1857），字可元，号毓臣、玉成、抑臣。道光元年（1821）进庠，道光二十年（1840）庚子恩科中式第七十四名举人，咸丰二年（1852）壬子恩科中式三甲第三名进士。咸丰二年（1852）至六年（1856），钦点刑部额外主事，即挂衔在京，人在原籍，创办"联平局"。咸丰三年（1853），带团练到官禄㘵、禾落地，捉拿洪、冯两姓族人，并将洪秀全祖屋、洪氏宗祠及冯云山的祖屋焚毁。咸丰四年（1854），与其叔宋廷桂在热河行宫晋见咸丰皇帝,后在籍团练乡勇,在白坭圩建联平公所,收复花县县城,战功卓著。咸丰七年(1857)十二月会剿清远汤塘窜匪时阵亡,追赠中宪大夫,入祀京师昭忠祠。咸丰九年(1859),乡人倡建宋大夫专祠在花县县城,供后人祭祀。

祖孙三杰。祖,宋萱谦(1824—1887),字怀美,号楸堂、懋堂。新寮开基者,山下村宋希智之孙,入粤宋氏第二十四世祖。子宋维钊,孙宋士台。国子监生,咸丰十年(1860)五月补授福建省福宁府经历兼司狱事,历任福鼎、寿宁、霞浦、宁德等县知县,诰封奉政大夫,授五品衔。咸丰七年(1857)赴福建军营襄办粮台事务,督造铸炮厂、机械局,督修战船,上司称他"居官清廉,干事勤能"。任福鼎知县时,曾因判案如神,百姓赠以"明镜高悬"匾额,历署各县知县,每次下乡勘验,均轻车简从,从不骚扰百姓。他通医道,监狱监犯有病,则亲自施救,居乡时还经常制药赠送乡邻,赋性仁慈。

父,宋维钊(1842—1900),字先巧,号鉴秋。父宋萱谦,子宋士台。国子监生。光绪五年(1879)筹饷事例以通判分发福建。历任奉直大夫、提举衔福建候补通判、台湾恒春县知县、台东直隶州知州、台湾南雅厅同知等职。光绪十一年(1885),清政府在台湾设立行省。宋氏于光绪十三年(1887)任台湾恒春县知县,广设番学,以教化番民,厘定税制,以安商贾,建筑垣沟,而树屏藩,训练乡勇,以警顽劣……在任三年多,成绩斐然。光绪十六年(1890)十月,升任台东直隶州知州。台东地属创始,草昧初开,宋氏莅任一年多,"定赋税以广招徕,设义学以训民蕃,裁陋规以安商业,修道路以便行旅,礼耆旧以敦士行,除凶暴以安黎庶……"宋氏在台东年余,因政绩卓著,于光绪十七年(1891)调任南雅厅同知,以民生国计为重,"矢勤慎,不植党,不营私",管制有方。在甲午中日之役,宋氏两次奉派赴粤购办军械,艰危不避,达成任务。光绪二十六年(1900),回到福建建阳厘局供职,不久病逝。

子,宋士台(1894—1953),字毅甫,号君博。在台湾出生,因此取名为"士台"。祖父宋萱谦,父宋维钊。抗日名将,毕业于保定军校及陆军大学将校班,历任广东护国军营长、团长、旅长、抗战第四战区第六十六军一六○师师长,授陆军中将衔,曾参加南京保卫战、南浔战役和昆仑关战役。1946年退役,中华人民共和国成立后被划为"恶霸地主"而错杀,1985年由花县人民法院核定为冤假错案予以平反。

兄弟殉节。宋维屏(1816—1853),字建侯,号炳南、旒秀。小乌石村人,入粤宋氏第二十五世祖。自幼博通经史,晓习兵

宋士台将军铜像

机，文韬武略。道光十六年（1836）进庠，道光二十三年（1843）癸卯科中式第七十三名举人，道光二十五年（1845）中乙巳恩科第六十五名进士，殿试三甲十三名。钦点即用知县，分发安徽，历任安徽五河、蒙城等县知县，历充丙午（1846）、壬子（1852）两科江南乡试同考官。咸丰二年（1852），宋氏调往蒙城，"当是时，发匪由粤窜楚，破江宁，分兵四出，淮颍之间，处处蠢动，维屏星驰抵任，练兵民，为守御，计三年，贼大股北窜，径扑县境，维屏督兵出境堵剿，众寡不敌，死之"。同时殉难的，还有宋维屏的族弟维炽、维銮、维翰及仆、婢等家人共19口。朝廷赞誉宋氏"督兵剿贼，身被重创以致阵亡，不愧守土之官"，特加赠知府衔，世袭云骑尉，崇祀昭忠祠，赠朝议大夫，并赐御制碑文。

城破前，宋氏6岁孤子宋士伸由母亲宋陈氏带出，幸免于难。宋士伸于光绪十五年（1889）中己丑恩科中式第一百名举人，大挑一等，光绪二十四年（1898）分发直隶新河知县，同知衔兼承袭云骑尉世职。

《花县志》为宋陈氏（1830—1906）立传，她17岁嫁宋维屏做妾侍，24岁时丈夫守城殉节，父亲战死，与义仆扶带六岁稚子及夫父骸骨，辗转三千里，流徙两年多，沿途躲避兵匪的追杀，稚子更遭逢患痘，曾几度垂危，可谓历尽劫难，终于归得故里。之后全赖她课子营生，虽十指磨穿，终于云开见月，稚子高中举人，失怙恃嗣子（原配黄氏，1818—1859，生三子士喜、士祥、士昌，诰封四品恭人）长大成人，一堂四世环绕膝前，七十七岁寿终正寝。志乘最后引用《诗经·大雅·既醉》的诗句评价她："'厘尔士女'，谓女子而有士行也！"盛赞她有男子般的作为和才华，是上天恩赐的好女子。

崇美宋公祠

其他人物。

宋灏（1785—1848）字怀经、由溪，号昆甫、敏斋。山下村人，入粤宋氏二十四世祖。嘉庆七年（1802）进庠，嘉庆十三年（1808）戊辰恩科中式第五名举人。大挑一等，分发四川，道光四年（1824）署任四川綦江知县，历署蓬溪、新津、苍溪等县知县。道光十一年（1831）辛卯恩科四川乡试同考官，因表现卓异，受皇帝接见，钦加知州衔。道光十三年（1833）任江津县知县。他每到一处，必崇俭去奢，躬访民间疾苦，嘉声显著。加捐四级，诰封奉政大夫，升授知州衔。

宋澍（1795—1858）字怀怡、润生，号蕚楼。崇厚庄人，入粤宋氏第二十四世祖。道光五年（1825）乙酉拔贡，道光八年（1828）戊子科中式第五名举人，道光十五年（1835）大挑一等，分发山东，分授海丰、掖县知县，升授同知衔，历署高密、阳信、昌邑、潍县、博平等县，代理胶州知州。在任期间为政宽大，判案精明，爱民课士，恩威并行。

宋魁文（1749—1811）字成元，号鳌川。赤坭村人（现皇母村），入粤宋氏二十二世祖，乾隆拔贡宋健文之弟。乾隆三十年（1765）进庠，乾隆四十五年（1780）庚子科第二十名举人。琼州府琼山县教谕。

宋佐平（1764—1814）字全璧，号宰垣。山下村人，入粤宋氏二十三世祖。乾隆五十三年（1788）进庠，嘉庆三年（1798）戊午科第十五名举人。嘉庆十八年（1813）至十九年（1814），任鹤山县学训导。

宋廷桂（1796—1875）字昌郊，号西园。下宋屋人，入粤宋氏二十三世祖。嘉庆二十三年（1818）进庠，廪膳生，道光二十六年（1846）丙午科中式第六十五名举人。咸丰、同治年间，任江苏金坛县知县。

宋健文（1746—1816）字成乾，号逸溪、马溪。赤坭村人，入粤宋氏二十二世祖，乾隆举人宋魁文之兄。乾隆二十七年（1762）进庠，乾隆四十二年（1777）丁酉拔贡。乾隆四十四年（1779）至四十六年（1781），任连州训导，历任海康县教谕、万州学正，惠州府教授、肇庆府教授。乾隆五十七年（1792）至五十八年（1793），任江苏府新阳县知县。

宋居仁（1854—1931）原名作松。赤坭镇皇母村宋屋人。少时家贫，时值美国在华招募华工，应聘从事劳工三年。1895年11月加入中国民主革命的第一个革命政党——兴中会，次年参与策划广州起义，后避难越南，1900年参加惠州起义，后在港策划洪全福起义并暗中运输武器，辛亥革命后，回广州定居。

佳锦山村宋氏名人还有宋维樟、宋维珍、宋维清等。

佳锦山峒的宋氏在科举考试制度下创造了历史的辉煌，随着时代的发展和世事的变迁，我们不清楚宋氏还会不会再创造下一个奇迹，但是我们相信天道酬勤。

六姓六德和合亲

——记缠岗村瓦岭和合公祠

◎卢福汉

瓦岭村，位于赤坭镇西北部，隶属于缠岗村行政。始建于清代，建村时因村旁为瓦岭而得名。有罗、刘、杨、黄、李、伍六姓同居该村，六姓村民均来自禺北乡村，最初刘姓由夏茅迁缠岗村再迁瓦岭，继而是杨姓、李姓、伍姓、黄姓，最后罗姓于明代由棠溪先迁缠岗村后分支瓦岭，现该村人口约500人，罗姓人口最多。据传村中原有佘姓，人丁不旺，佘姓认为"佘"与"蛇"谐音，村中其他姓氏"伍罗刘黄"与"五箩硫黄"谐音，而蛇最畏惧的就是硫黄，这些姓氏与本家姓相克，因此而迁走。后来，这六姓村民亲如兄弟，数百年来和睦相处，还集资建造了

六姓人祭拜的和合公祠

一座六姓合祀的祠堂——和合公祠。和合公祠自修建至今，已历经了84年历史沧桑，部分墙体和瓦面因年久失修，已严重破损。2019年，得益于部分六姓兄弟鼎力捐款及村委会支持，和合公祠破损的墙体、杉角及瓦面等被全部修缮，祖辈留下的宝贵财富和历史文化得以传承。

和合处世

中华文化的核心和精髓，在于"和合"二字。就词义本身而言，"和"指和谐、和平、祥和等，"合"是结合、合作、融合的意思。"合"是实现"和"的途径，"和"是"合"的理想实现。所谓"以和为贵"，民间神话将和美团圆之神称为"和合二仙"，"和合"是人类追求的人与人、人与自然、人与社会相处的理想关系状态。

和合思想作为中华传统文化思想精髓，源远流长，在人与人、人与社会、人与自然等关系上主张和谐合作与融合，是对人类文化文明和谐共荣之理想境界。孔子把"和"视为做人处事的重要标准，提出"礼之用，和为贵"。认为治国处事、礼仪制度，以和为价值标准。孟子说，"天时不如地利，地利不如人和"，是说要办成任何事情，最重要的是人与人之间的和谐与合作。

瓦岭村的百姓秉承"和合"文化的优良传统，有感于天地神灵的恩赐使得这里风调雨顺，有感于各大姓氏祖先庇佑使得子孙延绵，有感于村中百姓世代和睦共处，于是建造了这座和合公祠，奉祀各姓氏的祖先，教育后辈要贵和持中。

合德修身

和合公祠建于民国二十五年（1936），体量不算大，只有三间两进，相对其他祠堂门面比较狭窄，也没有高大恢弘的镬耳山墙；工艺比较粗糙，没有玲珑浮凸的灰塑博古脊，也没有传神的壁画和细腻的砖雕工艺。但它融合了"和合"的文化理念，有着深厚的文化意蕴，体现了六姓村民和谐共处的人文精神。

和合公祠因六姓同建而堂号名为"六德堂"，又称"六合堂"。堂号，是家族门户的代称，是表明一个家族源流世系的共同徽记，是家族文化中用以弘扬祖德、敦宗睦族的符号标志，是寻根意识与祖先崇拜的体现，所以旧时每个家族都会有本家族的祠堂，并给它取一个堂号，目的是让子孙们每提起自家的堂号，就会知道本族的来源，记起祖先的功德，具有丰富的文化内涵和实际意义。

所谓"六德"，过去是指义、忠、智、信、圣、仁六种德行，义为君德，忠为臣德，智为夫德，信为妇德，圣为父德，仁为子德。瓦岭村六姓村民以"六德"为堂号：一是罗、刘、杨、黄、李、伍六姓正好对应六德，有崇尚德行的高尚情操及美好寓意；二是以此勉励六姓村民的后辈，以德为先，以德修身，以德树人。而"六合"，指上下四方，就是天地与东西南北方，泛指天地或宇宙。它是我国的一种哲学概念，其思想核心为天下规律，是阴阳思想的灵活运用，天下六合有阴阳合、天地合、男女合、时空合等，古代常用作选择吉日良辰、测算能否婚配、判断人与人之间和谐程度等，甚至认为知六合者知天下。瓦岭村六姓村民以"六合"为堂号，更是希望六姓弟兄能世代和合，百年永好。

祠堂内景

重九过节

瓦岭与缠岗唇齿相依，罗姓、刘姓等均由缠岗迁瓦岭，两村有着千丝万缕的关系，一些风俗习惯相互影响，比如缠岗重阳节热闹的气氛也感染到了瓦岭，他们一年中最看重的传统节日就是重九。相传，当地流传着这样一首民谣："重阳佳节吃糕糕，消灾避祸去登高。请亲友，饮醇醪，如意吉祥乐陶陶。"原来，这里有这样一个故事：

很久以前，缠岗村有一个叫罗坤的村民，勤恳耕作，为人忠厚，乐善好施。一日黄昏，收工回家，路上遇见一位衣衫褴褛、极度疲累饥饿的老人，便主动热情地留他膳宿。第二天一早，老人临走时对罗坤说："天有不测风云，据我观测，你家九月九日会遭天灾，要找没有树木的高地暂住，才能趋吉避凶。"说罢扬长而去，眨眼不见了。罗坤知道是仙人指点，把话记在心。到了九月九日那天，全家搬到山上去避灾，果然不久家中遭雷击起火，他既恐惧又庆幸。事情传开，争相仿效的人越来越多，就形成了重九登高避灾的习俗。然而，缠岗村是建在三个高岗上的，四周低矮，村前是水塘连片，村后是河涌环绕，所以才叫"缠岗"，村子附近并没有高山。由于村子西北角才有高山，太远不方便行走，村民年年搬家太麻烦，后来人们想出个办法，重九那天蒸糕代替"登高"，全家人搬到门口宴请亲戚朋友吃饭，就代替了搬家，这个节俗也影响到了瓦岭六姓村民。

旧时，花都大多数的村子在七月十四"盂兰节"分鱼，这个习俗一直延续到二十世纪八九十年代。缠岗村自明末清初建村以来，就有重阳节太公分鱼的习俗，中华人民共和国成立后分鱼活

祠堂里摆放的石磨

动扩展到整个行政村。

原来，九月初八是太祖婆何氏老夫人的生忌。当年始祖罗康养正是得到棠溪村何氏的照顾和何氏夫人的垂青，才得以成家立业，从此人丁播衍，宗枝永茂。缠岗人秉承"慎终追远，饮水思源"的传统美德，感念太祖婆兰心蕙性，慧眼识珠，择婿择人不择家，甘愿食贫，嫁给漂泊无定的货郎。因此，村民在太祖婆的生忌都要为她庆生。后来，缠岗村罗氏认为太祖婆的生忌与重九相隔一天，两者一"生"一"久"是如此的关联，干脆把两天的活动合在一起，既能为太祖婆庆生，又能祈求长久、高寿、好运，这样更热闹更有意义。

重九这天的凌晨五点，十多名壮汉乘着熹微的晨光，在祠堂前的太公鱼塘凝神贯注地撒网捕鱼，一网下去足有1.3万斤左右，大多是大头鱼和鲩鱼。一个小时后，各社的社长开着手扶拖拉机，把自己经济社的一份拉回去，家家户户自觉地拿着盆子网兜前来，把分得的鱼拿回家。村民说，分鱼是重九活动的一大亮点，寓意"年年有余"。

为庆祝重九这个特殊的节日，这天一大早，家家户户开始热闹地忙活了，家庭主妇蒸糕奉神，杀鸡宰鹅，男人帮忙撒网捕鱼，赶圩购物，忙得不亦乐乎，村子到处洋溢着喜庆的节日气氛。

接近中午，在外工作的村民回到村里，亲戚朋友也被邀请为座上客，大家围坐吃特别的午餐"鸡肠粉"。鸡肠粉又称"粉仔"，圆形条状，相当于现在的桂林米粉，用鸡杂鹅杂煮成汤粉，味道非常鲜美。中午后，亲戚朋友有的边拉家常边帮忙准备晚餐，有的打麻将玩升级斗地主，外嫁女会约上同村姊妹说笑谈天，小朋友则在祠堂前的地堂里点炮仗烧烟花……当晚，家家张灯结彩，户户灯火通明，炮仗喧天，烟花闪烁，人们大摆筵席，欢度佳节。

觥筹交错后，进入过节的高潮。过去，初八初九两晚请"八音"班演奏或做大戏，还有抢花炮、舞狮等助阵，中午宴请60岁以上的男丁到祠堂聚餐。二十世纪六七十年代，赤坭电影队在缠岗村设置了电影放映机，村民看电影更为便捷，初八初九常放电影，无非是"三战"和"三队"之类（《地道战》《地雷战》《南征北战》《洪湖赤卫队》《平原游击队》《铁道游击队》），但村民看得很过瘾。现在，内容更丰富，大家唱歌、跳舞、玩游戏、抽奖……到处欢歌笑语，喜气洋洋。

瓦岭村距离花都城区较为偏远，主要以种植水稻为主，兼种花生、番薯、芋头等。六姓村民世代生活在这个偏僻的小乡村里，数百年来遵循着"六德""六合"的祖先遗训，守望相助，和睦相处。

睦邻敦乡义干云

——记赤坭镇的乡祠义祠

◎卢福汉

花县于清康熙二十五年（1686）建置，由南海、番禺析分出188个村落共14500多人。之后，珠三角、粤东等地区的民众也纷纷迁居花县，到了清末民初发展到390多个村落29万多人。明嘉靖年间允许民间建联宗祠堂，于是花县乡村的祠堂如雨后春笋般涌现。目前，花都仍保留有300多座祠堂。毕村的毕氏、三华村的徐氏、吉星村的曾氏、塱头村的黄氏、骆村的骆氏等立村八九百年以上的村落，每个村落都有祠堂十座八座，而一些村落的小姓也联合起来兴建乡祠，花都赤坭镇现存有多座这样的祠堂。

赤坭圩心村东约乡祠

乡祠形成原因

祠堂是供奉祖先、家族议事、传承礼德、团结族人的重要场所，被视为宗族的象征，宗族大事均在祠堂商议解决，可以说是村族中的司法机构，族长是村族的大法官，而族规是村族的法律。因此，祠堂遍布村落中各个家族。赤坭乡祠的产生与花都的社会环境息息相关。

一是长期受贼匪的滋扰。花县立县前，处于番禺、清远、从化等县接壤交界之所，属"三不治"之地，自古便是"逋逃渊薮"和"萑苻之所"。一方面，盘古峒"花山寨"的匪众四处横行抢掠，东至流溪河，西到巴江水，北及清远峡，百姓不得安宁，赤坭的这些村庄就在巴江河畔。另一方面，赤坭与清远交界，清远英德等地的贼匪也不时从此进境，沿途打家劫舍，附近村民长期受到滋扰。

二是争夺水源引起械斗。农耕社会作物收成将直接影响农民的生活，而农田灌溉是作物收成好坏的关键，因此争水灌溉是村族之间械斗积怨的主要原因。过去，花县水利设施落后，好天干旱下雨涝。过去有民谣说："好天三日车头响（水车），一朝大雨水浸墙；放下禾镰无米煮，背井离家走他乡。"这就是当时花都生活环境的写照。一些村族为了争夺水源，甚至利用姻亲、结谊等关系联乡结帮，使械斗日益加剧，村族之间的关系长期处于紧张状态。

三是小姓氏族抱团聚力。花都村落形成的背景不同，一些单姓大村开基较早，人口众多，势力较大。而一些村落的小姓往往只有数十人甚至更少，为了能够在大族包围下的间隙找到生存的空间，他们必须抱团合作，相互拧成一股绳，这样才能积聚力量，共渡最困难的时期。

村落中人丁单薄的姓氏为了构建"祠堂"这个司法组织，于是联合村落中的其他小姓，联结一起建乡祠，争取在处理村族之间纠纷和其他问题时能有一席之地。

有个乡祠一副对联："异姓亦同胞溯当日开基互作藩篱团体固；先灵凝共妥起此间就列无分宾主一家亲。"很好地诠释了建乡祠的目的和意义。

花都乡祠的状况

乡祠也是一种祠堂，但它有别于合族祠。合族祠是由数县或数十县具有同一姓氏的血缘群体集资兴建的，往往有利于形成超越社区以至地域的同姓组织。而乡祠是由一个村落的不同姓氏联盟合建的祠堂，他们没有血族渊源，一般是多姓氏共居且和睦相处。

东约乡祠。位于赤坭镇心和村坵心自然村的东侧，故名。坵心村于清代立村，村北为三坑水库，村南为蓝屋村，因村庄位于丘陵山岗地带的中心，当地人将称这样的地貌为"坵地"，而故名。该村是一个包容和谐的村子，村民杂姓而居，有李、黄、欧、刘、龙、张、汤、钟、江、林、平等多个姓氏，数百年和睦而居，相安无事，李姓与黄姓都建有自己的祠堂，而刘、龙、张、汤、钟、欧六姓志同道合，于清光绪二十一年（1895）合建了这座乡祠。该祠坐北朝南，三间两进，六姓族亲在头门议事联谊，后堂安放神台，供奉六姓祖先。

厚德乡祠。位于赤坭镇赤坭村，村名原叫"鼓岭"，于明代从番禺迁此立村，东邻茅竹脚，西临沙湾，南接白坭河，北近三和庄，中华人民共和国成立后划分行政村，因地处赤坭镇旁边，于是改称赤坭村。该村多个姓氏杂居，清道光二十七年（1847），由谢、古、庾、何、陈、汤、单七姓族人集资修建，祠内没有安放村民先祖神位，纯粹作为各姓族人议事行政、摆酒联谊的地方。该祠坐北向南，三间三进。堂号为"厚德堂"，出自《周易》："天行健，君子以自强不息；地势坤，君子以厚德载物。"崇尚厚德载物，至德悠远。

赤坭厚德乡祠

崇德乡祠。位于赤坭镇荷塘村。该村于明代立村，东接横沙村，西临黑坭，南邻荷溪，北近白坭河，因建村时村前村后池塘多，种植莲藕荷花盛开，故名。有何、曾、叶、李、卢、徐六姓，其中李姓于明初最早迁入，何姓于明万历年间分别由南海林岳村和黄岐北村迁入，徐姓最后从新华三华村迁入。立村之初，何、曾、叶、李、卢五姓合建了一座"五福书舍"，用以各姓氏议事、摆酒和对族人进行教育的场所。后来徐姓迁居荷塘，六姓氏共居一处，互敬互爱，经各氏族长老商议，于清道光九年（1829）合建了崇德乡祠。该祠坐东南朝西北，三间两进，右侧带一衬祠。堂号为"崇德堂"，"崇德"的"崇"是推崇的意思；"德"，是道德、德行，也就是人的品质或品格。人字封火山墙，碌灰筒瓦，灰塑龙船脊，青砖墙，祠堂内部分石雕、壁画保存较好。2008年5月公布为广州市花都区文物登记保护单位。

"崇德"即主张人要推崇高尚的品德，这是为人之本。崇德乡祠对各氏族进行道德教育，彰善瘅恶，增强村落的凝聚力，发挥桥梁纽带作用。何氏族人于清道光五年（1825）建了花厅"其祥书室"，人口发展得快，稍有积蓄便筹建本族宗祠，于清同治四年（1865）建"何氏宗祠"。曾姓于清光绪三十三年（1907）

荷塘崇德乡祠

建了"云史曾公祠",民国六年（1917）建造了曾氏宗祠。

玉堂乡祠。位于赤坭镇黄沙塘村。该村门迎巴江河,后枕大岭山,周边水塘河涌环绕,地势低洼,常受涝灾之苦,每逢大雨一过,遍地黄沙,故名。村民诸姓杂居,最多时有24姓,由戴姓、汤姓先迁此立村,以黄姓、陈姓居多,以朱姓为最著。该祠建于清光绪十六年（1890）,由该村黄、陈、朱、钟、卢、黎、袁、邓等十多个姓氏宗亲集资而建,坐西北朝东南,凹斗式门面,象征富贵不断头。另朱氏、黄氏建有本族的祠堂。

华侨义祠。位于赤坭圩卫生院内,此地原属赤坭村。建于民国初年,由东南亚华侨捐资回乡建造,用于接收存放从国外运回来的同乡骨灰,等待亲属认领安葬,此举深受侨胞及亲属的称赞。旧《花县志》云:"东国凋残,莫剧花邑,寇残之,兵残之,水旱凶荒残之。"天灾不断、

黄沙塘玉堂乡祠

华侨义祠

战祸频仍、民生凋敝是近代花都的实况。因此,旧时乡人出国大多是生活所迫的无奈之举,应募或卖身的被称作"卖猪仔",大多目的地为南洋和金山,多少人踏上这条艰险而未知的路,一走就是一辈子。华侨集资营建义祠的义举,了却了客死异乡的同胞最大的心愿,也是他们对"落叶归根"情感的一种慰藉。该祠在抗战期间曾损坏,20世纪40年代为赤坭乡国民第一中心小学,中华人民共和国成立后曾修葺,改为县立第四小学,20世纪50年代改建为镇卫生院的两层宿舍和药库。

和合出英才

俗语云:"一方水土养一方人",这方水土如果凝聚了天时地利人和,形成了包容、团结、和谐、互助的良好乡风,就必定会孕育出优秀的人物。这里,只列举荷塘村徐氏、曾氏与黄沙塘

村朱氏等。

荷塘村徐亨一家俊彦。徐亨（1912—2009），广东黄埔海军学校第十二期、暨南大学政治经济系及美国海军训练中心毕业。他曾为中国体坛健将，足球、排球、篮球和游泳样样俱精，曾当选国际奥委会委员、中国台湾奥委会主席、全国体协副理事长；他是爱国的抗日海军将领，曾任海军长江舰队永宁舰长、海军第一舰队少将副司令等；他是驰骋商界的巨擘大亨，退役后任复兴航空公司香港公司经理及董事、香港富都大酒店董事长兼总经理；他是政界精英翘楚，曾任中国台湾红十字会会长、"立法院立法委员"、国民党第十至第十三届中央执行委员、"中央评论委员"、《台湾日报》董事长，2006年成为热心家乡教育的广州荣誉市民。徐亨的大伯徐甘棠是当时中国三大数学家之一，民国期间曾任中山大学教务长、广州市教育局局长。徐亨的父亲徐甘澍毕业于博济医院（现广州孙逸仙医院），曾赴美留学并获得X光学博士学位，引进了中国第一部X光人体透视检测机，回国后在广州开设"佐生药房"，并兼任广东大学、中山大学教授。1932年，徐甘棠和徐甘澍兄弟念及家乡孩童读书不便，合力在村里创办了一所完全小学——棠澍小学，以兄弟二人名字为校名，是赤坭地区最早实行新教育体制的学校。2001年春，徐亨捐资200万元将棠澍小学在新华城区易地重建。

荷塘村历史名人还有曾贯忠、曾守忠和何文。曾贯忠为清咸丰元年（1851）辛亥科举人，曾守忠为光绪元年（1875）恩贡，两人的功名碑竖立在乡祠前，激励着后人奋发。曾氏还有12人考取监生、庠生、增生及附贡生。何文20岁在香港从事地下工作，抗战胜利后随两广纵队北撤山东，后编入四野，南下解放广东。

黄沙塘村朱氏"三代举人"。朱桂芳，号香圃。绩学能文，咸丰二年（1852）壬子科举人，多次参加会试未果而绝意官场，在家乡设席讲学，创办"联平团局"，使得境内安宁，百姓安居。他俭省节约，但是对事关地方公益却毫不吝啬，为方便行人捐集巨款建筑大路，农田失收豁免佃农田租，植万株松树建筑房舍，归隐泉林。朱珩（1857—1927），号楚白，朱桂芳之子。十二岁即能下笔成文，有"神童"之称。清光绪十一年（1885）乙酉科举人，光绪二十一年（1895）乙未科进士，钦点刑部主事，历任知县、京师高等审判厅推事、民事庭庭长等职，熟悉经学及辽、金、元三史，并曾任国子监助教及总理衙门舆图馆编辑，有《元朝秘史》等多部著作。朱兆莘（1879—1932），字鼎青，朱珩之子、朱桂芳之孙。民国外交要员。广州广雅书院肄业，京师大学堂（现北京大学）优级师范馆毕业获钦点中书举人。获官费留学，获美国纽约大学商科学士、哥伦比亚大学法科硕士学位。历任驻旧金山总领事、驻英公使馆一等秘书、意大利全权公使兼驻英国代办、国民政府外交部政务次长、西南五省外交特派员、广东省政府委员，兼任国际联盟理事会、万国禁烟会议中国代表等。

赤坭这几座乡祠，历经百年的风侵雨蚀和历次政治运动的影响而斑驳陆离、残破不堪，但是从它们的墙楣、梁柱、匾额、梁架、屋脊等留下的合辙押韵、意含深远的对联以及灰塑、石雕、砖雕、壁画等，能感受到村落中曾经飘荡着的诗雅风韵，深藏着的修身齐家的道德约束，充溢着的包容和谐的纯朴乡风，折射出的"远亲不如近邻"的"善邻"之贵。

崇德睦邻好风水

——记荷塘村何曾徐三姓祠堂及风物

◎袁 野

  荷塘村位于巴江河畔，在赤坭镇的西部，东接横沙、南邻荷溪、西邻黑坭、北近白坭河。它始建于明代，距今已有500多年的历史。因建村时，村前村后池塘多，种植莲藕盛开荷花，故名荷塘村。

荷塘村古建街

在一个和暖的冬日，我们来到这里，虽没见到荷花，但在百香果飘香的季节，看到这里环境优美，空气清新，农家菜味道可口，走地鸡亢奋捉虫，顿时感到身心愉悦，流连忘返。

荷塘村现有何、曾、徐、李等姓族人居住，户籍人口2000多人，何氏为大姓。村民因多外出务工，村子显得格外宁静。何氏宗祠、云史曾公祠、崇德乡祠，另有徐亨旧居、其祥书室、何氏书屋、徐氏书室、五福书舍、玉田新斋、书竹深斋等30余座传统广府民居静静地矗立，散发着浓浓的古韵。

何氏宗祠

关于何姓来源，有一个传说：战国时期，韩国有一王室子弟，姓韩名瑊。韩国被秦吞并后，瑊和妻子流亡到庐江居住，以摆渡为业。秦始皇出游时被人袭击，怀疑是六国公子所为，于是通令全国，欲将他们斩草除根。一天，一名秦吏登上韩瑊的船，询问姓氏。当时天气寒冷，韩瑊手指江面，原意是指江水寒凉的谐音"韩"，秦吏却理解为"河水"的谐音"何"，于是瑊安然无事。后来瑊得知秦始皇的通令后，惊骇不已，喟然长叹道："幸亏有上天保佑，我才幸免杀头之难。"于是瑊就干脆改姓何，定居庐江，勤耕苦读，何姓由此而来。现在的庐江书院、庐江文化也指何氏宗亲文化。

何氏族谱已失传，据何氏族人何松星先生多年来悉心收集考究得知，何氏的先祖在唐朝末年，自中原进入南雄珠玑巷。到了南宋绍兴元年（1131），进入珠江三角洲安家落户。到了明朝末年，荷塘村的何氏有两支先后汇合于荷塘。一支源自南海林岳南福村，由何信亭分支。何信亭，字朝英，号伯俞（"伯俞"也是堂号），约明朝弘治年间（1488—1505），沿水路岸边做陶瓷生意，路经荷塘，因其自然美景而流连忘返，为荷塘村"河江岭"之祖。何伯俞育有二子，长子何慕田在荷塘开枝散叶，次子随母流落广西外婆处。何伯俞族卜居荷塘已有500多年之久，已传至十五代人。另一支源自南海黄岐北村，始祖何如江，育有三子，已传至十代人。两支汇合荷塘，目前族人已有1000多人。从荷塘外出谋生的宗亲，遍布中国香港、澳门、台

何氏宗祠前廊梁架精美的木雕柁墩

何氏宗祠

湾以及新加坡、越南、柬埔寨、老挝、新西兰、澳洲等地。

何氏宗祠始建于清同治四年（1865），位于荷塘村村口，由荷塘村何氏伯俞族修建，坐西南朝东北，主体建筑深两进，左侧带一路建筑，面积496平方米。青砖墙，红泥阶砖地面，人字封火墙，灰塑博古脊，卷尾垂脊，碌灰筒瓦，石门额阴刻"何氏宗祠"，梁架木雕精致，有麒麟、凤鸟图案，次间虾公梁上有石狮和雕花异形斗拱。正门框、门墩均为花岗岩石，斗拱飞檐，雕梁画栋，壁画精美，画面人物栩栩如生，砖雕石雕都异常精致。后堂面阔三间，坤甸木金柱，后堂前带两庑。左路建筑为衬祠，与主体建筑以青云巷相隔。

何氏宗祠为后人研究何氏宗祠文化，促进花都庐江文化的发展提供了原始标本，是花都何氏一族的一座博物馆，还是爱国爱族的教育基地。1938年，抗日战争广州沦陷，江高镇郭塘村何氏宗亲到荷塘村避难，何氏先祖腾出祠堂，筹集柴米相助，共渡难关。中华人民共和国成立后，祠堂曾一度作为乡公所办公场地。

何氏宗祠始建至今已有150多年，目前正在重新修复，由于宗祠总体布局保存较为完整，修缮时施工方严格遵守文物修缮的原则，采用原材料、原工艺进行修复。

从荷塘村走出去的何氏先辈何文，原名何炳坤（1921—1997），曾任广东省人民政府办公厅厅长，广东省人民代表大会常务委员会秘书长。他于1939年10月在香港加入中国共产党，长期从事地下情报工作，在周恩来、廖承志的领导下，积极搜集华南地区抗日战场的情报，及时向延安党中央送达。1946年7月，他随东江纵队北撤山东烟台，编入中国人民解放军第四野战军。解放战争爆发后，何文随军南下，解放广东全境。后接管广东人民广播电台，何文任副台长，之后在广东省人民政府任职达26年之久。

何明光（1921—2014），1938年广州沦陷之际，在广州当学徒的他参加国民革命军赴山东抗日主战场，与日军作战。抗战胜利后转入中国人民解放军，后编入第四野战军，南下解放广东后，其部在江西驻防。1949年底，何明光转业到花都粮食系统，他在基层默默奉献，深受职工敬佩。

何润昌，生卒不详，何明光之兄，1938年广州沦陷时，他以别名登记入伍，随共产党参加抗战，在韶关抗战动员时，兄弟俩短暂会面，之后何明光赴山东主战场，何润昌赴广东潮汕地区抗日。抗战胜利后，未悉音讯，因不知其入伍时别名，无法查找战死在何处，成了一名抗战无名英雄。

曾贯忠、曾守忠旗杆夹石

云史曾公祠

在何氏宗祠的旁边，还有曾氏宗祠和云史曾公祠。曾氏宗祠始建于民国六年（1917），占地面积120平方米。云史曾公祠始建于清朝光绪三十三年（1907），占地面积120平方米。云史曾公祠坐西南朝东北，三间两廊，碌灰筒瓦，青砖墙，硬山顶。祠堂内的壁画保存完好，木雕精细，墙体有灰塑花鸟图案，均保存较好。2008年5月被列为花都区文物登记保护单位。

荷塘村的曾氏是入粤始祖曾植后裔。据族谱记载，曾子第四十六代孙曾植，为"避青苗之乱"，于江西吉水南溪迁往广东南雄。四十七世曾说，迁往南海甜水巷，四十八世曾泉，由甜水巷迁往番禺冈陵乡，后裔繁衍到番禺神山、花县鱼钟潭、石岗、大陵、莲塘等地。五十九世曾福盛，由新华东秀岗迁到赤坭荷塘村。荷塘曾氏善读书，在清代出了举人曾贯忠和贡生曾守忠。现曾氏宗祠门口分别立有曾贯忠举人碑（原文"咸丰元年辛亥，恩科乡试中式第三十一名，举人曾贯忠立"）和曾守忠贡生碑（原文"光绪元年乙亥，恩科考选选第一名恩贡生，曾守忠立"）。曾贯忠（1817—1873），清咸丰元年（1851）举人，职衔拣选知县，咸丰五年（1855）回乡创办"书竹深斋"，对村中族人进行文化和传统道德教育。在他的影响下，书竹深斋培养出一批书

云史曾公祠

香子弟。光绪元年（1875）其堂弟曾守忠考取恩贡生，其后的子孙有12人考取监生、庠生、增生、附贡生。光绪岁次丁未年（1907），子孙为了纪念云史公教子有方，修建了云史曾公祠，以激励后人奋发。在民国时期及中华人民共和国成立初期，其族有多人考取高校入读，是荷塘的书香世家。

曾氏族人中还有许多杰出人物。曾杭（1891—1973），原名曾汝行，贡生曾守忠之孙，是远近闻名的跌打内伤名医，师出佛山跌打骨伤名医世家。其独创的内伤秘方"通脉丹"及跌打内伤外敷中草药，药到伤愈，一般的跌打内伤，口服通脉丹，施以药酒擦拭，一次消肿，两次血脉贯通，疼痛消除。其接骨手术也非常高明，以手功复位，夹板固定，中药外敷，重者一个月即可痊愈。曾杭医德高尚，村中族人伤者，一律免费，外地伤者象征性收费。重者精心治疗，需留医的外地重伤者，免收住宿费。经他治疗的无数伤者，从未发生过医疗事故，也未留下后遗症。其高明的医术和高尚的医德，闻名于花县、三水、清远等地，深受广大伤者赞颂。

曾国汉，广州市原计委干部，20世纪50年代从部队转业回地方，身在外地工作，心系家乡。二十世纪六七十年代得知家乡农业受灾，经常利用休假时间回家乡了解灾情，多方联系争取农机、抗旱电力设备，和家乡村民一起战胜自然灾害，深得村中各族人的敬重。

徐氏书室

徐氏卜居荷塘村的是始祖徐文琳，生于明朝万历二十五年（1597），从炭步镇𬃊头村迁来荷塘村大园。徐氏书室原为"章垣书室"，建于清道光元年（1821），由徐氏二十二世祖（号中孚）与其弟（号受田）为纪念其父徐章垣"存心忠厚，尚有古处之风"而建。正面的"章垣书室"由曾贯忠所题，在第一次修葺时改为"徐氏书室"。书室是一座典型的明清祠堂式岭南风格建筑，为一进两厨一天井，青砖木结构，大堂由四根柱子支撑起整个天面。书室历经近200年的沧桑，已经残缺破损,面临倒塌,幸得在2015年重修。徐氏书室多年来,注重对族人传播"忠、孝、悌"的道德思想,引导族人培养良好的意识、品质和行为,徐氏族人豪杰辈出。

徐甘棠(1874—1948),广东花县荷塘村人,早年肄业于培英学校,聪颖强记,刻苦卓绝,独好西学。1897年被聘为格致书院教员,在教学之余专攻国学,研习诗词。1905年,徐甘棠一方面兼任夏葛医学院化学教授,一方面在岭南学堂学习英文。1907年赴美留学,为筹集学费在美担任青年会总干事兼《大同日报》记者,积极宣扬革命,主笔三年,稍有余蓄,即入俄克拉荷马州立大学学习数学,获学士学位后入西北大学研究院,获数学硕士学位。1917年徐甘棠回国,受聘于商务印书馆,编辑数学及大学辞典,任江苏省教育会月刊总编辑,月刊停办后在南京高师任数学教授。1921年徐甘棠返粤,担任广东高师数学教授,高师改组为广东大学后,出任数学系主任,后又担任工专、执信、培英等校教授,兼教务主任。广东大学改国立中山大学后,徐甘棠受聘为教务主任兼教授,不久又赴南京,历任教育

徐氏书室

厅秘书、民政厅秘书、南京立法院秘书。1927年后徐甘棠返回广东,先后担任广州工务局局长秘书、市府秘书长兼教育局局长、市立第二中学校长、培英教务长、中大教务主任、建设厅秘书长。1932年,邹鲁重掌国立中山大学,徐甘棠再次被聘为教授,兼广东通志馆主任。1948年5月31日,因急性肾炎病逝。徐甘棠在任广州市教育局局长期间,与其弟徐甘澍(民国时期广州名医)投资在村中创办"棠澍小学",免费招收村中族人入学接受教育。该校是赤坭镇最早实行新教育体制的学校,徐甘棠也被称为当时"教育界之精英及先驱"。

徐甘澍(1884—1956),徐甘棠之弟,毕业于博济医院(现广州孙逸仙医院),习医四年。1914年赴美留学学习西医X光技术,获得博士学位。1919年回广州后,在公医学校任教,并兼任广东大学、中山大学教授,在三所大学任教十余年,建立起一支解剖队伍。1921年,徐甘澍在一德路开设"佐生药房",主要制发冷丸、眼药水、止咳丸,并对治疗疟疾有心得,药房被人称为"甘澍药房"。徐甘澍从国外留学回来后,广阔的视野使他对教育强国有了更深刻的认识,于是,便与时任广州市教育局局长的兄长徐甘棠在家乡花都创办了棠澍小学。

木雕窗花

徐亨（1921—2009），徐甘澍之子，毕业于暨南大学。中国台北红十字会主席，国际奥委会终身荣誉委员。抗战时期任国民党驻香港军事代表副职，香港沦陷时，协助陈策将军及英军实施著名的"香江突围"，获授英国皇家最高荣誉军事勋章和国民政府颁发的"陆、海、空"勋章。少将退役后从政"立法委员会"，在香港经商并从事体育运动工作，任国际奥委会委员，为2008年北京奥运会和2010年的广州亚运会的申办成功，做出了不少贡献。2003年捐资200万元，将其父亲和伯父创办的"棠澍小学"从赤坭镇迁至新华街重建。徐亨的商业网点遍布中国台湾、香港及美国，堪称体坛宿将、军界枭雄、政界名流、商界豪杰。

徐甘满，生卒年代不详，民国时期爱国人士，荷塘村"棠澍小学"创办后任校董，大革命时期在广州经营玉石生意，1927年广州起义，他积极配合起义军，参与组建工人赤卫队，起义失败后，为躲避国民党的搜捕，辗转韶关等地。后回村中巴江河畔树林处隐居养伤，因腿部伤口恶化，不久病逝。村中长辈传说他是"共产党"，是"广州起义的红带友领导"，二十世纪六七十年代初，据说"陈毅曾派统战部人员到村了解过此人的下落"。改革开放后其子托人查询，未曾查到其父的姓名和事迹，可能当时参加革命时用的是别名，故徐甘满事迹仍为传说。

六姓共处

荷塘村是多姓氏族人居住的村落，于明末、清初先后迁入。开村始祖李氏族人卜居大园林，与利氏相邻而居，其后曾氏、徐氏、何氏、叶氏、卢氏先后分别在大园林附近居住，另一支何氏族人卜居海边林，位于河江岭北面山脚。随着社会的发展和族人的增多，人们感到散居不利于生产和生活的发展需要，于是从清初开始，各族分别陆续迁往交通方便的河江岭北侧，在何氏族人居住地旁边择地而居。历经百年，到清朝道光年间，完整集群村落已经形成，这是族人从散居到集居的第一次大迁居。居所依河江岭山势而建，形成一个前有所依、后有所靠的舒适宜居环境，逐渐形成一个何氏农耕、曾氏书香、徐氏经商的多姓氏群体。

清朝末年（约道光年间），为凝聚各族人之心，村子的东北向修建了"崇德乡祠"。此后各氏族先祖先后在村居所前面，修建了10多间"书屋"和"书舍"。曾贯忠举人碑、曾守忠贡生碑最初都立于崇德乡祠前。在优美的环境和深厚的历史文化熏陶中，各氏族和睦相处。开村500多年，氏族之间从未发生过矛盾。荷塘村的环境呈现出一派生机勃勃、和衷共济、和睦相处的新景象。

　　日军侵华，荷塘村未能幸免。从1937年8月31日起，日军轰炸广州，市民纷纷逃离市区，荷塘村接济了来自市郊石井兵工厂的员工及郭塘村的何氏宗亲，分别安置在何氏宗祠及闲置的民居。一天日军飞机飞临到荷塘村上空，向棠澍小学操场处投下一枚炸弹，该炸弹落在民居，造成两人死亡，多间房屋倒塌。另一种说法是日军收到广州兵工厂有人在荷塘村的消息，导致日军投弹。1938年10月21日，广州沦陷，日军向从化、花县进军，所到之处财物化灰、村庄荒废。日本人在荷塘村拆毁"洪圣古庙""北帝古庙"和"崇德乡祠"的附属房"文昌楼"，强迫村民挑砖、石料到"牛牯头岭"修筑工事。国难当头，荷塘村中青年纷纷报名参军奔赴抗日前线。先后有徐亨、何明光等六七人加入国民革命军，奔赴抗日前线，何文、何润昌参加中共抗日武装，为抗日胜利做出了重要贡献。

　　20世纪80年代，因开采石矿，荷塘村数百亩良田被毁，民居及古祠、书室受损，优美的原生态居住环境被破坏，村民无奈离开祖居地，外出谋生，剩下的村民也被迫迁回到环境较差的原散居地栖身，这是族人的第二次迁居。村里的古祠、书舍、民居等古建筑逐渐凋零破败，具有传统历史文化的"崇德"精神，也随着"崇德乡祠"的损毁和先辈的驾鹤西去而慢慢被淡忘。

　　1993年，村民为了维护自身的生存权益，也为了保护荷塘村丰富的历史文化遗产，自发组织到省、市政府上访，后在政府有关部门的干预下，石场停止开采，荷塘村的生态环境和不可移动文物，才免遭灭顶之灾。

　　进入21世纪，荷塘村年轻族人已经意识到环境的重要性。现任村委干部正规划着修复村中的环境，重新恢复昔日的荷塘风光，让百年的古建筑重现风采。近年来，徐氏族人修葺了徐氏书室、徐亨旧居，曾氏族人寻回了沉睡半世纪的举人碑和恩贡碑，将其竖立在曾氏宗祠前广场上，以激励村中族人奋发，何氏族人先后修复了何氏书屋及何氏宗祠，使祖先遗留的历史遗产尽可能地保存下来。

"民国法院"遗僻乡

——记西边村田头三怡堂

◎ 张运强

在花都区西北边陲村——赤坭镇西边村田头自然村内有一座特殊的祠堂,祠堂名叫三怡堂,是田头自然村曾、汤、张、黄四姓合修的祠堂。说它特殊,主要是其他祠堂的门额上都会清晰地写明姓氏祠堂或供奉的主人姓名,如某某公祠或是某宗祠,而这座祠堂的大门额上竟然写着"花县地方法院",非同寻常的门额承载着当年一段不为人知的历史。

三怡堂

为求生存聚田头

田头自然村位于西边村委会东面，西边村东邻国泰村、南靠东升村，西连佛山三水区，北近清远市，东面有省道S114线，山前旅游大道、肇花高速、在建中的佛清高速在村中穿过，田头的交通也自然得天独厚。

村民黄金城说，几百年前，田头村原住有谢、高、戴三姓居民，但不知什么原因都搬走了。后来新华莲塘村和大陵村的曾氏、炭步茶山村（现石湖山村）的汤氏、炭步鸭湖村张氏的先祖们陆续迁居至此开垦农耕，因地处平坦农田旁边，故立村取名"田头"，三姓族人和睦相处，勤劳善良。他们在此开枝散叶，共享一方乐土。后人顺应天时，择吉日建了祠堂，取名三怡堂。再后来，赤坭竹洞蓝珠黄氏迁入。

曾氏来自新华街莲塘村和大陵村。莲塘村的曾氏族人源自广州甜水巷。他们的先祖曾贤富因何来到田头开枝散叶，由于年代久远，族谱无记载，现已无法考究。出自大陵村的曾氏族人来此有一段故事。

传说其明代先祖曾楚珍等兄弟曾在炭步塱头村住过一段时间。后来，塱头村的黄氏族人连续考中功名，出现了"七子五登科，父子两乡贤"的鸿运。曾氏先祖觉得不能在当地继续待下去了，因他们曾和钟氏说过，如黄皞儿子有机会中举的话，他们就举家搬迁。后来几经辗转，曾楚珍一族在赤坭西边村田头自然村定居下来。

还有一些曾氏兄弟与同在塱头村的钟姓亲戚，迁往东升村定居。目前，东升村大部分曾氏族人已迁居香港等地，仅剩后人曾剑潮、曾剑辉、曾剑光、曾剑明兄弟四户人居住。曾剑潮在2018年去塱头村妹夫家做客时，由妹妹的夫家人陪着，到塱西祖先居住地曾姓巷和钟姓巷参观。

目前，曾氏后人现在田头村居住的只有80人左右。其他分布在武汉、广州、香港、台湾等地。曾氏先祖墓名为金钟堂墓，因白云山南湖征地需要，现迁移至马岭山上。

汤氏祖先汤崇吉来自炭步石湖山村，他的后人在田头自然村开基散叶有两三百年历史。村民汤杰兴说：先祖以汤为姓，族人多近水而居。近两百年间，田头自然村有一部分族人分支迁往清远山塘镇三坑，一部分在广州、香港等地。现在本村汤姓有77人，他们的辈分字派是："绍武傅均盛，承家世正昌。开祥能济美，衍庆定联芳。"据三怡堂重修志记载：田头村张氏来自炭步镇鸭湖村。目前，这里居住的张氏有40多人，其他分布在香港、广州等地。

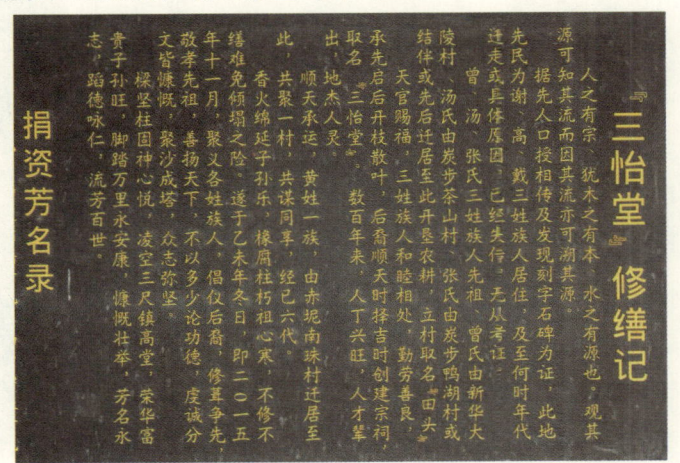

三怡堂碑记

族老张汉文口传族人有关田头自然村张氏辈分字派:"大庭帮正直;道会发期长。"

竹洞村蓝珠村民黄顺成讲,先祖黄宏达从龙川县迁蓝珠自然村,因蓝珠田少人多,黄氏族人黄德池带儿子黄木容等家人,到西边村田头搭茅寮居住,开垦荒地耕种农作物,俗话"耕寮"。黄德池迁居到田头开基,迄今已经是第六代了,黄氏族人有三十多人。田头与蓝珠的黄氏宗亲常一起去扫墓,祭拜祖先。家谱辈分字派,黄顺成说只记得其中15字:"日月天光德,山河壮地基,太平有意宝……"其他因日久时长淡忘了。

祠堂往事承历史

据田头自然村曾志全推算,三怡堂建于清咸丰年间,约有160年历史。

三怡堂位于西边村东部,前面是水塘,西面是西边岭,背靠东边岭,岭上树木茂盛,植被众多。

祠堂坐东向西,三间三进,青砖墙,硬山顶,人字山墙,碌灰筒瓦,灰塑博古脊。头门门额上没有篆刻祠堂名,倒是用黑漆写着"花县地方法院"六个大字。前廊有两根花岗岩檐柱,檐柱与山墙之间的上方设花岗岩虾公梁,梁上有雕花石柁墩。头门次间设阁楼,后檐有两根青砖砌的檐柱。两廊为卷棚顶,有门进后堂次间。后堂的四根金柱及两个金钟梁架均为水泥结构,改变了原来的木结构。整座祠堂工艺一般。祠堂内部结构,初建时是俗称的"金包银",即外面青砖包着里面的泥砖。

1938年日军侵华,大片国土遭受日军铁骑的践踏,三怡堂也是历尽沧桑。民国二十八年(1939),日军入侵花县,日军飞机对新华、花城等地进行狂轰滥炸。日军兵临城下,国民政府花县县衙相继失守,政府办公地址被迫搬迁到偏僻的花县西北边陲镇村——赤坭国泰墟附近的望夏村办公。

民国二十九年(1940)底,日军入侵赤坭,花县县府从望夏村搬到更为边远的岗头村、东升村(即现在的西边村、东升村)一带,由于没有更好的办公地址,西边村岗头经济社的梁氏宗祠作为县衙临时办公点。三怡堂在村口不远,它的南面是帝王古庙,北

内景

门额上当年的字迹"花县地方法院"

面是书舍，三怡堂被花县国民政府征用为花县临时地方法院，用来办公判案。北侧汤氏书舍是监狱和兵器房，监禁偷、盗、抢、土匪之类的人物，若死刑犯就直接送到东升村的后山枪决。祠堂正门"三怡堂"三字被涂去，用黑漆书写上"花县地方法院"。在书舍已拆的木阁楼墙上，现还有"兵房重地，闲人免进"八个字。

曾氏族老曾焕光当时只有五六岁，常跟着在法院任监狱官的亲戚到三怡堂玩。他清楚地记得，里面的神位被搬出，原摆设神位的地方，正中挂着孙中山画像，两边竖着国民党的青天白日旗，画像前面是座椅和审案长台。

汤氏书舍于清同治九年（1870）重修过，门额是请吴镜清书写的，书舍前有建村时挖的一口水井。楚珍祖祠是医务室，贤富公祠用作民国政府工作人员宿舍。民国花县政府进驻期间，给寂静的小山村带来短暂的热闹。村民售卖粮、油、蔬菜给县府，增加了收入。

民国二十九年至三十一年（1940—1942）间，西边、国泰、东升一带，几条村的村民主动拿起武器，配合国民革命军阻击日军的侵略，战斗打得很激烈，几条村不少子弟战死。民国三十一年（1942）冬，国泰落入日军之手，花县政府又一次搬迁，从岗头村迁到清远县德和乡担水坑村，田头村被日军占据。日军在岗头村（西边村）周边抓丁，在现称为"日本仔岭"一带，修筑炮楼和军事坑道。族老曾焕光记得当时民工有200多人，小孩也要做搬运泥土等工作。日军还强迫村民为他们做饭、洗衣服，有时下村扫荡，抢牛、鸡等家畜家禽上山。村民若是反抗，日军就会杀人烧房子。

20世纪50年代后期，三怡堂被用作赤坭镇白坭国家粮所临时仓库和生产队部，这才在"文革"时期保存下来。"大跃进"至"文革"时期，祠堂正门"花县地方法院"六字被红卫兵用白灰覆盖，又用红油漆写上"为革命种田"字样。三怡堂南侧的帝王古庙，在20世纪"大跃进""破四旧"时遭到了拆除，拆下的砖用去建西边小学。

20世纪90年代，三怡堂由于年久失修，后座房顶坍塌。2015年至2016年间，田头自然村曾、汤、

墙上还有当年的字迹"兵房重地，闲人免进"

张、黄四姓村民集资重修三怡堂。祠堂重修时，民国时期书写的"花县地方法院"字样得以重现。

风土人情有底蕴

张伯仪是田头自然村第一个走上广东省运动队的村民。他1994年入省队，在多次比赛中获得好成绩。2005年，他成了一名水上体育项目的教练员，带领运动员获得过全国、省、市比赛的金牌，也为国家培养输送了王日炜、陈文华两名皮划艇世界冠军。

张伯仪积极参与推动广东省和广州市少数民族运动的发展。在2014年和2018年，他带领的广州少数民族龙舟队，首次参加广东省少数民族运动会，两届省赛中都荣获多项前三名；代表广州队参加多项国际龙舟邀请赛，获得多个奖项前三名。2017年代表中国广州参加在瑞士举行的第26届艾格丽萨龙舟邀请赛。2019年，张伯仪受聘于广东省民宗局，带领广东省少数民族运动队，首次参加全国第十一届少数民族独竹漂运动比赛，在高手如云的比赛中，荣获三个项目三等奖。2016年至今，张伯仪担任广州市龙舟协会副秘书长；2019年，张伯仪被广东省龙舟协会聘任为协会理事长。在家乡，张伯仪对当年不重视文物保护感到痛心和惋惜。他父亲张耀文当年为了保护书舍免遭全拆，花钱买下拆了一半的书舍，用来给村民修理农用机械和用作磨米、磨粉坊，书舍才得以保存下来。这些年来，他用自己的部分收入改善村容村貌，与村民一起捐资修复了三怡堂。下一步他计划与四姓村民们一起，将三怡堂等建筑打造成抗日志士抗日救国的爱国主义教育基地。

据族老曾昭义介绍：民国时期，田头村曾氏族人曾纪仁在梅县任县长（另一说在新会），生广才、广辉、广贞、广彬、广武、广强、广智七子。其中广辉在抗战时期做过飞行员，广智部队复员后在武汉，广强部队复员后到云浮，广彬参与建武汉长江大桥。还有一乳名叫"胡仔"的儿子，是国民党空军飞行员，中华人民共和国成立前夕去了台湾。民国时期，当地流传一句话：宁犯缠岗村，莫欺田头庄。估计与在民国政府当官的曾纪仁家族和在当地武术界很有名气的武术教头曾瑞章有关。

据村中老人讲，帝王古庙比佛山三水的芦苞祖庙还早，传闻先有帝王古庙，后有芦苞祖庙，当时两古庙的神像，是用田头自然村同一棵名贵树木做的，帝王古庙的神像用树头做，芦苞祖庙的神像用树身做。传说在过去，按当地风俗习惯，每逢芦苞祖庙举行庙会，信众都要先祭拜帝王古庙，再回三水举行庙会。村里有关帝王古庙还有一个传说。相传古时候，有一天傍晚，天气很冷，路上行人很少，有一个怀胎的妇人经过帝王古庙时，不经意间抬头望向天空，看见天上有个人用一条很大的灯芯，挑着两个人在飞。她大吃一惊，难道遇上了神仙？她心中一急，用手向天一指，挑着两人的灯芯马上断开，担上的一个人掉到了田头村的帝王古庙，另一个掉到了三水的芦苞祖庙。据说这位神仙是因为大肚婆用手指他，破了他的法力，他也随之消失不见。

田头村清明节有祭祖习俗，每年正月初十起灯。

利氏源长故事多

——荷溪村利氏宗祠和炮楼探秘

◎ 黄永奎

2018年7月15日,笔者来到赤坭镇荷溪村,见到了村第一经济社"元老级"人物——利氏宗祠管理员利树华。利老先生七十有余,眼不花,耳不聋,身体硬朗。他先打开祠堂大门,让笔者参观,而后,与笔者坐在祠堂大门石墩上,掏出自制的烟叶,用一小张纸卷起来,点燃后,一边抽烟一边侃侃而谈。于是,笔者获取了一些关于荷溪利氏鲜为人知的故事。

利氏宗祠

利姓源流略考

据考，利姓出自李姓，其他渊源还有出自芈姓、姬姓，都来源于封地，北魏鲜卑族有叱利氏后改利氏。

利氏是怎样从中原迁入广东的呢，利树华的族谱中并无记载。笔者从网上搜集资料发现：有一本钦州利明学世家族谱，上面记载有利氏迁徙历程。最早迁移繁衍的祖先是利刘兴、利本坚两位，利刘兴从河南开封府祥符县迁至安徽省开基，后部分迁居国外。利本坚，原住河南省开封府祥符县，他是明朝著名的爱民好官，先后出任江西赣县主簿及四川省安岳县丞，后辞官到广东韶州任教，期满移居南雄城南珠玑里定居。而接下来的故事可以从利树华的族谱里找到答案。据利树华提供的一本《利氏族谱》记载："利氏子孙离开南雄城南珠玑里到广州番禺县居住；十四世利元享迁入赤坭镇荷溪村开基。后十八世利云锦，分流开基花山小垇。"完整地记录了荷溪村利氏从中原迁入花都的历史轨迹。

利氏宗祠概况

利氏宗祠建设时间较迟，始建于民国二十二年（1933），1984年重修，坐西南朝东北，广三路深三进，建筑占地548平方米。中路建筑为人字封火山墙，碌灰筒瓦。

祠堂头门面阔三间，大门两侧嵌花岗岩门夹。石门额刻"利氏宗祠"，上款"民国癸酉孟冬月吉旦"，下款"利树宗书"，次间有虾公梁狮、异形斗拱、雀替、前廊、梁架，封檐板雕有花鸟、瑞兽、瓜果，工艺较好。前廊画有"群仙耍乐""老安少怀""三星图"等壁画，画工精致。

后堂面阔三间，四根杉木金柱，三级石阶。前两金柱有一藏头联："元祠秀茂光华正气留千古；享堂显耀威震乾坤铭万年。"后金柱后从里数第四根梁上悬挂木牌匾"永安堂"，上书"民国癸酉年孟冬月吉旦"，下书"裔孙耀南敬书"。后金柱有楹联："永承祖禄恩德宏开重振发；安迎瑞气儿孙旺盛福满堂。"后堂前带两廊，六架卷棚。天井铺沙砖，周边砌筑红砂岩石。正堂中间设利氏祖先神位。

左右路建筑阔42米，硬山顶，人字山墙，碌灰筒瓦，青砖墙，与中路建筑以青云巷相隔。

祠堂大堂梁架

神秘的炮楼

祠堂门额上题写的四个字"利氏宗祠"是利树宗所写,利树宗曾是民国时广州市宪兵司令。

利树宗(1893—1957),字柱石,花山镇新和村(原属小圳)人。民国初年毕业于黄埔陆军小学堂第四期步兵科,

虾公梁上的石狮柁墩

与邓演达、张运镒、陈济棠、李扬敬、肖冠英、张之英、林时清、云振中等人是同学。民国八年(1919)后,先后在粤军任排长、连长、营长、团长、师训副官等职。1935年,任国民革命军第一集团军第一运输站站长,同年8月任广州市宪兵司令,越年夏去职,调任第480旅旅长。1937年,日军侵略华东,利树宗率该旅参加南京保卫战,溃败而回。后任番禺县县长,番禺沦陷后逃往澳门。1947年,回乡任花县花山水利协会主任,计划兴建"清水淋花"工程,后工程停顿。中华人民共和国成立后移居香港,曾任侨港花县同乡会主席。1957年病逝。

利树宗是花山新和人,却与赤坭荷溪利氏是一家,利树宗的祖先几百年前从荷溪利氏分支出去,所以利树宗并没有忘记荷溪利氏乡亲,时常关照一二。在利树华家的后面,至今树立着一座炮楼,这炮楼高三层,因年久失修,内部已有部分坍塌。炮楼上布有狭长的枪眼,村民用来防御土匪抢劫所用。据利树华称,此炮楼为民国时所造,驻立在村头。在那个兵荒马乱的年代,时有土匪来抢劫。炮楼前原先有一水塘,想进入此村,必打此经过。村民力求自保,村里就建了这个炮楼,一些青壮年就拿着枪在炮楼里站岗守候。相传枪是利树宗所给,当时利树宗是广州宪兵总司令,荷溪这边的乡亲去看他,并说村子常常遭到土匪和歹徒进村抢掠,利树宗便命人给了乡亲们几条枪,用作自卫。

日军肆虐的日子

荷溪第一、第二、第三经济社后有一山,名曰牛牯头岭,抗战时期,日军就驻扎在后山上。日军为了加强赤坭防御,在山上筑三个碉堡,居高临下。

凶残的日军拆了村里的几间青砖大屋,并命令青壮年上山建造碉堡。山上没有水,只有村头一口井,要天天挑水上山。日军命村中妇女上山为其洗衣做饭,村民若有不从,就"统统死了死了滴"。当时利树华只有两三岁,母亲就用布袋把他背在身上,带着他上山。干活时,小孩子可以在旁边玩。利树华当时还不记事,后来听母亲说,当时有两个日本兵,一高一矮,个子高的爱

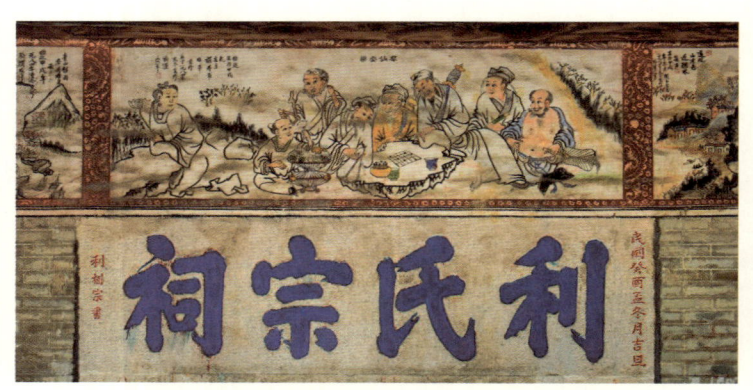

利氏宗祠石门额由花山新和村乡贤利树宗题字

打人,个子矮的不打人。日军有时会给干活的村民发些米。有一次,邻村龙塘有一个保长,因为没有找够人上山干活,日军把他丢进柴禾堆里,泼上汽油,唧唧哇哇地叫着要烧死他。当时龙塘的一些老人见到后,立即跑回村里求救,从村中找了十多人去龙塘充数。日军见干活的人找够了,才放过那个保长。

祠堂里来了地下党

日本人投降后,蒋介石公开发动了内战。全国陷入了白色恐怖之中,荷溪村也人心惶惶。那时候,村里的孩子都在祠堂里上学,有一天,从外地来了两个教书先生,两人都姓冯,一个叫叙飞,一个叫叙球。是否是真实姓名,不得而知。两人来后,在利氏宗祠里教村里的孩子和一些想学知识的青年读书。

他们来到村里后,积极向乡亲们宣传革命进步思想。民国时期,为了防御土匪骚扰抢掠,时任广州市宪兵总司令的利树宗曾给了村民一些枪,还有一些村民家里私藏了枪支武器。这两个教书先生就暗中调查村民所掌握的枪支情况。两人对每户村民的家庭情况也是了如指掌。他俩平时很低调,村民们觉得他俩很神秘,也不好多问,直到有一天,他们恍然大悟。

那是1949年10月,花县解放。村头来了一支队伍,扛着枪,雄赳赳,气昂昂地从村里走过。村民们害怕,有的闭门不出。这时,叙飞和叙球就到村民家里,向他们宣传说:"不用害怕,他们是共产党的队伍,是为老百姓打天下的,现在花县已经解放了。"

在收缴枪支、整顿村纪后,这支队伍很快开拔了,村民们突然发现,教书的冯叙飞和冯叙球也不见了。有的人亲眼看见这两兄弟随共产党的队伍走了。乡亲们这才知道,这两个人原来是中共地下党,他们是组织上派来调查民情和做村民思想工作,为解放花县做准备的。

如今,兵荒马乱的年代已经远去,这些故事只有村里上了年纪的人讲给小孩子听了。中华人民共和国成立后,村民走上了富裕的道路。特别是改革开放后,村民把土地租给外地人种植蔬菜、绿萝等,村民的收入大幅度提升。还有一些青壮年选择外出务工,村里平时老年人和妇女孩子较多。不过到了清明时节,花山的利氏宗亲和外出务工的人都会开着小车,回村里的利氏宗祠祭祀祖先。

晚清名臣题堂号

——记竹洞村邝氏宗祠

◎ 张运强　万可欣

邝氏宗祠位于赤坭镇西北部的竹洞村,这里是清代十大武林高手之首洪熙官的故里。竹洞村北面有肇花高速公路,龙子坑河(大官坑河)在附近经过,流入巴江到北江直到珠江。邝氏宗祠坐东北朝西南,四面环山,依山傍水,环境优雅。邝氏宗祠在2008年就是花都区登记保护文物单位,是研究岭南祠堂和花都区邝氏宗族重要的遗存。

邝氏宗祠

邝氏源流　三姓同根

《新百家姓》记载：雷、方、邝三姓是同根分支。相传炎帝神农氏八代孙帝榆罔之子雷泽助黄帝伐蚩尤。为表彰他的功绩，黄帝封方山于他，后代以封地"方山"为姓。传至江南方氏六世祖方殷符公，他的七个儿子中，五子方廷英的长子方以平，名诇，号三七，改姓邝。邝三七在公元1129年，迁居广东，成为入粤始祖。

邝三七的子孙在长期迁徙中，开枝到全国各地。花都区邝姓主要分布在花山镇的东湖、象湖、永乐、东方、仙阁，狮岭镇的罗仙、合成，花东镇的七庄，赤坭镇的竹洞等村。其中以花山镇东湖村（原名田螺湖）最多，有1600多人。其次是赤坭镇竹洞村，有433人，占村人口的百分之二十以上。竹洞村有12个姓氏，邝姓是大姓，分布在一、二、三经济社。

邝氏宗祠　百年古建

竹洞村邝氏宗祠三间三进，规模宏大，是一间具有典型的岭南特色的祠堂。该祠堂最早建造年份不详，据花都文物普查记载：邝氏宗祠于清宣统元年（1909）重建。祠堂广三路，深三进，建筑占地910平方米。中路建筑为镬耳封火山墙，灰塑博古脊，碌灰筒瓦，青砖墙。祠内灰塑和部分壁画保存较好，工艺精细。

祠堂头门各两根石檐柱，大门嵌较阔的花岗岩门夹，石门额上阳刻"邝氏宗祠"，落款刻"宣统元年仲秋重建"。前廊梁架，封檐板的木雕较为精美，保存较好。次间虾公梁上有石狮和雕花异形斗拱。门面嵌花岗岩石墙脚，门前五级石阶。中堂设四架轩廊，坤甸木金柱。后金柱间原有屏门，现仅存石下槛，堂前三级石阶。

邝氏何时在此立村，没有详细的记载，村里传说是他们的祖先邝子恩后人大概在清朝道光年间（1821—1850）建造了子恩邝公祠。后来，由于邝氏人口不断增长，祠堂太小，容纳不了多人同时拜祭。于是，在宣统元年（1909），经族老商议，决定拆除子恩邝公祠，原地重建。当年祠堂落成重光，三房族人更改祠堂名为邝氏宗祠。邝氏宗祠从1909年重建至今已有100多年。

从20世纪50年代开始，邝氏宗祠日久失修，又在"文革"时期被人为损坏，祠堂出现墙壁变形、开裂、瓦顶漏水等问题。特别是在20世纪80年代到21世纪初，邝氏宗祠附近的石矿场由于过度开采，导致整座祠堂及附近周边房屋的地面出现不同程度的地陷，祠堂墙体出现裂缝，成为危房，村民撤离，此地变成空心庄。2006年，一场大雨，挖矿石后形成的大坑变成一个巨大的水塘，水泵没办法将水抽干，于是村民下定决心结束石矿场的开采。

2012年清明前，在村委的帮助和热心乡贤资助下，加上村民个人捐款，筹得有限的资金，对祠堂进行了一次小范围修补。基本上解决了屋顶漏水和部分墙体倾斜的问题，但由于资金不足，无法将祠堂复原到原貌，如壁画还原等。

中堂堂号　秉章真迹

据族人介绍，邝氏宗祠中堂上曾悬挂"锡类堂"匾额，上款刻"道光甲午"，下款刻"骆秉章书"。锡类堂三字阳刻，刚劲有力，该匾额是晚清名臣骆秉章亲笔所书。提起这块匾额，还有一段不寻常的故事。

骆秉章题写堂号"锡类堂"

据说是在20世纪"破四旧"年代，中堂匾额锡类堂被红卫兵拆了下来，生产队要灌溉农田，用它做了抽水车的栏板。后来，这块匾额被废弃，又被一个卖猪肉的村民拾获。他发现这块木板木质坚硬，就用来做砍猪肉的砧板。再后来，这块匾额被遗弃在祠堂。

骆秉章为何会亲笔书写锡类堂匾额给邝氏宗祠呢，他们之间有什么关系？村中有两种说法：一说是，当年邝氏一族，在鼎盛时期很富裕，他们花了重金请骆秉章题匾。还有一说是，在邝氏宗亲中，有一人与骆秉章是同窗好友，恰好当年祠堂宴请宗亲聚会，这位族人便请骆秉章书写横匾作为贺礼赠送给邝氏宗祠。大多数人认为，骆秉章是当时有名的清官，同窗好友说更有说服力。

"锡类堂"是什么意思？锡类堂三字是来自《诗经》中的一首诗，为《大雅》的第十三篇《大雅·既醉》："孝子不匮，永锡尔类。"意思为：孝顺的子子孙孙层出不穷，上天会恩赐福祉给孝顺的人。

龙子坑河在民国时期以前是竹洞村通往外界的水上交通要道，当时的龙子坑河深两米，宽16米。据说当年建祠堂用的坤甸木金柱、花岗岩等材料，就是通过龙子坑河，从巴江用船运进竹洞村的。如今，由于陆路交通发达，龙子坑河已基本失去交通运输功能，至今无人清理河道，慢慢地变窄了。

邝氏族人说，祠堂门口原来还有两块木牌对联，其中一块写着"两潭同是旧家乡"，另一块记不清了。

生生不息　代有杰人

邝氏一族生生不息，源远流长，代有杰人。

竹洞村邝氏始祖邝子恩由番禺两丫潭（现属白云区神山镇）迁往花都赤坭乌石村居住，当时雇用黄姓族人帮忙耕作，黄姓一族后来人口发展迅速，邝氏则搬到乌石洞（现在的赤坭镇丰群村竹洞陇）。康熙三十年（1691），邝氏在附近的竹洞村内觅得一块风水宝地，其环境清幽，是安居乐业的好地方。据说这里原来是姓陈人家居住的，后来邝氏的人口发展迅速，人丁兴旺，置田置地，田产广袤，于是陈氏族人就另迁别处。

村民抬烧猪庆盛会

竹洞村邝氏由十六世邝子恩开始，邝子恩生了文叙、学凤等。邝文叙生四子：汝修、汝德、汝全、汝成。相传邝汝德在田耕时，因与乡邻争水发生了械斗，后来这一支为避难逃到广西，在当地开枝散叶。民国时期，两广军阀混战，有广西籍的兵来到赤坭竹洞村，他们发现这里有姓邝族人，经相互了解，竹洞村邝氏族人才知道邝汝德当年避难到了广西，至今两地后人还经常有来往。

20世纪50年代初期，邝氏子弟邝桂康，报名加入中国人民志愿军赴朝参战，成为族人的骄傲。

民风古朴　建设家园

黄花风铃盛开时

竹洞村的特色资源主要是以旅游观光及绿化苗木为主。这里是清代十大武林高手洪熙官的家乡，遍布黄花风铃，竹洞湖绿道蜿蜒起伏。这里还有打鼓岭战壕、清代湖广总督吴荣光夫妇墓等遗址。

目前，竹洞村邝氏有三大房派系：长房字号大成堂、二房字号爱礼堂、三房字号兰桂堂。有20个字传世派：时肇汝凌广章仁显善良，宗功余积庆奕业远扬芳。中华人民共和国成立前，邝氏男丁基本上按此字派起大名,而且在成年娶妻时,会用红纸或红布书写上新郎的名字,插花张贴在邝氏宗祠。

邝氏宗亲习俗,可能是受洪熙官的影响,每逢过年和清明时节拜祖时,祠堂必有舞狮、打洪拳等节目的表演。在邝氏宗祠附近的猪腰岭,是清朝"广东十虎"洪熙官的出生地。传说洪熙官当年曾在邝氏祠堂前的空地,教邝氏子弟洪拳和舞狮。

在众多节目中,重头戏是太公分猪肉。先把烧猪肉按量分好,然后族老按户分给族人,留下猪头、猪尾、猪手等用来竞投。烧猪头寓意事业、学业顺顺利利,独占鳌头;猪尾寓意万事如意,好头好尾;猪手寓意得心应手,发财就手。每年投得的资金,一部分用于祠堂的日常开支,另一部分用于扶孤助学,奖励对宗族有贡献的宗亲和考取功名的学子。

广东"十虎"之首洪熙官出生地

乌石扬名的村庄

——记乌石村黄氏大宗祠

◎黄烈荣

在花都区赤坭镇，有三处"乌石"之地。一是西南部莲塘、鲤塘的乌石，该处"乌石"曾是康熙二十六年（1687）花县开邑首任知县王永名倡评的"花县八景"之一的"乌石幽奇"，可惜该石在20世纪中叶被人炸岩取石毁坏。另一"乌石"在剑岭村一个姓刘的小村庄，称"小乌石"。而最出名的"乌石"则在赤坭镇的乌石村，也称"大乌石"。乌石辖乌石、邹屋、南蛇岗和马蛟龙几个自然村，其中马蛟龙庄是从乌石村分支来的。

黄氏大宗祠

傍"乌石牯"建村

乌石村在花都区西隅，赤坭镇的东北部，世居村民姓黄。他们的祖籍是广东省河源市龙川县廻龙镇罗明迳口谢径村。据《黄氏族谱》记载，他们的十六世祖黄起鸾，生了四个儿子，其中三个儿子都出家了，唯有第四子黄开祥，善识地理、精通河洛，于康熙三十年（1691）由龙川县团芬村迁居花邑乌石村，后来在此建祖祠。至今村民还保留着当年其开基祖买地的地契。

因当地的山岭下有一大块乌石岩，人们便称它为"乌石牯"，黑黝黝的庞然大物，非同寻常。先祖认为那大乌石是风水宝地，视"乌石牯"为"镇村之宝"。在此处建村，因而得名"大乌石"村。至今村里的老人对那座乌石岩情有独钟，他们的孩童、青春时代都喜欢到乌石牯上去玩耍。乌石牯外观圆形，上面平坦而且还状如天井，常有小伙伴们邀约到天井去捉迷藏、溜滑梯……

有资料记载，乌石村有"显忠公遗下子孙不食狗"的祖训。相传先祖黄显忠公清明上山祭祖，完毕后醉卧山头睡着了。醒来惊见周围一片草荆已被烧成灰烬，随来的家犬也被烧死在现场。是家犬舍身救火，保住了主人的安全。太公大为感动，遗下"子孙不食狗"的祖训。

乌石村在民国早期是花县白坭区八乡之一，当年的"白坭八乡"颇负名声。日军侵华时期，花县西隅重镇白坭墟被日军飞机炸毁，夷为废墟。二十世纪五六十年代，乌石牯被炸岩取石，现在也是荡然无存。近年来，乌石村民与龙川宗亲取得了联系，还派人前往祖宗原居地省亲，资助当地建了祖宗祠堂。

黄氏喜庆活动

黄氏大宗祠概貌

现在乌石村有一座"黄氏大宗祠",祠堂始建年代不详。清朝宣统二年(1910)重修,2000年又重修。

黄氏大宗祠坐西朝东,三间三进,建筑占地577平方米。人字封火山墙,灰塑博古脊,碌灰筒瓦。头门面阔三间,前后各两根石檐柱,大门两侧嵌花岗岩门夹,石门额阴刻"黄氏大宗祠"。上款"宣统二年岁次庚戌重建",下款"裔孙有方敬书"。前廊花岗岩石墙脚、石台基、三级石阶。虾公梁通身雕有缠枝花草、瓜果、竹节等纹饰。青石狮、异形斗拱、雀替、挑头,均雕有花草、雀鸟、戏曲人物,部分已有损坏。鳌鱼、花鸟、瑞兽,工艺精美。祠内青砖墙,上有杨贯亭所绘的"五子登科""竹报平安""莲生贵子""教子朝天""风尘三侠""三多吉庆"等壁画。

2000年重修时,在中堂设置"世兴堂"木牌匾,天井地面铺水泥。后堂4根坤甸木金柱,前带两庑。近几年,黄氏大宗祠大门前的地坪也经过修整,铺了水泥,重新竖立花岗石旗杆夹,祠堂面貌焕然一新。在祠堂右侧,建有一间厢房,宗亲仁翁出资赞助,添置了崭新的厨具和餐具,供节庆之时的喜宴使用。

楹联中的家族文化

"添灯"仪式

1991年,黄氏大宗祠后堂的祖先神龛重新设置。神龛顶上有"双凤朝阳"纹饰木雕,中间有木横匾,上书"百世其昌",下款"丙寅季冬题";神龛两边有木对联:"千顷汪洋追叔度;一堂孝友绍文疆。"两侧有盘龙立柱。上联说的是东汉时期著名人物黄宪。黄宪,号叔度,他聪明德重、博学善谈、学富五车、名倾天下，年方十四才华出众，有颜子之称，是汝南慎阳黄氏杰出人物。下联说的是二十四孝中的黄香，流传"扇枕温食"的故事。

乌石黄氏大宗祠还有一副木刻楹联，联句是："五经门第；千顷家风。"每逢过大年春节期间，楹联都会庄重地悬挂在黄氏祠堂大门口两侧。"五经门第"，不仅是广义之联，同样有黄氏文化传统。黄氏五十三世祖文叶公，字振夷。还有些《黄氏族谱》称，唐朝黄惟淡公闻名宇内，学问渊博，有五子。他以《诗》《书》《礼》《易》《春秋》五部儒教经典——"五经"传授其子，每子各授一经，各子皆成材，时人称其为"黄五经"。

黄氏大宗祠大门次间左侧，以及其后堂右侧的墙壁上两处都刻（绘）有一首黄氏祖宗峭山黄公的诗，又称为"外八句"。峭山黄公为广东黄氏族人公认的先祖，唐宋期间官至奎章阁大学士，元丰五年追赠少保谥曰文烈。娶三妻生二十一子。公年迈，为官正直，教诲后代不要贪图享乐，要居安思危，放眼世界，积极向外拓展，开辟新的天地，自强不息。峭山黄公先行到福建、江西、广东各地周游，亲自体验，选择适宜儿子前往谋求新生活的地区。他邀各亲友至，召诸子训言。三妻各留长子侍奉，余分赴各地立业。赋诗一首，并发给金钱，之后登程执别各州邑而居。《外八句诗》版本众多，其意义大致相同。

骏马堂堂出异乡，任从随处立纲常；
年深异境即吾境，日久他乡是吾乡。
朝夕莫忘亲聆语，晨昏须敬祖宗香；
惟愿天公垂庇佑，三七男儿永炽昌。

黄氏大宗祠大门口两侧挂悬祖传楹联："五经门第，千顷家风。"该祠堂还有一副专用楹联，也是模板雕刻，写的是："枝枝盛发；朵朵花红。"这副楹联是专门用于每年的正月十一日至十六日，乌石黄氏"起灯节"期间。在正月十六日，"五经门第；千顷家风"联匾又会重新挂在大门口两侧。

村里成立了一个"父老会"，有专人负责相关事务。每年正月初八，例行敬老活动，中午宴请村族

中堂摆宴，屏门大开，人神共乐

中上了60岁的长者。近几年，乌石村的正月十一"起灯节"活动方兴未艾。村中"父老会"人员在农历十二月就着手筹备活动，邀请宗亲到乌石相聚。到了正月十一日，乌石村旌旗招展，锣鼓振天，百狮峥嵘。南狮表演、武术演绎，宗亲们诉说亲情。

20世纪80年代，狮岭镇义山村的皮革皮具经营取得成效，乌石村毗邻该村，村民纷纷"车皮袋"当老板，开商铺建厂生产的不断增加，"乌石拉链"在当时非常有名，村民很快富裕起来。村上各家各户以多种渠道走发展经济之路。

昔日的峥嵘岁月

《花县志》中记载："民国二十七年（1938）三月，隶属广东省第二游击区的'花县抗日自卫团统率委员会'成立，下设一个支队辖两个大队及一个独立中队，黄启良（乌石村人）任支队长。"

黄启良（1894—1950）毕业于广东陆军速成学校，当过排长、连长，任某部少校营长。1938年广州沦陷，黄启良调任广东第七战区第四挺进纵队，任支队长。司令是江高人伍观祺，副司令是花县人利树宗。当时部队驻守禺北花县一带。1938年10月，黄启良与其兄黄克诚（花县抗日自卫团统率委员会主任）的自卫团在一起，参加并指挥抗击日军的"江南战役"。奋战迂回，打败了气焰嚣张的入侵日军。是年11月，日军进犯赤坭，黄启良奉命扼守"双对岗"，拦击水陆并进之日军，日寇不敢再贸然进犯。

1939年2月，黄启良奉命驻守三区（新华）的岐山村，防止日军入侵。农历二月十五日，驻新街渔钟潭据点的日军200多人，从新街、大陵、沙海小路奔袭岐山。黄启良当即部署兵力，派出6个分队，12挺机枪，分别在岐北、岐东埋伏；另一个中队据守狗眠岭，监视石龙、神山方面的来敌。下午1时，日军排成长蛇阵进犯。一进入黄启良部的火力网时，一声令下，机枪、步枪齐发，日军被打得晕头转向，在田野处四散溃散。黄启良的部队占有山丘，士兵有果木竹林掩蔽，集中火力居高发射，日军无法前移一步。战斗到下午，黄启良的部队弹药耗尽，岐山村分队紧急援助，岐山村自卫队出动两挺机枪、10多支步枪参加作战，坚持到黑夜，日军死伤十多人后撤走，黄启良部牺牲士兵一名，村民两人，该次战斗保卫了岐山村。

1944年，驻守在赤坭三和庄打鼓岭的日军欲取道枫林背、田心、石坑、马岭等处前往狮岭军田，黄启良掌握情况后，在新竹洞村后面的"狭迳"一带埋伏，狠狠地打击了路过而无防备的日军，敌人死伤数人，此次伏击大挫日军气焰。

无地坪的黄家祠

——记黄沙塘村昶文黄公家塾

◎邓沛煊

黄沙塘村位于赤坭镇广清公路北段旁，巴江河东畔。村庄依山临水，后枕大岭山，周边水塘、河涌环绕，田多旱地少。

黄沙塘村名的由来

1953年，黄沙塘村曾改名巴江村，1980年改革开放后复名黄沙塘村。黄沙塘这一村名的来历也有多种说法，有待考究。一说是村庄地势低洼，靠近巴江河畔。巴江河上游是北江，中华人民共和国成立前尚未修筑北江石角和芦苞段拦河大堤，洪水经常泛滥，村庄受淹，积起一堆堆的黄沙，形成一个个堰塞塘，黄沙塘因此得名；二说是黄沙塘古时沼泽河涌、滩涂荒地较多，一些外来族人迁居过来，看见这些荒废的滩地，认为洪水挟带着泥沙，栽种水稻不大合适，但用来种植甘蔗却相当理想。甘蔗种多了，就开办了简易的榨糖茅寮，用原始的土法榨糖。现村东头大塘槐树旁，就曾经是榨糖寮，那里还遗留了一些用来榨糖的花岗岩制成的大辘轳、

昶文黄公家塾

传统风貌建筑牌匾

石槽之类原始榨糖器具。可能是土壤、品种、技术较好,榨出来的糖黄澄晶莹、浆沙甜香,黄沙塘便由此传开了。

这些说法孰真孰假,时过境迁,沧海桑田,没有权威资料可查,只能以村民传说为准了。

黄沙塘村建于何朝代,也没有留传的村志资料可考究。据2006年《广州市文物普查汇编·花都区卷》,其中第十节"黄沙塘村",有短短几句记载:"村中戴、汤先迁此立村,但何时迁居已无法查考。"又据朱姓族谱载:"其先祖是300多年前从东莞横沥半仙山迁此。"查阅村中黄氏大族的《黄氏族谱》,上面记载"黄沙塘村,在元皇庆元年建村",按朱、黄两姓族谱记载,黄姓应先于朱姓迁居黄沙塘村。戴、汤两姓没遗留族谱,亦没有祖祠,是否先于黄姓迁居此村,无从考究。朱氏族谱与黄氏族谱记载立村时间各不相同,究竟哪一说法正确,还待后人进一步考证。

关于黄姓的源流

迁居广东花县境内黄沙塘村的黄姓后人,据族谱记载属黄氏世系一百二十一始祖黄峭山公之后。

黄峭山公生于唐懿宗咸通十二年(871),名岳,字仁静,号青岗。他娶妻三位,生21子,155个孙子,13个孙女。

当年,年届八十的黄峭山遣十八房子孙到各地繁衍,迁徙流坷。其后,子孙薪火相传,延绵千年,兴旺发达,后嗣蕃昌。民间素有"无村不姓黄"之说。据不完全统计,黄峭山的子孙后裔已达1000余万人之众。据族谱记载:峭公后裔初步统计为1042万人,其中广东占277万人。广东省和平、龙川、紫金等县现在仍有"黄半县"的说法,意即该些县一半以上的人口为黄姓。黄姓的子孙们之所以能在任何一个陌生的地方站稳脚跟并发展壮大,除了"年深外境犹吾境,日久他乡则故乡"的祖训和温厚恭良的品质,还与其族人人才辈出是分不开的。当一个家族的读书人入仕后,造福一方,对家族的稳定和壮大有极大的帮助。

从始祖黄峭山延续到黄沙塘村的黄日礼,经历了300多年,黄日礼生一子,名黄建行。黄沙塘村建有祖祠旭光堂,又名"昶文黄公家塾",而黄沙塘村黄氏族人及村民习惯称其为"黄家祠"。

昶文黄公家塾的前世今生

黄沙塘村村民诸姓聚居,一个自然村辖九个经济社,竟然聚居了23个姓。这个诸姓聚居的村落,陈、黄族氏是大姓。但诸多族姓,除了朱姓有"干亭朱公祠"外,就是黄姓的"昶文黄公家塾"了,其剩余21个姓氏均没有祠堂。

黄氏的"昶文黄公家塾"位于黄沙塘旧村,坐西北朝东南。村前是宽敞的地坪及一口与村面等长的半月形水塘,水面宽阔,30多亩,据说这是朱兆莘父辈为了黄沙塘村的风水,使"干亭朱公祠"能靠山面水而组织开挖的,村东北角另有一口约800平方米的水塘。由于村民诸姓杂居,迁入及建屋时间不一,除了村面建筑比较规整外,其余较为随意,村落布局显得零乱。现保存较完整的古建筑共有九列,每列的前三座建筑较好。这些古建筑有北帝庙、干亭朱公祠、黄氏公祠(即昶文黄公家塾)、玉堂乡祠、谌经家塾及民宅100余座。民宅多为三间两廊式布局。村前中段尚有一口古井,构筑精良,水质清澈。

黄家公祠位于村前中段,前有玉堂乡祠,东邻干亭朱公祠,西门隔一条约六米宽的巷与朱兆莘故居东门相斜对,是整个花都区唯一没有地坪的祠堂。

黄家公祠三间两进,建筑占地面积202平方米。硬山顶,灰塑博古脊,碌灰筒瓦,青砖墙。头门石门额上阴刻"昶文黄公家塾",上款"道光岁次己丑",下款"仲冬吉旦重修"。有黄氏族人黄国柱所撰堂联传世:"海外赤子慷慨解囊洵是陋祠去旧;族中贤达热忱募捐无非俎豆重光。"

祠内檐壁四周有彩绘花鸟和人物图案。进门两杉木金柱,原貌应有屏风,现已无存,花岗岩石八角座,左右各有花岗岩四方柱。进门左青砖墙壁有伞顶灰塑凹状神龛,有阴刻联:"天赐福寿;官洁清廉。"墙檐壁有各种彩绘图画。正中设祖宗神龛,内摆放祖先神位。神龛有堂联遗世:"日新月异欣棠棣之竞秀;礼传时尚育跨灶之英才。"联头嵌二十一世祖"日礼"公名讳在内。

昶文黄公家塾在中华人民共和国成立后,曾被收归公有,先作为村小学校址,后作为村大队部办公室。2008年有关政策落实,家塾交回黄氏族人使用。有族人黄国柱所撰专篇记载《祖祠回归感言》:"尝思为人子者,当思木本水源,我族源于东莞分支玉堂,子孙繁衍,瓜瓞绵绵,田连阡陌,富甲一方,此一时之盛也。讵料世事沧桑,风云变幻,以致祖祠蒙羞,蒸尝失调,迄今已有年矣。兹者政通人和,拨乱归政,可使祖祠回归,俎豆重光,甚为欣慰。唯念祖祠年深日久,东圮西倾,蛛尘满积,但年湮代

门前石狮

远，夫材无不坏之时。顷者，幸有族中贤达，海外赤子，倡葺斯祠。唯念工程浩大，既无公款，非筹巨资，不易为也。乃唤集众议，发动劝捐，庶几集腋成裘，共襄义举，所空前踊跃，纷纷解囊，从此鸠工构造，尅日完成。先人无风雨之忧，族人有欢聚之所，已将善士芳名，在上已列，是以为载。"

昶文黄公家塾的风水传说

　　黄氏族人在村中是大姓，但是黄氏宗祠为什么不叫"昶文黄公祠"而叫"昶文黄公家塾"呢？而且为什么缩入20米，被"玉堂乡祠"严密地遮挡住风水，变得没正门面，只能在巷中开西门进出呢？查《黄氏族谱》及《花县志》等均没有记载，访问了村里的一些老人，零星说法很多，归纳起来还是迷信风水。

　　据闻，黄姓在黄沙塘村虽然是大姓，且迁居较早，但俗话说："朝中无官，族大势弱。"黄氏的祖祠昶文黄公家塾建于道光己丑年（1829），而建在其东邻的"干亭朱公祠"建于道光癸未年（1823），朱姓祖祠比黄姓祖祠早建六年，这是其一。

　　祖祠前有敕赐旗杆夹，显赫一方。孔孟之道，尊卑有别，这是其二。村中的朱姓干亭朱公祠，一门公孙三举人，朱桂芳、朱珩、朱兆莘公孙三人均中举人，其中，朱珩是进士，朱兆莘还当了民国外交官。所以黄氏族人修建祖庙时，自然不能与朱姓祖祠齐肩而立，谦让地向后退缩20米，以示尊重。由于朱氏势大，在故居前又修建了一座"湛经家塾"，黄氏族人也不好叫昶文黄公祠了，只能谦恭地改成昶文黄公家塾。

　　昶文黄公家塾门前有一口大古井，该井建于清代。井台花岗岩条石铺地，阔5.3米，深4.5米，占地24平方米。圆井腰由六块花岗岩条雕凿而成，井壁由大红砂岩条砌筑，井深八米，井水充盈、清澈，可供全村人使用。

　　传说有一风水先生路经黄沙塘村，在古井旁环绕一圈，又用风水八卦罗盘校对方位后，一拍大腿说："怪不得井水源源不断，原来是龙脉所在地，这些是龙涎液。"消息传开后，村里其他族姓人都认为好风水不应让黄姓族人独占，于是在朱氏的倡议下，在昶文黄公家塾门面前20米的空地上，盖了一座玉堂乡祠，作为村的议事场所及诸族姓的公用祠堂。为了表示对朱氏的尊重，玉堂乡祠修建时比旁边的干亭朱公祠仍然退缩2米。这样一来，既然名正言顺为公祠（整村人都可用），黄氏族人自然不敢犯众怒，所以，昶文黄公家塾（黄家祠）是花都区300多间宗祠中，唯一没有地坪的祠堂。黄氏族人只能向西开了一个侧门，沿着铺了四条花岗岩长石条，约2.2米宽的狭窄通道进入祠堂。

"四间寮"和"塘虱头"

黄氏族人由于迁居黄沙塘村时间较早,耕种田地多为良田好地,而且耕种之田远涉到白坭圩交界处,距村八至十里路。当时交通道路不发达,都是田埂小径,生产工具落后,路途往返就占用了小半天时光。播种管理期间,种子、农家肥要往外挑,收割时,挑着稻谷回村更是累人的重活。

为了耕作方便,黄氏部分族人选择靠近白坭圩河边有水源的土丘,用竹木料、茅草搭起了四间茅屋,用作避风挡雨、日常生活、贮藏粮食之用,四间寮因而得名。四间寮坐落于广花平原的丘陵山岗地带,村东南有一条河涌大官坑经过,南为白坭河,四间寮在1944年被日军烧毁民宅4座。塘虱头位于赤坭镇西北部,该村始建于20世纪40年代,由四间寮分村而形成。据《花都市地名志》(1996年)记载,因该地盛产"塘虱"(胡子鲇),又处于两村上方,故名。

历经了五六代人的努力,黄氏族人当初为了耕种方便临时搭建的四间茅棚,已逐步发展成小村的规模。中华人民共和国成立后,四间寮和塘虱头被纳入黄沙塘村,称四间寮经济社和塘虱头经济社。目前,这两个黄姓分支小村已繁衍约300人。每逢祭祀节日,黄氏大族即聚会一起,拜祭祖先。春节期间还举行投灯笼、游灯等活动。岐山黄氏宗祠重修落成庆典时,四间寮、塘虱头、黄沙塘的黄姓族人都前往祝贺。

清明时节,黄姓村民一起拜祭先祖,先拜黄沙塘立村始祖日礼公,后拜祭其子,仪式在昶文黄公家塾举行。尽管改变风水,尽管黄家祠没有正门面(地坪),靠西向一条窄巷进出,但黄姓在黄沙塘村仍然是大族,子孙一代一代地繁衍下去。

黄沙大井由朱家开挖,全村人共用

望出江夏源流长

——记赤坭村沙湾黄氏宗祠及黄氏源流

◎ 石 政

黄氏宗祠，位于赤坭镇赤坭村沙湾，始建于清道光十四年（1834），道光二十七年（1847）重修。许多年前，沙湾有着另外一个名字，那就是"福田庄"。那时福田庄的主人姓王，他们希望王姓能田多地广，福祚绵长，便为自己的村落起了"福田庄"这个名字。

黄氏宗祠

清乾隆年间，有一支黄氏族人从番禺石壁迁入花县赤坭，初到赤坭的黄氏族人举目无亲，也不知该往何处扎根落脚，便只好四处漂泊。不久后，他们来到了福田庄。在这里，他们遇到了居住在福田庄的王姓村民，宽厚的福田王姓欣然接纳了这些远方的来客。就这样，沙湾黄氏在福田庄定居下来，平日里，他们辛勤耕作，繁衍生息，慢慢地也就成了与周边住民别无二致的花县人。有趣的是，尽管许多方面已经入乡随俗，沙湾黄氏依然乡音难改，在他们日常交流中，人们不难听到带有石壁、沙湾一带口音的粤语。沙湾是远近闻名的大镇，周遭村民有出过远门的，听到福田庄黄氏讲话便觉着像是番禺沙湾地方的口音，久而久之，附近居民都知道福田庄黄氏讲话像番禺沙湾人，索性便将这条村落叫作沙湾，慢慢地也就没多少人记得福田庄这个本名了。

饱经风雨的黄氏宗祠

坐落在赤坭镇城区西北面，面朝巴江河，背靠打鼓岭，这就是沙湾。从高处望去，整个沙湾面朝东南，纵横数十座传统广府民居整齐地呈棋盘状排列，青砖绿瓦间透出些许古典美和秩序美。村口在村庄西南，有一片开阔地，越过空地，就是村口最显眼的黄氏宗祠。

远望黄氏宗祠，祠堂主体朝向东南，阔三间，深两进，右侧带衬祠，面积约400平方米。走到祠堂近前，能看见青砖砌成的人字封火山墙，房顶瓦面用碌灰筒瓦铺就，屋脊为灰塑博古脊。祠堂头门为传统广府祠堂风格，石门额刻"黄氏宗祠"，上款"道光岁次丁未仲春吉旦立"。石门旁为青石檐柱，前廊有木雕梁架，两侧有虾公梁各一道，虾公梁上有石狮子，雕琢精美，神态逼真。两侧墙面上嵌有花草图案砖雕，雕工细腻，令人拍案叫绝。

走进祠堂内部，映入眼帘的是两根木制梁柱，按一般广府祠堂布局，此处应有木屏风一面，现在这面屏风却已经踪迹难寻了，当地人说，这面屏风在"文化大革命"时被拆作他用，一并被拆下的还有屏风上方刻有沙湾黄氏堂号"礼耕堂"的匾额，现在我们能看见的便只剩下这两根梁柱了。两根柱子是杉木制成的，柱身上纹理斑驳，却未显衰老，两百多年光阴匆匆流过，像是一片薄而坚韧的硬砂纸，将两根杉木柱打磨得愈发精神

墀头砖雕

起来。

  前后堂之间是宽敞的天井，堂内整洁干净，地面上整整齐齐地铺设着麻石板，天井中的青苔随性地散布着，有些还蔓上了台阶，倒真有些"苔痕上阶绿，草色入帘青"的感觉了。天井左右两廊，右廊被加建成了一间小房子，墙面上还开有两扇小窗户，原来是在"大跃进"时期被建成了小仓库，才成了现在这样与众不同。

  要说沙湾村这座黄氏宗祠最有特色的地方，还得看堂内现存的各式各样的壁画。尽管经历数次动荡，祠堂内多处可见石灰水涂抹过的痕迹，但黄氏宗祠内许多壁画都得到了较好的保护和留存。这些壁画外观精美，大多壁画色彩、轮廓依稀可见，有些甚至还能看到画中的人物细节和画上的题字题诗。头门额上方"嵇琴阮啸图"保存良好，画面描绘了魏晋时期"竹林七贤"中阮籍、嵇康两人抚琴啸歌的情景，或许是寄寓了先祖希望后世子孙能像竹林七贤一般悠闲自得的美好情感。人物形象生动，色彩鲜艳醇厚，图画右上角还留有题画诗两句，为"红尘恐总红尘老，义却红尘别有情"。除此之外，黄氏宗祠内还有《孤山处士图》《同题仙游图》《山石花鸟图》《加官富贵图》《连登三甲图》《晓唤读书人图》等壁画，都是不可多得的佳品。

  村民印象中的祠堂是有故事的。民国年间，祠堂内设有"卜卜斋"（即私塾），由村中的黄庆贤及当地保长黄庆林两兄弟任教师。抗日战争时期，卜卜斋停办，祠堂成了日军驻扎的场所。村中原有东西两座更楼，西楼被日军拆毁，砖块用于建造打鼓岭炮楼，东楼在土地改革时被分给私人使用，后被拆毁用于建造饭堂。20世纪50年代，祠堂前廊被加建为仓库，"文化大革命"时期，村中族谱、神主牌等物件均被销毁，祠堂亦遭灾祸。现如今，黄氏宗祠在村民的打理下再度变得精美起来，视野开阔的地堂，整洁干净的门面，精心修饰后的黄氏宗祠是沙湾村口一道亮丽的风景线。

趣味横生的迁徙历史

  问起黄氏的迁徙源流，村中老人提到了他们的开庄先祖黄建禄、黄建侯、黄建积。据老人们讲述，沙湾黄氏先祖兄弟三人于乾隆初年从番禺石壁迁至花县。中国自古有斗蟋蟀的传统，最盛行斗蟋蟀时，朝廷甚至会向民间征收斗技高超的蟋蟀。据村中口口相传的故事，乾隆年间，沙湾黄氏先祖生活在番禺石壁，他们先祖三兄弟均以寻找蟋蟀进贡朝廷为生。

  一日，黄氏三兄弟在集市上兜售自家的蟋蟀，在这些蟋蟀中，有一只名为"黑旋风"的最受顾客喜欢，这是准备用来进贡朝廷的上好蟋蟀。不少人带了自家的蟋蟀过来，想要与黄家兄弟的"黑旋风"一争高下。要说这黑旋风，也确实是实力超群，大半日下来连赢数场，休息片刻便又精神抖擞，威风凛凛，大有"一夫当关，万夫莫开"的气概。

  这时，人群中走出一个汉子，手中捧着两个木质圆盖鼓式蟋蟀罐子，话不多说，便往桌旁一坐，不用说，又是一个要找黑旋风麻烦的人。

那汉子先是从一个罐子中取出一只蟋蟀来，这蟋蟀唤作"百胜将"，个头大，尾巴长，脖项泛青，两翅金黄，一副天生的好卖相。黑旋风见来了个好对手，便像是炸了毛的猫儿一般亢奋起来。斗笼中的隔板一被拉开，两位主角便到了短兵相接的时刻，这边是个力拔山河气盖世的霸王，那边是个纵横捭阖镇九州的枭雄，真是棋逢对手，各有千秋。

祠堂壁画

不多时，黑旋风卖了个破绽，那边百胜将顺势扑将过来，只见黑旋风忽地将身子扭到一边去，猛地往百胜将肚子上一顶，那百胜将翻了两个跟头，接着便在地上抽搐起来，眼见是不行了。

那汉子斗输了蟋蟀，伸手将场上那虚弱的百胜将收拾起来，放进罐子，又从另一只罐子里摸出一只蟋蟀来。

这只不像百胜将一般招人注意，通体发黑，像是从酱油缸里捞上来一样，体型不大，脾气不小，刚被放进斗笼里就闹腾不停，直到黑旋风休息好了，从另一端被放进斗笼，两只蟋蟀瞬间战在一团。突然间，小蟋蟀跳起来，张开尾，竖起须，一口直咬着"黑旋风"的脖颈，没多久便把黑旋风咬得三魂出窍，七魄抬头。四周看客爆发出阵阵喝彩声。

黄家三兄弟心爱的蟋蟀就这样被打败了，没了进贡的贡品，三人慌了神，不知如何是好，正好抬头看见那汉子在兴冲冲地收拾残局，便顺口问道："汉子，你这蟋蟀真是犀利，不知是何处的水土能养出这样的好蟋蟀呢？"那汉子斗赢了蟋蟀，心中高兴，便随口应着："我这宝贝名叫'铁头将军'，前不久刚从花县地方寻来，那边山水秀奇，正是产蟋蟀的好地方。"三兄弟听到这个消息，就决定前来花县寻找蟋蟀。临行前还叫上了同以找蟋蟀为业的陈、杜、孔、马四姓兄弟，五姓族人迁入花县赤坭一带。迁入赤坭后，五姓族人发现这里不仅蟋蟀好，而且依山傍水，风景优美，水土肥沃，便决定在赤坭一带定居下来。至今，黄、陈、杜、孔四姓仍在赤坭一带生活，而马姓已经迁往外地，有人说花县赤坭地区是"赤坭（泥）养不起马"，所以马姓村民在这里难以生存，只能另找安身立命的地方。

在沙湾黄氏族人中，还流传着乾隆年间黄氏先祖黄建禄开基时传下的一首七言绝句："初定茅寮福田庄，巴江玉带龙环抱。斜看丫髻似横钩，子孙后代永封侯。"

《黄氏家谱》探源流

从黄氏三兄弟继续向上溯源，依据是村中保存的《黄氏家谱》，而这本《黄氏家谱》又有另一段趣闻。"文化大革命"时期，沙湾族谱、神主牌等物件均被焚毁。古语有云："族之有谱，如水之有源，木之有本。"族谱被焚毁了，便只剩代代相传的故事，沙湾黄氏族人只知道先祖从番禺石壁迁入，具体世系则混沌不清，难以考究，认祖归宗自然难上加难。改革开放后，沙湾黄氏族人开始寻根问祖，在沙湾村黄培亦老人数年努力下，终于寻得一些线索。1990年，几位沙湾黄氏族人在黄培亦老人带领下前往番禺石壁寻根，找到一册私人保存的《黄氏家谱》。"文化大革命"时期，这本家谱被藏在了先祖的骨灰瓮里，直到这时才公之于世。沙湾黄氏族人惊喜地在谱中找到了黄建禄、黄建侯、黄建积兄弟三人的名字，整一支黄氏源流也就这样清晰起来。

据《黄氏家谱》记载，这支黄氏为黄峭山之子黄福一脉，最早可追溯至远古时期，为颛顼后代。约于商末周初，颛顼后代惠连在今河南潢川建立黄国，公元前648年，潢川黄国被楚国灭亡，黄国子孙以国为姓，少数逃到河南中部，大批则内迁到楚国腹地，定居在湖北等地。

战国至秦汉时期，黄姓已经大批播迁到湖北地区，逐渐形成江陵、江夏两个黄氏郡望，不久后，黄姓的足迹已经西达陕西和四川，东临东海，南入湖南和江西。东晋末，中原的林、黄、陈、郑四大姓率先进入了福建。

隋唐时期，黄姓主宗分流。一支由江夏向东南迁移，穿过江西，进入浙江，在金华地区形成了金华黄氏；另一支先由江夏北迁河南固始，再向南经安徽、江西，抵达福建邵武，形成邵武黄氏。黄峭山即为邵武黄氏之后。

据《黄氏家谱》记载，黄峭山有上官氏、吴氏、郑氏三妻，育有和、梅、荀、盖、楚、龟、洋、政、化、衢、卢、福、林、塘、发、潭、城、延、允、井、层二十一子，除三房长子留于双亲身边赡养服侍，其余十八子均播迁他处，凭峭山公所传《遣子诗》相互认亲。其中，吴氏所生第四子黄福为黄氏一百二十世祖，黄福后代，一百四十二世祖黄澄乐定居福建莆田县，定为该脉黄氏一世祖。

宋朝末年，二世祖黄居政自莆田迁入南雄珠玑巷，至明永乐年间，八世祖黄文德随父扶祖灵柩自南雄珠玑巷迁至大良（今顺德大良），葬于番禺县鹤地村赖狗岗，随后定居番禺石壁台山碧秀坊（今番禺石壁）。明末清初，十二世祖黄日昇自碧秀坊迁至石涌村（今番禺石涌村），立下字辈二十代，即"昇刚伍建汉，恒远振邦庭，学有文能富，宏开世道兴"，今黄氏族人传至十四代"能"字辈。

沙湾黄氏十二世祖有丽昇、日昇两人，黄丽昇传至黄世刚、黄超伍、黄建侯，黄日昇传至黄贤刚、黄明伍，黄明伍生黄建万、黄建积、黄建福、黄建禄四子。经过两代人繁衍生息，清乾隆初年，十五世祖黄建禄迁居花县福田庄（赤坭沙湾）开基立业，黄建侯、黄建积随之迁入。至汉字辈，石涌黄氏大多迁至花县，仅剩十余户留在石涌。后还有石壁函碧坊的几户黄氏迁居福田庄。不久，黄建禄、黄建积迁往他处，后裔分居回龙庄（赤坭茅竹脚）、园岗（集益水库）。

20世纪60年代，集益水库建成，园岗被淹没在水库下，园岗黄氏迁居茅竹脚、沙湾两地，一直繁衍至今。

《黄氏家谱》上记载："黄氏宗祠建于道光十四年岁次甲午，道光二十七年丁未仲秋谷旦重修，上礼耕堂。"村民认为，沙湾黄氏堂号"礼耕堂"是建侯、建禄、建积兄弟三人合议后传下的堂号。道光年间，在黄建禄主持下，沙湾黄氏建起了黄氏宗祠，经过合议传下堂号"礼耕堂"，在道光二十七年（1847）祠堂重修时堂号匾额才被悬于祠堂内。可惜的是，"文化大革命"时期，匾额被拆下制成乒乓球桌，现已踪迹难寻。

独树一帜的风俗习惯

源出番禺石壁，沙湾黄氏对石壁有着深厚的感情。每年清明节后第二个星期日，沙湾、茅竹脚数百黄姓族人会到番禺石壁祭祖，平日里番花两地兄弟也互有往来。

沙湾黄氏的宗族情结不但体现在每年的祭祖活动上，还体现在日常的小细节中。尽管迁入福田庄已近300年，沙湾黄氏的粤语依旧留有番禺石壁地区口音。同样保留下来的还有祖传的番禺"沙湾煎堆"的做法，与花都地区常见的空吹气心煎堆不同，沙湾黄氏所制煎堆实心多馅，风味迥异，十分有趣。

此外，沙湾黄氏还保留有祖上端午"不担节"的习俗。按花都地区风俗，外嫁女逢春节、端午、中秋前后须携带应节礼物（春节常为煎堆，端午常为粽子，中秋常为月饼）回娘家省亲，即为"担节"。在沙湾黄氏的文化中，"黄粽"谐音是粗鄙之词，故在端午节时沙湾黄氏没有包粽子的习俗。因此，端午节外嫁女回沙湾省亲可携带粽子，但嫁入沙湾的女子回娘家时则无粽可带，久而久之便形成了沙湾黄氏端午"收节不担节"的习俗。

瓜瓞绵绵兄弟情

——记心和村黄氏祠堂

◎ 石 政

　　心和村，位于赤坭镇北部。中华人民共和国成立初期，大塱头、蓝屋、禾地垱、垱心四个自然村合并为一个全新的行政村，村民希望村中群众和睦相处，便为新村起名"心和"，该村名沿用至今。心和村东临竹洞村，西达连珠村，南邻黄秀塘村，北接瑞岭村，有刘、蓝、黄、李等姓氏，其中黄氏居住于垱心自然村和禾地垱自然村。

黄氏宗祠

兄弟祠堂百年携手

心和村有两座黄氏祠堂,分别是一社坭心的黄氏宗祠和四社禾地坭的印荣黄公祠。

黄氏宗祠,位于坭心自然村,建于清同治十三年(1874),坐北朝南,三间两进。祠堂两侧山墙是青砖人字封火山墙,屋顶铺设碌灰筒瓦,屋脊是精美的灰塑博古脊。头门为传统广府祠堂样式,石门额上阴刻"黄氏宗祠"。石门两侧有虾公梁,梁上石狮子工艺考究,形态逼真。走入门内,两侧厢房有杉木搭建的阁楼,墙角设有木梯。祠内壁画较精细,保存完好。中华人民共和国成立初期,祠堂内设心和小学,后也曾作心和大队队部,"文化大革命"后祠堂逐渐闲置,现为村民堆放杂物和生产工具场所。

印荣黄公祠,位于禾地坭自然村。建于清咸丰七年(1857),2016年重修,同年9月10日落成。坐北朝南,三间两进,建筑为硬山顶,青砖人字山墙,屋顶铺设碌灰筒瓦。石门额上阴刻"印荣黄公祠"。前檐柱有石雕挑头和雀替,次间虾公梁上有石雕花纹柁墩和雕花异形斗拱。现作为喜庆宴席场所和堆放生产工具之用,还是心和村第四经济社文化活动室。

在禾地坭自然村,除印荣黄公祠外,村内整齐划一的布局规划和留存至今的里巷门楼也是村庄的一大特色。整个禾地坭自然村坐北朝南,建筑呈棋盘状布局,村面处有大片开阔地,村民称为"地堂",平日作晾晒谷物或堆放农具用,至有红白喜事时则可用作摆酒设宴的场所,弥补祠堂内部空间不足的缺陷。地堂南面为两口水塘,整个村庄环境优美,景色怡人,是典型的广府传统村庄布局。近十条巷道从村庄北部延伸至村庄南部,在村面处,可看到各条巷道的门楼,门楼

印荣黄公祠

的名字自古时沿用至今，一些已经模糊，一些仍清晰可见，还有一些有明显翻新的痕迹。保存较好的门楼有仁和里门楼、裕和里门楼等。

虽然位于不同自然村，印荣黄公祠和黄氏宗祠实为兄弟祠堂。据村中老人讲述，心和村黄氏先祖开基后育有三子，依长幼次序分别为黄印福、黄印荣、黄印禄，其中印福房留在垳心发展，印荣房迁往禾地垳定居，印禄房则移居三水长岐（现佛山市三水区芦苞镇长岐村）。经过近两百年的发展，禾地垳和长岐黄氏均已开枝散叶，而垳心黄氏人丁相对稀薄，至今仅有两户数十人。

中华人民共和国成立初，村中族谱因故遗失，故现其先祖源流已难以考证，但这并不影响三地黄氏之间的深厚感情。光阴转瞬三甲子，三地兄弟的感情历经岁月洗礼和冲刷后并未褪色，反而愈发真挚动人，除每年相约祭祖，平日里也多有互相照顾，携手共进，也是一段佳话。

官宦世家扑朔迷离

在心和村禾地垳自然村，有一房官宦人家远近闻名。

坊间传说，清朝末年禾地垳曾有村民黄秉钧在云南省为官，围绕着这个名字，村中老人将一段扑朔迷离的故事娓娓道来。

清朝末年，在禾地垳村一间简陋狭小的泥砖屋里，一个婴儿呱呱坠地，这就是小黄秉钧了。黄秉钧家是普通的农民家庭，终年勤恳务农，看天吃饭，黄秉钧比一般孩子更早成熟。黄秉钧从记事起，便要做家务，干农活，还要上山采松香，再拿到集市上售卖，这样的经历也培养了黄秉钧坚毅，勇敢的性格。

黄秉钧长大后，结识了一些以贩牛为生的小贩，便又改行贩牛。从赤坭开始，黄秉钧一边贩牛，一边游历，最后竟然走到了现在的云南省境内。时值云南地方剿匪，民心动荡，处处风声鹤唳，人人担惊受怕，只盼着能早日将山匪打尽，还平民百姓一个安心稳定的好日子。

一天，黄秉钧和一并贩牛的同伴在山中疾行，他们已经赶路数日，披星戴月，日夜兼程，只为快点赶到下一个目的地，不要误了和店家约定交牛的日子。山路泥泞，崎岖难行，还要顾着身后的牛，这更让一行人疲惫不堪。转过一道山，对面突然闪出一个大汉。待走近了，这大汉猛地打了个喷嚏，一股酒气扑面袭来。黄秉钧想着这人喝醉了酒，不愿冲撞了他，便向旁侧让出几分，不料那大汉猛地一个踉跄，径直向黄秉钧肩膀撞来，猝不及防，黄秉钧无法躲避，只好咬牙稳住身子硬受了这一击。

黄秉钧还没来得及说话，那大汉倒是先发起怒来："你是何处来的泼皮无赖，无端端地撞我作甚？"黄秉钧气不打一处来，正欲发作，转念一想又担心和这人纠缠误了时间，只得好声劝道："这位英雄万望见谅，山路崎岖不好走，我们又赶时间，才不小心冒犯了英雄，英雄大人有大量，便不要和小的计较这些可好。"

谁想那大汉却不依不饶起来："你这人好生无理！明明是你撞的人，说话却像是要赖到我头上来，今日这事若是不讲个清楚明白，谁也别想走。若是要走，便先留下点东西来。"黄秉钧看那人一双眼睛滴溜溜不住地往几只牛身上望去，心中明白这人是想要讹自家的牛，一股无名火便从心头烧起来了。要说这黄秉钧本是性格敦厚的老好人，怎的就突然发作起来？须知这牛是牛贩子的命根子，别的赔了不打紧，若是将算盘打到了这牛身上，那便是牛贩子不能容忍的事情了。

印荣黄公祠内景

黄秉钧心中愤懑，他将右手搭往那大汉肩膀，想先将他拉到一边。那大汉身形竟忽然一蹲，顺势右拳袭往黄秉钧左肋。说时迟，那时快，黄秉钧左手发力一拨，将来拳挡至一旁，借力拧身躲过这记杀招，右手猛地向前一送，便将那大汉推开。大汉一击不得手，怒火愈加旺盛，双拳虎虎生风，又向黄秉钧中门攻去。转瞬间，两人你来我往，战成一团。

这大汉毕竟是喝醉了酒，脚下一个不稳摔倒在地。黄秉钧见状，便赶忙上前将那人压在身下，同时招呼同伴过来，将这大汉捆绑结实了，让牛驮着，一路到了地方官府。

进了衙门，黄秉钧将事情经过细细说了，知县听罢，命人将那大汉押上来，当大家看清这名大汉的面目时，四下里忽然爆出一阵惊呼。原来这大汉竟然是一个匪首，麾下率领着云南境内的几股悍匪，早已是臭名昭著，恶名远扬。这天刚好乔装打扮进城赴宴，不料返程途中栽在了黄秉钧手里。黄秉钧立了功，传说他因此踏入仕途，后被封为知府。村民说村中原留有一块御赐给黄秉钧的红木匾额，上面写着"钦家四品蓝"五个大字，可惜已被损毁，不知去向。有村民回忆，原族谱中记载黄秉钧有一处墓葬在附近山岭上，土名"花占岭"，但现在也已经难以寻觅。

坊间传说或有夸大，但黄秉钧在云南为官应为事实。在古籍《民国花县志·卷八[选举表]·仕宦·附录》中有关于黄秉钧的记载："黄秉钧，云南府抚彝府知府。"附录中记载的人物均是"非从正途出身，据采访册录其实任者"，恰好与黄秉钧的履历吻合，但遍查云南地方志也未见黄秉钧之名，是《花县志》误载还是云南方志漏载，已无从考究。

黄秉钧发迹后娶妻生子，传说有六妻、十二子、十二女，其中第三子与第十子的故事最为村民熟知。

黄秉钧第三子名为黄瑞麟,传说在民国年间曾任南海县长。黄氏族人中有年龄较大的老人,曾听长辈说起黄瑞麟请全村黄姓族人看戏的故事。黄瑞麟还在当县长的时候,邀请黄姓族人前往南海县衙门观赏粤剧。当时村中许多人觉得从赤坭去往南海路途遥远,舟车劳顿,不愿奔波,黄瑞麟便雇了两艘大船,在巴江河边将心和黄氏村民悉数接上,随后沿巴江顺流而下,一直行驶到南海县城,方才让一众村民下船,再步行前往南海县衙观赏粤剧。从南海回到赤坭后,村中的黄姓族人们都对黄瑞麟赞不绝口,这也成为心和村黄氏村民口口相传的一段佳话。黄瑞麟去世后葬在土名"鹤岭"的山上,其子黄学星则在广州学习粤剧,于20世纪30年代成为广州地区著名的粤剧演员,后迁往香港,成为知名演员。

黄秉钧第十子名字叫作黄清堂,因为黄清堂排行第十,所以村中的人们都喜欢管黄清堂叫"黄老十"。黄清堂在书法方面颇有研究,也上过学,读过一些书,有一定的文化水平,在远近乡村中小有名气。中华人民共和国成立之初,禾地坭(现心和村禾地坭自然村)、红门楼(现下连珠村红门楼自然村)、官塘(现下连珠村官塘自然村)、高塱(现丰群村高塱自然村)合称"四新村",曾合办"四新小学",黄清堂因声名在外而被聘请为四新小学校长。

同气连枝不忘祖妣

坭心、禾地坭、三水长岐三地黄氏有联宗祭祖的传统风俗。每年重阳节,三地村民齐聚心和村,先于黄氏宗祠、印荣黄公祠祭拜先祖,再一起前往狮岭拜祭米氏太婆。传说花都地区许多黄氏村落都为米氏太婆之后,虽然心和村黄氏先祖为何人已难以考究,但根据世代口口相传的故事,黄氏村民相信他们体内也流淌着米氏太婆的血液。查阅花县相关资料,笔者找到米氏太婆来历的一种说法。资料记载:"塱头村绝大多数人姓黄,族谱追溯祖先,把迁居南雄珠玑巷的黄居正和夫人米氏称为第一世祖。黄居正生于北宋末年(1125),曾考取武状元,因受奸臣陷害,举家到南雄珠玑巷避难。他的夫人米氏是一位才貌双全的贤妻良母。"至于历史真相如何,米氏太婆到底是不是塱头黄氏,乃至花县黄氏的太婆呢?笔者不敢确定。据心和村村民讲述,米氏太婆为中山、东莞、三水、广州部分黄姓共祖,在重阳节祭拜米氏太婆时,赤坭镇丰群村、乌石村黄姓村民亦会一同前往拜祭。祭毕米氏太婆后,坭心、禾地坭、三水长岐三地黄氏一并返回印荣黄公祠聚餐,这样的风俗已持续二十余年。2017年起,三地黄氏将重阳节聚餐设为敬老宴,60岁以上的村中老人可领取100元敬老金。

自心和村禾地坭黄氏开基开始,直至中华人民共和国成立初期,禾地坭村民一直有重阳节前往祖墓祭拜先祖黄印荣的传统。在20世纪50年代末,因全国范围内开始掀起各种政治风潮,这一风俗被迫中断。20世纪80年代初,禾地坭村民有了继续保持传统、每年重阳往祖墓祭拜先祖的想法,但因多年未去,竟然找不到祖墓所在,只得作罢。2015年,根据村中长辈描述,禾地坭村民遍寻心和村附近山岭,终于在巴江河畔某座山头上找回了禾地圳黄氏先祖黄印荣的墓碑。从2016年起,禾地圳村民便在每年的祭祖中新增了拜祭黄印荣山坟的流程。

心和村黄氏名人有:黄启源,医治妇科、疑难杂症能手。

黄本良(黄汉兴),于1954年大面积开荒,卖给国家1万多斤粮食,被评为县及粤北区劳动模范,1955年参加粤北区劳模代表大会。

"四角走马楼"重光

——记下连珠红门楼张氏宗祠

◎ 钱春华

红门楼张氏宗祠是下连珠大队唯一一座具有客家特色的祠堂。该祠堂俗称"四角走马楼",走马楼,是南方民居建筑中一种特有的建筑形式,是指四周都有走廊可通行的楼屋,甚至可以骑着马在里面畅行无阻。该祠堂称"四角走马楼",说明当年祠堂的规模和气势不同凡响。张氏宗祠的门面墙全部采用红砂岩,显得喜庆又富贵,成为当地标志性的建筑,所以该村又称红门楼。

俗称"红门楼"的张氏宗祠,拆旧建新,已改变原来面貌

红门楼张氏宗祠初建于嘉庆二十二年（1817），占地面积566平方米。因祠堂年久失修倒塌，从2018年3月开始，红门楼张氏族人在原址上进行了长达一年的重建。一年后的3月23日，张氏宗祠重光。

开基祖来自清远

据村里长者张金泉介绍，红门楼的张氏一族与唐开元丞相张九龄是同宗。20个字辈是："其启宏志德，经文大廷邦。芳铭荣可赵，奕世定隆昌。"现在村里还有不少人按这个字派起名。

红门楼的张氏开基祖在19世纪初，从清远龙潭迁来。据说，张氏先祖张宏耀的职业是铁匠，在清远的龙潭以打铁为生。当时的社会极不安宁，匪患频繁。有一天晚上，一土匪闯入张宏耀的铁匠铺，扔下一袋东西，急急说道："有官家追我，我先存放在你处，等风头过了就来领走。"说完，就消失在黑夜里。

张宏耀打开袋子，发现里面装着金元宝之类的财物。三五年过去，这个人也没来领走这袋宝贝，不知道他的姓名，也无从打听。这也许就是天意，张宏耀决定离开这里换个地方生活，于是举家迁往花县。当时，张氏先祖张宏耀携两妻三子，挑着全部的家当，从清远龙潭迁来。路上，为了掩人耳目，不被土匪抢劫随身带的钱财，机智聪明的先人将粪桶做了一个隔层，将银两元宝藏在下面的隔层里，上面装着臭烘烘的大粪，路人闻臭而避之。一家人衣着朴素，泰然自若一路走来。他们平安地走到了今天的下连珠村，靠带来的财物，在此盖屋立足，开始了农家生活。

三个儿子中，一子不幸夭折，只剩两子张志荣和张志华。张志荣是哥哥，是张宏耀第二个妻子所生；张志华是弟弟，是张宏耀原配所生。两兄弟长大成人以种田为生，后娶妻生子，开枝散叶，渐渐枝繁叶茂。发展到今天，红门楼的张氏族人这支包括外出务工做生意、侨居的人算在内，已有700余人。

张氏族人勤奋努力，加上还有些积蓄，稳定下来后就开始建祠堂。张氏宗祠建于嘉庆

祠堂内景

二十二年（1817），祠堂建好以后，先是用来供奉盘古王牌位。逢盘古王诞日，族人就会组织青壮年醒狮放鞭炮去狮岭镇的盘古王庙祭拜。后来，才用来供奉张氏先祖牌位，议公事、办宴请。

1938年10月，日军进村烧杀抢掠，祠堂一左一右的衬祠被毁，还炸死了几位村民。之后张氏族人对炸过的祠堂进行了修缮。

在"文革"运动中，藏在一个专用木箱中的张氏族谱遭到焚毁，只有一块写有"光远堂"的牌匾幸存下来。

一面令旗畅通行

多年来，村民一直是男耕女织过日子，只发生过一件不平凡的事。中华人民共和国成立前，村里长年珍藏着一面令旗，这面令旗是国民党陆军总司令张发奎颁发的，由村民程继堂（也有说是另有其人）保管，但后来这面令旗还是遗失了。

村民程继堂是怎样得到张发奎发的令旗呢？据说是当年村里有一支醒狮队，一到过年，醒狮队或龙灯队就会去城里表演。在城里的商铺前表演完，能得到一些打赏零钱或香烟，不但可以改善生活，还可以调剂一下枯燥的日子。但是，当时进省城，不是想进就能进，必须要有进城表演的许可证。一般村民胆小，不敢进城找相关部门办理这类证件，但程继堂头脑灵活，他直接进城找到了国民党陆军总司令张发奎门下，表达了自己的愿望。张发奎听他说得有理，又是春节期间，心情比较好，就直接给了他一面令旗，上面有"张发奎"三个字。靠着这面令旗，程继堂带着表演队伍，在城里通行无阻，表演了一个正月。不过也有村民说这面旗是有一张姓族人在张发奎手下做治安队长，靠宗族关系得来的。

村里有乐队，是古代沿袭下来的八音演奏，只有吹拉弹，没有唱，里面加入了扬琴伴奏，这是此村不同于别村的特色。逢年过节，村里都有游灯和唱大戏的活动。红门楼现有户籍人口260多人，历代以种田为生，其中也有在外经商发达者，他们在外经商置业，后又回村买地建房。村里近代也出了不少在政商界和文化界的人才，知名书画家张文华，早年毕业于华南艺大，长住香港，参与过电视剧《过埠新娘》的拍摄和万宝集团的品牌策划。

祠堂堂号"光远堂"

张氏宗祠重放光彩

张氏宗祠初建于嘉庆二十二年（1817），至今有200多年的历史。岁月沧桑，朱颜黛瓦的张氏宗祠早已身架变形，屋塌梁歪，能四角走马的两层楼，不知何时塌了。巷道入口处有棱有角的青砖，也被风雨侵蚀得破败不堪。

2018年7月28日，针对张氏宗祠年久失修倒塌无法修复的情况，全体村民大会经过讨论，决定重建祠堂的主体部分，对两侧的附属部分保持原状，张氏族人决心恢复红门楼昔日风采。

为使重建工作顺利进行，村里选出九名德高望重、懂经营和建筑的人组成筹备重建小组。张氏宗祠总造价116万元，先后在村民中发动了两轮捐款，加上景成、德光两兄弟各捐10万元，众外嫁女共捐10万元，筹齐了重建所需的经费。

重建原则是最大限度地恢复旧祠原貌。旧祠拆下来的材料，无论石质还是木质，经过修复，尽量用到新祠堂上。祠堂的外观也尽量按原来的色彩呈现。如该祠堂过去的门面，采用红砂岩，它质地坚实、颜色吉庆，寓意家族兴旺，村子亦因此被称作"红门楼"。这些红砂岩都是初建时从外地采来，在重建时，仍旧采用与红砂岩近似的材料，看上去一派红火气氛；中厅的亮点是八根八角形的麻石柱子，从底座到顶部，全部是旧料。它们亭亭玉立，再次坚固地充当了顶梁柱的角色。张氏宗祠重修后占地面积320平方米，在旧祠的主体原址上兴建。该祠堂与客家围屋一样，具有防御功能和特色。

张氏宗祠的两边，重建了两个门楼。靠东边的门额上刻有"东盛"二字，对联是："礼乐家声远；诗书世泽长。"靠西边的门额上刻有"西荣"二字，对联是："典祀千年重；绵延万世昌。"表达了人们对幸福安康美好生活的祈愿和对子孙后代的期望。主体工程完工后，东西两个进村牌楼和围场的建造工作也在当年的四月完成。2019年3月23日，红门楼村春意盎然，南狮欢舞，彩旗招展，鼓乐齐奏，这天是张氏宗祠重光庆典的时刻。来自香港、珠海、广州、清远和当地的宗亲代表，红楼村的140名外嫁女等近千嘉宾出席了庆典活动。

在仪式上，大家一起见证张氏宗祠的落成庆典。红门楼村村长、宗祠理事长张凤钊致辞，80多岁的张浩生老人讲述了先辈到此开基和艰苦奋斗的历程。张浩生是中华人民共和国成立后村里的第一代读书人，1965年毕业于上海同济医科大学，一生从医。退休后，他热心村的公益事业，激励张氏后人珍惜今天和平幸福的生活，努力工作，建设国家，希望张氏祠堂发扬传统文化的传承教育功能，张氏子孙都能成为国家的栋梁之材。在庄重典雅的张氏宗祠前，张氏宗亲和嘉宾欢聚一堂，分享着宗祠重光的喜悦。

较为别致的柱础

回纹屋福泽绵连

——记下连珠村超远张公祠

◎钱春华

  在赤坭镇的西北部，有一个民居整齐的自然村落，名为新屋。一色的青砖屋，整齐划一，干净利落。这个村始建于清代，张姓族人由南海里水小埗迁到下连珠北向村，清末再从北向迁此建村。村里现有约20座广府民居，超远张公祠就在其中。

超远张公祠

张氏的"回纹屋"

20世纪60年代至90年代一直担任村干部,现年已81岁的张灼华老人和现任村干部张国通向我们介绍张氏祖先的情况。

300多年前,张氏宗祠太公张接伦从花县炭步搬来,落户北向村(下连珠村里的一个旧地名),以务农为生。后来,他看到这里

祠堂内景

池塘众多,就发展副业放鸭。张接伦有三个儿子,长子张万朝、次子张昌贵、第三子张超远。按说,张接伦在中年时就实现了人生旺丁旺财的目标,已经有了圆满的人生,但是他又另起了一段姻缘。不知哪一年,他去了佛山南海的小垴村放鸭,在那儿娶了第二房妻子,又生育了数个儿子。

张氏族人在兴家方面杰出的人物是张超远的后人张祖达。张祖达既会种地,又会养鸭,农闲时还做小生意,渐渐发家致富。张祖达有六个儿子,其中一子不幸夭折。他给五个儿子都找了块宅基地,在兴建超远张公祠的同时,张祖达还为已成人的五个儿子各建了一座房屋。五座房屋中,与祠堂同在一条线的位置建了三座,后面建了两座,他还给不幸夭折的儿子保留了一块宅基地。五座房屋均采用回纹结构,回纹图案代表生生不息,富贵不断头的吉祥含义。这种造型的房屋既是为保护家门处不受风雨的直接侵袭,也寄托了祈愿张家旺丁旺财,福泽绵绵不绝之意。五个儿子的回纹屋存世至今,成了下连珠村最具特色的房屋标志。作为一代地道的农民,能同时盖起六座青砖大屋,是一件壮举。

有天晚上,张祖达睡不着,就拿出族谱翻看。"英远昭达朝,经书传世泽,礼义振家声。"这句话让他明白了一个道理,一个人挣到了钱,不足以成为孩子们的榜样,还需要学习各方面的知识,走出去开阔眼界,做更大的事业。醒悟过来的张祖达,开始有意识地培养儿孙们远大的抱负。后来,张氏后人纷纷开始走出下连珠,去越南或中国香港谋生,路越走越远,越走越宽,成

为对国家和社会有用的人才。

太公长子张万朝的后人张保荣一支去了越南，张保荣生有德祥、志祥、细祥三子。老二志祥一直在外，曾在1954年回村探过亲。他有一子去了越南，并在越南娶妻，1956年，他曾寄过全家福给老家的亲人。

超远张公祠

据说，张氏太公接伦祖在世时，盖有一间张氏宗祠，这间祠堂在二十世纪六七十年代的"文革"中被毁。张接伦三个儿子的后人也分别为祖先建了祠堂。长子张万朝的张氏宗祠已不存世；次子张昌贵的张氏宗祠在"文革"中受到破坏，也不存世，只剩一块刻有"张氏宗祠"字样的石碑遗放在离超远张公祠不远处的屋檐下，做了铺路石；现存的就是老三张超远的超远张公祠。

封檐板木雕

超远张公祠建于清光绪二十六年（1900），由张超远的后人张祖达主持修建。张祖达建这个祠堂既为纪念先人，光宗耀祖，也为他们这一房聚会议事、举办红白喜事提供了场所。

超远张公祠坐东北朝西南，深两进，右侧带一路建筑。人字封火山墙，灰塑博古脊，碌灰筒瓦青砖墙，明间木门已毁，仅存两个立柱。后堂设有张姓祖先神位，前带两庑，右路建筑为衬祠，现保存完好，仍作为宗祠使用。1951年，超远张公祠做过私塾；2012年，祠堂地面条石换成了红色地砖。2008年5月被公布为花都区登记保护文物单位。

上世纪"文革"期间，有人想把超远张公祠拆掉盖学校，张氏后人不同意，后经过双方协商，由村民集资给村委8000元盖学校，换得超远张公祠不损失一砖一瓦，躲过一场劫难。

超远张公祠虽然简陋，但仍在发挥着宗祠的功用。2013年，祠堂右边屋顶上的一块灰塑被雷击落，桁檩也生了白蚁。因修缮经费无着，村委只有每年为祠堂杀两次白蚁。

民俗与民风

佛山南海小圳村的张氏后人与下连珠村张氏后人来往颇多，1946年，北向村（下连珠中的一

壁画《商山四皓》

个地名)张氏后人最后一次到南海小圳村拜祖;1947年,小圳村张氏最后一次到北向村拜祖。

中华人民共和国成立后,因为张接伦的公偿田被没收,加上某些客观原因,两村后人断绝来往61年。直到小圳村张氏宗祠落成志庆前夕,村里三次派人到下连珠村邀请,下连珠村张氏男丁踊跃报名前往庆贺。2008年12月6日,下连珠张氏族人带着鞭炮、醒狮大队和一块写有"手足情深"的牌匾前往南海小圳村,车队的每个车头都贴有红"张"字。到达后,受到了小圳村兄弟的热烈欢迎,狮舞欢腾,锣鼓喧天,鞭炮齐鸣,两方兄弟入内一齐拜祖,瞻仰宗祠,互相祝福。自此,两村又开始恢复来往。有诗为证:下连小圳同根生,枝繁叶茂育新人;礼义家兄慈母训,丁财两旺步青云。

下连珠逢清明节的第二天有太公分猪肉的习俗。在清明节当天,住在外地的族人都回来拜祖山。祭拜后,在祠堂围桌用餐,享受天伦之乐。第二天祠堂里开始分猪肉,将烤好的熟猪肉,每个男丁分一份,60岁以上的老人可分到两份,70岁以上的可分到三份,80岁以上的可分到四份,90岁以上的任拿。下连珠最热闹的清明祭祖发生在1949年,当时村里有机关枪,每人可以打几发,于是,太公山上枪声不停。

村里还有一个风俗就是对墓地的选择特别慎重,尤其讲究风水宝地。张氏先祖母,即张接伦原配妻子"伦嫂"的墓地在抛梳岭。该墓地的地形特点是"打开猪肚袋,双手拨埕来"。因为山前有一块像猪肚袋一样的大泥块,山后又有一张像太师椅的山,前后一望无际,祖先葬在这里,后人发达,人丁兴旺。

近年兴起的民俗还有正月十五投灯、外嫁女回娘家等。

勤劳起家有大爱

——记石坑村坤高张公祠

◎钱春华

在赤坭镇石坑村张屋自然村,位于村中心地段的坤高张公祠堂是一座父子合祠,祠堂名称中的"高",是指父亲张永高;"坤",指儿子张德坤。

坤高张公祠

祖上创业故事

据张年帮阿伯介绍，根据他们的八世祖法凤、法贤的墓葬资料推测，石坑村张氏族人应该是从福建迁徙而来的。何时到了广东，没有具体记载。只知道原籍福建的一位祖先因逃难来到了广东的永安（今紫金县）居住。

大约在嘉庆至道光年间，张氏的十一世祖一家从永安迁居来到花县。据说当时来的是三兄弟，名字分别是张上彩、张上捷、张上梅和他们的叔伯兄弟们。他们挑着曾祖父母、祖父母、父母和叔叔的遗骨，第一站来到赤坭邹屋村东边的乌石南蛇岭。后来，三兄弟中，张上彩那支去了花东的东方，目前失联；张上梅那支，去了清远的石角民安村，现在还保持着来往；张上捷这一支到了孙辈，迁到了赤坭镇石坑村张屋居住。

张上捷这支初来时，住的是茅寮。他生了三个儿子，分别是永财、永高、永祯，永祯少亡。德乾、德坤是张上捷第二子张永高公的两个儿子，为十三世祖。张德乾娶妻后，生有一子，名经相；张德坤娶妻毛氏，生了三个儿子，分别叫经秀（字西养）、经海（字北养）、经演（字南养）。

张德坤力气特别大，又能挨苦，为人厚道，从来不会算计人。他平时能挑四个粪桶去田里干活。正是因为他能力出众，勤劳肯干，石坑村才能发展成现在这个样子。张德坤不仅盖了青砖屋住宅，还盖了坤高张公祠堂和三馀书室。

张德坤很重视孩子的教育，专门建了书院供孩子们读书，希望孩子们能读书明理。书院名"三馀"，意为工作、睡觉、吃饭之余要用来学习。

关于张德坤发迹前还有两个故事。一个是种芋头。有一次，田主准备种几亩地的芋头，请了张德坤干活。种芋头先要把地整成畦，每畦两边种，株距有规定，还要打芋垄，比做一般的农活要苦累费时。田主打算请多一些人来帮忙。厚道的张德坤却说自己一人就可以，用不着再请人了。第二天，他老早起来，打了几亩地的芋垄天才大亮。往田里担粪时，别人只能担两个桶，他却担了四个桶。田主高兴地说："德坤，你最好同我做一世长工

三馀书室

啦！"还有一个故事是接别人不做的活计。有一年，田里打出的谷子好多是秕谷，不够纳粮租。田主叫三江佬，因下田割谷的工钱少，没人愿意做。张德乾、张德坤却接了这个活，并获得了这块田地后面的长期耕种权，他们再也不用到处打散工了。为了离田地近一些，在一个好心人的帮助下，兄弟俩在一个叫"龙次窟"的地方搭茅寮安居。后来，他们才搬到了石坑村张屋建起屋来。起初只建了一间"三间二廊"的房子，用于自住，后来张德坤出资建造了坤高张公祠。

坤高张公祠概貌

说起坤高张公祠的始建时间，据村人说，坤高张公祠在光绪二十九年（1903）建成，于光绪三十年（1904）重修。

据资料记载，祠堂坐北向南，三间两进，建筑为硬山顶，人字山墙，碌灰筒瓦。墙体外层青砖，内层泥砖，当地俗称"金包银"。石门额阴刻"坤高张公祠"。祠堂在2008年5月被公布为广州市花都区登记保护文物单位，现供村民喜庆宴席和祭祖之用。与其他祠堂相比，屋脊上没有精致华丽的灰塑，没有奢华的装饰，简朴实用。最显眼的，是祠堂门楣正上方有一幅"竹林七贤"的壁画。战乱年代，时常有匪患来袭。有一次，土匪来村抢劫时，在祠堂放火，把祠堂的泥砖墙烧倒了。祠堂在重修时用了青砖，所以现在祠堂的墙面之间有明显的不同。

祠堂后堂有神主牌，摆着香案，香火台正中牌位上面写着"张门堂上历代祖宗"。这个牌位是重新制作的，原来的牌位在中华人民共和国成立后遗失了。

三馀书室始建年代不详，估计是与坤高张公祠同年代建造。该建筑坐东北朝西南，也是硬山顶人字山墙，碌灰筒瓦，墙体"金包银"，门额阴刻"三馀书室"。村里原来还有两座炮楼，一座位于村南部，土改时分给村民，后被村民建了民房，另一座在20世纪50年代大炼钢铁时被拆除。

张德坤的第三子张经演（字南养）比较有经商头脑，他除了种地，还先后开过榨油坊、酿酒坊。有了余钱以后，他出资兴建了金垫家塾，门楣上方绘了一幅《踏雪寻梅》，希望子孙们能够读书明理，吃得了苦。

石坑村一直保持着清明祭祖、太公分猪肉、重阳敬老的习俗，根据每年的收成，由村里牵头，为村民举行规模不同的活动。该村主要宗族活动为清明祭祖，清明节当天组织村民到清远石角民安村拜祭大太公，第二天拜祭立村太公，之后再到祠堂进行宗族聚餐。

家族旧事

多年以来，石坑村的张氏后人只以种田为生，生活平淡。但在十六世时，张家发生过一场变故，至今成谜。据说，第十六世祖张道和曾给自己的亲哥哥张道扬写过一封绝交信，而且用的是红笔，绝交的态度非常决绝。族人都不知道他们之间发生了什么大事。写完、送达绝交信以后，张道和就带着家人离村出走了，再也不曾回到过村里。

张道和曾在法国人开的广西梧州硫酸厂任过厂长。他的儿子十七世祖张春廷在贵州生活，生了七个儿子。有人说张春廷担任过重庆日报社的总编，但此消息未经核实。1948年，张春廷的两个弟弟回村里探亲，但只过了几个小时就走了，听说后来去了台湾。

有一年，村里来了土匪抢劫，双方混战中，村民打死了一个土匪。土匪在逃离村里时，扬言要来报复全村人。为了避祸，十几名青年连夜出村，到南洋婆罗洲务工为生。其中有一位叫张仁德的青年，他先是跟着外国人学英文，中华人民共和国成立前到了香港，又学习无线电技术，这门技术主要用于飞机落地时进行电路检查。他曾在广州民航局工作，抗日战争时期曾任广西桂林社会服务处处长。1949年11月9日，香港启德机场发生轰动中外的香港中航公司驾机起义，张仁德参与起义回国。他带了十多人到北京机场，没文化的当杂工，有文化的，学得一技之长，做维修工。

张仁德的侄子毕业于北京航空航天大学，20世纪60年代被分配到上海安亭仪表厂，曾任总工程师、厂长，现在80多岁了，2014年还回村里探亲。

虾公梁石狮柁墩

"我爱你在心"

村里还有一个名人，她就是广东最早开办聋哑学校的张颖仪。她出生于1916年，幼年丧母，家境清贫。九岁时左脚出现跛行（小儿麻痹症），后落下终身残疾。1937年7月，她在香港飞利女子中学初中毕业后，进入香港真铎启聪聋哑学校师范班学习两年。1939年，她以优异成绩毕业，留校任教。1941年至1945年，在广州、花县等地，任聋童家庭教师及国民小学教师。

1946年2月，张颖仪在自己的住处广州惠爱东路（今中山五路）昌兴街挂牌办起私立启聪聋哑学校，招收聋哑儿童入学。这是广东最早的聋哑学校，开办时只有学童5人。由于张颖仪工作刻苦，对聋童耐心施教，学校声誉日隆。几个月后，学生增至20人，并得到家长捐助的经费。以后，学生人数不断增加，原有校舍不够用，于是租用文明路65号的二、三楼做校舍。经过两年努力，学校继续发展，办学更有成绩，受到社会及家长的赞誉。中华人民共和国成立前夕，广州国民政府面临崩溃，时局动荡，人心涣散，货币贬值，学校经费拮据；政府又没有给学校经费补助，员工纷纷离开，另谋职业，学童陆续辍学，学校面临停办的厄运，但张颖仪仍坚定地把学校办下去。

　　1951年，广州市人民政府对面临困境的私立启聪聋哑学校实行保护政策，给予经济补助。1952年，市政府又拨款购置了南华西路同德里10号房产，交给启聪聋哑学校使用。1956年8月，广州市政府将私立启聪聋哑学校改为公办的"广州市聋哑学校"，校长和教职员工全部留用，全部经费由市教育局拨给。面对这一历史转变，张颖仪感到共产党和人民政府真正重视特殊教育，关心聋哑儿童的成长，为她创造了终生从事聋哑教育事业的良好条件。张颖仪1957年9月加入中国共产党，并任该校党小组组长。从此，张颖仪从虔诚的基督教教徒转变为一名共产党员。为了让广大聋哑儿童能受到文化、技术教育，1960年，张颖仪以聋哑学校为基地，连续举办了四期师资培训班（每期3个月），自己亲自授课，共培训了来自广东各地的六十多名教师。1974年，学校迁到沙河镇猎德村。此后，在各地政府和教育部门的支持下，台山、韶关、汕头、博罗等地的聋哑学校相继建立，广东聋哑教育得到较大发展。

　　张颖仪是广州地区聋哑教育的创始人，为聋哑教育奋斗了30多个春秋。1960年，张颖仪被评为全国"三八红旗手"，并出席全国文教群英会。1979年2月15日，张颖仪因心脏病突发去世，终年63岁。她去世后，她的墓碑上刻有一个手语图案："我爱你在心。"

魂牵梦萦桑梓情

——记东升村陈氏宗祠

◎ 刘小慧

陈姓,自古以来为岭南第一大族,民间素有"天下李、广东陈"一说。陈姓在广东开枝散叶,遍布各地。而被誉为"百粤冠祠"的陈氏书院(俗称陈家祠),更是陈氏族人引以为豪的文化遗产。在花都区赤坭镇最西北面的东升村,也有一支陈氏,安闲自在地生活在这偏僻静谧的小村庄里已有数百年,它们便是黄竹塱的陈氏家族。

陈氏宗祠

立村传说与陈氏宗祠

黄竹塱,是东升村的一个自然村,曾被称作"石垮岭"。它位于东升村西南面,相邻的自然村有东边岭、隔坑和上把水。相传村落始建于清朝年间,因建村时村庄周围种有簕竹,以防盗贼,故取名黄竹塱。今全村有200多人,其中三分之二的村民为陈氏,其余为潘氏、邓氏、徐氏、程氏、唐氏。

自古流传,黄竹塱是由今村中数个姓氏的太祖一起开庄。据闻他们原籍是南海西樵人,彼此为表兄弟关系。据说先祖们原在西樵靠撑船运送粪便(肥料)到各地谋生。无意之中,发现此处风光秀丽,土地肥沃,便商议一同迁往此地。他们在这耕耘细作,开枝散叶。立村一说,由于陈姓的族谱遗失,后人亦无人知晓宗族的源流,故只能充作传说听罢。

在黄竹塱村,至今仍保留有一座陈氏宗祠,为花都区登记保护文物单位。在拜访当天,掌管陈氏宗祠钥匙的宽叔为我们打开了祠堂大门。

陈氏宗祠,坐西南朝东北,原为三间三进,因日久失修,后堂坍塌,重修时改为三间两进。祠堂建筑占地289平方米。主体建筑为人字山墙,灰塑博古脊,碌灰筒瓦,青砖墙。头门进深三间,后设四架轩廊,两根石前檐柱。次间有虾公梁、石狮、异形斗拱、雀替、挑头。部分缺损的封檐板雕刻有缠枝花草等纹饰。

大门两侧嵌花岗岩门夹,石门额阴刻"陈氏宗祠"并无落款。两次间为房,搭有木阁楼,其中一木阁楼装有数个木制漏斗。花岗岩石墙脚,石台基。后堂四根杉木金柱,明间设有神位,无先祖神主牌,有堂号"永思堂"牌匾。后堂前带两廊,梁架木雕工艺精致。天井以花岗岩条石铺地,头门前廊墙面扫水泥,画青砖线。

关于陈氏宗祠修建的始末及概况,年过八旬的宽叔也只是略知一二。据说,该祠始建于清末民初,由族人陈全负责筹资,修建祠堂的物料从广州通过赤坭河运送过来。20世纪30年代,村里曾利用陈氏宗祠办过私塾,由族人陈森筹办,当时聘请清远田心村的陈龚合先生教导村中的陈氏子弟。抗日战争时期,祠堂后堂与前廊处被炸了一个大窟窿,导致后堂左侧的一条大圆柱的柱墩下沉,后经简易修补,现在仍能看出因柱墩下沉而导致整个后堂明显倾斜左侧。20世纪90年代,陈氏宗祠曾进行过一次全面的翻修。每逢清明祭祖之时,陈氏族人在此聚首一堂,祭祀先祖。

金钱形"去水"口

关于始祖是谁，宽叔不知。只说村中原有族谱，在抗日战争时期，三水一带的土匪来村纵火抢劫，乱作一团之时，唯一在村内的族谱被烧毁。我们试图问及先祖们的墓碑上可刻有太祖名字及年份，希望借此获得一些线索。他说，相传在埋葬先祖棺材之时，在棺材上无论堆放多少泥土，泥土都会自然而然地向两旁缩掉，这种现象在民间称为"离棺缩土"，表示这坟地不适宜立墓碑，所以先祖墓没有立碑石。因为没有立碑，在相隔数代后，太祖是谁已失传。在这些零星的信息中，我们始终无法获知陈氏的宗族源流。

一枝独秀的陈全房

陈氏族人流传，陈氏宗祠由陈全筹建。据说今黄竹塱村的陈氏有两大房人，其中一房的后人便是陈全。为此，经多方打听，我们终于联系上陈全房在花都的唯一支裔陈国东。

如果从陈全算起，陈国东是陈全的第五代孙。关于高祖父的过往，他说仅凭小时候听祖父祖母提起过，印象早已模糊。

陈全，人称"大班全"，推算生于清朝咸丰年间。幼年生活在黄竹塱村，成年后去了香港，经营一间米行发家。因为有外号"大班全"，后人推测他极有可能在洋行公司担任过"大班"一职。至今他们家仍保留一张高祖父的烤瓷相片，相片中陈全头戴一顶清朝官帽，至于是什么官职，后人并无考究。20世纪90年代，陈全后人迁修祖坟时，发现陈全并非葬在正墓处，而是葬在正墓旁，据说是为了防止有人盗墓而故意这样下葬。虽然陈国东当时并不在场，但他母亲说，她亲眼见到陈全墓里的确有不少陪葬品，如一颗黄色的明珠、一串黄色的念珠、一块镶嵌在官服腰带中的绿玉石等。这些陪葬物后分派给陈全的后人保存。

从烤瓷相及陪葬品可推断陈全在清朝是有一定身份地位的人。如果是普通人，一般不会有这些有官宦身份的陪葬品。他在香港经商，为什么在本地却有官职，我们不得而知。可能是经商发家后的陈全为了获得社会名望，通过捐纳钱物以取得官职。毕竟在清朝，按照捐纳制度，士民不仅可以捐官，还可以捐虚衔及穿官服的待遇。所以一些商人通过"捐纳"买到官衔也是常有的事。

关于陈氏宗祠的修建，陈国东幼时曾听闻他曾祖母提及过一些细节。曾祖母约生于清末，16岁嫁入陈家。不久后，她老爷（公公）陈全命人从香港带回白银，当时他们夫妻二人在簸箕上逐一数白银，旁边坐

陈全像（烤瓷）

陈全的玉石陪葬品

着等待支付修建祠堂款的工人。由此判断，陈氏宗祠修建的时间明确在民初，确实由陈全一房负责筹建。

对于高祖父有几个儿子，陈国东并不知晓。只知道高祖父有七个孙子，其中六个孙的后人部分在香港定居，部分移居海外，已无联络，不知下落。陈国东的祖父陈广来在家中排行第五，生于黄竹塱村，早年一直在香港生活。就在陈氏祠堂修建期间，从香港回乡，并留在黄竹塱村娶妻生儿，是陈全唯一留在村里生活的后人。据陈国东所说，其祖父陈广来的字派为"广"，其父为"绍"，他为"献"。目前，他们能知道的字派仅仅只有这三代。

由于黄竹塱一直流传是村内六大姓氏同迁此地，我们也通过陈国东联系了潘氏族人，几经联系，查阅了潘氏族谱。族谱所载："伯禹公，原居住广东省南海西樵，人各有志，自想迁居，后来六姓老表一齐迁居，姓氏如下：陈、潘、邓、徐、唐、程六姓。听说花县东边岭村张宏京有田庄卖，坐落三水县，上名石圩岭庄，六老表商议筹款买下这个石圩岭庄。之后，六老表分田地，建居落业于此。后来，改称黄竹塱村，原是交三水县公粮，后三水县粮差催粮，无石圩岭名称，再划交花县粮。"看来，陈氏代代流传的立村传说并非空穴来风。《潘氏族谱》明确记载了他们几老表迁居花县黄竹塱村的始末。族谱编修于2003年，以黄竹塱为第一代算起，潘氏至今已有五代人。同推敲，陈氏在黄竹塱的世代大致相近。以25年为一代，可推断陈氏等姓约在清朝光绪年间立村。由此而推，陈全的父亲应该就是在黄竹塱生活的第一代人。

发家致富的陈全，后人虽大多生活在香港及海外，想必是他不忘故土、饮水思源，才愿意在遥远的故土修一座陈氏宗祠，以便后人瞻仰祖德、传承孝道。

秉承家乡情怀的陈氏儿女

陈氏宗祠于1995年重修，重修的资金来源主要由陈全的曾孙女陈燕颜负责。陈燕颜，1937年出生于香港，20世纪50年代就读于国内的湘雅医学院，毕业后直接在湘雅医院工作十余年。1970年，她回香港定居，继续从事中医研究。她是中南大学湘雅医学院名誉教授、湘雅医学院内外妇儿科全科博士、中国香港中西医结合治疗研究所所长、香港耳针学会副理事长。她的一生有较大的成就，晚年一直在香港生活。

陈燕颜虽然自小不在黄竹塱生活，但童年的时候，数次跟着祖母白兰回乡收田租。白兰是陈全的儿媳妇，负责掌管家中的田产，每年都会回乡一次。据同村老人回忆，白兰为人善良大方，每次回乡都带上一大袋衣物，分派给村中生活穷困的人家。正是受祖母的影响，陈燕颜对故土念念不忘。

20世纪90年代初，陈燕颜有一次到广州看望亲戚的时候，说起自己的家乡在花都，因早年时局动荡不安，家乡之事也音讯全无。亲戚说他熟悉花都一地，便带着她回乡寻亲。就这样，陈燕颜终于重踏故土。站在曾祖父出资修建的祠堂前，陈燕颜感慨万分。曾祖父一房的后人早已散落于天涯各方，很多子孙后代都已不知道自己的故土在何方。根深才能叶茂，看着眼前残败不堪的祠堂，她有了重修祠堂的念头，为的是凝聚海内外的乡亲宗族之情。她竭尽全力，联络海外乡亲，发动在香港的后人捐资。众志成城，短期内她筹集了20万元，使得陈氏宗祠在1995年得以重修，同年亦重修了先祖的数座坟墓。

陈燕颜虽是外嫁女，但她秉承了由曾祖父留传下来的好家风，不忘故里，饮水思源，热心公益。正是这一份乡情，让她魂牵梦萦，主持重修祠堂、祖墓之举。

旧有的风俗习惯

黄竹塱村有一些与邻近村落不同的旧风俗。八月十五日，广府素有"拜月光"习俗，但在中华人民共和国成立前，黄竹塱村的中秋习俗并不是"拜月光"，而是举办"起灯"活动。每年由陈氏族人陈森、陈海东牵头组织，全村男丁出资，聘请三个"南无佬"到庙（又叫大厅，今已毁）前的大榕树下做法事。村民将当年添丁的灯笼逐一挂在大厅前的大榕树上，并将大厅内的八座用泥做成的观音菩萨抬出，一字排开放在大榕树下。南无佬围着神像做完法事后，便会表演"上刀山""落油锅""下火海"等余庆节目。

"上刀山"，又叫"上刀梯"，南无佬赤脚踩着锋利的刀刃而上，爬至梯顶，在爬梯的过程中还表演一系列高难度的动作。而"落油锅"则是将盛有油的六尺大铁锅搁置在炭炉上，等猛火将油翻滚后，南无佬捋衣挽袖，赤手放进沸腾的油锅里，再将手拿出时，手却毫无烫伤的痕迹。"下火海"，即是南无佬赤脚在炭火上来回走，但脚却没有任何烧伤。每年的这一天，白水塘，东边岭邻近的村庄，甚至是三水那边的村民也会特意前往黄竹塱观赏这精彩绝伦的表演。活动一直进行到凌晨才结束。至八月十六日，全部喜灯便提到祠堂上挂着摆放。

以前黄竹塱大厅里的每个观音菩萨旁边都会有一个白虎，村民"祭白虎能化解是非"的习俗在黄竹塱由来已久。据说，村民每年在惊蛰日有拜祭白虎的习俗。民间传说白虎是口舌、是非之神，每年在惊蛰之日出门觅食，出口伤人。传说逐渐演变为，凡是给白虎所犯的人，在接下来的一年中都会诸事不顺，影响前程。于是民间便有了在惊蛰当天拜祭白虎的习俗，凡是在祭祀后，用猪油擦白虎的牙齿后，白虎便难以开口噬人。

中华人民共和国成立后，随着大厅被毁，这些习俗也不再有。黄竹塱村的旧风俗，反映了村民希望通过开坛祭神，以借助神灵，达到扶正祛邪，使村民过上安康生活的美好愿望。

蓝田古村话陈氏

——记蓝田新村达章陈公祠及陈氏源流

◎张 倩

  达章陈公祠,坐落于赤坭镇南部的蓝田新村,建于清嘉庆十一年(1806)。蓝田村,在2014年12月被评为第四批"广东省古村落",它包括了蓝田、新村、中洞等三个自然村及城池、万九、晚房附近20个小村子。蓝田新村古建筑群保存较为完整,村落坐西朝东,古建筑占地约六万平方米。

达章陈公祠

新村在明代已建村，原本叫赵新溪村，赵姓人最先在此地落户。之后，随着文姓、陈姓、李姓等迁入，赵姓人逐渐衰落，发展到后来，村中已没有赵姓人居住。因此村名被除去赵字，改称新溪村，后称新村。经过数百年繁衍发展，现新村有李、文、陈、梁、程、廖、罗等姓氏居住，村落背山面水而建，西面被郁郁葱葱的树木围绕着，东面是微波粼粼的水塘，视野开阔，古朴而美丽。

陈氏太公巧遇文姓姑娘

蓝田新村陈氏原本是有一本陈姓族谱的，上面记载着该村陈氏源流，一直交付给村中陈氏长老保管。中华人民共和国成立初期，村中负责保管族谱的长老被评为地主，不久后家中的物品几乎全被没收，那本陈姓族谱也未能幸免，在混乱中被烧毁。现今，由村中老人陈炎培保存的一本《陈元声公分家序》，上面记录了陈元声在清同治年间的分家情况，是难得的记载陈氏祖先信息的文字资料，也是村中陈氏唯一保留下来的文字资料。说起陈氏的源流，一段与陈氏太公落户有关的故事，在村中广为流传。

相传，赵姓人途经此地，觉得这是风水宝地，建村肯定人丁兴旺，于是决定在此安家立业。紧接着文姓人也途经此地，被这里优美的风景吸引，便决定在赵姓人旁边定居，两姓人相处和睦。文姓夫妇生有一儿一女，女儿比儿子年长十来岁。女儿到了适婚年龄，一年又一年过去，却迟迟未能遇到合适的成亲对象。

陈氏太公陈绍伦自小居住在南海金鱼堂（今佛山），长大成人后，决定独自外出闯荡，成家立业。陈氏太公沿途售卖缸瓦谋生，跋山涉水，途经花县蓝田（今新村）附近，被村庄优美风光吸引。太公走进村子里面，在机缘巧合之下与文姓夫妇碰面，一见如故。在进行一番交谈后，文姓夫妇邀请陈绍伦到家中做客数日。几天相处下来，文姓

蓝田新村古建

夫妇十分欣赏憨厚老实、为人谦卑、有理想有抱负的陈绍伦，笑称："年轻人，如果你能答应我一件事情，现在我就可以将女儿许配给你。"原本，文姓夫妇也只是开玩笑般随口说说。没想到，陈绍伦对文氏夫妇的女儿一见钟情，没问清楚需要完成什么事情，立刻点头答应。文姓夫妇接着说："我儿子年幼，我将女儿许配给你，希望你好好待我儿子，等他长大成人，帮助他成家立业吧。"陈绍伦考虑一番后，决定留在蓝田新村生活，迎娶其女儿并照顾弟弟，文姓夫妇对此回复十分满意。出人意料的是，女儿早已对陈绍伦暗生情愫，亦毫不犹豫答应了婚事。陈绍伦与文氏女儿拜堂成亲，两人相敬如宾，白头到老。同时，陈绍伦兑现了承诺，将妻弟抚养成人，助其成家立业。村中陈、文两姓族人和睦相处，情同手足。

陈氏祠堂历尽风雨沧桑

自陈绍伦迁入蓝田新村，陈姓经过数代发展繁衍，形成达章公和奇章公两房族人。陈姓族人最先集资筹建了陈氏宗祠一座，用以供奉和祭祀祖先牌位、瞻仰祖先。

清嘉庆年间，陈奇章、陈达章两房族人先后兴建起奇章陈公祠和达章陈公祠，以纪念陈奇章和陈达章两位先祖。清宣统年间，陈奇章房族人在达章陈公祠南侧，建起了同样精美的巨声家塾，陈巨声是陈奇章的后代。过去，村中几座祠堂是族人商议族事的地方，也是族人举办红白大事的场所，也曾作为学堂校舍。抗日战争时期，它们曾遭受到日军的不同程度破坏，外墙青砖被挖走，或木梁架被移走，或被轰炸毁坏部分建筑。20世纪60年代，部分祠堂被推倒破坏，或改建成其他场所，或弃置荒废。村内的几座祠堂历经岁月的洗礼，陈氏宗祠在中华人民共和国成立前已湮灭。奇章陈公祠现仅存门额，村人已经记不起何时被毁，门额放置在达章陈公祠门前。巨声家塾在土改时划归私人所用，内部和后堂已进行改建，仅剩前面部分为原来建筑结构。如今，200多年过去了，达章陈公祠仍保存得较为完整，见证着历史的变迁。

达章陈公祠，坐西朝东，祠堂内厅、堂共三间两进，建筑极具岭南祠堂的建筑特点。门前空地视野开阔，平日作为村民农具堆放地、农产品晾晒场之用。整体建筑为镬耳封火山墙，屋顶采用灰塑龙船脊装饰。碌灰筒瓦，青砖墙，祠堂外墙的墙基是粗大的花岗岩石条，建筑风格古色古香。

走近公祠，见到大门上嵌花岗岩门夹，石门额阴刻"达章陈公祠"，上款刻"嘉庆十一年仲冬吉日"，下款刻"曾孙仝立"。跨两步花岗岩步阶，走到公祠前廊，地面铺设花岗岩石板。祠堂头门面阔三间，进深两间，两根石前檐柱。大门两侧分别放置一块门枕石，前廊梁架雕刻戏曲人物、花鸟等纹饰，由于瓦面渗漏，导致部分梁架受潮发霉。封檐板木雕花鸟鱼虫、瑞兽、人物等纹饰，因多年饱受风雨侵蚀，已破损严重。墙楣上绘有壁画，有山水、花草等彩画，多年未进行修葺，以致壁画已渐渐褪色，加上被粉刷较厚的石灰水，如今大多壁画已模糊不清。

走进祠堂，祠内地面以铺设粉红色耐磨砖为主，天井铺设水泥地面。后堂前带两廊，面阔三间，左廊为八架卷棚顶，人字顶。左廊加砌灶台，作为村民喜庆宴席时的临时厨房。右廊原为八架卷棚顶，后改建为九架，人字顶。两廊相对，各有两根石柱子支撑，对称排列。后堂面阔三间，进深两间。设有陈氏祖先神位，神位上方悬挂该村陈氏堂号"浤本堂""珠玑苗裔源流远；佛山金馀素德房"牌匾。该公祠现作为村民喜庆宴席之用，为族人聚集的主要场所之一。达章陈公祠规格标准，结构完整，气势恢宏，年代久远，深藏丰厚的艺术气息，具有很高的文物价值。

同心协力建美丽村庄

陈炎培老人讲到新村以往的规划布局，和现在比起来，从前的新村面积相对较小，建筑范围在如今水塘一带，村庄面向东北，村中建筑呈棋盘状排列，西南面背靠一座小山岭，村面处就是村中半月形的水塘。为了保证村中安全，村民为新村建起了一堵围墙，高约四米，厚达半米，自北面的村头起，绕过村前的水塘，至南面的村尾结束。同时，在村头和村尾各有一座炮楼，高约七米，常年有更夫看守。正面是坚固的围墙，背面是易守难攻的小山岭，一道坚固的防线就这样围绕着村庄建立起来了。

为了能更好地发挥围墙的防御作用，新村陈姓村民在建设围墙时加入了巧妙的设计。通过对地形地势的合理利用，围墙内外出现了较大的高度差，墙外地势较低，想要攻入墙内就要翻越四米的高墙，墙内地势较高，高约一米的内墙为村民提供了良好的观察视野。在墙体上开有若干方形小窗，既可作为瞭望孔，又可作为射击孔。这样的设计，人为制造出了居高临下，易守难攻的地形，不单能防止劫匪、贼寇进村犯事，同时还方便村人观察村外情况。高墙与水塘间是一条宽约三米的乡道，沿着高墙内侧延伸，连接南、北面两座炮楼。旧时村里父老们立下了条约，这条乡道仅供本村人进出，外村人不得行经。整体来看，旧时蓝田新村布局统一、守卫森严。尽管如今高墙和两座炮楼已湮灭，但村庄的布局轮廓仍清晰可见。

达章陈公祠坐落在新村靠南处，从公祠沿着村面走到最北处，慢慢领略到古村的风采。由南至北有近十条古巷，巷宽约两米，巷深约120米，其中安和里、安宁里、仁厚里、仁和里、福和里、兴仁里、居仁里这七道古巷保存较为完整。古巷两侧的首座建筑，由南往北依次是巨声家塾、达章陈公祠、适颐别墅、岐周别墅、廖氏家塾、庆贤乡约、廷芳李公祠，坐西朝东，整齐而立。古巷的巷口处是青砖小门楼，两侧的民居向西面延伸增建，形成整齐有序的建筑群。整个建筑群规划严密、整齐排布、美观，极具古色古香的韵味。数百年过去了，村中的老人亦讲不出当年是谁取得功名，得以建成大大小小的镬耳屋、青砖屋，只知道大多房屋由陈姓族人所建。

陈氏族人经历世事变迁

相传,咸丰年间,蓝田新村有陈姓青年响应洪秀全起义运动。朝廷派兵到各地清查捉拿造反村民。某日,官兵追查到了蓝田新村,进村后肆意毁坏村民房屋,无情地踩踏庄稼。手无寸铁的村民无力反抗,只能眼睁睁地看着村中一大批青壮年被强行拖走,其中以陈姓的青年为主。

这些青年被押往村中一块空旷的耕地上,官兵以极其残忍的方式将他们就地处死。等待官兵撤退以后,村民立刻前往耕地,这些青年已经被残忍地杀害,面容已经分辨不清他们的身份。最后,只能在原处挖坑直接将他们的尸首埋葬在耕地里。现在村中有块面积约一亩的耕地,其中的一部分历年荒废弃置,多年无人在上面耕作,据说那里就是埋葬当年被杀青年的位置。弃置多年的耕地,如今已长满杂草。

据闻正是因为这场变故,导致陈氏男丁人数骤减,陈氏族人很多的房产都后继无人。于是他们陆续转卖房屋给同村的其他姓氏。据陈炎培老人称,适颐别墅卖给了廖姓,岐周别墅卖给了文姓,其余的卖给了李姓、罗姓,现仅剩达章陈公祠邻近的几条古巷范围内的房屋仍属于陈氏族人。

蓝田陈氏源自佛山金鱼素德房

根据村中老人讲述,陈氏绍伦公祖籍佛山金鱼堂,并且祠堂内部悬挂有"珠玑苗裔源流远,佛山金馀素德房"文字牌匾。笔者结合以上两点信息,在《南海金鱼堂陈氏族谱》上面找到蓝田

节孝牌坊

新村陈氏始迁祖的相关资料，得以证实陈氏确实由佛山金鱼堂（清代属南海）迁入。

据族谱记载，陈氏始祖陈世卿，字光远，号裕堂，别号垂万，南剑州沙县（今福建省南平）人。宋雍熙二年（985）考中进士。陈世卿先任衡州推官，后任东州节度推官。宋景德元年（1004），任建州（今建瓯）知州。不久，升为福建转运使，出任广州知州。终年64岁。陈世卿有五子，分别是陈俨、陈侃、陈卫、陈俌、陈录。他的儿子陈俌（1015—1086），字君举，号徽如，治平三年（1066）任惠州知州，晚年以奉政大夫告老辞官，生有一子，名陈瑾。

陈世卿的第六世陈慎迁居南雄。到了元朝，陈氏族人迁佛山开庄。据族谱记载，佛山金鱼堂始迁祖为陈君德，字子文，别号颖川居士，官至国子监学录，元泰定四年（1327）迁居南海季华乡之田边，地设金鱼堂。在现今的佛山田边坊金鱼堂，建金鱼堂讲学。陈君德是陈瑾的第五代后人，其后代分成了素德、静恒、友竹、税寿、廷芳等房。

蓝田新村陈氏始祖、佛山金鱼堂九世祖陈原芝（1571—1617），配文氏（1574—1617），迁居蓝田村建立宗祠。蓝田村陈氏为佛山金鱼堂素德房分支，陈君德的后裔陈绍伦由佛山金鱼堂迁居蓝田新村，迎娶了文氏为妻，陈氏后人为陈绍伦建成宗祠一座。

古村落见新面貌

——记蓝田村廷芳李公祠

◎范剑峰

蓝田，位于赤坭西南部，村名的由来有两种说法：一说村子四周的土地广阔，被田地包围着，故名；二说因地势低，屡遭洪水，有烂田之称，谐音为"蓝田"。蓝田村面积约15.6平方公里，是广东省第四批古村落，下属有蓝田、中洞、城地、新村、大房、晚房、石九、元岭仔、石湾头、黎屋、刁屋十多个自然村。

廷芳李公祠

母子同心　开基烂田

相传在明朝后期，李姓太公携妻带儿自从化县赶鸭来到蓝田，当时周围水浸，一片茫茫烂田，太公认为不适合居住，加上又舍不得从化产业，后来他迁回了从化。但李氏太婆温氏却不这么认为，她认为有水正适合养鸭，考虑到在从化的家乡人多地少，于是下定决心与三个儿子收拾烂田，定居于此，后改"烂田"为"蓝田"。李氏太婆温氏去世后葬回从化。墓形名曰"宝鸭落池塘"。每逢清明，蓝田村李氏族人都会汇同从化李氏族人一起拜祭这位带领三个儿子开基蓝田的祖先李氏太婆温氏。

明末清初，李姓繁衍到第四、第五代人的时候，有三兄弟从蓝田迁出，其中，李云仕迁入新村，李腾仕、李柱仕由蓝田迁居于狮子岭脚（地名）。狮子岭形似蜈蚣，当地方言称蜈蚣为"百缩"，意为"人满一百就缩小"，寓意不祥，于是狮子岭脚这一支另觅新址，1960年迁入城地自然村。

祠堂概貌　旗杆石夹之谜

廷芳李公祠始建年代不详，清光绪二十年（1894）重修。2008年5月，被公布为广州市花都区登记保护文物单位，现保存尚算完好。祠堂坐西朝东，背靠中洞岭、高八丈两山，前面视野开阔，有白坭河流经，因此也叫"两金降水"地形。

祠堂门前有灰砂硬底小广场，广场前面有一池塘，三间两进，占地面积300多平方米。建筑为人字封火山墙，灰塑博古脊，碌灰筒瓦，青砖石脚墙，方砖铺地。大门嵌花岗岩门夹，石门额明刻"廷芳李公祠"，左边阴刻"甲午季秋重修"，右边阴刻"光绪二十年……"，后面的字已被破坏，分辨不出是什么字了。大字上面有福禄寿、花鸟百兽彩绘图和书法古诗词。

大门前檐次间设花岗岩石虾公梁、狮形斗拱、雀替。一进大门，前堂石前檐柱，台基前设四级石阶，红色木门屏风，屏风已被破坏，只留门架中空。天井分别由两廊过道连接，面阔三间，青砖拱门，条形大理石铺地。天井两旁以方砖铺地，中间用花岗岩条石硬化，左右两孔排水。

进入祠堂后殿，不见神龛，有一张八仙桌立于中间，有烟熏拜祭的痕迹，堂

廊门顶部灰塑

中四木柱花岗岩石脚,台基高半米,前设五级石阶延至天井。

廷芳李公祠门前有一灰砂硬底小广场,小广场用条形大理石镶边。其中一条形大理石位于广场右沿,阴刻着"光绪丙子科,中式第二百五十五名举人,李某某立"(名字模糊不清),中式上面的字已破损,很显然这是一块旗杆石夹。关于这块旗杆石夹众说纷纭,有说是本族子弟高中举人,有说是邻村李姓高中举人,有说是三水李姓高中举人,也有说是从化同门李姓高中举人,但因名字模糊不清,无史考究,一时成谜。

❀ 古屋林立　古道纵横 ❀

蓝田新村古屋屹立,古道纵横,2014年,蓝田新村被评为广东省第四批古村落,其古建筑群主要为蓝田新村南、北两端从达章陈公祠到廷芳李公祠连接的古建筑群。

古村落坐西向东,平面布局呈梳式,故称"古巷如梳",占地面积约六万平方米。两祠堂中间为十列九里民居及家塾等古建筑,各以青云巷相隔,整齐划一,每条巷道入口以大理石铺设,每条巷道上署巷名。从南到北分别是:安和里、安宁里、仁厚里、仁和里、中和里、德和里、福和里、兴和里、居仁里。巷名表达了村民对美好生活的向往和祝愿,也道出了旧时蓝田村淳朴祥和的村风村貌,古巷四通八达,畅通整个建筑群。

建筑样式多为青砖屋,祠堂前面皆为灰砂硬底广场,条形大理石隔边,方砖盖面暗渠;祠堂后面是村民民居群,各列民居单体建筑前后相连,有民居约100座,与祠堂构成一组规模庞大的古建筑群,古建筑群整体肌理保存尚完整。

廖氏家塾,始建年代不详。三间两进,建筑占地175平方米。硬山顶,灰筒瓦,青砖墙,红混阶砖铺地。庆贤乡约,始建年代不详。一偏一正,建筑占地103平方米。硬山顶,碌灰筒瓦,青砖墙,红砂岩石脚,红泥阶砖铺地。岐周别墅始建年代不详。三间两廊,占地162平方米,硬

壁画《渔樵耕读》

山顶、碌灰筒瓦、青砖墙，花岗岩石脚、红泥阶砖铺地。众人厅，一间两进，建筑占地42平方米。硬山顶、碌灰筒瓦、青砖墙、红泥阶砖铺地。这些不知建于何年的古建筑，静静地矗立在这片土地，承载着几百年的历史。

据传村中曾有北帝庙、新溪庙，都在中华人民共和国成立后被拆毁。村民信仰北帝，农历正月十五，元宵节当天，村中男子会抬着北帝（菩萨）游灯，妇女则制作花、树等手工艺品，并供奉三牲礼品拜菩萨祈福，酬神还愿，祈求平安。而村里每隔三年会从农历十一月初十开始，在新溪庙举办"打醮"活动，活动维持一周。打醮是过去道士设坛为人做法事，求福禳灾的一种活动。冬天到了，农事也暂告一段落了，农民们为了感谢神灵带来一年的收获，祈求上苍保佑来年风调雨顺、五谷丰登，各种祭祀活动会在农村上演，以此来消灾免难、祈求上苍的赐福与庇佑。

古村民俗旧事

要说蓝田村的风俗不得不说春节前的"拜塘"，蓝田村民依水而居，靠水而活，他们是靠养鸭起家的，村里周围尽是河流水塘，可不能让村中小孩成为"旱鸭子"，为了保佑村中小孩子平安健康成长，春节前，村中小孩要在水塘边上的石级进行"拜塘"，祈求水神保佑，这独特的风俗，是蓝田村民难忘的历史印记。

元宵节投灯、游灯。农历正月十五，元宵节的当天，村中男子会抬着北帝（菩萨）游灯，村内还会举办投灯活动，祈求投得好彩头。每年村中如果有人家里添了男丁，还会在初七至十六期间选个吉日摆"起灯酒"，在祠堂内挂超花灯，叫开灯，寓意添丁。

端午节"洗龙舟水"。因村中多水，农历五月初五，蓝田村有"扒龙舟"的习俗，村民还会带小孩子到河里游泳，称为"洗龙舟水"，洗了龙舟水，来年就不会生疮疥。

李氏族人有善良纯朴的家风、勤劳勇敢的家训，蓝田村的李姓后人人才辈出，荣耀门庭。据村中老人口述，李氏后人中有不少是政界、商界、文化界的杰出人物。李国威，新加坡华侨，民国二十一年（1932）出生于蓝田新村，幼年随父母往新加坡。他1965年开始在新加坡经营猪肠粉，业务扩大后创办威记食品公司。1968年，参加新加坡花县会馆，担任总务。1975年，当选新加坡花县会馆理事长，并参加新加坡广肇惠十六县会馆工作，随后蝉联多届花县会馆理事长。李国威曾多次组团回乡参观访问，并发动捐款支持家乡敬老院的兴修，筹集教学基金，捐资建设赤坭村小学、莲塘小学。

村里人津津乐道的还有李海明、李海昌、李海军三兄弟。这三兄弟从小到香港打拼，经营珠宝生意，靠自己的聪明才智和踏实肯干创办了"港丽珠宝"，生意蒸蒸日上，名扬海内外，李氏兄弟现为"六福珠宝"花都代理。李氏三兄弟热心家乡公益，多次为家乡建设捐款捐物，深受乡民好评和赞许。载入蓝田村史册的还有李荣彬，抗美援朝志愿军战士；李志芬，抗日志士；李千芬，随军记者；李子诵，香港文汇报前社长，李海昌在20世纪90年代还拜访过他。

明朝风韵在西陲

——记东升村钟氏大宗祠

◎ 郭利群

在赤坭西北部,有一个村位于清远、三水、花都的交会处,它就是东升村。东升村有钟、陈、宋、阮、叶、潘、曾等十几个姓氏,其中钟姓人口较多,建有钟氏大宗祠。

钟氏大宗祠的始建时间难以考究,没有确切的资料证明。但从族中考取进士的年份以及相关资料显示,大概始建于明末时期,至今已有三四百年历史。

钟氏大宗祠

明朝宗祠风韵存

花都区目前保留下来的祠堂，绝大部分建于清代，明代风格的祠堂相对难得，而东升村的钟氏大宗祠就是一座有着明代风格的殿堂式祠堂。它主体面积480平方米，坐东朝西，祠堂前有一大地坪。该祠堂历经风雨，至今仍然保持着较好的原始风貌。

堂号"思诚堂"

东升村的钟氏大宗祠有三进，保持原本的基本架构，石柱石雕完好，青砖筒瓦，没有上灰贴片，有古香古色的风格，但经久风化，其壁画和诗文依稀难辨。据族中老人了解，该祠堂在"文革"时期曾遭破坏，祠堂内的牌匾、对联、屏风等被拆，祠内曾高悬明清时期的"进士""翰林院编修""旨赏戴蓝翎"牌匾，都不见踪影，包括一些祠堂构件，如石旗杆、博古脊、柱子等，都遭到破坏。第一进的博古脊是后来修复的，大门牌匾的"钟氏大宗祠"木匾亦是后来补上去，未有落款，不知道年月。在1966年，该祠堂差点被拆毁，好在族中有识之士聚集族人冒死力阻，才免于一劫。

在历史的长流中，东升村钟氏大宗祠扮演了多种角色，也见证了时代潮流的发展。该祠堂曾在抗日时期作为花县第十一战时小学，中华人民共和国成立后，还曾作为东升小学和乡政府办公场所，办过鞋厂，做过仓库。如今，在祠堂的墙上，当年的标语和口号依然清晰可辨，如："教育为无产阶级政治服务，教育与生产劳动相结合。"祠堂里摆放着不少桌椅、餐具，每年重大节日、祭祖、族人婚嫁喜庆和聚会等，还在祠堂进行。

祠堂里的神龛一般在后堂，但东升村钟氏大宗祠的神龛却在第二进，与第三进有一堵墙隔开。据族人说，该祠堂曾经被一分为二。中华人民共和国成立之初，东升村的钟氏分在一队和二队，钟氏大宗祠的第一、第二进分给人数较多的一队，第三进分给二队的钟氏族人，用作集体仓库存放物品。后来，钟氏大宗祠合二为一，同属于东升村的钟氏族人，但因过去老人去世后摆放后堂，年轻人守灵会害怕，所以仍保留第二进的墙，神龛也留在第二进。族人说，这几年来，热心人士每年筹钱修葺祠堂，虽资金不多，但尽能力维护这座聚集宗亲之情的归属地，也准备将神龛复原到后祠，拆除曾作为分界线的高墙。

祖先意气守约开基东升村

东边村钟氏开基祖是炭步塱头村钟氏十四世钟贵卿，于明朝弘治十七年（1504）举族迁到东升村，据说当时一起从塱头迁到东升村的还有曾氏。东升村钟氏的旧族谱已丢失，但在塱头村的

祠堂内景

黄氏族谱中，可以查证当年钟氏外迁的证据，其中还有一段故事。

塱头村黄氏族谱资料显示，北宋时期，塱头村即有少数人居住，黄氏经风水先生指点，在塱头购地落脚。塱头钟氏开基祖钟瑞莹是在南宋初从江西到塱溪头开基的。到钟氏十四世钟贵卿，族人传言，他秉承塱头钟氏开基祖的优良品德，勤劳忠厚、是非分明、与人为善。同村人黄皞有七个儿子，五个中了举人，钟贵卿敬佩黄氏教子有方，他遵守黄皞儿子中举，他就举家搬迁的承诺，而且把搬不动的钟洞岭送给黄氏所有，钟洞岭后来改名黄洞岭，塱头村现仍有钟氏和黄氏的相关地契资料。

据说当时黄氏曾极力相劝钟氏，大家都是同村几代亲戚，过去讲的话不要较真。但钟贵卿认为做人要讲诚信，言出必行，不能出尔反尔。同村的曾氏兄弟一支和钟氏一起迁到东升村，一支迁到田头村。因此，塱头村十四世钟贵卿成为东升村的钟氏开基祖。迁往东升村时，他约五十岁，儿子已成婚。他们去的东升村，最先是由阮氏开基，比钟氏早几十年，后来越来越多姓氏迁入，钟氏逐渐发展，也成为东升村较有名望的大族，常住村的约有300人。每年的祭祖、投灯等集体活动，外出的钟氏族人都回到村里，欢聚一堂，气势浩大。

明清两朝进士成谜

古时修建祠堂有严格的制度，据说一般民间的祠堂只能建一进或二进规模，如有在朝廷做大官的才可以建三进祠堂。根据资料记载，东升村钟氏八世祖钟镇于明朝崇祯十五年壬午科（1642）考取赐特用出身第十九名进士，并在朝廷刑部河南清吏司任职，妣骆氏封四品夫人，因此东升村可以修建三进钟氏大宗祠。

据东升村钟氏族人提供的资料显示，他们族中有明朝的钟镇考取进士，自编的族史里有"东方日照清远三水花县边；岭下深藏明清两朝进士村"的对联。但在其他地方关于东升村钟氏两朝三名进士的证据难以寻找。特别是祠堂中已没有关于进士的牌匾或旗杆石之类的痕迹。

据族中老人说，在钟氏大祠堂前原有一副刻有钟国华名字的旗杆石，古时过路官员骑马经过都要下马步行经过，以示敬重。在"破四旧"时，旗杆石遭破坏，后来邻村珊瑚村修水塘时，有人见过一块刻有"钟国华"字样的旗杆石碑，因钟氏族人没有及时搬回那块石碑，旗杆石被用于修水渠，以致最后的实物被埋没。

相传，钟国华在光绪元年（1875）辞官荣归，但在归途中遇海盗抢掠，幸好装在陶棺材内的钱财没有被抢去，得以把多年的积蓄带回家乡。钟国华荣归故里后，斥资购回"界石"数百件供全村使用，并协助族人打官司把铜鼓潭水库的所有权收回。钟国华病故后有官服和两串朝珠同时入殓，并以丝绸、防腐物裹身，用上好的棺木加涂料、螺丝紧固封密，以致到起骨时遗体保存完好，便重新入殓。第二次起骨后，装入特制的绿色彩釉金塔，塔铭是专门烧制凸出的文字，百年过后仍保存完好，墓地在村后山。据说陶棺已作为文物送区博物馆收藏，钟国华的故居也于2008年被公布为花都区登记保护文物单位，其人也被《赤坭镇志》（1992年）列入"知名人士"。

惨遭日寇肆虐侵杀

东升村虽处于花都边村，作为花都、三水、清远三地交界处，在抗日时期曾惨遭日军的侵害。

1938年，广州沦陷，日寇不断进犯花县，梯面、白坭、三水芦苞成为北面的封锁线。1943年，东边村后的大岭脚一带均有日寇驻守，日军飞机不断向县内疯狂轰炸。白坭、国泰两圩也遭难，不少村民逃亡到外地。

1943年春节，国民党军和日军开战，经过东升村后山后退至三水县。农历正月初十晚上，日军进犯东边村。顿时，村民人心惶惶，有的村民赶紧逃至三水等地避难，有些来不及逃走的，便集中挤在一间旧屋里躲避。第二天刚天亮，日军破墙进巷，各家各户抄家。家禽被掠走，粮食被掏空。

日军抓了几个村民拖到钟氏大宗祠前的水塘边，双脚绑住，将头倒放塘里灌水，灌够了水又拉上来，用木板压住腹部，指使人站到木板上，硬把肚子里的水压出来，三番几次。其中钟炽深被折腾致死，还被淋上煤油烧成炭。其幼弟钟炽亨不忍目睹亲兄被残害，愤怒向前阻拦，也

柱础

被日军以同样手段残杀。被拉出去的人中，只有钟鉴方、钟洪光捡回一条命，这些都是日军侵华罪行的铁证。

日军在东升村烧杀抢掠，还强拉村民去劳役，稍有力气的男女被迫帮日寇搬运物资去新街、银盏，每天摸黑才回村里。钟泽林等五人才十多岁，被强迫随军挑物资去英德琶江。村民受尽折磨，许多人染上了痢疾、疥疮。

据族中的老一辈人回忆，抗战前东升村钟姓男丁有160多人，抗战后只剩下80多人。

秉承家风人才出

东升村的钟氏具有积极上进和重视教育的优良传统，东升村钟氏大宗祠内曾悬挂"重农桑以足衣食""子孙虽愚，经书不可不读"等训言。在近现代，也出现了一些重要人物。

钟汝琳和父亲钟伟振父子是东升村钟氏族人中较为突出的人物。生于1857年的钟汝琳读完私塾后曾放过牛，被人戏称"羊牯头"，他对亲人染上的赌博恶习无可奈何，于是放弃了父亲创置的田产和白坭圩的药店，带着一条扁担两只布袋，只身到广州走上自力更生的道路。他曾经在广州做过挑夫、收买佬，因吃苦耐劳被皮鞋店老板看上收作学徒，后经人指点去连州谋生。

钟汝琳到连州后，自强不息，白手起家先从学徒做起，后参股、摆摊、走圩，再到开店，经过多年的艰苦奋斗，于清宣统二年（1910）在连州开了振兴书局，其生意越做越大，不仅覆盖了县内各圩镇，还蔓延到本省以及湖南的一些县市。钟汝琳事业有成不忘祖恩，回村捐资在钟氏大宗祠旁建设汝琳书舍，又将钟氏"思诚堂"第二轮二十四世的辈序"家汝伟勋宏世德相承为大本；国治兴隆呈英才遂发振鸿猷"刻制成对联挂在祠堂。钟汝琳在饥荒时，给族人送去生活物资，被族人称赞。1929年，两广军阀混战，钟汝琳被桂军入屋惊吓，致病重不治，族人为他举办白羊大祭，现墓地在东升村大树坑。

钟伟振是钟汝琳第四子，生在连州。在连县中学毕业后，考取广州黄埔军校高级班。1928年毕业于第二期无线电科后，历任财政部驻广东无线电台主任、通讯部队团副、广东绥靖主任公署中校参谋、省政府战时通讯所技正。在抗日战争前后十三年中，经常夜以继日不辞辛劳保证通讯畅通。在频繁紧张的战事中，他带病在岗，难得一次请病假回连州休息，也要把电话装入住房保持工作状态，假期未满又提前归队。他积劳成疾，壮志未酬，为抗日奉献宝贵的青春和毕生精力，却没有看到抗日的胜利，于1944年在连州英年早逝，年仅38岁。他在弥留之际只留下一句话："勿忘黄埔出身。"一生廉洁奉公的他，逝世后差点没有棺木入殓，多亏街坊相助，出殡时得到当地军政文教商民各界人士和亲友200多人送葬，其墓于1987年迁回东升村。1992年，钟伟振被《赤坭镇志》列入"知名人士"。

现已80多岁高龄的钟裕生老人还在继续为东升村钟氏家族奔走，整理记录钟氏家族的历史。

日照中山紫气临

——记莲塘村钟氏宗祠

◎卢福汉

莲塘村，又称西莲塘、莲溪，位于赤坭镇西部的巴江九曲河畔，南临三水范湖，西接三水长岐，东邻鲤塘，北靠门口坑，管辖莲塘、陂塘、官坑、小迳四个自然村，村民有骆、卢、钟、甘等姓氏。该村已有600多年的历史，文化遗存非常丰富，祠堂高耸林立，走进村子如穿越时空，一种淡泊宁静之感顿生。本文介绍的是位于莲塘旧村的钟氏宗祠。

钟氏宗祠

村落环境

莲塘旧村以水为脉，周边镶嵌有九口水塘，以中间绿地似一块伸展的莲叶而得名。它位于巴江九曲河的上游，九曲河从村西穿境而过。据光绪五年（1879）本《广州府志》载："巴江水上通清远，下达石门，其水屈曲如'巴'字，故名。"此河从北江芦苞水闸分洪后，沿三水长岐进入花都，流经莲塘至白坭与国泰水汇合，其中九曲蜿蜒、风景最美的就在莲塘村。

莲塘村的东面是中洞山，又叫中洞岭，是花都西隅第二高山，属九连山余脉，从清远向南蜿蜒入境，东至巴江西岸的双对岗，西至官坑村，南至炭步大涡村，迂回起伏，势如游龙，主峰更是雄巍耸立、绝壑横空，与巴江河东的丫髻岭双峰拱卫、遥相对峙，蔚为壮观。

明代著名诗人王渐逵曾游中洞，写下《初访中洞山八咏》，其一咏为：

> 濛濛霏霭净游尘，语燕流莺次第新。
> 尊酒况逢寒食候，袷衣初试舞雩春。
> 云封石室巉巉巘，雾拥莲峰个个崃。
> 千载赤坭山下路，是谁曾此识清真。

"乌石幽奇"遗址

在《中洞山歌》中盛赞："中洞之山天下无，凌虚屹立东南隅。下通八极连蓬壶，罗浮并峙天柱孤……"

莲塘美景远近驰名，吸引了文人墨客的到来，评选出"莲塘四景"，即"平田石峙"（花县八景之"乌石幽奇"）、"营海三湾""迳水清幽""月影深潭"。诗人写下了赞美莲塘的诗句："啼莺两岸雨，归鹭一江烟。樵唱山山路，农歌处处田。"

姓氏源流

据钟姓村民所述，莲塘钟氏祖籍有二说，一说河南颍川，一说安徽凤阳。钟日立于唐咸通七年（866）任广州府郡守入粤，其子钟镔播迁南海大沥钟边村，钟镔的第七代孙钟幼卿（？—1394）于明初从大沥迁炭步立村，仍用"钟边"命名村庄。钟幼卿的儿子钟自求、钟自得于明洪武年间（1368—1398）一起到赤坭莲塘东社落籍，立村已经有600多年历史。

经过多年的繁衍生息，钟自求的后代逐渐向东拓展，迁居花东九湖村、花山豸边村、狮岭冯村等。而钟自得的后人则大多在莲塘、小迳守业，现今村里的"钟氏宗祠"就是钟自得的祠堂。

钟氏宗祠中堂的屏门两边刻着一副对联："始幼自永堂声卫淮兆国宇振应朝如文成贵广书；天开洪锡绍道本立严宜英才多继起大业可安居。"这是他们钟氏的字派辈分，"始"字是立村开始的意思，从"幼"至"居"，一共传承三十九代。

钟氏宗祠

钟氏宗祠始建于清道光二年（1822），分别于民国二十五年（1936）和1988年重修。坐东朝西，门口正对中洞山峰，选址与朝向非常讲究，谓日出先照，紫气东来。

祠堂始建时为三间两进，1936年村民将祠堂拆平，把后面的多棵老龙眼树砍倒，重新建成了现在三间三进的样子。主体建筑镬耳封火山墙，灰塑博古脊，碌灰筒瓦，青砖墙，花岗岩石脚。墙楣绘有壁画《洞里乾坤》《福自天来》《南山进士》《渔樵耕读》《秋景图》等，保存较好。

头门石门额上阴刻"钟氏宗祠"，上款刻"道光二年壬午"，下款刻"民国廿五年岁次丙子秋八月重建"。前廊梁架有灰塑彩绘，左右两侧内容分别为"北海降龙""南山伏虎"，落款为"民国丙子年"。

中堂前设廊轩，硬木金柱，屏门上悬挂堂号"永锡堂"。堂号出自《诗·大雅·既醉》："孝子不匮，永锡尔类。"意思是："孝顺的子子孙孙没有穷尽，上天会恩赐福祉给孝顺的人。"就是教育子孙后代要做一个孝顺的人，这样才会得到幸福。这与赤坭竹洞村邝氏大宗祠由骆秉章题写的"锡类堂"的寓意是一样的。

祠外院子地面用青砖铺砌，左侧衬祠和右侧院落的女儿墙上有水泥雕塑，落款为"民国廿五丙子年建筑"。

祠堂的头门屋檩与梁架、后堂金柱与梁架、两廊廊顶、衬祠院落的女儿墙等均为钢筋混凝土，当时

壁画《福自天来》

称为"士敏土",又叫"红毛泥",是非常时尚的建筑材料。祠堂与隔壁钟荣杰民宅和留香楼差不多同时期建造,都是中西合璧的建筑风格,民宅与楼房由钟荣杰、钟荣照兄弟建造,他们一个在上海经营华南袜厂,一个在泰国曼谷经营汽车运输。应该说,祠堂重建也是他们大力倡导与支持所为。

1938年10月,广州沦陷。11月起,日寇先后侵扰赤坭、白坭、国泰、莲塘、田心等地,沿途烧杀掳掠。1941年秋,日寇在中洞山下遭游击队伏击,日寇逃窜前在中洞山下射死无辜百姓30多人。1942年,日寇把广州外围封锁线扩展到赤坭、皇母、打鼓岭、中洞、新村、白坭大脚岭、鲤塘等村,封锁线严禁群众出入。钟氏宗祠的前廊门夹与留香楼被日寇炮弹击中,部分损坏。

集邮家钟笑炉

钟笑炉(1903—1976),原名钟六或钟流,又署垦牛,赤坭莲塘村人。中国著名集邮家、邮学家、邮商。18岁离乡到上海继承父业,在浙江路经营"广东袜厂"。36岁开始集邮,为了研究邮票,毅然转为邮商。他参加了当时国内最大的集邮组织——新光邮票会,并负责会刊的编辑发行工作。之后,创建"近代邮学研究社",开设"近代邮票商店"。他通过各种渠道搜集从辛亥革命到中华人民共和国成立前的国民党统治区、伪满区时期的各式各样邮票和实寄封。他是最先最有成效地搜集解放区邮票和邮讯的,经他搜集和转让给国内集邮家的解放区珍稀邮票不下千枚,至今已成为世界邮票中的珍品。他保存的邮票最丰富时达到80多部,种类数以万计。他是中国第一个致力于研究近代邮票,特别是研究解放区邮票最有成就的人,并被公认是研究中国近代邮票的权威。他曾任《新光邮票杂志》《近代邮刊》主编和主要撰稿人、上海市邮商大组长,编著《近代邮刊》,撰写《十年集邮回忆录》,编写《中国人民邮政票图案》。1981年,钟笑炉的遗藏由其家属捐献给上海市集邮协会;1988年,上海市钟笑炉集邮基金会成立,不定期举行拍卖钟笑炉邮品,用于发展上海集邮事业。

时移世易,事过境迁。莲塘村籍乡村振兴战略和美丽乡村建设的东风,积极开发"九曲画廊·巴江渔歌"乡村旅游项目,打造出地方特色旅游品牌。2014年,莲塘村获评广州市名镇名村,陂塘自然村获评广州市卫生村;2015年,莲塘村被中央政策研究室和农业部定为全国农村固定观察点,与鲤塘、蓝田三个村获评第三批广州市新农村示范片;2016年,莲塘村获评第五批广东省古村落、第三批广州市美丽乡村示范村;2017年,莲塘村与蓝田、鲤塘三村获评广东省新农村示范片。

漫步莲塘,远望翠峦横空的中洞山,近看九曲蜿蜒的巴江水,徘徊于庄严肃穆的祠堂前,踯躅于红墙青砖的正龙巷,伫立于浓阴蔽日的老榕树下,行走于绿意盎然的阡陌里,徜徉微波荡漾的水塘边,参与进热闹喜庆的民俗活动中……不经意间被浓浓的乡土气息陶醉了,一种泛着回甘的淡淡乡愁油然而生!

钟氏源长故事多

——记丰群村尧爵钟公祠

◎ 郭利群

尧爵钟公祠位于赤坭镇北部丰群村禾塘下自然村,据传建村时,村后有个晒谷场,以此得名。因缺乏历史资料记载,了解尧爵钟公祠以及其后裔历史发展情况具有一定难度,但从现有的物件和钟氏宗亲的介绍可以得知,其历史发展仍然很丰富。

尧爵钟公祠

阴差阳错迁祖墓

世居禾塘下自然村村民为钟姓,据《闻京钟公世系源流》记载,禾塘下钟姓入粤始祖钟壁(1229—?)迁广东长乐。钟闻京为十一世祖,有三子东元、集元、贞元,集元有二子德勋、德玉。十三世祖钟德玉随母亲从广东五华长乐迁狮岭官田上坝村建基立业,钟德玉有三子:尧发、尧怡、尧爵。

钟闻京之孙十三世祖钟德玉第三子钟尧爵在康熙年间(1662—1722)迁丰群禾塘下,是丰群村钟氏的开基祖。

禾塘下钟氏为客家民系,据钟氏族人口传,十一世祖钟闻京原葬于五华华城寮尧村,十二世祖亦葬于五华。狮岭镇义山村官田在1996年重建德玉公祠,上有石碑记载了这样一桩事件。十三世祖钟德勋、钟德玉两兄弟从五华迁到狮岭后开枝散叶。后来子孙曾想回五华迁十二世祖钟集元的骸骨到花县安葬,却错将十一世祖钟闻京的骸骨迁到花县,葬在赤坭集益水库附近,土名"簸箕窝",后来这块土地被征,钟闻京的墓地迁到义山村背后岭的"葛麻坑"水库附近。

钟尧爵,妻杨氏,有三子:斌生、瑞生、琳生。幼子琳生年幼夭折,没有后代。钟尧爵去世后葬于老鼠岗,亦是赤坭的"狮神岭"(土名),当地群众亦称此山为"城隍爷山"。光绪二十一年(1895)冬,花县首任知县王永名之墓迁葬于此,与钟尧爵墓相邻。1996年,因开发征地,钟尧爵之墓迁移到赤坭丰群村村背山岭,土名"禾坑口",地形为"天鹅铺地",并与妣杨氏合葬。

但这是否是钟尧爵之墓还有待考证。据钟氏族人说,在1996年迁移钟尧爵墓时,发现了金塔盖上有依稀可辨的文字,但文字不够清晰。于是他们将金塔盖带回了尧爵钟公祠,过了一段时间,不知道被谁拿去了。好在有族人将其拍照保存。后来,热心族人钟仲华花钱请专家辨认金塔盖上的文字,如下(□处模糊不清):

"□□罗氏(母姓氏)行三正禀阶(排第三)命生于正德十六年三月初八日寅时□□柱世六十三岁寿□□于万历十二年正月二十三日故次□□生男求得地一穴土名老鼠岗癸山丁酉□□于万历十三年岁次□□乙酉年□□□□由□□前有富星后有□□。"

钟氏族人一直以为此墓为开基祖钟尧爵的墓地,但从金塔盖的文字上看,这墓葬应该是一名罗姓女子的。从族谱上了解到,钟尧爵的父亲钟德玉妣罗氏,由此猜测,这会不会是错把钟尧爵母亲罗氏的墓地当作钟尧爵的呢?那钟尧爵的墓地又在哪里?还需后人去查证。

钟尧爵后裔约有400人,常住丰群村的有

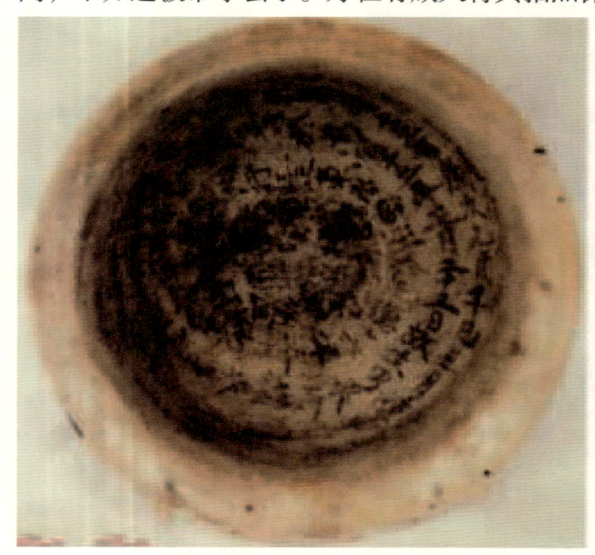

金塔盖上的文字

约200人，青壮年以外出务工为主。近年来，随着乡村振兴发展，村里投资环境越来越好，钟氏不少宗亲回乡发展。如今，钟德玉后代主要分支在义山村和丰群村禾塘下，每逢清明，两地钟氏兄弟一起先祭拜太公山，即钟闻京和钟德玉的墓地，再拜各自祖先，显示兄弟团结之情。

历经风雨春墙祠

据村民说，尧爵钟公祠是为钟尧爵而建，是钟尧爵在世时为自己而建，这有悖于活人在世不建祠的说法。研究者认为，应该是钟尧爵的后人为纪念祖先而建。

尧爵钟公祠始建年代不详，于1927年重修，主体建筑占地400多平方米，三间三进，坐东南向西北，人字封火山墙，碌灰筒瓦，灰塑博古脊，2008年5月被公布为广州市花都区登记保护文物单位。

尧爵钟公祠有与众不同的地方，其主要墙体是春墙。春墙是民间人家建房子的一种建筑方法，即用黄沙、石灰、红泥混合，甚至加上红糖等来春砌墙壁。春墙使用的土要经过搅拌，还要加入一些瓦片、禾秆草或小石头，使墙体坚硬牢固。再用大木槌打实夯实。尧爵钟公祠的春墙约有三米高，春墙需要大批劳动力，由此可见，当年修建尧爵钟公祠花了不少人力物力。

尧爵钟公祠是钟氏族人神圣的地方，但在20世纪"文革"期间，尧爵钟公祠也差点难逃被拆命运。有一天，有消息传来，说有干部带人来拆尧爵钟公祠。钟氏族人听后惶恐不已，相互通报。60多岁的退伍兵钟石泉听闻后，重新穿上军装，胸前挂满荣获的勋章，在尧爵钟公祠门口等候，直至社、县干部来到。

这时，祠堂前聚集了众多族人。钟石泉大义凛然地说："谁敢拆这座祠堂，除非我死了。"干部们愣了，一会儿反应过来，向老人立正敬礼，并与他握手问好。

钟石泉早年参加过国民党军队，后来投奔革命队伍，他跟着共产党转战南北，多次立功，如今退伍回乡，他不希望看到钟氏族人心中神圣的

祠堂门夹

殿堂被拆。为了保住祠堂，他说尧爵钟公祠是村里学生受教育和高级社的办公场所，如果拆了，孩子们没地方上学，高级社没地方办公。县社领导听后也觉得有道理。最后，尧爵钟公祠避免了被拆毁的命运，保留至今。当时尧爵钟公祠第一进为教师和高级农业生产合作社的办公室，第二、第三进作为学生教室。

在尧爵钟公祠旁的杂草丛里，有一块阳刻的尧爵钟公祠石刻牌匾。此牌匾字体比现在门额上的字小，据说是在民国重修时换下来，丢弃在祠堂旁边的。具体是什么原因要换，无从考究。据钟氏老者说，他们曾经有关于尧爵钟公祠和禾塘下钟氏发展的一些资料，但被人偷取，导致现在缺乏文字资料记载。

抗战时期，日军侵华给中国人民造成了巨大的伤害，禾塘下的钟氏也没能幸免。丰群村是个杂姓村，有钟、罗、吴、王、戴、李、巫等姓。有一次，日军收到消息，说村里有人私藏枪支。于是，日军在汉奸的带领下挨家挨户搜枪。村民钟汝林曾当过兵，家里有枪支，也被日本兵收走。他还被拉去给日本兵做工事，挑物品去清远银盏。白天，他和村中青壮年到中洞山上建炮楼、挖战壕，直到晚上才能回家。

有一次日军来到村里骚扰，村民害怕都往山上跑。30多岁的钟灶先落在最后。日军向他喊话，钟灶先更是拼命地向前跑，结果被日本兵开枪打死。其他姓氏的村民，有的被日本兵灌水致死，有的被打死，村民生活暗无天日，度日如年。

独特风土人情

钟氏族人过去有习武传统，练的是蔡李佛拳，还有舞狮、投灯等习俗，随着时代的发展，舞狮传统活动渐渐衰落，如今结合新时代发展，衍生出新的特色活动。

过去，尧爵钟公祠的投灯活动深受族人喜欢。每逢大年初十，族人组织将两盏点燃灯芯的花灯挂在祠堂，并不断添灯油，让其常亮不熄，直到正月十五晚，钟氏族人聚集尧爵钟公祠参加投灯活动。

那时候，尧爵钟公祠的投灯不是以金钱来竞投，而是鞭炮。看谁出的鞭炮多，花灯就归谁。除了投灯外，灯上贴的四张写满吉利语的红纸也是竞投内容之一。竞投开始后，首先投红纸，竞投完后再投花灯。竞投完毕后，便在祠堂把竞投所得的鞭炮全部烧完。到了子夜零点，狮队敲锣打鼓一路舞狮，把红纸和花灯送到投得者家中。投得红纸或花灯的族人还在家里准备生菜、红包等给狮队采青，场面非常热闹喜庆。收到红纸或花灯的父辈便把投得的红纸贴在家中或把花灯挂在家里，祈求添丁发财、平安如意。

"文革"时期，尧爵钟公祠的投灯习俗活动停止，直到2015年，钟氏热心族人钟仲华、钟永全、钟福华等人商议，恢复尧爵钟公祠的投灯活动，并与时俱进，添加了新的投灯内容。有长红，即一条三米多的红布，寓意红红火火；两条裤子，裤谐音"富"，寓意大富大贵；两盏花灯、一盘苹果、一盘发财就手（发菜焖猪手）。花灯亦是大年初十挂祠堂，直至正月十五投灯。钟氏族人都可以参与投灯活动，价高者得，所得费用由专门人管理，开支分明，用于祠堂修葺或宗族集体活动。2019年春节，禾塘下钟氏将投灯活动与外嫁女回娘家活动结合一起，受到了众多族人的积极参与。活动当天，族中年龄最老者，92岁的钟汝林给每位外嫁女派发利是红包，并送出美好祝福。

2018年，禾塘下钟氏族人决定，把尧爵钟公祠左侧的旧建筑拆除，修建衬祠，扩大尧爵钟公祠主体面积，同时改善卫生环境，对尧爵钟公祠进行修葺。这一决策得到了族中众多人的支持，大家出钱出力，2019年，尧爵钟公祠衬祠落成。

祖先有谷诒子孙

——记缠岗村罗氏大宗祠

◎卢福汉

　　罗氏大宗祠位于花都最西端的一个古村落——缠岗村，曾名缠冈塘村、缠冈村。该村与清远市交界，对于花都城区来说属偏僻之地，但这里却一直是南北交通咽喉要道，现西端有省道S114南北穿境，东则有美林湖大道南北贯通，南部有山前旅游大道、肇花高速公路东西贯通并设

罗氏大宗祠

出口，有村道连接广清公路等，交通更为便捷。它拥有得天独厚的生态资源，村西的乐排河（即国泰河）南北贯穿，东北群山耸峙，河湖环绕，美林湖和碧桂园与它为邻，正园生态园与宝桑园是它的后花园，村民在家门即可看得见绿水，望得见青山。

最美缠岗

缠岗村，曾名缠冈塘村、缠冈村、缠溪村等。它东连白石村，南邻白坭村，西接国泰村，北临清远市石角镇七星村，辖缠岗、瓦岭、新屋仔、鹤栖坜四个自然村，共12个经济社。缠岗是四个自然村中的大村，旧村立于三个高高的岗地上，四周是低洼的水塘与河涌，因河水缠绕高岗而故名，与瓦岭、新屋仔相邻，前有宽阔灵动的水塘为明堂，东西有乐排河与三坑水库滋养，后有三孖坜、鹅蛋岭、青龙岗三座山岗作拱卫，自然环境得天独厚。鹤栖坜位于缠岗村之南乐排河之东，因河边多鱼虾，水网洼地林木茂盛，成为鹤鹭理想的栖息之地，因先有鹤后立村而故名。缠岗村户籍人口约2300人。

缠岗古村主要是指现存大量古建筑的缠岗大村。它坐北朝南，因地形所致，平面布局不太规则，村面阔约300米，巷深约150米，建筑占地约3.5万平方米。村头更楼名"长庚门"，村尾更楼名"接源门"，两更楼相向峙立，村民进出必须通过更楼。村后原本也有一座更楼，三座更楼三足鼎立。周边有河涌环绕，像护城河般，颇具防御性。因此，罗氏太公虽然有钱，但立村以来没有发生过被土匪抢劫的事件。

村面建筑以宗祠、书舍和厅堂为主，现存较完整的建筑从西到东分别是长庚门更楼、敦本家塾、崇业书室、植兰书室、俊藩书室、世润罗公祠、世隆罗公祠、罗璿公祠、樵经书舍、修竹斋、罗氏大宗祠、诒谷别墅、接源门更楼等20多座。旧村古建筑群中民居约80座，建筑形式均为三间两廊，风格一致，排列规整。村中建筑的体量没有炭步塱头村和茶塘村的大气，然而在青山簇拥、绿水缠绕的映衬下，这里却显得精巧别致，美不胜收。

缠岗村祠堂群

村头村尾各有一棵数百年的风水榕。榕树高寿，孩童多与榕结谊上契，祈求快高长大，长命百岁；榕树子多，新郎喜欢采榕为"花"，希望开枝散叶，子嗣绵延；榕树根须多，倒插能生，繁衍力强，能独树成林；榕树高大，盘根错节，华盖撑天，堪称树王，能挡百煞，化解诸多不利，是广东名副其实的风水树。高大的古榕数百年来守护着缠岗村，留下了故人的足迹，迎来了更多的新生。

立村传说

据村中老人传，缠岗立村已经有500多年的历史。罗姓先祖自宋代来粤，先居南雄珠玑巷，后迁新会，再迁番禺。缠岗村罗姓的始祖名康养，是一名穿街过巷卖绒线的货郎，常年挑着担子"走四墟"，过的是居无定所的漂泊生活。后来，罗康养在禺北棠溪村（即现在的白云区新市镇棠溪村）做买卖时得人撮合，娶本村何氏女子为妻，从此落脚棠溪村。

罗康养生子罗暄，长大后接过父亲的挑担，仍然做卖绒线的生计，常思量住在母亲娘家不是长久之计，得另选福地繁衍生息，于是便在明朝中叶从棠溪村搬迁到现在缠岗村附近名叫择桂村的村子，后觉得此地也不宜长居，便萌生了另觅居处的念头。有一天，他挑着担子来到现在缠岗村大村的地方，看到这里有三个小山岗如鹿麟吐珠，颇具气势，有吉祥的气象，之后得人撮合，娶本村李氏女子为妻，于是以缠岗为根基，在此开枝散叶，世代繁衍。虽然经历了数十代人，但缠岗村人说话的口音跟棠溪村仍十分相似，如"缠"字不读qin4（前），而读jin6（贱）。更为神奇的是，缠岗村罗氏族人正是通过说话口音寻找回自己的根源，找到了始祖罗康养夫妇的墓葬。原来，缠岗村罗氏与棠溪何氏都知道与对方有亲戚关系，两村一直有来往，但具体情况不太清楚。有一次，罗氏族人应棠溪何氏宗亲邀约联谊聚福，相谈间觉得彼此口音十分相近，便聊起各自家世，罗氏只记得始祖名字，娶何氏为妻，葬在一个叫"麻林岭"的地方，棠溪村何氏也在族谱中印证了罗氏娶本村何氏为妻的记录，并帮忙在棠溪村麻林岭找到了罗康养夫妇的墓葬，两

重阳网鱼

民俗"分鱼"

村于是重新认亲,常来常往,情谊加固。为了方便族人祭祀,缠岗村罗氏于1988年把始祖罗康养夫妇合葬墓迁回缠岗村鹅蛋岭一风水宝地安葬,合葬墓在2010年被公布为花都区登记保护文物单位。

缠岗村前有一口宽阔灵动的大水塘,约有60亩,天光云影在水塘中任意徘徊,村子古拙的倒影美不胜收。村里还流传关于这口水塘的一个传说:炭步塱头村举人黄皞在云南当官,因开仓赈灾拯救黎民有功,得朝廷赏赐木鹅一只,放在家乡巴江河任其漂流三天,所到之处两岸土地尽归其所有。黄皞为官清廉,不忍多占田地,便暗中派一小孩,将木鹅偷偷推到巴江支流乐排河旁边的一口鱼塘里,而这口鱼塘正是现缠岗村罗氏大宗祠前的鱼塘,这口鱼塘也就成了塱头村黄家的产业。听村民传,之后鱼塘被炭步镇水口村任氏买了,缠岗村罗姓又从任氏手中买回,重阳太公分鱼这个习俗才得以传承至今。

有谷诒后

在缠岗村众多古建筑中,罗氏大宗祠位置最好、体量最大、工艺最精。它位于缠岗村的东侧,始建于清道光四年(1824),原为三间两进建筑,同治二年(1863)重修,民国十年(1921)年扩建成三进,1969年被拆改建成村的人民会堂,2007年新祠堂在原址开工重修,2009年农历八月初九落成重光。

罗氏大宗祠的堂号为"诒谷堂"。从字面上解释,"诒",通"贻",是赠予、送给、遗留等意思,如"神之吊矣,诒尔多福"。"谷",本意为庄稼和粮食的总称,又有美善、丰收的意思。在古代,丰收的日子就是美好的日子,因此常用"谷旦"作为吉日的代称。"诒谷",出自《诗经·鲁颂·有駜》:"自今以始,岁其有,君子有谷,诒孙子,于胥乐兮!"升华而取"诒谷"之义,意为"从今太平盛世,年年有好收成,祖先积善有福,福泽绵延世代,子孙乐享幸福。"

改革开放40年,花都大地发生翻天覆地的变化,缠岗村人过上幸福美好的生活。或许是历史的召唤,或许是文化的传承,或许是传统的回归,人们对祠堂被改建成村人民会堂之事一直耿耿于怀,祠堂除了头门的前廊保留原样外,其余已面目全非。因此,重修罗氏大宗祠是村民共同的愿望。2007年,村里罗氏族人组建了罗氏大宗祠重修理事会和筹款理事会,承担重修罗氏大宗祠的重任。所谓"聚沙成塔,集腋成裘",理事会很快筹集罗氏族人190多万元的捐款,凭借广府祠堂的特征和村里老人的记忆,遵循文物建筑"修旧如旧"的原则,光前裕后的祠堂重修工程于2009年吉日完工。

重修后的罗氏大宗祠美轮美奂。它保留了人字封火山墙、青砖墙、花岗岩石脚、灰塑博古脊、碌灰筒瓦等样貌,封檐板、虾公梁、石狮、斗拱、雀替、挑头等构件得到较好还原,石雕、木雕、砖雕、灰塑、壁画等装饰工艺异常精美,墙楣《三星拱照》等壁画和中堂悬挂的"诒谷堂"堂号尤其醒目:"佐国赞经猷铭鼎勋高长显耀;传薪承道统儒林望重善贻谋。"这副隽永的祠联罗列了罗氏十八传到四十一传的辈分,缅怀先贤,激励今人,启迪来者!

2009年八月初九,缠岗村罗氏宗亲会为罗氏大宗祠举行隆重的重光庆典,设筵千席,全国各地的宗亲约万人参加了庆典活动。2010年,该祠堂被公布为花都区登记保护文物单位。

崇文尚学

过去,当地乡村的一些大姓巨族,受儒家思想的影响,均以"耕读传家"作为维系家族和谐、保持宗支兴盛的传家宝典。耕,可以事稼穑,丰五谷,养家糊口,以立性命,是宗族生存繁衍的根本。读,可以知诗书,达礼义,修身养性,以立高德,是宗族兴旺发达的保障。一些开明的宗族非常注重对后代的培养和教育,而祠堂则是乡村启蒙教育的重要场所。因此,祠堂门联中最常用的是"耕读传家久;诗书继世长。"

旧时,花县流传有"东隅重财,西隅重才"之说,说是花都东隅的村族擅于商业经营,积攒了丰厚的财富,使后代免受贫寒之苦;而西隅的村族则重视人才培养,以教书立人,以诗礼传家。这个说法未免以偏概全,但确实反映了当时社会的状况,西隅的村落确实出现了不少以读书出名的氏族。例如,花县建县以来共出了八位进士,而西隅占了其六,赤坭黄沙塘村出了朱桂芳、朱珩、朱兆莘"公孙三代举人",赤坭佳锦山村出了宋廷桢、宋蔚谦"父子进士"和宋萱谦、宋维钊、宋士台"一门三杰",炭步塱头村黄氏出了"七子五登科,父子两乡贤"……缠岗

诒谷别墅

村虽然没有出现什么杰出人物，但是崇文尚学在本地区是出了名的。

过去，缠岗村是花都西隅一个大村，罗姓也是花都的名门望族。他们的先祖积累了庞大的公偿田产，生活比较富裕和安逸，因此少有离乡背井外出谋生的，本村海外华侨不多。而罗氏虽然生活安逸却不忘教育，在罗氏大宗祠左侧建了一所诒谷别墅，作为村中罗氏子弟读书教学之所，留下了百年的书香。

诒谷别墅建于清末民初，三间二进，为中西合璧风格建筑，建筑占地200平方米。主体建筑为砖木结构，后设有走廊式阁楼，次间高二层，木板间楼面。四周开有窗户，窗额上塑有拱形装饰。后墙设有五个拱形门，里面广泛采用拱形门装饰。两次间看墙上设有窗户，窗额上塑有四幅拱形灰塑装饰画。

据民国《花县志》载，光绪二十七年（1901）学堂逐渐得到推广，主要以私立为主，当时花县共有学堂19所，其中家族式私立学堂有花山小㘵村利氏、花山平山村刘氏和江氏、狮岭杨屋村杨氏、炭步水口村任氏、炭步石湖村汤氏、赤坭黄沙塘村朱氏及赤坭缠岗村罗氏。

学校最初称为"缠溪小学"，属私立初等小学，后改为第五区第一中心国民学校，清远、三水、连珠等村的子弟都来上学。1938年，花县政府因战乱迁到缠岗村隔壁的国泰村，稍后在缠岗村办起战时中学。中华人民共和国成立后，诒谷别墅一直作为缠岗小学校址，直到1984年学校搬到新校区，才结束了教学使命。

村中名人有罗伯煊。罗伯煊（1878—1945），清末民初文人。咸丰元年（1851）在籍刑部主事宋蔚谦奉谕在花县办团练，于白坭圩联平村设联平公所。咸丰四年（1854），花县知县张起鲲与宋蔚谦将全县分设六约，其中白坭为联平。咸丰五年（1855），张起鲲将各约改为"公局"，设立"河阳总局"，统辖各公局，其中有"联平公局"。光绪十三年（1887），6局析分为12局，联平仍存在。民国廿六年（1937），罗伯煊任白坭联平局局长。

古韵生辉

川流不息的乐排河见证了缠岗村的岁月更替，车水马龙的S114省道见证了缠岗村的沧海桑田，龙蟠虬结的老榕树见证了村民的生活变迁。

在传统农业主宰的年代，缠岗村以种植水稻、茶叶、水果等出名，而且占据了交通的优势，因而成为一个小有名气的村子。然而，107国道的通车使缠岗村成了偏僻之地，兼且传统农业的日渐式微，缠岗村似乎像它的古建筑般被世人淡忘了。然而，俗语说得好："三十年河东，三十年河西。"随着生态休闲农业和乡村旅游的方兴未艾，自然资源丰富和文化积淀深厚的缠岗村也重新受到人们的青睐。

所谓"梧桐树好，有凤来仪"，缠岗村的良好生态和便捷交通吸引了新生态农业旅游示范基地宝桑园与现代都市型农业项目正园生态园的青睐，村东北部与美林湖和碧桂园两大著名楼盘相

环谷别墅

邻,这里成为生态休闲旅游的热门景点,成为远离都市喧闹回归自然本色的理想之家。

近几年,缠岗村借助美丽乡村建设及古村落的评选活动,从村落的周边环境到基础设施都得到很大的提升。2006年11月,缠岗村被列为花都区17条古村落之一入选《广州市文物普查汇编·花都区卷》。2012年,缠岗村作为广州市美丽乡村建设试点村,大力推进"环境提升"工程。2014年9月,缠岗村名列第一批广东省传统村落。2015年3月,入选第四批广东省古村落,并在该村举行授牌仪式。同时,缠岗村先后获得了广州市卫生村、广州市文明示范村、广州市美丽乡村示范村和广州市名村等荣誉称号。

如今的缠岗村,基础设施逐渐完善,村容村貌不断改善,生态环境更加优美,经济繁荣稳步发展,村民生活越来越美好。走进缠岗村,现代文明与历史文化相互融合,古建筑群与美丽乡村交相辉映,构成了一幅和谐美丽的乡村画卷。

藏在深山的眷念

——记丰群村文炳罗公祠

◎邓静宜

丰群村位于花都的西部,地处偏僻。这里群山叠嶂,绿树环绕,一派养在深闺人未识的景象。然而,就在这相对偏僻的山坳里,却有一个花都罗姓一支族人的圣地,从这里走出的罗氏族人,无论走到哪里,回到家乡,都忘不了来到祠堂里的祖宗牌位前,点上一炷香,告慰祖先,这就是文炳罗公祠。

文炳罗公祠

购田置地　枝繁叶茂

文炳罗公祠位于赤坭镇丰群村的罗屋,在12个自然村中,罗姓是人数较多的一个姓氏,这一族人所居住的地方叫罗屋,顾名思义,罗姓是这里的单一姓氏。

屋脊陶塑"双龙戏珠"

康熙二十六年(1687),那时花县建县不久,荡平花山寇、百废待兴的花县亟须外来人口来此开荒耕种,大批客家人蜂拥而至。有钱的来此买地,有力的来此耕田,惠州紫金县紫城镇坪上村的一个罗氏家族也关注到了花县这个地方。罗氏家族早年从福建上杭转广东的兴宁暂住,后迁到惠州紫金县紫城镇坪上村长居。听闻三百里之外的花县建县正在大量招募乡民的消息,罗家在当地人丁兴旺,村里人多地少,生活逼仄,于是,罗良盛的四个儿子文儒、文选、文贤、文炳兄弟之子决定向外拓展。他们把目标选择新兴的花县,先投靠同族亲友。文炳之子宏龙于康熙二十六年(1687)在山羌坜寄居了多年后到狮岭芙蓉嶂泮塘定居,然后再迁居到花县赤坭枫林背高塱村建祠开业(现丰群村罗屋)。丰群是山区,人少地多,而且大部分是山地,一直从事生意的罗氏兄弟开始大量买地,请人看过风水后,将田心村门口到石坑村门口的地全部买下,不但在丰群村,连集益村都有他们的田产和山地。后来村里出了不肖子孙,滥赌成性,将这些地产输掉了不少。

由于几兄弟善于经营,家庭富裕,人口激增。老大文儒的后代分支在花都、四会、紫金和清远等地,花都有3000多人,分布在狮岭的旗岭;老二文选的后代分支四会和广州的白云区、花都区等,在花都约有5000人;老三文贤的后代在儒林村有1100人;老四罗文炳两代单传,到孙子罗仕有生了五个儿子。他的后代现有1100多人,在丰群村罗屋居住有500多人。狮岭镇中北部的罗洪祥村是个自然村,因立村始祖罗洪祥而得名,这里居住着200多罗氏子孙,还有清远太平镇塘仔尾居住有300多人。过去村里有一套很完善的族谱,每族一本,详细记载了罗氏各族的脉络。经历土改和"破四旧"后,族谱大部分被烧,现只剩一本,内有很多缺页,极不完整。

文炳罗公祠今昔

我们现在看到的文炳罗公祠是一幢三间两进的广府祠堂。此祠堂占地面积300多平方米,博古脊、琉璃瓦、虾公梁、石狮斗拱,挑头,石雕,墙楣上有花鸟图案,戏剧人物,大门镶嵌石门,阴刻"文炳罗公祠"旁边还有一列小字,只看得清庚寅年的字样,其他的模糊不清。村人说,祠堂重修后,这些字是原样搬上去的,没有任何更改。后堂有红木金柱,有供台,供奉着祖先的牌位。上方有"豫章永盛"匾牌。后墙两旁的对联是:"念昔先人由永安源发迹克勤克俭宗功祖德绵世泽;又启后我居高塱展舒基丕显承子孝肖孙贤继书香。"每条金柱上都有柱联,其中有两副柱联很好地诠释了丰群村罗氏一族的渊源脉络:"紫金移花安居落叶万年兴;文炳裔孙四代和谐丁才旺。""豫章世泽渊源上杭传递花都光前垂后千秋盛;文炳祖业开基赤坭瓜瓞绵延继往开来万代昌。"清晰地阐明了丰群罗氏发枝江西南昌,辗转福建上杭,迁徙广东兴宁、惠州紫金,生根花县的迁延脉络。

罗氏是客家人,却建了一座标准的广府祠堂。村里的族老告诉笔者,文炳罗公祠原来确实是客家祠堂,300多年来,由于战乱、祠堂几经重建,加上受广府人的影响,祠堂逐渐从客家祠堂演变成广府祠堂。最后这次重建是2014年,除了墙基没有变,天井处的几个台阶保留下来,其他全部重新翻建。在祠堂首进的右面墙上,有这座祠堂重建的简介:"是祠乃千四郎后裔十二世祖文炳公祠也。此始公原居广东兴宁县,后迁永安县。其子罗宏龙再移居花县山羌埔、泮塘、枫林背高塱村(现丰群村罗屋),后在花县赤坭枫林背高塱村建祠。"该祠堂简介说得很明白:"始建有简厅三进,两旁均为裔孙所住。"这间祠创建何年亦无可稽,只知道在清朝乙卯岁重修。每年清明日,合族祭祀。1964年,该祠堂被拆毁上厅及下厅两旁房屋,一直到1987年才由后人捐款重修了祠堂。后又在2010年,罗文炳一支的后人再一次集资捐款人民币70余万元,在原址重建了一座广府味浓郁的祠堂。新祠堂2011年落成,三间两进,有附祠,重安神座,气象焕然一新。祠堂建好后,村民们长舒一口气:"先祖之灵可安也。"祠堂的墙面上有文炳罗公祠重修功德芳名和捐款明细。

文炳罗公祠后面有个清朝道光年间建的有敏家塾,土改时这幢建筑分给私人,"文革"时期被拆得只剩两间。后来,村里人又通过集资捐款,在2015年重建了书院,目前这个有敏家塾是丰群村的第二文化室和老人活动中心。文炳罗公祠、有敏家塾,村里有专人管理,打扫卫生,逢年过节烧香,春节清明集体拜山。

祠堂里的风云

客家祠堂有一个很明显的特点,就是祠堂是住人的,而且不只住一家人,而是全族人都住在这里,类似客家围屋。凡是在客家人群居的地方,都有这种特征。这主要是长期以来,客家人恶

有敏家塾

劣的生存环境，养成了他们以求自保的心态，这也反映在建筑上。据丰群罗氏源流这句"始建有简厅三进，两旁均为裔孙所住"就足以说明，罗氏作为典型的客家人当然也不能例外。

过去的罗氏祠堂有"简厅三进"，村里老人说，其实就叫"五龙过脊"，除中间的厅堂议事外，其他的都为"裔孙所住"。每天大门一关，无人能进。然而，在清末民初兵荒马乱的年代，土匪猖獗，人人自危。村里就发生过一次土匪抢劫事件，造成罗氏"九尸十命"，此事被记载于花都地方史志。事件发生在1911年，血案是村里的内鬼勾结清远的土匪，里应外合一手制造的。据村里老人讲述，在土匪入村抢劫前，村里的内鬼已经摸清了各家各户村民家里的情况。那时候，村里的男丁大都外出打工，家里就留下老人和孩子。这天一大早，村里的一位老人外出放牛，突然发现村旁的芋头地里出现了不少人影，老人觉得来者不善，他立即返身想关大门，结果他被土匪发现。土匪开枪把老人打倒，然后用火把祠堂的门烧掉，强行直入。村民奋起反抗，村中有富户拿起枪与土匪发生激战，最后土匪抢走全村的耕牛十多头和财产，打死了九个村民，其中有一名是孕妇，所以被称作"九尸十命"。

20世纪50年代初，丰群村罗氏状告同村的吴某，吴某在中华人民共和国成立前是赤坭乡乡长、保安队队长和维护会会长，在抗战时期带过日本人来村里抢东西，后吴某被抓去劳改。

族人的生意经

客家人因生活所迫，不得不绞尽脑汁想尽办法改善生活。他们的吃苦耐劳是出了名的，纺织、各种食品加工是客家人的主要生活来源和发家渠道。即使在现在，各种漂亮的编织品、客家豆腐仍是家喻户晓的客家特色。

丰群村的罗屋人在经济建设方面当然也不落后，他们的生意经比起周边的邻里更是技高一筹。村里现在还有个地名叫"凉帽机房"，100多年前，罗屋人在这里开的织布作坊，已类似工厂。那时大户人家都有织布机，他们集中在这里生产客家人围裙和各种编织品，然后拿到市场上去卖，很受欢迎。机房约100平方米，有四个车间，每天机声作响，这个机房一直延续到中华人民共和国成立，现在70多岁的老人年幼时还见过他们的祖辈在厂房里劳作。

赤坭镇瑞岭村是著名的盆景之乡，而丰群罗氏后人种盆景更早，村里最早一批致富的人就是种盆景发家的。至今村里还有2000多亩盆景绿化地，几十户种盆景的农户，他们大多数人都是种绿化树盆景和木苗。在二十世纪七八十年代，丰群村的工业是整个镇发展得最好也是最旺的。在20世纪90年代，在城市大街上几乎所有的成年男士，腋下都会夹着一个公文包，这些公文包最早就是来源于丰群村皮革厂。后来织袋厂、皮革厂陆续被村镇收购。

丰群村还是全花都最早通水泥路的山区村，六公里水泥路，蜿蜒绵延，也是丰群村村民自己争取的。这条路除了500吨水泥由镇里出，其他工程款都是来自村民捐资。村民每人捐资100元、200元、300元不等，硬是把这条山区水泥路建了起来，打通了与外界的联系。

白手起家福绵长

——记乌石村邹氏大宗祠

◎ 欧政芳　倪西赟

乌石村地处赤坭镇东北部，位于培正大道路边，村有两条过境公路，属丘陵山岗地带，地缘优势较弱。下辖7个村民小组，户籍人口近2000人。邹氏大宗祠就位于该村沙泥坳邹屋自然村。

邹氏大宗祠

大宗祠概貌

邹氏大宗祠三间三进，占地面积约600平方米，石条垒基，青砖筑墙，黑瓦脊塑，雕梁画栋，恢宏气派，为花都邹姓族人共同敬宗睦族的大宗祠。

邹氏大宗祠门前有一个地坪，地坪前面是一个大水塘，水塘过去就是宽阔平坦的农田了，这里四季常绿，瓜果飘香。在宗祠大门的左侧，有一株两百多年的古榕树，还有一口古井，井水清澈见底，清甜可口，至今还能正常饮用。

邹氏大宗祠正门两侧有石墩，门外为花岗石地台，门的左右有厢房。进入二进，可看到花岗石铺设的天井，以及房顶的脊塑。在这里看整个祠堂，顿觉眼界开阔，气势恢宏。右边厢房的墙壁上，黑色的大理石碑用金字记录着兴建邹氏大宗祠的芳名榜和祠堂重建日期等信息。

第二进为议事中堂，红砖地台，后柱设有花格窗和屏风门。平时屏风关闭，祠外不能直接看到第三进的神龛。大祭时，屏风门才打开。中堂两边的墙壁上，挂着各地邹氏宗亲赠送的楹联牌匾和书法字画。整座祠堂建筑从低向高，循序渐进。金柱楹联表达了本族先人忠君爱国、孝亲睦邻、勤俭持家等事迹典故。墙上描绘着色彩鲜艳的壁画，寄托美好愿景，有"福禄寿""旭日东升""八仙宴寿""丰衣足食""天姬送子"等，充满了族人对幸福和美好生活的追求和向往。

第三进是后堂，是族人祭祀的地方。有联："祖德宗功千载盛；孙贤子孝万年长。"神台上供奉着邹门始高曾祖、十七世祖希鳌、十八世祖瑞吉、二十世祖荣翠四尊历代先祖的牌位。后堂的右边墙壁挂着始祖邹希尧像，左边墙壁挂着邹孟敬像。邹氏族人之所以将这些名人贤士尊为祖先，绝对不是攀高结贵，而是出于敬慕先贤，激励后人的良苦用心。

乌石村邹屋邹氏大宗祠的重建，是邹氏族人集资建成的。重建启动时间为2008年8月8日，由本村邹氏每户每人捐资700元，其余由各地邹氏、爱心人士捐赠，总投资100多万元，耗时两年多落成。2010年12月8日，汇集了花都邹氏宗亲团结力量的邹氏大宗祠终于落成，成为花都邹氏宗亲尊祖睦族文化的特殊载体。

乌石邹氏河源分支

在邹氏大宗祠的中堂，正中悬挂着"范阳堂"堂号。史传邹氏有一支从山东境内迁至范阳（河北省定兴县固城镇），西汉邹仲俊后裔在此发展成为望族，所以邹氏大多以"范阳"为堂号。在后堂的神龛旁，笔者看到这样一副对联："自河源由乐村分支；始开花邑到大坑村。"它记录了邹氏先祖迁徙过程，宗族发展的经过，是花都邹姓人的血脉密码。

花都乌石村邹氏发源自广东河源龙川，邹氏十七世祖邹希鳌自河源东源县蓝口乐村迁徙到花都的大坑村（今秀全街大㘵村）。邹希鳌生六子：瑞吉、瑞珧、瑞琯、瑞泰、瑞亨、瑞来，后来六子在花都开枝散叶。乌石村邹屋一世开基祖为邹希鳌长子邹瑞吉，他搬迁至赤坭乌石村邹屋定居，另一支系二十世邹荣翠由龙川田心镇迁徙至乌石村邹屋合居，至今约两百年历史，繁衍了十多代人。

邹姓字派，有五十六字，周而复始："尧甫仕原敬质习，筠荣彦惠延翼德。孔孟鳌瑞学文元，士志大成秉善仁。宏国立宗长拔萃，仰天厚赐显多珮。超扬傅胜永垂光，自有英奇万世昌。"邹姓的字派，含义深厚，既励志向上向善，教育后代，又涵括表达了邹氏先人的祖功祖德。通过字派，同宗同族的长幼辈分一目了然。

"青砖围"的记忆

除了邹氏大宗祠，这里过去还有一个人所共知的建筑——旧邹屋。这是一个典型的方形客家围屋建筑群，人们习惯称为"青砖围"。青砖围砖木结构，青瓦青砖墙，麻石条垒基，夯土围墙用石灰黄泥砂石麻石块为原料，厚两尺多，整个建筑群做工非常精细，布局严整。说起这个青砖围，人们还记忆犹新。

青砖围共有三十二间房屋，四个天井，其中左右横厅各九间房，后横排六间房；中间三间三进，是祭祀议事所在地。主体建筑有门楼、大厅、神楼、厢房，四角有炮楼，炮楼上面有炮眼，在抵御外来土匪入侵时，是最好的防御设施。门楼两边有旗杆石和一棵大榕树，祠堂前有水井，前面有月牙形大池塘。

青砖围在抗战时期被日军拆去部分青砖，用于修筑村后山上的炮楼。1961年青砖围开始坍塌，1970年全部塌毁。如今只剩古井、榕树和池塘。历经两百余年风霜岁月，榕树依然枝繁叶茂，郁郁葱葱。现在村的巷道里，还散落着青砖围的建筑材料，如完好的青砖、瓦片和方正的麻石，甚至在二十世纪七八十年代村民修建的房屋中，也能看见这些"优质建材"的身影。村中央那段及肩高的夯土

范阳堂

墙，是青砖围最后的残垣，是邹氏族人对"青砖围"保存的最后记忆，它向人们默默地展示着邹氏先人筚路蓝缕白手起家艰苦创业的故事。

邹氏祖先修建青砖围时才二十几人，能够建成如此大规模的大屋，靠的是团结一心，吃苦耐劳。邹屋人一直秉承客家人崇尚耕读传家，习武强身的优良传统，至今邹屋还有人会耍"邹家棍"。在二十世纪五六十年代，邹屋曾经出过多位功夫高手，在本村和外村教授邹家棍棍术。改革开放以前，邹屋人靠耕种为生，兼种番薯芋头等农作物卖。近年来，村委大力发展村级集体经济，村里拥有了五金厂、拉链厂、皮革厂、加油站、猪场、鱼塘、苗木场等，形成水田种植水稻、蔬菜、玉米、花生，鱼塘养殖四大家鱼的经济发展模式。

在20世纪40年代，有村民为躲避日军侵略，零零散散移民巴拿马、南洋、中国香港等地。其中一支族人卖掉家中肥沃的良田走到香港，买下一处荒山。消息传回家乡，于是邹屋就有了"卖良田买岭岗"的传说，后来这一支族人与邹屋族人失去联系。还有族人邹社金，他在战乱时期曾任国民党高要战舰副联机长，中华人民共和国成立前夕随部队去了台湾。20世纪90年代曾托狮岭同乡给邹屋族人带回口信，探问亲友情况，并告知族人他在台湾育有四子一女，退休后以养猪为生。

升灯活动有特色

邹屋如今有村民200多人，大部分村民在市区或狮岭居住，这些人多是从事手袋皮革行业而发家致富的，平时村中很安静，大多是上了年纪的留守老人，其他人只有节假日才回来。

春节期间的升灯和清明祭祖，是邹屋人的集体活动，在这两个重要的日子里，外出的都会不约而同回到村子里，共叙宗亲情谊。升灯，是邹屋村传统的喜庆活动。每年的正月初十，全村人都要在祠堂里举行隆重的升灯祭祀仪式，用鸡、肉、瓜果

起灯仪式

借"起灯"聚亲情

时鲜供奉祖宗，并在灯笼上写上新丁的名字。焚香时徐徐升挂到祠堂的梁上，禀告先人："添丁啦！"随后，锣鼓震天，爆竹声声，合族庆贺邹氏枝繁叶茂，丁财两旺。

升灯仪式结束后，全村人一起在祠堂用餐聚会，闲话家常。邹屋的升灯活动由来已久，自1978年改革开放以来至今，40多年来从没断过。刚开始筹办升灯活动时，收入口费5元，各家各出菜米油盐，出劳动力。如今族人通过勤劳致富，叔伯兄弟们乐于为升灯捐资助兴，运作资金由热心叔伯兄弟们赞助，升灯活动更是搞得热闹喜庆。

升灯宴席上众人享用的是大盆菜，有鹅、鸡、烧肉、鱼、茨菇、生菜、芹菜、米粉等，喝的是客家酿米酒。最特别的是，邹屋人用来斟酒的不是酒瓶，而是瓦酒煲。据村中老人说，这是客家人由来已久的习惯，酒煲的煲嘴寓意男丁的性征，至今沿用这一传统，古韵十足。每年隆重的升灯仪式，邹屋都会邀请花都各村和周边市区的邹姓宗亲参加。欢聚一堂的同时，也是邹姓族人沟通血缘亲情的最好时机。

善耕勤劳丰衣食

——记门口坑村柱万骆公祠和古建筑

◎ 汪 琳 欧政芳

门口坑村位于赤坭镇河西片区,东与鲤塘村毗邻,南与莲塘村连接,西连三水区,北依白坭村,九曲河从村西往村北蜿蜒流过,因而有"千重山护拱,九曲水来朝"的美誉。

柱万骆公祠

一张特殊的奖状

国务院颁发的奖状是村民的荣耀

门口坑坐东向西，背山面水，水泥钢筋结构的小楼房和青砖瓦房的古民居错杂罗列。砖瓦的古民居多置方形天井，讲究四水归堂，通风透气，典雅舒适；水泥钢筋的小楼房内外均用瓷砖装饰，讲究美观实用，华丽端庄。在绵延的山峦护拱之下，在九曲河水的围绕之中，聚气藏风的门口坑村小巷纵横，村容村貌整洁干净，处处鸟语花香。

门口坑村，原来又叫门溪村，户籍人口1158人，而长期居住在村却只有500余人，大多为老人和孩子，年轻人多数外出务工或经商。在改革开放以前，该村一直以种养业为主，这主要是由于地处九曲河冲积平原，土地肥沃，灌溉方便，长期以来，门口坑村一直是花都区乃至省市闻名的鱼米之乡。

在门口坑村委会的办公室里，墙上挂着许多荣誉证书和奖状，其中，一张镶嵌在镜框中的"国务院奖状"是门口坑村最高级别的荣誉，最有故事。这张奖状为淡黄色硬质纸张，长76厘米、宽53.5厘米，上部中间印有国徽。奖状的中部用繁体字写着"国务院奖状 奖给农业社会主义建设先进单位 广东省花县门口坑农业生产合作社"，落款为"总理"和手写体"周恩来"，日期为"一九五八年十二月"。

据村委会负责人介绍，中华人民共和国成立后，门口坑村的农业生产建设如火如荼，加上风调雨顺，土地肥沃，农业收成连年良好，渔业、稻谷一年两造均丰收，农副产品充足。1958年，村书记骆存森被花县选为代表，到北京参加全国农业社会主义建设先进单位代表大会，领回了这张由国务院颁发的"国务院奖状"。

近年来，门口坑村委会结合当地实际和自然条件，大力发展以种粉葛为龙头的农产品。由于门口坑村大部分土地适合粉葛的种植，门口坑的粉葛，因皮薄、粉质多、味甘甜而远近驰名，成为人们的手信之选。

骆氏源流追溯

据地情资料和村民叙述，骆柱万为门口坑骆氏开村始祖。门口坑村始建于清朝，距今约

300年。中华人民共和国成立前,村中只有骆姓村民,现在还有霍、张、余、黄、徐等姓氏。

如今村内居住的骆姓为主要姓氏,300余人。据《骆氏族谱》记载,骆姓祖先从浙江义乌县迁至广州,后迁至炭步骆村中社,继迁赤坭莲塘,骆腾高公三子骆柱万再从莲塘迁门口坑村。

据乾隆五十七年(1792)骆氏第二十代孙骆绍昌撰《莲塘骆氏小宗族谱》中的叙述,骆道德的第十二代裔孙骆元杰之长子骆仁敬在明初来到花县莲塘看望胞弟骆仁礼。游览莲塘村时,发现莲塘村风景好,风水好,有非凡的格局气势,目光所到之处十分苍翠秀丽,是安居乐业理想的风水宝地,于是举家迁至莲塘村定居。骆氏在莲塘繁衍到廿五世祖柱万时,由于骆氏子孙众多,居住条件略显拥挤,人均耕地面积渐渐缩小,于是骆柱万和父亲骆秋鸿(字腾高,号逸伯),以及六子:长子裕伯、次子裕成、三子裕鹏、四子裕华、五子裕龙、六子裕光,三代人从莲塘迁居赤坭门口坑村。

骆柱万,字懿修,号蕴素,生于清乾隆三十四年(1769),出生时父亲骆秋鸿已经四十二岁。骆柱万终于清道光廿八年(1848),享寿79岁,属于高寿之人。

柱万骆公祠和古建筑

门口坑村现存古建筑不多,现存三处为区级登记保护文物单位和一处民间信仰庙宇。分别是柱万骆公祠、洪政书舍、佐英别墅和北帝古庙。柱万骆公祠、洪政书舍、佐英别墅为清朝及民国建筑风格,是研究门口坑村古代农业聚落文化和岭南古建筑好实例,具有一定的历史文化价值、建筑艺术价值。北帝古庙于1998年拆除重建。

柱万骆公祠,建于民国元年(1912)。坐东朝西,三间两进。建筑面积329.1平方米。建筑为人字封火山墙,碌灰筒瓦,灰塑博古脊,青砖墙。石门额阳刻"柱万骆公祠"。头门走廊和天井青砖铺地。据门口坑骆氏后人说,柱万骆公祠由骆柱万五个儿子的后三代人建造而成。骆柱万的孙子、曾孙、玄孙三代人出钱买材料,建筑所用的木材、青砖,利用木排运输,经九曲河运输到门

佐英别墅楼顶建筑

青山掩映下的古村落

口坑。建筑所用的石头，在九曲河开采。在建筑的过程中，全由骆柱万的孙辈三代操作，没有请一个外姓人帮忙。整间祠堂，从设计到建筑，花了四五年时间建成。从建祠堂这一件事情可以看出，门口坑的骆氏子孙非常团结。

据说当年骆柱万因持家有方，子孙吃苦勤劳，加上门口坑土地肥沃，门口坑村的骆氏家族颇为丰衣足食，因而引来花山贼的注意，这些盗贼曾经聚众到门口坑，想入屋去盗抢。殊不知，门口坑村后有山丘靠背，林茂草荒，前面有九曲河环绕阻挡，进村的通道只有一条小路。又因为门口坑村骆姓共祖茂龄公在莲塘村时，是因被花山贼伤害而去世的，所以门口坑人非常注重防范贼寇。这条出入村的小路常年有族人守卫，花山贼根本无法进村，骆氏宗亲因此躲过贼寇之劫。在门口坑，骆姓族人非常和睦，通常是一家有难，合族帮忙。体现出血浓于水、血脉相连的深厚宗亲情谊。

洪政书舍，为监生洪政骆公后人建于民国九年（1920），该建筑坐东南朝西北，一间两进，整体建筑为硬山顶，人字山墙，碌灰筒瓦，青砖墙。为一正一偏的建筑形式。建筑面积146平方米，石门额阳刻"洪政书舍"，上款刻"民国庚申元月"。前廊墙楣原来是有色彩斑斓壁画的，后来被用灰水所覆盖。偏室结构与正室基本相同，偏室看墙设有花窗和一小门，墙楣上塑有灰塑花鸟画。整个书舍原本古色古香，但由于年久失修，屋顶杂草丛生，大门残破，整座书舍失去了原有生机勃勃的活力与风采。

佐英别墅又名"新厅""六如别墅"，属于全村共有的建筑物，原来为"骆佐英堂"经济组织的办公地，这个骆佐英堂在1949年前是门口坑骆氏共同所有的经济组织。在当时，门口坑骆氏族人没有田地,当时附近的田地全部是莲塘村、三水长岐村拥有。骆佐英堂当时规定,派数人前往投田,补回茶水费,所投面积的租金全部由佐英堂支付,负责交租金,统归佐英堂所有。然后再开投给村内各户耕种,开投所得租金的差价为佐英堂的财产。

投田,是将田地投入到可以免税的人名下的一种避税手段。骆佐英堂当时的规定是,如本村村民向原土地所有者购买田地后,要向佐英堂缴纳亩田的交购田费若干(相当于中介费),归佐英堂收入,所以当时骆佐英堂的经济收入是很可观的。而这些收入,是用作本村公益事业开支的。还有就是在每年三月初三日、八月十五日两个日子,骆佐英堂聚餐,参加人员都是男性,当时"成丁""子母丁"者,就可以参加。"成丁"即年满16岁的男性,"子母丁"即父亲去世的男性,不论年龄大小,均可顶替父亲参加聚餐。骆佐英堂组织这个聚会,目的也在于团结壮大本村的宗族力量。

佐英别墅建于民国二十年(1931),是一座中西合璧式建筑,带三间两廊式的风格。该建筑坐东朝西,面积134.7平方米。该建筑为悬山顶,人字山墙,碌灰筒瓦,青砖墙体,墙体四角镶嵌花岗岩石条。凹斗式门面。大门嵌花岗岩门夹,石门额阴刻"佐英别墅"。门顶上设有山花,山花正面上写有"六如"二字,两侧写有对联:"千重山护拱;九曲水来朝。"这座曾经是村里最辉煌的建筑物,现在显得十分古旧矮小。

门口坑村原来还有一座骆氏宗祠,建于同治三年甲子年(1864),该祠堂在20世纪60年代拆除。

每年清明节期间,村民都会到炭步镇骆村拜祭太公,元宵节到骆村参与族人聚会。在大年初一,全村人都会聚集在祠堂一起吃年饭,然后组织醒狮表演、打篮球等活动。到了年初四,添丁人家在家中挂灯。每年正月初四日,为门口坑骆氏族人起灯日,正月十四日为完灯日,骆氏的男性都会在正月初四、正月十四这两天的晚上,到宗祠集中食茨菰,凡是当年添丁的父亲,就要煮茨菰,名曰"仔头",图吉利的好意头。

门口坑村人文底蕴深厚,人才辈出,外出为官、从教及经商者遍布全国及海外,曾任中山大学教授的骆益祥、武汉大学教授的骆英祥就是代表。

九曲河鱼丰水美

一段尘封的往事

——记西边村岗头梁氏南北祠

◎黄永奎

赤坭岗头村是西边村的一个自然村,这个村庄位于花都与清远、佛山的交界处,是花都最西部的边陲小村。该村建于明朝的天启年间,距今已经有300多年的历史。因附近多山,所以取名为岗头,村前有山前旅游大道经过,现有广府旧民居30多座。

梁氏宗祠(南祠)

祠堂布局有不同

南祠内景

弯弯的水塘后有一排三间祠堂，分别为梁氏宗祠（南祠）、国士公祠、梁氏宗祠（北祠）。令人奇怪的是，三座祠堂后并不是民居，而是茂密的丛林，远处是山脉，当地人称虎头山。岗头村被分为南社（二、三经济社）和北社（四、五经济社），中间隔着水塘，面对着祠堂分开而居，这与花都的古村布局截然不同。

梁氏宗祠（南祠），建于1925年，1996年重修，深两进，两侧有附属建筑，人字封火山墙，灰塑博古脊，碌灰筒瓦，青砖墙。大门两侧嵌花岗岩门夹，正门上方石额上阴刻"梁氏宗祠"。

并排距南祠二百米处，矗立着南祠的兄弟祠堂——梁氏宗祠（北祠），始建年代至今不详，1924年重建，1996年重修，人字封火山墙，灰塑博古脊，碌灰筒瓦，绿色琉璃瓦当，滴水剪边，青砖墙。大门两侧嵌花岗岩门夹，正门上方石额上阴刻"梁氏宗祠"，上款"民国十三年冬月重建"，下款"孙华德顺澄书"。

在两座祠堂的中间，是一座破败不堪的小祠堂，名曰：国士公祠。它只剩前门和两边的山墙，严格地说，它已经不能算一座祠堂，只能算遗址了。

在这个边陲小村，祠堂后丛林茂盛，祠堂前阡陌纵横，恍如一处"世外桃源"，散落着七八百口人。那么，明朝天启年间，他们的先祖从哪里来？这两座祠堂究竟是何人所建？这其中又有哪些传奇故事？

先祖寻踪

在与热心族人梁伟贞及两位老人的交谈中，笔者了解到了关于他们先祖的故事，这些故事从他们的祖辈代代相传，流传到他们这辈，有些记忆模糊。

梁姓春秋时起源于陕西和河南，很快散布到山西、河北、山东、江苏等地，东晋时开始向南

梁氏宗祠（北祠）

方移民，东晋末已经移民福建、广东。话说宋朝年间有一梁姓望族，为首老翁名为梁宪公，生有两子智华和智平。其中梁智华一脉，从北方移民到南雄，到明朝初年，已有子孙在今广州白云区蓼江村开枝散叶，后有梁文富迁入佛山三水，生有两子。据说在天启年间，因与村人发生口角（或发生械斗，具体原因不清），这两子化名梁万一、梁万二，赶着鸭子一路南下，四处躲藏，直到来到今岗头村，见此处背靠虎头山，宛如一把交椅稳坐于群山之中，山前为平原，实乃风水宝地。于是，兄弟俩决定在此隐居。

梁万一生有四子，长子梁观、次子梁谛观、三子梁弗观、四子梁万观，梁万二无后，南祠为二儿子梁谛观所建，北祠由大儿子梁观所建，三儿子梁弗观当年在村中也建了祠堂，叫众庭公祠，后倒塌，现已无存。位于南祠和北祠中间的国士公祠为梁谛观的重孙梁国士所建。

族人梁伟贞告诉笔者，本来他们是有一本族谱的。可是，三房梁弗观家族中有一个人在建祠堂的时候贪污了公款，当时在村里干了坏事，是要被赶走的，东窗事发后，这个人连夜带着家人走了，走时顺走了他们梁氏的族谱。这个人具体去了哪里？没有人知道。而现在他们知道的关于祖先的事情，都是靠长辈代代相传以及白云、三水那边的宗亲推断。每一年清明节，他们还去三水那边与同宗的人共同祭祖。

据了解，南祠的堂号为"从义堂"，北祠的堂号为"敦本堂"。正门的房顶上有一公鸡塑像。据村中老人讲，鸡寓意吉利，为何用公鸡，因公鸡有五德：头戴冠者，文也；足傅距者，武也；敌在前，敢斗者，勇也；见食相呼者，仁也；守夜不失者，信也。此外，该地易生白蚁，用公鸡啄白蚁可保人丁无忧。一是防白蚁，二是挡煞。

日军暴行

据村中83岁的老人梁金祥说，1938年底，日本鬼子入侵花县，先用飞机轰炸，后来军队侵入。花县国民政府后搬入赤坭国泰，日军又将国泰墟狂轰滥炸，夷为平地。所以，国民政府四处迁移，梁氏宗祠（南祠）在1942—1943年曾为花县县政府驻地。日军当然不会放过岗头，于是军队开进岗头进行扫荡。

北祠内景

国民政府的人得知消息，早已转移。日军寻人不到，就拿老百姓开刀。当时村中有两兄弟，一个叫锦兰，一个叫锦堂。日军把这两人抓了起来，捆绑后用漏斗往嘴里灌池塘的脏水，当他们的肚子鼓得像皮球时，就用脚猛踩，两兄弟受虐而死。

在那个炮火纷飞的抗日战争年代，岗头的梁氏宗亲受尽屈辱。有不少有志的热血男儿纷纷拿起武器，加入了抗击日本侵略者的战斗。

村中曾打死一只猛虎

以前，在岗头村后面的丛林中还有一庙，村民称为北帝庙，庙里供奉的是北帝。这座庙已于"大跃进"时期拆除。与这座庙相关的则是一段扣人心弦的故事。

据说在中华人民共和国成立前，村后的虎头山上出现了一只猛虎。这只虎不知从何而来，估计是来自清远那边的山脉。每逢夜间，这只猛虎就从后面的山上下来，专吃村民养的猪。甚至吃小孩。那一阵子，全村的人男女老少个个心惊肉跳，天还没黑，就把门窗关得严严实实，睡觉都不敢闭眼。为此，村中的保长心急如焚，村中的巡逻队（相当于现在的保安队）围捕了老虎好几次，都未成功，那虎机灵得很，一见人影，掉头就蹿入后面的山林，有次打了三四枪也打不中。

两三个月过去了，老虎仍然打不到，并时常夜间过来偷袭，家里有小孩的格外小心。乡亲们忧心忡忡，纷纷跑到北帝庙求北帝保佑。村里保长向北帝神像许诺，如果打死老虎，他们就把

北祠石雕"宝鸭穿莲"

北祠石雕"麒麟吐书"

虎皮扒下来给北帝坐,希望北帝保佑他们能打到老虎。

有一天夜里,有一家人的猪圈里突然传来一声惨叫。巡逻队的几个人迅速赶了过去,见到那只老虎正张开血盆大口,咬住一头肥猪的大腿,那头猪惨叫着拼命地挣扎。守夜的人不动声色,悄悄地围了上去,队长一声令下,队员们一起向老虎开枪射击。这一次,老虎没有跑掉,再也没有像前几次那么幸运,终于被击毙。

村里的人都认为是北帝显灵才击毙老虎的,于是便敲锣打鼓,奔走相告,后来真的把老虎的皮扒下来,给北帝像做了座椅垫。这张虎皮一直被村里保存到现在。尽管北帝庙没有了,但是虎皮还在,这张已经破旧的虎皮,仿佛无声地向人们诉说着这个惊心动魄的往事。

那么,村民的枪是从哪里来的呢?村里的老人告诉笔者,民国时战乱连连,村民为了自卫,常常去埠头购枪,那时候,每一户地主都有枪。据说在赤坭墟就有枪卖,有的村保安队甚至机关枪都有,步枪就不用说了。

"拜见古井"婚俗

岗头的梁氏从明代至今,都是平淡生活,没出现什么大人物,从他们祠堂无旗杆夹就可以看得出。但是平平淡淡才是真,他们拥有的是真诚和善良。

在南祠里,挂着许多关于咏春拳的牌匾。武术与祠堂结合起来,彰显出传统文化的无穷魅力。1983年,村民梁伟贞跟花县恩门咏春创始人周大昭学习咏春拳,2009年,为了将咏春拳带入岗头村,梁伟贞决定带七位梁姓年轻人到周师傅处封闭训练,并参加了四届省武术精英大赛,拿了约20块金牌15块银牌10块铜牌。本村现有11位年轻人是广东省武协委员,三位拥有国家武协颁发的教练证及裁判员证。

在北祠的门前,有一株大榕树,已有上百年的历史,离树不远处有一口几百年的古井,据说是建祠堂时所挖，村里世世代代的人都是靠吃它的水长大。奇怪的是，无论是干旱还是什么恶劣天气，井水从不干涸。村里的后生娶了妻，成婚的第二天一大早，必须来拜祭这口井，然后由新媳妇挑着它的水做早餐。没有人知道，这个习俗从什么时候开始。

在岁月的洗礼中，这口古井仿佛一位慈祥的老者，望着岗头的亲人。看尽了世态炎凉，经历了太多的风雨。现在的岗头，梁氏宗亲通过乡村振兴，正在一步步走向富裕，遗留下来的是这一口老井，传承下来的是梁氏奔腾不息的绵绵血脉。忙碌的梁氏子孙的脚下，仍是这一方热土。

掐腰柱础

丞相后裔的传奇

——记荷溪村龙塘叶氏宗祠

◎ 黄永奎

龙塘，地处赤坭镇西南部，隶属荷溪村，于清康熙四十九年（1710）立村，当地村民主要姓叶。叶氏先祖最先由佛山南海迁入江门井根，再由井根迁入花县龙塘。由于村口有一口由山水冲

叶氏宗祠

积的深潭，村民在潭前建了一排九座房屋，故名九龙潭。后因人们发现，在当地方言中，"潭叶"连读则为用火烤叶子的意思，所以改村名为九龙塘村，后来简称龙塘。

叶氏宗祠位于赤坭镇荷溪村龙塘自然村旧村村头，门前有片宽阔的广场，广场前有一处弯弯的半月塘，这里原是以前的水潭。岭南的祠堂大都如此，以显示其风水宝地。只是祠堂前的广场没有旗杆夹，是不是没出过什么大人物？且听笔者慢慢道来。

叶氏宗祠概况

叶氏宗祠始建于清同治十一年（1872），1999年重修，坐西朝东，由头门、牌坊和后堂组成，建筑占地377平方米。青砖墙，镬耳封火山墙，灰塑龙船脊，碌灰筒瓦，绿色琉璃瓦当。

头面阔三间，进深两间，前后四根石檐柱。大门两侧嵌花岗岩门夹，石门额阴刻"叶氏宗祠"，前廊画有《福禄寿全》《公孙耍乐》等壁画，画工精致。次间有虾公梁、石狮、异形斗拱、雀替，前廊梁架，封檐板雕有各种花草图案，岩石台基，石墙脚，五级石阶。

第二进为三间四柱三楼牌坊，砖石结构，正面书"请介"，背面书"三多亭"。祠堂内厅建"三多亭"在花都祠堂中独此一家，实为罕见。三多，即是福多、禄多、寿多。

后堂面阔三间，前设四架轩廊。两根石前檐柱，银杉木金柱。

后金柱间悬挂"敦睦堂"木牌匾，这牌匾处于屋顶第四个横梁上，历经沧桑，传说还有一段故事。据说20世纪"文革"期间，这块匾被拆了下来，丢在一边，村里的一个厨师见了，就捡了出来，用来做砧板。这块匾厚有大半尺，也不知用什么木料做成的，刀砍斧剁，居然毫发未损。改革开放以后，祠堂又被重视起来。村民们把匾洗干净，重新放在了祠堂的横梁上。

祠堂后堂中央设有神龛，神龛中挂"皇宋叶颙丞相遗像"，前设四架轩廊，天井铺花岗岩条石。"三多亭""敦睦堂"木牌匾和木屏门在1999年重修时又

祠堂内景

重新进行了修缮。内墙扫乌烟水泥，画青砖线，仅门正背面均贴绿色瓷条砖。

龙塘人为什么要供奉叶颙呢？原来他们都是叶颙的后裔，叶颙何许人也，让我们来梳理一下龙塘叶氏源流。

龙塘叶氏正简之后

叶姓源自芈姓，颛顼为其远祖，族人尊叶公沈诸梁为始祖。北宋末期，因战乱叶氏开始涌入广东。广东叶氏有两大脉流，一支尊叶大经为始祖。另外一支则来自福建，为宋朝宰相叶颙后裔。台山叶氏叶颙（五十七世）居南海大圃而不归闽，遂为广东叶氏之始祖。广州市永汉北路（今广州北京北路）曾有"清介书院"，就是叶颙后人为纪念叶颙而修建的。其后裔主要分布在南海、新会、花县、鹤山、番禺、惠阳、东莞、龙岗、陆丰、海丰等地。由此可以断定，龙塘的叶氏是来自南海的叶颙后人。

叶颙（1107—1195），字子昂，号诚美。原籍福建仙游。宋绍兴元年（1131）中进士。叶颙为官清廉，为官三十余载，无论是在地方任职，还是在朝廷为官，都做到了为官一任，造福一方。南海人曾为他立"遗爱祠"来纪念他。叶颙于乾道中隐退，携五子到南海定居，成为颜峰村叶姓始祖。死后葬葫芦岗。庆元三年（1197）闰六月，理宗皇帝以"正事、正言、正道"之意，追谥叶颙"正简"。

三门三楼牌坊

叶颙的子孙在南海繁衍生息，清顺治八年（1651），叶颙的后代叶卓林迁入花县。作为客家人，只能依山而居，开辟新天地。这里前有巴江河，后有一小山，名唤牛虎头岭，依山傍水，又有一大湖居中，山头宛如蛟龙戏水，实乃风水宝地，叶卓林便唤名九龙潭,后改为龙塘,在这里开荒拓土,安顿下来,遂为开村始祖。

失而复得的旗杆夹

那么龙塘在历史上有无杰出的人物?后辈人很少知道。村里七十多岁的叶伯给我们介绍村情,据叶伯听祖上说,本村出过举人,如若真如叶伯所说,出过举人以上的,在花都众多祠堂门前,多有旗杆夹,而这里现在看来并没有。

然而,祠堂门前水塘边的两块长麻石引起了笔者的注意。祠堂管理员叶同强告诉笔者,这几块麻石是从水塘里挖出的。前几年,水塘突然干枯,这两块麻石才露出"庐山真面目",村民立即开挖,终于把这两块麻石"请"了上来,现祠堂前水塘已放水养鱼,被人承包。

麻石的字迹已经模糊,有一块隐约还可以看到有"贡生"字样,另一块则大有来头,上书"道光癸卯科乡试举人、第一百六十九名进士,叶炳华"云云。不错,这正是丢失的旗杆夹。

据村民叶同强听祖上说,本村好像出过三名贡生,笔者通过仔细辨认,依稀可以看出,一块麻石上面有叶逢春、叶大林字样,均有贡生二字,另一块叶炳华为进士字样。难道龙塘真的有进士、举人?笔者查阅相关资料得知,叶炳华并非龙塘人,而是佛山南海人。《清实录》:"咸丰八年。戊午。四月……伍崇曜、潘仕成及潘斯濂、叶炳华等均系著名绅富。"从《南阳叶氏宗谱》找到了叶逢春的一些介绍,"叶逢春,字纫芗,光绪己卯恩贡。"他参加过七次乡试,但最终还是未考上举人。叶逢春是位私塾老师,主讲乡学,为花县培养了不少人才。曾举荐过孝子宋衍的孝行。而另一位叶大林,资料显示:"叶大林,嘉庆十二年岁贡。"但也有人说,叶大林曾为御前侍卫,村中曾流传一句话:望头七子五登科,不如叶大林一个。

叶炳华不是龙塘的,龙塘为何有叶炳华旗杆夹。笔者以为,一是龙塘叶氏本来来自南海,叶炳华是同宗,同宗中有名人,自然也会立于自己的祠堂前,一是为自己添光,二是威吓周边的人。

另据民国《花县志》记载,光绪年间龙塘有一举人,名

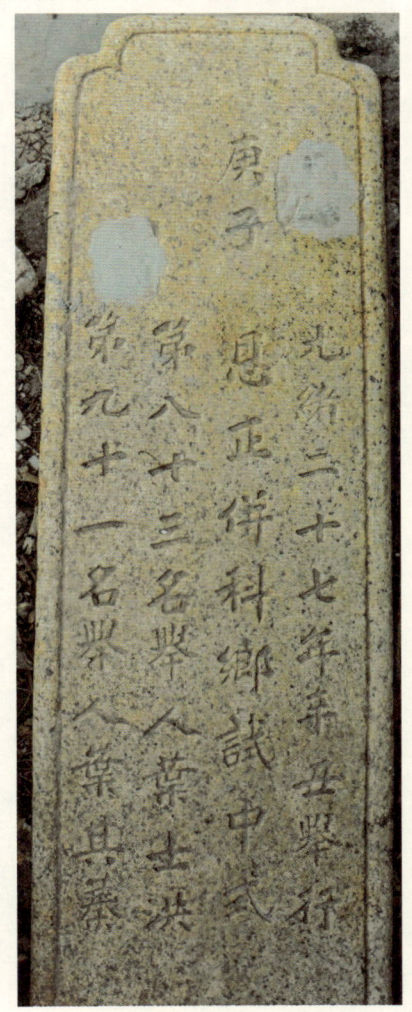

彰显家族荣耀的旗杆夹石

唤叶其蓁。然而询问村民，却无人知晓，不知何故，村里也找不到相关的证据和资料。如今知情人已驾鹤西去，年轻人又无人知晓，形成了历史的断层。

这三块麻石为何坠入水塘，据村里的老人们讲，是"文革"时"破四旧"时所为。那时村里的几个族老拼命地护住祠堂，但是没能保住门前的几块旗杆夹，被人推倒沉入水塘中。直到前几年才重见天日。

村界碑和水井

离祠堂不远，躺在地上的还有一块石碑，相传这里面有一个小故事。光绪九年（1883），邻村荷溪村有人认为进出龙塘村的必经之路为荷溪村所有，于是禁止龙塘村民出入。

龙塘人愤怒至极，便砍掉了荷溪村民在路边种的树木，以此扩宽道路。于是，两村人发生了争执，甚至大打出手，这事最后闹到了官府。因证据很难收集，案子一时断不下来。于是龙塘的才子叶逢春，仔细书写状纸，措辞严谨，又收集了大量的证据交到官府。县官勘明真相，又由于县府往龙塘村征收田税也要经过此道，于是惩治了恶霸，为龙塘争得了路权。为了厘清路权和村域，特命两村人立了一块石碑，石碑上刻明了荷溪村民不得阻挠龙塘村民经过此道，不得随意侵犯彼此的领域。为了匡正各自领域，需有名士来证明，因此石碑上刻有邻村贡生曾守忠与龙塘村贡生叶逢春的名字。解决后，由于两村交好，便推倒了石碑。现在石碑静静地躺在那里，虽然经过岁月的侵蚀，字迹已不清，但是仍记录着当年的这场官司。

在这块石碑的旁边不远处，还有一口已被铁丝网围起来的水井。为何把它围起来，一是怕行人路过，不小心掉入井中；另外一点就是这口水井是日军侵华罪恶的铁证，要保护好。

1938年底，日军入侵花县，当时国民政府搬到国泰。日军就围攻赤坭，不仅出动敌机轰炸，还在赤坭的几个制高点筑造碉堡，其中龙塘的后山就有一个。当年，日军在后山上修筑碉堡，命村里的青壮劳力挑水上山，妇女为他们洗衣做饭，若有不从者，日军就用枪托往村民的后背和后脑袋上砸。日军拆了村里人

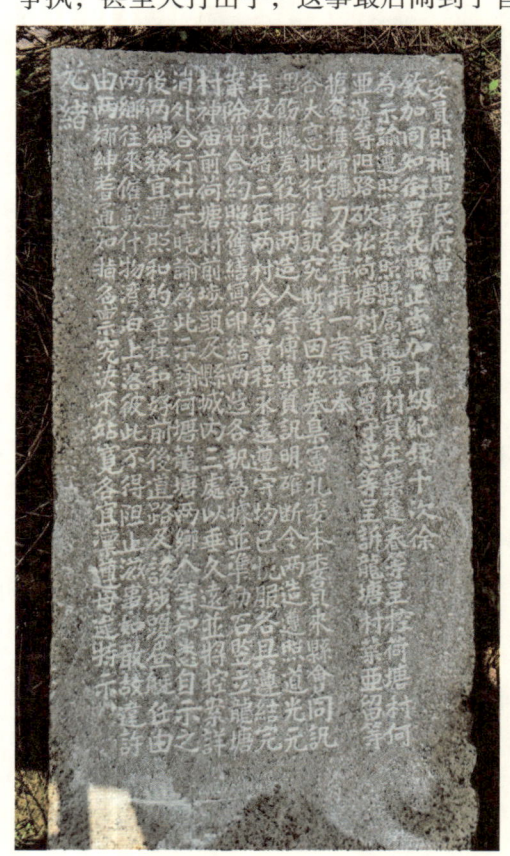

村界碑

的三间青砖大屋,让青壮劳力搬上山去,有个村民在拆他房子时,坚决不从,被当场打断肋骨。如今,山上的碉堡已经很难再找到踪迹,但是这份仇恨还是被龙塘人世世代代铭记下来。

敦睦"货真价实"

大约200年前,因开荒种田原因,龙塘部分村民前移一公里,建立了一个新的村子,取名叫"龙塘新村",旧村和新村相邻,当然供奉的是同一祖先,参拜的都是叶氏宗祠。龙塘人谨遵敦睦风尚,男女老幼相敬如宾。一方有难,八方支援。2017年腊月二十二,龙塘有一村民家发生了不幸。丈夫在凌晨三点的时候突发心肌梗死,毫无征兆地走了。正当全家人还笼罩在悲痛之中的时候,女儿在大年初四又被查出肾衰竭,需要换肾,医药费需要60万~70万元。庞大的医疗费,对于这个收入微薄的家庭来说,简直就是一个天文数字。

正当一家人为医药费一筹莫展的时候,本村的叶氏兄弟姐妹得知了,纷纷伸出援助之手。龙塘是赤坎荷溪的一个自然村,是姓叶的聚居地,本村姓叶的只有约四百人,看见本村姊妹落难,大家心里都很悲痛。无奈人数太少,只捐了不到一万元。龙塘的叶氏把这家人的遭遇向广东其他地区的叶氏扩散,又收到各地宗亲几万元。当叶氏宗亲代表把几万元救命钱送到医院时,这位可怜的母亲感动地说:"谢谢各地的叶氏宗亲,血浓于水,几百年前,大家都是一家人。如今,捐来的每一分钱都让我们感动。"

如今,龙塘人不忘先祖,立叶颙牌位于叶氏宗祠中,有感于叶颙丞相为人的高风亮节,后人皆以叶颙丞相为榜样。清明拜祖,龙塘旧村和龙塘新村的人都会派代表应邀到南海去祭奠叶颙丞相。作为丞相后裔的龙塘后人,虽然后来没出什么大官,但是他们相亲相爱,敦亲睦族,不断演绎着不老的传奇。

龙塘村狮队

奇闻轶事出宝地

——记白石村高氏大宗祠

◎姚朗宁

　　白石村是一条古村,它位于赤坭镇中北部,建于明代,至今已有600多年历史。白石村还是一条名副其实的农业村,全村以水稻种植为主,属于农田保护区范围。白石紫心番薯是花都特产,远近闻名。近年来,该村转向发展特色农业,农业的经济效益不断提高。村民生活幸福,深感有先祖的庇护,被高氏族人称为心灵港湾的高氏大宗祠,就位于白石村的中心位置。

重修后的高氏大宗祠

昨日辉煌有史鉴

据《白石高氏家谱》记载：太祖巨菴公，世居南雄沙水村珠玑巷，是个举人，于明朝宦游（即到外地做官）来到广州，任广州南海儒学学正，后辞去官职，卜居于南海灵州（又名逢涌）。

二世祖高才智，因避兵匪，与兄高才信，自灵州迁居高村（今属佛山市南海区管辖）。到六世祖高帝成，少谙韬略，从军讨贼有功，授千总官职，旋升守备莅任制使。在明朝永乐年间（1403—1424），高帝成平贼路过白石村，当时该地是南海县高村乡的水浮村。高帝成骑着高头骏马，手擎大关刀，领兵巡查匪贼。路经此地时，他看见巨大的白石屹立在土丘上，雄伟参天，在烈日照耀下，光芒夺目。可谓"白石参天，嵯峨耸翠"，真是块风水宝地。于是在明永乐十九年（1421），他在水浮村附近辟草庐筑宅舍，并把父亲高明谦、叔叔高明让、兄长高帝长等家人都接过来，在此安家落户，后以此大石之地改名为白石村，高氏后人从此开枝散叶。

因高帝成出巡讨贼屡建奇功，英明神武，后人建白石古庙，塑"骑马公"像奉祀，长年香火不绝。从高帝成迎接家人至此立村（立村时尚未设花县，白石属南海管辖），至今已有600多年。从始祖高巨菴至今，已传至23传。

族谱里记录的名人有进士高锡玲（年代不详），清朝道光壬辰年（1832）举人高焕章，清咸丰六年（1856）举人高子衔。经核实，高焕章是南海人，高子衔是白石村人。高子衔嘉庆十九年（1814）生，是咸丰六年（1856）丙辰补行五年乙卯科第四十名举人，村里的高氏大宗祠前立着高子衔的旗杆夹石。据说当年中举，朝廷会奖20两银子，作为给举人回乡刻旗杆夹石和竖功名碑的费用，同宗同姓同族之人都会向举人送贺礼，这也是当地传统文化的一部分。高子衔就用这些奖金和礼金建起了一间仅宽三米，面积约20平方米的青砖房。

高子衔终生未仕，但他没有忘记作为地方绅士的责任，在同治年间曾向谢知县禀请禁止坭商采挖白坭一带石块，以保护水土与道路。目前，他曾孙家中依旧保留着高子衔的画轴，100多年过去了，画像

桂馥堂

色彩依然鲜艳夺目。

在近代比较有名的，有抗日战争时期从事地下工作的离休老干部高冠芬，他于2015年9月荣获中国人民抗日战争胜利70周年纪念章。还有曾任全球汉诗诗会联盟名誉会长、香港富商高卓芬，旅居香港的富商高志纯、高志焜兄弟，20世纪80年代芝加哥大学博士高志强等。白石村的高姓族裔现约2000人，常住人口1126人。

神奇传说得村名

白石村的来历有个有趣的传说。相传很久以前，珠江流域经常洪水泛滥，淹没了许多村庄和稻田。不少百姓流离失所，家破人亡。玉皇大帝同情世间苦难大众，派一位神仙下凡去治理珠江流域水患。当时南海县白坭堡附近有一个小村叫水浮村，因经常受洪水围浸而得此名。

一天早晨，村里的一名产妇（也有说孕妇的）在村边池塘洗尿布，她偶然抬头，看见天空云头处，有一红颜白发的老翁用一条灯芯担着两块大石向南飘去，她不由得"哎呀"惊叫起来。不叫还好，天上的老人听到一声惊叫，他挑的两块大石从天而降，空中一声巨响。吓得产妇连尿布也顾不得收拾，抱头逃回家里，天上老人也不知去向。

后来人们才知道这两块大石头：一块掉到莲塘村官坑东南边的田野里，颜色漆黑，人们称它为乌石；另一块落到水浮村东侧的土丘上，石质全白，人称为白石。

白石位于白石村与连珠村之间，占地数十亩，石质洁白，间有不规则的红纹。经过日久风吹雨打、烈日暴晒，大石披上了一层尘埃，表层变成灰黑色。若把石块碎开，里面则雪白无瑕，晶莹透明，光彩夺目。经省有关部门鉴定，其为血丝云石，价值较高。

据白石村族谱记载，抗日战争期间，日寇飞机轰炸赤坭地区，仅数日白坭墟就被炸得面目全非，墟内的居民为躲避日寇飞机轰炸，便到大石

白石古村

洞内避难,并把家当及商品也一齐搬到洞里,大石洞成了天然的防空洞。四方前来避难的民众仍可以买到糖烟酒杂货,还可以享用粥粉面食。一时间洞外敌机盘旋,狂轰滥炸,洞内却热闹非凡,民众安然无恙。

重修祠堂人心齐

高氏大宗祠始建于清道光十七年(1837)年秋,距今已有180多年,为三间三进二衬祠式岭南建筑风格。祠堂历经朝代更替,风雨沧桑,到了中华人民共和国成立初期,高氏大宗祠因遭白蚁侵蚀及火灾,只剩下四面围墙及"高氏大宗祠"门额。

"高氏大宗祠"五字由当时著名书法家鲍俊所题。鲍俊在清道光二年(1822)中举人,次年中进士二甲第二名,授翰林院庶吉士,后调任刑部山西司主事,候选员外郎,即用郎中。道光十一年(1831)辞官返粤,居广州芳草街,与张维屏、招子庸等人交游,以诗酒书画自娱。有他的题字,说明高氏大宗祠在当时很不一般。在20世纪50年代末期,高氏大宗祠被改成会堂,还做过村小学。

2014年,因某集团公司建设开发征地,白石村位于清远石角镇的立村始祖太公墓葬群迁坟补了一笔补偿款。这笔钱如何用,村里广泛征求村民的意见。大家认为,这笔钱是来自祖宗,就应该用在敬祖孝宗方面。

高氏子孙统一了认识,决定由村里德高望重的宗亲发起倡议,将这笔补偿金用于祠堂建设。同时,高氏宗亲发动国内外高氏宗亲和高氏后裔捐资,重建高氏大宗祠。2016年5月始建,总投资约230万元,历时一年,高氏大宗祠重建落成,按原貌恢复其古韵雄姿。

2017年12月3日,白石村高氏大宗祠举行了隆重的重光庆典。当日村中所有乡亲、附近的高姓兄弟村,包括南海始祖村和顺逢冲高村、花都杨荷村、南海里水高边村、大沥高边村、清远牛鱼嘴高村、番禺礼村、河源渤海高氏宗亲约3000人出席,盛况空前。

重建后的高氏大宗祠,花岗岩石脚、青砖墙、石狮、挑头、斗拱等构件得到了较好的还原,石雕、木雕、砖雕、灰塑、壁画做工精美。祠堂门口楹联:"渤海绵世泽;桂馥显家声。"寓意本村根源山东,枝发白石,声威显震。门口两则墙壁分别挂着本村二十传裔孙高锐旸创作的书法"咏石"和二十一传裔孙高洪方自创歌颂白石的诗词。

祠堂屋脊上五狮威武庄严地守护着白石村,两只仙鹤傲视远方,栩栩如生。中堂悬挂的"桂馥堂"堂号尤其耀眼。祖宗神位前的两根柱子刻着白石高氏家族辈序楹联:"贤达远传始信前人德泽;科名永盛方知后裔书香。"从十八世开始为贤、十九世为达,以此顺序,按辈伸延。可惜的是,第一到十七世辈行楹联缺失,宣统三年(1911)由高择贤手抄的家谱也未有记载。两根柱子中间位置是拜祭祖先用的大宝鼎。祠堂最内壁正对门口挂着广东高姓宗亲会赠送的两幅墨宝"诗经传礼"及"高氏千秋",后内壁左边挂着佛山南海里水高边村赠贺的大明镜,右边挂着河源市渤海高氏宗亲赠贺的精美刺绣，中间是重建高氏大宗祠的捐款芳名榜和邻近兄弟村的贺镜。

无论修葺、拆建还是重建，原大门口及"高氏大宗祠"牌匾始终保留原貌，寓意着白石高氏后代不管时代如何变迁，始终不会忘记祖宗，并且一定会将祖业发扬光大。

大石传奇叹古今

据高氏族谱记载，大白石有许多神奇之处。

大石有个巨大洞穴，形似寺庙里的铜钟，石壁内四周光滑，呈灰白色。洞高约60米，纵横约50米，可容纳上千人。洞里南面分上高下矮两层，北面有个"老虎洞"，西面有一大裂缝，见天透光，从这里可登上石顶。

洞内洞外有多处神奇景观。洞外西北侧的悬崖峭壁上，俯伏着一头石狮，狮头伸出崖外，张开大口，向着田野，虎视眈眈，形态威猛。传说古时，大石脚下一片农田，每当禾熟季节，几夜间，禾田谷粒被野兽食光。农夫感到困惑和愤怒，于是召集一班青壮年，在禾熟时，夜间到田野埋伏侦察。一天晚上，远远见到一只巨狮，在田间乱窜践食稻谷，人们极为愤怒，拼力追赶，可是追到大石西北侧崖边，见它怒吼一声，跃上悬崖，不见踪影。大家认定是石狮作怪，夜间跳下来为害农作物。随即抬来螺笃炮，轰掉石狮的下巴。自始以后，再不见大石附近农田被野兽残害了。

大石西南角，伸出一座"太师椅"，西壁半腰处，有石鼓、石锣，用石块敲击，发出咚咚之声，若几人齐敲石壁，鼓声、锣声齐鸣，犹如群狮起舞。洞里穹顶悬吊着一巨石鹰，两翼张开，约有几米长，如雄鹰展翅。石鹰有一神奇现象，不论晴天、旱天，甚至大旱之年，鹰嘴常年涓涓滴水。传说原是只神鹰，由于凶猛异常，因屡犯天条被天神制服，后改邪归正，化作石鹰，造福人间。洞中西壁，立着一个约五米高的人形石头，相传是一位高僧，云游至此，见大石峥嵘，神奇异貌，欲步进洞浏览一番，当前半身刚进入岩口，突然一阵香风吹来，高僧霎时化成一巨石，升仙而去。

大宗祠拜祭

莲塘开出范阳花

——记莲塘村卢氏三祠堂

◎卢福汉

莲塘村,又称西莲塘、莲溪,位于赤坭镇西部的巴江九曲河畔,南临三水范湖,西接三水长岐,东邻鲤塘,北靠门口坑,村民有骆、卢、钟、甘、邓等十多个姓氏。莲塘以水为脉,周边镶嵌有9口水塘,因中间绿地似一块伸展的莲叶而得名,村庄错落有致,景色秀美宜人。该村已有

卢氏大宗祠

600多年的历史,文化遗存非常丰富,其中祠堂有十多座,走进村子像是穿越时空,一种超尘出世之感顿生。本文介绍的是卢氏的三座祠堂。

范阳望族

　　卢氏出自姜姓,齐国后裔,因封地卢邑而受姓卢氏,世祖卢敖被秦始皇诏为五经博士,徙居范阳(今河北保定),卢氏在此发展为北方四大望族之一,子孙以范阳为郡望,后世遂称范阳卢氏。

　　翻开《莲溪卢氏族谱》,从一世祖卢俣开始,卢氏支派瓜瓞绵绵,枝叶繁衍,居地不断扩展,遍布北方各地。后到了六十五世祖卢肇元(字胜依,宋淳祐六年丙午科中式武状元,镇守汾州)晚年辞官迁往广东省南雄保昌县沙水村牛田坊妻弟李福荣处暂住,后定居珠玑巷,为卢氏在广东的开基始祖。

　　珠玑巷因为"胡妃之乱"而饱受兵灾之苦,到处哀鸿遍野民不聊生,人们纷纷往南迁徙避居岭南。卢肇元之孙卢渊(字少九)、卢穆(字明远)、卢镜(字智亮)、卢睿(字明达)兄弟四人,与珠玑巷的三十余姓,于南宋咸淳九年(1273)三月十六日启程南下,至四月十五日抵达冈州大良(今顺德),后分迁至番禺县神山乡(今广州市白云区神山镇)定居。

　　三世祖卢穆一房生卢松、卢椿、卢桂和卢梓四子,其中,卢桂生下元凯、元子、元辅、元亨、元勋五子,卢梓生下九畴、十畴、俊德、俊辅四子,此为四世祖。从落籍神山的第四世祖开始,卢氏子孙便四处扩充居地,南到广州冼村、中山、东莞、顺德、南海、珠海斗门,西南到恩平、新会、鹤山,东到增城、从化、博罗,西至三水、阳江、怀集、广西,北达清远,遍布华南。四世祖卢元辅迁移至现珠海市金鼎镇北山村开居,传至二十一世祖卢耀显,生下长女卢慕贞,也就是孙中山先生的原配夫人。

　　莲塘村卢氏的开基祖卢孟坚为四世祖卢九畴的来孙,为神山卢氏的第九世,与花山元田村卢氏同是五世祖卢宜忠的后代。卢孟坚于明

挺秀堂

末先迁三水芦苞沙墩，稍后到莲塘开基立村。卢孟坚有三个儿子，卢茂英、卢灿英两兄弟留在莲塘，小儿子迁居清远。经过五六百年的繁衍，现在莲塘卢氏共有两个经济社700多人，小迳卢氏不足百人。

桂馥挺秀

莲塘村卢氏祠堂共有三座，分别是卢氏大宗祠、茂英卢公祠和卢氏宗祠。卢氏大宗祠位于莲塘村十三社，茂英卢公祠位于莲塘村十二社，卢氏宗祠，位于莲塘小迳村。

卢氏大宗祠，建于清咸丰九年（1859），1991年重修。坐西北朝东南，三间两进，人字封火山墙，灰塑博古脊，碌灰筒瓦，青砖墙。其中"四相图""汝阳醉酒图"等壁画的落款为咸丰己未年（1859）。祠堂的石台基较高，有六级石阶。头门石门额上阴刻"卢氏大宗祠"，上款刻"咸丰己未春月吉旦"，下款刻"文山郭奇敬书"。

中堂金柱篆刻着莲塘卢氏行辈字派对联："华国文章元运渐开超奕世；宜家典则箕裘远绍广前谋。"屏门上挂着"桂馥堂"的牌匾。堂号，是家族门户的代称，是氏族辨别的印记。卢氏的总堂号为"范阳堂"，说明卢氏望族出自范阳。桂馥堂，"桂"指桂花，"馥"是芳香的意思。桂花，终年枝叶繁茂，幽香而不露，秀丽而不娇，清可涤尘，浓能透远，令人久闻不厌；桂花树，又是蟾宫仙树，攀折蟾宫之桂，即寓科举应试及第。因此，以"桂馥"做堂号，除了教育子孙品格清雅高洁之外，还勉励后人勤奋读书名扬身显。另外，"桂"常与"兰"并用，即"桂馥兰馨"，比喻人的品格高尚，也祝福新人佳偶天成。该村的任职教师卢一凡为"桂馥堂"撰联：

茂英卢公祠

"桂祖籍珠玑派衍神山百代源流祥四海；馥宗居花邑香薰莲沼万枝繁茂庆千秋。"道出本姓源流世系，彰扬祖先功勋德范，训诫后人承继祖德，期望子孙枝繁叶茂，寓意深刻隽永。

茂英卢公祠，建于清光绪十一年（1885），1990年与1999年先后进行了两次重修。坐北朝南，三间两进，人字封火山墙，碌灰筒瓦。头门石门额上阴刻"茂英卢公祠"，上款刻"光绪十一年夏月"，下款刻"欧阳钧书"。前廊设博古纹雕花异形斗拱，墙楣壁画较为精美。中堂悬挂堂号"挺秀堂"，本意为"挺拔秀丽，秀异出众"，取"挺秀"为堂号，应该是与祠堂主人名字"卢茂英"有关。"茂"，本意为"草木繁盛"，又指"美、有才德"，与"懋"通假，有"勉励"的意思。"英"者，本意为"尚未绽放的花朵"，又指"才能出众"，与"瑛"通假，指"似玉的美石"。取此堂号，勉励卢氏后辈承继范阳家风，承前启后，发扬光大，使这朵范阳名花在莲塘开得更加灿烂夺目。

卢氏宗祠，建于清代，三间两进，人字封火山墙，碌灰筒瓦。仅剩头门，后堂已经坍塌。

卢氏名人有：卢翰绵，1860年参加农民起义军（红巾军），同年失败后隐居广州。卢镜杭（1910—1952），花县师范学校毕业，曾任花县参议员长及巴江区区长、莲塘学校校长等职。

醉美莲塘

莲塘村位于北江支流汇合的冲积平原带，平畴沃野，河汊纵横，湖泊密布，水土肥美，物产丰饶，其中冬瓜、粉葛、莲藕有着"莲塘冬瓜鲜，黑皮又清甜""莲塘粉葛顶呱呱，又粉又甜又无渣""莲塘莲藕，生熟可口"等美誉。

莲塘村在清前属于南海，由于靠近巴江河畔，农田广袤，泥土肥沃，因此经济比较发达，经过几百年的积累，出现了诸多豪门巨族，形成了积淀厚重的古村。但是，到了二十世纪六七十年代，这里已经是花都偏僻之地，交通极为不便，农田太多劳作艰苦，仅莲塘卢姓的十二、十三社就有农田1200多亩，每个劳动力有农田10亩，分田到户人均仍有2.8亩，村民耕田实在太辛苦，因此流传"有女不嫁莲塘汉"之说。

俗语又云："时移世易，事过境迁。"近几年，莲塘村依托丰富的文化资源和自然的生态环境，积极开发"九曲画廊·巴江渔歌"、古村落游等项目，凸显文化遗产和自然生态的优势，打造地方特色旅游品牌，获得了多项荣誉，2014年获评广州市名镇名村，2016年获评第五批广东省古村落与第三批广州市美丽乡村示范村，2015年被中央政策研究室和农业部定为全国农村固定观察点，2015年与2017年获评广州市和广东省新农村示范片，迎来了重新焕发生机的春天。

漫步莲塘，远望翠峦横空的中洞山，近看九曲蜿蜒的巴江水，徘徊于庄严肃穆的祠堂前，行走于绿意盎然的阡陌里，徜徉微波荡漾的水塘边……不经意间被浓浓的乡土气息陶醉了，一种泛着回甘的淡淡乡愁油然而生。

古墙深巷忆韶华

——记莲塘村官坑甘氏大宗祠

◎张运强　余鸿浩

花都区有东莲塘西莲塘之分,新华街的莲塘村,称为东莲塘,西部赤坭镇的莲塘村,称为西莲塘。甘氏大宗祠,位于赤坭镇西南部莲塘村辖内的官坑自然村内。该村始建年代不详,距离赤坭镇政府约8公里,东邻中洞水库,西接乌石村,北近小迳自然村,南距佛山三水的芦苞涌只有2.5公里。官坑自然村坐东向西,背靠丘陵山岗地带,因谷地干旱缺水,原叫"干(旱)坑",后因土语"干"与"官"近音,遂改称官坑。

甘氏大宗祠

先祖涉水逃生

2021年4月，笔者走进官坑自然村。沿途花草吐绿，树木林深，满眼翠色。

村前有一眼十几亩宽的水塘，西侧有几棵400多年古榕，据说在建村时就有，如今依然生长茂盛。村面干净整洁，村民在树荫下聊天，彰显出一派祥和的农村风貌。在古榕树下，一块写着"甘敦善堂酒桌"的四方石板，成为村头一张特殊的"八仙桌"。这块石板来自村后山上的一座祖墓，原是祖先墓前专门放祭品的。这么大一块完整石头做成的的祭品供台，说明了当年官坑甘氏的富有。因墓搬迁，当时村里出动了好几个精壮的小伙，千辛万苦才将石板抬到这里。

百年村落古色古香，当年雕梁画栋的祠堂、书舍、门楼一一在目。

官坑自然村村民皆为甘姓，源自顺德大都甘村。相传先祖高江、烈江两兄弟从顺德迁到三水显学岗暂住，还有一些兄弟迁三水横岗。

某年，北江发大水，芦苞涌崩了大堤，洪水浸没显学岗，高江、烈江兄弟游水逃生。烈江溺水而亡，高江游到官坑的岭边，他上岭暂避洪水。洪水退后，见这里地势高，风景秀丽，适合居住，于是便在此处定居下来，高江成官坑甘姓立基始祖。官坑甘姓族人在清明节，与炭步镇坳西村、旺边村，赤坭镇石燕村等村甘姓，有联宗祭祖活动。

目前，官坑自然村有村民300多人，仅50人留在村里，其他甘氏族人均在外发展。甘氏的子孙分布中国香港、美国等地。

祠堂书室俨然

甘氏大宗祠内景

官坑甘氏现有从祖上传承下来的青砖广府民居30余座，其中有甘氏大宗祠、汝珍书舍、子贵书舍、明宗书舍、现隆书舍、君举书舍。人们不禁暗暗感叹，一处小小的自然村，竟如此之多的古建筑，当年究竟有多少大户人家、书香门第在这里耕读传家。

甘氏大宗祠，始建年代不详，光绪二十二年（1896）重建。祠堂坐东向西，三间三进，开放式走廊，人字封火山墙，碌灰筒瓦，青砖石脚。大门两侧嵌花岗岩门夹，石门额阴刻"甘氏大宗祠"，上款"光绪丙申年重建"，下款"高要吴桂丹书"。甘氏大宗祠在20世纪50年代后期，因各种原因，曾遭到损坏。到20世纪90年代，乡贤甘伯棠伉俪和村民集资修复，除外形保留祠堂特色外，工艺采用水泥钢筋结构。虽然缺乏古韵，但给族人提供了一个交流聚会的场所。

甘氏大宗祠内有六副楹联，其中一副楹联说明了祖先的来源："三水横岗怀远万载柏长青；花邑官坑渤海千年松不老。"一副说明了甘氏辈分："纪祖德显声威彰明大业；守宗敬崇仁让振衍宏猷。"还有一副嵌入了甘氏先祖名字："烈江胄裔耀宗志安神建祠永传承；高江灵宪振祖风圣地重修焕光彩。"另外三副则是表达了村民对美好明天的期盼："长者思明稚童敏慧箕裘传继兴天齐；少年相弼壮岁笙旗宗祖声名同日耀。""有仁有义有容有教乡村有仕绅；同德同心同奋同源兄弟同荣辱。""桂蘭芳厚齐家登仕好春秋；宗祖基鸿继往开来新日月。"

另有汝珍书舍，建于清咸丰十年（1860）。坐东朝西，三间两进。镬耳封火山墙，青砖墙，碌灰筒瓦，建筑占地164平方米。子贵书舍，建于清道光十六年（1836）。坐东朝西，三间两进。镬耳封火山墙，青砖墙，碌灰筒瓦，大门嵌花岗岩门夹。明宗书舍，建于清同治三年（1804）。坐东朝西，三间两进。镬耳封火山墙，青砖墙，花岗岩石脚，碌灰筒瓦，灰塑龙船脊，大门嵌花岗岩门夹。石门额阴刻"明宗书舍"，上款刻"同治甲子建立"，下款刻"朱昌言书"。汝珍书舍、子贵书舍、明宗书舍，建筑形式、结构基本相同，同是2010年4月公布的花都区登记保护文物单位。

村里原来还有两座炮楼，一座在村南，高三层，已被拆毁，一座在村北，仍保持原貌。

汝珍书舍

明宗书舍

甘氏先贤启后人

官坑不是一个普通的小村,它还有着革命的印记,有令人敬仰的革命先烈,有可歌可泣的英雄事迹,值得人们永远铭记。

甘来(1905—1975),1925至1926年,为了支援上海五卅反帝爱国运动,甘来参加了省港大罢工。1927年12月11日,甘来参加了广州起义。起义失败后,他扮成商人回到官坑躲藏,他把随身携带的枪支用布包好,藏于水井,然后去三水芦苞坐船到香港避难。中华人民共和国成立后,甘来任广州工人医院院长,曾回村住过一段时间。

甘铭基(1931—1949),他出生于一个农民家庭,其父病逝,母患肺病不能劳动,哥哥饿死在广州街头,剩下母子两人过着饥寒交迫的生活。因家穷,甘铭基没有读过书,一直在家做农活。1949年10月13日,花县解放,18岁的甘铭基成为花县公安营一名战士。1949年12月30日,在一次剿匪战斗中,甘铭基光荣牺牲。他的遗体安葬在狮岭与北面的山坡上。

甘锐祺(1956—1979),中国人民解放军126师376团二营四连班长,1975年1月入伍,1978年入党,1979年2月17日在对越自卫反击战中牺牲,荣立二等功。当时他临近转业,部队批准他回乡探亲。在家住了5天后,他所在的部队参加对越自卫反击战,他毫不犹豫地上了战场。

甘敦善堂酒桌

在甘氏大宗祠,烈士的哥哥甘锐强谈起弟弟甘锐祺的事迹几度哽咽。他说:家里至今还保留了很多甘锐祺用过的遗物,如在部队的被子、毛巾、军装、军用雨衣、立功证书等。言语间饱含了对兄弟深深的怀念。

岁月流逝,沧海桑田,官坑自然村革命先辈和烈士的事迹,让人们永远铭记。

南迁的名臣之后

——记缠岗村鹤栖坭郭氏宗祠

◎ 郭利群

在赤坭镇缠岗村之南、乐排河之东有一个环境优美的自然村,它有一个非常诗意的名字——鹤栖坭,隶属于缠岗村,这里有一座郭氏宗祠,它见证了郭氏族人100多年来的风风雨雨。

郭氏宗祠

宗祠壁画百年如新

郭氏宗祠始建于光绪十三年（1887），至今已有130多年历史，它坐北向南，三间两进，另带一个衬祠。2009年因年久失修，郭氏族人捐资对祠堂进行修葺，2010年郭氏宗祠成为花都区登记保护文物单位。

据郭氏族人介绍，该祠堂屋脊上曾有精美的灰塑，后有风水师说其影响风水，村民听从建议，把屋脊上的灰塑拆了下来。重修时，有人提议把灰塑修复回去，几经商议后，大家还是遵从先人做法，没有再在屋脊上做灰塑。

郭氏祠堂整体架构保存良好，石雕、虾公梁、石柱等保持原貌。特别是墙上壁画，据族中老人所言，虽然祠堂重修过，但并没有对壁画重新描色翻新，其依然保持着鲜艳色彩，内容清晰可见。如祠堂正门"郭氏宗祠"门额上方的"十八大学士"图，十八个学士形态各异，有的捧着书卷、有的在认真交谈、有的在细细聆听，栩栩如生，仿佛能感受到他们的论学情景。除此之外，祠堂中还有《群仙共乐》《日近龙颜》等壁画保持了原本风貌。郭氏宗祠环境干爽，未见青苔杂草，这除了族人精心打理外，地理位置也是相当重要，这应该也是祠堂壁画及其他构件没有被自然风化的重要原因。

据郭氏族人说，他们的祖先为了寻找最佳住所，曾在附近一带仔细探索。很多地方白蚁过多，不适合建屋。因为有白蚁的地方，土会迅速变成土粉，建筑难以承受虫害。还有低洼地，洪水一来，经常受灾。郭氏先祖带着子孙三迁，最后安居在现在的鹤栖坼。

边陲湿地好安家

从鹤栖坼的郭氏族谱中了解到，他们的始祖是唐代功臣郭子仪。郭氏后人经南雄，又遇"胡妃之乱"，南迁到当时南海大同村，再到番禺市桥乡大桥头居住。

六世祖郭乔窝顺着河流撑船到炭步、赤坭一带卖缸瓦，到现赤坭白石村、缠岗村一带。当时三水县北江芦苞段未有护江大堤，北江河水经常沿途泛滥，使这一带形成很多河流港汊，湿地沼泽，遍布鱼虾。郭乔窝见这里有很好的生存环境，便携母李氏、妻高氏在这里安家落户。多年后，郭乔窝母亲年老思念番禺老家，孝心惜母的郭乔窝便带着她回到番禺大桥头，留妻儿在花县。郭乔窝年老后在番禺病逝，但族人仍认他为鹤栖坼郭氏的开基祖，至今已有500多年历史。

郭乔窝有一子郭南涧，郭南涧又有三子，其中一子无后，兄弟过继一子给他，所以鹤栖坼郭氏主要分三房派。郭乔窝最初是和丁、周两姓一起在鹤栖坼开基，曾共同建有郭、丁、周三姓公厅，可惜在"文革"时被拆。如今鹤栖坼只有郭氏单姓，常住人口近100户，约200人，加上外迁到中国香港、美国、加拿大等的，郭乔窝的后人有近500人。鹤栖坼现连田带山地约有1000亩，中华人民共和国成立后有一段时间曾隶属于白石村，1969年始归属于缠岗行政村。

据《花县志》记载：鹤栖坭村在明朝正德年间（1506—1521）已有农户驻耕。清康熙二十五（1686）花县设县，它由原南海县辖地划归花县。这里环境优美，湿地多、鱼虾肥美，吸引了许多鹤鸟在这里栖息，成群结队的白鹤飞到此地觅食，蔚为壮观，夜间栖宿于树林之中。久而久之，人们就给这里起了个很有诗意的名字"鹤栖坭"。

据村民说，中华人民共和国成立后，由于修筑了三水芦苞段的北江大堤，这一带很少发洪水，加上后来的人把一些港汊、沼泽、河滩变成农田和鱼塘，白鹤失去觅食环境，白天便飞到周边鱼塘及河滩觅食。等到夕阳西下，傍晚时分才飞回鹤栖坭的树林和竹林栖息，只是数量和以前相比较，减少了许多。但近几年，有村民反映，鹤栖坭的白鹤又多了起来，这都是有赖于国家保护生态的好政策，绿水青山就是金山银山，注重自然环境的保护，白鹤又成了鹤栖坭的常住客。

墀头精美的砖雕

巧用勒竹护族人

鹤栖坭的"三不管"位置，也曾经让这个村子在战乱年代中相对处于宁静，没有出现被官兵抢掠的情况，这也是郭氏祠堂能够幸免于难的原因之一。而郭氏族人团结一致共护家园的意识，也同样发挥了重要作用。

据郭氏族人说，为了避免土匪抢劫和外人入侵，中华人民共和国成立前，鹤栖坭周边种着密密麻麻的油簕竹，把整个村子包围起来，只有东西两个方向的门楼可供村民出入。油簕竹是优良的竹材，不仅坚韧，少受虫蛀，还长有锐尖头，具有很好的防护作用。过去鹤栖坭的油簕竹防护墙，不仅人不能通过，甚至连子弹都穿不过，可见其密实程度。据说曾经有土匪想抢占村中的二十几头牛，但尝试了几次，都因为有油簕竹的保护，没有成功。中华人民共和国成立后，这道油簕竹防护墙被砍掉了，如今不复存在。

关于油簕竹防护墙和炮楼，郭氏族人中还流传着一个故事。据亲历者的后人说，中华人民共和国成立前，有懂风水的人说鹤栖坭东西两边的炮楼风水好，但会对相邻的白石村产生不利的影

挑头石雕与石狮柁墩

响。没想到听者中就有白石村的村民。白石村便要求鹤栖坜把炮楼拆掉。炮楼是鹤栖坜自保的防护楼，怎么能说拆就拆呢。于是，两边的村民打起了官司。因鹤栖坜当时隶属于白石村，白石村强过鹤栖坜，郭氏族人没办法，便求助当时在广西南宁做副市长的同村人郭桥新。郭桥新是白崇禧和李宗仁的同僚，其权势不小。鹤栖坜派代表历经千辛万苦，在南宁找到郭桥新，但郭桥新就是不答应为村里说情，鹤栖坜的炮楼最终还是被拆了。后来在郭氏族人强烈争取下，炮楼又得以重建，至今仍然保存。

谨记家训好风尚

鹤栖坜郭氏族人崇尚良好家风，《郭氏家训》是："敬祖先、孝父母、和兄弟、教子孙、睦宗族、和亲邻、守国法、勤劳作、务正业、去奢侈、除异端、禁赌博、禁吸毒、正人伦、慎婚配、重敬贤。"教化族人做人做事道理。族人中没有出现吸毒、赌博等不良现象，村民淳朴厚道，就如当地优良的自然环境一般。

鹤栖坜郭氏族人中没有轰轰烈烈的大事件和出名的大人物，但也有不少为社会做贡献的人才。广州南站工会原主席郭杰昌、广州市卫生局原局长郭润钊、广州市中药一厂原厂长郭兆銮、广州市政府秘书处原处长郭炳新等，都是出自鹤栖坜。

如花都的许多地方一样，鹤栖坜有舞狮、投灯的习俗，其舞狮曾经还在比赛中得到好名次。郭氏宗祠作为族人公共场地，一些重大活动及喜事都会在这里举办。新时代，鹤栖坜郭氏有重阳敬老活动，邀请老人到祠堂聚餐。每年的年初六，鹤栖坜郭氏宗祠有新春联谊会，除了村中的族人，外嫁女携家带口及周边郭氏兄弟到这里共聚一堂，共话情谊，祭祖祈福。

如今，曾经的边陲小村鹤栖坜乘着经济大发展的东风，日益展现出它的优势。周边保护得良好的环境,加上高速公路、山前旅游大道、省道横穿,交通便利,宜人宜居,吸引了碧桂园、美林湖两大楼盘进驻,也为村民提供了工作机会。在乡村振兴和美丽乡村的带动下,鹤栖圩生态环境优美、经济繁荣发展的目标正在逐步实现,其基础设施逐渐完善、村容村貌不断改变、村民生活越来越美,处处显现出美丽的新风景。正如郭氏宗

鹤栖圩环境优美,至今仍有白鹤栖息

祠里的诗句所写:"鹤立巷松四面稠,栖身童叟永无忧。圩茞回护丫山绕,村舍盘桓缠水收。郭宅久居团祖嗣,氏名郡派太原留。宗枝预卜千年盛,祠宇辉挥芳泽留。"鹤栖圩郭氏继续谱写着他们的美好新时代。

九曲画廊藏古风

——探访鲤塘村林氏宗祠

◎ 张 婧

"九曲画廊白鹭飞，秀丽景色是鲤塘，青山绿翠人兴旺，村前大道亦风光……"这首诗出自87岁高龄的林灼新之手，诗中描述的正是赤坭镇鲤塘村一派远离闹市尘嚣的田园风光。花都画家林金明心中也有一片乐土，那里有骑在牛背上嬉戏的娃娃们，还有徘徊在河岸边的放鹅人，这正是他魂牵梦萦的故乡鲤塘村。

林氏宗祠

风景秀美　民风淳朴

鲤塘村位于赤坭西部，东接高八丈山岭，西临门口坑村，南邻楠木树村，北近九曲河。据记载，鲤塘村始建于明代，因村东有鲤鱼山，村西有大鱼塘，故名。

祠堂悬挂牌匾"九牧连枝"

该村坐落于丘陵山岗地带，村旁有九曲河。九曲河虽没有渔船穿梭、渔歌晚唱的热闹，但自然形成的弯曲河道也是一道美丽的风景线，是人们体验慢生活的好去处。村旁有八丈岭，山岭有铁矿石资源。过去村里还有一大片森林，资源很丰富，长着很多水松。村里的林氏祠堂做过水松木的加工厂，做暖水瓶的木塞，那时整个广州地区的暖水瓶木塞基本上出自这里。祠堂后面有三棵榕树，要两三个人才抱得下，后来这三棵榕树被白蚁蛀掉。

鲤塘村有四个自然村，世居村民主要姓氏为林姓，其中，鲤塘村一、二社两个经济社村民全部姓林。

林姓人口密度最高的地区为福州、莆田、闽南、粤东及台湾，广东林氏大多数是福建"九牧林"的后代。九牧林根在莆田，源出澄溪。据村民称，林姓先祖在南宋时迁至福建莆田，林天有于宋末元初迁广东惠州府归善县黄埔乡，生子林原德，迁至炭步南涌，分支到此，后代有分支到狮岭镇西头村新林庄、广西百色和湛江遂溪。鲤塘村林姓村民户籍有700多人，但现在村里常住的只有三四百人，年轻人都外出打工或经商。鲤塘村是个长寿之乡，目前村里有60岁以上老人120人，其中90岁以上高龄的老人有6人。每年的重阳节和大年初七，村里都会集资邀请全村60岁以上的老人共享美食，有浓厚的孝老爱亲氛围。

据村里的老人说，最早来花都的林姓祖先是炭步南涌村分支，祖先是林思义。鲤塘村林姓的祖先林历源于雍正八年（1730）从赤坭莲塘村分支而来，当时来此地开基时有100多人。林历源来此地开基时有五个儿子，四个留在本地，有一支去了英德。村里另有一支林姓是从顺德搬迁过来的。后来人口繁衍，林姓人继续开庄。三世祖、十五世祖分别开庄鲤塘等村，鲤塘村的宗族活动主要有清明祭祖。2011年，林氏太公墓从花都汽车城附近的山岭迁至大兴。清明节当天，从狮岭、炭步、马溪、广州市白云区、湛江、百色等地来的宗亲来鲤塘拜祭大太公，按照村民到达先后为序安排拜祭。

重修祠堂　敦睦乡谊

鲤塘村现存传统建筑有林氏宗祠和李溪书舍。

鲤塘村林氏宗祠，堂号礼本堂。林氏宗祠位于鲤塘村鲤塘一社，始建年代不详，于清光绪十八年（1892）重建，门额上的"林氏宗祠"由郭杰臣书。祠堂在2012年重修，属于家族祭祀祖先和先贤的场所。

说起这块"礼本堂"的牌匾，还有段小故事。据村民回忆，在20世纪"文革"期间，这块牌匾曾经不翼而飞。当时重新做这样一块牌匾难度很大，不但相同的材质难寻，有同等水平的雕刻工匠更是凤毛麟角。为了尽快找到这块牌匾，村里贴出告示，说谁保管了这块匾就奖励500元。不说这块匾被偷，而是说保管，给了偷匾的人一个大大的台阶，而且只要送回就奖励500元。这笔钱在当时也不是一笔小数目，全村一片哗然，争相奔走告知。出人意料的是，贴出告示的当天晚上，这块牌匾竟神不知鬼不觉又被放在了祠堂门口，那500元奖励金也迟迟未有人前来领取。

随着悠悠岁月的流逝，宗祠日趋破旧。由于年久失修，损坏较严重。头门正脊，中、后堂前两廊已毁。

祠堂是凝聚家族血缘和感情的纽带，书写着祖先奋斗的历史。2012年，大炼村林氏后裔德厚、洪通等宗亲捐款集资120万余元，并指定专人负责进行祠堂修缮，用时8个月完工。修缮后宗祠焕然一新，祠貌壮观。

重修后的林氏宗祠坐东朝西，三间三进，建筑占地393平方米。宗祠大门上方的"林氏宗祠"四个鎏金大字苍劲有力，给宗祠增添了光彩。人字封火山墙，碌灰筒瓦，青砖石脚，前后各两根石檐柱。大门两侧嵌花岗岩门夹，次间有虾公梁、石狮、石斗拱、前廊梁架和封檐板木雕花鸟、树木、瑞兽等。门内设中门。花岗岩石台基，五级石阶。中堂面阔三间，石前檐柱，四根杉木金柱。堂前天井铺花岗岩条石。后堂面阔三间，四根杉木金柱。五级石阶，堂前天

宗祠内景

井铺花岗岩条石。堂中对联十分醒目:"政通人和承先启后修祖业;春风化雨继往开来勉后贤。""人杰地灵百废俱兴改旧貌;民康物阜万年戴德换新颜。"在阳光的照耀下,祠堂壮丽、厚重、庄严、肃穆,给人无尽遐思和美的感受。

祠堂风雨　历史烙印

祠堂是供奉和祭祀祖先的地方,然而,林氏宗祠却饱受战火的洗礼和岁月的摧残。

抗战时期,日军驻扎该村。在日军驻扎两年的时间里,村中一半的房屋被强行用做营房,村民居无定所,只能挤在剩下的破烂房屋

正脊灰塑"五狮下山"

里度日。日军在高百丈建炮楼,挖战壕,附近村庄的祠堂被拆毁用于建炮楼,鲤塘村的祠堂也不能幸免。抗战时期,村里常被日军骚扰,村民东躲西藏。如有村民被日军抓住,就会拉到祠堂门口严刑拷打。日军给村民喂猪饲料,等肚子饱胀后用脚猛踩。林森胡老人的兄长30岁不到,被日本人活活折磨致死。在民国期间,村里还常被土匪骚扰。有一次,土匪发现林森胡手上有老茧,就认为他藏有枪支,他交不出,于是被土匪用枪托击打,家里的牛也被牵走。

鲤塘村还曾经是血吸虫病的重灾区,在20世纪60年代,全村有几十人发病,后来,政府派出医疗队进驻鲤塘村,血吸虫病情得到遏制直至全部消灭。

中华人民共和国成立后,林氏宗祠曾用来办过幼儿园和小学,后来因为学生人数太少与新进小学合并,这才初步恢复了宗祠作为祭祖的活动场所。20世纪60年代中期,祠堂里的十几个杉木菩萨被搬去烧了,其中一个菩萨是镀了金身的。

近年来,赤坭镇以浓郁乡土特色为本底,打造了一个辐射华南地区的"现代都市农业一主线三片区综合体"。其中,以体验慢生活为主题的九曲画廊片区就包含了鲤塘村。2016年8月20日,选址在鲤塘村猪仔迳水库的广州市第五资源热力电厂主体工程顺利动工。该项目采用目前世界先进的丹麦伟伦技术(机械炉排式焚烧炉工艺),处理能力为2000吨/天。

长期以来,岭南地区聚众而居,形成了独具特色的祠堂文化。历经数千年的积淀,宗族文化早已根深蒂固。夕阳西下,林氏宗祠在落日余晖的映衬下,诉说历史,见证未来,古韵悠悠,意味深长。

丫髻山下好安家

——记剑岭村邱屋邱氏宗祠

◎余鸿浩

邱屋位于赤坭镇东北部,东临丫髻山,南邻谢屋,西邻下宋屋,北邻徐屋,村民皆姓邱。

邱屋地处丘陵山岗地带,正东方向有海拔408米的丫髻山,正是由于这个缘故,邱屋几乎是每天上午九点以后才能见到太阳。邱屋西面有海拔91米的剑岭,邱屋所在地就在剑岭村。邱屋在

邱氏宗祠

一些电子地图上也被写作"丘屋",出现这种情况的原因可能跟历史上"邱"和"丘"之间绵延几千年的变动,导致"丘""邱"混用有关。邱屋村民所在地为兴隆庄,属客家民系。

两条祖训

据邱屋村邱氏村民带来的资料显示,邱屋邱姓先祖始居山东营丘,先后迁往河南、福建上杭、广东蕉岭,邱屋村邱氏的开基祖是广东程乡县石屈都原子山(即今梅州市蕉岭县蕉城镇湖谷村榕树下)的邱隽诜(觉凡公)。

邱隽诜夫妇在邱氏迁徙到此地之前就已经去世,真正从蕉岭榕树下迁来邱氏现居地的是他们的次子邱魁而,邱魁而将父母的香炉钵从老家带到了这里。关于邱魁而父母的香炉钵,有一件影响深远的事。清康熙八年(1669),邱魁而从老家迁往赤坎时,并不只是他单独一家,还有谢氏、徐氏两家人同行(有邱屋村民认为他们之间是表兄弟关系,无考),三家人各自带着父母的香炉钵,一起坐船南下。他们将父母的香炉钵放在船头,突然,天降大雨,他们想将各自的香炉钵拿进船舱避雨,但船家以不吉利为由拒绝了。他们只得将香炉钵留在船头,自己进入船舱躲雨。雨停后,邱、谢、徐三人从船舱出来,他们看了看三座香炉钵,猛然发现,由于三座香炉钵的外观十分相似,加上上船放置香炉钵时,没有留意放的位置,之前的一阵狂风暴雨也让香炉钵移了位,一时间,他们已经分不清哪一座香炉钵是自己父母的。于是,邱、谢、徐三人下船后约定:三人互相视为同姓亲兄弟,三家后人务必世代友好。根据同姓不婚的传统婚姻禁忌,他们定下后代不许与其他两姓通婚的祖训,这个祖训影响邱屋邱氏至今。

邱、谢、徐三家人来到赤坎后,见丫髻山西侧山脚

邱氏宗祠内景

下一片平原，山清水秀、土壤肥沃，认为这里适合居住，便在此定居了下来。直到今天，谢氏、徐氏、邱氏仍相邻而居，谢氏居住在邱屋南边称谢屋，徐氏居住在邱屋北边称徐屋，300多年来，邱、谢、徐三姓的后人一直友好相处。

邱魁而在花县定居后不久，他的哥哥邱觐而也带着全家从老家迁来邱屋。没过多久，邱觐而感觉这里夹在丫髻山和剑岭之间，不够开阔，又已有好几家人居住，有些拥挤，于是举家迁往今广西贵港市覃塘区蒙公乡定居。虽然两家相隔三四百公里，但血浓于水，邱屋邱氏与广西觐而的后代至今仍有密切来往，每次到对方家里探访时都会受到热情的款待。就在我们进村采访的前一晚，几位村民才刚从广西探亲回来。

邱魁而的生平和故事至今仍为邱屋邱氏所熟知。村民们说，魁而祖在他所处的年代也算是一个出类拔萃的人才，他做了一辈子的教书匠，在蕉岭老家时，他就已经在私塾里教了很长一段时间的书了。迁来花县后，可能是教龄长、教学经验丰富，他先后被附近其他一些村子聘请当塾师，给各个村里的孩子们上课，他的授课水平不错，很受家长和孩子们欢迎。因此，邱魁而迁来花县没过几年，就拥有了较多的财富，很快就在村内建起了邱氏宗祠。村民们所说的邱氏宗祠建祠时间不太确切，据推测大约是在17世纪70年代中后期。落户花县不久后就能建好祠堂，这在众多迁入花县的家族中，都是十分少见的，更何况他的职业是一个很难有超高收入的塾师，在古代能通过教书来获得大量财富，是极其罕见的。不过笔者根据现有资料发现，邱氏宗祠的建祠时间另有一说。据《花都村情·赤坭镇卷》记载，该祠始建于清雍正元年（1723），这比村民们所说的建祠时间晚了约半个世纪。若是以这种说法推断，邱氏宗祠的建设者就应该不是邱魁而，而是他的子辈或孙辈。

大概是祖宗是文化人的缘故，邱魁而的后代们虽然没有继承祖宗教书的事业，而是代代为农，但几百年来，村民们都以有文化为荣，素质较好。在这样一个偏安一隅的小村庄里，村民居然都温文尔雅，礼敬有加，不由得令外人有些惊奇。在邱屋建村至今的300多年里，村民一直过得十分安宁，包括在历次社会动荡中，他们都能独善其身，这也许跟他们先祖的智慧和与世无争的性格有关吧。

邱屋村中还流传着另一条奇怪的祖训：后人所从事的行当里，不准开理发店、不准养羊、不准做木匠。今天的邱屋，没有村民知道这个祖训到底是哪位祖宗定下来的，也不知道这个祖训是在何年何月出现的，更不知道为什么要定这样的祖训。但是，据村民说，邱屋曾有人去开理发店，结果没有开多久，就莫名其妙得了重病，其他村民得知此事后，就再也不敢违背祖训了。

邱氏宗祠

邱屋现存宗祠一座，为邱氏宗祠。但建祠时间文字资料所载与村民的说法相差了50多年，如今时过境迁难以考证，目前我们看到的是2012年重建后的祠堂。

1959年，当时的邱氏宗祠被改建为饭堂。祠堂首进全部用砖封闭起来，祠堂的外观被改得面目全非。一直到了2010年，邱屋村民决定重建祠堂，以恢复祠堂的原貌和功能。他们号召邱氏族人慷慨解囊，相关组织也踊跃捐输，最终共筹集了110多万元资金，其中，邱屋的三个经济社共资助32万余元，广州市老年龄基金资助30万元，赤坭镇政府资助10万元，剑岭村委资助1万余元和水泥，其余30多万元皆为邱屋村民所捐献。2012年，新祠堂落成。该祠现占地500平方米，坐东南朝西北，三间两进，左右各有一衬祠。人字封火山墙，碌灰筒瓦，灰塑博古脊，石门额阴刻"邱氏宗祠"。祠堂堂号为"崇经堂"。

崇经堂

堂内，十余个祖先牌位有序地摆放在神龛上，每逢重大节日，香炉的两边都会摆上各种祭品。祠堂内壁上画有"八仙贺寿""以鹅换书""兵书世家""教子朝天""十二生肖"等五六十幅精美壁画，还有请当地书法家题写的各种书法文字。墙壁上还挂有三副木质对联："渭水开支福子孙兴旺发达茂盛昌隆；风水宝地宗亲谋后代世人丁才贵寿。""崑子齐心来庆贺；泰孙合力建家园。""渭水血缘心相应兴隆昌盛更辉煌；宗亲发芽图大业祖先祖孙福满堂。"另外有一副刻着"祖德重光"的牌匾挂在正对祖宗牌位右侧的墙壁上，这些都是其他各地的邱氏宗亲在祠堂重光时送来的。关于摆酒做寿，邱屋有这样一个约定俗成的规矩，那就是：只有八十岁以上、夫妻双方都健在的夫妇才可以在祠堂摆酒做寿。邱氏宗祠现在也成为村民休闲聊天、开会议事的地方，村中很多老人在祠堂内谈笑风生，祠堂的大门常年打开，村民和游客可随时入祠祭拜参观。

祠堂门前有一广场和水塘，广场面积约450平方米，是全村人运动、休闲的主要场所。水塘面积约7000平方米，为邱屋的太公鱼塘。过去，每年村里都会干塘捞鱼，然后把鱼分给村民。最近这些年，鱼塘被承包给私人。邱屋的特产还有种植在村后丫髻山脚的鸭颈绿荔枝、锦山柿子、龙眼、黄皮等，村民说，这些水果只有产自邱屋的才好吃，其他地方种的，哪怕是用邱屋的种子，所结出的果实的味道都不一样。此外，邱屋的饮食文化也比较浓厚，很多人都能做出一手好菜，如邱屋炆狗肉、邱屋炆羊肉、邱屋炆排骨、客家扣肉等，这些特色菜在赤坭很出名，邱屋村民在村内开了一家农家乐"六仔农家菜"，口碑不错，里面的农家菜可以说是邱屋特色菜的代表作和集大成者。

每逢大年初五和清明节，邱屋邱氏都会组织60岁以上老人免费聚餐，当然，不够60岁的村民也可以参加，前提是他们要象征性地交10～25元的费用。每年两次的聚餐活动至今已坚持了20余年。清明期间，族人会约定时间到祖先墓地联宗祭祖。从邱屋走出国门的侨民约有30人，其中绝大部分人旅居美国和巴拿马。

邱屋的凝聚力

精诚团结是邱屋的一大亮点。2019年5月，邱屋邱氏组织了一场千人金花回娘家的盛会。这次盛会的成功，展现了邱屋邱氏的凝聚力。当年6月，在众乡亲的提议下，邱屋邱氏成立了联谊会，制定了各项规章制度。联谊会积极配合村开展村容村貌整治、邱屋族谱修缮、水利工程改造、少儿传统教育、家庭矛盾调解等工作。

2019年年底，联谊会开办青少年醒狮培训班，村中有20多名青少年报名参加，该活动提升了青少年学习传统文化的兴趣，增强了体质，让他们减少了对电子游戏的沉迷。与此同时，联谊会还组织成立了约有40多人的村广场舞蹈队，大大丰富了村民的娱乐活动，也让村民更加团结。

在联谊会成立以来的一年多时间里，村中有多名村民患急症、重病住院，急需费用救治，联谊会在了解到情况后，每次都立即发起筹款倡议，并及时将所筹得的捐款送到病人手上，帮助他们渡过难关。

2020年初，新冠肺炎疫情暴发，为配合政府打赢疫情防控战，联谊会起草疫情防控倡议书，向村内的每家每户发放疫情防控手册，并成立义务防控队，有80多人自觉报名参加防控队，他们在村的出入口进行24小时全天轮流值班，对每一位进村的人进行体温检测，认真查看他们的健康码及相关信息。

为解决村民饮水不方便、水质较差的问题，理事会成员齐心协力，积极开展旧水池和旧水管的改造工程，从设计到施工都认真监督，抓好工程的质量，改造工程很快顺利完工，村民的饮水问题得到了大大的改善。

2020年6月起，联谊会开始修缮族谱的工作，各理事们针对族谱里的内容，进行挨家挨户上门调查采访，根据得出的调查结果，修改补充族谱中的错漏，并在族谱中加入村内重大事记、名人事迹等内容，待整理完善后将重新印刷族谱。

不忘初心守祖德

——访丰群村新华庄戴氏宗祠

◎刘小慧

笔者约了一位丰群村新华庄的戴氏长老,想了解一下在2010年被列入花都区登记保护文物单位的戴氏宗祠,听戴氏的故事。到访当天,竟然来了一大群热心村史的戴氏老人。大家围坐在祠堂里,侃侃而谈,述说着戴氏及这座祠堂的每一段历史过往。

戴氏宗祠

谈经门第　注礼家声

目前在花都区，戴氏族人的分布主要集中在丰群村的新华庄、牛斗窝、石坑村的戴屋（又名桃子坑），整个氏族有500多人，其中新华庄约有250人。他们均是花县戴氏开基祖戴上翠和戴上科的后裔。

2004年，戴均华所编修的注礼堂《戴氏族谱》卷一、卷二中，记载有一对合谱封联："微子建宋执谥戴公德圣注礼凭公解经耀门第；道国辅唐安谥忠恭玉先入粤上翠开基荫子孙。"据戴氏老人解释，这对合谱封联便是他们戴姓历代名人及整个源流的说明。

"微子建宋执谥戴公"是指西周初年，周公旦封微子启于商的旧都，建立宋国，并定都商丘。宋国第九世，第十一任君主执公，谥号为"宋戴公"，其庶子以王父谥号为氏，称戴氏。故戴公是戴姓的得姓始祖。

"德圣注礼凭公解经耀门第"是指西汉时期，先有礼学家戴德选辑古代各种尚存的礼仪，编纂《大戴礼记》，其侄子戴圣又在此基础上增删，编纂《小戴礼记》。而这本《小戴礼记》便是后世历代所传的《礼记》。由于它是我国古代一部重要的典章制度书籍，影响力大。戴德、戴圣二人也被戴氏后世奉为典范，以"注礼"为戴氏堂号。至东汉时期，又有戴凭因与诸儒论难，解经最为精彩，故有"解经不穷戴侍中"的美誉。前有德、圣两叔侄编纂的儒家礼仪论著得以传世，后又有戴凭解经不穷的美誉，令戴氏宗族光耀夺目，祖上荣光无限。

"道国辅唐安谥忠恭"分别是指唐太宗时期的戴胄和南唐时期的戴安，戴胄谥号为道国公，任尚书左丞相；戴安谥号为忠恭，官至银青光禄大夫、国子监祭酒兼监察御史。

"玉先入粤上翠开基"是对新华庄本支戴氏源流的介绍。明朝洪武四年（1371），戴玉先携子戴荣俊，翻山越岭，从福建迁徙至广东兴宁增坑立宅，是为本支戴氏的入粤始祖。明朝天顺年间（1457—1464），后裔戴梓禄迁往龙川半坑上克建基立业。至明嘉靖年间（1522—1566），戴梓禄之孙戴福德携子戴长忠、戴三贤迁徙至龙川黄岗背开垦立宅。康熙四十年（1701），戴梓禄十代孙戴上翠在龙川黄岗背铁场大岭下发迹，后迁徙至花县枫林背村（今丰群村）地塘下（原是田心村村口正对的一块田地），是为花县戴氏的始迁祖。戴上翠在枫林背村买地立宅衍世，以招耕军田、开荒种地、烧炭等为生。他娶妻育儿，子孙十代都在地塘下生活。在戴上翠立宅丰群村有四世之时，乾隆三十六年（1771），戴上翠的弟弟戴上科的裔孙亦从龙川迁入花邑石坑村桃子坑建村。后戴上翠的长子戴应麟一房的后裔迁居邻近的牛头窝建村。玄孙戴元琳、戴元瑯两房子孙迁往丰群村第五、第六经济社。

新立之地　共创荣华

在地塘下生活的戴氏族人日益增多，地方尤显狭窄。其时，久居在地塘下的正佐公后裔认为，邻近已有田心村的麦氏大族在此，地塘下已经是一个"住唔胜"（指发展不太好）的地方，遂意另觅一地建庄。经族人商议后，他们决定合资向田心的大地主购置一片田地，用作新村宅地。1938年，正值抗日战争初期，戴氏族人仍决心迁庄，他们众志成城，纷纷慷慨解囊，一些族人甚至将毕生积攒的钱

祠堂内景

财都投入到建庄之中。从1938年起，戴氏子孙陆续全迁到此。历经四年之久，他们才在新庄建有六座房屋及一座宗祠，其时祖先将新庄命名为新华庄，取新立之地，共创荣华之意。原地塘下村落亦随之消失。

1938年，戴氏族人正在紧锣密鼓地进行迁庄。当时族人戴德浩、戴德宽、戴祖房、戴彩四人共同商议，要在新庄建一座戴氏宗祠。"参天之木，必有其根，怀山之水，必有其源"，他们认为祠堂是本族姓氏源流的一个重要载体，是联宗先祖祭祀的一个必要场所，是凝聚家族向心力的主要地方。戴氏在花县地塘下开基已有十代人，至今仍未建有一祖祠。今子孙后代也有数百人，因此在新华庄修建一座宗祠，实属必要。这个提议得到族人的一致认同。四人立马牵头，积极筹划建祠事宜。据说当时由于刚建完新庄，修建祠堂的资金十分短缺。但全庄的村民坚定不移地要建造祠堂。他们四处外出筹钱，没钱的就自动来祠堂帮忙做苦力。最后，他们不得不将公偿的田产统统卖掉，才勉强凑齐资金。

1942年，戴氏族人的祠堂正式动工。戴德宽、戴德浩、戴祖房三人从清远石角圩购买了一些杉木，计划通过水路，经北江分批运回赤坭码头，然后再用鸡公车将杉木拉回村里。不料期间有日军在赤坭码头抢夺物资，而戴氏修建祠堂的部分杉木也在其中。当时族人坐立不安，唯恐这祠堂无法建成。此时，戴德浩坚决要前往剑岭村，请求一位人称徐师傅的朋友帮忙，争取将杉木拉回来。据说这位徐师傅在当地有比较大的影响力，经他与日军周旋后，日军最终愿意退回这部分杉木给新华庄。当村民戴杜浩推着鸡公车将杉木运回村中时，大家都热泪盈眶。1942年冬季，宗祠顺利建成，因为新华庄的六房子孙均是戴正佐（即上翠的孙）的后裔，故祠堂最初立名为正佐戴公祠。

壁画《二龙戏珠》

　　1943年初夏，正值暴雨时节，建好仅半年的祠堂却因泥砖土壁被连日来的大风大雨侵袭而倒塌了。1944年，族人再次筹资重建，这次重修的祠堂，为了其稳固性，主体改为青砖瓦杉。当时由于资金并不充裕，戴氏族人只能将旧址地塘下的一间旧炮楼的青砖拆下来，再添置了部分新的青砖才得以将祠堂重建起来。20世纪60年代末，"破四旧"的运动席卷全国，当时不少祠堂、寺庙都被红卫兵摧毁。所幸当时戴姓有一位子弟任联防队长，在他的极力保护下，这座宗祠才能完整保留下来。

　　1976年七八月之际，台风频繁。正佐戴公祠受台风侵袭，一面墙坍塌了，连同祠堂的门额石也倒塌在地，断开两截，众人惋惜痛心。及后，戴氏族人再次筹集少量资金，对其作了简单的修补。

　　进入21世纪，祠堂在历经了50多年的风风雨雨后，已是一座残破不堪的旧房，重修宗祠已是戴氏族人的迫切愿望。2002年，戴国强、戴焕章、戴伙明等人主持了重修宗祠的事宜。重修的费用来源于族中每人10元的捐资以及热心子弟的大力赞助。最终这座戴氏祠堂再次重修成功，门额石改为"戴氏宗祠"，并于同年举办了入伙庆典活动。

　　戴氏宗祠在建祠以来的70余载里，历经了数次倒塌。纵使戴氏族人生活艰苦，仍坚持多次重修祖祠，可见戴氏子孙不忘先祖立祠的初心，坚守祖德。

　　回望这座重修于2002年的戴氏宗祠，它位于新华庄的西北角，坐向为坐东北朝西南，格局为面阔三间，进深二间共13架，左侧带一路建筑，整座建筑占地235平方米。祠堂前有一开阔的地坪及半月形水塘。左侧带一座一间两进的衬祠。祠堂的主体建筑为硬山顶，青砖墙，灰塑博古脊，碌灰筒瓦。

　　矗立在祠堂前，眼看大门嵌有一对花岗岩门夹，门头额石阴刻"戴氏宗祠"。在前廊墙楣上绘有"八仙大会""姜太公遇文王"等壁画。据村民说，旧的祠堂除了壁画以外，原来还有一些木构件，刻有一些典故及神话故事。因日久失修，这些木雕早被虫蛀，重建时仅重绘了壁画。

　　推开祠堂大门，前堂大门上的墙楣绘有"风云际会"壁画，祠堂内墙均粉刷了石灰水，地面铺设了正方石砖。前堂与后堂之间带有两廊，七架人字顶。两廊之间有一水泥铺设的方形天井。后堂面阔三间，矗立四条杉木圆柱，后两条圆柱上悬挂着"永庆堂"木匾，下方设有神龛。戴氏族人还特意指出，重建祠堂时，因为资金有限，后堂的博古脊只用了简单的混凝土脊代替了灰塑造型的博古脊。

戴氏宗祠的结构基本完整，但保存现状较为一般。祠堂有瓦面渗漏，梁架发霉及裂纹现象，但并不影响戴氏族人在此祭祖和喜庆宴席场所之用。

《戴氏族谱》是花都戴氏目前最为完整的族谱。序文中写有："家中无谱，不知祖宗，忘根失宗，如树断根。"这句话反映了戴氏族人对修谱的重视，对族谱的珍视。

据族谱编修者戴均华述，中华人民共和国成立后我国政治运动频繁，旧的《戴氏族谱》一一被焚毁，导致祖先生卒、名字、墓葬地点均不详。每逢清明祭祖，族人只能祭祀近代祖先而不能崇源谒祖，难免有忘根失宗的忧愁。20世纪90年代，花都戴氏的众多后裔已纷纷倡议编修一本族谱，但奈何当时生活拮据，又未有子弟能胜任此事，修谱之事无疾而终。后所幸有早年已移居香港的族人戴东荣，当他得知香港的一个叔伯珍藏有一本修于乾隆四十四年（1779）的《戴氏族谱》时，便主动复印了几本带回家乡。后戴均华重抄复印本，将它存放在家，如获至宝。

2002年时，桃子坑村的戴坚全勇挑重任，率先带头编修了新版的族谱，可惜这一版族谱并无记载丰群新华庄这一支完整的世系。2003年，戴均华受族中兄弟委托，以桃子坑村的族谱为蓝本，考查了旧族谱，并参考了有龙川宗族提供的台湾《世界宗亲会手册》，在新华庄众多长老的真实撰述和建议下，历时一年，终于在2004年完成了这本众望所归的《戴氏族谱》。

新华庄的《戴氏族谱》饱含了族人众多意见，经多次修改后才面世。它图文并茂，内容丰富，将花都所有戴氏世系的历史、文化、人物、源流都统编合一。全书分为两卷，第一卷编辑了图文画像、历史序文、历史文献、溯源专章、宣扬华夏名人及按新时期国家法规修改的新谱家法等。第二卷编辑了旧、龙、桃族谱《庆衍世系》专章的全部记载，新编有花都注礼堂总世次的戴氏世系源流全图、全谱和花都仪公世系等。在新编的全图、全谱之尾和续编的最尾处留有空页待戴氏各房后裔今后的续写。

这本倾注了戴氏族人所有心血的族谱，确实是他们的族中珍宝。

戴均华根据祖、德、高三代贤公的教导，在新版的《戴氏族谱》上重新组编了《戴上翠家训》。这篇家训共有154个字，分别从孝义、礼仪、家风、教育、处世等方面训示子孙后代。

戴上翠家训

宗公祖德荫子孙，杏公后裔耀门第。
柔声悦色孝父母，父慈母爱天伦乐。
兄谦弟恭姐妹欢，家和心善福禄全。
冠婚祭祀循大礼，珍惜姻缘敬如宾。
细心教儿尊圣贤，子孙学好祖堂兴。
勤劳节俭家道好，夫妻同心万事成。

贫穷志壮更勤力，富贵善施莫奢恃。
立身处世行圣道，待人接物献热情。
凡是当求真善美，做事三思再实行。
上翠门第齐努力，谦恭和睦友相邻。
定此家训同遵守，诏我后裔代代传。

新华庄这支戴氏由康熙年间开基花县已有300多年，虽未曾出现过显赫名人，但子孙后裔一直谨遵先祖教训，克勤克俭、奋发向上、谦恭友爱。近几十年以来，新华庄有不少年轻的村民凭借自己的努力拼搏，考取大学，毕业后亦在广州各机关单位任职，如广州市消防局防火监督处处长戴启文；任十余年丰群村党支部书记的戴锦添等。

梯面镇

山里的洪氏人家

——访联民村洪屋相球洪公祠

◎汤慧雅

说起梯面镇联民村,或许听过的人并不太多,但提到"高百丈",很多人都知晓,这里早已是名声在外,已成为当今越来越多游人登高望远、观光健身的好去处。联民村,位于梯面镇北部,就坐落在青葱翠绿的高百丈山麓,显得格外宁静而恬美。面积9.6平方公里,下辖9个经济

相球洪公祠

社，共有户籍人口1700多人。村内车头墩、对面禾塘、大王庙、杉排、高塱、洪屋、松树岗、窿尾笃、麻窿、黄竹窿等自然村星罗棋布，在群山环绕的高百丈里，一幢幢房屋和一片片农田点缀其中。多年来，发展的春风吹绿了小山村的每个角落，使她变得越发生机盎然。

白云深处有人家

洪屋是联民村的自然村之一。驱车行驶在106国道上，到达联民村村口时可见一条宽阔、漂亮的沥青路，这条是通往高百丈山麓、羊石水库的必经之路。进入村道后，一栋栋拔地而起的楼房、绿意满目的蔬果种植园、村民建起的"农家乐"农庄映入眼帘，让人觉得神清气爽，心情格外舒畅。沿途渐次经过车头墩、高塱、杉排、窿尾笃等村落，即将进入高百丈景区前，便来到了位于联民村第五经济社的洪屋。

高百丈风景区

站在该村路边的一块高地上，笔者细细打量这个被高山拥围绿树遮掩的小村庄。洪屋背靠巍巍青山，村庄建在山谷地带，整个村落呈现狭长的条带状，村民居住的房子古朴简约，建筑风格各式各样，高低错落。村前是一口半圆形的水塘，四周砌有大理石围栏。水塘正对着的，即是洪屋的相球洪公祠。

据一位村民讲，他们村里居住着60多户，共300多人，村民主要姓氏为洪氏，属于客家民系。洪屋的洪氏村民，自清雍正年间迁入花县，后来在梯面高百丈群山中落地生根，历经200余年的风雨，延续至今。难以想象，在遥远的年代，居住在这里的洪氏村民如何艰苦开辟天地，在茫茫的群山中建立家园。

洪相球迁梯面

洪屋开基祖为洪相球，洪相球也是定居花县梯面的洪氏始祖。村内的相球洪公祠，是洪氏族人为纪念洪相球兴建的。其原配妻子为古氏，但古氏无生育，后人亦寻不到其安葬之地；继娶谢氏，生有五子，按照长幼次序分别为彩增、彩盛、彩珍、彩贵、彩瑞，洪相球去世后，葬于梯面埔岭村土名弯小角的地方，山形为金田落龟形状。洪相球所生五大房：长、二、四房迁居梯面柴厂尾（即现在洪屋），一部分迁居梯面埔岭村，1958年"大跃进"时，三房与五房有一部分迁居到上吉窿。

洪相球的生卒时间无可考证，族人根据洪相球开始算起，传至现在已至十代人，推测洪相球生活在清雍正年间。位于村中的相球洪公祠，据说在洪相球开基梯面数十年后便兴建，距今已近200年。直到2006年，这座饱经风霜、早已残破不堪的祠堂，经洪氏族人同心协力，于是年农历三月筹备重建，九月十一日动工，十二月初十重建工程竣工，历时九个月，祠堂面貌焕然一新。

重建后的相球洪公祠，沿用了祠堂原来的结构和制式，三间两进带一个天井，占地面积约200平方米。外墙贴上了青色瓷砖，采用方砖铺砌地面，整体外观大方典雅。祠内后堂安放着洪氏祖先洪相球的牌位，供子孙后代拜祭。

由于年代久远，旧族谱遗失，洪相球裔孙曾一度与上代衔接脱节。2005年7月间，由族人洪锦辉、洪堪如等人筹划，组织洪相球后裔五大房代表前往深圳、观兰、梅县石坑、梅西瓜州、花都官禄㘵等地调查考证，同时根据上辈口传，终于对洪相球这一脉的发源史有了较为清晰的梳理。

洪氏天王同宗源

洪氏源于福建福州，入粤始祖为洪贵生，洪贵生由福建迁徙至粤潮州府，后转迁丰顺丰良埔新（今属梅州市）。洪贵生生三子：长子季孙、次子季卿、三子季清。洪季孙又生三子：长子源远（念九郎），次子源达（念八郎）仍居埔心，三子源通（即美郎公）迁揭阳汾水。

据传，九郎公（念九郎）洪源远由于家事所迫，携妻戴氏迁居至丰顺九龙嶂，不料在迁居途中急病身亡，遗下戴氏怀着身孕逃难，戴氏后至梅县石坑堡下杨梅圳租地搭寮分娩定居，艰苦抚养洪法珩长大成人，后迁居梅魁第。九郎公（念九郎）洪源远的第十一世洪存三生了四个儿子：长趋良、次趋震、三趋坎、四及士。四子之一诞下洪相球。按照世代流传的说法，洪相球是洪贵生十五世、九郎公十三世。

洪相球原本居住在梅县石坑，但又为何迁到花县开基呢？根据梅县石坑洪梅球分析，当时洪淞三次子洪英纶，从梅县来到花县经商立业，洪英纶发迹后，返回石坑携父亲与后母叶氏及兄弟侄子等人迁到花县城福源村定居。洪英纶的玄孙，后来成了扬名天下的太平天国起义运动领袖，他就是诞生于福源村的洪秀全。福源村的所在地，葬有洪秀全的祖坟，这里也成了人们口中广为流传的"风水宝地"，有歌谣为证："头顶芙蓉嶂，脚踏土地坛。左有莺蜂窦，右有覆船岗；鲤鱼把水口，狮象守门楼；谁人葬得中，代代出公侯。"

由于父母早逝，洪相球年纪幼小就成了孤儿，叔父子女众多，无力照顾他，洪相球只能跟着堂叔洪英纶来到花县，成人之后，成家立业，成为花县梯面始祖公。传说洪相球曾一度迁居花山上胡村（但现在居住上胡村的洪氏族人世系衔接不上），后来再迁居上吉隆。

靠山吃山换新颜

长期以来，生活在洪屋的村民依山为邻，除了依靠山间田地种植水稻外，农闲时到山上割草拾柴、采摘中草药、砍伐林木、烧制木炭，最艰苦的事莫过于挑药材、柴火等进城卖，以换取生活的必需品。村中没有集市，采摘到土茯苓、山药、麦冬、五指毛桃等山货，要挑着走路到花县城、两龙墟贩卖，卖了山货后，又走路到从化鳌头购买油、盐等生活必需品，只因从化的商品价格比花城的要便宜一些，来回一趟，十分艰辛。

过去，这里家家都住泥土房，如果遇到连续不断的阴雨天，每家的房子都会漏雨。更让人难熬的是山里那漫长黑夜，村民们为驱赶黑暗，只得用平时收集的竹条当灯点，后来，随着煤油灯的普及，这种情况才有所好转。落后的人居条件还不是重要的，重要的是当时人们的基本生活，一个强壮的劳动力，每天所得到的劳动报酬连一毛钱都没有，农民辛辛苦苦一年，仅仅能挣回一家人的温饱粮。

这种艰苦日子持续到20世纪80年代初，即十一届三中全会召开以后，这块被大山围包的土地，才在变革中变得生动起来。20世纪90年代，集观光、旅游、度假、娱乐、餐饮为一体的高百丈风景区开放；羊石水库的建成，让村里的农田得到了灌溉，农民从此结束了挑水灌田的历史。同时，大部分农民推倒了原来的泥土房，建起了小洋楼或砖木结构的小平房；家家都拥有了彩电、冰箱、摩托车、农用车、固定电话和手机。进入21世纪，随着梯面建设旅游名镇，高百丈周边开发了很多景观，村里的蜿蜒小路成了城里人最爱走的健身路，山上的山野菜成了城里人最爱吃的健康菜，甚至连长满绿树的山头山沟，也成了城里人的天然氧吧。

近年，村里很多人都会制作腊肉，把新鲜的鸭鹅除去羽毛和内脏，洗干净过温水，而后沥干水分。天气好加配料腌三个小时，其间翻动几次，天气不好就先用盐腌一晚后洗干净，过温水沥干水分再加其他配料腌一两个小时再晒，视天气而定，一般三四天就算制成

百丈禅寺

了。一开始村人都不愿干这个费时费力的活计，稍有一点能耐的人都出外打工挣钱去了。直到2005年，腊肉的制作工艺才正式被村民当成了法宝，许多人还把制作好的腊肉拿去销售。后来他们村里的腊肉有了名气，广州及周边的好多个城市有了他们的腊肉销售点。

金羊传说传千古

洪屋附近的高百丈景区内，有一座水库叫"羊石水库"，水库东面有一座山叫"羊石顶"，山顶上大自然鬼斧神工般打造出来一大块的巨石，叫作"金羊石"。长期以来，这里的人们口传心授着这样的顺口溜："羊石铁门顶天高，内有金银珍珠宝。不论走向西南北，正门必定向你朝。"金羊石山顶外形很像石屋，有门和门楣，分别由一条黑石框和两条白石框组成。这石屋很特别，石门朝向西方，但无论是从西方或者南方、北方远远望去，它的正门都是对着你。有人不信，专门跑去背面从化的老鸦山瞭望，正门正朝着他；跑去南面旧花城三八墟望去，正门又是对着他；再跑去西面清远的一个山头遥望，正门还是对着他。据说这石门本来就是朝石，所以才叫"必定向你朝"。

话说"五仙"携稻穗从中原到楚庭（今天的广州城），一路上本没有骑羊。在路过今天称为"高百丈"的地方时，遇见杨大仙在此牧羊。杨大仙得知"五仙"送谷穗到"楚庭"是让那里的饥民学会种植水稻养活自己，于是对五仙说："你们不辞劳苦南下救民，不如我送五只羊给你们骑着去楚庭吧！"然后就从羊群里挑五只健壮的羊给五仙。五仙十分高兴，骑羊来到楚庭，留下谷穗给饥民种稻，然后返回了上天。五只羊在完成使命后，返回"高百丈"寻找父母，可这时发现杨大仙连同他的羊已被"五仙"点化成仙。杨大仙升天时身边有17只羊，全成了金光闪闪的"金羊"。其中一对公羊母羊是这群羊的祖先，包括"广州五羊"在内的所有羊都是这对公羊母羊的后代。经过千万年岁月磨蚀，高百丈山上的羊群就成了如今的金羊石。

传说中的金羊石

基开花邑接连平

——记联丰村世坤傅公祠和傅氏源流

◎汤慧雅

  傅氏，主要分布在梯面镇的联丰村、五联村、联民村，花山镇埔岗村、牛牯屯等地，是梯面地区的一大姓氏。根据《梯面镇志》统计，1988年，梯面地区的傅氏人口700余人，名列李氏、张氏、黄氏、陈氏之前，为梯面地区人口最多的姓氏之一。如今，梯面地区傅氏人口达千人以

重建的世坤傅公祠

上，这支自清康熙年间来到花县的客家裔姓，从傅永球一代至今已有300多年，至今相传十三世，根固枝繁，子孙之众，若螽斯之蛰蛰，瓜瓞之绵绵。

永球公开花邑

据考证，先秦时期傅姓主要活动于河南和山西。汉初傅宽随刘邦打天下，获封阳陵侯，任汉朝丞相，傅姓的足迹于是踏入山东。傅氏自落业山东后，又迁居福建省汀州宁化县，再转至上杭县白沙乡。

祠堂正脊镶嵌陶塑"龙凤呈祥"

《花邑傅氏族谱》记载，花邑傅族，由满公传下，一世祖居大平乡，至八世祖傅裕松、九世祖傅立祥，傅立祥之子为傅永球。但族谱没有说明傅立祥迁居于惠州府。清康熙初年，傅永球携同妻子邓氏，由广东惠州府连平州百叟堂村（今属河源市连平县隆街镇百叟村）迁居到花县梯面铁炉村（今属梯面镇联丰村）居住。傅永球生三子，长子傅世全，次子傅世乾，三子傅世坤。长子傅世全居禾塘岗（即梯面镇联丰村），次子傅世乾迁居焚香水（今属梯面镇五联村文章水），三子傅世坤居禾塘岗。

傅永球迁居花县时，没有携带族谱。清同治十二年（1873），傅永球三大房公议，为祭扫之费而立族谱。由傅永球下五世傅德斌（茂兰）等人建立《花邑傅氏族谱》，并安排字辈。《花邑傅氏族谱》将傅族字辈开列如下："文本仕立永世奇龙德绍思涛广卓；经纶邦盛仰济克昌燕翼兰桂腾芳。"

傅永球葬在禾塘岗（今属联丰村），土名石离头，地形吊金钟，为花邑名山。其中有一石潭，名曰"响水潭"，有水流撞落潭中，水声响亮如若钟声，为天然大结穴。傅永球得此风水宝地安身，可惜安葬时，该坟未立碑石，其后人所谓"坐巳向亥兼丙壬"，也没有依据。傅永球的降生年月时，均不得而知，仅知其仙游之期为康熙五十九年（1720）四月廿三日巳时。

世乾移居焚香水

二房二世祖世乾,是傅永球的次子,移居焚香水(今属梯面镇五联村文章水)。妻子吴氏,生六子,分别为奇辉、奇超、奇峰、奇异、奇清、奇英,世代留存下来的,仅有傅奇超的子孙,其余无嗣。奇超生五子,分别为龙光、龙亮、龙高、龙钦、龙翔。2000年,由傅龙高属下九世裔孙傅观胜亲来联丰村整理族谱,仅知自己是傅德康(五世祖)子孙,余皆不详。

2001年冬,文笔脚(今属花山镇圳岗村)的傅族同宗兄弟来寻宗,他们只知祖宗在梯面焚香水由某公迁至文笔脚,其余一概不知,经询问焚香水二房祖傅世乾后裔,傅龙高生九子,但何子迁居文笔脚不详。

二房四世祖傅龙翔,移居车头墩高塱(今梯面镇联民村),四世祖傅龙翔是傅世乾之孙傅奇超第五子,龙光、龙亮、龙高、龙钦之胞弟。1996年,傅龙翔裔孙傅广华到访铁炉村,仅知自己是傅德松后裔,其余皆不详。

世坤居铁炉村

傅永球的次子、三房二世祖傅世坤,例赠州同,妻子罗氏,例赠安人。世坤生四子,奇贵(早故)、奇荣、奇华(早故)、奇全。

傅世坤于清光绪二十四年(1898)迁葬在柴厂尾,土名金钩环,山形金钩挽肉。历经百年,1997年清明扫坟墓时,众裔孙提出重修该祖坟,各房各地兄弟踊跃捐款,并推举炉下村天来、镜鹏及曹洞村水榕三人负责管理修坟事务,择到1998年农历三月动工,祖坟重修竣工后,各地裔孙纷纷前来拜祭祖坟,爆竹烧了几个小时,非常响亮。

联丰村禾塘岗建有世坤傅公祠。据传,世坤公祠原是祖先世坤公的住宅,后作为宗祠使用。大约清道光年间,进行第一

五联村文章水建有傅氏宗祠

次重修，并安上石门额，横匾刻上"世坤傅公祠"字样。民国二十一年（1932），再次重修公祠天面及墙壁。中华人民共和国成立后，土改期间，整座祠堂被分给裔孙傅新荣及傅宝珍，由于每年清明祭祖无处集中，众子孙万分不便，1993年两大房众父老及子孙齐集，商定买回祖祠，让祖祠重归宗族管理。

1999年，傅世坤众裔孙议定重建世坤公祠，并成立建祠小组，推举炉下村傅镜鹏与傅秋城两人负责管理建祠一切收支及各房数务，建祠资金依赖捐助及科收，并动员旅巴兄弟及各裔孙踊跃捐款。经过四个多月的筹备，终于完成筹款任务，择1999年农历七月初六吉日动工兴建，同年11月18日落成。祠堂连工包料包内批荡，铺砌上下厅方砖，门面贴瓷砖装修，都由炉下村十世裔孙傅德新承建。

重建后的世坤傅公祠，沿用原有的三间两进一天井结构，头门石额阴刻"世坤傅公祠"五个大字，外墙采用青色瓷砖铺贴，美观大方。世坤公祠堂门额上有对联："派衍花城慈孝友恭百世源流光版筑；基传长邑诗书礼乐千秋妲豆耀禾溪。"祖公神座前的对联为为："源从版筑家声远；脉接清河世泽长。"彰显了傅氏源远流长的历史和诗书传家的耕读家风。

梯面清闲享福第一人

三房三世祖傅奇全，是傅世坤第四子，傅奇全生四子，龙骧、龙韬、龙番、龙衍。傅奇全居住在禾塘岗，建造有石板新屋两座，一座在禾塘岗，一座在牛牯屯。传说傅奇全生性敦厚纯良，生平侍母极尽孝义，恭敬兄弟。一次，其母亲罗氏为了嘉奖他的孝义，打赏了他一千两银，傅奇全当着母亲面前欢喜领受，后却悄悄将银两交回兄长收管，且对兄说千万别在母亲面前说破，一旦说破，兄弟都算不上尽孝道了。兄长傅奇荣只好听从他的做法，将母亲赏给傅奇全的银子代为收管。傅奇全妻彭氏，生育四子二女，彭氏之亲生父母没有子嗣，傅奇全感念半子之情，在岳父母去世后，将他们合葬在禾塘岗对面一个土名叫小龙的地方，后世清明祭墓，皆由傅奇全众裔孙主理。据闻，傅奇全一生清闲享福，年轻时有兄长傅奇荣照顾着他，晚年又有儿子傅龙韬尽心赡养，一生不用自己劳心，所以，傅奇全可以算是梯面清闲享福第一人。

四世祖傅龙韬，号云堂，名观秀，是傅奇全的次子，例授直隶分州，生四子一女。相传傅龙韬是梯面为数不多的富翁，光田地就有数百亩。清朝九品十八级官制中，每捐一级，需银一千两，谷二千石。傅龙韬例授直隶分州（从六品）的官衔（比县长高一级），要花费银子七千两，谷一万四千石，由此可见，傅龙韬的家财有多丰厚。

傅龙韬生于乾隆癸巳（1773），终于道光十二年（1832）；正室李氏生于乾隆癸巳（1773），终于道光七年（1827），例授六品安人；副室梁氏，例授六品安人，四子一女皆为梁氏生育。傅龙韬过世后，安葬在小龙，其妻李氏葬黄竹窿。

德斌迁居曹洞

三房五世祖傅德斌，是傅龙韬长子，道光二十八年（1848）冬月，由禾塘岗迁居曹洞（今属梯面镇五联村），建造五间两廊房屋、两座门楼及横屋一座，有与德彰、德长、绍忠、绍伊等倡议编修《花邑傅氏族谱》之事。傅德斌，名茂兰，字颂乡，号国香，乳名东权，花峰公议局叙军功候补分司。傅德斌生八子，八子中傅绍酞、傅绍麟裔孙为众。

居住在曹洞（今属梯面镇五联村）的傅氏后裔，除了德斌房，还有五世祖傅德修的后裔，傅龙番长子；三房四世祖傅龙衍的后裔，傅世坤四子傅奇全的四子。现在曹洞还存有两座门楼、德修家塾，均为傅氏兴建。上述《花邑傅氏族谱》，由曹洞傅氏保存至今，得益于这本族谱，傅氏的世系源流得以完整记录下来，为后世的续修提供了准确的依据。

傅氏除了居住在梯面地区，还分支到花县其他地区。如三房四世祖傅奇全的长子傅龙骧，四世祖傅奇荣之子傅龙文，生三子，德仁、德成、德廷，傅德仁的长子、六世祖傅绍忠，傅德成次子傅绍芳，他们都迁居牛牯屯（今属花山镇源和村）。

人世沧桑李婆峒

——记红山村永卓李公祠

◎ 张运强

　　永卓李公祠位于梯面镇西部的红山村王子山森林公园脚下,红山村土名叫李婆峒,这里有广州"九寨沟"之称。红山村是广州市最美山村和新农村建设示范村,也是花都区首个"全国文明村"。红山村民风淳朴,风景秀丽,风景名胜有河尾寨深谷、白穆塱浅谷、石上背瀑布、铜鼓鼎公园、防空哨所旧址、油菜花田、红山新景等。这里虽说是山区,但交通顺畅,广乐高速在村内经过。

永卓李公祠

李氏开基话起源

红山村李姓人口分布于李屋、向西屋、盘古王这三个自然村。关于红山村李氏来源,据村里的李氏族人李绍纬介绍,由于村中李氏祖传族谱失落多年,家族历史只靠老一辈人口口相传,至今只留下了些点滴的记忆。红山村先祖李永卓公是福建上杭县闽粤大始祖李火德的第十五世裔孙。李火德从福建省宁化县石壁村(客家摇篮)迁居上杭县稔田镇,后世子孙多发迹于嘉应州(今梅州地区)。因繁衍人口众多,各房裔孙四处寻找吉地发展。红山村民俗研究学者、村志主笔韩桥生也证实,红山村的李姓族人是福建上杭县闽粤始祖火德公的后裔子孙。

清初,李氏十六世祖李维尧来到花县百步梯李婆峒,当时这里一片荒凉,长满荆棘芒草,夜晚磷火闪烁,这就是人们所说的"鬼火",较早来此定居的黄姓称此地为"鬼窝"。李维尧在此披荆斩棘,建起茅房后,"鬼火"渐息。因这里是李姓居民的居住地,渐渐地人们称呼此地为李屋。李维尧以理发为业,立稳脚跟后,又将兄弟维瀚、维荣二人和母亲彭氏从嘉应州(梅州兴宁)迁来,并把父亲(即十五世祖李永卓)骸骨安葬于此。从此,兄弟三人在这里定居,繁衍生息,开枝散叶,开创一番基业。随着李氏族群的不断发展壮大,房屋向西扩建,故此又叫"向西屋",一部分族人在盘古王庙两边建屋居住,自然而然把这一地方叫"盘古王"。

现在红山村李族的辈分是二十一世至二十六世,繁衍后代逾千之众。这里的李氏族人除留在红山村的,还有不少分布于中国香港、巴拿马等地。清末民初,李姓十八世祖李子泰后裔为寻求繁衍福地,由李婆峒迁至花东镇联安村裔岑自然村定居,如今也繁衍了近200人。

红山村李姓的字辈诗为:"永维宗子万年兴,远绍清勋祖武承。华国文章光凤彩,儿孙世代获高增。"

祠堂概貌和风物

红山村李氏祠堂,是为纪念红山村开基三大房共祖李永卓而建,距今已有200多年。

祠堂前面是村道,祠堂与村道中间隔着宽阔的地堂,环境整洁舒适。祠堂后面有座小山,郁郁葱葱,生机勃勃。永卓李公祠是客家祠堂,客家祠堂最大的特点是大门成凹斗式,悬山顶。永卓李公祠始建于咸丰八年(1858),当时为泥瓦建筑,里面供奉李氏家族祖先牌位。

后几经维修和重建,逐渐演变成广府风格,客家祠堂特色现已消失。特别是经过2012年的重建,已是红砖墙体、大理石地面、琉璃瓦。祠堂坐北朝南,三间两进,左右各带一衬祠。祠堂的方形花岗岩檐柱、大门石门夹、虾公梁等构建,以及雀替、挑头、石狮柁墩等装饰工艺,都是仿古建筑,金柱、梁架及天面,是水泥钢筋结构,屋面改用黄色琉璃瓦。永卓李公祠大门对联:永勿欺公;卓尔为仁。每逢清明祭祖,李氏后人都会齐集祠堂,大摆筵席。

永卓李公祠门前50米处原来有一口古水井,在1997年特大洪流灾害中被淹,后来整修村道时被填平。向西屋自然村也有一口古井,目前保存完好。两处水井都是李氏族人的饮用水,井水清澈。据说,这两口古井立村时就有,至少有200年的历史了。在族老的记忆中,古井从未干涸过,孕育着李氏十几代后人。

在向西屋侧边的山坡上,原来有五棵参天的古枫树,树龄约有300年之久。人们在此安奉"伯公"(土地神,也称社稷之神),供村民四时拜祭。每年秋天,古枫满树红叶,甚是好看。但这五棵古枫树在1962年生产队建粮仓时被砍掉了。永卓李公祠后面,有盘古王庙遗址,据说狮岭盘古王庙的石碑源于此,目前还剩下一块残缺的石碑。

红山村是客家人群居的地方,过去,客家妇女除穿草鞋外,喜欢自制布鞋,用多层布做底,鞋头翘起,几块布片制成鞋耳,绣上花草图案,别具一格,轻易不舍得穿一回,如今这种手艺已失传。客家围裙是在裙头镶一寸多阔的绣花布或彩色布,两头镶上自织的花带作系带,裙下摆中间,剪开约15公分叉口,并镶上绣花带,既美观又方便。客家妇女穿上大襟衫,系上围裙,显得朴实能干,现在老年妇女仍有使用。背带是妇女背小孩的用品。面布绣以图案,在方布四角缝上一条长布带,小孩背在大人后背或胸前。至今仍沿用,但图案略有差异。

政府近年搭建的"福"地戏台,紧靠祠堂西侧,在喜庆节日,经常有文艺团体在这里表演。

古老传说有韵味

红山村为啥叫李婆峒,这里有个传说。据说是在明末清初,这一带有马、韩、黄、李等姓氏迁入。各姓先民在此开荒辟地,整治河流,发展生产,繁衍生息。随后,邓姓、罗姓、温姓、刘姓等相继从外地迁徙到此,逐渐形成一条多姓氏的山村。

村里有一妇人,人称李婆婆,她早年丧夫,膝下无儿无女。李婆婆慈眉善目,平易可亲,乐于助人。附近村庄的人有难事、烦心事,都会找她倾诉、解惑。久而久之,人们叫李婆婆居住的

盘王古庙遗址

地方为"李婆峒"。各姓村民都视李婆婆如本族亲人,在她百年之后,人们为了纪念李婆婆,村民把她的灵位安放在盘古王庙朝拜,以示敬重。每年盘古王庙起神、还神之日(每年农历二月初二、十二月二十二日)和逢年过节,各姓村民都手提三牲果品、元宝蜡烛到庙朝拜。这个地名沿用了几百年。现在,上了年纪的老一辈,有时还会叫这里李婆峒。

这里怎么会有盘古王庙?相传,1400多年前,梯面的李婆峒就是"南海中盘古国"的发祥地,现在,红山村仍保留有另一块缺损的盘古王石碑。

当时在李婆峒村,李婆婆的神位安放在盘古王神庙一同拜祭。每年农历二月初二日起神,十二月二十二日还神。在起神和还神的日子里,村中男女老少都会在神坛前集中(现已成宅基地),大摆筵席几十桌。男女老少一同拜祭,还搭台唱戏,连续三天三夜。各族醒狮队轮番表演,锣鼓喧天,十分热闹。

几百年来,无数信众顶礼膜拜,香火鼎盛。李婆峒盘古王庙虽然早就湮灭了,但直至二十世纪五六十年代还有村民前去拜祭。

洪圣庙位于村河北面"庙弯"山岗上,此庙建于康熙年间,庙内供奉有"洪圣爷"等多尊菩萨。洪圣庙香火鼎盛,仅次于盘古王神庙,逢年过节,人们拜祭完盘古王神庙后,接着拜洪圣庙。此庙毁于1958年"大跃进"时期,现仍有断壁残垣的痕迹。明代,佛教在李婆峒较兴盛,其轮回报应等教理,在民间深有影响。

好人留名传千古

红山村李氏最有名的莫过于为官正直又医术精湛的李金先(1697—1765)。李金先是始祖李维尧之孙,他自幼聪明,领悟力强,深得老师和族人的喜爱。康熙四十六年(1707),祖父李维尧得了一场大病,四处求医未果。李金先萌生了学医的理想,父亲欣然同意。半年后,他将中医汤头歌诀、药性背得滚瓜烂熟,跟随老中医临诊,足迹遍布花县、清远、从化。花县县令王敏有一次感染风寒,请李金先诊脉开方,一剂见效,两剂痊愈。王敏大加赞赏,后王敏家人、亲戚及同僚偶染微恙,都请李金先诊治,都药到病除,当时在县衙(今花城)名噪一时。

李金先先后在乡试、县试中也考取了好成绩。雍正十年(1732),王敏有意提携李金先,任命李金先为县史馆协修及乡、县试收卷官。走马上任后,李金先与同僚征搜史馆资料,走遍乡间墟市、寺院古刹、山寨名胜,访问文人学者、村中长老等,收集第一手资料,以协修之用。同时建立乡试、县试整套条例,革除旧规,卓有成效。此期间不少文人学士与李金先结识深交,李金先诊病治疾的医术也发挥得淋漓尽致,声名远播。

李金先任职期间,多次受嘉奖,并赐"馆督迎分府"匾一块,其妻也受封荫,被赐"四品夫人"。李金先为官清廉,行善积德,有良田千亩。乾隆六年(1741),李金先父亲百年归寿,为照顾家室兄弟老少及田产农事,李金先辞官还乡,尽享田园之乐。还乡后,李金先不忘服务乡梓，将自己一生所学之中医医术，为四乡百姓诊病治疾。一次，十里外的一潘姓农民患急症，家人冒雨请李金先去给病人诊病。到了病人家中，李金先先给病人口服自配的中药稳住病情，然后冒雨亲自前往大山深处采药。不料在下山途中滚下山沟，刚好河水暴涨，把他冲下十多米远，后被河边一棵树挡住才幸免于难，但从此落下了跛脚。

同样行医的还有李亚行，从小跟随祖父积善行医，施惠百姓，后在县衙谋得役差之事，任花峰局局长之职，他勤政为民，深得百姓拥护。

李显文，道光十一年（1831），被赐"天朝达尊"牌匾，是地方（两广）朝廷举办的乡饮大典选举出来的大宾。清咸丰年间，红山村李氏第四代裔孙李子泰在家耕读，学业有成，考取副榜举人，位列花邑贡生。后虽未入职官场，但亦由官府委为地方士绅，在当地颇具名望。

沧海桑田天地覆

民国期间，花县贼寇横行，李婆峒的李禄便是一方匪首。李禄（1871—1926），原名李兴禄，属李氏族谱子高公一房，李禄父亲为老实的耕农，生有三男二女，李禄排行男丁第三。

光绪二十年（1894），一场大火烧去李家所有房屋，全家人无家可归，投靠其叔父，之后家境每况愈下。1909年大旱，庄稼失收，李禄家更是三餐难继。年关将至，家中无粮，遂向本族叔父李兰芳赊借稻谷，但遭拒绝。眼见年关已到，家中却无米下锅，遂起贼心。第二天天刚亮，李禄手执柴刀，到叔父李兰芳家中强要稻谷两担，度过年关。从此，李禄走上强取豪夺之路。哪家有喜事如果不请李禄到场，哪家就不得安宁。他横行乡里，势力逐渐壮大，清远、从化都有贼徒加入，一时，李禄名声在外，号称有马队八百之众。

民国二年（1913），李禄结识了清远贼头李烟、从化贼头张子秋，三人臭味相投，一拍即合，三支贼人汇集一起，都归李禄管辖。李烟、张子秋成为李禄得力的左右手。从此，这支贼寇横行清远、从化、花县，无人不晓。当时，清、从、花官府亦感到相当头痛。

以抢劫发迹的李禄，经常骑着高头大马，腰挂驳壳枪，耀武扬威，趾高气扬，横行乡里。只要有线人报告，或贼心性起，即时带领大队人马前去抢掠，足迹遍布清远、从化、佛岗、花县等地，打家劫舍，恶迹斑斑。

民国七年（1918），国民党发文收编李禄的队伍，经过讨价还价，李禄这支散寇被编入国民党军，李禄任营长。由于军中纪律严明，加上训练严格辛苦，李禄又把队伍拉了出来，恢复了贼匪本性，继续我行我素，打家劫舍，为害乡邻。

李禄一伙杀人越货，横行乡里，当地农民自卫队决定铲除这伙无恶不作的土匪。据花都党史资料记载，1926年12月24日，匪首李禄在李婆峒娶妾，大宴众匪。花县农民自卫队百余人，包围了李婆峒。他们分四路进行伏击，数日后，农民自卫队在联丰村与埔岭交界地段击毙了李禄，处死了土匪头目郭务昌、高德才等，此股顽匪，终被歼灭。

李禄继子李鉴坛娶妻邓氏，育有五名子女。如今李禄后代均旅居巴拿马，其孙辈李绍培热爱家乡，对家族公益事业贡献良多。1997年5月，梯面发生特大水灾，红山村多户房屋倒塌。李绍培在巴拿马偕同族叔李汉池及一众子侄迅速筹集一万多元人民币汇回家乡，救助受灾家庭。历年来，红山村李族春分拜祭祖先，在巴拿马的李永卓后裔都会出资赞助活动，尤其族叔李汉池及李绍培出力颇多，在族人中起了示范作用。

绿水青山景如画

——记红山村韩氏宗祠

◎张运强

  韩氏宗祠位于梯面镇西北部的红山村,是广州市最美乡村。这里群山环绕,南有牙英山,东有铜鼓鼎山,西北面有小洞大岭顶山。大丹公路穿过红山村,直通王子山森林公园旅游区。每天都有市区客运班车定时经过,交通十分便利。

韩氏宗祠

韩姓几支同源

红山村韩氏祖先历经数次大迁徙,在南宋年间迁徙到广东嘉应州(今梅州市)。元朝(1271—1368)再迁广东博罗县开枝散叶。明末清初,为寻找繁衍吉地,韩氏后裔韩洪科挑着货郎担来到百步梯李婆峒村(今红山村),在禾塘岗落脚。禾塘岗是一山岗,韩氏先祖先是住在山岗边上较平整的地方,坐南向北。因谷物要晾晒,北向日晒时间较短,故而在山岗一处辟一平地作为禾堂(晒场)。后来人口发展,禾堂(晒场)也建起了房屋,禾塘岗也成为韩姓住所的地名。韩洪科把父母骨骸一同带来,安葬在白穆塱(土名眼镜坟)。韩洪科生三子,最小的儿子与家人失散,下落不明,其他子孙在此开基立业,繁衍生息。清乾隆年间,韩姓人口迅速发展,一部分族人迁到离禾塘岗三里外的小洞居住。

韩姓另一分支韩洪英、韩洪才在明末清初,从广东嘉应州(今梅州市)迁徙过来,韩洪英迁花山狮洞村,韩洪才迁百步梯李婆峒下围。下围紧邻禾塘岗,因其地势低于禾塘岗,是禾塘岗下面的村屋。韩氏族群发展很快,人口速增。民国初年,韩姓后裔又有一部分迁到了离李婆峒六里外的禾寮(今横坑村禾寮),至今人口比下围还多。红山村韩姓的字辈是40个字:勇寿仁保克,生仕守日绍,用上良南永,洪长开泰运,明体本正文,善漠兆相贤,俊德行忠恕,光荣显耀庭。

韩氏宗祠始建于雍正十年(1732),坐落于下围韩氏居住地,占地面积300平方米,由于当时建筑条件限制,祠堂是泥砖瓦屋。后因年久失修,祠堂倒塌。

2001年,韩氏后人集资重新修建,为红砖墙,大理石地板,琉璃瓦。

重建后的韩氏宗祠坐西向东,三间两进,除外形保留祠堂特色外,工艺全部采用水泥钢筋结构。虽然缺乏古韵,但也算是给族人提供了一个交流聚会的场所。韩氏宗祠内有三副楹联,这些楹联充分表达了韩氏对美好生活的期盼:"百世兰芳传达远;千年富贵永朝宗。""祖德伟绩传万代;宗功光耀照千秋。""今朝乘龙敬祖德;来日珑璋报宗功。"

下围现在是红山村第四村民小组,原农宅全部朝北向。在1997年"5·8"特大洪灾后,村委统一规划宅基地,改为坐西向东,屋居整齐美观,韩氏宗祠也位于其中。每逢清明祭祖,韩氏族人齐聚祠堂祭祖,筵席几十桌。

铜鼓鼎公园山门

韩姓屋居侧边，有一棵大杨桃树，树龄约有200年之久，每年桃熟季节，树上缀满杨桃，大人小孩都喜欢爬到树上采摘。由于树龄长，主树冠已枯萎，树冠旁再长出枝芽，现枝杈也有树冠大。古老的杨桃树，见证着红山村的变迁。

民间传闻传说

古墓葬。在距离茅峯（地名）500米的一个山坡上，有一处太平天国领袖洪秀全族人的祖坟。此坟墓坐南向北，墓穴土名叫"烂简藏蛇"。究竟是洪秀全祖上哪一辈的墓，老一辈村民也无人知晓。但不会相隔太远，因为洪氏迁到花都第六代就出了洪秀全。墓葬较简陋，墓碑是长方形，黑色碑文，因时代久远，碑文难以辨认。

老一辈有传说："上茅峯、下茅峯，中间有穴烂简藏蛇。"左手山峰似旗，称旗山，右边山峰似鼓，称鼓山（左旗右鼓），旗山形态飘向前方（近高远低），故为"入山旗"。风水说法，"入山旗"不是走出去打天下，而是稍有成功就鸣金收兵，打道回朝（入山之说）。若是"出山旗"就绝对不同，是高举战旗，冲锋陷阵，永不回头，直到扫平天下，统治天下。故此，洪秀全未能坐稳天下跟祖墓的风水有关。

"鬼都怕"的传说。从前，有个财主叫李胜，对人十分吝啬（本地人称之为孤寒），村民们背后叫他"孤寒胜"。家里长年雇请长、短工，不少人因工作过重，时间太长而干不下去，中途退工，而孤寒胜分文不付。

有一年，他从远处雇来一个姓韩的长工韩灵，人们叫他精灵。孤寒胜和过去对待其他长工一样刻薄，天未亮就催他下田干活，天黑后才准回家，风雨不改，累得他有气无力。晚造插秧时，孤寒胜对韩灵说："我请了三个短工明天来插秧，你今晚三更去耙田吧，天亮后你就和三个短工一起插秧。"

韩灵心里暗骂孤寒胜，但表面上什么都不说。孤寒胜三更出来，看牛、耙都不在，说明韩灵去耙田了，他洋洋得意，回房睡到天亮。

韩灵赶着牛扛着耙来到田间，他放下耙，又把牛牵到附近山上的大王庙边拴好，然后在

铜鼓潭景观

庙里呼呼睡觉。

天亮后，孤寒胜带短工到田间插秧，见韩灵只耙了很少田，就大声斥责："亚灵，为什么耙得这么少？"韩灵不慌不忙地说："唉，你不知道，我三更时就来耙田了，刚刚把耙放下，就听见山上很多鬼叫，有的叫冤，有的喊枉，有的叫爹，有的喊娘，我蹲在田头，动都不敢动。直到东边亮了，我才壮着胆说：'唔好叫咯，我系（是）李胜的长工，来驶牛耙田的。'谁知一听到你的名字，鬼都怕了。"气得孤寒胜哭笑不得。

日军侵华罪证

铜鼓鼎山战场。铜鼓鼎山与牙英山遥遥相对，抗战期间，日军的铁蹄，打破了李婆峒这个小山村几百年的宁静，他们在这里烧、杀、抢、掠，无恶不作，强拉村民在铜鼓鼎山上修筑工事，还挖有一条贯通南北的通道。李婆峒不少人被强征去做苦力，日军稍不顺心便拳打脚踢，连十来岁的小孩也抓去挑水、做饭。

民国二十八年（1939）下半年，驻守在梯面的国民党152师部队，曾多次攻击铜鼓鼎山的日军。10月7日，152师一连，兵分两路对铜鼓鼎山日军发起进攻，一路从铜鼓鼎向北攻打日军阵地，另一路从李婆峒烟墩方向斜插过来，日军腹背受敌，有十多人伤亡。至今，山顶上仍留下昔日战争的战壕和通道。

大岭顶日军营地。民国二十六年（1937），日军在李婆峒小洞大岭顶山上修筑营地，强拉村民做苦工，在山顶修筑一人高的掩体（战壕），与铜鼓鼎山的日军遥相呼应。村民每天要为其做苦力，挑水、做饭、送菜等。

当时，驻扎在梯面国军152师，计划偷袭日军营地，派了两名士兵扮成当地村民，混入做工的人群，侦察日军在山上的军事布防。一天晚上，兵分两路接近日军营地，并约定时间进攻，谁知其中一路的时钟出现差错，配合失误，国军伤亡三人。时隔几十年，大岭顶山上的战壕依然牢固。

公所石板桥。清朝咸丰八年（1858），公所桥建成。石板桥分三跨，长约16米，宽1.2米，是梯面与横坑、单竹坑、大黄坝以及清远等地的交通桥梁。1937年，李婆峒村民为了阻止日军马队运送战略物资，自发组织拆毁桥梁，以实际行动抗击日军的侵略。遗留下的石板于1965年运至小洞口，建造小洞口桥。

客家山歌与民俗

当地村民喜欢唱客家山歌。客家山歌反映客家村民活动范围、农事、生活以及各村姓氏来源等情况，歌词通俗易懂，且顺口成歌，村民自作自唱，乐在其中。山歌没有文字记载或唱本，全

美丽的红山村

凭即兴创作,当地人常说:"自古山歌随口出,哪有山歌书上来。"红山村村名就是一首山歌唱来的。

红山村原名李婆岽,这个地名一直沿用了几百年。中华人民共和国成立后,李婆岽更名为"四和大队"。1976年粉碎"四人帮"后,李婆岽举行文艺演出,村民唱起山歌,其中有句:"共产党来好主张,一举粉碎'四人帮',社会安定人心稳,红色江山万年长……"

于是,那句"红色江山万年长"中的"红山"两个字就成为红山村村名。20世纪70年代,林场广播站成立,不少业余文学爱好者,创作了很多山歌等的文艺作品,投稿给广播站,其中,就有红山小学老师韩桥生创作的山歌,得到了一致的好评。

炒米饼、火镰饼(糕饼)、煎薄撑(薄饼)、松糕、钵仔糕都是客家人的传统食品,以前只有春节才做,现在只要想吃就做。炒米饼,将米炒黄,用石磨磨成粉,加入煮好的糖浆,拌匀后,放进饼模压成饼状,晒干或烘干食用。火镰饼,将糯米炒熟磨成粉,加上适量的糖拌匀,在方形木盘(糕托)中先铺一层,压实,筛上少许粘米粉,然后再铺一层,如法使之层叠层,用刀切成小长方块,连木盘一起,放入锅中隔水蒸,蒸熟冷却后,取出敲出,便成许多小长块糕饼。煎薄撑,将糯米粉加水搓成团,在烧热的锅内放上油,将粉团放进锅内煎,边煎边旋转,将之压薄,反转如法再煎,煎熟后包上糖或肉菜馅卷好,切成小块供食用。松糕、钵仔糕,粘米粉(或磨米浆)加糖用上适量的酵母粉等,发酵后,上钵仔,隔水蒸熟,平常的日子或节庆都可做,旧时探亲访友多做此糕。

红山村客家人每家每户都会制作咸酸菜和酸芋荚。将老芥菜、老白菜或芋荚,略晒干水,加适量食盐搓擦过,放入瓦罐,用稻草或泥封好罐口,腌一个月,即可食用。还有客家甜酒,将糯米煮成饭,待凉后,加甜酒曲酿造,几天便可成酒,客家妇女生小孩后,与鸡同煮,大补身体。小孩满月时,用甜酒与红鸡蛋招待客人,此习俗沿用至今。

花县建县前,梯面为绿林山贼啸聚之所。他们依险而居,对抗官绅。如今这里成了最美乡村,旅游业兴旺,红山村摘得国家生态乡村"桂冠"。村里建有观光木长廊、木凉亭、鼓楼等景点,红山村油菜花节已成功举办了十多届,引得无数的游客趋之若鹜。每年以桃花、油菜花节接待各方来宾,红山油菜花成为红山村一张亮丽的名片。

后 记

❀ 聆听先贤的跫音 ❀

祠堂是每一个中国人的精神家园、灵魂的栖息地。它作为一个醒目的历史符号，拥有强大的族群认同基础，是传统社会人伦道德、家族凝聚、社会安定的基石。

祠堂是族人拜祭祖先、议事和举办各种民俗活动的场所。那肃然高耸的镬耳，孩童追逐的青云巷，姑娘采莲的池塘，叔伯们歇息聊天的榕树下，就是萦绕在人们心中的"乡愁"。

祠堂有深厚的历史积淀、丰富的人文底蕴。如官禄埗村的洪氏宗祠是太平天国革命运动的早期活动场所；中国同盟会番花分会在三华村集之徐公祠成立；特别是在20世纪20年代，由中国共产党领导的那场波澜壮阔永垂青史的农民革命运动，也是在九湖村王氏大宗祠里孕育的。

祠堂不仅是不同时期政治、经济、文化和社会风貌的载体，还是一个家族源流迁徙、世系繁衍、生活历程的真实记录。"七子五登科，父子两乡贤"的美誉；"公孙三代举人"的传奇；"父子进士"的辉煌；"五代联科甲"的佳话……在这片土地长久流传；名流先贤如洪秀全、骆秉章、天然和尚、汤廷光、朱兆莘……，他们无不生于斯、长于斯。

祠堂还是艺术的集之大成，石雕、砖雕、木雕、灰塑、壁画、雀替、挑头、虾公梁、柁墩、斗拱、封檐板……这些巧夺天工的工艺，是生活智慧、艺术的结晶；舞狮、扒龙船、烧禾楼、摆巷头、盘古王诞、投灯……这些多姿多彩的民俗，是亮丽的地方文化符号。

用文字、用镜头深度记录每座祠堂的姓氏源流、历史沿革、文物古迹、民情风俗、杰出人物是我们的使命，也是一项宏大的文化工程。

2014年7月，广州市花都祠堂文化研究会成立，距今已经整整7年了。会员们怀着对先人的景仰，对传统文化的热爱，默默地奉献着。在2017年10月，研究会40多名会员历时三年，采访了花都100多座历史悠久、底蕴深厚的祠堂，写出了《花都祠堂风韵》（上下卷）文集。从2018年开始，会员们再接再厉，又历时四年，写出了《花都祠堂风韵》（第二部·上下卷），把剩余的200多座祠堂全部写完，成为记录和宣传花都祠堂最详细的一部著作。

写《花都祠堂风韵》第一部的时候，会员们就感受到"三难"，一是获取资料难，二是核实素材难，三是找知情人难。再写第二部的时候，在"难"前面还要加上一个"更"字。

大部分祠堂资料匮乏，史志难寻。花都最有史料价值的文献首推清代《花县志》和民国《花县志》，但从康熙朝至民国，时间跨度大，加上战乱，宗卷无存。"雍正、乾隆、嘉庆、道光四朝，府县志均缺。"（民国《花县志》"前事记"）。民国至中华人民共和国成立后很长一段时间，文献史志也是一片空白。直到1994年，《花县志》出版，2010年《花都市志》出版。因此，除官方文献外，会员们大多数靠族谱和采访取材，这难免有漏误之处。宗族编写的族氏资料可信度不高，特别是有些族谱随心所欲地杜撰世次世系，名讳挂接名人谱系。为了尽可能多地获取资料，会员们对花都的公开出版物或内部资料进行了全面的搜罗，参考最多的资料有：《花县志》（光绪十六年重刊）、《花县志》（民国十三年版）、1994年《花县志》、广东省方志办《全粤村情·花都卷》《花都市志》《广州市文物普查汇编·花都区卷》《花都文史》《花都村情》《花县清代士绅考》等，以及花都现有的村志、各姓氏现存的族谱，多方佐证，查疑补缺。

在采写过程中，会员们深入花都境内上百条有祠堂的村落进行采访，除此之外还参与了大量的民俗活动，从中挖掘出更多的资料。

会员们不辞辛劳，牺牲节假日、双休日，自贴交通费、伙食费，深入村落调查采访，查阅史料，认真撰稿，文章写成后，到最后核实材料这一环节也成为一大难题。由于花都祠堂资料有限，又因年代久远，讲述人口述历史不够清晰，缺乏文献佐证，一些内容很难找到知情人核实。因此，在这方面，我们邀请了历史文化专家、民间文化学者胡力平等人士把关，并争取到每一篇文章都得到族人签字或村盖章认可，尽可能地做到内容丰富，客观真实。

《花都祠堂风韵》不同于史志书籍，也不属于文学作品，有关祠堂的地理位置、姓氏、家族迁徙、分衍、氏族人物和民俗等，都必须忠于史实，客观记录。但为了增强可读性，在写作手法上有时会运用一些文学的笔调，对事件或人物的记述，有的浓墨重彩，有的轻描淡写，这就要求作者不但要有较高的文字驾驭能力，还要有一定的历史地理知识。由于大多数作者不是科班出身，这两方面有缺憾是肯定的。

当然，还有出版资金困难的问题。好在近年来，中国的传统文化已经越来越被重视，特别是在2020年，花都区人大和花都区政协同时将祠堂文化作为建议和提案提上议事日程，区人大还作为重点督办议案。有上级的关心和指导，尤其是在花都区政协教科文卫和文史学习委的全力支持下，《花都祠堂风韵》（第二部·上下卷）才能顺利出版。

《花都祠堂风韵》（第二部·上下卷）内有文章136篇，涉及200多座祠堂，内容更加丰富，至此，花都文化部门登记保护文物单位的300多座祠堂，它们的现状和特点、姓氏溯源、迁徙原因、杰出人物及其流传故事，已全部记录完毕，真正给花都的祠堂留下了一部较完整的档案。

本书的出版，得到了花都区人大、花都区政协、花都区委宣传部、花都区委统战部、花都区文联等上级部门的大力支持以及各村村委和姓氏宗亲的关心和帮助。我们还要特别感谢每个祠堂历史的讲述者，他们大都是古稀之年，有的甚至年近期颐，为了追本溯源，他们努力回忆当年的一事一物。时而泪水涟涟，时而义愤填膺，全情投入，其心可鉴，其情可明。在写作过程中，我们的心灵得到洗礼，精神世界也在不断升华。

后记

"千淘万漉虽辛苦,吹尽狂沙始到金",《花都祠堂风韵》(第二部·上下卷)的出版让我们感到欣慰,希望这部具有浓郁本土文化特色的书籍,能激发人们对传统文化遗产的热爱,使更多的人从中找到认同感和归属感。中国祠堂文化浩如烟海,灿若繁星,出版如此厚重的书籍,难免会出现错漏和缺憾之处。我们不求名与利,只希望能为花都人民做点有意义的事。如有不足之处,恳请广大读者谅解和指正。

广州市花都祠堂文化研究会会长
2021年6月12日于广州花都

花都姓氏祠堂讲述者

王树坚	王德高	王广灿	王金玉	王集成	王业真	钟玉潜	钟美富	钟照扬	钟仕灵
钟月明	钟裕生	钟理萱	钟治坚	钟伟彬	钟仲华	许湛钊	许学文	许伟东	俞绍荣
俞启洋	俞绍荣	卢心泉	卢志佳	卢启潮	卢梓华	卢广继	卢汉玲	骆禧常	骆添华
骆后标	骆应彬	骆耀国	骆耀武	骆国勇	骆建恩	骆毅华	骆杰华	骆天海	张鉴芬
张伯成	张汉文	张树珊	张志仁	张显光	张秋月	黄丽琼	黄家成	黄振球	黄沃勤
黄荣章	黄接全	黄棣光	黄金城	黄顺成	黄永权	黄金福	植昌业	植启康	陈炎培
陈钺城	陈伟炎	陈永章	陈沛明	陈嘉园	陈国东	陈 欢	陈 华	曾文峰	曾庆烟
曾庆放	曾庆当	曾雄文	曾焕光	曾昭义	曾昭强	曾志全	曾昭链	曾润根	曾剑潮
宋南生	宋仲玲	宋海清	宋绍光	宋国荣	宋国威	宋金伟	宋礼谦	宋密彩	戴均华
戴锦辉	戴坚全	戴洛熙	梁伟贞	梁世安	梁德明	叶永禄	叶健华	叶汉华	叶钜添
刘金权	刘国珠	刘志强	刘玉联	刘应佳	刘理德	刘端经	刘航政	刘耀河	刘玉联
刘瑞经	刘理德	刘玉威	刘敏杭	刘 潮	刘日标	刘玉威	李炽彪	李清华	李伟强
李日良	李学文	李卫甜	李金旋	李永光	李锦房	李贤津	李福进	李维熊	李志安
李天来	李金河	李记林	李联日	李剑锋	李海昌	邝正樟	邝锐星	邝英常	邝右昌
邝锦辉	邝 淮	邝正樟	江永流	江福水	江法洪	江潮开	江福平	江万真	江丽珍
何松星	何文兴	何德炎	邓国儿	邓铭章	邓铭祥	邓邦祥	邓家表	邓湛烟	邱秋成
邱金泉	邱小珠	邱可珠	邱树强	邱泽洪	罗东棋	罗志东	罗润星	罗万新	罗玉棠
罗汉荣	罗彐忠	罗国彬	罗德桂	罗桂良	罗玉文	罗杨德	罗金行	温浩良	温海龙
温子强	温建辉	明树科	明良材	明俊星	胡文汉	胡文容	汤杰兴	汤友明	汤健新
汤煜森	徐伯和	徐剑武	潘锦文	潘绍军	廖金有	廖伟彪	袁仕球	袁耀辉	龙锐炳
龙定邦	邹仁河	邹伟生	邹仕华	邹志标	危镜开	危焕明	甘子昌	甘锐强	甘杰尧
甘德杰	甘仲贤	郭锦文	侯广胜	韩桥生	马文仲	黎洪德	洪锦辉	傅远财	任少鸿
利树华	岑祐修	庚国才	孔德成	毕汉培	谭冠权	林国安	谢万桃	高洪方	曹耀新
缪树福	吴达强	欧阳桂烛							

（排名不分先后）

还有少数未在名单之列的人员，在此一并感谢。

花都祠堂文化丛书

花都祠堂风韵

（第二部·上卷）

主　编 ◎ 邓静宜
副主编 ◎ 卢福汉

华南理工大学出版社
· 广州 ·

图书在版编目（CIP）数据

花都祠堂风韵. 第二部. 上卷 / 邓静宜主编. —广州：华南理工大学出版社，2021.7
（花都祠堂文化丛书）
ISBN 978 – 7 – 5623 – 6718 – 5

Ⅰ. ①花…　Ⅱ. ①邓…　Ⅲ. ①祠堂-介绍-广州　Ⅳ. ①K928.75

中国版本图书馆 CIP 数据核字（2021）第 101183 号

花都祠堂风韵（第二部·上卷）
Huadu Citang Fengyun（Di-er Bu·Shang Juan）
邓静宜　主编

出 版 人：	卢家明
出版发行：	华南理工大学出版社
	（广州五山华南理工大学17号楼，邮编510640）
	http://hg.cb.scut.edu.cn　E-mail: scutc13@scut.edu.cn
	营销部电话：020-87113487　87111048（传真）
策划编辑：	罗月花
责任编辑：	罗月花　陈哲菲
责任校对：	詹伟文
印 刷 者：	广州市新怡印务股份有限公司
开　　本：	787 mm×960 mm　1/16　印张：47.5　字数：1038 千
版　　次：	2021 年 7 月第 1 版　2021 年 7 月第 1 次印刷
定　　价：	380.00 元（上下卷）

版权所有　盗版必究　印装差错　负责调换

《花都祠堂风韵》（第二部）
编委会

领导小组	郭共添	李耀棠	陈家飞	李　波	徐永生	全泰源
	李一霖	邵　靖	李君民	何东升	李　标	邱崇达
	龙　敏	陈　英	郝海锋	徐鹏姬	杨兴年	彭健芸
	杨　艳	王　智	曾永汉	朱启明		
主　　编	邓静宜					
副 主 编	卢福汉					
摄　　影	张运强	关振伦	刘兆江			
编　　委	钟伟彬	黄永奎	徐文锦	陆志丹	郭利群	钟桂潮
	曾昭财	冯云峰	龚越洪	张运强	吕金乐	袁　野
	余鸿浩	邓沛煊	谭晓瑜	刘　浪	刘武松	倪西赟
	石　政	胡先菁	姚朗宁			
顾　　问	胡力平					
资　　料	卢福汉	余鸿浩				
封面题字	李卓祺					
支持单位	花都区人大　花都区政协					
	花都区委宣传部　花都区委统战部　花都区文联					

序

　　花都是广州市的一个行政区，1993年以前称花县，1993年至2000年称花都市，2000年以后称花都区，属广州市管辖。说到花都的祠堂，很自然地让我联想到广东的祠堂。广东有多少祠堂？迄今并无一个完整的统计数据。花都祠堂文化研究会会长邓静宜女士在一个会议上说，花都现有祠堂360余座，但是她后来又补充说，许多已毁的、小祠堂和少量新建祠堂还没有算进去，可见实际上并不止这个数。我相信她说的情况是真实的。2012年，我在广州市白云区的横沙村调研时，村干部告诉我，他们村在"文革"前有23座祠堂，"文革"中毁坏了许多，到今天，只剩下7座祠堂了。毁坏的祠堂占了多数，这是一个基本事实。

　　根据我这些年的观察，有古村落处即有古祠堂（虽然朝廷允许民间建祠的时间比较晚，最早的祠堂也是明嘉靖年间修建的）。那么中国现有多少古村落呢？据统计，至2000年，中国的自然村落总数为363万个，其中古村落近12000个。2012年12月19日、2013年8月26日和2014年11月17日，国家住房和城乡建设部、文化部、财政部先后三次联合发出通知，公示《中国传统村落名录》，全国28个省、市、自治区共有2556个古村落入选该名录。在这2556个古村落中，云南有502个，居第一位；贵州426个，居第二位；浙江176个，居第三位；山西129个，居第四位；广东126个，居第五位。广东的有关学者告诉我，广东的古村落实际上远不止这些。因为国家下拨的古村落维修款项并不多，限于现有的考察研究，还未能把所在地区的所有古村落报上去。广东如此，其他省、市、自治区可能也有这种情况。但是不管怎么说，广东现存的古村落在全国居前五位，应该是没有争议的。有古村落处即有古祠堂，而且远远不止一座（例如花都区的三华村，是一个拥有930多年历史的古村落，这里的祠堂就有22座）。一个花都区就有360多座祠堂，广东现有119个县级行政区（包括60个市辖区、20个县级市、39个县），那么广东有多少座祠堂，就需要有关研究人员进行实地考察发掘。

　　那么，广东的这些祠堂又是什么人修建的呢？无疑，是中原移民的后代。广东的中原移民包括三大民系：广府人，潮汕人，客家人。中原人移民广东，最早始于秦始皇统一岭南之后，历汉魏六朝和晚唐五代，至南北宋之际和宋元之际，形成两个高峰。最早的中原移民主要是秦始皇平定岭南（前214）以及汉武帝平定南越国（前112）之后留下来的军人，以及他们的家属，还有一些贬谪流放之人。秦始皇平定岭南之后，南海尉赵佗"使人上书，求女无夫家者三万人，以为士卒衣补。秦始皇可其万五千人"。综合《史记·秦始皇本纪》《史记·淮南衡山列传》和《汉书·西南夷两粤朝鲜传》的记载，当时留驻岭南的秦军，包括

"诸尝逋亡人、赘婿、贾人"，"治狱吏不值者"，以及"万五千女无夫家者"，还有其他"适徙民"，大约10万人（参见葛剑雄主编的《中国移民史》第1册）。正是这些最早的中原移民，把中原语言和岭南本土语言相融合，形成了不同于南越土语的"粤语"，也就是广府话。这些讲广府话的人，就是广府人。现在许多人讲，广府人的祖先都是经南雄珠玑巷过来的中原移民，这样讲未免有些简单化。事实上，经南雄珠玑巷过来的中原移民，都是唐宋以后的移民。

在唐开元年间张九龄拓宽梅岭古道之前，梅岭上只有一条羊肠小道，大规模的移民是不可能经过梅岭而进入南雄珠玑巷的。在梅岭古道拓宽之前，中原移民到达广东，主要是经由湘水和漓水之间的灵渠，然后进入西江，在珠三角一带落籍。只有梅岭古道拓宽之后，大规模的中原移民才有可能经由梅岭到达南雄珠玑巷，然后沿着北江南下，在珠三角一带落籍。如今的广府人都说自己的祖先来自南雄珠玑巷，就像许多中原人说自己的祖先来自山西洪洞大槐树一样，多是在讲一个古老的传说，不一定是历史。广府移民是广东境内最早的中原移民，主要分布在珠江三角洲平原，他们占领了广东自然条件最好的地区，人数最多，实力最强，也最为富庶。其次是从闽南过来的中原移民。他们早先由江浙一线移民闽南，但是闽南山多地少，人口稠密，生计艰难，于是再往粤东的潮汕平原迁徙，讲闽南话，是为潮汕移民。

客家人也是中原移民，他们是从哪里过来的？学术界至今尚无定论。四川省社会科学院的谢桃坊先生对我说：客家移民是文天祥的部下。文天祥在广东兵败被俘（1278）之后，南宋小朝廷随之灭亡，他的部下多不肯投降元朝，不肯回到中原接受元朝的统治，于是就在广东客居下来。但是广东自然条件好一点的地方，例如珠江三角洲平原、潮汕平原都已被广府人、潮汕人占领，于是他们只有在粤东、粤北的山区住下来，还有一些则到了闽北、赣南山区。谢桃坊先生是客家人，他的老家原在粤北的翁源县，清朝时随一部分客家人迁徙到成都郊区。谢先生是研究宋词的著名学者，也研究客家移民，他写过一本书，叫《成都东山的客家人》。我比较倾向于赞同谢先生的意见，因为在我的印象中，广东的一些客家村落，最早即有不少叫"营""寨""砦"的，而"营""寨""砦"是指有栅栏、有营垒的村落，多是由军营演变而来。不过这个问题还有待进一步的研究，我曾动员我的几个家在广东河源的客家弟子，建议他们从客家村落最早的名称入手，进行细致的调查和考证，看看能不能真正解决客家人的来源问题。

广东的中原移民和他们的后代，无论是广府人、潮汕人，还是客家人，都热衷于建村落，建祠堂。例如在上述126个广东古村落中，广府地区有61个，潮汕地区有21个，客家地区有44个。每一个村落都有祠堂，例如花都，至清末有自然村落393个，迄今保存完好的祠堂还有360多座。而在这些祠堂中，既有广府人的祠堂，也有客家人的祠堂。花都在广州北部，再往北一点，就是粤北的清远和韶关，那里的客家人尤多。

广东现存最早的祠堂始建于明代嘉靖年间（1522—1566），迄今已有近500年的历史，最早的中原移民村落则始建于元代（1271—1368），迄今已有600多年的历史。也就是说，不少宋元之际的中原移民到达广东不久，就开始建村落了。一旦朝廷允许民间立祠，他们就开始建祠堂了。他们建村落的钱从何而来，应该说，有不少就是从中原带过来的。这就涉及中原移民的身份问题了。

　　我认为，当年移民广东的中原人，多是有钱人。他们拖家带口，一路南下，不仅要花费许多盘缠，到了迁入地之后，还要买地，做屋，购置家具，送子弟上学，同时还要打点当地官府，疏通人脉，建立新的社会关系。这一切都是要花钱的。这些钱从何而来，都是靠在广东短期打拼赚来的吗？那个时代的广东遍地是黄金吗？非也。大凡有600年以上历史的村落，多是他们的迁粤始祖从中原带钱过来主持修建的，这些人多是官僚、地主、富商，多是有钱人。用今天的话来讲，他们至少属于中产阶级。真正的穷人是没法独立南迁的，他们顶多只能作为仆人、长工随主家南迁，而这也只能是极少数的穷人，多数的穷人只得留在中原，接受异族的统治。以南宋著名词人辛弃疾的祖父为例。辛弃疾是济南历城人，也就是广义的中原人，金人南下占领济南之际，辛弃疾的祖父辛赞也曾想南迁，但是由于家大口阔，家底又不富裕，南迁不便，只能委屈留下来，做了金朝的谯县县令。这是辛赞一生的遗憾，因此他就经常带着幼小的辛弃疾察看地形，指点山河，嘱咐他长大之后，一定要收复中原，"以纾君父所不共戴天之愤"。一个后来当了谯县县令的人，在此之前，怎么说也是一个有点社会地位的人吧？但他就是没有经济能力南下。可见在那个年代，做一个南下的移民，原是一件很不容易的事情；做一个南下移民中的开村始祖，更是一件不容易的事情。由此可以断定，大凡南迁的中原移民，尤其是开村始祖，都是有钱人，至少属于中产阶级。

　　中产阶级不但有钱，而且有政治诉求和文化情怀。正是这些人，到了迁入地之后，一方面通过入籍，买田置地，送子弟上学应试，结交官府，建立新的社会关系，寻求新的政治资源；一方面则通过创建村落，把南下的族人凝聚起来。一旦朝廷允许民间立祠，他们就率领族人建祠堂，修族谱，祭祖先，重建家声和族望，同时寄托那种剪不断、理还乱的乡愁。

　　值得注意的是，几乎所有的祠堂，如同所有的族谱一样，都有一个共同的特点，就是高自标置。如果是姓王的，就称自己是太原王氏；是姓谢的，就称自己是陈郡谢氏；是姓崔的，就称自己是清河崔氏；是姓李的，就称自己是陇西李氏；是姓赵的，就称自己是天水赵氏。都是名门，都是望族，有的甚至还是皇族。这种风气虽然早在汉代末年的中原就有了，但是在明清时期的广东尤甚。他们这样做，除了在精神上激励自己和后人，还有一个很现实、很长远的目的，就是让当地人刮目相看，进而取得较高的社会声望和地位。因此我们在参观这些祠堂的时候，在看祠堂里的有关陈列和文字介绍的时候，要心中有数。他们不一定都是名门，不一定都是望族，更不一定都是皇族，但是他们的迁粤始祖，一般都是有钱之人，有能力之人，有文化情怀之人，有中原情结之人。

　　祠堂是中原农耕社会的产物，也是中原农耕文化的载体。如果你想了解广东人的中原情感有多深，你就去看他们的古村落，尤其是他们的古祠堂。祠堂的石雕、砖雕、木雕、雀替、挑头、虾公梁、柁墩、斗拱、封檐板、镬耳墙、灰塑、壁画、楹联等等，虽然为了适应岭南高温多雨的气候特点，在设计、材质、工艺方面颇有变化，但是从整体上看，从内容上看，从气质上看，仍不乏中原农耕文化的神韵。尤其是在祠堂举行的祭祀祖先、族人议事等活动，都带着浓郁的中原农耕文化的气息。

我以为，要想了解广东文化的真相，不能只看它现代的一面，开放的一面，还应看它传统的一面、守旧的一面。不能只看它的本土文化特征，更不能只看它的外来文化特征，还应看它的中原文化特征。广东是在中国境内，把现代和传统、开放和守旧结合得最好的地方，也是把本土文化、外来文化和中原文化结合得最好的地方。而广东的古村落、古祠堂，以及在这些公共空间所开展的各种民俗活动、所展示的各种民间艺术，无疑是我们了解广东传统文化的一个重要窗口。

《花都祠堂风韵》（第二部·上下卷）是由广州市花都祠堂文化研究会40多名会员用文字和图片记录花都200多座祠堂的一部书，内容很丰富，书中对有关姓氏源流、迁徙变迁、祠堂风貌、杰出人物及乡情乡韵等，作了全景式的记录和解读，具有浓郁的本土特色，特别是与国运相关的事件在书中都有具体体现。该书注重文学笔调与史学真实，具有较强的史料性、知识性、实用性与可读性，对民间研究花都家族的迁徙、分衍以及古建筑文化，均很有参考价值。

据悉，2017年出版的《花都祠堂风韵》（第一部·上下卷）已获广东省民间文艺三等奖，目前即将出版第二部。至此，两部《花都祠堂风韵》将花都在册祠堂全部记录完毕，使一批珍贵的文化遗产得到了系统性的整理和发掘。花都祠堂文化这部著作，为花都的子孙后代留下了珍贵的资料，给花都的祠堂留下了一部较完整的档案，对挖掘本地人文历史、推广民俗民风、振兴乡村建设起到一定的促进作用，对全省的创建示范祠堂工作也有积极的推动作用。

曾大兴

中国文学地理学会会长
广州大学人文学院教授
2021年5月20日

目 录

■ 卷 首

1/ 开天创世话盘古
　　　　——记花都人心中的祖祠盘古王庙 ………………… 卢福汉

■ 新华街

12/ 广府祠堂大观园
　　　　——记三华村徐氏诸祠堂 ………………………… 卢福汉

20/ 浩然正气英雄祠
　　　　——记三华村集之徐公祠和革命往事 …………… 邓静宜

26/ 慎终追远思报本
　　　　——记新街村埠心塘曾氏大宗祠及曾族源流 …… 汤慧雅

31/ 甜美生活从此发
　　　　——访田美村邓氏宗祠 ………………………… 邓静宜

36/ 昌盛甫世续繁荣
　　　　——记田美村昌甫刘公祠 ……………………… 刘武松

40/ 和谐古村话龙氏
　　　　——记横潭村朝宾龙公祠 ……………………… 吕金乐

■ 秀全街

46/ 云淡风轻话毕族
　　　　——小记毕姓诸祠堂和传说 …………………… 郭利群

53/ 中和位育乐安居
　　　　——记马溪村黎氏宗祠及德彦黎公祠 ………… 汤慧雅

59/ 追寻岐山黄踪迹
　　——记岐山村仲宾黄公祠和道显黄公祠 …………………………… 曾文娟

■ 花城街

66/ 旋入繁华成大观
　　——石岗村曾氏祠堂重建记 ………………………………………… 曾昭棉

71/ "城市客厅"的乡愁
　　——走进东边村诸姓祠堂 …………………………………………… 邓静宜

76/ 罗仙先祖喜乔迁
　　——记罗仙村卢邓龙陈四祠 ………………………………………… 卢福汉

83/ 庐江家声贯何庄
　　——记长岗村何家庄何氏祠堂 ……………………………………… 何德炎

88/ 中轴线上新风景
　　——探寻罗仙村毓畦邓公祠渊源 …………………………………… 邓静宜

94/ 先祖择地惠子孙
　　——写在石岗村曰义谭公祠重建之际 ……………………………… 邓静宜

■ 新雅街

100/ 北优板块的邓族
　　——探访旧村邓氏诸祠堂 …………………………………………… 邓静宜

108/ 临水而居枝繁茂
　　——记清坭村清潭孔生陈公祠建筑群 ……………………………… 邓静宜

113/ 传说闻名的一族
　　——记广塘村白蟮塘陈氏宗祠 ……………………………………… 邓静宜

118/ 物换星移青山在
　　——石塘村黄氏宗祠纪事 …………………………………………… 邓静宜

123/ 沉寂中一飞冲天
　　——记团结村莲花塘田心庄邹氏宗祠 ……………………… 倪西赟　欧政芳

127/ 南阳道低头就境
　　——记岑境村岑氏宗祠 …… 邓沛煊

132/ 广岭蔗甜人勤劳
　　——记广塘村广岭刘氏诸公祠 …… 刘武松

■ 狮岭镇

138/ 一口井眼定乾坤
　　——振兴村义坑川秀钟公祠探秘 …… 钟伟彬

143/ 丛芳茂盛绽芳华
　　——记振兴村火砖屋良玑钟公祠 …… 邓沛煊

147/ 小祠堂看大家园
　　——旗新村旗美钟氏宗祠侧记 …… 黄永奎

151/ 忠孝耕读传家训
　　——记新民村钟氏诸祠堂 …… 余鸿浩

157/ 奕代流芳不忘祖
　　——访前进村东坑南枝王公祠 …… 侯丽佳

162/ 三槐门第两晋风
　　——记马岭村汝翼王公祠 …… 黄永奎

167/ 同心同德宋家族
　　——记中心村裕轩宋公祠 …… 刘小慧

173/ 族谱记载的家史
　　——记中心村轻轩宋公祠 …… 刘小慧

179/ 千锤百炼成大族
　　——记中心村李氏大宗祠 …… 张运强　万可欣

185/ 瓜瓞延绵人兴旺
　　——记西头村嘉弩李公祠 …… 邓沛煊

188/ "九牧之后"看新林
　　——记西头村翰屏林公祠与玉山林公祠 …… 邓沛煊

192/ 盛世修祠聚乡情
　　——访前进村清华刘公祠 ········· 邓静宜

197/ 峻秀毓英话遗珠
　　——记西头村邱氏宗祠 ········· 余鸿浩

202/ 朱子后裔话今昔
　　——记益群村朱屋朱氏宗祠和族文化 ········· 邓静宜

208/ 白云向北好家园
　　——益群村奇才营萧氏宗祠和萧氏文化 ········· 邓静宜

212/ 和善乡风绵世泽
　　——记益群村太平庄潘氏祠堂 ········· 卢福汉

218/ 客来温氏种新田
　　——记新杨村新田温氏宗公祠 ········· 卢福汉

223/ 堪舆寻龙发八坭
　　——记合成村八坭坭兴邦袁公祠 ········· 吕金乐

228/ 凤子龙孙振家声
　　——记合成村凤岗仕魁温公祠与海垌吴氏宗祠 ········· 吕金乐

234/ 世外桃源百夫田
　　——记联星村曹氏宗祠 ········· 卢福汉

■ 花山镇

240/ 爱国佳话永流传
　　——记花城村福荫祠 ········· 欧政芳　倪西赟

246/ 峥嵘岁月烽火天
　　——记龙口村江氏宗祠 ········· 石　政

251/ 红色印记烙乡愁
　　——记东湖村翔斋何公祠 ········· 余清平

256/ 永存青史的铭记
　　——访东湖村沈氏宗祠 ········· 梁业荣　黄永奎

261/ 历史曾在此驻留
　　　——记城西村西坛张家祠（张建若书院） …………… 邓静宜

266/ 画荻尚武传家风
　　　——记五星村欧阳氏宗祠 …………………………… 卢福汉

273/ 梦笔读月振家声
　　　——记平山村上下堡江姓祠堂 ……………………… 卢福汉

279/ 子孝孙贤世代彰
　　　——记五星村康明梁公祠 …………………………… 吕麒麟

283/ "三省传家"佑后世
　　　——记五星村贵寿曾公祠 …………………………… 邓静宜

288/ 岁月磨砺待重光
　　　——记平山村梁氏大宗祠 …………………………… 吕麒麟

292/ 心安之处即故乡
　　　——记南村大贤罗公祠 ……………………………… 杨晓敏

298/ 族风祖训育杰人
　　　——记平东村黄氏大宗祠 …………………………… 袁　野

303/ 展实力的免役碑
　　　——记铁山村光远邵公祠 …………………………… 袁　野

307/ 神仙守护的地方
　　　——记东方村仙阁燕伦刘公祠 ……………………… 刘武松

312/ 寻根路上有亲情
　　　——记龙口村长埇范氏宗祠 ………………………… 范剑峰

316/ 历经风雨见彩虹
　　　——记花城村和永乐村的邝氏祠堂 ………………… 邝丽梅

322/ 福荫后代德泽世
　　　——访平西村唐氏宗祠 ……………………… 陆志丹　侯丽佳

327/ 异地生根是吾乡
　　　——记平东村老邱庄允达邱公祠 …………………… 邓沛煊

331/ 探寻美丽"桃花源"
　　——两龙村豸边文济俞公祠侧记 ……………… 梁业荣　黄永奎

335/ 瓦砾巷里有乾坤
　　——记小埗村瓦砾巷缪氏宗祠 …………………………… 卢福汉

340/ 和谐共生居花邑
　　——记儒林村向东屋廖罗林三姓祠堂 …………………… 邓静宜

346/ 客家王族紫金来
　　——记城西村西坛王氏大宗祠 …………………………… 邓静宜

开天创世话盘古

——记花都人心中的祖祠盘古王庙

◎卢福汉

祠堂是一方最具中国特色的中国印。它不但是各姓氏百姓聚会议事的地方,更是中华民族祭祀祖先的场所。在未有广建祠堂联宗祭祖的时代,人们为了纪念华夏民族共同的祖先盘古而设立

2019年重修后的盘古王庙

的庙宇就遍及全国。盘古王手持利斧，开天辟地的形象深入人心。盘古王，是我国一位开天创世的神灵，在民间有着极其崇高的地位。

相传，当初"天地混沌如鸡子，盘古生其中，万八千岁，天地开辟，阳清为天，阴浊为地"，于是就有了天和地。然后"首生盘古，垂死化身，气成风云，声为雷霆，左眼为日，右眼为月，四肢五体为四极五岳，血液为江河，筋脉为地理，肌肤为田土，发髭为星辰，皮毛为草木，齿骨为金石，精髓为珠玉，汗流为雨泽，身之诸虫，因风所感，化为黎甿……"盘古的身体化成了世间万物。从此，天上有了日月星辰、风雨雷电，地下有了山川树木、鸟兽鱼虫，天地间有了世界，有了人类。

花都狮岭盘古王庙，这里长年香火缭绕，花都人虔诚地祭祀这位华夏民族的创世祖先。盘古是中华民族的化身，他勇于开拓、无私奉献的精神，被后世奉为圭臬，世代景仰。

花都，旧称花县，位于广州市北部，素称"省城之屏障，南北粤之咽喉"。千百年来，花都各姓氏的先人们因各种原因，离开了中原，来到了山峦连绵的岭南，在花县这一风水宝地生根发芽，开花结果。这里的两百多个姓氏，300多座祠堂，彰显了伟大的盘古精神。

发　轫

正是由于盘古开天地、破鸿蒙、化万物、启世界的开拓创新和无私奉献精神，于是人类便尊他为王，各地纷纷构筑坛庙予以奉祀，一切关于盘古王的民俗活动也就开始了。全国各地都有信奉盘古王的习俗，而广东的花都、封开、连南等地的盘古文化至今仍然繁盛。花都的狮岭盘古王庙坐落于振兴村的后山，盘古王是如何跟振兴村结缘的呢？

盘古王庙耸立在炉山山麓

花都的盘古文化究竟何时发轫，典籍没有明确记载。《花县志》载："盘古峒在城北二十五里，在万山中，林木蓊翳，向为盗贼窟穴，旧有盘古庙，今圮。"倡议建县的乡绅黄士龙在《平定花山碑记》中说："旧盘古，更号花山。"可见，花县因地处花山而得名，而花山却是源于盘古。

清康熙二十六年（1687），也就是花县建县第二年，首任知县王永名主持评选"花县八景"，把"盘古烟霞"作为八景之首。《花县志·古迹志》载："盘古，峒名。在县东北二十五里万山中，朝暮雨晴，烟霞锁护，太初景象，仿佛犹存。故老相传，中有仙人窟宅云。"

盘古峒虽然处于万山丛中，却是名声在外，许多文人雅士慕名而来，且留下不少雅集。《花县志·艺文志》记录了多位古人的诗文，有本土也有古虞、皖江、桐城等外城来者。其中，本土举人黄士龙为"盘古烟霞"撰诗一首：

烟霞缭绕接层霄，望入千峰路转遥。
景色依然留太古，声名从此著兴朝。
东巡不受秦碑勒，南伐无劳汉柱标。
欲访神仙旧时宅，苍茫何处听吹箫。

古虞陈元撰诗一首：

盘古朝霞丽锦屏，登临细探旧山灵。
苔肥绝壁痕增秀，树映流泉色倍青。
散石云遮空坐卧，疏林风透亦留停。
清幽胜地乘时赏，还过桥西逸士亭。

古虞顾麟撰诗一首：

洞壑幽无极，烟霞静处留。
鸿蒙忘岁月，天地老春秋。
白发几人到，青山我辈游。
不须探甲子，曾见海西流。

山阴金瓯撰诗一首：

玉洞神仙府，烟霞冈混茫。
一痕浮雨气，五色炫天章。
厥土归昭代，惟名冠古王。
不同陵谷变，独似鲁灵光。

皖江盛坤撰诗一首：

古洞不知处，相传万壑中。
烟横青嶂白，霞起碧天红。
想象洪荒旧，依稀太古风。
神仙不可迹，浏览思无穷。

……

正脊上的陶塑"双龙戏珠"由石湾名窑"均玉"造

这些诗句既描写了盘古峒千岩万壑、烟霞缭绕、清幽古朴的自然景观，也记下了盘古文化可追溯到秦汉时代的悠久历史。

清代安徽画家方正玉也写了一篇《游盘古峒记》，时惟康熙四十九年（1710）孟秋七日，同行者有时任花县知县的王敏。游记开头写道："岭中北有盘古岭，下为峒，立庙祀盘古，莫知所昉。""莫知所昉"说明不知什么时候开始建庙立祀。当时，王敏知县还留下七律诗《百丈层峦开翠屏》共四章。

上述的盘古峒即位于今梯面红山村附近，村民还依稀能分辨峒之所处。而盘古烟霞却是在联民村附近，因此，盘古文化可能遍及梯面的乡村。有人推断，它就是南朝梁人任昉著述的《述异记》中所称"南海中盘古国"的遗址。如果这个推断是真的话，那花都的盘古文化则起码有1500多年历史了。

后来，由于此地群山莽莽、层峦叠嶂，土匪啸聚山林，导致兵灾匪患不断，百姓民不聊生，渐渐向外迁徙，盘古峒逐渐荒废，盘古王庙也随之湮灭，盘古文化一度消亡。

复 兴

狮岭的北面有一座高山，形似太上老君的炼丹炉，因此称作"炉山"。南面也有一座山岭，形似一头昂首咆哮的雄狮，此山因此名叫"狮岭"。炉山与狮岭南北遥相对应，拱护着这里的百姓安居乐业。

炉山脚下有个村子，名振兴村，取"振奋精神，兴旺发达"之意。它位于狮岭镇的北面，距离镇政府1.4公里，面积14.25平方公里，辖21个自然村，共有邱、钟、冯、练、温、洪、巫、蓝等14个姓，常住人口6300多人。这些村庄除了西瓜岭村外其余均为客家人，他们与花都的其他客家村落一样，大部分是响应花县建县时奖励来县耕种的政策，于康熙乾隆年间从粤东客家地区迁来的，因此村落分散、人口少、根基浅、人心较为疏离，村村鸡犬不相往来，过的是封闭自足的小农生活。

话说，清嘉庆初年，狮岭白水寨村（今属振兴村）村民邱毛松，是一位民间医生，经常到附近的山岭采中草药。某年的农历八月十二日这天，邱毛松上炉山采药，在半山腰发现一块墨色石碑，厚拙凝重，碑上刻有"初开天地盘古大王圣帝神位"等文字，字体古朴典雅，周边刻有竹节纹，两侧篆以夔龙纹，上刻有龙头，下刻有"鲤跃禹门"图案。

按常理推断，这块石碑应该立在盘古峒盘古王庙。梯面与狮岭相隔几十里，有重山叠岭阻隔，石碑起码有五六百斤，这么重的石碑为何遗落在此处呢？邱毛松疑惑重重，不得其解，而他在炉山发现神碑的消息很快就传遍了附近村庄，各村各姓族老齐聚炉山，商议如何处理这块天赐的神碑。他们认为，花县是广府文化主导的地区，周边村落的客籍人来县不久，仍属小众，根基不稳，人心涣散，需要有一面旗帜来作精神统领，有一条纽带作凝聚人心的桥梁。当时，这里能修建祠堂的村族少之又少，而这盘古神碑在最需要的时候正好出现了。于是，他们商定各村族筹款集资，在炉山拾碑处修建一座盘古王庙，奉祀盘古王，将炉山改名为盘古王山。盘古王庙于嘉庆十四年（1809）建成，在村民心中，盘古王庙能够团结族群、凝聚民心、启迪后人，这就相当于他们的祖祠。

相传，自从盘古王庙建成后，邱毛松的医术突然间突飞猛进，附近村民的奇难杂症都被他医好了，人们说这是盘古王的庇佑，于是拜盘古王的信众越来越多。盘古王庙原址在炉山的山腰上，原为竹笪、茅草搭成，经常被香烛所焚，且山道崎岖、周边狭窄，不便于拜祭，于是在嘉庆二十四年（1819）盘古王庙被移建于山下，现存建筑为光绪二十七年（1901）重修。

神　庙

盘古王庙保留了古代"坛"的一些遗风，而人们仍习惯称之为"庙"。盘古王庙始建于嘉庆二十四年（1819），光绪二十七年（1901）、1986年和2019年先后三次重修，两百年间几度兴衰，见证了当地经济社会的发展。

盘古王庙体量虽小，但是造型奇特，内涵丰富，富含古典建筑艺术之美。它坐北朝南，建筑平面总阔15.4米、总深13.3米，占地214平方米。正面开敞不设门扇，两侧墙体开有门洞，北面墙体中亦开有宽阔的门窗，使空间四向通敞，回廊周匝。重檐歇山顶，但上檐出檐极浅，两山为人字封火山墙，石湾陶塑琉璃脊，上塑戏台人物、麒麟、二龙争珠等造型，两侧塑落款，分别为"光绪廿七年""石湾均玉造"。

坛内由18根柱子支撑，四周石檐柱共12根（其中明间两根石檐柱为盘龙柱），正面2根石墙柱，还有4根坤甸木金柱。柱子的历史信息非常丰富，除了2根盘龙柱外，其余均篆刻着当地名士乡绅撰写的对联。

室内圆形石墙柱篆刻着赤坭连珠村人、清进士任文灿撰写的一副对联，可惜上联在"破四旧"时期被人为地削掉了，现在已经无人能记得上联的内容，只剩下联"人伦

神坛上的盘古大王塑像

之始重译来万国咸识尊亲"，成了一个不可弥补的遗憾。

坛内圆金柱上有一联，联文用楷书写成，笔画凝重肃穆，行间流露出崇敬之情，为赤坭小乌石村人、清进士宋维屏之子、举人、世袭云骑尉宋士伸手书：

　　开天地以作君师历古今上下亿千万年乾坤胥归掌握
　　先帝王而称神圣合东西南朔几万里夷夏统属并蒙

左右回廊第一条圆檐柱上有一联，联文用篆书写成刻就，字形古拙朴素，由冯植森撰联，炭步华岭人、晚清名臣骆秉章的幼子骆天诒手书：

　　御世在邃古上古中古以前斯为盘古
　　作君居天皇地皇人皇之首是谓太皇

第二条檐柱为方形，联文用行书写成，字形紧凑简洁，又是另一风格，由汤池撰联，炭步华岭人、晚清名臣骆秉章嫡长孙骆懋湘手书：

　　坛石昔天成不琢不雕混沌初开真气象
　　殿庭今地拓以享以祀馨香永祝古神灵

第三条檐柱也是方形，联文用隶书写就，书法流畅飘逸，自成一格，由李炳焜撰联，炭步华岭人、晚清名臣骆秉章嫡曾孙、骆懋湘之子骆毓枢手书：

　　水草木石尽化灵丹济困扶危坐镇狮峰为主宰
　　风露雨旸皆沾渥泽饮和食德敞成龙殿答神庥

第四条檐柱是圆形的，联文用篆书写成，字形隽永清秀，由毕村人、清候选训导、福建盐大使、福建府经历毕元礼撰联并书：

　　絜日月以光天万古乾坤归掌握
　　先帝王而立极八方民物仰声灵

后廊次间檐柱是方形的，联文用隶书写成，字体古拙有力，由里人毕家翰撰联并书：

　　耸高峰钟磊石具顶天立地规模
　　开太极分两仪是旋乾转坤手段

这些联对从不同角度歌颂盘古王开天创世、敢为人先、身化万物、造福世间等丰功伟绩，遣词造句各有文采。字体虽也不离篆、隶、楷、行，却各有各的风格，甚具个性。8副对联除神碑望柱联"德建三皇世；恩流万古天"没有落款外，其他对联均有撰书人和捐造者。

坛前有石狮一对，为秘鲁华侨捐赠。左边狮座正面刻"盘古显精灵咸萃万民沾地泽；古坛新气象震离一面演天潢"，背面刻"恭祝盘古圣恩，秘鲁利济马旋"，左侧刻云龙纹饰，右侧刻捐赠者名单，落款为"宣统三年秋月"；右边狮座左侧刻捐赠者名单，右侧刻凤凰牡丹纹饰。

山腰上原有上坛，为光绪二十二年（1896）修建，由四柱支撑，毁于日本侵华战争。现存石柱两条，柱上刻"白石清泉常共隐；和风时雨与人同"楹联，落款为"集汉录曹全碑，毕国球书"。毕国球为毕村人，清光绪二十七年（1901）辛丑岁贡。1986年在原址改建半山亭，有"半山亭"横匾，由当代岭南书法大师赖少其书。

亭右侧有两块巨石，高、宽均10多米，两石相距不够1米，直垂如刀削。中夹一石，长几十厘米，状如香炉，刻有"乾坤石"三字。相传是盘古王栖息之所。亭左侧有一巨石，高2.1米、宽2米，上刻"龙口泉"三字，落款刻"丘苏于书"。石下有山泉涓涓流出，聚为清池，水清味甘，游客多舀水而归。

亭侧有山路可攀登山顶石寨。此处地势险要，曾是明末清初陈学进起义军聚集地，亦为抗击清军的据点。咸丰年间，朱子仪起义军也曾驻此山寨，由此越山北进清远。

神 诞

盘古王诞是花都历史最为悠久、风俗最为特异、传说最为丰富、仪式最为隆重、场面最为壮观、气氛最为热闹、影响最为深远的民俗活动。

梯面盘古峒里有没有盘古王诞，典籍里没有记载，但是从"盘古烟霞"的字面解释，除了烟云出岫、雾雨翠霭的自然景象外，晚上篝火通明、暮霞掩映，也是构成这一奇景的重要元素。

在狮岭盘古王山，村民将拾到石碑的农历八月十二日定为盘古王诞日，以民间自发前来拜祭为主，以盘古王庙为固定的活动场所，诞期活动从农历八月十二日到八月十五日，尤以正诞日最为隆重，有唱大戏、舞狮子、抢花炮、闹花灯等民俗活动。诞节前，盘古王庙管理机构便请来省城粤剧戏班，在神坛前搭起戏棚，上演神功戏酬谢神恩，主要剧目有《香山贺寿》《天姬送子》《目连救母》等，还有常年来演出的戏班专门排演《盘古斗知县》《盘古兄妹神迹》等有关盘古王的故事。神功戏在十二日开始，连演三天，虽然讲的是神仙的戏，但大家都爱看，附近乡村的百姓经常全家出动，戏棚前面围满了观众。附近小商贩沿路摆摊，售卖各种祭祀用品和风车铃铛之类的吉祥信物，还有卖花生、瓜子和糖果的小贩，叫卖声、锣鼓声、唱戏声交织成一片，正是娱乐升平，人神共乐。

正诞这天一大早，附近各村的狮队扛着彩旗，抬着烧猪，舞着醒狮，敲锣打鼓，前来拜盘古，最多汇聚了上百头醒狮。一时间，整座盘古王山香烟缭绕，烛光烁烁，鼓声阵阵，鞭炮震天，炮仗纸铺成了满堂红，到处洋溢着欢乐祥和的喜庆气氛，"盘古烟霞"景象在此重现。村民拜完盘古王，到半山上坛再拜，上"试斧石"摸一摸盘古王开鸿蒙的斧子，然后在"龙口泉"里装一罐仙泉回家奉神及全家饮

盘古王诞现况

用,在"圣龟池"抛些零钱许愿,途中会买几个风车带回家,希望能顺风顺水,风调雨顺,生意兴隆,出入平安。

狮岭盘古王与别处的不同,他不是以个体形象出现的,他还有一个哥哥仙古王及妹妹仙姬娘,人们还在今前进村联珠坑北面名叫"吊望石"的山上建了仙古王庙,定八月初二为仙古王诞,在今狮岭旗岭北麓建了仙姬娘庙,还流传着盘古王三兄妹勇斗恶狮的故事。本地典籍上没有仙古王的任何记载,而仙姬娘庙远在旗岭,将他们串联在一起成为兄妹,确实是当地群众的大智慧。狮岭流传众多的是盘古王的神话故事,如"盘古王伏龙降狮""盘古王不嫌假烧猪""盘古王吓死利县尉""盘古王照远不照近"等等,留下半山亭、盘古卧石、龙口泉、试斧石、圣龟池等遗迹,民俗文化内涵丰富多彩。经过长时间的积淀,盘古王诞逐渐发展成为影响珠江三角洲和粤北一带的传统民俗活动。

中华人民共和国成立后,盘古王诞逐渐被淡化,到"文革"时完全停止,道路失修,半山亭被毁,盘古王庙亦变得残破不堪,黯然失色。

重 光

1983—1986年,花都先后进行了文物普查和民间文学普查工作,民间成立了重修盘古王山理事会,发动群众捐资,对盘古王庙进行抢救性维修,重建了半山亭,对盘古卧石和龙口泉等遗迹进行了维护,修整了通往盘古王庙及通往盘古寨顶的道路,重建了平安桥。1986年,盘古王诞正式恢复。

据振兴村的老人回忆,盘古王诞已经停止了二三十年,1986年重光那天,那可真是人山人海。正诞当天,四面八方的群众齐聚盘古王山,狮岭、芙蓉、新华、花山、赤坭等镇的各村醒狮队天没亮就出发了,他们抬着烧猪,舞着醒狮,敲锣打鼓,点燃爆竹,欢天喜地拜盘古王。从盘古王山半山亭往下望,狮岭圩到盘古王山的蜿蜒小路上,行人如过江之鲫,鱼贯而行,远望犹如一条舞动的大彩龙。盘古王山麓,旭日东升,100多头烧猪摆满了盘古王庙的里里外外,150多头醒狮在盘古王庙前翩翩起舞,阵势十分震撼。此时,锣鼓声、爆竹声、喧闹声,响彻山间;庙前中间宝鼎插满了香烛,左右两个大香炉不停焚烧着元宝圣衣之类的祭品,火光映红了天际。据统计,那年的盘古王诞重光,吸引了10万信众前

"拜盘古·祈永昌"祈福仪式

来拜盘古。那种火红热闹的情景，见过一次便会毕生难忘。

从2007年始，花都提出着力打造"盘古创世"名片，把活动由镇提升到区和市的层面举办，并提升活动的仪式感，以"拜盘古·祈永昌"祈福活动为重点，按照祭祀的礼制，精心策划，充实内容，创新形式，增加了恭读祭文、净手上香、唱盘古王颂歌、跳长鼓舞及百狮朝圣、百狮抢花炮、歌舞敬拜、祈福传承等环节，既保留了原有的拜祭习俗，又体现盘古

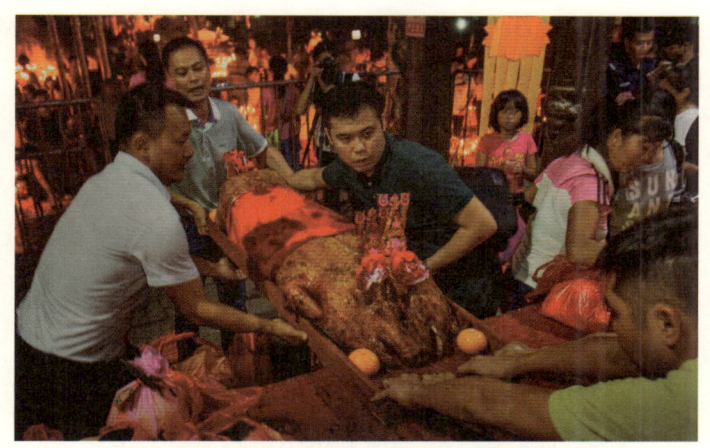

传说盘古王最爱吃烧猪林的烧猪

"开天辟地，敢为人先"的创新精神，对盘古王诞的民俗文化传承起到了很好的促进作用。2007年，盘古王诞入选广州市第一批非物质文化遗产保护名录，成为广州市重点打造的"一区一品"文化活动；2008年，"盘古神踪"入选"花都八景"，花都被省文联授予"广东省盘古文化之乡"称号；2010年，被中国民协授予"中国盘古王文化之乡"和"中国盘古王文化研究基地"称号；2015年，盘古王诞入选第六批省级非物质文化遗产保护名录。

庇　佑

盘古王创造万物，诠释、传递和推崇的是开天辟地、敢为人先的首创精神，不怕困难、坚定意志的奋斗精神，自我牺牲、为民造福的奉献精神，对开启历史新进程和创造时代新辉煌具有很好的引导意义。

盘古王为了创造一个充满生机的世界，不惜牺牲自我，化自身成世间万物，从此人间有了阳光雨露，大地有了江河湖海，这种舍己为人、自我牺牲、为民造福的奉献精神，为培育后世去传承发扬，需要我们去倡导、推崇和颂扬。

以狮岭镇为例，自盘古王庙得到重修、盘古王诞得以恢复，狮岭人民时刻在诠释盘古王这种敢为人先的首创精神和不怕苦难的奋斗精神，在经济、社会和文化的发展中取得了巨大的成绩，由一个山区小镇蜕变成全国重点镇、全国经济综合开发示范镇、广东省省级中心镇、文明镇、首批专业镇技术创新试点单位、制造业信息化工程试点示范镇和广东省城镇化技术集成应用示范试点单位、广州市首批中心镇和十强镇。狮岭皮革皮具产业集群被确定为广东省第二批产业集群升级示范区，狮岭被中国轻工业协会和中国皮革皮具协会评定为"中国皮具之都"。

纵观花都历史，为了民族的崛起和人民的幸福，不少仁人志士表现出无私的奉献精神。为创建一个"无处不均匀，无人不饱暖"的人间天国，洪秀全、冯云山、洪仁玕等冒着被诛九族的风

险，策动了一场中国历史上规模最大、历时最久、影响最深远的太平天国农民运动。清朝末年，朝廷腐朽无能与外国横蛮入侵使中国沦为半封建半殖民地社会，花县三华村徐氏为当地望族，为追随孙中山先生的民主革命，在村里的祠堂成立中国同盟会番花分会，发展同盟会员300多人，组织100多名敢死队员参加黄花岗起义，黄花岗起义牺牲的七十二烈士中花县籍烈士占了四分之一，其中徐氏兄弟就有16人。大革命时期，花东九湖村的王氏也是当地大族，王福三、王彭等烈士都是外国华侨，为了追求革命理想，不惜毁家纾难，最后壮烈牺牲……这些，都是盘古王舍生取义、牺牲自我的奉献精神在花都英烈们身上的诠释。

愿　景

在十三届全国人大一次会议闭幕会上，习近平主席指出："在几千年历史长河中，中国人民始终心怀梦想、不懈追求，我们不仅形成了小康生活的理念，而且秉持天下为公的情怀，盘古开天……愚公移山等我国古代神话深刻反映了中国人民勇于追求和实现梦想的执着精神。中国人民相信，山再高，往上攀，总能登顶；路再长，走下去，定能到达……。"今天，中国人民比历史上任何时期都更接近、更有信心和能力实现中华民族伟大复兴。我们相信，只要中国人民始终发扬这种伟大梦想精神，就一定能够实现中华民族的伟大复兴。

在粤港澳大湾区规划中，花都积极推进国家旅游综合改革和全域旅游示范区创建试点，联合从化、增城、清远共建粤港澳大湾区北部生态文化旅游合作区。盘古王公园位于高耸的炉山南麓，北部与清远群山相接，拥有丰富的自然生态环境。盘古王文化是花都特有的人文旅游资源，有着悠久而厚重的历史底蕴，有着长远而美好的发展愿景。因此，花都应对盘古王公园作长远规划。盘古王文化既凝结着中华民族精神和民族情感，也承载着花都的文化血脉和思想精华，是促进花都经济社会文化和谐发展的宝贵资源。在历史的长河中，与众多民俗活动一样，有1500多年历史的盘古王文化，从"南海中盘古国"的梯面群山，到炉山脚下的小镇狮岭，历经兵灾匪祸、连年战乱和政治浩劫等种种磨难，迎来国家强大、社会稳定和人民安居的繁荣盛世，生而被灭，灭而复生，由盛而衰，再由衰复兴，数度起落，确实耐人寻味。

传承盘古精神

新华街

广府祠堂大观园

——记三华村徐氏诸祠堂

◎卢福汉

    三华村位于花都新华接袂成帷的城东与城西接合部，是一个名副其实的城中村，毗邻广州北站，京广铁路、武广快线、广清高速、107国道穿境而过，有着明显的地缘优势。三华村开基将近千年，有着深厚的历史积淀和丰富的文物遗存，现存300多座明清风格的青砖建筑，仅祠堂建筑就有20多座，是全区现存祠堂最多的村落。丰富的祠堂资源和深厚的文化内涵，成为三华村乡村振兴战略的新契机。

三华古村

显赫的名门望族

据《徐氏族谱》载，该村徐氏一族原籍江西南昌府，第二十八世祖徐信，字德孚，号泽江，为宋皇祐年间（1049—1054）的进士，授官中书台谏而落籍广东，成为本族入粤始祖。徐信的三子徐宗远授官南海县主簿，见"巴由之境，地广民稀"，可资发展，于北宋元丰八年（1085）来此辟置田产，构筑房舍，并将寓所取名"三华庐"，成为三华村徐氏肇基始祖，立村已有935年历史。

徐氏八世为官九世开枝。徐氏从徐宗远始连续八代为官，一世祖徐宗远（1055—1106）为南海县主簿，二世祖徐淳（1095—1165）为绍兴元年举人、授官盐运司同知，三世祖徐球（1130—1184）为举人出身、授官国子监助教，四世祖徐起（1165—1195）授官国学博士宣教，五世祖徐汝能（1195—1263）授官浙江余杭县丞簿尉，六世祖徐梦德（1220—1300）授官留守判官、徐梦冲（1223—1270）授官理宗朝提督（无嗣），七世祖徐孔孙（1258—1328）以举人出身授官礼部员外郎，八世祖徐国正（1292—1364）授官南康府判。到了第九代，由徐国正开枝散叶，连生六子，分别为天福、祖福、胜福、景福、善长、善可（四子景福夭折，因此后面不能继"福"字辈），五子字锡之、亨之、厚之、庆之、行之。此后，徐氏家族十分庞大，大塘边、大华、五华、公益、大陵莲溪、小东圃、花城街东边、赤坭荷塘、炭步江夏、白云区、佛山南海等均有该村徐姓族人的分支。现在，三华村户籍人口约5500人，花都徐姓人口约3万人。

营建圩市开设书坊。1908年，粤汉铁路开通到花县，在三华村旁设置新街火车站，带动了周边商贸的发展。1912年，三华村徐氏族人由"世德堂"公偿出资，在新街火车站东侧拨地营建圩市"新民埠"，成为当时花县农村最大的圩市。1938年4月，新民埠被12架日本飞机集中轰炸并投下燃烧弹，顿成废墟。1944年，三华村徐氏族人再次拨公偿地，在原新民埠之东北角重建圩

资政大夫祠建筑群

市，称"新华市"，二十世纪六七十年代还比较完整地保留其原样，近二三十年才不断拆旧建新，城区不断往东北拓展，成就了花都新华城区的今天。

清中叶，广东的印刷业随着通俗小说以及"木鱼"等本土民歌的流行而兴盛。光绪年间，三华村徐氏族人在广州第七甫（今光复中路）开设了"五桂堂"书坊，印刷木鱼、南音、龙舟、粤讴、咸水歌等本土民歌，以及旧小说、通胜、日历、四书五经等，业务不断拓展，民国初年还把分局开到了香港荷里活道，业务蒸蒸日上，为徐氏积累了丰厚的财富。

历史上名人辈出。三华村徐氏在此播衍近千年，成为当地的豪门大族，因此得风气之先，较早开启文化教育，容易接受新文化新思想。在辛亥革命中，族人积极熔入民主革命的大熔炉，慷慨成仁，从容赴死，烈士的忠魂彪炳史册。

徐镜潜（1930—2002） 花县三华村徐氏第二十八世孙，中南大学矿冶系教授，高级工程师，选矿专家。承担"湖北长石矿重选尾矿中回收长石石英试验及生产实践""环射式浮选机""高压电选机"等项目均获全国科学大会奖。1978年1月12日受时任国家领导人华国锋、叶剑英、邓小平等接见并留影。1979年通过冶金部鉴定的"高压电选机的研制"项目，获中南矿学院重大科研成果等奖。在国内刊物发表《离心塔形螺旋溜槽的研究》《从湖北长石矿重选尾矿中回收长石石英》等论文近20篇。为我国冶金事业的发展作出了贡献。

香港电影人徐小明。族名徐耀明，三华村徐氏第二十八世孙，香港著名导演，香港电视专业人员协会创会会长，曾任有线娱乐有限公司执行董事、有线卫星电视营运总裁、骄阳电影及骄阳音乐总裁。先后获得2007年香港金紫荆奖、2008年中美电影节电影金天使奖、美国休斯敦国际电影节优秀电影奖、中国华语十大优秀电影奖、中国电视金鹰奖、中国优秀电影特别奖、2013年中美电影节优秀中国电视剧金天使奖等十多项大奖，尤其是2013年5月4日获第十三届世界杰出华人奖，并同时获得美国北方中央大学颁授的荣誉博士学位。

丰富的祠堂资源

2019年重修后的徐氏大宗祠

祠堂从西汉开始出现并逐渐兴起，当时建于墓地旁，叫"墓祠"。南宋朱熹《家礼》立祠堂之制，从此称家庙为祠堂。当时修建祠堂有等级之限，民间不得立祠。到了明嘉靖年间才允许民间建联宗祠堂，因此今日所见的祠堂大多为明清时期所建。一般而言，一个村落就算有千年底蕴，宗族繁衍再怎样庞大，经过沧桑岁月的消磨及历史风雨的洗礼，留下的祠堂也就数座而已。然而，三华村虽然是高楼摩肩接踵的城中村，到今天仍然留下22座祠堂，实属难得。

三华村是花都现存祠堂数量最多的村落。三华村分中华社、西华社、元华社、东华社四个经济社，祠堂主要集中在中华社和西华社。其中，中华社有徐氏大宗祠、默菴徐公祠、资政大夫祠、亨之徐公祠、南山书院（徐时亮生祠）、集

徐氏大宗祠内的砖雕牌坊"派演东明"

之徐公祠、国碧徐公祠、福源徐公祠、仲和徐公祠、芝俊公祠、徐大夫祠、美晨（一说"臣"）徐公祠、鹤野徐公祠共13座，西华社有次华徐公祠、郁山徐公祠、洞湖徐公祠共3座，元华社有云山徐公祠、凤山徐公祠、松冬徐公祠共3座，东华社有宗盛徐公祠、松涧徐公祠、东泉徐公祠共3座。

资政大夫祠建筑群为花都祠堂之冠。资政大夫祠与南山书院、亨之徐公祠并非而建，浑然成一体，建筑群占地2.21万平方米，建筑总面宽56.7米、总进深57.1米，总面积3500平方米，后面建有两座毗连的后楼，居高临下，高端大气。资政大夫祠与南山书院分别建有圣旨牌坊，镌刻有皇帝的诰命。这是花都规模最大、规格最高、工艺最精、保存最好的祠堂建筑群。为广东省文物保护单位。

徐氏大宗祠为现存花都最古老的祠堂之一。徐氏大宗祠是本村最为古老的祠堂，也是花都最古老的祠堂之一，石门额显示清乾隆五十八年（1793）重修。祠堂名由明嘉靖十四年（1535）乙未科进士赵崇信题写，牌坊名由山东青州进士宋镐题写，他在乾隆五年

2019年重修后的默菴徐公祠

资政大夫祠的青石牌坊

（1740）任花县知县。从明嘉靖年间允许民间修祠，至祠堂重修时已有250多年，离宋知县的题名也有200年，三华村宗族庞大，累世为官，应该比较早响应建祠。据此推断，赵崇信题写祠名应该为始建年代，并先后在乾隆五年、乾隆五十八年进行过重修，重修时增建了牌坊。祠堂的挑头、雀替、虾公梁石狮、柱础等构件均采用鸭屎石料，石阶、天井、台基等都用了红砂岩，这些都是明代建筑普遍使用的石材，这也印证了始建于明代的说法。

丰厚的文化意蕴

祠堂是奉祀族人先祖之堂，是宗族系统的一种硬指标，是宗族的精神核心，人们甚至将它比喻为人的"命根"。因此，祠堂建筑往往集中了一族人最大的人力、物力、财力，集建筑、思想、文化、民俗、艺术于一身，每一方寸都寄托着人们美好的愿望，蕴含着丰富的文化内涵和珍贵的历史信息。

圣旨牌坊彰显徐氏荣光。牌坊是古代为表彰功勋、科第、德政以及忠孝节义所立的建筑物，三华村共有四座牌坊，附设在祠堂中。其中，两座名为"资政大夫""奉直大夫"的圣旨牌坊，分别位于资政大夫祠和南山书院；两座名为"派演东明""保世滋大"的一般家族牌坊，分别位于徐氏大宗祠和默葊徐公祠。这些牌坊是一张宏伟而立体的"奖状"，昭示徐氏家族先人的高尚美德和丰功伟绩。

"资政大夫"牌坊。位于资政大夫祠内，为三间四柱四楼格局，采用优质青石砌筑，遍雕缠枝花草、鲤跃龙门、戏台人物、鳌鱼鸱吻、福在眼前等纹饰。牌坊镌刻着清同治帝封赠该村徐氏第二十四世祖兵部郎中徐方正的祖父徐德魁为"资政大夫"的诏书，两边有文丞武尉浮雕立像，"圣旨""恩荣"等字样昭示牌坊的等级。牌坊的石刻、石雕工艺精湛，居花都现存牌坊首位。

"奉直大夫"牌坊。位于南山书院内，为三间三楼格局，以青砖及花岗岩砌筑，正面镌刻着封赠该村第二十四世祖兵部主事徐表正的父亲徐时亮为"奉直大夫"的诰命，背面刻"孝廉方正"四字，右上款刻"咸丰五年乙卯奉旨特举"，左下款刻"徐时亮恭承"。整个牌坊及石额四周围绕着各种花鸟鱼虫砖雕，横额上的砖雕如意斗拱最为精致。

"派演东明"牌坊。位于徐氏大宗祠内，为三门五楼砖石牌坊，砖雕如意斗拱非常精美。牌坊石额正面刻"派演东明"，背面刻"世德作求"，两边券拱门分别刻"义路""礼门"。派演东明，说明徐氏世系源流。派演，指宗族支派繁衍；东明县，为徐氏发轫之处，位于山东省西南部，黄河入鲁第一县，当鲁豫两省之交。世德作求，指累世的功德，先世的德行，出自《诗·大雅·下武》："王配于京，世德作求。"

南山书院牌坊砖雕工艺精湛，保存完好

"保世滋大"牌坊。位于默菴徐公祠内，与徐氏大宗祠相邻。徐默菴为徐氏第十二世祖，当地俗规，家族墓祠小辈要在长辈前面，取其承欢膝下的意思。因此，晚辈的祠堂不能与大宗祠并列，默菴徐公祠门额没有镌刻祠名，而是把祠名刻在木匾上，往前倾挂于门额上，这样就可以比大宗祠靠前，又不影响村面的美观。保世滋大，寄予徐氏族人能够保持名禄世代相承、宗枝日益壮大的美好愿望。保世，是保持宗族、爵禄或王朝的世代相传的意思；滋大，是增益、加多、壮大的意思。绍闻衣德，即"绍衣"，典故出自《尚书·康诰》，是传承家族名望、奉行先人德化教言的意思，也是对子孙后代的厚望。

祠堂门坊名人题字凸显荣耀。祠堂是家族的象征，门额上的祠名是祠堂的门面，因此都希望请名人或当官的题写，为祖宗颜面增辉。徐氏是在此生活了近千年的大族，跟周边的官府和当地的乡绅有着千丝万缕的关系。因此，他们的祠堂的题名肯定也有一定的来头。

徐氏大宗祠。是纪念徐氏开基祖徐宗远的祠堂，始建于明代，乾隆五十八年（1793）重修。门额"徐氏大宗祠"由明代进士赵崇信题写。赵崇信，嘉靖十四年（1535）乙未科进士，顺德人，官至贵州按察司副使，擅书法，传世作品有草书《七律·江舟七夕》等。牌坊

水仙古庙香火旺盛

"派演东明""世德作求"由山东青州进士宋镐题写,他于乾隆五年(1740)任花县知县。

资政大夫祠。是徐氏第二十四世祖兵部郎中徐方正为其祖父徐德魁被封为资政大夫而建,建于清同治七年(1868),门额"资政大夫祠"由岭南名士梁九图题写。梁九图,广东顺德人,是道光咸丰同治年间的社会名士、慈善家和诗人,也是岭南名园梁园的创建者之一,曾任刑部司狱。

南山书院。是徐氏第二十四世祖兵部主事徐表正为被封为奉直大夫的父亲徐时亮而建的生祠,门额"南山书院"由番禺县举人陈鸿揆题写。陈鸿揆,号鹤俦,广东番禺人,道光十九年(1839)举人,擅楷书,以"南山"为题额,祝颂祠堂主人如南山高寿。

次华徐公祠。为纪念徐氏第十五世祖徐次华而建,建于清光绪二十年(1894),门额"次华徐公祠"由清光绪进士劳肇光题写。劳肇光,广东鹤山人,清光绪十五年(1889)己丑科进士,历任贵州广西学政、安徽庐州知府等,官至四品。他的书法在当时颇有名望,擅长隶、楷、行、草四种书体,用笔结字具王、欧、苏、赵诸家的体貌和用笔特点,显得丰润凝重,又流丽秀逸,完全摆脱馆阁体书风。

郁山徐公祠。为纪念徐氏第十五世祖徐宣(号郁山)而建,建于清光绪十九年(1893),门额"郁山徐公祠"由广东督学使者徐琪题写。徐琪,号花农,浙江仁和人,清光绪六年(1880)庚辰科进士,授翰林院编修。光绪十七年(1891),出任广东学使,三年任满回京,官至内阁大学士、兵部右侍郎、南书房行走。为清代著名学者俞樾的弟子,工诗文,善书画。著有《粤轺集》《粤东葺胜记》《岭南实事记》等。堂号"三德堂",由清末民初学者、书法家、官员伍铨萃题写。伍铨萃是广东新会人,光绪十八年(1892)壬辰科进士,授翰林院编修。官至湖北郧阳知府。他精通医学,创办了广东广汉专门学校,任校长。

郁山徐公祠

云山徐公祠。为纪念徐氏十四世祖徐诵(号云山)所建,始建于明代,清同治六年(1867)重修,门额"云山徐公祠"由举人、画家邓瑶题写。邓瑶,字琼石,广东南海人,清道光二十三年(1843)癸卯科乡试举人,任电白教谕,其人以善画人物、仕女闻名，有作品《楷书七言联》传世。

芝俊公祠。为纪念徐氏二十世徐芝俊所建，建于清嘉庆十一年（1806）门额"芝俊公祠"由冈州举人钟应元题写。钟应元，新会人，清咸丰元年（1851）辛亥恩科举人，官刑部七品小京官，加员外郎衔。同治九年（1870）参与编纂《新会县志》。

九月初九御史大王诞活动

名工巧匠琢画吉祥图案。祠堂是族人的精神家园，凝聚家族的财力与智慧，其装饰广泛采用木雕、砖雕、石雕、灰塑、陶塑、壁画、铸铁等建筑装饰工艺，镶嵌在梁架、挑头、雀替、墀头、封檐板、屋脊等构件上，使整座祠堂富丽堂皇，琳琅满目。题材主要以神话传说、民间故事、吉祥图案等为主，包含了四海升平、家族兴旺、福禄寿考、升官发财、子孙延绵等，体现族人对太平盛世、美好社会、快乐人生、幸福家庭的强烈向往和热切追求。一些名门望族为凸显族人的艺术修养和家学渊源，在建祠堂时非常讲究艺术品位和注重工匠水准，一定要请当时有名气的工匠来制作。以壁画为例，三华村的祠堂在"文革"期间基本都被石灰水粉刷过，只有部分的壁画在维修时水洗后还原了本来面目，大多数还是面目全非。从这些壁画来看，大多署名"王雪舫"。经查，王雪舫，又名半痴氏、半痴子、半愚子等，是珠三角一带颇有名气的画师，在广州、惠州、三水都存留了他很多的壁画作品，花都的三华村、田美村、田心村、岐山村、铁山村、龙口村、荷塘村等，都曾请王雪舫作壁画作品。三华村的次华徐公祠、南山书院、默菴徐公祠、徐大夫祠等祠堂的壁画均由王雪舫绘画，构图、用笔、设色等都最为讲究，从修复的情况看，历百余年仍色彩浓艳，历久弥新。

祠堂是岭南文化的鲜明符号，也是一个地方重要的文化资源。祠堂，有如一部不分年级的教科书，向人们讲述一个个动听的历史故事，给人们呈现一卷绵长的历史画轴，以展示中华民俗文化的博大精深。

浩然正气英雄祠

——记三华村集之徐公祠和革命往事

◎邓静宜

在花都城郊的三华村,有一座声名远播的古祠堂,它叫集之徐公祠。祠堂坐北朝南,三间两进,带一后楼,建筑占地462平方米,乍看与其他的祠堂没什么两样,相比一些富丽堂皇的祠堂,显得朴素无华。但是,当人们看到大门口挂着"中国同盟会广东番花分会旧址"的牌匾时,不由得会对它肃然起敬。

集之徐公祠

这里留下了革命史迹

祠堂里并不寂静,天井里开满了鲜花,孩子们在院里嬉戏,三五成群的老人们在这里聊天,一切都是那么祥和,但这座祠堂的后楼却与之有天壤之别。后楼与祠堂前面的形制一样,也是典型的清代岭南风格建筑,镬耳封火山墙,灰塑博古脊,青砖墙,红泥阶砖铺地。它在闹市中遗世独立,诉说着在这里曾经发生的一段惊天历史。

过去,集之徐公祠只有前面的两进供村民活动,后楼这里平时很少来人,除特殊情况,一般是长年紧闭的。2020年,后楼的一楼、二楼开放,在这里布了一个中国同盟会广东番花分会图片展,不时接待外来游客和媒体的参观访问。

后楼有两层,楼高足有十米,一眼望去是巨幅的山墙。一楼右边有个小侧门,门口边挂着银色和黑色两块匾牌。银色的是广州市人民政府在2002年8月7日公布的文物保护单位牌匾,上面有中国同盟会番花分会机关旧址的简单介绍。另一个是广州市文化广电新闻出版局2011年5月立的"中国同盟会广东番花分会旧址"匾牌。上面有一段文字:"1909年9月,花县(今花都区)三华村人徐维扬等在集之徐公祠后楼设立中国同盟会广东番花分会,加盟者有300多人。1911年,该会100多人参加'三二九'起义(黄花岗起义),花县牺牲18人。"

中国同盟会和黄花岗七十二烈士举世闻名,但很多人不知道,黄花岗七十二烈士中有18位是花都(花县)人,其中,徐佩旒、徐礼明、徐日培、徐广滔、徐临端、徐茂燎、徐松根、徐满凌、徐昭良、徐培添、徐保生、徐廉辉、徐容九、徐进炤、徐熠成、徐应安16人是三华村徐氏宗室成员。

一把生锈的铁锁锁住了这处影响了中国历史进程的遗址,但锁不住人们对100多年前那场波澜壮阔的大革命历史的回忆,该建筑是研究清代岭南建筑和近代革命史迹的重要实物资料。这些英烈的名字令人震撼,直抵人心。

清光绪三十一年(1905),孙中

祠堂内景

徐维扬像

山领导的中国同盟会在日本成立。宣统元年（1909）九月，三华村人徐维扬（民国成立后任陆军炮兵上校），奉命随莫纪彭回花县建立中国同盟会广东番花分会，以集之徐公祠后阁楼为分会机关，进行革命宣传与组织活动。

三华村徐姓是大族，民间有句话"花县一支毕（笔），姓徐打第一"，徐维扬利用同村共族关系，向父老兄弟宣传同盟会的革命纲领，仅13天就发动了300余人加入同盟会。同盟会在国内虽然建立了多个分支组织，但像三华村这样有众多农民参加的却不多见。番花同盟分会是同盟会在广东成立的九处分会之一，番花分会成立之后，大力发展会员，北至清远、南至番禺，入会者达1000余人。

中国同盟会领导人之一黄兴，多次到来与分会负责人秘密商议工作。当时就在这间祠堂内，徐维扬挑选了许多勇敢的青年，参加了由中国同盟会领导的广州黄花岗起义。

据史料记载，中华民国建立后，为了表彰三华村民所作的贡献，在民国九年（1920），孙中山派同盟会元老张继到集之徐公祠，凭吊十八位烈士，并亲自为集之徐公祠题匾："毁家纾难，功在党国。"胡汉民也作了"人皆争富贵，君独忍安贫"的题词，张继书赠"大风起兮云飞扬，威加海内兮归故乡"题词。当年张继还带来了孙中山先生赠送的四棵榕树盆景，榕树枝干造型分别为"天下为公"四字，摆放在三华小学院子内。经过百年的洗礼，榕树的根撑破了底盆的拘囿，它扎根泥土，长成了参天大树。由于榕树的根系在地下盘根错节，已危及旁边仲和徐公祠的安全，在近年乡村振兴建设中，村里把榕树移栽到学校对面的水塘旁边，成为该村光荣历史的见证。

据史料记载，起义失败后，敌人不让收尸，烈士遗骸暴露了几天，后由同盟会会员潘达微借积善堂的名义，设法收得烈士遗体七十二具，葬于黄花岗。民国二十六年（1937），花县为十八烈士在花城城隍庙内建立纪念亭，刻石记载十八烈士姓名和事迹。纪念亭在抗日战争期间被日军飞机炸毁，纪念碑亦失落无踪。20世纪90年代初，有人在一水沟发现半截石碑，碑上字迹模糊，未能保存。

"选锋队"光耀千古

徐维扬（1887—1952），是整个事件的核心人物之一，组织、领导、参与了整个起义过程。徐维扬祖孙三代都是反清斗争的志士。祖父徐俊贤参加过太平天国运动，父亲徐朗耀，面对清朝的腐败，早已有革命之心，常以太平天国运动的故事训勉后人反对清朝统治。徐维扬在先辈革命思想的熏陶下，从小立志推翻腐朽的清政府。

年轻的徐维扬受孙中山革命思想的影响，从培英学校毕业后，进入广东陆军学堂习炮科。在这期间，他和大批的革命党人如黄兴、胡汉民、赵声、朱执信、陈炯明、邹鲁、廖仲恺、汪精卫、徐锡麟等结识，加入了同盟会。

作为中国同盟会的骨干，从1907年起，徐维扬先后参加过潮州黄冈起义、广西镇南关起义、广西钦州起义，这些起义都遭到清政府的镇压。

后楼是中国同盟会秘密开会地点

1910年2月12日，广州新军起义爆发后，徐维扬率同盟会番花分会敢死队急驰广州增援，只是还没有进入广州城内，新军起义已失败，只能中止行动。

1911年4月27日，广州爆发黄花岗起义，由于起义时间的改期，原定800多人参加的队伍无法集中，起义前夜，在广州城内的革命党人仅有几十人。1911年4月26日，徐维扬星夜兼程赶回三华村，在番花同盟会分会点，召集勇敢善战、精悍可靠的青壮年百余人，组成"选锋队"（即"敢死队"）。

在徐维扬充满激情的演说鼓动下，队员们群情激昂，歃血宣誓奋勇杀敌。第二天（4月27日，农历三月二十九），选锋队队员们即赶往广州，由于清军已经戒严，最终只有40多人成功进入城内。1911年4月27日下午5时30分，黄花岗起义爆发。这场起义，无疑是悲壮的，是一场"明

广州市文物保护单位
中国同盟会番花分会机关旧址

清光绪三十一年（1905年），孙中山领导的中国同盟会在日本成立。宣统元年（1909年）9月，三华村人徐维扬（民国成立后任陆军炮兵上校）奉命随莫纪彭回花县建立中国同盟会广东番花分会，以集之徐公祠后楼阁为分会机关，制订入会志愿书和誓言词，进行革命宣传与组织活动。该建筑是研究清代岭南建筑和现代革命史迹的重要实物资料。

广州市人民政府
二〇〇二年七月八日公布

广州市政府立的保护牌

中国同盟会
广东番花分会旧址

1909年9月，花县（今花都区）三华村人徐维扬等在集之徐公祠后楼设立中国同盟会广东番（禺）花（县）分会。加盟者有300多人。1911年，该会100多人参加"三·二九"起义，花县牺牲18人。

广州市文化广电新闻出版局
二〇一一年五月立

广州市文广新局立的纪念碑

三华村东华六队四巷8号徐维扬故居

知不可为而为之的起义"。起义消息泄露,清军已经严防死守,敌众我寡,以寡敌众,但"敢死队"还是决意为之。

当天,革命党人与敌人浴血奋战,由于敌我力量悬殊,寡不敌众,这支起义军受到清兵的重重包围,最终进行了巷战。这场血战自27日晚打到30日上午10点多,终因弹尽,牺牲惨重。在此战役中,徐维扬和黄兴一样,侥幸得以脱险。这次起义虽然最终失败,但给清朝反动政权以沉重的打击,清朝江山一触即溃,广州黄花岗起义在我国旧民主主义革命史册上写下了光辉的一页。

同年,武昌起义爆发,清政府被推翻。1912年,孙中山在南京就任临时大总统,徐维扬被任命为陆军第七团团长,授炮兵上校衔,兼广东雷廉绥靖总办,驻守南路。"二次革命"失败后,徐维扬放弃雷廉绥靖总办之职。

1915年,袁世凯密谋称帝,徐维扬亲赴湘、桂、鄂、赣、闽诸省,进行倒袁活动。1922年5月,孙中山就任非常大总统,任徐维扬为中将参军。此后,徐维扬历任粤汉铁路护路司令兼粤汉铁路总巡、粤汉铁路局局长等职。1938年,徐维扬被推为广东民众抗日自卫统率委员会委员。

在抗日期间,徐维扬辗转广西、湖南、曲江等地协助抗日,立下汗马功劳。抗战胜利后,徐维扬在归途中因火车失事,右腿骨折,后赋闲在家,含饴弄孙,直到1952年去世。他的一生,跌宕起伏,个人命运和国家命运紧密联系在一起。

幸存者忆当年点滴

参加过黄花岗起义的三华村人徐锡流跟后人说起这段历史时回忆道,在起义前夕,队员们分头在广州城各地叫卖"铜包好酒",谐音意思是:同胞好走,广州即将起事,凡我同胞尽快走开,避免危险。"走"与"酒",粤语音同。一连叫卖了十多天,连清廷官兵也害怕起来,不少人离开广州。

当时清政府闻到风声,对进城的人员检查得很严。怎样才能把武器弹药运进城内呢？其中用了两个办法：一是借婚嫁的嫁妆,把子弹、手榴弹之类藏在嫁妆箱、嫁妆饼盒里,上面盖上嫁衣、饼食瞒过检查；二是用办丧事的形式,将棺木从城外运入,里面装有枪支,同样也骗过官兵的检查。

　　1911年4月27日下午五时半,由黄兴亲自率领130多人的队伍直攻总督衙门。革命党人臂缠白巾,脚穿黑色胶鞋,直扑督衙。驻守衙门的一连卫兵,这时正在吃晚饭,遭到突然袭击后,丢下碗筷就逃,总督张鸣岐从后墙洞逃走。黄兴等人点火烧房,退出衙门。

　　刚出大门,敌人的援军很快杀到,包围过来。革命党人分兵突围,花县选锋队40人去进攻小北门,后退至广州城北三元里,双方展开激战。队员用的多是短枪,在狭窄的街巷里转动灵活,清军用的长枪行动很不方便,许多队员能突破清军的包围。但城门封锁脱不了身,有的队员当场战死,有的被抓去杀头。

　　由于敌我力量悬殊,不少革命党人牺牲。黄兴右手也中弹断了两指,徐维扬夺弹药库未成,终因弹尽,起义失败。

　　徐锡流等退到一间米店继续与清兵周旋。他躲在店内,逃过了清兵的多次搜查,却还是不能出去。一连几天,徐锡流吃着店铺主留下已经发霉的饭焦（锅巴）,几天后,才听说城门已开,于是他背着一个木匠用的箱子,假扮成木匠的模样逃出城外,匆匆北上韶关。同村的还有几名队员,当时也逃出来了,他们驾驶着修铁路用的手摇车,顺着铁路北上回花县,刚刚上了江村铁路大桥,就被清兵两头截住,最后全部壮烈牺牲。

　　徐锡流逃出后,不敢回家,清军到处搜捕他。后来他到了英德,才跟在家的哥哥联系上。一直到10月10日武昌起义爆发后,徐锡流才终于回到家。黄花岗起义虽然失败了,但这场起义却震撼了全国,从而揭开了辛亥革命的序幕,清王朝土崩瓦解。

慎终追远思报本

——记新街村坭心塘曾氏大宗祠及曾族源流

◎ 汤慧雅

新街村坭心塘自然村约在明洪武年间建村,康熙《花县志》亦有这个村庄的记载。据说是因村庄建于大坭地的中心,由此而得名。另有老人说,以前村庄曾叫作"半新塘",或许是与村里有一口大水塘有关,只是久而久之大家把"半新塘"唤成了"坭心塘"。

曾氏大宗祠

祠堂见证百年沧桑

镬耳山墙

从农新桥一直往东到云山大桥，桥右侧便是埗心塘村口的牌坊。在热心村民的带领下，我们沿着村道来到了曾氏大宗祠。这座建于清光绪二年（1876）的广府祠堂，在密密麻麻的现代楼房包围下，显得格外惹人注目。

祠堂坐东朝西，前后共有三进，主体建筑面积大约有400平方米。祠堂采用的是镬耳山墙，"几"字形的墙体尽显古色古香。屋脊上的灰塑工艺栩栩如生，尽管岁月抹去了原来的色彩，中堂正脊的灰塑山水树林图案、后堂正脊的灰塑"九狮下山图"依然清晰可辨。

头门的石门额上刻"曾氏大宗祠"，上款"光绪二年又五月吉旦立"，下款是"仁山杨学华书"，显示了祠堂的始建时间。前廊上的梁架、封檐板木雕美轮美奂，埠头砖雕工艺精致，保存较好。祠内金柱、梁架均使用上好的坤甸木料，历经百年依然坚固无比。后堂的明间设有祖先的神位，以供曾氏后人拜祭。

经过上百年的风风雨雨，曾氏大宗祠虽然整体结构基本完整，但是头门正脊大部分已毁，瓦面曾作修补，仍有少部分渗漏。墙体粉刷上了石灰水，覆盖了原本精美的壁画，地面已改铺粉红色耐磨瓷砖，两个天井也改铺上了马赛克瓷砖。这座祠堂现在成了村中的老人活动中心。

踏进祠内，粤韵萦绕，笑语声声，老人开怀谈天，小童嬉笑打闹，这座古老的祠堂，依然生机勃勃。

询问祠堂的老人，这座祠堂因何修建、何人主持修建，他们也已经说不出了。交谈之中，只剩下一些口口相传的记忆片段：民国四年（1915）五月，淫雨成灾，北江芦苞段决堤，埗心塘地势低洼，洪水淹及门楣，当地村民顾不上财物、禽畜，纷纷逃往附近的山岗上，经过几天几夜的露宿山头，洪水才慢慢退去。受灾和浸坏的农田不计其数，倒塌的民房数不胜数，有村民在祠堂的墙上刻有近两米高的水位线，表示洪水所到高度，这场水灾史称"乙卯大水"。到了20世纪50年代初期，乡塾改为公立学校，祠堂一度作为村办小学，接收埗心塘村内及周边望岗村适龄上学儿童，但学校仅仅开办数年，便被撤并至大陵村。

爱国华侨踪迹何寻

挑头石雕

清末，圳心塘曾诞生一位追随孙中山革命活动的爱国华侨，他叫曾高升，《花县华侨志》上有记载他的生平经历。曾高升少年丧父，家境贫寒，成年后往越南谋生，后转赴新加坡，在堂叔曾润潜支持下经营小商铺。1907年，在南洋与孙中山结识，深受其革命思想熏陶，于是弃商随之回国，奔走革命十余年。民国初年，曾高升不顾个人安危，竭力护卫孙中山。孙中山逝世后，曾高升致力于社会公益，曾任海外同志社委员，为侨胞服务。

1937年，曾高升因患病返回乡里治疗。在养病期间，他芒鞋布服，经常在祠堂门口与乡人谈心。同年秋，田美村与莲塘村曾姓因争仙姬娘岭，相持不下，矛盾一触即发。莲塘村父老得悉曾高升在家养病，遂以同姓关系邀请他出面调解。曾高升应莲塘村之邀，携病前往仙姬娘岭，到现场亲自勘察，仔细倾听了双方的陈词。"公说公有理，婆说婆有理"，田美村与莲塘村各执一词，高升便动之以情、晓之以理，劝说两村父老及村民各退一步。最后两村欣然接受调解，仙姬娘岭的归属两村各占一半，终于平息事端，避免了一场械斗的发生。

1938年3月28日，《中山日报》刊登了曾高升逝世的消息，称曾高升于同年3月24日晚因病势日趋严重，药石无灵，溘然逝世，享年56岁，遗下妻子及年幼子女各一。曾高升一生廉洁自守，身后家境萧条，莲塘村兄弟惊闻噩耗，主动出钱收殓及料理其后事。

我们到村中寻访曾高升的踪迹，可惜村中多位老人均表示一无所知。不知道这位爱国华侨，现在尚有后人否？他去世后，妻子和一双儿女是否还在村中？我们可否通过族谱的记载，来找到曾高升的信息？

民初族谱梳理迁徙史

想要了解圳心塘曾氏的迁徙历史，家谱族谱是最具说服力的资料。

虾公梁石雕狮子

在垴心经济社办公楼，曾社长向我们展示了《武城曾氏重修族谱》，这套重修于民国初年的曾氏族谱，其中包含了"家花县、衍垴心"的居仕房，居仕房分支四大房——得廉房、得厚房、得祥房、得忠房，四房的族谱各有一本。

根据现存族谱的记载整理出垴心塘这一支曾氏徙粤后的大致世系源流：曾氏徙粤始祖为曾植，字佐才，任承务郎的官职，原居住吉水兰溪，宋宣和年间（1119—1125），遁徙东粤，路经南雄保昌，在此安家，复诏为南雄太守。曾植长子曾说，字亦乐，徙广州城甜水巷，旧为南海甜水埠。曾公说两登广州特科，调监广西怀集税务，因其孙曾槐、曾机的缘故，赐赠朝议大夫。曾说年迈返回老家，在南雄保昌旧居因病身故，葬于南雄保昌里东路边。

曾说之子曾泉（1121—1179），居甜水巷，生四子，次子槐。曾槐，字仲卿，号省斋，联捷进士，官高要尉，后改任归善县（今惠州）知县，去世后诰赠"忠贤"，被崇祀于广州乡贤祠。曾槐生有三子：美、墨、昊。曾昊生维鲁，维鲁生省乾，省乾生祥耀、祥耀生仁受。曾仁受生二子，长子元用，长子元用的后裔分支至大陵上社、上下横坑；次子居仕，居仕的后裔迁至垴心塘。按照世系源流推算，曾居仕生活的年代约在明洪武年间，因此，曾氏迁至垴心塘至今约650年。

垴心居仕房又分支四房。居仕往下的世系为三省、处一、日唯、广积。传至广积，生二子，长子税明，次子税真。税明、税真各有二子，税明生得祥、得忠，税真生得廉、得厚。得祥、得忠、得廉、得厚，这就是四大房的来由。

查《武城曾氏重修族谱》的序文，得知此族谱最近一次重修是在民国初年，距今上百年了，能保存到现在，实属不易。原来，这套族谱是村中老人曾灿贤收集下来的。数年前，老人曾经在村中发起追溯四大房的世系，并根据现存的部分，制作了四大房的世系图，以便村人补充完善。老人在世系图旁写道："《武城曾氏重修族谱》，属我居仕（垴心）房系的族谱，因解放初期无人管理，致使族谱在祠堂乱丢，因而损毁遗失不少，剩余部分由好心人收藏保存。现通过整理追溯到四大房的派系，仍有部分中断，故不能连接。现请知情或有关收藏旧族谱者，向祠堂管理员提供参考，以便将我村族谱重新完善，传于后代。"

曾灿贤老人说，坭心塘曾氏的字辈派诗是："希言公彦承，宏闻贞尚衍。兴毓传纪广，昭宪庆繁祥。令德维垂祐，钦绍念显扬。鼎新开国运，克复振家声。裕文焕景瑞，永锡世绵昌。"

可惜曾灿贤老人已逝世好一段时间了，这部残余的旧族谱能保留到现在的原因，还有曾灿贤老人为宗族所做的努力，老人所了解的关于坭心塘曾氏的历史，我们已经难以查究了。对于上文提及的爱国华侨曾高升，遗憾的是，现存的族谱亦缺失了他那一辈的部分，关于曾高升的情况，有待进一步考证。

坭心塘曾氏重阳祭祖

慎终追远、思源报本，坭心塘村民历来有重阳祭祖的传统。曾氏祖先的坟墓，即居仕、三省、处一、日唯、广积、税明、税真、宣义共八穴太公太婆墓，原葬在金钟潭西边的山坡东面、北面，山名"猛虎下山"。中华人民共和国成立后，因社会变化及种种因素，拜祭活动一度中止。到了2000年，几名热心村民根据老人的回忆和族谱记载，积极寻找墓葬的位置，终于找回这些祖宗之墓。但由于长期受雨水冲刷及自然界的侵蚀，墓碑石已是模糊不清。2000年9月，村民自发募捐，重修祖宗墓。在挖掘的过程中发现，只有宣义太公太婆的埋内还有伴着木炭的骨骸，以及居仕太公的旧石碑仍存，其余墓内都只是代替银牌纪念的瓷片。后来，又因东风汽车厂征用了坟墓所在山地，2006年9月，八穴太公太婆墓迁至新华永久陵园合葬。

自此之后，坭心塘曾氏每年重阳节拜祭祖先的活动又延续下来了。重阳节的拜祭，是出于作物收成后，祭谢祖先恩德，并祈求祖先保佑，所以气氛是轻松愉悦的，不会有"行人欲断魂"般的哀伤。到了重阳节这一天，全村男女老少齐齐出动，前去拜祭的村民挤满了墓园，尽显子孙兴旺、家繁叶茂之势。外出做事不能回去祭祖的也会派代表参加，就算没参加拜祭，也会交上份子钱以表心意。

而今，重阳祭祖的活动与敬老节相结合。九九重阳，九九与"久久"同音，自然容易被赋予长久长寿的含义，西汉时候人们就开始在此时设宴求寿。1989年农历九月九日被定为老人节，全社会倡导树立尊老、敬老、爱老、助老的风气，可以说是重阳节在新时代中国的新的表现形式，将重阳节的意义，从先人转向了今人，从历史转到了当下。每逢重阳节，坭心塘所属的新街村都会举办重阳敬老活动，请来粤剧团到村里做大戏，还宴请村中60岁以上老人聚餐，其乐融融。这是重阳祭祖文化在时代变迁中的一种延伸，重阳节的意义，已不仅是追念先人，还是孝亲、敬老、爱老、助老的践行。

甜美生活从此发

——访田美村邓氏宗祠

◎邓静宜

  田美村，是花都区典型的城中村，位于新街河上游，水源充足，土地肥美，面积约6平方公里。田美河流经灰沙渠，一路向西，过了新华路东桥转南，直落马溪汇巴江河至珠江。有山有水，是人杰地灵的风水宝地。该村8000多人口，有邓、杜、刘三大姓氏，其中邓姓1200多人。随着城市化进程的加快，田美村已成为花都区名副其实的城市中心。

邓氏宗祠

三姓和睦相处

田美村于南宋末年开村,邓氏是开村始祖。从邓氏祖先邓云裔来此建村至今,田美村已有700多年的历史。中华人民共和国成立前,各武馆的醒狮、大鼓、彩旗和牌旗等物都以"溪"为名,所以田美村的舞狮队都有"花邑田溪"字样。

田美村有三大姓氏,分别是邓姓、杜姓、刘姓。田美村邓氏来自入粤始祖越南公的第六子念六郎之后。1279年,南宋灭亡,朝代更迭,天下大乱,老百姓遭殃,他们流离失所,苦不堪言。六郎之后邓云裔为家人生计,带着一家老少来到此地,见这里东西皆岭,中间一幅平原,有溪流,南缘广阔,可作良田美地,于是心中豁然开朗,将此地命名为"田美",即"甜美"之意。邓云裔一家以种田为业,他们勤劳肯干,精心耕作,经过几代人的辛苦耕耘,邓家开辟良田万顷,成为村中最大的地主。80多年后,即1360年,才有邓氏的表兄弟杜氏祖先从今广州市白云区的白沙镇牧鸭于此。到了1538年,田美村后来人数最多的一族刘氏来此开枝散叶,至今也有480多年的历史。

说起田美刘氏的来历,有一段"庄主招婿"的佳话。大约在明朝嘉靖年间,有天中午,村里来了个外地小伙子,他是今白云区江高镇神山五丰村的刘满堂,为了谋生,来到田美卖缸。由于天热,肚子也饿了,他就坐在一位邓姓人家门前休息。这家主人见这小伙子人憨实,模样也周正,干活舍得下力气,于是对他有了好感。后来刘满堂再次来做生意,邓家人更加热情相待,一来二往熟悉了,邓家就将唯一的女孩嫁给了刘满堂。

刘满堂老家神山家境很不好,神山田少地瘦,还是个低洼地,一下雨便水淹农田。邓家的女儿嫁到神山后,看到这里常年发大水,作物没收成,村民过得如此艰难,不由得常常想起娘家的生活。出生在殷实人家的妻子度日如年,难以忍受这样的日子,每次回田美都要向娘家人哭诉。邓家人不愿看女儿受苦,反正家里的良田也多,他们决定让刘满堂一家迁来田美生活。邓家拨出一大片良田交给刘满堂耕种,但事先做了说明,这些田只能给刘家耕,不准卖,田界碑上特意注明了"邓田"两字。如今村里70岁以上的老人还见过当年的这些石碑。刘满堂勤奋,脑子又活,种庄稼是把好手,他很快就在田美扎下了根,并生下了四个儿子。经过几百年生息繁衍,成为田美人数最多的姓氏。到目前为止,田美刘氏已有4000多人,而率先来此立村的邓氏却人丁渐稀。现在的邓氏主要分布在田美村的一、三、十一、十二、十四、十五队,与刘、杜两姓群居。

上溯渊源,邓、杜、刘三姓都有亲戚关系,邓姓与杜姓是表兄弟,而刘姓又是邓姓的女婿,几百年来,邓、杜、刘三姓一直相互敬重,和睦相处,和谐共存,在花都传为美谈。

邓氏宗祠重光

邓氏宗祠建在田美村的北部,这是一座重建的祠堂。该祠堂占地300多平方米,三间两进两廊。祠堂重建已有20多年了，当时，村人对祠堂的建筑和工艺不太了解，又急于将祠堂建起来，因此，在建筑材料和工艺上不太讲究。邓氏宗祠除了门额上的石匾材料是原来的旧物外，其他都是现代材料。祠堂的外墙用淡绿色瓷砖贴片，黄色的琉璃瓦，大理石地板和水泥石柱。

虽然没有按照仿古建筑建设，但祠堂该有的构建一样不少，虾公梁、石狮、雀替、衬祠、青云巷，等等，只是建筑工艺比较粗糙。大门两侧有对联："南阳世泽；东汉家声。"这副对联几乎是中国邓氏家族用得最广的对联了，这副对联说明了邓氏一族的起源和曾经的辉煌。南阳是地名，在今天的河南省，邓氏从该地起源发迹。邓禹是东汉名将，"云台二十八将"之首。邓禹为刘秀中兴汉室立下大功，他生有十三个儿子，这些儿子满门显贵，成为东汉最显赫的家族，现在的很多邓氏都认为自己是东汉邓禹之后。

进入祠堂，迎面是一道紫红色的仪门，上面悬挂着邓氏宗祠的堂号"惠爱堂"。大堂有一座邓氏入粤祖先邓越南的大理石雕像。后堂金柱上有楹联："先公始创历尽艰辛始建祠堂鸟革翚飞传后世；晚辈重兴愧输谋略重光祖业竹苞松茂荫来人。"神位上放了三排邓门堂上历代祖先考妣神位。

从唯一留下来的旧物，邓氏宗祠的石门额还可看出当年祠堂的用材还是很精良的。据这村的老人说，以前的祠堂很精致，门和柱用的都是坚硬的坤甸木，木雕壁画很精美。从这块留下来的邓氏祠堂石门额也可以看出，"邓氏宗祠"四个蓝色的楷书体笔力遒劲，色彩两百多年不褪色。石门额上两边还有两行蓝色的小字，右边是"咸丰七年丁巳"，左边是"春正月吉旦立"。这说明了这座祠堂的始建时间是1857年。

邓氏宗祠在中华人民共和国成立前做过学校，村里很多老人都在此上过学。该祠堂在20世纪50年代"土改"时，分给了七户农民居住。1968年"文革"期间，祠堂作为四旧产物，被住户全部拆除。从1968年至2000年的32年间，田美的邓氏宗祠完全消失。直到2000年，在村里的热心人士主持下，重建邓氏宗祠的话题提上了议事日程。当时主持筹建工作的有全章、家浩、排章、邦祥、家信、铭章、家锐等邓氏族人，通过发动群众集资40万元，并有族人捐助钢筋水

堂号悬挂在仪门上比较少见

泥等建设材料。新的邓氏宗祠于2000年重建，2001年竣工。

北帝古庙再现

花都位于珠江三角洲的北部，周边远的有流溪河、巴江河、三水的芦苞涌，近的有新街河、田美河等水系，历来水患较多，因此，各乡村多建有跟水神有关的庙宇，以求风调雨顺、老少平安。北帝，是汉族民间信仰的神仙之一，奉祀北帝，祈求它消灾解困，治水御火，促进农业、渔业、贸易畅顺，故北帝深受百姓拥戴。花都的北帝庙有不少，田美村的北帝古庙曾以其知名度高、建筑精美、香火旺盛而闻名。

田美村北帝古庙是该村的邓、杜、刘三姓族人共同兴建的大庙，三姓族人为了建这个大庙，成立了积广堂，除了建北帝古庙还修筑了荔枝基（又名风水基）。北帝古庙最早建于1573—1620年间，原为八角亭，后在原址拆亭建庙。现存记载的是民国三年（1914）重修。该建筑坐东朝西，三间三进，总面阔12.4米，总进深18.1米，建筑占地236平方米。北帝古庙已在1995年被定为花都市历史保护文物单位。

《广州市文物普查汇编·花都区卷》对田美村北帝古庙有较详细的记载，北帝古庙人字封火山墙，灰塑博古脊，碌灰筒瓦，绿色琉璃瓦当滴水剪边，青砖墙。除少数几根石柱外，其余梁架、立柱、檩、桷条等均为坤甸木料。山门面阔三间，前、后两根石檐柱，花岗岩石墙脚。拜亭面阔三间，卷棚歇山顶，与山门及后殿成"勾连搭"。后殿面阔三间，内有四根坤甸木金柱，两根石前檐柱。金柱均镌刻楹联，四周有雕花装饰，落款为"甲寅年季秋吉旦"。古庙前金柱楹联刻"莲座站离南玉玺银瓶光日月；柳营连坎北龙韬虎略壮风云"，落款为"杜诒谷堂敬献"。后金柱楹联刻"临震兑以乘权慧剑慈心宏雨露；济坎离而御极英风浩气礴田溪"，落款为"杜崇敬堂敬奉"。门楣上的壁画色泽鲜艳，墙上的灰塑传神逼真，砖雕人物精致细腻。庙里的各种梁和柱都是由当年邓、杜、刘三姓中德高望重或财力雄厚的乡贤乡绅捐助的。

过去，每逢北帝诞，民间有"打醮"的活动，善信均备香烛元宝祭拜，以祈消灾解难。这里也是刘、邓、杜三姓

北帝古庙内景

村民每年抢花炮、办添丁酒的场所。但是，在近100年来，北帝古庙由于受天灾人祸的影响，年久失修，遭到很大的破坏，抢花炮等习俗已经失传。

后来，田美村村民提出重修北帝古庙，得到有关部门的批准。在邓、杜、刘三家的积极努力下，筹集资金630万元，在不到一年时间，北帝古庙修旧如旧。2018年2月7日，田美村北帝古庙重修落成。重修后的北帝古庙光彩夺目，当天村里举行了隆重的重光大典，整个现场锣鼓喧天，雄狮劲舞，龙腾虎跃，上万名田美村的父老乡亲和十方信众欢呼雀跃。人们击鼓敲钟，祈求风调雨顺。古庙建成后，常年开门迎客，香火不断，特别是每年三月三北帝诞，各方信众来此烧香祈求平安。

北帝古庙的重修，见证了田美村的发展历史和今天的成就，充分体现了田美村人艰苦创业、和睦共处的优良传统和家风，是中华民族的一个缩影。

田美明天更美

中华人民共和国成立前，田美村以农业为主，为求温饱，村民日出而作，日入而息，面朝黄土背朝天，一代接一代在这里繁衍生息。

在中华人民共和国成立前和成立后的一段时间，田美村要靠打水井浇灌农作物。水井的提水工具俗称"高射炮"，每隔三五块地就有一架。相传在日寇侵华时期，日寇飞机轰炸新华圩，当在新华上空看见一根根竖起的提水杆，误以为是高射炮，飞机掉头就跑。这些"高射炮"在二十世纪六七十年代，随着抽水机的普及以及李溪河、流溪河、海垴水库、芙蓉嶂水库等水利工程的建设和投入使用，已全部消失。

改革开放之初，田美村很多村民洗脚上田，他们务工、经商、搞建筑，从中赚得了第一桶金。后又借助地处城区、交通方便等多种优势，有的从事种养业，有的经商办企业，有的开发房地产，有的经营百货，40多年过去，很多人都闯出了一片新天地。

因地处城市中心，村民信息灵、头脑活，田美的邓氏一族也出了很多响当当的人物。如当年该村族人生产的佛宝矿泉水名噪一时，行销全国。还有"金色华庭""泊岸君庭""来又来"这些花都标志性的建筑，很多都出自田美村邓氏族人。田美，正在从农村大步向城市过渡，昔日破房连片的农村，现在已经变成了高楼林立的城区。如今，田美村民早已步入小康之家，这里的人几乎家家都有独栋楼房，村民多是靠出租房屋、集体分红和务工为生计，村里有学校、文化室、老人活动中心，村民有很大的幸福感和获得感。

田美的变化，离不开优越的地理优势，更离不开田美人的勤劳和奋发。田美村的邓氏族人团结一心，决心协同其他两姓氏族人一起，把家乡建设得更好。田美，将变得更加甜美。

昌盛甫世续繁荣

——记田美村昌甫刘公祠

◎刘武松

花都城区有棵地标式的大榕树,它雄踞在天贵路和宝华路的交叉口,像哨兵一样注视着南来北往的人们,同时也日夜守护着马路东边的百年古祠——昌甫刘公祠。

昌甫刘公祠

百年古祠亮色

昌甫刘公祠位于新华街田美村东南社，始建于民国二十二年（1933），1996年重修，虽经百年风雨侵袭，依然保存完好，整座祠堂蕴含了不少历史信息。

粤人讲究风水，祠堂前必置水塘。水塘作用主要有三：一是广府人视水为财，有水就有财，保佑族人发家致富；二是消防，祠堂多为砖木结构，存在失火隐患，方便就近取水；三是夏天消暑纳凉。昌甫刘公祠前有一圆形水塘，两亩见方，有专人打理。据说原来水塘面积比现在大很多，后来城市扩建，把水塘填了不少，其中一部分修了街道，一部分建了房子，只留下中间一部分。

离水塘十米开外就是昌甫刘公祠了。该祠坐北朝南，三间两进，东侧配衬祠，过去是私塾，现已另作他用。昌甫刘公祠属于典型的岭南祠堂建筑风格，硬山顶，碌灰筒瓦，青砖墙。前廊有虾公梁、石狮和雕花异形斗拱。大门嵌花岗岩门夹，门上方阴刻"昌甫刘公祠"，旁刻"民国二十二年癸酉孟春吉旦立，刘潜多书"。大门两侧还有一副对联："祖宗功德绵世长；子孙繁荣续辉煌。"

祠堂前廊有三幅壁画，保存较好，给人留下了深刻的印象。第一幅为"宴乐蓬莱"，蓬莱为传说中的仙岛，为神仙居住的地方，也是人们理想中的世外桃源。第二幅为"醉理（里）洞天"，为铁拐李、刘海、寒山和拾得四位道仙相聚，为民祈福。第三幅为"三星报喜"，"三星"为"福""禄""寿"三位神仙，象征幸福、富贵、长寿，是道教流传的吉神。

推开祠堂大门，首先映入眼帘的是一块暗红色的实木大屏风。屏风为两页门式，但一般不开，只有宗族举行大典时才启。屏风门上雕有"喜鹊登翠竹"图和"喜鹊抱梅枝"图。绕过屏风，即是后堂。前厅和后堂之间有一口天井，天井里积满了青苔，湿润宜人。连接前厅和后堂的是两边的连廊，为人字形屋顶，没有单独的脊梁，只有平行的两根屋梁。据说这样的设计主要是为了家族和谐，各房平等。后堂由四根粗壮的柱子支撑，柱基为六边形的莲花石座，美观大方。木柱圆形，为南洋实木，木质如铁，钉子难入，虽经百年历史风雨，依然完好如初。

后堂有两副对联。一副挂在东西两壁，内容为："彭城流世泽刘邑开宗华厦支蕃源北国；昌甫报家声珠玑帆衍神山胄裔遍南疆。"上联写明田美刘氏源自北方徐州乃皇族后裔，下联写明昌甫刘氏由白云神山迁入。还有一副为阴刻对联，挂在木柱上，内容为："昌盛繁荣先祖引发德万富；甫世华耀后裔黎照贵丁财。"此联巧妙地将祠堂堂号"昌甫"二字镶嵌在对联中，读来别有风味。

神龛庄严肃穆，由上而下，分别安放着昌甫刘氏的高祖、曾祖、开村始祖以及本堂刘昌甫等牌位。神龛前置有供桌，方便后人给祖先上香、祭拜。

在后堂的右侧，挂着一幅刘氏入粤二世祖刘广传与两位夫人的画像。

昌甫刘溯源

广东刘氏基本上都是刘广传的后人。刘广传父亲刘开七,被公认为刘氏入粤始祖。据史料记载,刘开七为福建汀州人,南宋末年任广东潮州都统制,镇守粤东,屡建奇功,后在歼灭贼寇的战斗中为国捐躯。朝廷为表彰刘开七的丰功伟绩,将其厚葬于广东梅州兴宁北厢,并建祠纪念。

刘开七只生育广传一子,可刘广传却生育了十四子,其中有三县令、五道府、二大夫、一提学、一都运、一按察、一京师九门大都督,可谓光宗耀祖。田美昌甫刘氏为刘广传第十二子刘巨汉后裔。

据昌甫刘氏族人讲述,昌甫刘氏属于中山靖王刘胜后裔中山刘氏派。刘胜乃汉高祖刘邦重孙,也是中国历史上赫赫有名的汉武帝刘彻的同父异母兄。刘胜一生喜好酒色,把全部精力用在娶妻生子上,一生中光儿子就生了120多个,其中被皇帝封侯有史可查的就有21个。据考证,现代刘氏多为刘胜后裔,特别是广东刘氏,基本都是刘胜后裔,很多还是三国蜀汉昭烈帝刘备的后裔,族人说昌甫刘氏就是刘备次子刘永的后裔。

门楣上的壁画《三星报喜图》

据田美村《刘氏族谱》考证,田美刘氏开基始祖为刘元卿。刘元卿世居白云区江高镇神山五丰村,其子刘满堂卖缸常至新华田美村,后娶该村邓姓女子为妻,不久又随妻由神山五丰村返回田美定居。刘满堂生有德山、万山、富山和茂山四子,昌甫刘氏乃刘万山七代孙。田美刘氏字派是:"元满山俊福广东生枝茂畅舆天;凌朝绍贵德端多庆传贤乃至昌。"刘昌甫立村为新安里。

苦尽甘来话明天

刘万山后人现已发展到1400多人,另有400多人侨居越南。

现年90岁的刘德朗老人是从越南回归的刘氏刘昌甫后人。刘德朗父亲刘社旋在清朝末年,因生活所迫,随39名族人外出谋生,经广西到越南西贡(今胡志明市)。西贡号称东方小巴黎,热闹繁华，是中国打工者的首选地之一。刘社旋先后帮人做过挑夫、卖过猪肉，也当过专门生产加工"当当糠"的小老板，虽然没有大富大贵，小日子过得也还红火。刘德朗及两个兄弟就是那个时候在越南出生的。后来，刘德朗兄弟慢慢长大，刘社旋考虑到越南的教育环境对小孩的培养不利，便带着全家回到了田美村。

民国二十七年（1938）十月，日寇铁蹄踏进广州地区，国军在进行积极抵抗后，终因力量悬殊被迫后撤，并在花都一带请挑夫随队行动，刘社旋及另外三位族人被选中。这些挑夫随国军行动，从粤南到粤北，从广东到江西，挑着近百斤的弹药给养，走了近千公里，刘社旋终因劳累过度，病逝在江西抗日前线。

刘昌甫后人创办了元秀书塾，使族人有了学习文化的场所。民国期间，刘氏后人刘罗吉，号沙罗，他年少家穷，立志保家卫国，不受欺凌。刘罗吉少年外出拜访名师，习得一身武艺，回乡后在花县多处开馆授徒，成一代宗师闻名花县。刘泽吉，号大菩萨，他对刘罗吉十分敬仰，也从小外出学武，武艺精湛，后来他携族人在越南西贡开辟一片新天地。族人刘深吉少年遍访高人，习得十八般武艺，回乡开设万庆堂馆授徒，该武馆延续至今，闻名十里八乡。至今村里族人仍有习武习俗。

田美村的刘氏族人，现为温哥华花都同乡会会长的刘显培也是当地有名的人物。刘显培生于20世纪60年代初，他在家乡长大、读书、创立事业，20世纪80年代已在建筑行业脱颖而出，成为房地产开发商、实业投资者，他的骏辉苑小区等一批建设项目取得成功。21世纪初，刘显培移民加拿大。一直以来，刘显培关注花都以及投资地区的公益慈善事业，捐资办学、扶贫助困、为项目所在周边的群众办实事，只要是他接触到的公益慈善事业，他都慷慨解囊。

乘着改革开放的东风，昌甫刘氏走上了发家致富的快车道，村里高楼林立，铺面比栉，昔日的农民早已洗脚上田。刘德朗和老伴在小儿子六层楼房里安度晚年。刘德朗有三子一女，都在田美村，个个都有楼房有铺面，日子过得很滋润。村里的福利也很好，每年每人都有分红，六十岁以上的老人逢年过节还有慰问金。

和谐古村话龙氏

——记横潭村朝宾龙公祠

◎吕金乐

别具一格的朝宾龙公祠

"横瞻昔日大街夜月荣登花邑八景；潭映今朝群星璀璨彰显人杰地灵。"这副北闸牌坊楹联表达了族人对古今横潭的美好祈愿。横潭村素有十家九姓之称，是花都姓氏较多的村落之一，旧时横潭祠堂书院林立，只是时世变迁，现今朝宾龙公祠成横潭唯一。

祠堂坐落在横潭村第一经济社，左右民居簇拥，后有新华路绕村而过，以龙朝宾命名的村道朝宾路在祠堂前横过，前有水塘——龙姓塘。左右两棵榕树枝繁叶茂，当地村民称这是龙树。

炎炎夏日，绿满坡塘，碧水微漾，灼灼荷花在龙姓塘肆意盛放，微风轻拂，带来阵阵清香，沁人心房。

朝宾龙公祠昔与今

据村中龙定邦等三位老人讲，朝宾龙公祠是纪念入横潭肇基祖龙朝宾而建，当时又称敦厚堂（堂号），因原有族谱在20世纪40年代辗转遗失，故始建具体何年已无从知晓，只是按龙朝宾雍正年间（1723—1735）迁横潭开基计，推算旧祠堂应在清朝已有。

村中老人回忆，旧祠堂建筑面积200多平方米，有二进深，头门中间有屏风，坤甸木柱。天井和步级全是长白石，青砖墙，硬山顶，灰塑博古脊，碌灰筒瓦。檐墙画有吉庆人物花草，祠堂前有围墙围住几千平方米的村面广场，平时为族人玩乐游戏的地方，族人每有嫁娶等较大喜庆都在祠堂内摆酒设宴。但在日军侵华时，祠堂被日军拆去，砖石用于建大牛㘵岭的工事。中华人民共和国成立后，族人把后进复原。祠堂曾做过仓库、托儿所、饭堂。

现在的朝宾龙公祠，因各方原因两次拆建后，建成四层楼房式祠堂，祠堂花岗岩门额阴刻苍劲有力的"朝宾龙公祠"五字，是唯一原旧祠堂遗留物件。踏进大厅迎面可见"敦厚堂"三字，左右二圆柱分挂木刻楹联："回首吾族朝宾始祖入街三百枝繁叶茂；展望龙氏贤孝子孙鹏程万里业震乾坤。"现祠堂是现代楼房式建筑，显得与传统祠堂有很大的差别。为了尽可能地恢复传统祠堂外观，在众族人的共同努力下，大家纷纷捐资捐款。新的祠堂重修方案已规划好，内厅设计堂皇，外饰古朴美观，将成为族人一个更好的聚会议事场所。

追根溯源寻"龙"迹

龙姓自古为华夏名门望族，宗亲多分布于广东、湖南、江西、广西、四川、重庆、云南、贵州、河南等地。上溯至夏朝龙逢为夏朝大臣，属龙族远祖。周朝龙穆乃周代贤人，品质谐趣，卓伦迥俗。

横潭龙姓脉络清晰，根源明白。始西汉龙勉起，后裔分支清晰明了。东汉龙述，字伯高（龙勉第四代孙），擢任零陵太守。唐武后时，龙遛，字冠群（伯高二十四代孙），出任湖南道州学政。唐朝龙庚，字西仲（伯高二十八代孙），任江西吉水丞。龙庚曾孙龙况，字景荀，出身举人，任大理寺评事，生钦、琮、瑊、瑀、琳五子，均登科擢任官职。南宋龙近天是龙琳第八代孙，淳熙丁酉年（1177）进士，文学精通，政事明决，出任福建莆田知县，后政绩卓著升广东南雄知府，嘉泰壬戌年（1202）辞官居始兴县牛田坊珠玑巷，因朝廷择此地筑兴良平寇寨，开禧乙丑年（1205）携家眷迁徙至番禺杨武都大田堡大田村（今广州市白云区江高镇大田村庙边）开基，为龙氏入粤始祖。

龙近天生四子：少一、少二、少三、少四。在粤中的番禺、顺德、南海、清远、花县、东莞等地区开枝散叶，至今发展最快的已繁衍三十多代人。

龙少一在番禺大田村的七代孙龙泰兴生二子，名属溪、清溪，次子清溪的后裔一直留居大田

中堂屏风

村至今。长子属溪生五子，谓麟、谓琪、谓凤、谓鸾、谓虹，五子全部外迁。其中次子谓琪迁花县豸边村（今花都区秀全公园西边，新华街道办所在地，非花山镇两龙豸边村），龙谓琪在豸边村繁衍四代，即紫云—熠汉—达生—朝宾。龙朝宾约在清朝雍正年间，从豸边迁居至横潭村，为横潭龙氏族人的始迁祖。从朝宾公迁居横潭村后，至今已三百多年，繁衍十三代，包括在海外的后代共七百多人，为横潭村众姓中第一大姓。

龙跃横潭为家国

从龙朝宾迁居横潭至今300多年间，龙氏族人人才辈出，在各行各业中各领风骚。传龙朝宾曾为清远县一个小吏，因清朝时期横潭商贸兴旺，龙朝宾与横潭袁姓为金兰兄弟，故带领族人从豸边迁居横潭与袁姓为邻，共同管理横潭码头治安。

清朝咸丰年间，横潭村龙升，因他能说会道，族人又称他为"鹩哥升"。是花县名闻遐迩的师爷兼状师，为人正直有计谋，经常帮当地百姓打官司，做好事。他勇斗衙差，为鸡圹垃智取鱼塘的故事，一直在横潭村乡亲中广为传颂。在咸丰年间，横潭圩繁华兴旺，商家众多，横潭龙鹏又称金里鹏，以榨蔗造糖为业，生意兴隆，在当地小有名气，同时租地兼种甘蔗十多亩。一天，有人发现一人死在田边，报到县衙。县衙派二衙差到现场勘查处理，衙差知金里鹏身家不薄，有油水可榨，便心生邪念，对金里鹏说："人死在你家田里，肯定与你有关。"说完不容金里鹏辩解，就要抓人送衙门。幸得家人及时找来鹩哥升，鹩哥升了解情况后，来到衙差面前，衙差一见鹩哥升，知其是县中著名师爷兼状师，心已发慌。鹩哥升一句"这个人死在蔗田，你们就说是田主的人杀的，你们有何依据凭证"，两衙差被问得哑口无言，无从对答，只好讲："升哥，我们只想赚点茶钱而已。"鹩哥升手握师爷扇轻轻敲敲衙差头说："你向我要茶钱，我向谁要茶钱？敲竹杠敲到我龙姓人身上来。"两衙差见敲竹杠不成，只好灰溜溜地走了。

龙定燎（1919—1997），他勤奋好学，14岁考进县立乡村师范学校（花县一中前身），后辗转到陕北抗日革命根据地延安，在延安安塞工程学校（军委航校）和抗大三分校学习航空知识。他参加创建东北老航校，历任校办秘书、飞行一期甲班班长兼政治指导员、队列科长、飞行教育科长等。他带队创建二航校后，历任飞行训练处长兼团长、副参谋长、副校长、校长，后任成都空军司令部顾问。龙定燎在航校30多年，为中国航空事业贡献了毕生的精力，为国家培养大批航空人才。龙定燎的事业后继有人，其孙北大毕业留学美国，获物理学博士学位，外孙女获清华大学硕士学位，外孙毕业于北京航空航天大学。

龙振波，陕西省商南县人民银行行长兼党组书记。龙潜德，香港圣马可中学校长。龙华汉，毕业于西安空军工程学院，空军上校转业到四川航材公司任总经理。龙氏族人近年考取大学者更是不计其数，有多人在商界政界军界，正应了"龙盘横潭冲天志，护家卫国有龙人"之言。

创新村风兴新俗

横潭龙氏族人辈分诗为："升振秀庭孚大吉，呈祥衍庆启鸿图。珠圆玉润多佳雅，富贵功名指日高。"后来在实际辈分排序中，"孚"字不用，直接排"大"字辈。究其原因，据说是孚字辈族人曾经连续几年人丁柱损，族中老人认为"孚"字不吉利，故而决定不再用"孚"字作辈分排列。然而，除二、三、四、五世按字辈起名外，六世后再没用字辈起名，如按字辈算，已是"图"字辈了。

据传旧时横潭龙氏族人有一个传统，小时候有小名（即昵称），读书后有学名，而族名则在结婚时才起名，也称大名。

横潭龙氏族人有开灯、贺元宵的民俗。开灯（广府方言中"丁""灯"谐音），为庆祝村

横潭街牌坊

民添男丁,搭灯棚摆"灯酌"。正月十六日晚为龙朝宾祖灯棚,节目丰富。当天有舞狮、游灯、投灯笼等。灯棚之日,把西门北帝庙、龙姓先锋庙的菩萨接到灯棚坐镇,供奉三牲祭品。南无师父酬神,妇女在灯棚前酬神还愿,祈求合家平安,财丁旺相。先行饮丁酒,半夜投灯笼抢花炮。投灯笼以价高者得,为求好意头,一个被认为"胜灯"的灯笼,一些村民出价几十元白银也毫不吝啬,当年姓龙的"头灯"曾投过1800斤谷。半夜抢花炮,青年男人到附近田中,竞抢花炮,大家奋勇争抢,抢着之人,打铜锣拜北帝庙。中华人民共和国成立后,搭灯棚抢花炮的旧俗已废除。现在新添男丁,在正月请亲戚朋友来饮丁酒的习俗仍盛行。

横潭在民国时期有一段时间是花县的政治、经济、文化教育中心,引领花县潮流。横潭大街的久负盛名,横潭圩的繁华热闹,横潭码头的繁忙事杂,造就了龙姓人敢闯敢创、精明务实的性格。龙姓人创造了许多适应新时代的新民俗,如农民运动会、敬老茶话会、龙女回娘家等活动。每当开展这些活动的时候,朝宾龙公祠就张灯结彩、鼓乐喧天、摆酒开宴,热闹非凡,龙氏族人沉浸在欢乐祥和的气氛中。

秀全街

云淡风轻话毕族

——小记毕姓诸祠堂和传说

◎ 郭利群

作为"花都一支毕(笔)",毕氏人丁兴旺,九里十庄现有毕氏族人近三万人,在全国来说,花都是毕氏人口集中的地区。笔者通过对花都毕氏的历史发展脉络的梳理,从中挖掘到了毕氏家族的一些细节。

毕氏大宗祠与中任宗祠并排而立

宗族显赫，宗祠集中

在花都毕村的毕氏大宗祠方圆一公里内，除了八世祖（从毕氏入粤始祖毕文江算起）的中任宗祠，现保存较好的还有十六世祖世禄、世远、环清等公祠，十八世祖的立菴公祠，十九世祖的赤峰宗祠，廿二世祖的起潜公祠、鹤龄公祠等，这些祠堂总体来看，相对其他地区祠堂来说规模宏大，建筑和构件都比较复杂精致。历经几百年沧桑，这么多

青云巷门楼灰塑装饰

的祠堂能保留得相对完好，彰显了毕氏族人团结一致、保护宗族祠堂的决心和智慧。值得一提的是，广东毕氏辈分排位从入粤始祖毕文江算起，至今毕氏九里十庄已经传了四十一代。

毕氏大宗祠在《花都祠堂风韵》（上卷）已作介绍，本文重点介绍毕氏其他祠堂。中任宗祠三进三间两廊，大门对联"一门七进士；四代六居官"，显示了毕中任之后人才辈出。中任宗祠青砖墙、人字封火山墙、碌灰筒瓦、博古脊。石门额阳刻的"中任宗祠"四个字相对比旁边的"毕氏大宗祠"字体略大，但没有留下题字者的姓名和时间，这成了毕氏族人心中的一个谜。毕氏大宗祠由毕氏贤人毕展翎牵头，始建于清咸丰元年（1851），村人只知道中任宗祠比毕氏大宗祠早建十几年，但具体时间没有相关资料记载。

2009年，毕氏族人筹得300万元，遵循修旧如旧的原则，将中任宗祠和毕氏大宗祠一起重修，并于2013年重光。在中任宗祠大门左侧，还保留原有的大石鼓，石鼓上的两只狮子形象逼真，让人依然可领略到该祠堂昔日的风采。关于石鼓，据说只有族人中有人考取了功名才能在祠堂修石鼓，官员经过此处时，见有石鼓，都要下车马步行通过以示敬意。

中任宗祠第二进的石阶是两级，比毕氏大宗祠少一级，但中任宗祠深度比毕氏大宗祠深70厘米，其宽度一样。毕氏大宗祠在中任宗祠后修建，为何大宗祠却比中任宗祠规模还要小些呢？这好像也有悖于常理，族人也难以解释。

毕氏大宗祠的堂号是"鳌东堂"。毕氏发源于陕西关中平原西部的周原，古称鳌邑。毕村九里十庄族人的重大活动一般都在毕氏大宗祠或中任宗祠进行，如每年正月十二，族人会在大宗祠鳌东堂进行醒狮汇演，节目丰富多彩，从早到晚演足一整天。

毕村千年崇尚文化的历史传统，激发宗族学子努力进取的做法一以贯之，从未有间断，只是形式多样。2018年8月，毕氏大宗祠举行"金榜题名"首届颁奖大会，花都毕氏文化研究基金会对毕村九里十庄考取"985工程""211工程"大学的研究生和本科生等优秀学子进行表彰奖励，

石鼓

前廊架木雕

将他们的名字镌刻在祠堂的优秀学子芳名榜上,并让学子为先人旗杆夹石描红,开创了鼓励毕氏后人奋发图强的新机制。

历经风雨　宗祠犹存

毕村的其他祠堂虽然没有毕氏大宗祠和中任宗祠保护得完好,但仍有各自的特色。

一些得以保存原貌的祠堂,仍在作为族人开展传统习俗的场地。如花都区登记保护文物单位世禄公祠,该祠堂始建于晚清时期,石门额阳刻"世禄公祠",上款"民国十七年立"几个红色字体,还是始建时的构建。该祠堂1928年第一次重修,1980年再次重修。祠堂坐西向东,三间两进,建筑面积335平方米,青砖墙、人字封火山墙,灰塑博古脊。石门对联:"世绩永怀宗祖千秋常流典;禄址复兴儿孙万代总书香。"世禄公祠后堂神位摆放毕氏先祖灵牌,香火旺盛,族中嫁娶、添丁、清明祭祖等民俗活动,都在这里进行。

赤峰公祠的原始样貌在毕村毕氏祠堂中也保存良好,特别是其木质架构和装饰物件。赤峰公祠建于清代,三间

世禄公祠

三进，建有后楼，从外面看去，像是四进祠堂。祠堂建筑占地面积576平方米，青砖墙、人字封火山墙、灰塑博古脊、碌灰筒瓦。该祠堂大门是花岗岩石门夹，石门额阳刻"赤峰公祠"红色字体，虾公梁、狮子、石斗拱。前廊梁架为实木料，做工精细，雕刻精美图案，挑头亦为木刻装饰，保存完好。此外，木质鳌鱼雀替实为少见，雀替多为花鸟、祥云等。鳌鱼是水性吉祥物，放在祠堂除了装饰美化，也有镇火寓意。赤峰公祠前廊的两对雀替保存完好，祠堂的壁画在岁月侵蚀中略显模糊，有些已辨认不出其中内容。横梁也蒙上了厚厚的尘土，有沧桑之感。赤峰公祠的一些构建也有所损坏，如后楼右侧镬耳和两廊。

屋脊灰塑

赤峰公祠的主人毕赤峰是十八世毕石冈的养子。传毕赤峰有一子毕南川，毕南川又生四子，后代众多。为缅怀先祖，后人修建了赤峰公祠。

有些祠堂被改建加以利用。如世远公祠曾经作为商铺、官溪幼儿园，其门面已加建砖墙体，失去了原始的貌样。环清公祠、起潜公祠、立菴公祠三座祠堂并列修建。环清公祠20世纪90年代曾作为制衣厂被改建过，"环清公祠"四个大字是当时增城一冯姓书法家写的，有一年，增城统战部曾派人到毕村寻找冯书法家真迹，最后终于找到环清公祠。起潜公祠曾做纺织厂，后堂前两廊被拆毁，天井均加盖屋顶，2012年该祠堂重修，原貌得以恢复。立菴公祠的改建比较大，前进改建为三层现代楼房，曾做过九潭村幼儿园、九潭村委，如今已空置。现在从前面看去，完全没有祠堂的模样，楼房后面的祠堂基本建筑仍然保留，但年久失修，呈现一片败

赤峰公祠

起潜公祠

落场景。

还有少数毕姓祠堂完全被破坏，只能从村人口中或相关资料中略知一二，如东安里的吉生公祠和庭远公祠，古塘的灏公祠、清我公祠、邦屏公祠、扳凤公祠，大埔的毕氏宗祠、辉谷宗祠以及九塘的毕氏宗祠、思照宗祠等，这些祠堂在"大跃进"时期被拆毁。

毕氏先人轶事

毕南杰在宋徽宗政和元年（1111）从当时的乌泥涌迁到太平坯（现毕村），至今已有将近千年的历史。毕氏族人发展壮大，成为花都一支毕（笔），有"九里十庄"的美誉。在他们的记录中，毕氏从宋到清四朝代，出了一解元、九进士、文武举人26名、秀才52名，从政、从商、从艺的名人很多，还有轶事流传至今，其中毕环清就是其中的一位。

毕南杰有两子毕宥进、毕宥明，毕环清属于毕宥明这一支。毕环清是十六世祖，其祖上人丁单薄。从毕宥明到毕环清相隔九世，毕氏族人有毕环清九代单传的说法。相传，毕氏地原是宋高宗（1127—1162）时期，江西的地理先生寻找到的风水地，该地称"仙人弄猴"，风水师以高价卖给当地刘姓富翁。但刘富翁的骸骨在下葬时，天上有鸟反复地叫"刘家山，不是地"，刘富翁的家人认为这块地不是好地，对子孙不利，便放弃了。后来，风水师又把此地推荐给七世祖毕宥明、毕宥进兄弟，认为"不是地"谐音就是"毕氏地"，有利子孙。于是，两兄弟把三世祖毕吉台的骸骨安葬在毕氏地，果然，毕氏族人渐渐昌盛。到了毕环清这一代，他有五子，其后后嗣众多。据说，现在毕氏族人差不多一半都是毕环清的后代。

传说毕环清十岁时，正是元朝末年，当时天下大乱，社会治安差。有一天，他到毕村罗汉寺附近玩耍，被两人拐骗，计划将他拐到云南普洱县卖给人家做儿子。毕环清失踪后，家人四处寻找，其母终日啼哭，以致双目失明。有一天半夜，毕母哭至半夜，忽然听到天空呼呼之声，双眼竟然复明了。只见两个头戴竹笠的仙人带着丢失的孩子站在眼前，母子重圆。据说是歹徒途经一座文昌庙时，文昌君显灵，命天上星宿把毕环清送回家。这个"文昌庙与环清公"的故事在《毕氏族谱》中有记载，也被毕氏族人流传。其后代为了永远纪念文昌爷的恩德，在九潭环清公祠侧边建了一座文昌公祠，并立下神位，受后人祭拜。文昌公祠在1958年时被毁。

举人旗杆夹

毕宥明、毕宥进两兄弟，毕宥进后代人丁兴旺，但是毕宥明之后竟九代单传，好在到十六世祖毕环清后嗣众多，加上其传说故事，族中后人认为敬奉他能让毕氏族人添子嗣，所以每逢清明祭祖，族人都去祭拜他。后来，毕氏族人将毕环清的坟墓迁到从化神岗镇"狮形"（又称群狮出洞）。

毕氏宗祠，由末代榜眼朱汝珍题写门额

中华人民共和国成立前，毕氏族人每逢重阳都会组织去"龟咀"（二世祖毕番山墓地）、"毕氏地"（三世祖毕吉台墓地）、"狮形"（十六世祖毕环清墓地）祭拜祖先。特别是想求子嗣的，更加热衷祭拜毕环清。族中有"想生仔，拜环清"的说法。据说毕环清墓前有棵榕树，祭拜后摘取榕子带回家，祈求多子多福。族中曾有人婚后一直没有生孩子，便在重阳拜祭环清公，第二年，家中添丁，甚是欢喜，也成为族中一段佳话。

过去因路途较远，交通不便，毕氏族人初七就从毕村出发，走上一天到达"毕氏地"，第二天祭祖，第三天才打道回府。由此当地衍生出重阳毕氏地祭拜经济。当地的村民摆摊售卖物品，特别是龙脷饼非常畅销。毕氏族人买饼后，拿到墓前龙口喷雾处吸取"灵气"再带回家与人分享，意在沾先祖仙气，祈求庇佑后人。

东源公祠

"文革"期间，毕氏族人曾停止了到"毕氏地"祭拜的习俗，直到20世纪80年代初，族人又回到"毕氏地"，重修墓地，每年组织族人去祭拜。二十世纪八九十年代，毕氏族人重阳节租大巴车去"毕氏地"祭拜，花都当地的车不够用，要到广州去租大巴车，这个习俗一直流传下来。

毕氏人才辈出

毕氏九里十庄人才辈出,毕氏大宗祠前的几排旗杆石显示了家族的显赫。其中武进士一名,毕宗望(1681—?),字渭再,号东涯,二十四世祖,毕村东安里(现秀全街九潭村)人。康熙四十年(1701)进武庠,康熙四十七年(1708)戊子科中式第二十五名武举人,康熙五十一年(1712)壬辰科三甲第四名武进士,

鹤龄公祠

曾任兵部观政。据毕氏族谱记载,他进入仕途后,为光宗耀祖,貤赠其父毕景卿为武德将军。因毕村文功武略、人才辈出,花县知县曾为其题匾额"河阳首第"。毕宗望是花县开邑以来的第一个武进士,也是毕村进入清朝以来第一个取得赫赫功名的人,他的旗杆夹石在毕氏大宗祠前光荣地与他显赫的祖宗并列在一起。

毕氏大宗祠奖学活动

文举人有毕公绩,顺治十一年(1654)甲午科举人。根据《顺治十一年广东乡试录》记录,毕公绩的学籍在南海县,即他是在南海学宫注册入学的。

武举人有十一名,分别是毕启煓、毕勋、毕启瑞、毕彦达、毕维翰、毕展翎、毕澄华、毕桂华、毕文琰、毕为壮、毕振辰。

岁贡十二名,分别是毕先春、毕太淳、毕象美、毕桂芳、毕廷宣、毕始侯、毕友邦、毕国球、毕元礼、毕理操、毕应中、毕白壁。

中和位育乐安居

——记马溪村黎氏宗祠及德彦黎公祠

◎ 汤慧雅

马溪村属花都区秀全街，立村于南宋，始称马步坳，清道光年间易名马溪，下设西湖、南岳、位育、西河、东秀五个经济合作社。村庄位于巴江河北岸，田畴数千，河涌交错，水网纵横，有山、有水、有平原，可谓独秀一方。位育经济社位于村西南面，紧邻南岳社、西河社，世居村民为黎姓。

黎氏宗祠

"位育"的名称，取自黎氏宗祠"位育堂"的堂号。"位育"一词，源自孟子《中庸》："喜怒哀乐之未发，谓之中；发而皆中节，谓之和。中也者，天下之大本也；和也者，天下之达道也。致中和，天地位焉，万物育焉。"中和位育，为儒学的理论精髓。朱子认为："位者，安其所也；育者，遂其生也。"所以，"位育"即"安所遂生"，万物处在其应当在的位置上或使万物处在一个合理的本来的位置上，各在其位，各安其位，才会生化长养，各随其生。马溪黎氏以"位育"为名，展现了黎氏先民祈求天地万物之和谐共生、井然有序的质朴理想。

依山择水　筑地卜居

放眼望去，位育社地处巴由山西南麓，整体村面坐东朝西，采用的是粤中地区特有的梳式布局。所谓梳式布局，得名于村落巷道就像梳齿一样纵向排列，为广府村落布局原型。

村面平直开阔，前为地坪及一口与村面等长的水塘，村道地坪由红砂岩条石、花岗岩条石及红砖砌成。东西两头各有一棵榕树，绿荫密布。中华人民共和国成立前，村南村北的进村处分别建有门楼。两座门楼都是青砖建成，连接南北两座门楼的，是一条两米半高的灰砂围墙，围绕村背一直连到水塘上为止。围墙上每隔数米会有一个枪眼，用于窥探外贼与治安防范。

村中传统建筑大多建于清代，也有部分遗留明代风格，以黎氏宗祠、德彦黎公祠、伯辉黎公祠和贵之书舍最为高大精良。除祠堂外，八列民居建筑纵向呈梳齿状排列，分别以青云巷相隔。每列前后八座三间两廊式的民居，前后民居连为一体，无横巷隔离，多为青砖、花岗石结构，少部分亦由土坯筑成。每条巷道比地面高五级台阶，由红砂岩铺砌，巷道一侧，凿有井泉及排水渠，使水流从村背高处自然流至村前池塘内。各巷口均建有一座门楼，门楼上均有署名，自北至南分别为敦义里、敦古里、均安里、仁和里、福星里、福安里、迎龙里、探花里。这种形似梳齿的布局中，村落朝向池塘，整齐划一的民居内，各家的厅堂、天井、廊道和巷道形成了畅通的风道，村前屋后的水塘树林吸收了暑热之气，帮助村落内通风散热。

位育社现保存较完整的古建筑近百座，具有相当的规模。如此整齐统一、带有整体规划的民居群，绝非偶然而成。黎氏村民

位育社古民居

前廊梁架木雕

梁架木雕人物

来到巴由之境，选择山林水网中一块较为平整的空地，按照梳子形状进行成行的布局筑建村庄，实乃"中和位育"思想之践行也。村中老人推测，在明末清初以及清中后期某个阶段，村中曾出现大规模的土建兴工迹象，发起筑建的绅耆庶士，未知是何人。可惜黎氏族谱已毁于中华人民共和国成立后的"破四旧"风潮，关于马溪黎氏的过往，剩下的多是传说和逸闻。

黎氏兴建宗祠

作为位育社建筑规模最大的祠堂，黎氏宗祠始建于清初，与现存常见的广府祠堂有所不同，黎氏宗祠的头门墙体并不完全由青砖砌筑，在石脚及门边包石的部分，是由红砂岩筑成，独特的建筑石料彰显了黎氏宗祠历史的久远。红砂岩多见于明代至清初的建筑，因为到了清代，随着采石技术的发展，加之红砂岩易侵蚀变形，花岗岩逐渐取代红砂岩，成为建筑的重要材料。

黎氏宗祠的门额石刻显示，宗祠曾于清同治七年（1868）经历了第一次重修，宗祠重修时，保留了原有的三间三进的式样，左右路各有一衬祠，建筑占地463平方米。宗祠为青砖墙，镬耳封火山墙，灰塑龙船脊，碌灰筒瓦，封檐板有花草纹饰，前廊梁架的柁墩雕刻有戏曲人物和鳌鱼托脚。2007年，黎氏宗祠因为年久失修，日渐破败，经村中热心人士倡议，在保留和修复原有面貌的基础上，祠堂内外重新修葺，这座空置已久的祠堂重现昔日的光彩。

如今，走进黎氏宗祠，映入眼帘的是一扇朱红的木屏风，穿过屏风背后的天井，天井两旁的走廊刻有"黎氏宗祠重修落成志庆"，以纪念祠堂重修时捐资的热心人士。进入后堂，堂

黎氏宗祠门联

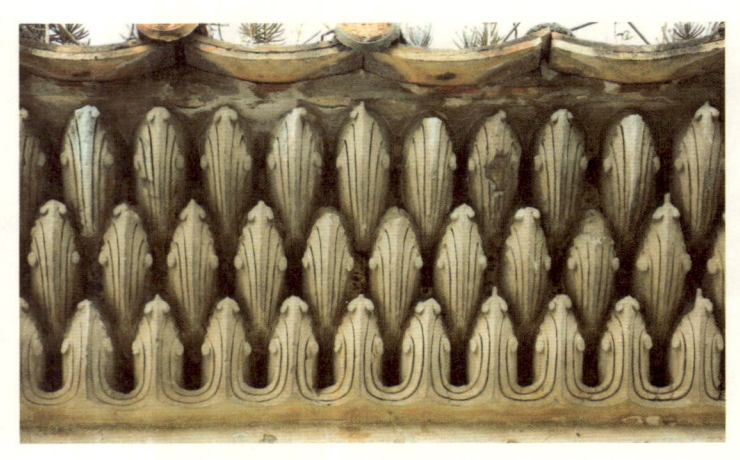

檐下水纹斗拱装饰灰塑

内除了高悬房顶的"位育堂"三个镏金大字外,正中供奉着黎氏祖先牌位,两旁挂有望岗村黎氏赠送的"弘扬祖德"牌匾及"大展宏图"镜画,为满堂增辉。

另一座做工精湛的祠堂,名为德彦黎公祠。根据门额石刻,该祠始建于清乾隆五十七年(1792),公祠三间两进,建筑占地218平方米。德彦黎公祠与黎氏宗祠不同,采用的是凹斗式门面,在石脚及门边包石的部分,采用了花岗岩作为建筑材料。檐底下是灰塑如意斗拱装饰,造型别致。可惜祠堂自兴建后,便再无重修,数十年来一直空置,现在更是成了堆放柴草杂物的场所。

据父老相传,清乾隆年间,黎氏德彦房曾一度风光无限,他们或因从商发迹,或因为官为宦,耀祖荣宗。为纪念房祖德彦公,他们计划修筑德彦黎公祠,前后三间三进,建筑所用的木料及花岗岩石料,已由木船经水路一船船运达村中。到了兴建公祠之时,却有村人指出,黎氏宗祠是马溪黎姓的祖祠,德彦公祠若按原计划建成,会僭越黎氏宗祠的形制。德彦房人听罢,亦觉得不妥当,最后只得将原计划三进的公祠改成前后两进结构,以示尊祖。那些多余的木料及石料,由于无处摆放,只能在公祠背后的空地挖坑埋藏。

九黎之裔　徙居马溪

追溯黎氏早期发源,当是今山西黎城县东北一带,即春秋时黎国都城所在地。早在战国时期,黎姓或因仕宦而处,或因避难而居,东向山东、河北,南徙江苏、广东、广西及越南北部。汉时,其后代主要在湖南发展繁衍。魏晋南北朝,迫于北方战乱,黎姓族人大批南迁。南朝齐有黎侨因功封永乐侯,被奉为明州(今浙江宁波市)黎姓始祖。黎侨一支传至黎干时,在京兆(今陕西西安市)发展成为望族,于是此支黎姓以"京光"为堂号,尊京兆尹黎干为开基始祖。黎干之子称度,任虔化(今江西宁都)县令,为宁都开基始祖。宋末元初,有黎天麟自福建迁居梅州程乡(今梅县),被视为入粤始祖,因此黎氏宗祠宗联的大门门联书有"东粤功祖;北正名宗",是对黎氏入粤祖先的敬崇。

相传黎氏迁至马溪村,在明末清初年间,东粤功祖黎天麟自闽迁居梅县;明末清初,兵燹战乱,黎氏槐堂公转徙炭步鸭湖等多地,继迁番禺望岗村(今白云区望岗)。据传槐堂公因结识林姓宗人，拜其为契爷，遂举家迁至巴江河畔、巴由山西南麓的马溪，黎姓得以在此地开枝散叶、子继孙来。

黎姓及林姓，数百年来，毗邻而居、鸡犬相闻、通婚互市，皆源自两姓祖先的情谊。迁至马溪后，黎姓族人齐家行谊，与姚、林两姓和谐相安。黎氏至今繁衍二十二代，生生不息。

德彦黎公祠

水乡文明　依水而生

马溪村依水而生，依水而坐，一方山水，养育一方人。在农耕时代，这里由于灌溉水源充足，田畴广阔、土地肥沃，一年两熟，不遇灾祸时，稍微勤劳一点的家庭，两餐不愁没有饱饭吃。据闻在马溪与神山交界处，有一大片耕地土名"飞机场"，意即平坦开阔、一望无边，插秧的时候，从田头莳到田尾，一个上午都完成不了。春耕秋收，午饭必须要担饭去吃，不然一来一回时间早就耗尽了。

在水上交通的时代，马溪村由于地处新华、炭步、神山三地交界处，船只往来众多。中华人民共和国成立前，船只由赤坭白坭渡开往广州，每日途经五和、硖石、鹤岗、三步岗、鸦岗、石门，除了客船外，还有货船、石船来往，交通繁忙。马溪村人在农闲时，多有从事贩运业，以贩卖谷米为主。在村旁巴江河边，原有五和圩，建于清光绪年间，曾是花县规模最大的谷物集散地，经营饮食、碾米、酿酒、杉铺、杂货、田科等，位育社黎氏有不少人在此开铺经营，亦有部分村人乘船担米到广州贩卖。

中华人民共和国成立之前，每逢端午"龙舟水"前后，马溪村由于地湫，村前多为水浸，林氏、黎氏有划长艇的传统活动。"长艇"实际上是比较小型的龙舟，一条长艇大约能承载二十至三十人，林姓和黎姓分别有自己的艇。平日，长艇被掩埋在码头边的空地里，到了端午前，才被挖出来洗净，林姓、黎姓各自选出年青力健的男子担任划艇手，参加每年的长艇竞技活动。此外，马溪村人还喜爱武术，各姓均有聘请师傅教习，每逢春节，民间拳、棍、刀、剑、叉、耙等器械武术和舞狮、采青为必备贺岁项目。黎姓有名的武术师傅如黎镜垣、黎镜流、黎俊溪等，融合了武术拳法，以高超的舞狮技艺为众人所识。

水能载舟　亦能覆舟

马溪村原称马步坳，因地湫水浸，马才容步，路窄险阻得名。《周礼·夏官校人》有云："冬祭马步。"马步，为灾害之神，有民谣"马步坳，水浸灶，买到只牛无地绹"一直流传，可见这里水患频仍，一遇暴雨，即三水合围，马步坳便成水泱之国。据民国《花县志》间断记载，自康熙五十一年（1712）至光绪三十四年（1908）的196年间，巴由水沿岸乡村苦遇11次大洪水。民国四年（1915），西江、北江水暴涨，清远石角围崩，花县中部、西隅一片汪洋，是近百年来损失最惨重、受灾人数最多的大洪灾，史称"乙卯大水"。大水漫上位育社巷口门楼一半之高，倒塌民房不计其数，马溪村民苦不堪言。另一次是民国二十年（1931）辛未水灾，马溪水位仅比1915年低0.3米。

中华人民共和国成立前，马溪村一遇水患，村民便食不果腹，生计无着，尤其是乙卯大水、辛未水灾，不少村民逃离家乡，到越南、香港等地谋生。天灾有之，人祸亦然。抗战时期，花县受日军铁蹄蹂躏，战乱使本地工农业遭受严重破坏，当时，凡有海外关系者，纷纷离乡出逃，以避战祸。据统计，马溪现有两百多人散居在世界十几个国家和港澳台地区。

马溪水患频频，农田收成不定，村民唯有寄望于神灵。传说北帝、天后是水神，于是，像南方各村一样，建立祭祀北帝及洪圣、天后的庙宇。马溪村历史上有庙宇四座：马溪古庙、庙仔口、镇龙古庙、洪圣庙。马溪古庙为姚、黎、林三姓共建，庙仔口为姚姓所有，镇龙古庙属林姓，洪圣庙属东秀岗曾姓，以马溪古庙为香火最旺。过去，马溪古庙供奉洪圣、北帝、天后及四大金刚，置六十太岁、木雕白虎等工艺精湛的神像，铸近千斤重大铁钟一个，有两三个庙祝坐庙，每于清晨敲钟，村内皆可闻。

马溪虽然长期受水患之扰，但河流也给予了村民生存、生息、生养的环境，二者互相影响，互相共生。马溪黎氏遵循儒家"中和位育"思想，追求人和自然、人与人之间的生生不息、永续发展，祈愿万物"安所遂生"，历经数百年，黎氏在丫髻山的孕育、巴江水的滋养下，生息繁衍、代代相传。

追寻岐山黄踪迹

——记岐山村仲宾黄公祠和道显黄公祠

◎ 曾文娟

  静静流淌的村前河涌,独木成林的参天榕树,保存完好的祠堂建筑……仲夏已过,秋意渐浓,置身于花都区秀全街岐山村里,展现在眼前的是一幅宁静美丽的岭南村落图。岐山村北靠独

仲宾黄公祠

秀峰丫髻岭，东拥天马河，西接巴江水，形成合流出石门。岐山建村700多年，位于秀全街中部，相邻的自然村有马溪的西湖社、朱村、大陵村等。村中祠堂林立，建祠最早的当属岐山黄氏始祖祠——黄氏宗祠。

由黄氏宗祠衍生的黄公祠在岐山有十多座，今天我们揭秘其中两座——仲宾黄公祠和道显黄公祠，继而追寻岐山这两座公祠人物的光辉影踪。

为避战乱南下成就"黄岐山"

黄氏相传是古代首领高阳氏颛顼帝的曾孙——陆终的后代，受封于黄邑，在今河南潢川西部，称黄国。春秋时为楚国所灭，其子孙以故国名为氏。

岐山村建村始祖黄逊余，祖籍河南洛阳。靖康之难时，其祖先为避战乱，随宋高宗南渡，避地于韶关南雄沙水村珠玑巷。到黄逊余这一代时，遇元兵逼迫，当时身为朝廷宣义郎的黄逊余弃官携家眷及父母骨骸迁徙。有一天，黄逊余等人来到当时狮岭司芙蓉地界（如今的狮岭镇）一个叫羊屎塘的地方，发现此处群山起伏绵延十余里，众人皆认为是风水宝地，于是埋下先人骨骸，并在近处觅得岐山村定居。

岐山村的黄姓俗称"岐山黄"，他们是这样逐渐演变成一姓大村的：当年，黄姓人迁入岐山定居时，和村中姚、李、陈三姓人聚居，明末清初有何姓人迁入。之后，姚、李、陈三姓人不断迁出，如今岐山除两三户何姓、李姓外，其余的人都姓黄。

卷棚梁架

过去，岐山村民多以种植水稻为主，村中黄氏村民因田地较少多外出经商，明朝中后期村民开始到广州经营油米酒等生意，清末民初，岐山米酒行业达到鼎盛，全村拥有商号近400家，遍及广州、香港等地。岐山村曾为新华地区著名水稻产区，如今村民已洗脚上田不再耕作。岐山现还保留广府传统民居290多座，并形成数个民宅群落。

其中，黄氏宗祠始建于明代，清道光五年（1825）重修。2010年再次重修，2011年竣工庆典，多条村庄一万多人欢聚一堂，共同见证这一盛事。黄氏宗祠坐西北朝东南，主体建筑深三进，并带后楼，建筑占地近700平方米。右廊嵌有光绪三十一年（1905）四月立的《黄岐益会碑记》，祠堂整体结构基本完整，是该村族人祭祀祖先和办事的场所。

仲宾公重情爱民的故事

某一天，岐山村一户黄姓家庭生了个男孩，他们给孩子取名仲宾，期望他日后能顺利走上仕途并有一番作为。仲宾自小聪颖，读书常受先生夸奖。明朝天顺三年（1459）仲宾中举，敕封福建漳州府别驾。

仲宾在岐山村族人心中一是重情，二是爱民，一直被族人津津乐道。他中举后不忘乡亲回家祭祖。因为有感于先祖受南海金利都桃子堡横山头村（今炭步镇环山村）龚姓家族的悉心扶助，便写下"念念不忘"匾牌送往横山头村，几百年过去了，两村人的感情依旧亲密如故。仲宾在福建漳州为官，当时的漳州道路难行，民众出行诸多不便，为解决道路问题，仲宾尽将平生积蓄捐出助民修路，他也被当地百姓尊称为"路神"，送雅号"用光"，意为用光自己的积蓄，仲宾也乐于接受雅号，此掌故载入族谱之中。

仲宾晚年，因操劳过度，卒于任所。噩耗传至岐山，岐山子侄快马加鞭赶往漳州奔丧。俗话说"落叶归根"，岐山子侄一心一意想把仲宾灵柩运回岐山安葬。但在漳州当地的亲人认为不应该惊动先人尸骨，宜就地安葬。相持不下，双方同意抽签以应天命。两副真假灵柩安放灵堂，众目睽睽下，岐山人抽到头签，优先挑选。岐山子侄沿灵柩转了几圈，发现其中一副底部略有血样积液渗出，他们认为可能是尸液，于是确定是真人灵柩，按约定运送回岐山。回来后，众子孙准备瞻仰遗容，作最后告别，谁知揭开棺盖，里面竟然是一堆牛肉和数捆衣物，才知上当，追悔莫及，怨当初无验棺。

岐山村为了纪念这位先人，决定建祠堂供奉。选择建祠堂的地点，族人就讨论了很久，最后他们决定将祠堂建在村中间地势最高处，站在此处，如大鹏展翅般俯瞰全村，祈望仲宾公护佑着村中的平安。仲宾黄公祠建于清光绪十一年（1885），是一座气派非凡的建筑，总体面积800多平方米，坐西北朝东南，青砖墙，人字封火山墙，灰塑博古脊，建筑主体深三进，两边有衬祠，青云巷相隔，祠堂周围栽种了树木。100多年来，仲宾黄公祠四周绿树葱茏，村民喜欢在夏日夜晚坐在祠堂旁边的大榕树下乘凉，他们一边慢悠悠地摇着蒲扇，一边给小孩子们讲述岐山村名流——黄仲宾的故事。

闲云潭影日悠悠，物转星移几度秋。仲宾的故事流传了几百年，仲宾黄公祠也逐渐破旧残败。中华人民共和国成立后，和很多祠堂一样，仲宾黄公祠曾经长期被作为村中学堂。一代代村民从稚童学语开始进来，长成有为青年外出，然后白发驼背回到故土。上了年纪的村人们很清楚地记得，祠堂曾长期作为岐山小学课室使用，村里老师们教育他们学习各种知识。斗转星移，时移世易，仲宾黄公祠与其他祠堂一样逐渐荒废，往日热闹的情景已不复存在，祠堂如今长满荒草。护佑在祠堂周边的，只剩下葱茏的大树。

道显后人卖米致富不忘本

　　道显黄公祠，由黄道显后人建于清宣统元年（1909），位于岐北社。祠堂坐东南朝西北，建筑面积554平方米，广三路深两进布局，人字封火山墙，灰塑博古脊，两边分别附有厢房，整体构架采用山墙与梁架混合式砖木结构。该祠整体结构完整，现供黄氏族人喜庆宴席和祭祖之用。一如珠三角地区其他祠堂的装饰风格，道显黄公祠同样呈现了精湛的木雕和砖雕技艺，并且保存完好，具有较高的历史文化价值，2008年被公布为花都区登记保护文物单位。

　　据岐山村中老人讲述，黄道显是黄仲宾的第六代孙，为他建造祠堂的后人当时在岐山富甲一方。其中，有一位后人颇有经商才华又为人厚道老实，在广州经营米铺做得有声有色。俗话说：同行如敌国。但这位后人心善无私，他看到岐山村有不少村民还挣扎在温饱线下，于是携带这些村民也到广州卖米。这位后人事无巨细地将经商的本领倾囊相授。在他的悉心提携下，很多岐山人到广州经营米铺，最鼎盛时，广州130多家米铺都是岐山人开的，"黄岐山米铺"一时广为人知。而且他还立下一个规矩：凡是岐山人到广州卖米，每家岐山米铺无偿借一袋米给初来者开店。

道显黄公祠

黄道显的一位后人致富后，号召大家捐资建造祠堂纪念黄道显，黄道显因此流芳百世。

岐山人文旧事永存黄氏青史

历史上岐山村发生数件大事，花都地情书籍都有详细记载。在抗战时期，日军曾六次进犯岐山村。1939年4月4日，日军首犯岐山村，第四挺进纵队黄启良支队与村民并肩御敌。4月11日，日军再犯岐山村，第四挺进纵队黄德华支队败撤。日军空袭毕村蔗产区，炸死群众甚多。5月23日，日军三犯岐山村，被国民党驻军1096团痛击。1940年6月23日，日军四犯岐山村，国民党驻军1096团设伏歼敌。1941年6月，日军五犯岐山村，并窜到毕村掠夺中国制糖有限公司厂房设备，国民党驻军出击，歼敌于岐山坑口岭。9月6日，日军六犯岐山村，国民党驻军154师诱敌聚歼。

该村主要人物有黄士龙，黄士龙（？—1690），字非潜，康熙十一年（1672）壬子科举人。花县地区原属番禺、南海、清远、从化、三水等县交界处，历代均为山贼聚集地，朝廷屡次出兵围剿，但过后死灰复燃。康熙二十一年（1682）十月，黄士龙与生员陆其荫等上书广东抚院，上陈"建县设治条例"，建言花山地区宜开县设治以利教化而图久安。其所手拟之《建县条议》极言建县有十利，并对建县规模及有关人财物力等筹措方法逐一条陈，为抚院采纳。

这年冬天，官军进入花山地区镇压"花山贼"后，广东巡抚李士桢与两广总督吴兴祚联名上奏朝廷，要求在花山地方建县，几经周折，至康熙二十四年（1685）获准。同年农历十二月十八日，旨准新县定名"花县"。首任知县王永名以黄士龙在县民中有崇高威望，延请其襄助建县事宜。黄士龙协助首任知县王永名等筹建县衙署设兵营，并安抚花山贼还乡归农，花县地区逐渐得到安宁。

康熙二十五年（1686），黄士龙被选任四川省苍溪县令。康熙二十九年（1690），黄士龙在任所突然去世。其《建县条议》，"精当周至，为梓里建千古之言，创千古之事"，功不可泯。

塱头砖雕

黄士龙生前诗文收录于《花县志·艺文志》中，有《抚军李大中丞平定花山碑记》《抚军李大中丞靖寇安民碑》《伏虎石歌》以及咏花县八景七律诗八首。康熙四十年（1701），黄士龙被奉祀于乡贤祠。

出自岐山的名人还有：清朝千总黄荣威，武德骑尉；黄艺博，民国时期先后任花县教育局局长、广东省农工厅科长、沪卫戍司令部长官公署参议、湖南省贸易局专员兼贸易局盐粮部经理等，中华人民共和国成立后当选为广州市东山区第一届人大代表，后又任广州市参事室研究院及学习组长；黄飞，曾任解放军粤桂边区纵队新四团副团长，南路东征独立团团长等职，1947年12月牺牲于恩平。

花城街

旋入繁华成大观

——石岗村曾氏祠堂重建记

◎ 曾昭棉

在花都区中轴线上,一个新的城市CBD正在崛起。平步大道旁,融创文旅城的开业,吸引了八方宾客,无疑,花都城区北移,使这一带成了一个新的城市地标。在这里并立着三座曾氏祠堂,分别是曾氏宗祠、帝养曾公祠、帝聪曾公祠,它们南靠花都区委区政府,北临融创文旅城,妥妥地占据了城区的优势位置。如此得天独厚的地理条件,在花都区绝无第二。历经170多年的曾氏宗祠经历了拆迁后的重建,村民心中感慨万千。

重建后的石岗村曾氏宗祠、帝养曾公祠、帝聪曾公祠

曾氏溯源

据有关资料记载，轩辕黄帝第二十五子昌意之后封地鄫（今山东临沂地区郯城县和苍山县一带），公元前567年，鄫国被邾人和莒人所灭，国人避乱而奔鲁，"国亡己邑而除之"，遂去鄫字之邑（阝）为曾，此为曾姓得姓之始。曾参，俗称曾子，字子舆，春秋末鲁国南武城人，16岁拜孔子为师，后世尊为"宗圣"。

据花都专家学者考证，花县的曾氏，主要有三大族系，分别是曾植世系、曾晞

祠堂的龙船博古脊和镬耳墙

尝世系和曾佑孙世系。曾植世系在宋朝为避社会动乱，自江西吉安府庐陵县（今江西吉安县）徙粤北南雄保昌，今花城街的石岗，新华街莲塘、东秀岗，赤坭镇荷塘，花东镇大东埔，花山镇大珠村等曾氏来自这支；宋淳熙进士曾晞尝世系同样来自江西吉安府庐陵县，但他是先迁抚州后再入粤，如花东镇的吉星、港头、回龙等村曾氏属于这支。这两族都是广府人。还有一族是因宋兵扰攘，由福建宁化县迁广东嘉应州长乐县（今广东梅州）的曾佑孙世系，这一支是清代才迁花县的客家人，如花山镇花城、花鸡亭、紫西等村的曾氏，都是曾佑孙世系。

《武城曾氏重修族谱》记载，曾氏四十六派孙曾植"官承务郎，居吉水兰溪，宋宣和中避青苗害遁徙东粤路经南雄保昌遂家之，后复诏为南雄太守，为徙粤初祖"，这是先祖由江西吉阳迁往广东南雄的记载。随后，曾植长子曾说徙广州城甜水巷（旧为南海甜水巷）定居繁衍。

曾泉，字德蕃，居广州城内甜水巷，生于宋徽宗宣和辛丑年（1121），卒于宋淳熙六年（1179），葬于广州东北白云山北麓磨刀坑（土名金钟堂），2011年按原貌搬迁至花都赤坭镇石坑村石头岭长龙坑窿（土名）。曾泉生的四子柄、槐、机、权，形成了广府泉公四大房系，其后人散居珠三角为主，分支繁衍外地及海外。花都曾氏大多出自老二曾槐、老三曾机之后。

与石岗村曾氏一族关系最近的是花山镇五星村和花东镇大东埔村。石岗村的曾氏与大东埔曾氏和五星村曾氏同宗同源，从曾槐开始，到曾美（开基鱼钟潭村）、曾元鲁、曾省沅、曾祥吉、曾普厚直到曾留税（石岗村开基祖），曾帝聪的曾孙曾军用为花东大东埔开基祖。

据村中曾氏长者讲述，石岗曾氏始祖曾留税大约在清中期，从鱼钟潭来到了石岗，曾留税从

事的是养鸭业，鸭群逐水而生，曾留税来到了石岗，他觉得这里宜居宜衍，产生了在此落地生根的念头，于是与当地黄姓女子组成家庭，婚后生下四子，分别是帝宁、帝养、帝聪、帝昌。第四子帝昌过继到大珠村（现花山镇五星村）。如今，曾氏已繁衍到常住人口4000多人，旅居海外2000多人。曾氏后人为先祖修建了祠堂，分别是曾氏宗祠、帝养曾公祠、帝聪曾公祠和税清曾公祠（帝聪长子）。

石岗今昔

石岗村地处花城街中部，因村庄建在长排山下，山下是裸露石头而取名石岗。村下设13个经济社，土地总面积3.03平方公里，自然村有东仁里、西荣里、蟠龙里、上龙、上社、上谭、下谭、现龙等，全部纳入花都区中轴线建设项目范围。石岗村有19个姓氏，其中"曾"为最大姓氏。

曾氏宗祠旧貌

曾氏宗祠始建于清道光二十七年（1847），坐北朝南，两间两进，建筑面积约为250平方米，2008年被公布为花都区登记保护文物单位。2013年，石岗村对曾氏宗祠、帝养曾公祠、帝聪曾公祠进行过一次大修。祠堂作为村里最重要的建筑之一，一直是村人聚众议事、学子修学的场所，见证了历史的变迁。

《花都祠堂风韵》（上卷）《都市里的村庄》一文中讲述了村中的风土人情和旧甍稗闻。该村的民俗有"起丁"，与花都其他地方的"添丁"风俗相近，即村有男丁（丁仔）出生，"丁仔"家庭会在祠堂庆祝，只有举办过喜丁的男丁才能在族中入册。村里有一个民间组织"猪屎会"，负责统筹猪粪的使用，"猪屎会"还肩负着扶困济贫等社会责任。清末民初，村里有习武风气，石岗村曾出过武举人曾国旋，20世纪70年代有人见过武举曾某某的麻石板。曾国旋曾留下过一把大铁刀，后来大铁刀被用来炼铁。村里至今还

帝养曾公祠旧貌

帝聪曾公祠旧貌

有宗亲理事会,是由宗族中德高望重者组成,遇到与宗族相关的重大事情就会召集大家到祠堂商议。

时光进入到了21世纪,石岗村在实施乡村振兴战略和中轴线CBD项目建设中抓住了机遇,他们在提高村民收入、提升村民素质、改善村民生活环境上狠下功夫,村集体收入从原来的300多万元增加到如今的4000多万元,村党委积极寻找各种经济发展合作机会,建设石岗村迎宾广场、石岗商业楼、酒店项目发展石岗的经济产业,中轴线改造后的石岗村从脏乱差的老旧农村变身成为美丽宜居新农村,曾氏祖先怎么也想不到,他们的后代如今过上了如此美好富足的新生活。

祠堂重建

2011年,石岗村被列入花都区中轴线建设规划。处于这个区域内有文化旅游城、CBD商业区、三甲医院、学校等重大项目。2013年6月,花都区正式启动中轴线项目征拆,石岗实行整体搬迁。按照区中轴线规划,处于中轴线上的所有祠堂都必须拆迁。中轴线项目建设给石岗村带来了翻天覆地的变化,一个热闹繁华的商圈孕育而生。屹立了170多年的曾氏祠堂面临易地重建。

曾氏祠堂,承载着曾氏族人绵绵的乡愁,它的重建,当然不能有丝毫马虎。三座曾氏祠堂拆除后将在石岗村范围内另外择地统一规划,重建投资3000多万元,要求尽量保留原宗祠的岭南风貌。

在2013年,三座祠堂刚刚进行大修过。祠堂是一个家族的象征,它事关族人的情感的因素等,是祖先千挑万选寻觅到的荫庇后人的宝地,但石岗村人为了花都的繁荣和发展,顾全大局,他们积极响应区委区政府的号召,积极配合拆迁行动。在花都区委区政府、花城街道办的大力支持下,石岗村曾氏宗祠复建工作稳步顺利进行。

随着整村征迁,石岗村立即筹备复建工作。祠堂拆迁之前,石岗村曾、谭两姓村民130多人,来到南雄市珠玑巷集体祭拜祖先,参观正在建设中的曾氏大

民俗"添砖加瓦"

石岗村村民安置区感恩苑

宗祠和谭氏大宗祠。2016年12月16日，曾氏理事会成员，石岗村的帝宁、帝养、帝聪后裔中的长者，邀请花山镇五星村帝昌的后裔代表在安置区一期北区地块，按习俗举行了隆重的曾氏祠堂复建兴工仪式。长者上香，祈求石岗村风调雨顺，世代宏昌。

村委会还邀请了省市区的专家学者为此次的祠堂重建工作建言献策。专家们都认为，祠堂处于融创文旅城附近，是一次难得的机遇，祠堂的重建要充分发挥出旅游文化作用。除一些传统的功能以外，还要考虑到祠堂的现代功能，如展示农耕民俗文化活动等。随着石岗新村中轴线安置区建成，村民回迁，曾氏祠堂迎来了它的高光时刻。

2020年12月19日的上午，阳光明媚，在新落成的石岗村委办公大楼一侧，彩旗招展，锣鼓喧天，石岗村三座祠堂曾氏宗祠、帝养曾公祠、帝聪曾公祠的升梁祭祀活动在这里隆重举行。梁是中国传统建筑中最重要的部分，升梁被人们视为建房过程中最重要的礼仪。民间认为升梁是否顺利，不仅关系到房屋结构是否牢固，还关系到居住者今后是否兴旺发达。农村有句俗语："房顶有梁，家中有粮；房顶无梁，六畜不旺。"

仪式在上午8时38分准时举行，整个仪式分为净手、上香、宣赞文、传财宝、净梁、点砂、升梁、化宝、添砖加瓦九个环节进行。在香火缭绕、庄严典雅的鼓乐声中，系着红布的主梁徐徐落在房顶，来自省市和花都区各街镇的曾氏族人和花城街的陈、姚、邬、卢、徐、黄、谭等姓氏宗亲纷纷前来参加庆典，亲历这一庄严时刻。

石岗村曾氏祠堂在2021年重光。复建的石岗村曾氏大宗祠坐落于石岗村感恩苑东北方向，随花都区中轴线正北向布置。三座祠堂一字排开，总体采用中轴线三进三堂，两天井，两侧分设厢房的布局。祠前有开阔的广场，建筑总面积2495平方米，从左到右分别为帝聪曾公祠、曾氏宗祠和帝养曾公祠。遵循原有的曾氏宗祠的型制，采用清式岭南广府建筑风格，砖木结构体系，抬梁式屋架，硬山锅耳山墙，博古屋脊，青砖筒瓦，祠内立柱全部采用菠萝格木，祠堂以中轴线为主轴线，严谨对称，井然有序，主次分明，庄严雄浑。陶瓷屋脊人物、花鸟栩栩如生，壁画、砖雕、木雕、石雕一应俱全，充分体现了曾氏族人兴旺发达，蒸蒸日上，和睦相亲，耀祖同心的景象。曾氏祠堂以焕然一新的面貌出现在世人面前，成为一个地标性建筑和旅游观光打卡点。

重建后的曾氏祠堂将传承石岗精神——团结、感恩、正能量，为花都添光增色。

"城市客厅"的乡愁

——走进东边村诸姓祠堂

◎邓静宜

进入21世纪,花都这个籍籍无名的小城突然风生水起。2004年,广州白云国际机场建成启用,十年后,花都国际化交通枢纽的优势逐渐显现。随后又提出了城市中轴线规划概念,该轴线绵延17公里,主导功能为商业、商务办公,形成了城市功能核心和城市人文核心景观带。2015年,轴线上的融创国际文旅城开始建设,这一带的土地价值出现井喷。位于融创文旅城旁,静静等待了500多年的东边村,一下子变得热火朝天,炙手可热,它将成为复合、高效、低碳的花园式CBD,一步迈向国际都市,华丽转身为花都的"城市客厅"。

泱泱十里汇东边

东边村曾在中华人民共和国成立后的公社化时期被称为南洲大队和东南大队,1987年又改回东边村。2014年以前归狮岭镇管辖,今隶属花城街。东边村下辖10个自然村。过去的小自然村也

南昌里门楼

称里,东边村有10个里,分别是东成里、南昌里、三龙里、南洲里、上元里、西成里、溶和里、溶华里、松元里和老鸦塘。村里姓氏较多,其中徐、叶、邓三个姓氏占了绝大多数,2019年户籍人口约4500人。

笔者进村后,发现并没有想象中的热闹,村里的建筑不少,却没多少人居住,越往里走就越安静。于是问带路的乡民老徐是怎么回事。他告诉我们,因为土地征收,村民们有的搬去了城里,其他人大都搬到了靠近芙蓉大道的村口建房居住,所以村里几乎成了空心村。

然而,人走了,一批承载着乡愁的老建筑却搬不走,留在原地日渐荒凉。当天笔者在这条村流连,一座座上百年的古建筑从眼前掠过。它们是发志叶公祠、万全叶公祠、从德邓公祠、应宗徐公祠、应田徐公祠、温氏祖祠,南昌里门楼、东城里门楼、迎龙门门楼……时光流转,岁月轮回;时过境迁,物是人非。

姓氏源流来各方

东边村有多个姓氏,分别是徐、叶、邓、谭、温等,姓氏不同,来源也不同。居住在南昌里的叶氏,其入粤始祖叶颙,谥号正简,原籍福建省仙游县大济乡古濑村,南宋绍兴元年(1131)二十五岁中进士,调任广东南海主簿,居南海黄鼎司大圃乡。到了第二十三世叶万全,由从化长湖村迁居东边村溶和里,成为东边村的始祖。相传,叶发志原来在狮岭叶村(今花城街罗仙村叶村)落户,龙姓给叶发志家族看牛,然而龙氏人口发展快,很快超过了叶氏。叶发志觉得这里不适宜居住,于是投靠东边村南昌里的叔辈叶万全,也定居在南昌里。

东城里世居居民主要的姓氏为邓姓,有500多人。据邓氏族谱记载,邓姓祖先在北宋年间从

发志叶公祠

江西吉州郡太和县迁到广东南雄珠玑巷。明成化年间（1465—1487），从南海狮山迁至本地。三龙里世居村民为徐姓、朱姓，《徐氏族谱》记载，徐姓先祖徐泽江于北宋年间迁入广东南雄珠玑巷，其子徐宗远从珠玑巷迁到三水，任南海主簿，北宋神宗元丰八年（1085）卸任后在三华乡（今新华街三华村）置田产房舍，明嘉靖年间，其后人从三华村与大塘边村迁自本地。南州里的徐姓由新华街的三华村分村而来。朱姓于民国年间从花县芙蓉镇迁入。

老鸦塘别名姓温塘，世居村民为温姓。据《温姓族谱》记载，清朝中期，温仕魁从梅县迁狮岭海圳河傍地，其后裔在清嘉庆年间从狮岭迁老鸦塘。老鸦塘是东边村唯一的客家民系自然村落，客家人的传统"五龙过脊"式住房与广府的"三间两廊"样式有很大的区别。上元里世居村民主要为谭姓，据《谭氏族谱》记载，谭氏祖先于北宋建隆初年迁至广东南雄珠玑巷，清康熙年间从新会井根村迁入。

传统建筑展风采

因东边村是个较早建村的村落，村中目前还有不少老建筑，其中有祠堂、私塾、门楼16座，随处可见。这些古建筑虽说历经500多年，但拭去历史的尘埃，依然熠熠生辉。

发志叶公祠建于1921年，重修于1998年，祠堂坐北朝南，三间两进。占地面积254平方米，硬山顶、碌灰筒瓦、青砖石脚、虾公梁、石狮斗拱，封檐板上遍布瑞兽花鸟图案，挑头石雕戏剧人物。大门嵌花岗岩门夹，门额上阴刻"发志叶公祠"，于民国十年季冬吉旦建。万全叶公祠建于清道光二十一年（1841），占地359平方米，坐南朝北，三间三进，青砖石脚，人字封火山墙，灰塑博古脊，前廊梁架封檐板均有花鸟瑞兽。花岗岩石门夹门额阳刻"万全叶公祠"，墙楣上绘有"风尘三侠""竹林七贤""渊明赏菊"等壁画。应宗徐公祠建于清光绪八年（1882），坐西朝东，三间两进，总建筑占地269平方米，青砖墙、封火山墙、碌灰筒瓦，石前有檐柱，垂脊有灰塑狮子；次间有虾公梁、石狮、异形斗拱。青石挑头有戏剧人物造

万全叶公祠

应宗徐公祠

型，石门额阴刻"应宗徐公祠"。该祠堂曾做过东边小学，现用作工厂仓库。应田徐公祠建于清代，坐东北朝西南，三间两进，建筑面积250平方米，外墙为青砖墙、人字封火山墙、碌灰筒瓦。

东城里的从德邓公祠建于清咸丰二年（1852），占地250平方米。温氏祖祠在老鸦塘，建于民国年间，1998年重修，占地面积200平方米，老鸦塘还有太公墓碑刻，立于清咸丰十年（1860）。

其他的古建筑还有迎龙门门楼，始建于清道光二十一年（1841）；南昌里门楼，始建于清代；东城里门楼，建于1935年，有旗杆石夹一对，立于清咸丰五年（1855）；殷凤家塾，始建于清光绪十六年（1890），2004年重建。

村中原有一座东溪古庙，建于清道光二十九年（1849），该庙归全村各姓氏共同拥有，古庙的头门在1958年大修水利时被毁，"东溪古庙"石牌匾幸存，被放在应田徐公祠门前。

擦去石匾上面厚厚的灰尘，露出"东溪古庙"四个大字，阳刻，笔力苍劲古朴。东溪古庙供奉的是南海广利洪圣大王。南海广利洪圣大王简称"洪圣大王"，也称"洪圣爷"。民间相传是一个能使水不扬波而又能镇鬼治邪的神祇。东边村周边有芙蓉嶂、百公坳、六花岗和马岭等湖泊山塘，历来多水患。旧俗每年农历二月二十三日为"洪圣诞"，村民举行祭祀活动，祈求风调雨顺、老少平安。

记忆中的风土民情

东边村是一个建村历史悠久，有浓郁乡风民情的古村落。这里留下了不少古老的传说，坊间故事和与祠堂有关的各种人和往事。

东边村有几个民间谚语典故很特别，以致一说出口，必是东边特色。一是"东蚊（边）村嘅圩，冇野来"。啥意思呢？长岗圩建于清嘉庆道光年间，是罗洞、东边、石岗、仙贝和叶村等五个村交易物资的公共圩市，由五村的"协成堂"管理，原址在现在农科所的位置，民国二十七年（1938）遭侵华日军炸毁。民国三十四年（1945）由乡绅卢学猷倡议，罗洞、石岗、仙贝、叶村等四村在土名为"洪圣公坭"的现址重建圩市，仍沿用"长岗圩"之名。1946年9月10日举行立圩庆典。而东边村则在旧址上建圩市，名为"重光市"，取战后重光之意，也就是东边村的圩。于是，同时存在两个圩市，利益就会有纷争，而长岗圩由于四村共有，大多数人赶集去长岗圩，而重光市则门可罗雀。于是，附近乡村的百姓便流传"东蚊（边）村嘅圩，冇野来"这句话，用于诋毁东边村。重光市在临近中华人民共和国成立时散圩。

应田徐公祠

二是"有女不嫁南洲，有得食都变马骝"。东边村是有名的人少地多的村，田多山岭多，从旗岭到洪秀全水库杨屋村的山林，再到芙蓉嶂，有很多土地和山林。在公社化时期，该村分田到户人均一亩多，每个劳动力八九亩。男人很多外出谋生，妻子一人耕七八亩田，非常辛苦，干这么多活，能吃饱却长不胖，很多姑娘不肯嫁进来。所以说有女都不愿意嫁给东边村的南洲里，即使吃饱了，可活儿太多，也会累得跟猴子一样瘦。

1939年，日军在汉奸的领路下，进村搜查枪支。有十名村民被强行灌辣椒水，反复压榨或高举抛摔在地，致七窍流血，多人在数年后因伤去世。这里原有宝钢水泥厂，因污染严重被关闭，2016年，广东省重点中学秀全中学新校区在这里建成启用。

东边村的名人有叶沛柱，抗美援朝战斗英雄；黄松均，志愿军战士，1950年11月在朝鲜新兴里作战牺牲；徐长能，花县武装大队战士，1950年2月在狮岭老虎窿剿匪战斗中牺牲；谭明森，解放战争时期战斗英雄；叶兆邦，香港企业家，捐建了村小学兆邦小学。

村里每年有五次民间祭祀活动，分别是春节、清明、端午、中秋和冬至。正月十二"游灯"，正月十五"升灯"。东边村的洪圣诞活动主要是抬着菩萨游村，俗称"菩萨游街"，又叫"行香"，仪式极为隆重。诞日当天，通过抽签决定各里游街的次序，各里从庙中请出菩萨开路，醒狮锣鼓紧随，之后是八音队和手持刀枪剑戟的武术队，最后是提着灯笼的群众队伍。村民家家户户在巷口摆放三牲供品，焚烧香烛恭候菩萨，称之为"摆巷头"。菩萨每到一家，主人抱着小孩用手摸摸菩萨的头手等沾福，之后把利是放在菩萨坐轿里的袋子作答谢。菩萨出游从太阳下山开始，轮了一遍回到大庙，天已经发白了。东边村洪圣诞在中华人民共和国成立前非常兴盛，之后就逐渐消亡了。

罗仙先祖喜乔迁

——记罗仙村卢邓龙陈四祠

◎卢福汉

  2013年6月,花都启动了中轴线建设项目,规划城市中轴线沿线及相关延伸范围,南至三东大道、西至建设路、北至花都区理工职业技术学校北部规划路、东至曙光路—平步大道—铁山河沿线,面积约140平方公里。

  罗仙村处于中轴线的核心地段,涉及首期搬迁的有四个自然村和四个姓氏,分别是烧猪林庄卢氏、仙贝村邓氏、叶村龙氏、华扬庄陈氏,涉及的祠堂有嘉儒卢公祠、毓畦邓公祠、敬兴龙公

罗仙村祠堂群

祠、星隆陈公祠四座。当初村民积极配合中轴线的建设，舍小家而全大局，搬离了世代生活的村子。2020年6月，经过了七年的等待，村民已经拿到了新房的钥匙，陆续搬进了罗仙新村。而四姓氏的祠堂也全部竣工，正着手重光庆典，迎接他们的祖先进新居。走进罗仙新村，新村的优美环境和祠堂风貌令人耳目一新。

姓氏源流

卢氏，是罗洞村的大姓，占据全村人口的三分之二。据《卢氏族谱》载，卢氏先祖于南宋咸淳九年（1273）从珠玑巷迁入广东冈州大良（今广东顺德，当时属新会），又迁至番禺神山中八村（现白云区江高镇中八村），明永乐年间（1403—1424）再从番禺神山迁居番禺罗宁村，开基至今约600年。罗宁在花县建县时改称罗洞，有卢、何、周、邝四大姓氏。中华人民共和国成立后，村落行政重新划分，罗洞便一分为二，析分长岗、罗仙两行政村。长岗以长岗圩的圩名为村名，主要有卢、何二姓；罗仙由原罗洞除长岗以外的村落及周边的小村落构成，以"罗洞"和其中一个较大的自然村"仙贝"各取一字构成村名。罗仙村卢姓的自然村有坑美里、烧猪林庄、织机围庄、灯棚庄、肥安庄、金远庄、孖指玉庄、太兴庄、君义庄、木桥庄、太昌林庄、新圩等。其中，本文介绍的嘉儒卢公祠在烧猪林庄。烧猪林庄原名聚龙庄，比邻坑美里、织机围、花山井岗庄，民国年间，该村有村民卢广林因开烧猪作坊而闻名，故远近村庄的人都称之为烧猪林庄，有两个经济社，人口约400人。

邓氏，分居在罗仙村的仙贝、荆门庄、大汕庄、聚龙庄等。其中，毓畔邓公祠在仙贝村，与坑美里、织机围、叶村相邻。该村始建于明景泰至成化年间（1450—1487），原名山贝，因地势像龟背而得名。后因花东石角有邓姓村也称"山贝"，为不重名而更名为仙贝。据《邓氏族谱》载，邓氏先祖自北宋熙宁七年（1074）从江西吉州府太和县迁入广东南海井岗村，约明景泰至成化年间（1450—1487）从井岗村迁至仙贝，立村约550年，共四个经济社，现人口约1000人。

嘉儒卢公祠

龙氏，分居在罗仙村的叶村、叶村庄等。其中，本文介绍的敬兴龙公祠位于叶村。叶村与仙贝村、荆门庄、叶村庄相邻。据传，此地原居民为叶姓，故名叶村，后来叶姓居民另觅到更好的定居地方，搬迁到不远的东边开村，就只剩下龙姓居民了。据《龙氏族谱》载，龙姓祖先原居江西，宋宁宗开禧年间（1205—1207）迁番禺神山大田村（现白云区江高镇大田村）。叶村的龙氏太公原来是一位常年走乡村的货郎，明末清初时从大田村来到叶村卖货，被叶氏太公选中为女婿，便在叶村定居下来。立村约500年，有三个经济社，人口约900人。

陈氏，分居在罗仙村的华扬庄、高塱庄等。其中，本文介绍的星隆陈公祠在华扬庄，与烧猪林庄、仙贝村、花山井岗庄相邻。庄名来历不详，有可能是庄主的名字，因村民姓陈，当地人又叫姓陈庄。据《陈氏族谱》载，陈氏先祖于北宋年间从福建迁入番禺小塘村，明景泰至成化年间（1450—1487），从番禺小塘村迁至华扬庄。原华扬庄与仙贝村并村而立，清康熙年间（1662—1722）迁此，与烧猪林庄比邻而居，仍名华扬庄。立村约550年，有两个经济社，人口约600人。

原祠概况

嘉儒卢公祠，位于烧猪林庄，为纪念卢氏入粤第十七世祖卢嘉儒而建。该祠建于1936年，主要由旅港乡贤卢丁亮、卢丁贤兄弟出资。该祠坐西朝东，三间两进，北侧一路衬祠以青云巷相隔，建筑面积约470平方米。硬山顶，碌灰筒瓦、绿琉璃瓦当、滴水剪边，青砖石脚。屋脊、墀头、青云巷门楼等广泛采用石湾彩釉陶塑，造型别致，工艺精美。尤其是头门正脊的陶塑，由石湾名窑"文如璧"烧制，脊上戏台人物造型逼真，色彩凝重，千姿百态，栩栩如生。祠堂墙楣上广泛施有壁画，主题有"琴棋最乐""教子朝天""蓬莱仙境"等，笔法古拙，色彩浓艳。门墩石雕为"麒麟吐书""丹凤朝阳"，玲珑浮凸，异常精美。该祠的门联为"嘉名传万载；儒裔耀千秋"，期望卢氏子孙繁盛，家世绵长。堂号为"五成堂"，源于卢嘉儒生下金成、有成、灶成、杨成、意成五子，希望家风承继，启迪后人。该祠为花都登记保护文物单位，2015年因中轴线征地拆迁而拆除，2019年易地重建，较多地使用原祠堂材料，2020年竣工。

毓畔邓公祠，位于仙贝村，建于清同治十一年（1872），是该村最古老的建筑，曾于1998年重修，比较破旧。该祠坐东北朝西

敬兴龙公祠

南，三间两进，建筑面积约375平方米。硬山顶，人字山墙，碌灰筒瓦，青砖墙。为花都区登记保护文物单位，2015年因中轴线征地拆迁而拆除，2019年易地重建，2020年竣工（该祠另文介绍）。

敬兴龙公祠，位于叶村，为纪念龙氏先祖龙敬兴而建，始建年代不详，清道光年间重修，后成危房一直空置。2004年，得到旅居澳大利亚乡贤龙玉甜、龙永光姐弟捐资50万元重建。该祠坐东朝西，三间两进，北侧一路衬祠以青云巷相隔，建筑面积375平方米。硬山顶，人字山墙，灰塑博古脊，碌灰筒瓦，青琉璃瓦当，青砖墙。该祠的堂号为"集义堂"，"义""仁""礼""智""信"合称为"五常"，是儒家最高的道德标准，贯穿于中华伦理的发展中，成为中国价值体系中的核心因素。以此，该堂号是希望子孙后代汇聚先人的高贵品德，承继先人的道德模范。该祠在2015年因中轴线征地拆迁而拆除，2019年易地重建，2020年竣工。

星隆陈公祠

星隆陈公祠，位于华扬庄，为纪念陈氏先祖陈星隆而建。该祠始建于1931年，20世纪50年代的一天，祠堂突然坍塌，星隆陈公祠后改建为生产队的仓库。2008年，再改建成华扬庄会馆，用于族人聚会、摆宴等。原祠坐西朝东，三间两进，南侧一路衬祠以青云巷相隔，建筑面积375平方米。2015年因中轴线征地而拆除，2019年易地重建，2020年竣工。

祖先新家

罗仙新村地理位置优越，正处于花都中轴线核心带，与融创乐园只隔了一条罗仙路，交通非常便捷。

新村前是一座三间两进三楼的仿古牌坊，描金画彩，装饰华丽，飞檐翘角，很是气派。牌坊正面写着"千祥云集"，背后为"紫气东来"，字体醒目，金黄喜庆。正面中间篆刻对联为："罗洞地灵，邓园陈苑连坑尾；仙乡人杰，卢宇龙楼接圣堂。"正面边联为："洞连阆苑无双境；地踞花城第一村。"背面中联为："卢苑清幽，莺歌燕舞环陈阁；龙门高耸，日丽风和绕邓廊。"背面边联为："坑头坑尾春常在；仙贝仙乡庆有余。"联对采用了嵌名、顶针等多种格式，凸显卢、邓、陈、龙四姓和谐相处，盛赞新村环境优美，感恩新时代新政策，乐享幸福美好生活等寓意。

踏进牌坊，迎面是一口半月形水塘，水池中有一龙龟坐镇，把持着新村的风水口。水塘前面就是一个宽阔的大地堂，易地重建的龙、邓、卢、陈四座祠堂从左到右一字排开。据说，这样的排序是经过抽签确定的，体量也是根据原祠堂的规制来定，新的祠堂较之原貌有以下几个特点：

一是规整肃然，恢弘气派。祠堂是一个村落最重要的建筑，因此处于村落最显眼的位置，也是体量最大的建筑，然而罗仙村这四个自然村落各处其中，四座祠堂也被周边的农田与果树掩映，因此再高大的建筑也不显突出。而现在这组祠堂群在新村一字排开，身后由几幢直插云霄的高楼簇拥，更显气派。

二是宽敞明亮，端庄漂亮。没重建前，这四座祠堂呈现的是阴暗潮湿、破损残旧的面貌。重建后的祠堂群，广泛使用灰塑、壁画、砖雕、木雕和石雕等建筑装饰工艺，以神话传说、民间故事、吉祥图案等为题材，融入家国兴旺、太平盛世、风调雨顺、福禄寿喜等主题，体现村民对美好生活的强烈向往和热切追求，祠堂群也因此更显富丽堂皇、美轮美奂。

三是同时施工，各有特色。重建的祠堂群，虽然由一个单位同时施工，但是各姓氏的族人参与其中，使得祠堂群既有高度协调的美感，又融进各姓氏的文化特质而各有特色。例如，嘉儒卢公祠使用石门夹、屋脊陶塑、虾公梁石雕、石门墩等原祠堂大量建筑构件，使得祠堂修旧如旧、古朴盎然。敬兴龙公祠屋脊灰塑采用了"二龙戏珠"题材，切合本姓氏的文化特质。同时，在2004年祠堂重修时，得到澳大利亚乡贤龙玉甜、龙永光姐弟的鼎力支持，龙玉甜曾说"鸟儿飞得多高多远，始终还是要归巢的，游子离开家乡多久，还是要落叶归根的"。因此，重建的祠堂的灰塑、笔画等大多与"鸟"有关。

四是比邻而居，更好利用。随着城镇化的不断推进，传统村落的形态正在发生大改变，罗仙村这四个自然村也不复存在了，村民也搬进了幢幢高楼，祠堂成为新村这个大家庭的一分子，成为村民联谊、叙旧、娱乐、聊天的最好地方，成为村民抒发乡愁的重要载体，成为村民心中永远的精神家园。村民们表达了自己的愿望：有的希望在自家的祠堂举办村史展览，使自己的子孙后代通过展览记得住家乡；有的希望祠堂资源可以整合，逢年过节或摆喜酒可以更加随心所欲；有的希望提升祠堂广场的娱乐设施，使村民的娱乐活动更加丰富。

先贤轶事

罗仙村的先辈们睿智地选择了这么一块福地安居，在此生活的数百年创造了厚重的历史文化，为子孙后代积淀了物质基础和道德规范。比如，卢氏传承了"修德常由我，诰命博厚昌；永思贻伯仲，式顺振宗光；祖武声华显，承前定远扬；贤才英俊彦，福积兆祯祥"的字派，制订了"孝顺父母，恭敬兄长，和睦邻里，勉尽职业，谨守本分"的族规，以及"不得忤逆天伦，欺凌长上；不得持刀行凶，恃强凌弱；不得窝藏奸匪，结党联盟，以及诱拐等弊；不得出外为非，招摇生事；不得调戏奸淫，侮辱闺门；不得开场聚赌，贩卖鸦片；不得酗酒行凶，殴辱无辜；不得私造谣言，匿名揭帖；不得公处之后，挟私暗害，以及恶言毁谤；以上禁约，倘有干犯，分别轻重，定行责革，如恃顽固，鸣官法究"的禁约，为宗族的光大及村落的发展做出了重要贡献。

尤其是其中的佼佼者，他们的轶事在村中流传，他们的德范在村中传颂。

卢国棉（1898—1954），罗洞村人，旅港乡贤，卢氏第二十一世祖（高祖与卢嘉儒是堂兄弟，十四世祖卢应聚是他们同一个太公）。他在家乡罗洞村出生，自小在村里念私塾。由于其父在香港经商，于是在16岁时到香港继续求学，毕业于皇仁书院。民国七年（1918）起，入职律师行，开始投身法律界。与此同时，他在商业方面也有很大发展，除继续经营其父创办的广兴隆生猪栏外，又创办了香港肉食公司、全记鲜鱼栏，并与邑人合办同安牛栏，控制市面牛肉价格，抵制联行抬价，使居民能买到价格公平的牛肉。民国二十八年（1939），被选为香港华商总会值理。他素来热心公益事业。民国二十四年（1935），钟声慈善社创办人陈绍棠敦请他主办该社的游泳场，蝉联泳场主任六届，是连任该职最长的人。后又任该社社委及慈善股正股长、华商筹赈会常务委员。抗战期间，他积极参与赈济筹款、义卖献金等活动，当选为商业通济公会副主席，出席香港赈济华南难民联席会议暨香港群众公益会，兼由赈联会选派，代表港澳出席募集寒衣大会。还历任香港各侨团的义务法律咨询，悉心为侨服务。他对梓里极为关心，任侨港花县同乡会主席20多年，还任罗英小学（今罗洞小学）名誉校长多年，对发展家乡的教育事业颇有贡献。民国二十年（1931），县内发生特大水灾，他积极发动旅港乡亲筹款救济受灾村民，并发动兴修和加固堤围，帮助县内民众渡过难关，重建家园。

卢永根（1930—2019），中国科学院院士、华南农业大学原校长、我国著名作物遗传学家。他出生在香港，是旅港乡贤卢国棉的次子。抗战期间，他被父亲送回老家罗洞村避难，目睹日军的凶残，深刻感受到当亡国奴的苦楚，民族意识开始觉醒。他于1947年12月加入了中共地下党的外围组织"新民主主义青年同志会"，1949年8月9日在香港加入了中国共产党。同期，接受党组织的安排回到内地，在岭南大学读书和从事革命工作，迎接广州解放。他长期从事作物遗传学的研究和教学工作，为我国水稻事业发展做出了杰出贡献。"文革"期间，他被下放到广东翁城干校度过了十年时光。1983年始担任华南农学院院长长达13年，赢得了"布衣院士"的美誉。他于1993年11月当选为中国科学院院士，1997年获"南粤杰出教师"特等奖，1998年获"全国教育系统劳动模范和全国模范教师"称号，2003年获广东省科学技术奖一等奖，曾任第二、第三届国务院学位委员会委员、中国科学院第八届至第十届生物学部副主任，出版专著多部。2015年5月，他与长兄卢永经秉承先父热心教育的精神，将祖辈遗留下来位于花城街长岗圩的两家商铺捐赠给罗洞小学作为永久校产，用于学校的奖教奖学，罗洞小学改名为"卢永根纪念小学"。2017年3月，卢永根罹患重病，想着自己时日无多，决定将他和妻子的毕生积蓄8 809 446元捐给华南农

敬兴龙公祠壁画多为花鸟题材，如《百鸟归巢》

壁画《紫气东来》

业大学,设立"卢永根·徐雪宾教育基金"。他的事迹感动了中国,温暖着人心。

卢耀河(1940—),罗洞村人,卢氏第二十二世(与卢永根同辈,十二世祖卢昌奇是他们的同一个太公)。香港商人,曾任花都政协港澳委员、侨港花都同乡会主席。在香港经营饮食服务业,在香港美孚、沙田等地开设海洋肉食中心、海港肉食中心等多家食品店、酒家,生意颇有发展。1993年,与人合资回乡投资开发房地产,兴建"金狮花园",后创办"旺记"饮食,为花都城市建设作出了一定的贡献,为花都人民留下了舌尖上的美好回忆。他关心桑梓,热心公益,多次捐资支持家乡办学及其他公益事业。

龙玉甜,女,叶村人,出生于20世纪40年代。父母在家乡成亲,之后到了越南谋生。她出生于越南,长大后从事制衣行业。后由于越南的排华政策,全家移民澳大利亚,仍然从事制衣行业。2004年,与弟弟龙永光返乡探亲,捐资50万元重建敬兴龙公祠。在家乡,她曾说:"鸟儿飞得多高多远,始终还是要归巢的,游子离开家乡多久,还是要落叶归根的。"表达了自己饮水思源、不忘根本的情结。

陈日希,华扬庄人,美国华侨,早期赴美国谋生,民国期间回乡安度晚年,并捐款建了星隆陈公祠。村里流传着他遭日军飞机轰炸惊吓的故事:陈日希回国后在花城圩开了一家商店,生活比较悠游。抗战时期,日本侵略者杀人放火,还经常用飞机进行轰炸。有一次,日军飞机轰炸花城圩,他看到周边商铺火光冲天,断墙残壁,瓦砾遍地,吓得连忙出逃,一时急切,无处躲避,就躲到一条齐腰深的坑渠里。眼看着炮弹在飞,硝烟弥漫之际,一片哭喊之声,被炸伤的人血肉横飞,还有人被炸伤后滚落到水渠中,陈日希心胆俱裂,虽然躲过眼前一劫,但因连惊带吓,回家后即得重病,几天后死于家中。

邓悦照,仙贝村人,越南华侨,曾任广东省梅县军分区副司令员、参谋、顾问等职,参加过抗日战争、解放战争,荣获三级独立自由勋章、三级解放勋章、独立功勋荣誉章,荣获三等功2次。邓保源,仙贝村人,清末民初期花县名中医。邓湛源,仙贝村人,民国年间花县名中医。邓伯苏,仙贝村人,黄埔军校毕业,抗战时曾任花县三区区长、县参议员。

……

中国人对"家"有着深厚的文化情结。罗仙新村人告别了烧猪林庄、仙贝村、叶村、华扬庄,搬迁到了渴望已久的新家。将来,他们的子孙后代或许可以在村史馆中去感受家乡的印记,而易地重建的这四座祠堂也将成为村民寻觅乡愁的唯一载体。

庐江家声贯何庄

——记长岗村何家庄何氏祠堂

◎ 何德炎

何家庄，位于花都花卉中心的东侧，属花城街长岗村管辖。该村北面是华严寺所在地旗岭，西面是花团锦簇的花卉中心和山峦起伏的马岭，东面是蜿蜒流淌的流溪河，南面是长岗村的集市长岗圩，整个村庄山水环绕，周边绿树成荫，四季花开，景致十分优美。该村交通便捷，芙蓉大道在村西经过，村东有柏油路直达旗岭。笔者为此曾作联一对："前流溪，后马岭，山环水绕；北旗岭，南长岗，地利人和。"该村为何氏单姓村落，有三个经济社，人口有上千人。

观敬何公祠

庐江望族

何家庄何姓先祖原居安徽庐江,为当地望族,远古尊何瑊为始祖,近世奉何瑊五十代孙何明允为始祖。何明允生何棠、何栗、何桀三子,其中何栗生何雍、何熙二子,何雍、何熙共生十子合称"何家十郎"。宋咸淳九年(1273),"何家十郎"从南雄珠玑巷迁入三水,其中九郎何德芳居香山小榄(今中山小榄),其后裔迁入东莞大汾、增城何村、番禺沙湾和洲鹭。

何德芳之子何弘猷原居香山小榄,元末明初,因土贼作乱,遂携家眷十余人走难至番禺,见此地形恰似鹭宿芳洲,遂卜居于此地,村名叫"洲鹭",成为洲鹭的始祖。何弘猷生二世祖何德广,何德广生三世祖何尔善、何尔弯、何尔潮。其中,何尔善生四世祖何法聪、何法旺、何法海,何法聪居原籍洲鹭村,何法旺于明永乐年间迁居番禺罗宁村回龙里,法海居建海成为渔民。花县建县后,罗宁村改为罗洞村,中华人民共和国成立后又分为长岗、罗仙两村行政,回龙里属长岗村。

罗洞村何姓在回龙里生活了几十年之后,由于该村卢姓人口庞大而颇感压力,部分村民从罗洞村迁出,在村的东北角立庄卜居,因村民全是何姓,起名"何家庄"。现在,罗洞村仍有100多名何姓村民在回龙里生活。

何家庄地貌似螃蟹,因此风水师说是蟹形格局,庄前庄后有两条长流的溪水养蟹。庄主在立庄时两边各挖一口水井,是为蟹眼,井水带黄色,洗过的手巾、衣服都带黄色,传说是蟹水。全庄人都以这两口水井为食,一直沿用几百年。1960年后才各家各户挖井自用。近年来由于村民大多有小汽车,蟹眼井在庄前有碍交通,于2017年搞卫生村和村道硬底化时,被水泥板覆盖。

据花都何氏宗亲会统计,花都有26个村庄居有何姓宗亲,总人口6000多人,何家庄占1000多人。

何家祠堂

何姓在长岗村生活了600多年,在旧村和新庄都建有祠堂,总共有四座祠堂一个厅堂,但是由于历史原因,目前长岗村的祠堂只剩下何家庄的观敬何公祠和国彰何公祠。

在回龙里,何氏原有两座祠堂一个厅堂:一是位于现在的长岗村第七经济社的信东何公祠,堂号为"恭圣堂",为纪念六世祖何信东而建;二是良成何公祠,位于现长岗村第五经济社。两座祠堂在"土改"时政府分给了村民居住,后在1958年被拆除,砖石用于修水利建水库。还有,就是五世祖何法旺的厅堂,称"法旺厅",位于现长岗村第四五经济社,因在村的西头,因此也叫"西头厅",目前仍然是村中老人聚集玩乐的地方。

观敬何公祠、国彰何公祠是在迁居何家庄后所建。

观敬何公祠为纪念该村七世祖何观敬而建,始建年代不详,于清光绪二年(1876)重修。祠堂坐西朝东，因村西为群山起伏的马岭，前面为半月形水塘及蜿蜒流淌的流溪河，因此祠堂最早见到旭日东升，呈紫气东来的格局。

该祠体量不大，只有两进。外表比较平实，没有高大的镬耳，头进墙体为金包银，后进是舂墙体，工艺较粗糙。然而，该祠有个较大的特色是悬山顶。悬山顶一般出现在客家祠堂，主要是因为客家人生活在山区，一来山区雨水多，客家人经济状况一般，墙体好多都是金包银或者舂墙甚至泥砖的，悬山顶四周屋檐，可以防止雨水对墙体的侵蚀；二来山区人多烧柴火，平时上山砍柴，放在屋檐下，随时使用，不会被雨水淋湿。而该祠堂可能受客家文化的影响，也可能从实际考虑，因为何家庄后面就是芙蓉嶂，里面基本上都是客家人，靠近山里，平时也可以上山砍柴烧。

百年拱桥

国彰何公祠被破坏得较严重，保存状况较差。

卢何情谊

罗洞村最早是罗姓、叶姓人居住，后邝、周、卢、何四姓陆续迁入，人口不断发展，罗、叶两姓即往外地迁徙，剩下四姓同居一村，而姓邝的住在流溪河的北面，姓周的住在村的东北角，卢何两姓则是同住一地。

罗洞村卢氏源自禺北神山中八村，何氏则源自禺北神山洲鹭村，两村只隔二三里地。据传，卢氏与何氏以兄弟相称，情谊颇深，一同于明永乐年间北上买地建村。自开村以来，卢何两姓同居一地，同饮一方水，同拜一座庙，六百多年来和睦相处，绝非易事。大到田界纷争、水源分配，小到邻里争拗、小孩打架等，村中大小事务，矛盾很多，两姓却能以诚相待，这种睦邻友好关系，真是难能可贵，也是一种缘分吧。

以前，凡是过年舞狮或元宵游灯，虽然狮队有各自的堂号，但是人员都是共用的。有时，何家出狮不够人手，就叫圣堂里或坑美里的卢姓人过来帮忙；有时，圣堂里或英华里卢姓又叫何家

春墙门楼遗址

庄舞狮队帮忙。民国期间,有一次贼人持枪入坑美里抢劫,何家庄兄弟听到消息,二话不说,扛着机枪过来增援,在村口截住贼仔,打得他们抬不了头,只得缴械。

何家庄后面就是芙蓉嶂的层层大山,因不是大姓,刚立庄时,由于防御未完善,存在很大的安全隐患,每逢遇到有强盗光顾,必定得到同村各姓村民帮忙。这里流传着这样一首童谣:"梆梆梆,铜锣响,贼佬打劫何家庄。卢何周邝共帮忙,赶走贼人保家乡。"体现了罗洞村民唇齿相依的梓里之情。

后来,族人在村庄南北两端各建门楼一座,村民进出必须经过门楼。庄前挖了一口与庄面等长的水塘,水塘外是一望无际的平畴。在庄头建了一座三层炮楼,设有楼厅和楼冷(巷),楼冷内放置一门螺笃炮,射程能覆盖村庄前面一大片空地,这种防御格局,使本庄安全有了保障。

据传,罗洞卢姓开村祖所葬的山坟为"蛤形",而何姓祖坟为"蛇形",为同一个地师点穴。蛤形,即蛤乸形(青蛙),蛤乸散子过千过万,而蛇一窝最多只有十条八条。当初卢何两姓同时迁居罗洞,现在卢姓人口近万人,何姓才一千多人。笔者每年都会去蛇形祖坟,祖坟所在土名为"七蛇坑",七个山头象征七条蛇,何家祖坟葬在最前的蛇头上。本来蛇与蛤乸是两种敌对的动物,蛇是以蛤乸为食的,是相克相冲的动物,但卢何两姓却能和平共处,睦邻友好,相安无事,或许这就是人类与动物的区别吧,但愿这种友好关系传承万代。

何氏名人

所谓"一方水土养一方人",何家庄的何氏学子以"庐江书院"为文化图腾,以"何家三凤"为榜样,世代遵循耕读传家的思想,出现不少文化名人。

何英炉(1904—1992),后改名何伟明,他出生在现在的何家庄十一经济社,何氏第二十世。他十多岁跟随父亲何广深从家乡到神山石龙圩经营中药材店和中医诊所,边配中药边跟随父亲学习中医理论、切脉看病。二十来岁与人合伙开诊所。1960年石龙人民公社筹建石龙卫生院后，当地政府以公私合营的方式兼并合伙诊所，所有财产与人员均纳入石龙卫生院，自此一直在当地卫生院以中医济世。经长年经验积累，他擅长中医内科、儿科、妇科等，尤为擅长诊治妇科不孕不育、月经失调等，成为全医院就诊病人最多的中医大夫，每天看病人数八九十人，近80岁才从广州市白云区神山镇卫生院退休。他一辈子行医济世，很多患者慕名到家中求医，何英炉到86岁仍然切脉诊断开药。每年回家乡祭祖时，家乡老少看病，他从不收诊金，深得家乡人尊敬。他育有两子一女，后代数人从医，何氏家族传承中医已到第五代。

何英让（1926—2019），后改名何清，出生在何家庄十一经济社，何氏第二十世。年幼时由大哥何英炉供养读书，17岁入东江纵队参加革命，参加过抗日战争，中华人民共和国成立后转业到佛山市政府工作，历任佛山市农业局局长、佛山市科协主席等，1990年离休。育有三女一子，晚年随子女移居美国。

何仲贤（1930—2018），何家庄何氏第二十一世，出生于罗洞村何家庄。在堂叔何英炉的影响下，考入汉兴高级中医职业学校，1949年毕业。1980年与家人赴美定居，是旧金山花县总会馆的文化名人，一生博览群书，记忆力惊人，背古文、诗词歌赋如流，名著典故脱口而出，有着"唐人街才子"的美誉。他天资聪颖，治业严谨，学识渊博，中医武术、诗词曲赋、小说散文、书法对联，样样皆精，堪称全才。他在旧金山文坛留下了许多深受人们赞赏的诗联作品，如为旧金山华埠万华药材行撰写的楹联："万药尽灵丹，救人千百万；华侨扬国粹，兴我大中华。"他长期为中美杂志撰稿，长篇小说《洪熙官回花县轶事》曾在《花都乡音》连载。在众多领域中最著者是中医，他在唐人街药材行坐诊行医几十年，自认是"半是营生半是慈善"，为中医国粹发扬光大做出了贡献，因此于2010—2011年被华人网授予杰出华人成就奖。

何德铭，何氏第二十一世，1962年8月出生于何家庄，广州盖达橡胶制品有限公司、连达橡胶制品有限公司董事长。现任狮岭镇商会会长、广州庐江文化促进会花都分会会长。热心公益事业，出资修建何家庄公园、篮球场、厕所等公共设施。尊老爱幼，扶贫济困，每年组织何氏宗亲会成员对全区何氏老弱病残者进行慰问，每年赞助村中老人聚餐，并给老人分派利是。出资组建何家庄青少年醒狮队，请师傅教习舞狮，增强了宗亲的凝聚力。

中轴线上新风景

——探寻罗仙村毓畦邓公祠渊源

◎邓静宜

来到花城街罗仙村,呈现的是一派如火如荼的建设场面。自从2014年这里被定为花都的中轴线CBD后,包括广州融创文化旅游城等一批重大项目落户于此,罗仙村仙贝村自然村毓畦邓公祠也随村迁移。2020年7月,新祠堂和村民小区一起落成。

临近新村,一座三间两进三楼的仿古牌坊矗立在村前,装饰华丽,飞檐翘角,很是气派。踏进牌坊,迎面是一口半月形水塘,水池中有一龙龟坐镇,把持着新村的风水口。之后是宽阔的地堂和一字排开的四座祠堂及十幢错落有致的高楼。

只见水塘的前面就是一个宽阔的大地堂,龙、邓、卢、陈四座祠堂从左到右一字排开,恢弘气派,规整肃然。新建的四座祠堂,既有高度协调的美感,又融进各姓氏的文化特质而各有特色。灰塑、壁画、砖雕、木雕和石雕等建筑装饰工艺,以神话传说、民间故事、吉祥图案等为题

罗仙村祠堂建筑群

材，融入了家国兴旺、太平盛世、风调雨顺、福禄寿喜等主题，体现村民对美好生活的强烈向往和热切追求，祠堂群也因此更显富丽堂皇、美轮美奂。

念二郎的后裔

邓姓发源于今河南省境内，光武中兴汉室，邓禹功勋卓著，相守云台。东汉建武十三年（37），邓氏家族成为东汉最显赫的家族。东晋十六国时，中原邓氏大举南迁，分布于江南许多省份，以江西、江苏居多，也有邓姓迁入今四川、广东等地。今天邓姓人最集中的地方在中原地区、长江流域及沿海一带。

仙贝村邓氏，是入粤邓姓始祖邓越南的第二子念二郎的后裔。先居南海井头村，十世祖迁往广州市白云区神山镇井岗村，十九世祖迁往花县仙贝村。相传，开基的是邓委圆与邓观俊父子俩，他们从井岗村牧鸭来到这里。当时，仙贝村已有陈、钟二姓，陈姓人较多，居南；钟姓人居北，父子俩就在他们之间搭间茅草屋住了下来。观俊生下两子，分别是毓荣与毓畦。毓畦这一脉人丁较旺，尤其是到了孙辈玄珍这一支，生子四人，分别是长子朝瀚、次子朝显、三子朝相、四子朝仰。他们后代大多留在仙贝村；毓荣这一支人不多，也有一部分留在村里。

20世纪80年代，仙贝村人往南海井岗村寻根。开始，他们只知道自己源于井岗村，却不知是哪房。经多方打听，了解到有一房人有太婆墓，却没有太公墓，而仙贝村有太公墓，却没有太婆墓。这件事引起了他们的关注，经仔细查找族谱世系，终于知道了原委。当年邓委圆携幼子观俊

易地重建的毓畦邓公祠

衬祠墙楣灰塑"富贵昌盛"

赶鸭到仙贝，而长房却与母亲留在了井岗村。

邓委圆葬在罗洞松园，墓在1958年"大跃进"时被毁掉，观俊祖葬在本邑石狮头岭，山形如猛虎下山，墓是20世纪90年代重修的。邓毓畦葬在旗岭容书塘，具体方位无法考究；邓圣德葬在正迳，山形如猛虎下山；邓玄珍葬在本村大松园，山形如渔翁撒网。

邓毓畦后人最多，邓玄珍后人最兴旺，因财力雄厚，邓玄珍之墓修得很有规模。后因与政府签订征地协议，邓玄珍和四房头（即玄珍的四个儿子）的墓迁往汾水，补偿款也是邓姓中最高的。

仙贝村邓氏的郡望是南阳郡，堂号"同庆堂"。据2014年所修仙贝村邓氏毓畦房谱，仙贝村邓氏的字派是："星炳廷庆，丽彰绍仕，宗德源流远，派传世泽长。"前八字派为祖宗所留下，后十字派为1995年重修山坟时，族中长老所续。

邓氏有家训，曰："治国之道，有法有戒，所以明典则昭惩创也，而治家亦无不然，先父型家最严，尝取朱子所亲书于学宫者，列为八则，八则之外又有六戒，予只承庭训著，为家规数条，俾后嗣有所率循，罔敢逾越。今谱已告成，故登之谱牒，凡我族人朝夕观览，或于心身有所补云。"这些家规家训，对邓氏族人的言行举止进行了规范。

仙贝的由来及邓族

罗仙村位于花城街的东北部，原是狮岭镇的边远乡村，2014年1月，划归花城街管辖，成为花都区经济发展重地。罗仙始建于600多年前的明代，卢氏率先至罗洞开村，何氏、周氏、邝氏陆续迁入，而邓氏、陈氏、龙氏原先并不属于罗洞村，后并入罗仙村，至今村总人口5000多人。经过数百年的发展，该村至今形成坑美里、烧猪林庄、华扬庄、周丁庄、聚龙庄、荆门庄等27个自然村落和一些大小新庄。而仙贝村，是邓氏的聚集地，该村有十三四个经济社，是罗仙村第二大自然村落。

仙贝村约于清初开庄。仙贝村始祖邓委圆，于清初携子邓观俊从井岗村分支而来。据2019年统计，村有1200余人，常住人口约900人，外出发展者超过300人。仙贝村的村名始于清末民初，该村原名山贝，因地势像龟背得名。相传清末民初时期，清远三角村陈氏祠堂入伙，仙贝村邓氏人前往祝贺。两村的狮队都竖起"山溪"旗帜，说明两个村的村名是一样的。于是长老们坐下来商议，将村名山贝改成仙贝，狮队名改成仙溪。仙贝村原是华扬庄所在地，邓姓与陈姓合居，后来邓姓人丁兴旺，陈姓全部迁走。

由仙贝分支的邓氏还有聚龙庄、荆门庄和一些小村。乾隆末年，邓玄伟来到聚龙庄开庄，至今已繁衍了十二代。聚龙庄因为交通便利，如今成了风水宝地，村里原有的土地，其价值在近20年间倍增。

祠堂壁画精美

荆门庄也是仙贝村邓氏的分支，位于罗仙南部，建庄约150年历史。据说是在清末，邓镇田因种熟烟赚了钱，兄弟五人到这里建房同居，于是繁衍出这座小村落。开庄之初，庄面建成六座大屋，以后村人就循着大屋建民居，形成五条巷里，使这条村的建筑显得特别整齐。这条庄的人，中华人民共和国成立前多前往越南谋生，有部分人留在越南，也有部分人后来返乡。

民国四年（1915），珠江流域发生特大洪水，史称乙卯年大水。广州府城北郊一带的雅瑶井岗村，因暴雨全村被水淹没。雅瑶的邓姓村人到花县向邓姓的村庄求助，这场洪水花县也深受其害，不少村庄自顾不暇，找了几条邓姓大村，都没有结果。再往北，到了仙贝村，仙贝村民听说了雅瑶邓姓族人的苦处，大发怜悯，倾力相助。他们煮好粥水，用木船划向雅瑶，帮助他们度过最艰难的岁月。两村因此结成患难之交，100年来，年年岁岁相互走动，至今雅瑶旧村的邓氏族人一见仙贝村人来访，仍如亲兄弟般热情款待。

祠堂风物和往事

罗仙邓氏后人建了两个祠堂，即毓荣邓公祠和毓畦邓公祠。毓荣邓公祠在民国年间就已拆掉，只剩下毓畦邓公祠。花都中轴线规划后，毓畦邓公祠也被拆除易地重建。毓荣邓公祠因消失年代久远，已无人记得当时的模样。而毓畦邓公祠是近些年才拆的，很多人记忆犹新，花都文史资料对这间祠堂都有记载，还有不少祠堂的图片。

这间祠堂建于清同治十一年（1872），从当年留下的照片和村民的口述中了解到祠堂的大致情况是，该祠堂坐东北朝西南，三间两进，占地面积223平方米。青砖墙、硬山顶、人字山墙、碌灰筒瓦，壁画保存较好。石门额上阴刻"毓畦邓公祠"，上款"同治十一年吉旦建立"，下款"徐锦溥拜书"。后堂前带两廊，六架卷棚顶。邓氏祠堂的壁画与村里其他祠堂积极入世的主题

毓畦邓公祠旧貌

不同，这些画无论是在室内还是在室外，表现的都是道教的出世与逍遥。

村里原来有一座洪圣古庙，该庙有400多平方米，在20世纪50年代该庙被分给六户居民居住，后被住户拆除改建新屋。庄里原来还有三处更楼，两处为宗祠所建。罗仙村原来还有个罗溪古庙，庙门有一副对联，是清末榜眼朱汝珍所撰。该庙在"大跃进"期间被拆毁，对联不知所踪，门额上的石匾被当成石板桥，被人踩踏，现在已见不到上面的题字。原来的罗溪古庙供奉有洪圣公、北帝、五谷神、关帝、观音等神，每年正月的接神活动进行好几天，家家户户都参与，巡游队伍中有八音古乐、舞狮、游灯等，是乡村一大盛事，老一辈的人都参与过接神活动。仙贝村从前也有庙，供奉四尊神像，其中以洪圣公最大，樟木雕成，中华人民共和国成立后因破除迷信，均被烧掉。

仙贝村民风淳朴，邓氏族人在周边的口碑都很不错。相传在清代，有一媒人为三华村的徐某说了一门亲事，姑娘是仙贝村的。三华村是大姓大村，而仙贝村是小姓小村，徐某没有来过仙贝，但听说过邓汝熙是村里的秀才，当地有名的乡绅，徐某便对这条村心生好感。到相亲那一天，媒人带着徐某去仙贝，徐某平日懂得点风水，喜欢研究地理，当他来到大松园山地时，见山形奇特，风水甚佳，一问才知道，这里是仙贝村开基祖邓委圆第五代孙玄珍的墓地。于是他就对媒人说不用看了，打道回府吧。媒人奇怪地问，这个亲不相了？徐某说不用看了，看这个墓就知道对方是户好人家，这门亲事就这样定下来。在仙贝村的邓氏，玄珍祖的后裔丁财两旺，人人都认为玄珍祖墓风水最好。

抗日期间邓氏族人难逃日军炮火的涂炭。荆门庄的邓志金，从小丧母。1940年，他两岁时，日军开进村庄，他的父亲与村人一起出逃，路上遇到日军的狂轰滥炸被炸死，伯父收养了邓志金。当时国军曾在村南这一带树林里驻扎，离日军在马鞍山的营地很近，日军探知情况后向荆门庄大量投炸弹，有颗炸弹就落在邓志金伯父的家里。伯父及其两个女儿与一个同族兄弟四人当场被炸死，邓志金又成为孤儿。后来，村人在日军敌机轰炸过的地方，帮他重建了一间泥砖屋。荆门庄的人，许多去了越南谋生，邓志金是那一房的独苗，被族人劝留。

族人的荣光和明天

罗仙是花都著名的侨乡，自清代以来，赴海外谋生居住者占了三分之一以上。中华人民共和国成立前，不少青壮年都有海外打工的经历。侨民遍布英国、美国、新加坡、越南、马来西亚等地。他们关心桑梓，捐资助学，修桥补路，为家乡做贡献。罗仙自古以来，人才辈出。民国年间至"文革"前，村里出了大学生20人。"文革"后，据各类档案资料记载，有博士4名、硕士3名，可见文风之盛，邓姓族人在其中独领风骚。

邓悦照，1925年生，清末民初，他的祖父与父亲到越南谋生，后来辗转去了泛国。1939年，14岁的邓悦照来到延安。他原先打算去延安看看，然后就去美国读大学，结果延安动员他留下了。在延安抗大学习一年后，前往中央军委工作。他南征北战，参加过抗日战争、解放战争，立下赫赫战功，1973年调广州军区，任广东省梅县军分区副司令员。1951年，邓悦照带着三名警卫来到花县寻根，此时他已经不懂家乡话，只朦胧记得父亲说家乡在花县的仙贝。别人看他姓邓，以为是三东村的邓氏族人，要他到三东村附近的三辋村寻找，后来才知道是仙贝村人。邓小良，邓悦照之子，1979年入伍，就读于空军通讯学院，毕业后任空军航空兵无线电工程师，1995年转业到广东轻工业进出口公司工作，后任广东某科技有限公司副总经理。

邓伯苏，黄埔军校毕业，民国时期，曾任花县第三区区长，兼县参议。邓根铭，原花县监察局局长兼县委纪委副书记。邓湛烟，1935年生，罗仙村原党支部书记，他精明强干，德高望重，任村干部30多年，见证了罗仙的风风雨雨。此外还有邓国衡、邓玉料、邓国根、邓钊佐、邓湛源、邓玉信、邓福潮等一批各领域的人才。

过去，仙贝村的经济发展缓慢，20世纪60年代村里的主要经济作物是黄姜，到了收获季节，村民们将产品运到北方卖，或者在新华市场销售。20世纪70年代，村里男的大部分外出打工，大多数做泥水工或进附近企业打工。

到了21世纪，罗仙村迎来了一个前所未有的发展机遇。按照广州2020城市总体规划发展战略，花都区将打造广州唯一一个区级中央商务区。划定的范围北起芙蓉嶂水库，南至花都湖。随着花都中轴线项目启动，罗仙村迎来了一个新的发展时代。一座新的现代化城市将在这片土地上拔地而起，给这个古老村庄注入了前所未有的生机和活力，罗仙村仙贝村自然村的邓氏族人命运与这个时代息息相关，一座崭新的毓畔邓公祠屹立在花都的风景线上。

先祖择地惠子孙

——写在石岗村曰义谭公祠重建之际

◎ 邓静宜

500多年前,牧鸭为生的谭秀广来到一个被称为"凤凰村"的村子,他见这里水草丰美,鸭群欢快觅食,不由得受到了启发,产生了筑巢而居的念头。他只身一人,与鸭为伴,后来在这里娶妻生子,成家立业,成了该村谭氏的始祖。先祖谭秀广怎么也没有想到,当年他选择的这个地

曰义谭公祠旧貌

方,在500多年后成了花都区中轴线,成为一个城市最繁华的地方,他的直系后代已近千人,子孙聚集地已扩展成上谭下谭,谭氏后人从内心感激祖先慧眼。

先祖牧鸭而来

石岗村东与三东村相望,南与公益村相连,西与杨一、东边两村以山为界,北与长岗、罗仙两村接壤。

凤凰村如何变成石岗头村,再又演变成石岗村的呢?传说村之西北绵延十数里的山岗密林,树木高大茂盛,百鸟飞翔,群鹤长聚。可到了明朝后期,朝廷腐败,烽烟四起,盗贼横行,"花山寨"的盗匪在村的西面设有据点,严重扰民,成村民大患。

某日"花山寨"匪首龚紫金、张斌友、杨太公等去杨屋村抢劫遭遇官兵射杀身亡,他们均葬于石岗村桥眼岭一大石旁,后来,相传他们已变成石狮。不久,朝廷批准此地区添设县治,为让此地不再生事,官府将凤凰村易名为石岗头村,意为用大石头压住凤凰,让其不能再飞。

石岗村还有一个传说。说石岗村西面过去是个烂泥潭,有个地方叫桥眼岭,这里有一个山寨据点,寨主陈学进常带领恶人横行霸道,打家劫舍,将抢来的金银珠宝用十口大棺材外加九个大木桶装满后,埋藏于地下,到现在还没有人挖掘出来。

据说在桥眼岭,真的有只石狮子,以前很多人都去看过。石岗市场西行大约百米,有一棵榕树,树下有个神位叫"草旦爷",据说他生前是陈学进的军师,既能用兵点将,又能行医济世,村民有奇难杂症都到这里解决,希望草旦爷能够把病治好,保佑家中的猪牛快快长大。

谭姓入粤始祖谭宏帙,原居江西虔州虔化县(今江西赣州宁都)西俊村。唐末宋初年间,避乱于南雄珠玑里沙水村,后回虔州。其孙谭伯仓御赐为资政大夫吏部侍郎,升刑部尚书。之后迁居广东,奉其祖父谭宏帙为广东仁化谭氏始祖。谭姓后裔于广州仓边路建有宏帙谭公祠,作为四乡房族士子赴考求学居停场所。

传至九世祖谭云兴,生两子,长子秀华,次子秀广。长子居番禺郭塘下谭社(今广州市白云区江高镇石龙村),秀广迁花县石岗村。石岗村谭姓与雅瑶、军田、文冈、仙阁等地的谭姓同祖,与藏书院、大珠等村的谭氏同宗,与五星、藏书院等谭氏有共同的太公。谭秀广之后的十一世、十二世、十三世、十四世单传,直到十五世才有曰仁、曰义两兄弟,可谓四代单传,五代分支,至今石岗村谭氏已有二十二代。曰仁、曰义兄弟的后裔有近千人。

石岗村谭姓先祖原在村中心与曾氏先祖一同居住,明末清初,曾氏人口增长很快,谭氏迁出,后分别在石岗村的东北处,按北上南下的习惯分上谭下谭而居。哥哥谭曰仁一支住下谭,弟弟曰义一支住上谭。

谭氏族谱有派别诗和大号诗,派别诗是:"英武振志佐华丁,秉福成康庆新兴。君容景泰殿辉永,照耀文忠思尚胜。"大号诗是:"效德斯舒维礼义,敬仁方富达进仕。家和常悦佳恩怡,炳光应学允钧余。"村风俗是重阳拜祭大太公，清明拜小太公，拜完分猪肉。二十世纪六七十年代村民还流行烧砖瓦做鞋等工艺。

历史的见证者

下谭原有曰仁家塾，上谭原有曰义谭公祠，还有更楼和廷仲书舍，如今仅剩上谭社更楼、廷仲书舍和下谭的曰仁家塾和更楼。

曰仁家塾建在下谭。上谭廷仲书舍，三间两进，建于清同治十年（1871），是花都区登记保护文物单位。曰义谭公祠建于民国壬申年（1932），面积500多平方米，在20世纪70年代，祠堂成为村办企业针织厂厂房，1978年祠堂因遭雷击而起火，烧毁厂房270平方米，经济损失20多万元。祠堂被烧毁，在21世纪初重建。由于祠堂位于花都区中轴线上，曰义谭公祠与曾氏祠堂共六间祠堂一起拆除。从现存的资料上看，该祠堂为三间两进，有衬祠、硬山顶、博古脊、虾公梁石狮，曰义谭公祠在过去都是村民祭祖、举办嫁娶仪式的场所。在近一个世纪的岁月里，曰义谭公祠见证了无数消失在村民记忆深处的点滴故事。

历史见证者还有上谭社的更楼，更楼建于清光绪二十一年（1895），有100多年的历史，为当时保卫村民安全的据点。该建筑坐南朝北，楼高五层，建筑占地32平方米，首层为三合土夯土墙，墙基高4.6米，厚实牢固，第二至第五层为青砖墙底，各面外墙开有嵌石小窗，两侧设有扁窄细小的射击枪孔。该楼外墙保存完好，为区级登记保护文物单位。

厚实的外墙使更楼具备更好的防御性。在抗日战争年代，日军、土匪袭扰村庄、烧杀抢掠的恶行时有发生，村民曾在更楼上进行抵抗。旧社会私枪泛滥，更楼成为最好的防御碉堡。村民带着武器、食物等物资据守更楼，成功击退进犯的敌人。中华人民共和国成立后，有段时间农

上谭社更楼

村住房紧张,很多未成家的大龄男青年只好睡在更楼里,后来住房紧张的问题得到缓解,更楼便慢慢荒废了。下谭的更楼原来有七层,在20世纪拆除部分,用于修水利,现只存四层。村里原来还有洪圣古庙,兴修水利时被拆除。

廷仲书舍

民国时期,上谭社有不少村民种植罂粟,村里有多间鸦片烟馆,直到中华人民共和国成立后才被清除。抗战时期日军进入上谭社,强抢村民粮食,杀害村民。村民谭启江、谭启针被日本人抓去找粮,当时田里什么农作物也没有,哪有粮食?结果他们被日军杀害。

2013年6月,花都区正式启动中轴线项目拆迁,石岗村谭氏实施整体搬迁。按照中轴线规划,石岗村需要征迁四座宗祠和一座书舍,曰义谭公祠就在其中,该祠堂重修后也不过十年的时间。祠堂拆迁之前,村民集体去了珠玑巷祭拜祖先,参观了正在建设中的谭氏大宗祠。拆祠堂是村民最不愿意做的事,但为了顾全大局,谭氏族人积极响应区委区政府的号召,全力配合拆迁行动。

氏族精英点滴

石岗村谭氏尽管没有出过大红大紫的人物,但一些为国为民默默奉献的族人也闻名乡里。

谭超凡是民国时期花县首届县参议员,1941年任花县长岗乡乡长。

谭冠雄曾任花县副县长,后下海经商,20世纪90年代为村面改造、村道路水泥硬底化捐30万元,后又为重修荣华楼捐资60万元。

谭氏宗亲中,谭世焱一家更是出类拔萃。谭世焱毕业于中山大学机械制造专业,曾在北京第一机械工业部任高级工程师,后任广州重型机器厂总设计师。他1962年参与研制出当时中国核工业急需的高精尖离心机,受到国家有关部门的嘉奖,享受国家津贴。其妻汤宝珍,毕业于广州女子师范学校,曾任广州净慧路小学、广中路小学校长,广州市越秀区政协委员。长子谭汉江,曾任广东省公安厅三级警监处长。次子谭汉经,曾任天河区副区长、人大常委会副主任。三子谭汉声,曾任广州天航卫星通信公司副总经理、高级工程师。女儿谭汉莹,曾任广州市经济贸易委员会副主任。

新祠堂正在建设中，上为效果图

族人中还有老中医谭国文，现已90多岁，行医70年，擅长治疗结石症。他的行医理念是，静止不动，逢凶化吉。对于胆结石、肾结石等给人带来莫大痛苦的疾病，他的治疗方法很特别，石头是顽症，很难打下来，他就想办法将石头固定在肾或胆囊里，不一定要排出来或是化解它。他说不动就不痛，一动就会有变化。

改革开放后，花都的经济建设突飞猛进，逐渐进入城市中心的附城村更是福利高涨，石岗村男女老少每年平均分红7000元，60岁以上老人分红还增加30%；逢年过节有慰问金和慰问品，每个村民都有合作医疗。村民家家都分到了新房，日子如芝麻开花节节高。如今的谭氏村民，他们自信又自豪，由衷感谢政府的领导，同时也感念祖先的荫庇。

新雅街

北优板块的邓族

——探访旧村邓氏诸祠堂

◎邓静宜

在花都的"四街六镇"中,新雅街是比较特殊的。新雅街的前身雅瑶镇,属于广州市白云区,经过区划调整并入花都。后又将新华街的一部分和雅瑶镇整合,成为现在的新雅街。新雅街西部与白云区江高镇相连,地理位置得天独厚,改革开放以来经济发展迅速,成为花都的南大门和桥头堡。花都的邓姓人群主要分布在新雅、花城和新华三地,而新雅街是花都邓姓来得最早,也是人数最多的聚集地。

伯球邓公祠

邓氏始祖由来

据《广东南雄珠玑巷南迁源流》记载，珠玑巷的邓氏于北宋仁宗时，从江西吉州府太和县迁来。由于中原地区长期战乱和接连不断的天灾人祸，珠玑巷的中原先民们继续向南迁徙。当时珠江三角洲地区平原肥沃，地广人稀，阳光雨水充沛，成为南迁人们的理想家园。据史料记载，宋至元初200多年的时间里，珠玑巷153个姓氏的居民陆续南迁，先后达130多次，其中规模最大的一次集体迁移人数超过1000人。

据村里的老人回忆，作为新雅街邓姓始发地的旧村，邓氏来岭南的线路就是从江西到广东南雄，再到南海，最后定居在广州白云区雅瑶镇（今新雅街），从始祖到现在已有二十二代。他们从南雄府保昌县珠玑巷继续南下的原因还有一个很流行的传说，即宋朝咸淳九年（1273），皇宫妃子落难，珠玑巷百姓遭殃，邓越南携妻带子与数百族人向南方而来，沿途各家各户各寻生路散落于四方。

关于邓氏入粤始祖邓越南，《珠玑巷邓氏·越南邓公传》有载："越南公，好读书，喜施济，忠厚守礼，言能逮行，珠玑里人奉为表率。"入粤时，邓越南年纪30岁，有正室汪氏、庶室陈氏，在珠玑巷向南迁徙的路上，邓越南与汪、陈两安人及儿子念一郎乘船而下。有一天，他们的船停泊在连州水口，这晚邓越南梦见一位神人，此人身穿紫衣，手执金扇。他对邓越南说："我是南海的神仙，你到了我这里会发达的。"邓越南醒来后只当是一个梦，并没太在意。第二天，他们来到一个地方，邓越南问这是哪里，当地人告诉他："这里是南海的金紫堡大埚村。"邓越南猛然醒悟，昨晚之梦原来是先兆，于是，一家人在此就地安身立命。

邓越南与两位夫人一共生了十五个儿子，后来又收养了一个儿子，号称一斤（老秤一斤为十六两），儿子俱以"念"字为派。这十六个儿子长大成人后开枝散叶，他们或原居本土，或分支别处。其中第六子念六郎一支，其第四代云腾、云轩之后分支到番禺的慕德里司横潭根竹岗（今新雅街旧村）。云腾又生四子，分别是长子伯球、次子伯举、三子伯凤、四子伯仁。云轩的长子宗贤，他的后人除了在雅瑶（新雅街），还分支横潭街等地。

据《民国三十五年岁次丙戌春上浣雅瑶村族族序》得知，在明朝的洪武年间（1368—1398），邓氏祖先以烧瓦为业，迁至横潭筋（根）竹岗，即现在的新雅街旧村。旧村是新雅街（雅瑶）最早的一个聚居地，乡村建制历史悠久，起源于南宋淳安年间，由南雄珠玑巷逃难而来的难民聚居而成。相传当时最早有苏、谭两姓，后来成了邓、李、谭、张、苏、叶、梁七姓氏的聚居地。也有说最早是马姓人曾来此开瓦窑立村，张姓、邓姓等人来烧瓦并安家，后来马姓人迁至花山一带。雅瑶的"雅"字原来是瓦片的"瓦"（粤语"雅"与"瓦"同音），后来可能觉得"瓦"名太土，于是，将"瓦"改为"雅"。650多年过去，邓姓至今已是开枝散叶，子孙浩繁，成为全花都诸姓人数之冠。后来，筋（根）竹岗更名旧村，邓姓后人又分支到新村、三向村居住谋生。据2019年统计，新雅街邓姓有7000多人，其中，旧村1500多人，新村4000多人，三向村1100多人。

邓姓祠堂盘点

旧村是当地邓姓的始发地，位于新雅街的西南边，是花都中心城区的南大门。该村原隶属于白云区神山镇，1983年成立行政村，2002年划归花都区管辖。村交通便捷，临广清高速（107国道）、广花一级公路、武广铁路、武广客运快线、新机场高速公路、新白云机场、广州火车站、花都港等不同类型的交通设施。往广州白云国际机场只需十分钟，交通条件得天独厚。

村里现有邓、李、谭、张、苏、叶、梁七姓，邓姓人数最多，祠堂也最有代表性。沿着村里的仲华一条街漫步，这里绿树成荫，古意盎然，每走三五步就能见到一个祠堂或者书室。沿途路过的有茂升叶公祠、宇洪梁公祠、谭氏家塾、李氏宗祠等，但这些祠堂和书室除了李氏宗祠因为是近年重建，比较有气势外，其他规模都不大，这些跟村里众多的邓姓祠堂相比不可同日而语。邓姓祠堂多，保存得也比较完好，大部分是"原汁原味"。

我们来到位于旧村仲华路48～50号之间的邓氏大宗祠遗址。说是遗址，是因为这个最大最古老的祠堂主体已经拆除，仅剩下门额以及后面的三处残存建筑。该大宗祠是仲华中学旧址，"文革"前做过仓库，在公社化时被拆，至今没有重建。邓氏大宗祠的堂号"泰恒堂"，是纪念新雅街邓氏祖先而建。

邓氏开基祖（云腾）到这里23年后，建起这座邓氏大宗祠。这座祠堂从始建到被拆起码修过三次。这个大宗祠原来非常气派，三间三进两天井。如今祠堂虽然拆了，但"邓氏大宗祠"门匾还保持完好，村里特意将这个门匾竖在原址，周边用水泥固定，以备将来大宗祠重新修建时用。"邓氏大宗祠"几个楷书大字遒劲有力，上面有"光绪辛卯年（1891）吉旦重修，裔孙尧章敬书"的字样，这应该是最后一次修葺的时间。这个祠堂是旧村、三向村、新村三个村的邓姓族人共有的，为了纪念他们共有的祖先，邓姓宗亲都有在原址上重修的想法。

除了邓氏大宗祠这个遗迹外，村里还有多个完好的邓氏祠堂归各经济社管理。伯球、伯举、伯凤、伯仁四兄弟原先都有祠堂，现在只看到伯球邓公祠、伯举邓公祠两座。这两座祠堂在仲华路的最尾端，并排而立，都是两进。伯球邓公祠位于仲华西路4号，于民国二十八年（1939）季秋重建。该祠堂曾破烂不堪，在1964年还发生了一场大火，后堂被火烧掉。2009年9月，村里筹集资金40万元进行重修。重修后祠堂面积403.25平方米，有衬祠、农家书屋和广场，该祠堂设计精美，用料考究，一眼望去豪华气派。过去，该祠堂前面的操场地势低洼，进祠堂要上七级台

保存下来的邓氏大宗祠门额

伯举邓公祠

阶。后来重修时，将门前的地面抬高，现在只剩下三级台阶。伯举邓公祠经过修葺，面貌也焕然一新。伯举邓公祠位于仲华西路2号，于清道光七年（1827）重建，在2011年至2014年筹集资金48万元，进行重新修建，祠堂面积254.39平方米。

元明邓公祠，三间两进，位于仲华路130号，分别于咸丰九年（1859）和光绪九年（1883）两次重修。在2002年，村里筹集资金6.5万元，进行第三次维修。祠堂面积225.05平方米。该祠堂有仪门，梁上有精美的木雕，石柱、灰塑、天井四周的石料都是原来的，只有地砖是后来铺的。祠堂在"土改"时分给了村里十多户村民，后来重新修葺时动员这些村民捐献出来，现为村民活动室。采访时看到，祠堂里面很热闹，大部分是老人，他们有的看报，有的打牌，有的聊天。祠堂的后堂没有神主牌位，这个位置还留下20世纪"文革"的印记。该祠堂最后修缮的时间是2011年至2014年。

宗贤邓公祠，位于仲华路86号，于道光二十九年（1849）第一次重建，在2012年6月，村筹集资金46万元再重修，祠堂面积324.08

元明邓公祠，祠堂成了老人娱乐聊天的好地方

宗贤邓公祠

平方米。祠堂原有小镬耳，被龙卷风吹掉，现为硬山顶。旁边有元芳书室，门额和梁架的各种木雕金光闪闪，十分精美。该祠堂"土改"时期分给私人遭到破坏，很多雕塑、绘画被人为损毁，梁架上各种人物的脸在"文革"时均被人削去，只留下身子。重修时，各种雕像重新上色。有意思的是，现在所看到的各种鎏金人物，虽然没有脸部细节，但透过残存的躯体，依然可以看到雕像中一个个栩栩如生的形象。该祠堂现在是村里的老年人活动中心，属第二经济社。

邓氏元芳书室旧址位于仲华路88号，始建于道光己亥（1839）孟夏，由于"土改"时将该书室分给无屋住的社员居住，现已拆了一半，暂没有收回土地。

《田亩歌》与消失的"龙舟"

中华人民共和国成立前，农民生活困难，邻村之间因农田问题，经常产生矛盾，还有一些恶吏借机跨界收租。后来出了一首《雅瑶田亩歌》，这种情况好了很多，村民根据《田亩歌》明晰了地界，也防止了跨界收租。《田亩歌》就是将雅瑶每一个土名串连起来，并配好曲调，这首歌出来后在雅瑶邓姓村民集聚的村子中竞相传唱。据说《田亩歌》是村里一位姓李的读书人所写的。

这首歌谣的来历在老一辈新雅人中口口相传，到后来变成了一个传奇的故事。

村人说，在清朝道光年间，有一个姓王的恶吏到雅瑶收租。本来他并不管辖雅瑶，但是他趁村民们对当时的划界不是很清楚，便浑水摸鱼，跑到雅瑶这边来敲"竹杠"。如果村民不给，便吩咐手下的奴才暴打村民，于是，激起了民愤。村民们告状告不赢，因为他的妹夫在省城做大官，有什么事都可以"罩"住。于是，村里的几个青年小伙就到祠堂里秘密开了个会，决定教训一下这个恶吏。

这一天,恶吏又带着几个恶棍过来收租。村民们备好酒菜好生款待,先灌醉了那几个奴才,可他却没喝醉,而且还仗着酒胆,一个人到村里溜达。这时刚好一位妙龄少女路过,王恶吏心存不轨上去非礼,几个跟踪多时的村民一窝蜂上去将他摁倒,不一会儿王恶吏就被闷死了。几个村民干脆一不做二不休,在他的口腔里塞满了沙子,脸上涂上黄泥,抛进了水塘里。

几个奴才醒来,寻主子不见,便到处找,终于在水塘里发现了尸体。官府派人来查,村里人都说不知道,说可能是酒后溺水而亡,村民们还编了个顺口溜:"口有沙,鼻有泥,一定被鬼迷。"县太爷虽然心生怀疑,但无真凭实据,也不敢抓人,此事后来不了了之。后来村民们把这个水塘起名"水鬼氹",还统一口径说他是喝醉酒后被水鬼拉走了。

《雅瑶田亩歌》目前流传下来的有两个版本,一个是三向村的手抄版,也是现存最久远的版本,还有一个是《雅瑶镇志》忆录版(文后附录)。

这首歌谣经过代代传唱,距今已有170多年。随着岁月的流逝,歌谣中的一些旧地名已经消失不复存在。村里一些上了岁数的老人回忆,旧社会村里做法事,请来的道士和尚都要先唱这个歌谣。如今,三向村一些岁数大的村民仍然会唱。

旧村的民俗中,最有特色的是"端午赛龙舟"。五月端阳,龙舟竞渡。当时有歌谣"初一龙船起,初二龙船忌,初三初四扒白地"。在端午节之前把藏在泥塘水下的龙船捞出水面,端午节这天赛龙舟。在旧村的宗贤邓公祠里,至今仍保存着当年赛龙舟的鼓。鼓身是用一整棵树干挖出来的,鼓面用的是牛皮,鼓很重,震音很大。随着时光的流逝,这个赛龙舟的习俗在20世纪中叶慢慢走向了消亡。

当年的龙舟到哪去了呢?据村里人说,龙舟埋在河塘里,埋龙舟的范围在五亩地左右的水下。为什么要把龙舟埋在水下呢?因为以前龙舟大多为松木所制,而松木具有伸缩性和透气性强的特点,如果长期在空气中暴露,水分蒸发,龙舟就会变形。所以每年比赛完之后,龙舟就要沉入水下进行保养,而松木浸在水里会越来越结实,这叫"龙归故里"。到了第二年,村民们再把龙舟从河塘里捞起,这叫"龙出水"。龙舟起出来后,要用草擦干净,再把它晾干,在比赛前几天,刷一次桐油,这样龙舟就会更加"壮实"。

当初埋了两艘龙舟的地方,现在已经建起了一家声电工厂,龙舟被永久地埋在了地下。21世纪初,雅瑶街村大搞招商引资,引进了一家名为"浪庭"的声电

端午赛龙舟

有限公司。工厂于2005年填土建设，平河塘的时候，厂家并不知道地下有两艘龙舟。后来，当该厂负责人得知他们厂址下竟然埋了两艘龙舟的时候，不由得喜出望外，觉得"龙舟"与"浪庭"真是相得益彰，地下有此祥物，一定能帮助企业创造辉煌。工厂建起来后效益果然不错，他常常想起脚底下的两艘龙舟。因此，为村里做公益事业特别积极。

古风与时代并行

旧村一带，四面环水，地势低洼。中华人民共和国成立前，人少地多，只要下一场小雨就会淹村，有水乡之称。这里早期以"烧瓦为主"，后来开荒种田，以种植水稻为主。但当时的耕作主要是以人工车水灌溉，常年受水灾旱灾影响，庄稼经常失收，村民温饱非常困难。中华人民共和国成立后，"土改"分田到户，20世纪60年代靠肩挑手抬改造堤围，才从单造田改为双造田，说起新雅街邓氏族人的奋斗史，也是中国大地广大农村的发展史，他们走过了一条非常艰辛的路。

20世纪70年代这里开始种蔬菜，成立了雅瑶市场，直属广州市。80年代种的农作物一部分是蔬菜、水稻，还有一部分是甘蔗。最有名的出产是茨菇、马蹄和韭菜。后来搞加工副业，从贵州、湖南等外省贩运辣椒，在本地分拣、包装、外运。20世纪70年代末至80年代初，村里外出做水泥搞建筑的人多，他们在广州各工地打工，可能是经常不穿上衣或衣冠不整，被人称为"卜老"。到了20世纪80年代中期后，雅瑶因与广州城区接壤，发展机遇陡然增多，来投资办厂的企业络绎不绝。2002年归属花都区管辖后，大力兴建商铺厂房，出租土地，由原来不到十家工厂发展到现在五十多家民营企业，学校两所，第三产业、房地产业蓬勃发展，商铺、工厂林立。他们根据本村的地理优势，利用村里的闲置土地统一引进声电配件、服装、餐饮等企业，其中最大的工厂有上市公司国光电器厂，还有雅图、英格等规模较大的民营企业。除了企业，还有阳光中英文学校、棱格风学校、广东省技术学院等一批学校落户。改革开放这些年来，仅旧村就被征地三千多亩。经过多年的发展，已形成较大的规模效应，村的集体经济主要是以出租厂房、土地为主，有的搞商铺出租。村内建有图书档案室、老年人活动中心、户外文体广场及生态小公园等。

邓氏家族秉承祖训，重视文化和教育，20世纪20年代末，创办了一所新式学堂——致和堂小学，后来又创办了仲华中学（20世纪50年代停办）。邓氏子弟中有不少人在大城市的重要岗位工作，有考上重点大学的子弟，村里奖励他们上万元。村民的文化体育活动十分活跃，曾有过歌剧团、秧歌队等文艺社团；体育活动频繁，多次获得体育竞赛冠亚军。近几年成立龙形武术馆、兄弟醒狮队、广场健身舞队，曾多次出外参加比赛获奖。

"聚龙市"（雅瑶圩）曾驰名上下三村及广州市。过去每年五月节都举行扒龙船、赛龙舟、投灯游灯等传统民间民俗，到20世纪60年代，经过历次运动和变革，这些古老的民俗都没有了。现在跟祠堂有点关系的就只剩下婚俗和年俗，在新雅街，每对新人结婚的当天，新娘一定要来丈夫家的祠堂拜祭，算是认祖归宗。每年过节，在外地工作、学习的邓氏族人也要回祠堂拜祖宗。

附：《雅瑶田亩歌》

雅瑶村土名田亩歌（来自雅瑶镇旧村沿革）
（原作：李胜，回忆录：邓广格）

柠檬交碑两边塘，雅瑶旧名根竹岗。没底潭口鱼变化，竹园秀茂凤求凰。
畔塘硖石白泥塘，长历塘头老虎岗。小朗大坑牛饮水，东龙大圳远蒙蒙。
官路火烧是享隆，不同门口白坭涌。崩潭水浸瓦窑下，承角交官出独松。
泥塘转入箐箕冗，土地南流出大龙。石湖桥下咬虾隆，尚武婆坛土地公。
蒜地沙龙石交屈，边岗烟岭尾重重。老鼠尾藏老鼠隆，鱼经曲颈尾相通。
黄牛历对羊眉屈，白云下对狗眠形。更鼓先前石有声，龙交碑古南流水。
九屈大坑何处寻，余股苏耕狮子淋。企坎细塘近水边，黄坭井挖墨深深。
龙船签过社公较，风水箕共闸口关。鱼鸠哺鱼栏海尾，牧童牧读马婆山。
狗头狗掩及风堆，小朗门口新竹堆。门口窑墩元大坦，石岩横路吊鱼台。
古草塘边大石桥，东边布里演齐腰。水草水流水不消，老鸦嘴叫大头扶。
长尾姑娘姑不姑，塘底底里水涓涓。卖茶铺没有茶园，老麦山田好种烟。
鱼悲打蛇又恶头，噏姆步头真讲究。大窝岭下小镰勾，街口朗海船头捞。
四吟劣隆白鹤洲，南便坦下挖茨菰。蟹口坑头近潭头，龟头鹤嘴各传名。

临水而居枝繁茂

——记清㘵村清潭孔生陈公祠建筑群

◎邓静宜

在花都,能以群著称的建筑是不多的,除了新华三华村资政大夫建筑群、炭步塱头古建筑群、赤坭缠岗古建筑群等一批古村落外,新雅街清㘵村清潭自然村的陈氏祠堂建筑群也榜上有名。清㘵村有居民9380人,陈姓就达4000多人,分布在15个生产队,其中清潭村就是花都陈姓人口较多的聚集地。

陈氏宗祠炳文堂

临水而居

说到陈氏，人们首先就会想到中国历史上一个最神奇的家族"义门陈氏"。这个家族由唐至宋，历经十五代，在332年的时间里，聚族而居，同炊共食，繁衍子孙3900多人，一直坚持和谐共处不分家，乃至家中喂养的百只狗也是同槽而食，共眠一处。这个家族源于江西省德安县车桥镇义门陈村。宋太宗御封陈氏家族为"天下第一家"，并题写了一副对联："一犬未至百犬不食，牢中异类皆效义；一吠突起百吠齐怒，寨内同声共护门。"传说分家时，他们把祖堂的一口大锅吊到义门祠堂的大梁上，让它自由落下，结果摔成291片，用锅片来抓阄决定去向。最终陈氏分为291支，分布于全国各地，但他们不忘本，在门上都挂有"义门陈氏"或"江州义门"的匾额，所以有"天下陈氏出义门"的说法。

清潭村的陈氏是否出自义门不得而知，但我们在陈氏宗祠的焕文堂，看到了一个由中华义门陈联谊总会、江西省义门陈文史研究专业委员会颁发的"义门世家"的牌匾，上面写着"江州义门陈氏奉旨分庄950周年纪念"。陈永章老人告诉我们，这次义门世家奉旨分庄950周年纪念大会，他们也收到了邀请，派人出席。

根据村中老人介绍，清潭陈氏的迁徙路线是从河南到江西，再从江西柳溪村到广东南雄珠玑巷。珠玑巷发生"妃子事件"后，为避朝廷的追捕，陈氏从南雄珠玑巷迁到广州白云区的江村小塘村。据花都档案部门资料，清潭村始建于明成化十七年（1481），因这里有一个大水潭而得名。清潭村距新雅街道办事处不足四公里，在明代属番禺县慕德里司。据1989年出版的《新华镇志》记载，明成化十七年（1481），清潭居民从番禺南浦（今白云区江高镇石龙村南埔）迁入，而村中老人口述，陈氏从广东南雄珠玑巷迁至番禺小塘（今广州市白云区江高镇小塘村），据说，最早在清潭居住的人家姓伍，1630年，江高镇江村小塘陈氏的第四房贵明，第五房贵英族人先后从番禺小塘迁至清潭，而姚姓是从石塘村迁至当地的。

陈氏祖先是做收买佬（收旧废品）起家的，当地流传有伍氏收留陈氏在清潭落脚的掌故。陈氏太公当时从小塘来清潭做收买生意，有一天遇上大风雨，伍氏好心挽留陈氏留宿。也许是双方都觉得很有缘，两人相谈甚欢。当天夜里，伍氏推心置腹地对陈氏说，清潭这地方地多人少，你不如就在此立庄。如果你有心留下来，我可以借工具给你开荒。

炳文堂人气很旺

这样你就不用在小塘、清潭两边走了。陈氏一听觉得有道理，便听从了伍氏的建议，用借来的工具在此开荒种地，就此落脚。陈氏后来兴旺繁衍，人口越来越多，伍氏反而人丁凋零，但陈氏恪守祖训，从不欺负伍姓人家。

清潭古韵

漫步在清潭村的古建筑群，这里祠堂书院林立，遥想当年，这里一定是书声琅琅。这些建筑大都为广府民居，现存40多座。虽被称为清潭孔生陈公祠群，但孔生陈公祠位置并不突出，孔生是清潭陈氏的八世祖。在村占据重要位置的是两座陈氏宗祠，堂号为炳文堂和焕文堂。

陈氏宗祠炳文堂始建于雍正十二年（1734），祠堂为三间三进结构建筑，占地面积约二百平方米。其先后于清道光年间和同治二年（1863）进行扩建重修，石门、台阶都是旧的。炳文堂后堂的金柱上有广州市博罗庄桂兰堂敬贺的楹联："清祖枝繁叶茂人才辈出传百世；潭祠大展宏图物业丰阜留千载。"享堂有陈门堂上历代考妣祖先神位，分别列有一至七世祖的名字。神主牌绿底金字，上书："始祖历代考妣轼公陈公神主，二世贵明姚氏、邝氏，三世考妣志远陈公谭氏吉氏，四世祖发祖光祖亮，五世振潭陈公振玉陈公，六世锐胜锐昌，七世源风源祯源隆源志，七世祖挺汉，八世裕生孔生俊生。"炳文堂还做过幼儿园和家具厂，经多次翻修，现作为老人活动中心，平时非常热闹。

焕文堂为三间两进一天井结构，一进两廊有阁楼。两间公祠的主建筑均为砖木结构，青砖墙，重修后内有大量壁画。焕文堂后堂金柱有联："焕祖展宏图人杰地灵螽斯衍庆；文祠兴伟业物华天宝瓜瓞绵长。"2014年12月6日焕文堂落成时，小塘村1200多位宗亲前来庆贺。如今，焕文堂只用来放置一些木桌和木凳，桌椅板凳上都蒙上了不少灰尘。除了陈氏祠堂外，村里还有俊生公祠、孔生陈公祠、齐兰家塾等，形成了一个颇有规模的古建筑群。俊生也是清潭陈氏的八世祖，俊生公祠始建于清光绪二十七年（1901），坐北朝南，三间两进，建筑面积155.7平方米。该祠为硬山顶，碌灰筒瓦，青砖铺地，现作为村民放置旧台、凳椅、沙发等用品场地，2013年5月被公布为广州市花都区登记保护文物单位。

祠堂旧事

该村重要人物有陈耀居，村里的老人说起这个名字都很熟悉。陈耀居，生于1916年，民国二十七年（1938）在清潭村组织抗日队伍，成立抗日自卫团，抗日期间身经大小战役几十次。1948年3月调任花县警察局担任局长，1949年陈耀居为了清除两龙一恶霸，不顾自己生命危险，将这个"土皇帝"抓捕入狱。此外，陈耀居还关心教育和公益事业，清潭小学遇到经济困难时，他主动联系海外同胞发动捐资助学活动,他还自己掏腰包请电影队到清潭小学放映。陈耀居在"土改"时被错杀,后平反。

清潭陈氏的祖先是做收买废品起家的,未料想,在300多年后,陈氏的后人竟然又重操祖业,干起了收买废品的营生。该村在20世纪90年代到21世纪初,全村几乎都搞废旧品收购。村里每天一两百人到广州市城区收旧废品,他们搭公交车来回,就像去广州上班一样,浩浩荡荡,场面蔚为壮观。他们将收回来的各种纸制品、水泥袋卖给水泥厂。后来业务做大了,废旧品又卖到了福建省,甚至还有人坐镇广西收纸皮,在广西先将水泥袋补好,再运回来。哪里有钱赚就去到哪里做生意,村里很多人靠此发财。他们自己也坦言,太公搞收买,后人也做收买佬。村民陈永章说,那时他开手扶拖拉机运废品,每天的货运不完,忙得团团转。

陈氏宗祠焕文堂

民风民俗

村里的主要民俗有正月十五游灯。中华人民共和国成立前,每逢正月十五,村民就会举行游灯活动。村民从庙会中抬出几尊菩萨神像,逐条小巷游行,游完后将菩萨神像放到塘基前,让妇女去祭拜,祭拜后舞狮。到了清明节,村民到各自的祖先墓前祭拜,祭拜完毕,同宗族人一起聚餐或分猪肉。该村还有抢炮活动,火炮升天后会有一个铁圈掉下来,只要抢到了铁圈的村民,就可以获得一头小猪。小猪养大后,供下一年宴会使用。村里人从2015年开始恢复了投灯活动,村民根据自己的意愿,对想投得的花灯进行竞拍,通常每回叫价增加几百元或者上千元,价高者得。一个好彩头的花灯会引来数人竞相竞投,价格都在几千元甚至上万元。

孔生陈公祠

俊生公祠

中华人民共和国成立前，村里民风彪悍，当地人心齐，作战勇猛。虽说在村内经常有摩擦，但对外却是一致的。村里有一些身强力壮的后生仔，常为村民打抱不平，他们枪法也很了得，能把天上飞的麻雀一枪击落。在外面只要自报家门是清潭村的，别人自然会敬畏三分。村里有农户在外地耕田，外地人一听是清潭村的就不敢惹。

那时，土匪多、烂仔多，一些农户的耕牛财物经常被抢，村与村之间经常发生械斗。有一年，清潭一村民去两龙买牛，结果在回来的路上小牛被抢，当清潭的后生仔第二天找到抢牛的人时，牛已被卖。抢牛的人正在烟馆抽大烟，他看到几个黑影闪进来，立即把手伸到枕头底下摸枪，可说时迟那时快，他一下就被清潭村的后生仔擒住，最后赔钱了事。其他村发生纠纷，也会让清潭的陈氏去当调解人讲和。

有档案局资料记载的一件事是在民国十二年（1923）刚过春节，广岭村一头小牛闯进清潭村被扣，索要交涉无效。广岭村人则到两村插花地段，抢了清潭村人一头耕牛作抵偿。双方由此诉诸武力，各自请外村支援，广岭村更动用一门螺笃炮，枪战三天，双方阵营都有人受伤。当时花县驻军刘振邦军长亲率所部前来镇压调解才平息。

改革开放后，村中农田基本外包，村民常年在城镇打工和生活，建房出租、商业经营、村集体分红等成为村民收入的主要来源。还有不少人分别侨居美国、澳大利亚等国家和中国香港、澳门等地区。

进入21世纪，随着花都城镇化建设突飞猛进，清潭这一带因靠近迎宾大道和镜湖大道，已成商业旺地。地铁站、广物新港国际商业城、商业街等的建成，使一个当年偏僻的小村庄逐步迈向大都市，村民的生活状况已是今非昔比。

传说闻名的一族

——记广塘村白蟮塘陈氏宗祠

◎邓静宜

花都的陈姓人有不少聚集在新雅街,而新雅街陈姓人数最多的要数清㘵村,其次便是邝家庄和广塘村。邝家庄的陈氏祠堂已有介绍,所以我们这次来到了广塘村的陈氏宗祠。

广塘村有白蟮塘、广岭、韩家庄、大坑口、何家庄等自然村,广塘陈姓集中在白蟮塘,当前该村有600余人。白蟮塘在花都的东南面,是紧邻广州市白云区的自然村,村前为106国道,村东靠近广州白云国际机场,村南的石子岗河经白蟮塘入新街河。

陈氏宗祠

天时地利风物美

有关白蟮塘的行政隶属和名称也是几经变更,据花都区档案馆资料显示,在明万历年间,白蟮塘属番禺慕德里司,花县建县之初属狮岭巡检司,民国时属花县横潭乡广岭村,现属新雅街广塘村。

白蟮塘村始建于明万历年间,该村村民陈铖域告诉我们,建村时村名原为柏善堂,后来因村里有一样独特风物,被人称作"白蟮塘"。原来,这里盛产白蟮。村前有一口鱼塘,白蟮甚多,而且这些白蟮全部是天然的,无人饲养,却又取之不绝,久而久之,于是被称为白蟮塘村。白蟮又称鳗鱼,肉质嫩滑,味道鲜美,营养价值也高。白蟮塘面积有十多亩,塘里的白蟮非常肥美,长的近一米,重好几公斤。这些天然白蟮成为村里最丰富的物产,村里每两三个月就清塘一次,蟮鱼成为老百姓餐桌上常见的美食。然而到了20世纪60年代后期,由于农药的大规模施用,这种对自然环境要求很高的白蟮大为减少。特别是一遇雨天,掺杂了大量农药的雨水流入水塘,白蟮大量死亡,到了20世纪70年代,白蟮消失殆尽,人们再也见不到白蟮塘人欢鱼跃的景象了。

白蟮塘有丰富的地下水资源,传统经济以农业耕作为主,主要种植水稻、番薯、芋头等农作物。20世纪90年代后,因村里的农田基本被外包,村民纷纷离开传统种植业,从事工业生产及服务行业,大部分青壮年劳动力常年在城镇打工,村社两级的主要收入来源于土地厂房出租,打工、商业经营、村集体分红和房屋出租等成为村民的主要收入。

据说陈姓最早不是村主,原来还有邝、钱两姓,后来邝、钱两姓逐渐消失。村里现存约30座传统民居,这些建筑的特点是三间两廊一天井,硬山顶,盖灰瓦,三合土墙体,部分用青砖或泥砖砌成。20世纪80年代,白蟮塘进入了改革开放经济快速发展时期,村里掀起了一股建房热,居民们纷纷搬入新居,旧民居已闲置或用于堆放杂物。

有关白蟮塘传说

来到白蟮塘村,就一定要看看陈氏宗祠前的这口白蟮塘。20世纪60年代末农药的大规模使用,祸及水塘里的白蟮,如今只看见一池已发酵的绿水。因塘水污染严重,即使有鱼村民也不敢吃,如今水塘面上仍然漂浮着不少工业垃圾。现水塘比以前说的十多亩缩小了一大半,水塘边有一排古榕树,村民在此休闲聊天。

关于白蟮塘这个"塘"的来历,流传着这样一个传说。

在某个年代,这里住着三四百户人家,人丁兴旺,生活富庶。生活好了自然就会想起自己的祖先,"水有源头树有根"。纪念祖先最好的方式就是建祠堂,将先人的牌位放进神台,接受后人的祭拜。

于是村民请来风水先生选择地点。风水先生将村里的各个方位仔细看遍,最后决定在一个称之为"龙背"的地点开工。"龙背"名字虽好,风水甚佳,然而都仅限于地表,地下情况怎样却不得而知。村民们按照风水先生指定的位置开工打地基,地基刚刚打好,一个骇人的景象发生了。地面突然开裂,现出一个洞口,洞口上有一块石板盖住。村民发现了一条直通洞底的铁链。于是,几个人将铁链拉了起来。没想到铁链拉了70多丈上来,仍然没有拉完。村人不由得一阵惊

传说中盛产白鳝的水塘

恐:"这条铁链那么长,那一头莫不是什么妖魔鬼怪吧?"大家听了,更加心慌意乱。于是又放手把铁链照原位沉了回去。然而铁链刚放完,地底下发生猛烈震动,随即洞口爆发出一股汹涌大潮,村民们哪见过这个阵势,拔腿便跑。然而眨眼工夫,汹涌的潮水铺天盖地漫上,顷刻就浸过了整个村子的屋顶。波涛间露出一条大白鳝,约有20丈长,在水面翻滚几下就不见了。很快,几百户人家的村庄,连人带地沉了下去,变成一个大湖。

后来,村中有外出的人回到老家,发现村庄已荡然无存,为了生活下去,只能傍着湖边搭起竹棚,利用这一带的黏土,烧制砖瓦为生,就这样过了一代又一代,这个村子也被人们称为白鳝塘村。

探访陈氏宗祠

陈氏宗祠位于白鳝塘自然村的中心地段,始建年代不详,在清光绪二十二年(1896)秋月重建,20世纪80年代重修。祠堂内有捐资修建祠堂的芳名录。

祠堂的内部情况在《广州市文物普查汇编·花都区卷》上有记载:整座建筑坐东朝西,三间两进,面积277平方米。硬山顶,人字山墙,碌灰筒瓦,青砖墙。门面嵌花岗石墙脚。前廊雕花异形梁架,前檐柱青石挑头雕刻人物造型。次间,虾公梁上有石狮和雕花异形斗拱。后堂三间,石前檐柱,坤甸木金柱带两廊,六架卷棚顶。

祠堂正面的两根虾公梁和立柱不一样,新旧差别很明显。村民说在2008年,祠堂右侧的立柱被车撞断,所以右边的柱子和梁全换了新的,新虾公梁上的石狮形态刻板,没有灵性,在雕刻工艺上明显不如旧的虾公梁和立柱。

壁画《谪仙论酒》保存完好

祠堂的天井呈正方形,据说这里原来是用条砖铺的,因经常长草,于是就用水泥抹平了。福禄寿神主牌用绿色重新漆过,上面写着:"陈门考妣始祖瑞隆吉氏二世祖奇兴罗氏袁氏堂上祖先灵",神位的左边写着"子孙发达",右边写着"兰桂腾芳"。过去,祠堂的神位前还有一个石板神台,上面铺着两米宽三米长的石砖,村里的孩子常在这里玩耍。

陈氏宗祠内艺术价值最高的是壁画。在门额、前廊等地方还保留着一些构图完美、色泽鲜艳的壁画。前廊壁有"谪仙论酒""富贵长寿""前赤壁赋""马放南山"等内容,而且画中的题词和画面解说也非常准确和唯美。如"马放南山"上面的题词是"斑马不鸣孤月静,更无烟雨绕疏星",画面上三匹马悠闲踱步于清风平静、月明星稀的夜色中。成语"马放南山"寓意是战乱已经平定,战马被放于山中休养,象征天下太平。还有"谪仙论酒",画中李白与几个诗人在一起沉吟诗赋,高傲豪放,生动形象。这些壁画由关梦常绘画,保存较好。但由于"文革"的原因,一部分壁画被石灰水覆盖,"文革"标语还清晰可见,有条青云巷也被封住了。

往事钩沉话沧桑

据村民说,1955年解放军在陈氏祠堂住过,原来还准备在这里建电台架天线,后来不知什么原因转去了莲塘。二十世纪六七十年代,祠堂还做过学校、食堂,村里不少老人都曾在这里上过学。

说起村里的能人异士,村民陈伟炎说,他的曾祖父读书很用功,曾参加清代的科举考试,成绩也很不错,但考官却向他曾祖父索要十两银子,否则不予录取。他的曾祖父因没钱贿赂考官,于是没有被录取,曾祖父为此郁郁而终。他还说,过去村里有一个武功很厉害的人,但这人不姓陈而姓赵,他舞起狮子来能一脚踏烂地板。查档案历史资料,白蟮塘在近代历史上最为知名的人物是黄宪(1875—1927),他是一位农民运动革命烈士,因蒋介石发动"四一二"反革命政变,同年农历四月被捕,后被押至番禺大石三山海边秘密杀害。在抗战时期,日军在这一带驻军修炮楼,村里有一村民因破坏日军电线被日军打死。日军修建的炮楼在20世纪80年代才被拆除。

在20世纪30年代，粤系军阀代表长时间主政广东，有南天王之称的陈济棠，对封建迷信情有独钟，听信江湖术士所言，说花都芙蓉嶂是块风水宝地，可以使子孙得天下，成帝业。太平天国天王洪秀全的祖坟葬在芙蓉嶂水库，应了那句"代代出公侯"的预言。于是，陈济棠也将母亲葬在芙蓉嶂。因去芙蓉嶂必须经过白蟮塘，为了方便祭母，陈济棠派出一个工兵营修筑了白云区通往白蟮塘这条路。

2004年8月5日，中国三大门户复合枢纽机场之一的广州白云国际机场正式启用，而与新机场咫尺之遥的白蟮塘受益颇多，白蟮塘原本地多人少，修建机场征用了大量土地，该村的经济进入了一个高速发展期，村里的大型企业纷纷入驻，白蟮塘村民的生活已是今非昔比，新旧两重天了。

墀头砖雕破损

物换星移青山在

——石塘村黄氏宗祠纪事

◎邓静宜

"闲云潭影日悠悠,物换星移几度秋",来到石塘村,给人最深的感受就是出自唐代王勃的名篇《滕王阁序》中的诗句了。

石塘村是个不大的村庄,有3.5平方公里,它位于花都区的南端,村前是有名的镜湖大道,这个村原属新华街道,2014年后划归新雅街道管辖。走进石塘村,这里厂房林立,人群密集,口音多样,仿佛是一个热闹繁忙的集市。这个村户籍人口仅3150人,而外来人口就有7000多人,主要分布在工业区附近,这足以说明这里是一片投资的热土,飞速发展的地域。

黄氏宗祠

渊源上溯　由北向南

在村委会，村里特意请来了比较了解村情的长老黄接全跟我们聊石塘旧事。石塘村包含了五个自然村，分别是石塘、石塘庄、始太庄、东庄和黑泥庄。其中，黄姓族人占了绝大多数，八个经济社中，就有五个姓黄。

看花都各村庄的立村时间，石塘村建村算是比较早的，它始建于明代。据村里人说，最早在这里建村的不是黄姓的人家，而是姓姚的人家。原来的村名也不是石塘村，而是凤鸣庄。关于建村也有两种说法。一种是花都区地方资料《花都村情·新雅街卷》记载，明洪武十七年（1384）照镜湖村主的二儿子黄保成认凤鸣庄一姚姓人做干爹，然后到此生活居住。时间长了，姚姓家族人丁衰落，黄姓一脉却日益壮大。明弘治三年（1490），村子因村东有石底鱼塘而更名为石塘村。而村民口中的开基祖却是600多年前放鸭而来的黄氏四兄弟，原来村里有三座祠堂，就是分别纪念黄氏兄弟的。

《石塘村志史》《黄氏宗枝族谱》对该村黄姓的源流也有一些追溯。据《石塘村志史》记载：唐昭宗乾宁五年（898），黄姓祖先由今福建省邵武市和平镇坎头村迁入江西广昌府南丰县龙井乡双井头。由黄少华编撰，成书于2003年的《黄氏宗枝族谱》记载，北宋熙宁五年（1072），黄氏后裔从江西省南丰县龙井乡双井头迁入广东南雄珠玑巷。南宋咸淳八年（1272），发生"妃子之难"事件，族人沿河逃难到番禺县大田村，后定居于花县照镜湖村。明洪武十七年（1384），黄氏后人黄保成从照镜湖村迁往凤鸣庄。

据黄姓始祖史料记载，黄姓四世祖德广公原葬于西边村后山，由于黄姓子孙枝繁叶茂瓜瓞绵绵，每年清明去祭祖的子孙众多，而四世祖坟墓在巴江河对岸，河上又没有桥梁，都是以小木船分批摆渡过河，人多混乱，每年都出现翻船事故，造成人员伤亡。为避免伤亡，经宗亲父老提议，村民决定在鼓楼坊松园三世祖原坟前，以银牌记葬四世祖德广公，供后人祭拜。

据村人说，他们与白云区黄氏族人和花都铁山村、西边村的黄氏族人都有亲缘关系。

祠堂内景

宗祠屹立　肃穆庄严

　　石塘村黄氏宗祠过去有三座，早期黄姓祖先的祠堂，四兄弟中三个有祠堂，分别是老大、老二、老三的祠堂。抗战时期被日军烧毁了两座，现今只保留一座黄氏宗祠。除了这间黄氏宗祠，属于黄氏族人的一些古建筑还有巨隆书舍、文英书舍等，分别坐落在石塘庄和始太庄自然村。该祠附近有密集的居民区，祠堂前有村路、旷地和水塘。村路旁有多棵榕树，2010年4月，黄氏宗祠被公布为花都区登记保护文物单位。

　　石塘村黄氏宗祠占地面积376平方米，始建于民国九年（1920），坐西朝东，三间三进，青砖墙、硬山顶、碌灰筒瓦。前梁架有木雕戏曲人物图案，工艺精美，封檐板上有龙凤呈祥等吉祥图案，精致细腻，保存完好。该祠的木雕和壁画等装饰工艺较为考究，前廊次间设虾公梁，异形斗拱和雀替，青石挑头雕刻人物造型生动。墙楣绘有壁画，色泽已经模糊。1938年10月23日，黄氏宗祠被日军烧毁后堂，后堂重建时，前两进没有动，只是瓦片和贴面做了改进，采用了钢筋混凝土浇筑，墙体全部扫水泥浆，重画砖线，地面改铺瓷砖。

　　黄氏宗祠在2001年和2007年两次重修。重修后，黄氏宗祠作为该村老人活动中心，也用于祭祖和喜庆设宴。

　　清朝末年，石塘村还有一个热闹的圩市，人称福安市，30多间店铺一字排开，经营各种木器制品、打铁、理发、药材，还有柴草行和花生行，民国后改名联安市。抗日战争时期，日军入侵后烧去店铺一排，剩下物件在战后被拆毁用来建设石塘水泥厂。

多样习俗　淳朴民风

　　清明期间联宗祭祖、添丁起灯、"太公分猪肉"等活动都是在宗祠里进行。中华人民共和国成立后，黄氏宗祠先后成为村里的学校、社址、粮库和饭堂。村里目前保留的民俗活动有元宵灯会、重阳节敬老、清明节拜太公等。

　　与花都其他地方一样，黄氏宗祠内每年也有热闹的投灯民俗活动，这项活动20世纪末恢复以来，已经延续了二十几年。参加投灯的基本上都是本村出去的老板，他们慷慨解囊，热心捐款，每年都能投得善款20多万元用于村公益活动。每到大活动，村里设宴100多围，宗亲欢聚一堂，喜笑颜开，同时也不忘做公益事业。

　　中华人民共和国成立前，祠堂一直有"上灯""太公分猪肉"等习俗，即族人生下男丁后，在新一年的元宵节期间要在祖屋悬挂一盏花灯，花灯上写上这个男孩的名字，告慰列祖列宗，族中又添一丁。以后逢年过节，分钱分粮分猪肉就按族谱中的男丁来分配。中华人民共和国成立后，太公分猪肉习俗一度中断。1995年，在几位族老的提议下，此习俗恢复了，但也根据实际情况做了一些改变。现在同宗同族，无论男女，凡满60岁老人皆可吃祠堂宴。每人可以分得一份猪肉，还配有三根甘蔗，甘蔗寓意甜甜美美，生活节节高之意。

与其他村略有不同的是，石塘村的祠堂宴更有人情味。族里规定，60岁以上村民去吃祠堂宴可带一个孙子，70岁带两个，80岁可带三个。60岁以上男性分得猪肉一份，70岁以上分得两份，80岁以上可得三份。90岁以上，想拿多少就拿多少。

过去石塘村还有洪圣古庙，供奉有洪圣公、北帝、白马、关帝等诸神，每到正月十四，石塘一带各庄的男子，都会到庙里接回神像到自己村庄的大棚里，祈求新的一年风调雨顺。如今，人们对祭神活动并不热衷，通常只在春节、清明、端午、中秋、重阳、冬至等节日进行祭拜。该村仍保留采花的习俗，村中男婚女嫁会请"花王"，担任花王的是一名儿女双全、夫妻和睦的村妇。女子出嫁当天，"花王"会来到村口的大榕树下，采一株青绿色的枝条，称之为采花。女性出嫁，由"花王"采花；男性娶妻则由自己采花，新郎将采来的花插在用红纸封过口的小缸里，并往红纸上洒米，放上红包，旁边还要放苹果等祭品，这些摆放完毕后，才能举行拜堂仪式。

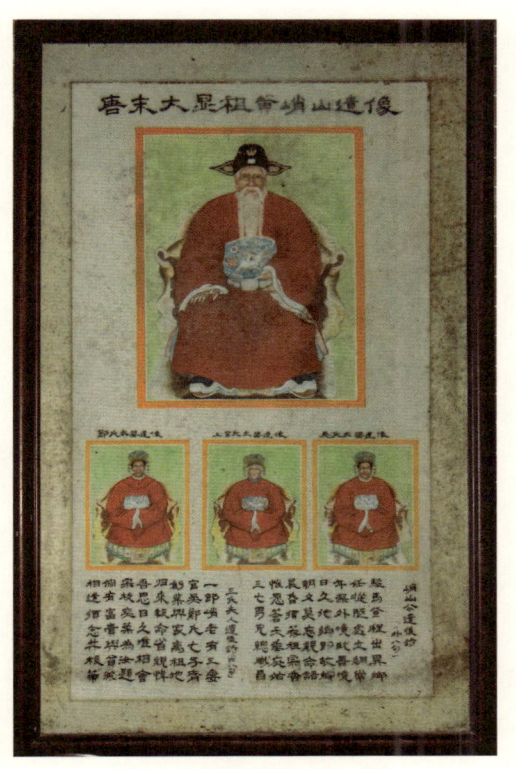

先祖黄峭山及夫人像

蹉跎岁月　人世沧桑

石塘村建村600多年来，经历了无数的艰难困苦，天灾人祸，远的不说，特别是近100多年来，石塘村的黄氏乡亲也和其他的中国农民一样，备受战乱之苦、侵略者的蹂躏、土匪的骚扰，甚至是相邻村落之间的打斗，黄氏族人身心俱伤、苦不堪言。他们面对黑恶势力也有人奋起反抗，涌现出一批不畏强暴、敢于抗争的勇士。毕业于黄埔军校第一期和广东岭南大学，在海南琼崖纵队担任政治部委员等职的黄子澧（1896—1946）就是其中的代表。

《石塘村志史》记载，1938年11月，日军沿广花公路经人和桥直扑花县县城，国民党军队和四十八乡联防队员在人和桥阻止日军北上，史称"人和阻击战"。后因日军飞机狂轰滥炸，国民党军队败退，落下一顶写着"花邑石塘"的雨帽，结果引起大批日军报复，石塘村遭到灭顶之灾。日军疯狂掠夺财物，杀人放火，烧毁洪圣古庙、凤山书院后座、宗庸公祠、宗直公祠，国明公、国瑞公、佑三公、如山公等书室和10多座民宅。石塘村陷入火海，一人被烧死。村民扶老携幼到炭步同是黄姓族人的塱头避难，有10余人来不及逃脱，死在日军的刺刀之下，有4人被打伤。村民黄烟灶全家7人逃难至五河桥，遭飞机轰炸，5人身亡，仅剩两个女儿经抢救生还，后被粤军老将、国民革命军总司令部办公厅主任兼总参议伍观淇收养。

1945年上半年，一汉奸带领"绥靖军"到村里肆意抢劫，如有人反抗，必遭枪托撞击。抗日战争时期，日本侵略军因撤退不及在西瓜岭、东庄袭击村民，日军在村里放火烧屋，东庄有村民被杀害，两名妇女遭强暴。据有关资料，在日军侵华期间，石塘村被杀村民有100多人。

清末民初，战乱不断，治安环境极差，石塘村时常遭到土匪的袭扰。光绪元年（1875），番禺鸦湖乡沈少率土匪冲入石塘村挨家挨户抢劫，抢去全村的耕牛。临走前还扬言："要赎牛，带钱去鸦湖大庙见我。"老百姓苦不堪言，《石塘村志史》记录的当地一首流行的歌谣《阿秋之歌》就是一个证明。歌谣说的是东庄有一个贫农黄炳秋，因生活困苦，饿死、病死或卖掉的家人子女加起来一共有5人，一家六口人后来仅剩他一人。歌词是这样写的："东庄有个黄炳秋，生活贫苦无出头。吃完番薯吃麻豆，吃完麻豆吃芋头。卖着河行仔，剩番个阿秋。"反映了当时农民生活的极度艰难。

岁月沉浮　今非昔比

在始太庄自然村，村东有"大官道"穿过，为花县古驿道，此处原来竖立着一块问路石，上面刻有"上至花城、下至广州"的字样，提示前后旅程。驿路又称官道，是古代传递文书、输送物资、人员往来的大道。花县在清康熙二十五年（1686）建置以来，修筑了以县城（现花山镇花城圩）为中心的驿道四条，辐射至南海、番禺、从化、清远四个县市，四方各设驿站。据调查，花都区现存古驿道遗迹有古道两条、古桥一座、其他古迹两处，古驿道沿线共经过30多个自然村落，始太庄村东这条"大官道"就是其中的一条。

石塘庄自然村内有一棵不知生长了几百年的香樟树，大树郁郁葱葱，参天蔽日。据说建村时，有一名风水师认为此地有巨龙盘踞，需种樟木，以其香气镇住风水，人才能在此居住。因而村民在村口栽种了这样一棵参天的香樟树，以平衡风水。

时移世易，沧海桑田。因优越的地理位置，石塘村不知不觉间成为花都南部一个振翅起飞的引擎。广州白云国际机场在2004年8月5日零时启用，如铺开一张巨大的交通大网，成为国际交通的枢纽站。它成为花都的一张名片，而石塘村与这张名片咫尺之遥。

在村办公室，我们看到一幅漂亮的工业园规划图。工业园落成后，石塘村这个花都空铁融合发展核心区的"后花园"，将会焕发出更加迷人的光彩。

沉寂中一飞冲天

——记团结村莲花塘田心庄邹氏宗祠

◎倪西赟　欧政芳

团结村莲花塘自然村田心庄位于花都区的西南部，距离花都城区仅约五公里。该村有邹朝元、邹启麟两大房，约600人，占莲花塘人口的将近一半。邹氏宗祠距机场边界仅50来米，从铁丝网望去，飞机在跑道上的滑行一览无遗，起飞时发出的"轰隆隆"声震耳欲聋。

邹氏宗祠

邹氏祠堂　历经沧桑

正脊陶塑"双龙戏珠"

邹姓的来源，《通志·氏族略》里是这样描述的："邹氏，子姓，宋愍公之后，正考父食邑于邹，生叔梁三，遂为邹氏，其地今兖州邹县是也，齐有邹衍、邹忌，望出范阳。"邹姓的总堂号是"范阳堂"。

花都邹氏的迁徙途径是从江西吉水到广东龙川再到花都。他们尊邹希尧为第一世祖。邹希尧（1133—1216），江西吉水人，曾任吉州刺史、南京大总兵，后升为广东都督，敕受奉直大夫。他的五代孙邹孟敬于元末宦游广东，见龙川山水秀丽，遂率子文兴、文富从江西吉水迁至广东龙川石痕落籍，后裔分迁兴宁、和平、河源、紫金、博罗、惠州、增城、花都、阳山等处。十七世祖邹希鳌自广东河源迁徙到花县，分支在花山镇花城西坛，最后迁到莲花塘落户，莲花塘邹姓绝大多数人都是他们这一支的。邹希鳌生六子：瑞吉、瑞珧、瑞琩、瑞泰、瑞亨、瑞来，他们在花县开枝散叶。

来到莲花塘的太公有一个儿子去了马来西亚。这支后裔现在已有1000多人了。前几年，马来西亚的族人还带着族谱到莲花塘寻祖。这几年清明，他们都回来拜祖。从莲花塘出去的很多华侨，除了定居马来西亚，还有定居在巴拿马等国家。

莲花塘邹氏宗祠始建于光绪十一年（1885），三间两进，为"金包银"（外青砖内土泥砖），上砌青砖到顶的木梁瓦屋。祠堂前面有一口月牙形水塘。1957年，因为养鱼取水需要，村民将祠堂前原来的两口鱼塘合并为一口大鱼塘，祠堂的前方塘基上长着碧翠的荔枝树。春日绿树掩映，夏日蛙声悠扬，四季如画，风景美不胜收。

20世纪"土改"时，邹氏宗祠被分给了八户贫农居住。到了"四清"时期，祠堂内祖宗神台牌位已荡然无存，祠堂被生产队用来堆放杂物，"文化大革命"时期祠堂曾经被当作村里的文化室。1966年夏，由于年久失修，周边的排水渠坑不通畅，积水久淹夯土墙基，祠堂在一场大雨中倒塌。

20世纪80年代，村里的经济发展蒸蒸日上，人们衣食无忧，倒塌了的祠堂始终是族人的惦念。在邹氏后人记棉、家庆、善针、观富、鉴清、炳焕、九龙、桂云、树金、沃池、汉雄等人的倡议和筹备之下，重建邹氏宗祠提上了日程，最终筹得八万元。在当时交通不便的情况下，邹氏族人仅靠两台摩托车，出花都，跑南海，去广州等地购买砖瓦木石头等各种原材料，联络建设工程事宜，各种的艰辛和曲折，只有当事人才能深刻体会到。祠堂于1991年重建而成。建成之日，很多周边村落的同姓兄弟来祝贺，族人还专门请人录像记录下邹氏宗祠入伙族人共庆的场面。

重建的邹氏宗祠三间两进，门墩门槛石尽量用旧祠堂的原物件。宗祠头门石额上刻"邹氏宗祠"，右上角刻"光绪乙酉年季冬吉旦，重光一九九一年"等字样。石刻上方为"八仙过海"的彩色壁画，有"吉星拱照""风调雨顺"石湾陶瓷画。宗祠头门左右侧山墙为"荷花仙子""鸳鸯戏水"等石湾陶瓷画。祠堂头门门额正上方为"田心庄新貌"彩色壁画。祠堂内部墙壁上还有"弈乐图""池乐""春风吹梓里""石竹图"等多幅彩色壁画。这些诗词书画，寄托着人们向往幸福生活的美好愿景。

祠堂摆宴，招待回乡知青

邹氏宗亲说，祠堂里这些书画作品，都是花都区书画家汤耀免费为他们创作的。邹氏重建祠堂时，汤耀当时为花都文联干部、广东省书法家协会会员，在当地很有知名度。至今，邹氏族人说起这些壁画都十分自豪。

在邹氏宗祠旁边，还有一座朝元邹公祠，邹朝元、邹启麟分属两支。定居莲花塘后，两支邹氏族人如亲兄弟一样往来。邹氏宗祠安装神台后，这族数年没有添男丁，两族人商讨后决定，把原有的神台拆了，各建了一间专门用来拜祭祖先的神台，没过多久，邹氏宗祠这边的媳妇就怀孕生了男丁，两支族人都无比高兴。如今，朝元邹公祠内设有神主位，供邹氏族人祭祀，而邹氏宗祠没有设神主位，平时供邹氏族人休闲娱乐，重大活动时则聚集于此。邹氏宗祠也是莲花塘邹屋邹姓人共有的祭祀祠堂。

每逢清明节和村里举行敬老活动时，海内外邹氏后人会不辞劳苦千里迢迢赶回来探亲敬祖。祠堂张灯结彩，内外人声喧哗，饭菜扑鼻香，远道而来的兄弟团团围坐一起，共叙血浓于水的宗亲之情。

和睦团结　孝义绵长

祠堂后面有一片茂密的竹林，在20世纪40年代日军侵华时期，族人在竹林里挖"地龙"（地洞），每个"地龙"可以藏三四个人，以躲避日寇。1947年，邻村有土匪横行乡里，到处烧杀抢掠，还扬言要放火烧邹家房屋，幸得当年在花县政府担任要职的族人邹静安委派警察局负责人邹秉泽带警察回村制止，族人才逃过一劫。村里老人如今还记得，在中华人民共和国成立初期，村里还常有匪盗滋扰，邹氏族人用太公钱买枪买子弹，每天派更夫打更，日夜巡防以保卫共同的家园。

邹氏族人热情好客。在20世纪60年代中期之前，每年春节，他们都会与邻村的李姓族人互相舞狮拜年，热闹非凡。"文革"开始后一度中断。2015年，邹氏与李姓等族人又恢复了旧俗，互相拜年。

邹氏族人从2015年起举办敬老活动，宴请村中60岁以上的200多位老人，并发给他们慰问金，感谢他们为社会、为家庭所做出的贡献。在敬老节的时候，也会邀请村中李姓的族人，邹氏祖上的太婆就是村中李姓的女儿，所以邹李两姓有亲戚关系，历代友好相处。

在1976年至1979年间，有30多名知青来这里插队落户，他们和村民们一起劳作。返城后，这些知青还念念不忘这个"第二故乡"，常常回来缅怀过去的知青岁月。

深明大义　为腾飞让路

敬老煮大餐，热气腾腾

改革开放之前邹姓村民以务农为生，农业生产以种植水稻为主，兼种荔枝龙眼等水果及蔬菜。1980年改革开放后，村民多数转为从事工商业。

1998年，为建设广州白云国际机场，政府开始征收机场周边的土地。田心庄被征收土地2000多亩。由于白云机场与田心庄只有一道铁丝网之隔，飞机起降的巨大的噪声严重影响着还未搬迁的村民的工作和生活。土地征收后，村民被统一安置到附近的泰安新村。房屋搬迁的过程中，村内没有钉子户，没有发生过一起冲突或上访事件，自始至终服从配合政府的指示安排，2018年，村民全部搬迁完毕。

中国人自古以来有着很深厚的乡土情结，无论你走多远，总有一个家在那里。唯有一件事让邹姓村民忧心忡忡，就是他们的根，他们的祠堂。邹氏祠堂静静地坐落在机场的一角，就像一个被遗弃的老人，寂寞而孤独地守候着。

邹姓村民希望能够将他们的祠堂异地重建，让他们有一个怀念祖先、寄托思念的地方……

南阳道低头就境

——记岑境村岑氏宗祠

◎邓沛煊

岑境村位于新雅街南部,属广花平原,村北有长腰岭和新街河。因村民以岑姓为三,旧时有"南阳大道低头就境"说法,南阳大道即今岑境东路,低头所见之处为岑姓之境,故而村子得名岑境。

岑境村在清康熙二十五年(1686)属花县城南,后划分至番禺县慕德里司流溪郭塘部雅瑶乡。从1912年至2014年,岑境先后属番禺、白云区、花都新雅街道管辖,归属历史十分曲折。

岑氏宗祠改变了原来的模样

宗祠依旧在

岑氏宗祠位于岑境村前,始建年代不详,清同治七年(1868)重修。宗祠坐西北朝东南,三间两进。岑氏宗祠由于头门改建,与传统的祠堂建筑有较大区别,但推门进去,虽然历尽沧桑,比较破旧,但是祠堂格局犹在。

岑氏宗祠占地近300平方米,青石脚墙、硬山顶、碌灰筒瓦。头门前廊有改建痕迹,次间用红砖砌墙,明间砌半月形大门,大门嵌花岗岩石夹门,石厅额阴刻"岑氏宗祠",上款刻"同治戊辰仲秋重修",下款刻"芳兰书"。次间砌成房间,房后设有砖雕花窗。后金柱间悬挂四块"文魁"木匾。整座祠堂现状较残破,建筑结构多处被改建。如头门前廊被改建成二层楼,中间带拱门,上砌三角形照壁;两次间砌红砖墙间房,两廊砌墙间房,祠内体墙粉刷石灰水,地面铺水泥。

祠堂正门前曾有石狮、石鼓、雕栏和石级,现已经毁坏。前有青砖铺地的空旷地,有一口约800平方米的长形水塘。

重建奠基

1945年,岑氏宗祠被改建成学校,为岑境小学的前身,后来做过村部办公场所、谷仓等,改革开放后才收回作岑氏族人祭祀活动之用。

岑氏宗祠虽然几经改建,但至今仍然作为岑境村岑氏族人唯一的祠堂。每到清明节,岑氏宗亲都会到祠堂祭拜烧香烛,然后选派一部分宗亲分赴广州黄埔及南海等地,汇合迁入当地的岑氏宗亲祭拜先祖;重阳节还会选派部分宗亲到台山祭拜始祖。春节更是全村岑氏族人到祠堂祭拜的时候,在供桌上摆上三牲果品,焚烧香烛祭拜。

祠堂是姓氏族人祭祀祖先的地方,是姓氏宗亲的精神所在。岑境村岑氏族人要求修复岑氏宗祠旧貌的呼声越来越强烈。2017年,岑氏宗祠修复筹建委员会成立,委员会重新规划设计出宗祠修复图纸。村中岑氏族人及海外岑氏族人都踊跃捐款、出力。同年,族人在原宗祠旁举行了奠基仪式,立石为记。相信,在不久的将来,一座富丽堂皇的岑氏宗祠将会落成。

岑姓来源溯宗

岑氏入粤可追溯到宋代，东汉始祖岑彭自唐迄宋，递传十八世，十八世祖景倩支族由河南南阳迁往浙江至廿六世，廿六世祖象求次子世衡生二子，长子正叔（字尧俊），次子仲叔（字尧正），族支迁往广西。

岑正叔是宋端平二年（1235）乙未科进士，十八岁入朝，因贾相专权，宋咸淳四年（1268）去官，宦游东粤，始入广东，当年51岁。途中住南雄珠玑巷，后基业于新宁县（今台山）岑边村。

岑正叔生五子，后裔徙迁广东各地开枝散叶。其中第三子岑岩富的子孙今居南海九江、番禺、三水、花都等处。按此族系，花都岑境村岑姓一脉，应为二世岩富之后裔。始建岑氏宗祠的是几世祖，由于"岑氏族谱"资料不全，未找到文字记载。

当年岑境村四姓，为何只剩岑、梁两姓？据说岑境村最早的居民是朱姓，建屋于牛鼻头、山塘、上门口田，人口约300人。后迁来的是卢姓，另有岑姓村民迁入约100人。

清代，岑境村朱姓一村民犯法，被清兵围捕。清兵声称要灭朱姓九族，朱姓村民便藏于村边的一口莲藕塘内，清兵历搜不获。但有一次，清兵再次入村搜捕朱姓，仍然无所获，正要收队回营，突然间听到莲藕塘内传来婴儿哭声，清兵循声发现了这些朱姓村民，结果部分朱姓族人被捉杀掉，其余朱姓族人逃散四方，不敢再回村里居住。

村里还有一件大事，一帮外来的匪徒邀请岑姓村民共谋劫持绑架卢姓村民勒索巨款，但遭到岑姓村民的拒绝。匪徒仍把卢姓村民劫持绑架，勒索了一笔钱。事后，卢姓村民把岑姓村民告上公堂，说有岑姓村民参与绑架勒索。好在是岑姓族人官司赢了，但从此岑姓与卢姓结怨，卢姓族人后来迁走。

梁姓原住雅瑶旧村，有一户旧村梁姓村民在旧村与岑境争田的时候帮了岑境，最终这户村民被雅瑶旧村逐出，迁居岑境村。因此，岑境村有岑、梁两姓延续至今。中华人民共和国成立前，村民多做收买行当，较少外出做生意。工业方面，岑境村以手工业、制造业居多。

历史事件回顾

《花都村情·新雅街卷》记载，传说岑境岭与燕肚岭之间有个煤窑，清政府曾组织士兵开采，某次发生事故，洞口坍塌，挖煤清兵被困，抢救无效，煤窑遂停止开采。及至清末年间，岑境村民岑单枝组织人力，在原来洞口旁重新开挖，发现洞内还存有清兵穿过的戎装，仍未腐化。此窑在20世纪50年代停止开采。

1915年发生大水灾，史称"乙卯水灾"，洪水来势凶猛，来不及疏散的村民，只得逃到对面的白云下岑境燕肚岭、大涡岭，以及较高的山岗。岑境村的泥砖屋全部倒塌，房屋毁坏40余座。农田全部受浸失收，物资损失严重。

1953年,三化螟虫在雅瑶地区泛滥成灾,岑境村也祸及稻田枯萎,造成大面积失收,很多村民无奈外出谋生或重操收购废品的旧业。

2007年,岑境村遭受龙卷风袭击,松柏塱的鱼塘的水被龙卷风吸干,塘鱼被吸到半空中,随风吹到岑境村,在岑境村前的田地形成"鱼雨"奇观。

过去,岑境村民与东镜村民结亲时,有这样的对子:"龙到镜湖鸡犬吠;凤到岑境绝鸡啼。"据传曾有一名东镜女子嫁到岑境村,之后三年岑境就没有鸡啼,说是东镜村的女子厉害,镇压夫纲。雅瑶旧村曾与岑境村打过官司,两村村民基本不通婚,中华人民共和国成立后,倡导婚姻自由,这种局面已经逐步地被打破了。

神仙遗迹传说和探寻

"长腰岭上觅神仙,岁月沧桑景物迁。庙毁床空无石鼓,尚遗水瓮屹山巅。"

这首歌谣流传于岑境村里,歌中述说了几个传说故事。长腰岭位于雅瑶岑境村后面,东起广花路(现椰林海鲜码头)西至神山郭塘村,横亘五六公里,就像一条长龙横卧在大地上。民间传说,长腰岭上有神仙居住过,岑境村中上了年纪的村民,说起长腰岭的神仙故事津津乐道。至今,岭上仍遗留几处神仙古迹:

神仙古庙(玉虚宫)。长腰岭南边曾有一座"神仙古庙",当地人叫玉虚宫,又叫"问庙"。庙里供奉一尊菩萨,木雕黑漆,慈眉善目。

据说神仙庙里的菩萨还救过村人的命。民国期间,岑境村民每年都有"游灯"习俗,每到元宵节,夜幕降临,村民提着灯笼,擂鼓舞狮,抬着菩萨,绕村环庄巡游,热闹非凡。民国时期有一年,村民依例先到庙里请菩萨,烧完香烛,尊一声"起坛",然后四个壮汉抬着菩萨走在游灯队伍的前面。谁知队伍刚走出村闸口,菩萨竟然从四人的肩上滑下来,面朝村内,如此三次,此情景以前没发生过。菩萨不肯出村游灯,村民无奈,只好抬起菩萨转队回村。刚离开村闸口不远,从村右侧的一间青砖屋上打过来一排子弹,把挂在村闸口的几个红灯笼都打掉了。村民都纷纷说,难怪菩萨不肯出村,原来是菩萨显灵,救了村民的命。

神仙石床。位于长腰岭东头南向半山腰,横卧着一块长约6米、宽2.3米的花岗岩大石,表面平坦,像一张大石床。石床的四周有古松,枝叶繁茂,像一把巨伞一样撑起遮住阳光。夏天,村民喜欢爬上石床去乘凉。大石中央,有几条横直浅纹,相传是棋盘,神仙在此下棋留下来的。村民传说,神仙庙(玉虚宫)内的菩萨,半夜里经常化作一道红光,飞到岭上的石床上与路过的神仙论道下棋。

神仙石鼓。石鼓与石床相邻八九米,是由一方突起的花岗岩形成,状似锣鼓。以锄头或石块敲击鼓面,传出"咚咚咚"响声。

神仙水瓮。位于长腰岭东头山顶处的巨石顶上,有一深洞,直径约40公分,深度约50公分,形似农村装水的瓦瓮，故村民把它称作"神仙水瓮"，洞里有水涌出。更神奇的是洞里的水从不往外溢出，如果用双手或碗之类把石洞中的水舀干，抽袋烟的功夫，石洞又装满水。如此重复把水舀干，一会又装满洞。洞中的水清澈甘甜，传说能治病延寿。村民经常爬上山去饮用，有的村民带上木桶装回家做饭。

2018年8月，笔者在岑伯钱老村长陪同下，去实地寻找长腰岭的四处"神仙"古迹。

走到长腰岭脚发现，"神仙庙"已毁，只剩下一些残垣败瓦，昔日"灵验救难"的菩萨也不知去向了。老村长告知："此庙在'文革'破四旧立四新时拆毁，菩萨神位灵牌等都被扔出庙外放火烧了。"爬到长腰岭半山时，岑姓村民指着一个大石坑说："这就是原来神仙床和神仙石鼓的地方，都毁了。"近十几年来，村民盖房子都喜欢用花岗岩石奠地基，坚固耐用抗腐蚀。神仙石床和神仙石鼓就是最好的建房材料，加上没有古迹保护意识，几年时间就把石头采光了，还挖出一个大深石坑。

登上长腰岭顶，举目望去，整个北坡已被削去半壁，下面是近几十米深的悬崖，原来是20世纪末，一些人为赚取高额利润，偷挖土石销往水泥厂，造成了这种现象。神仙水瓮就在这附近，是否也被挖掉了？我们不灰心，仍坚持向东寻找。绕过一丛矮树林，眼前豁然开朗，只见一片朝东的陂地上，密密麻麻地布满坟茔，都是用青砖砌建，墓上还残留清明时拜祭留下的香烛炮仗残迹。在这些坟墓的高处，赫然一块巨石映入眼帘，那就是神仙水瓮。

水瓮却没见到水，只见塞满了残枝败叶和淤泥。把废物掏净，瓮底相当湿润。大约等了20分钟，瓮底渗出混浊的半碗水，证实这个水瓮确实是有水流出。

沧海桑田，时过境迁。这几十年来，长腰岭上茂盛的古树被砍光，加上挖土炸石，严重地改变了山体结构，水瓮又怎么能像以前一样流出清澈甘甜的泉水呢？

神仙水瓮景物得以保存下来，多亏下面这片坟茔，应该是不幸中的万幸。皆有位风水先生说，这水瓮下是一块吉地，是龙穴之地，谁家祖坟葬其中，后代升官发财，荣华富贵。于是村民争先恐后地把祖先遗骨移来占一席地，沾沾运气。挖土取石的老板自然不敢惹众怒来挖这方神石了。

从水瓮石顶下来，发现离石底30厘米高的地方，有一个手掌大的长方形缝隙，终于弄明白，水瓮为什么装不满水。原来有缝隙直通底部，水瓮的水涨到该部位就渗入缝隙流入地下，给人造成一种永远装不满的错觉。

广岭蔗甜人勤劳

——记广塘村广岭刘氏诸公祠

◎刘武松

新雅街广岭村地处106国道两边,这里工厂林立,市场繁荣,村民安乐,处处呈现出一派欣欣向荣的景象。

广岭村是广塘村的一个自然村,广塘村全村面积7.2平方公里,人口6400多人,另有2000多人在外谋生。广塘村分为五个自然村,分别为广岭、韩家庄、白鳝塘、何家庄、大坑口,其中历史最悠久的是广岭村,刘氏也主要集中在广岭自然村。

褅兴刘公祠

立村的歌谣

广岭村原名横岭村，因其村后有大岭山、小岭、狗眠岗而得名，后于明末清初改为广岭村。村内有溪流两条，一条叫坑田河，长约两千米，经村北流入新街河；另一条叫石子岗河，经村南流入新街河。两条小河祖祖辈辈围绕着广岭村流淌，滋润着广岭土地，为广岭村民带来了不少福祉。

传说明朝永乐年间，黎姓、萧姓曾在广岭村立村。当时广岭村还很荒芜，村内至今还流传着一首古老的歌谣："人烟稀少度日难，野兽林立心胆寒，山狗野狸日常见，猪鸡禽畜活不宁，如此生活真是难。"从明末到清初先后有很多姓氏搬来广岭，由于村穷环境差，终因无法生存而远走他乡。

禘兴刘公祠内景

清顺治十三年（1656），首家刘氏从番禺罗溪村和东莞石涌式好围迁入，他们是入粤始祖刘开七之子刘广传第五房和第九房后人。后来，刘应祥也从东莞石涌乡黄草塑迁入广岭。随着刘氏的迁入，广岭村慢慢兴旺起来。他们和其他迁入的姓氏族人一起，不怕艰辛，与恶劣自然环境作斗争，赶走野兽，开垦荒地，挖沟引水，经过几百年的奋斗，将原来的荒地改造成大片良田，水田种水稻，旱地种甘蔗。村民繁衍生息，人口飞速发展，最初的十多人到清末发展到近两千人。

人丁兴旺后，广岭村村民便开始向港澳和海外迁移，有下南洋的，有去美国的，还有去越南和泰国的。这些华侨致富不忘家乡，除了每年春节、清明回家省亲外，每遇重大节日或是家乡遭灾，他们都会慷慨解囊，奉献爱心。

种植甘蔗闻名

广岭村人特别勤奋，敢于吃苦，有时天旱无水浇灌，全村人就齐心协力开挖水井抗旱。他们根据旱地多的特点，广泛种植耐旱作物甘蔗、花生和番薯。为使这些甘蔗高产，村民起早贪黑，勤劳耕作，洒下了辛勤的汗水。

中华人民共和国成立前，广岭村人为了消化所种甘蔗，他们在村里开办了六间甘蔗加工土作坊，即"大有、广兴、永狮、生里、广发、兆贤祖"，本地人叫土糖寮。作坊将甘蔗制成食糖，主要靠牛拉动榨糖石来榨糖。那时广岭的榨糖机不但消化了本村甘蔗，还承接附近村庄甘蔗的制糖业务，种蔗制糖成了广岭村村民的主要收入。广岭村人种蔗出名是在20世纪70年代。当时国家食糖供应紧张，在国际上不能进口，中国人民便开始大种甘蔗，自己

贤德刘公祠

造糖。广岭村更是一马当先，"不吃进口糖，大种反修蔗"（当时认为苏联走修正主义道路），整个山岭全部种上了甘蔗，一时成了远近闻名的甘蔗村，受到了各级领导的表扬。广岭村种桔柑也很在行，他们曾大力开山种柑，由于土壤优良，施肥得当，管理科学，结出的果实又大又靓，一时成为远近闻名的抢手货，被广州市民亲切誉为"广塘柑"。

随着时间的推移，广岭村越建越好，越来越富，在民国时期出现了高潮。1945年正是抗战胜利之年，广岭村人为了庆祝抗战胜利，在村内新建了一个同福市场，确定圩日为每月的二、五、八尾日。

开张那天，广岭村举行了规模盛大的开张庆典活动，邀请了附近村的刘、关、张、赵、马、黄等姓兄弟及清远、东莞、南海相关宗亲一万多人，另有醒狮百只，人山人海，热闹非凡。

中华人民共和国成立后，随着我国农村供销社体制的慢慢完善，广岭村市场才逐步退出历史舞台。广岭村人在继续搞好农业生产的同时，开始大办乡镇企业，全村经济建设一度在整个花都地区名列前茅。1968年以后，广岭村人借全村通电之机，开办了制衣厂、铸造厂、机械修配厂、木模厂、砖瓦厂和碾米厂，特别是广岭的制衣厂，曾名扬海内外。

改革开放之初，广州市纺织公司要扩大生产，急需找地方扩建新厂，正好广岭村有人有地，距广州近，给出的条件也优惠。于是市纺织公司就把新厂安在了广岭村，专门生产"三兔"牌西服。当时广岭服装厂的规模很大，是花县（今花都区）的重点企业，光工人就有2000多人，其生产的三兔牌西服远销世界各国。县里各级领导经常带着客人前来参观，一度成为县里的明星企业，为县里争添了不少光彩，为村里带来了不少福利。

现在的广岭村已经成了花都城乡接合部，特别是广州白云国际机场和迎宾路的修建以及106国道的扩建，为广岭村的发展带来了新的机遇。现在广岭村周边已是道路纵横，高楼林立，工厂密布，商铺繁多，发展的机会越来越多。

显赫的刘氏一族

广岭村的刘氏始祖最早是坐船到来的,那还是清朝顺治年间的事。离广岭村不远处有个农贸集市,叫泰安市场,买卖兴旺。每到圩日,附近乡镇的男女老少都带着家乡特产来此交易,远近闻名。

那时广岭村水系比较发达,村里人外出很多以船为交通工具,可坐船直通广州。赶集的村民很多也是坐船过来的,尤其是那些商人,运送货物基本靠船。

据村里刘氏族人讲,他们村的始祖原住东莞和白云,以贩盐为生。那时陆路交通不发达,盐又比较重,贩盐一般走水路。盐是人身体不可或缺的物质,同时也是一种战略物资,从古至今盐业都是国家专控。贩盐利润丰厚,同时也极为危险,稍有不慎,就会吃官司,甚至掉脑袋。因此,盐贩一般不会干太长,赚了钱就会转行,最好的出路就是找个陌生的地方买几块地,开始新的生活。广岭刘氏村祖就是这样从东莞经白云来到广岭的。

广岭刘氏为刘氏入粤始祖刘开七之后。刘开七,福建汀州府(今三明市)人,南宋末年任广东潮州都统制,镇守粤东,保境安民,屡建奇功,后在歼灭黄彦章贼寇的战斗中不幸遭贼暗算,为国捐躯。

刘开七生有一子,名广传,27岁中进士,官授江西瑞金县令,后擢迁为奉议郎(正四品),卒于京职。刘广传生有14子,个个学有所成,光宗耀祖,现在广东客家刘氏基本都为刘广传的后裔。广岭刘氏为刘广传第五子刘巨海和第九子刘巨江之后。

广岭刘氏崇文尚教,从清朝到民国,先后建起了元初家塾(2017年因水灾而毁坏,当年投资16万元重建)及应三书塾教育同族孩子学习文化知识。目前,该村仍有祖庇书舍、梁氏书舍、林氏书舍等均保存完好,供人参观。

慎终追远、不忘祖恩是广岭刘氏的优良传统,为此广岭刘氏在村内先后建起了裼兴刘公祠、洪积刘公祠、贤德刘公祠、元初刘公祠、忠毅刘公祠、刘氏宗祠等八间刘氏祠堂。其中,忠毅刘公祠是广岭刘氏九房巨江公之后为纪念南宋

洪积刘公祠

名士刘褒然所建。刘褒然生于宋绍定五年（1232），37岁探花及第，后来被封为翰林院学士，他与文天祥、张世杰等尽忠职守共护宋主，为南宋江山做出了不可磨灭的贡献。刘褒然47岁去世，南宋皇帝宋端宗念其忠勇，封其谥号忠毅。因此，广岭村于清乾隆五十九年（1794）年特建宗祠，命名忠毅。

民国著名风云人物，第五房巨海公后人刘纪文是每年清明必须祭拜的先人。刘纪文于清宣统二年（1910）加入中国同盟会，后赴日本留学，考入早稻田大学。1917年毕业回国，1926年任国民革命军总司令部军需处长。翌年五月任南京市市长，1934年任广州市市长，上任后大搞市政建设，新辟马路30余条，中山图书馆、广州市政府大楼、海珠大桥等大型建筑均在他任内完成。1935年当选国民党第六届中央执委会委员，后移居台湾，被蒋介石聘为顾问。1957年4月12日在美国洛杉矶病逝。

中华人民共和国成立后，从广岭村刘氏宗亲中走出了不少重要人物，这些刘氏后人不忘先辈教诲，努力进取，为广岭刘氏增添了新的光彩。

宗祠生辉

广岭村刘氏众祠堂历史悠久，特点鲜明，保存较好。特别是刘氏祖祠——禘兴刘公祠保管得更为完善。禘兴刘公祠现为花都区登记保护文物单位，建于清咸丰八年（1858），坐东朝西，三间两进，石前檐柱，大门镶嵌花岗岩门夹，石门额阴刻"禘兴刘公祠"，上款刻"咸丰岁次戊午"，下款刻"仲春下翰新建"。次间有虾公梁、石狮、异形斗拱、雀替。门内次间搭建木阁楼。

禘兴刘公祠于2018年投资78万元进行过修缮，资金由宗亲捐献。出资一万元以上的宗亲有刘少星、刘文杰、刘广熠、刘成灼、刘应健、刘杰明等。

为了活化祠堂，使之重放光彩，广岭村还对禘兴刘公祠进行了开发利用。除了每年清明、重阳及宗亲婚事固定使用外，他们还高举"唱响广塘历史文化，传承国学国术精髓"大旗，不仅将祠堂打造成广塘书院，还使祠堂成为花都区美术协会、书法协会、武术协会、太极拳协会、龙狮协会、中华易经家协会、曼印茶社、艺佳轩陶艺、文心堂等协会的文化活动中心和训练基地。

狮岭镇

一口井眼定乾坤

——振兴村义坑川秀钟公祠探秘

◎ 钟伟彬

　　川秀钟公祠位于狮岭义坑村（自然村），即现在的振兴村五队一街。在川秀钟公祠门前，有一副对联"高山流水；舞鹤飞鸿"，这是钟姓宗祠的通用联。到底是谁撰写这副对联，已不得而知。那么，这副对联是指什么意思呢？原来上下联各指一个人物。上联为春秋时楚人钟子期，精通音律，善辨琴，由于伯牙鼓琴的时候，钟子期能分辨是志在高山还是志在流水，因此他被伯牙视为知音。下联指钟繇，工书法，书若飞鸿戏海，舞鹤游天，形成了由隶入楷的新貌。

川秀钟公祠

祠堂始建成谜

川秀钟公祠坐北朝南,始建于清乾隆年间,三间三进,旁有两廊,占地570平方米。

川秀钟公祠正门石额上阳刻五个大字"川秀钟公祠",奇怪的是,没有落款。这到底是怎么回事呢?原来,这座祠堂在1959年被拆毁,石额被砸坏,门额石板断裂,只剩下"川秀钟"三字,另一小半不知所踪。1995年祠堂重建,现在的"公祠"两字是当时本村族人模仿前面的字体加上去的。那么落款到底是什么?成了后人一个永远也揭不开的谜。这个祠堂什么时候始建,现在村中老人已无人知晓,只能大致推算在清乾隆年间。

走进祠堂,一进正上方高悬"余庆堂"(钟鹏桂书),得名于一句名言:"积善之家必有余庆,修善积德名存万载。"二进正上方高悬"福禄寿"。右廊墙上有两块石板,刻着1995年重建信息和捐款者芳名。

后堂中央摆有祖先神位,神位前一香案,上面摆有香炉。这些香炉香案为2004年清明节

仪门

前所造,清明节投入使用,据说花了几万块,为村民筹款所得。神位两边为一副对联:"系传微祖由闽汀至长乐移花邑开基创业;从始至今以穆邻和尊老护后裔代有文明。"

这副对联基本概括了义坑钟氏脉源,笔者在与村中几位族老的交流和村中走访调查后,川秀钟公祠的神秘面纱终于被逐渐揭开。

祖先的那些事

元至元元年(1335),有钟氏兄弟五人从福建向广东迁徙,后称入粤始祖五龄公。五兄弟中,大哥钟提龄,先迁徙到广东长乐(今五华县铁炉坝)开基,后又开基兴宁县龙归洞大坪湖岗背等地。

钟提龄的后人到了十一世钟国飑(字韶则)的儿子这代,钟姓族人又一次开始了迁移。钟国飑有五个儿子,分别是继虞、维虞、缵虞、绍虞、绪虞。清康熙二十五年(1686),花县建县,

中堂悬挂堂号"余庆堂"

十二世钟继虞、钟维虞、钟缵虞从永安迁居至花县福源村，绍虞、绪虞从永安迁居至花县蝴蝶岭（离城30里）开基，后裔不详。

单说钟继虞，他生于清顺治元年（1644），42岁时迁到花县福源村，后又迁到大瑞边村开基。钟继虞生七个儿子，分别为乾秀、坤秀、川秀、岳秀、日秀、月秀、辰秀。

第三子钟川秀，当年随父亲迁入花县时，年方十二岁，生得眉清目秀，一表人才，但却遭到了一个人的嫉妒和记恨，这个人就是父亲钟继虞的一个太太凌氏。钟继虞共娶三房太太，川秀乃黄氏所生。黄氏出身贫寒，凌氏经常欺凌她。钟川秀十五岁时，黄氏病逝。而这钟川秀生得相貌堂堂，深得父亲喜爱，凌氏生怕将来钟继虞把家业传给他，便心生毒计，欲加害于他。

一日，钟继虞外出，钟川秀打柴回来，凌氏唤其来吃饭。她一改平日态度，满脸堆笑。亲自盛来一大碗饭，米饭上堆满了肉。钟川秀平日从没有过如此待遇，现在看凌氏这么热情，心里有点害怕。他接过饭碗，对凌氏说，我现在肚子不饿，可否带回房中一会再吃。凌氏一想，也罢，就让他回去吃，并暗中跟踪监视。

钟川秀回到房中，发现被人跟踪，佯装不知，关上房门，钻进屏风后面。钟川秀养了一只猫，他就把饭拨了一点给猫吃，谁知那猫吃完"喵喵"连叫几声，双腿一蹬，一命归西。川秀大惊，连忙把饭碗往地上一摔，骂道："死猫，把我的饭碗打碎了。"凌氏在外偷听，叹道："这死小子，太精了，早晚我会再收拾你！"

钟川秀知道凌氏要害他，再被叫去吃饭，就推托不去，事事提防。一天夜里，钟川秀收拾了行囊，不辞而别。后来他跟随狮岭一木匠当学徒。木匠姓黄，家有一个闺女，与钟川秀年龄相仿，两人日久生情。木匠临终前，就让闺女嫁给了钟川秀，并把家业也传给了他。

开村奇缘

钟川秀娶妻黄氏，小两口勤劳创业，不久家境殷实。夫妻俩共生五子一女（女儿后来出嫁到益群村），五子分别为宏缙、宏绅、宏纹、宏纶、宏绫。川秀决定买几亩地，扩大家业。正巧，这日来到义坑，竟然听说了一件怪事。

说一个姓潘的家族买下这块地，准备在这里开基建村。然而，在盖房子上梁时，突然不知从哪来的一阵大风，飞沙走石，众人皆惊，连忙躲藏，等风停了出来一看，大梁不见了，四处寻找，原来被吹到300米开外，梁上的"红裤子"也不见了（过去人们在盖房上梁时，总是在梁上搭一条红裤子，寓意红红火火）。潘姓的人急了，最后在两公里外的太平庄才找到，过去的人比较迷信，找风水先生一看，风水佬道："哎呀，不好，是上天指引你到太平庄开村，义坑那里不适合居住。"

后来潘姓的人真的在太平庄开了村，义坑这块地只好低价出售。钟川秀一听来了劲，他不信这个邪，回到家中，筹措银两，再次来到义坑，买下了这块地。

钟川秀搬来后，生意竟然越做越火。这时，风水先生又来了，说："川秀啊，当初要不是我说的那些话，姓潘的怎么会把这块地便宜卖给你？"川秀知道这个人要讨赏钱，就让人给了他一些赏钱。钟川秀过世几年后，他的五个儿子生意渐渐不好了，大儿子的一个下人也突然间死了。家里的人很是恐慌，有人就把那个风水佬又请来了。风水佬在宅前宅后转了一圈，然后要了把小板凳，一屁股坐在村前的池塘边，对五个儿子说："你们看村后的这一排小山，就像一条青龙。你们现在生意不好，是因为压不住后山的青龙，川秀当年是因为他名字中有个'川'字，所以才镇住了这里的风水，现在川秀走了，你们后代就遭殃了！"

五个儿子吓破了胆，急问风水佬那可咋办？风水佬喝了一口茶，说道："也不是没有办法，只是有点……"

大儿子见多识广，明白风水佬意思，连忙拿些赏钱给他。风水佬见钱已到位，就不卖关子了。说道："旁边这个塘，你们要把它铲成半月形，可以聚财。塘后盖一个祠堂，供奉你们的川秀公，另外，川秀公还要监督你们孝顺不孝顺，会不会经常来拜祭，你们要在这里打一口井。"风水佬站起来，指着他刚才坐过的小板凳，说："这就像他有一只眼，斜视着祠堂，让你们不能有丝毫的马虎大意，有了川秀钟公祠，又有了这只眼，就可以镇住后山的青龙。"

风水佬说完，大摇大摆地走了。五个儿子不敢怠慢，赶紧盖祠堂打井。一切搞掂之后，也许是心理作用吧，钟氏五个儿子后来日子倒也过得平稳，各自开枝散叶，子孙众多，人丁兴旺。

一眼定乾坤的古井

从此，就有了这个祠堂和池塘边的这口井，如今这口井已有两三百年。据村民说，听老人讲，大旱时池塘干了，水井也不会枯，仍然有水，钟氏的人视这口井如宝贝。

村中趣闻

义坑村自开基以来，已有300多年的历史。百年古村，有着丰富的历史文化遗存，也有着许多民俗和趣事，有的至今流传。

比如村中谁家生了男孩，也就是"添丁"，正月初四家里要准备一盏煤油灯，用新的红绳绑好，拿到祠堂点燃，每天添油，名曰"添灯"（与"添丁"谐音）。到了正月十五，还举行游灯活动。当晚八点，游灯正式开始，这家人提着灯，跟着"大部队"从祠堂出发，途中燃放鞭炮，还可以观看舞狮、放烟花，游灯之后，就把灯拿回家。

值得一说的是义坑村余庆堂醒狮队，具有悠久的历史，在花都也很有名气，拿过不少大奖。

如今，村中经济以种植和手工业为主，村人多以手袋厂起家，为狮岭皮革皮具发展起到了重要的推动作用。

义坑村历史上没有出过大的人物，没有人中过进士、举人，但是出过的秀才却不少。比如村里至今保存的一部钟氏历代族谱就是一名秀才所写，此人叫钟昌瀋（字庆韶），于1914年首次主持编修钟氏族谱。虽然现在这本族谱已经破烂不堪，但是弥足珍贵。

丛芳茂盛绽芳华

——记振兴村火砖屋良玑钟公祠

◎ 邓沛煊

火砖屋位于狮岭镇中心的北部,隶属于振兴村。在振兴村21个自然村,14个主要姓氏中,钟姓是一个大姓。火砖屋相邻自然村有六横、双龙、义坑。始建于清光绪年间(1875—1908),与六横等地统一称为大埠垯。

良玑钟公祠

钟氏宗脉溯源

屋顶灰塑"丹凤朝阳"

钟氏的入粤始祖是钟提龄。钟提龄于元代至元元年（1335）由福建的汀州迁徙至广东长乐县（今五华县）。钟提龄的第四子钟文亮的裔孙钟国飏于明代期间迁徙至永安城内居住，其长子钟继虞于清康熙年间，听闻新设花县，遂携家眷迁往花县福源水定居，后再迁狮岭大瑞边开基立业。

钟继虞有七子，其第三子钟川秀于康熙年间从大瑞边迁往义坑村开庄。钟川秀生有五子，第五子钟宏绫的儿子钟良玑于光绪年间迁入火砖屋开基。

根据民国三年（1914），钟国飏九代孙钟昌濬（又名庆绍，庠生功名，双龙村人）首次编修的族谱记载（另狮岭益群村黄屋的《黄氏族谱》记载），钟川秀的女儿生于康熙三十三年（1694）年六月十二日，后嫁给益群村黄屋开基祖黄子茂的第三子黄国珍为妻，成为黄屋黄氏家族的"祖妣"。黄氏家族的祖妣墓现葬在义坑村的后龙山西侧，黄氏族人每年清明祭祖，要等义坑钟氏族人祭拜钟川秀结束后，才开始祭拜其祖妣，以此表达世代传承必须尊重祖辈的意思。

十一世祖钟国飏（名韶则），生于明朝熹宗天启元年（1621）娶温氏、罗氏，至康熙二十五年（1686）始建花县时，钟国飏的儿子继虞、绍虞、维虞、缵虞、绪虞兄弟五人由紫金迁居花县建基立业。

十二世祖钟继虞（名兆夏），妣李氏、凌氏、黄氏，生七子，乾秀、坤秀、川秀、岳秀、日秀、月秀、辰秀。钟继虞生于清初顺治元年（1644）八月初四辰时，卒于康熙四十年（1701）二月二十五日。钟继虞携眷迁到花县大瑞边村开基时42岁，在花县居住16年后逝世，享年58岁。

十三世祖钟川秀与妻子黄氏生五子，分别是宏缙、宏绅、宏纹、宏纶、宏绫。

钟良玑为十五世，娶妻邝氏，生二子，芳郁、芳茂（分居火砖屋），钟芳郁、钟芳茂兄弟俩从义坑村分居到火砖屋建基立业。钟芳茂的出生时间约为乾隆六年（1741），若他是成年后分居到火砖屋的话，火砖屋开基的时间大概是乾隆三十一年（1766）。

钟芳茂开基业

据钟良玑第七代裔孙钟锦光2007年在编撰《钟氏族谱》时查实，十三世钟川秀生五子，其中第五子钟宏绫（十四世）生二子钟良玑、钟良球（十五世）；钟良玑生二子钟芳郁、钟芳茂（十六世）。据资料考证，火砖屋村最早是钟良玑（十五世）之子钟芳茂迁来开基立业。钟芳茂随后把父亲钟良玑、兄钟芳郁接来居住。

火砖屋原有一间平房式的旧厅堂，相当简陋陈旧，由于时代变迁，早年已被拆除只剩遗址。1999年3月，重建了一座简易的良玑钟公堂，于2000年春节初五落成进伙。2016年5月，再次拆除旧堂，重建良玑钟公祠，由裔孙钟锦光撰题新堂号"贤德堂"，并于2018年6月隆重举行了新立祠堂的落成进伙仪式。

祠堂为三间两进结构，正门镶嵌花岗岩石，门上阴刻"良玑钟公祠"大字。头门双龙脊上飞，后堂双凤脊上舞，祠堂内上下所有木料全部是菠萝格。良玑钟公祠熠熠生辉，富丽堂皇。

祠前有一口半月形水塘，塘基和护栏全用花岗岩石砌设。在祠堂前右旁还建有一座两层的"芳茂楼"，主要用作宗亲议事及拜祭聚会场所。新建的祠堂坐西向东，三间两进，占地面积约400平方米，每天有热心宗亲族人护管，一年365天香火不断。

《钟氏族谱》上有先祖训语，"嫁娶当慎，教子宜严，贫而无谄，富而无骄，远族当认，祖坟当祭，宝藏谱牒"，于清朝时制定。村里的宗族活动是每年清明节同姓村民一起拜祭先祖。中华人民共和国成立前有"太公分猪肉"民俗，现已消失。

火砖屋往事

翻开火砖屋钟氏族谱，十八世钟万煌生五子：世锌、世铥、世锐、世钺、世镗。火砖屋村曾发生过一件大事，幸亏钟世锌一人承担，避免了一场灾难，火砖屋村每提起此事，都感恩不忘。

事由起因是在清末民初期间，火砖屋村与邻村因为土地水源纠纷，发生了一场械斗。两村村民各执锄头铁棍混斗，双方各有负伤。混斗中，邻村有两人被火砖屋村民锄头击中，流血不止，抬回村时，因失血过多抢救无效死亡。

邻村一纸诉状告到县衙，县衙即派出差役来到火砖屋缉拿杀人凶手。当时，锁了几十人正准备拉回县衙关押审讯，村里妇孺老幼呼天哭地。紧急关头，村民钟世锌挺身站出来，说这两人是他用锄头击死的，与他人无关，责任由他一人担当。衙役放了众人，锁了钟世锌回县衙关押审讯。钟世锌始终一口咬定是他亲手锄死二人，并在供词上画押。最后，以聚众械斗罪，把钟世锌处决了。火砖屋的村民感恩钟世锌舍身取义之壮举，自愿捐款抚养他的妻儿老小。

老三钟世钺（又名钟炳南）家境贫寒，有抢劫富人的行为。据说，有一次被抢之人恰好是花县县长的亲戚，县长下令捉拿钟世钺。为逃避追捕，钟世钺连夜逃往南洋，到新加坡后，改名换姓成为赌场的负责人。赌场老板去世后，钟世钺把他遗留下来的白银带回到火砖屋并埋在地下，从此钟家的生活便富裕起来。

钟世钺的儿子钟佐贤早年在狮岭冯村学校当过两年教师。他曾练习过武功，是一个闲不住的人，他不甘心教书的清闲生活，于是便跑去英德参加北江抗日游击队。

正脊灰塑"二龙戏珠"

钟佐贤有武功,有胆量,枪法准,在韶关、英德、曲江抗日两年间曾当了中队长,并带一个中队到清远、花县、从化等地袭击日军。有一次在盘古王附近,钟佐贤配合国民党军打了一场仗,消灭日军30多人。还有一次,钟佐贤埋伏在日军必经之路袭击日军,后遭日军报复。一队日军在汉奸的引路下,偷袭了钟佐贤的住所,钟佐贤连衣服也来不及穿,只穿着一条短裤衩,赤裸上身拖着一挺机关枪,拼死抵抗。

1945年日本投降后,钟佐贤离开了抗日游击队,带着亲兄弟和同村的几个乡亲,回到狮岭振兴村组织了一个"民团自卫队"。1949年,人民解放军百万雄师过大江,以摧枯拉朽之势向南方追击国民党残军。钟佐贤招揽散兵游勇,变成花县匪首,与新生的解放政权为敌。1949年12月29日,时任县长谢光亲自带领队伍剿匪,钟佐贤被活捉。在1984年《花县文史》第五辑上,刊登了中华人民共和国成立后第一任县长谢光的文章《狮岭剿匪纪实》,详细描写了这场战斗的经过,文末写道:"通过钟佐贤亲自写信给黄日华、钟子来等匪首,说明利害,劝他们带枪前来投诚,大概在半个月内,股匪便基本瓦解,纷纷前来自新了。"

钟氏后裔热心公益

火砖屋钟族后裔人丁兴旺,繁荣昌盛。钟氏以忠孝为本,耕读传家,牢记祖训,热心公益,用自己勤劳的双手,建设自己的家园,为当地的经济发展和社会的进步做出了应有的贡献。

钟锦光生于1956年6月,现任广州和信集团董事长,广州市花都区工商业联合会常务副主席,花都区第七、第八、第九届政协委员,世界钟姓宗亲总会主席。钟锦就出生于1964年9月,是花都区第八、第九届政协委员,花都区工商业联合会常委,工商业联合会狮岭分会常副会长,花都区狮岭皮革商会常务副会长,现任广州市壹森皮革有限公司董事长,著名品牌壹森皮革在皮革行业中享有盛名。

为弘扬祖德,增强钟氏宗亲的团结和凝聚力,在钟氏后裔钟锦光、钟锦就等热心人的带动下,钟良玑的裔孙共筹资金290多万元建成了良玑钟公祠。

小祠堂看大家园

——旗新村旗美钟氏宗祠侧记

◎黄永奎

旗美村是狮岭镇旗新村的一个自然村,坐北朝南,在风景秀丽的芙蓉嶂山脚下,世居村民主要为钟姓。该村始建于清乾隆年间,因村在旗尾岭主峰尾端的位置,原名叫凤尾村。钟姓先祖在此开村后,将村名改为旗尾村,后因粤语"尾"与"美"同音,于是又改为旗美村。

钟氏宗祠

祖先开基　追溯渊源

据该村《钟氏族谱》记载，旗美钟氏的一世始祖为钟瑞龄，与义坑村始祖钟提龄是兄弟。他们有五兄弟，钟瑞龄最小。元至元元年（1335），五兄弟从福建迁居广东。其中，钟瑞龄迁至梅州五华县华城李大塘境嶂下开基。到了十四世钟奕和，约在清康熙三十九年（1700）从五华增益村嶂下迁移花县蚌塘村居住。十七世为钟士琮，约生于清乾隆五年（1740），于乾隆四十五年（1780）由蚌塘迁入旗美村开基，成为旗美村始祖。据说钟士琮颇懂风水，有一日来到旗美，通过观察，认为该地钟灵毓秀，藏风聚气，实乃风水宝地。于是，把家族由蚌塘迁居至此落业，后建祠于村面中心。

从此，钟士琮的子孙们在旗美村这块风水宝地开枝散叶。清朝末年为了纪念开村始祖钟士琮，村里的族老商定，建一座钟氏宗祠，祠堂门前竖立了两根高大的旗杆。

小而全的祠堂

走进旗美村，在牌坊后两百米处，半月塘边矗立着一座祠堂，门头上书写着四个大字"钟氏宗祠"，落款"星浦梁澄书"，侧旁阴刻"丙辰岁民国五年季冬重建"。大门两侧竖有一联"高山流水；舞鹤飞鸿"，这是钟姓宗祠通用联。

钟氏宗祠上方屋脊树有两条飞龙，中间一个圆球，名曰"双龙戏珠"。内外墙壁上绘有山水、人物、花鸟等壁画。祠堂三间两进，一进仪门上方悬挂"积善堂"匾额，二进内壁设有祖宗神位，上面供奉的是旗美村的开基始祖钟士琮。

钟氏宗祠左边有一侧房，名曰"旗美书院"，民国时曾为私塾，后作为村里小学使用，再后来闲置为仓库。

祠堂虽小，但有"麻雀虽小，五脏俱全"之誉。这里是旗美村钟氏祖上遗留下来的宝贵遗产，也是旗美村世代钟氏家族的精神家园。

钟氏宗祠自建成后，几经重修。清末由于战乱，祠堂遭到了毁坏，民国五年（1916）初修，1946年再修。在"文革"中，祠堂遭到了灭顶之灾，被拆除了。一直到20世纪80年代，改革开放以后，旗美村发生了日新月异的变化，人们的思想观念也发生了很大

垂脊上的陶塑狮子

的转变。大家开始意识到，祠堂是村民的精神家园，可以起到团结和睦的作用，于是广泛发动村民，重建祠堂。目前这座钟氏宗祠就是1985年在巴拿马侨胞、香港同胞及本村热心人士等赞助下重建的。

"巴拿马村"之名

钟氏家族自开村以来，人口猛增。民国时，村民生活困难，村中钟氏人纷纷出外谋生，主要去往我国香港和东南亚一带。二十世纪三四十年代到六七十年代，旗美村的村民十有八九漂洋过海，去海外谋生。其中，去巴拿马的村民居多。现在留在旗美村的村民人数还没有移居巴拿马的人多，所以旗美村又被称为"巴拿马村"。

古老的"旗美村"牌坊竖立在村头，不知被多少海外游子日夜牵挂。据统计，旗美的后裔子孙除大多居住在巴拿马外，还分居中国香港、中国澳门、美国等地，侨梓甚多。远在海外的游子日思夜想，随着岁月的流逝，虽然亲人有的不在了，但是祠堂还在，祠堂在，根就在，这座小祠堂成了从旗美村走出的许多华侨们的牵挂。特别是中巴建交后，更多在巴拿马谋生的旗美村人回到家乡，他们的子女也经常回到祖居地，感受血脉亲情。

海外华侨的赤子心

在重建祠堂中，有一个人起到了关键性的作用，这个人就是爱国华侨钟月明。钟月明，1940年出生，从小在祠堂边长大，系花都狮岭旗新村八队人氏。早年家境贫寒，23岁时移居香港。

"自古英雄出寒窑"，钟月明白手起家，在香港开始艰辛创业，先在鞋厂当工人，后到冷气商行当学徒，为了节省开支，最困难的时候甚至一天只吃一顿饭。后来开始做空调销售，经过数十年打拼和奋斗，生意越做越大，在香港创立了永明冷气电器公司，事业如日中天，在20世纪70年代时就已成为香港冷气行业的代表人物。多年的奋斗历程，使他积累了一定的财富。后因儿子在加拿大读书，他选择移民加拿大。然而，身在异国他乡，永远割不断的是他对故土的思念。

为了保护祠堂，让钟氏的"根"永远地稳定。在20世纪80年代，钟月明就利用回乡探亲的机会，开始找村干部和村里的老人商议，想把祠堂进行修缮。村委也意识到，修缮祠堂势在必行，修好祠堂，才能对得起列祖列宗，才能让这么多在海外的侨胞和侨眷找到心灵的归宿。村中的族老认为，要想重修，必须通联在巴拿马、中国香港等地的族人。钟月明为了起到带头作用，首先捐出一万元港币，然后联系中国香港和巴拿马等地族人行动起来，由此，他开始走上筹款之路。

当时在巴拿马发财的族人并不多，他们大多是20世纪初去巴地谋生，多以开小超市、做搬运

嵌满石湾陶塑公仔的屋脊

工等为业。但是从旗美村出去的人中有一人例外，此人是钟震邦。钟震邦的父亲曾经在巴拿马开鞋厂，其祖父开始创业，到钟震邦的父亲接班后，家业大盛，成为巴拿马鞋业巨头，家业之大，无人能比。

而到钟震邦承祖业的时候，生意已走下坡路，但仍是巴拿马制鞋业的领军人物。当巴拿马那边的筹款人钟国韶、钟月钧找到钟震邦时，钟震邦二话没说，立即捐出1000美金，并托他俩向家乡人问好。并叮嘱如果需要，他还继续捐，为了家乡，哪怕捐出家业，也是应该。

另外，钟月明加紧联系香港方面族人。侨裔同心合力，踊跃捐资，筹备数月之后，巴拿马、中国香港等侨胞共筹款近十万元，祠堂终于在1985年冬季建成。为了表彰侨梓热爱祖国，满怀光宗耀祖之衷，使之当代昭然于目，后代了然于心，族人特将捐款芳名立碑留念。

钟氏宗祠重修之后，内外焕然一新。总体来看，祠堂虽小，但它是连结海外游子的纽带，是他们朝思暮想的精神家园，凝聚着海外华人华侨的一片赤子之心。2001年，钟月明毅然从加拿大返港，把手中的生意交给儿子经营，翌年回到家乡义务办学，先后创办中华文化艺术学校、创意文化幼儿园、中华教育园等。

忠孝耕读传家训

——记新民村钟氏诸祠堂

◎余鸿浩

第一支钟氏从落户花都算起,迄今已有600多年历史。花都钟氏后裔人丁兴旺,繁荣昌盛,目前花都常住的钟氏人口约有一万人,各街镇均有钟氏的踪迹。数百年来,花都钟氏以忠孝仁义为本,耕读传家,牢记祖训,勤俭持家。用勤劳的双手建设自己的家园,新民村就是这样一个钟氏聚居的村落。

新民村位于花都区狮岭镇东南角,284县道、度假村专用道、育才路、富誉路、河滨西路、裕丰路在村中贯通四方,交通发达。新民村是中华人民共和国成立后建制的行政村,1950年建立农会时,大家认为新中国成立了,人民可以当家做主,将村子命名为新民村。新民村下辖16个自然村,其中向东屋、锅耳屋、洛洋村、深坑陇为钟姓村民的主要聚居地。

新民钟氏之祖

新民钟氏是入粤始祖钟提龄的第十三代孙钟琦生的后代。钟琦生居长乐(今五华县),生有三子,为应行、应和、应秀。清朝乾隆年间,钟琦生去世后,三兄弟见祖居地发展空间有限,于是携家带口离开家乡,寻找新的居住地。他们历尽艰辛、跋山涉水,一路南下至花县深坑陇,见这里山清水秀、土地富饶,便建村于此。后来三兄弟为了纪念父亲,在村中建了祠堂,即琦生钟公祠。

随着时间的推移,新民钟氏生息繁衍、开枝散叶,又陆续在深坑陇周围择吉地建立了三个村庄。钟琦生第三子钟应秀也生有三子,为元德、元亮、元扬。咸丰年间,三兄弟分家,钟元德及其后裔留居深坑陇;钟元扬在深坑陇的东北方向建村,称为向东屋;钟元亮则迁居至西北方向,建洛洋村。清末,钟元亮之子钟维翰又从洛洋村迁出,在该村的南边建村锅耳屋,至此,向东屋、锅耳屋、洛洋村、深坑陇为钟姓村民的聚居地。

新民村的钟氏后代约有2000人,其中有五分之一已迁居世界各地,主要分布在巴拿马、墨西哥、美国、英国、马来西亚等国家以及中国香港地区,新民钟氏所在的地区是名副其实的侨乡。

每年农历八月十二日是该地区的盘古王诞辰,有些村民会提前一天准备好祭品,晚上十点前步行至盘古王庙进行朝拜,有些则是当天才去朝拜。此外,重阳节时,该地区的很多青年会在这一天相约前往盘古王山登高,他们认为在吉日登到高处便能让好运到来。这些风俗从古至今一直流传下来。

维翰钟公祠

在花都区,有20余座钟姓祠堂,它们面积大小不一,建祠时间各异,有的建于明朝,有的建于清朝,有的建于民国。这些祠堂中的大部分都在改革开放后经历过重修或重建。

进入新民村采访,首先来到的是锅耳屋自然村。村子之所以会有这个名字,自然是跟祠堂脱离不了关系。果不其然,在村祠堂维翰钟公祠前方,有一座门楼,门楼的屋顶有一对锅耳状建筑物,故村子得名锅耳屋。

维翰钟公祠位于狮岭镇裕丰路与芙蓉度假村专用道交叉口北200米处的西侧,该祠坐东北朝

维翰钟公祠保留明显的客家特色

西南，七间两进，占地面积1030平方米，是一座典型的客家祠堂。主体建筑为硬山顶，夯土墙基，青砖墙。大门嵌花岗岩门夹，石门额阴刻"维翰钟公祠"五字，门额上方的壁画被人为破坏。门额下方的对联是"维新祖德；翰列生香"，这是一副藏头对联，客家人习惯将祖先名字写入对联以表达纪念和尊敬。屋顶上有一条长长的屋脊——灰塑龙船脊。门口左前方有一座独立的门楼坐落在门前空地上，门楼的屋顶有一对锅耳状构造物，该门楼就像守护村民的岗哨，几百年来，静静地耸立在这里。空地的前方则是一个1000余平方米的长方形水塘。面阔、屋脊、门楼、藏头对联，这间具备诸多典型客家元素的祠堂，是研究清代岭南地区客家传统建筑的实物资料。

村民们热情地向我们介绍这座祠堂的往事。祠堂建于清朝末年，刚建成时面阔比现在还要宽，而且原来有两座门楼。祠堂自建成至20世纪60年代中期都一直保存完好，从未遭过损毁。直到"文革"期间，祠堂的壁画被人涂抹破坏，20世纪90年代初又因修路、建新房等原因，祠堂东侧数个房间和一座门楼被陆续拆除，祠堂从此疏于管理，逐渐荒芜破败。2008年5月，维翰钟公祠被公布为广州市花都区登记保护文物单位，但此举未能改变祠堂的面貌。

村民为我们打开了祠堂紧锁的大门，进入祠堂，映入眼帘的是放在天井处的三件石器：一个井口、一个打禾石和一个石磨，这都是原祠堂的旧物件。村民介绍，祠堂门口原有一口井，20世纪90年代被填，井口做工精美、年代悠久，被村民保存下来。祠堂门口还曾有数个打禾石，后大多被盗，仅剩一个。祠堂在中华人民共和国成立后曾做过谷仓，为方便碾米，石磨一直放在祠堂内。于是村民便将最后的打禾石与井口、石磨一起锁进祠堂。如今的维翰钟公祠，除了这三个石器和一些杂物外，就只剩下杂草了，历代祖先牌位、供桌、香炉等都未见。

不过，只要走进了祠堂，当年的记忆又回到了村民的脑海中。村民们纷纷说起20世纪发生在祠堂里的旧事。从建村至20世纪90年代，村民都是紧紧围绕着祠堂居住的，祠堂是村子的中心，因此经常聚集着很多人。他们小时候经常在祠堂里面和前面的空地上追逐、嬉戏、捉迷藏，大人们则在一旁聊天，很是热闹。那个时候，村中的红白事都离不开祠堂，新人结婚时，都会来这里祭拜祖先，村中有人去世后则要将遗体放置在祠堂侧室几天，以示落叶归根。而如今，只有在春节和清明时，村民才会来祠堂烧几炷香，祭拜一下祖宗，其他时间祠堂几乎都是大门紧锁的。

不过，虽然祠堂里面比过去冷清了很多，但是祠堂的周围依然热闹，新民村近几年在祠堂西边修建了一个村民活动中心，在祠堂门口的空地设置

天井摆放着井圈、石磨、打禾石等旧物

了一些健身器材,每天都会有很多村民来这里运动和聊天。

离开维翰钟公祠时,村民们说,看着祠堂逐渐残破下去,他们也很心痛,我们这次的采访提醒了他们,日后要好好保护、修复祖宗留下来的宝贵遗产。希望维翰钟公祠在锅耳屋钟氏子孙的努力下,能重现往日的辉煌。

维良、元亮钟公祠

沿着芙蓉度假村专用道向东北前进数百米,我们进入了洛洋村。据1996年出版的《花都市地名志》记载,因洛洋村附近地形似雁飞落平阳,因而以此谐音得名。还有村民说,村名是由一位堪舆先生所取,但为何取此名并不知晓。

维良钟公祠

在村内,两座相距不远的祠堂进入了我们的视线,分别是维良钟公祠和元亮钟公祠。维良钟公祠位于金狮大道东和芙蓉度假村专用道交叉口西南200米处东南侧,始建年代不详,于20世纪90年代重修,祠堂外墙上贴满了绿色瓷砖,有一种焕然一新的感觉。现祠坐东朝西,原是三间两进,现右侧已被拆,仅保留左侧与上下两厅一天井,占地面积约120平方米。祠堂大门嵌花岗岩门夹,石门额阴刻"维良钟公祠"五字,门额下方的对联是"维持巩固;良振家声"。维良钟公祠内部设有供桌、香炉等祭祀用品。

在维良钟公祠的东北100米处,就是元亮钟公祠,它始建于清咸丰年间,曾在早年重修,具体时间不详。现祠坐东向西,分上下两厅结构,厅的边侧有厢房,两厅之间有天井,占地面积约300平方米。祠堂前方有一占地约800平方米的半圆形水塘,祠堂大门嵌花岗岩门夹,石门额阴刻"元亮钟公祠"五字,门额下方的对联是"元享祖德;亮彩孙枝"。元亮钟公祠内部设有供桌、香炉等祭祀用品。由于历经百年沧桑、风雨侵蚀,元亮钟公祠虽保存完好,但也早已容颜残旧,目前,钟元亮的后代们正在提议再次重修祖祠,以慰祖先在天之灵。

与维翰钟公祠不同,维良钟公祠和元亮钟公祠的大门是常年打开的,村民说,这是为了欢迎

元亮钟公祠为典型的客家建筑

各地宗亲和朋友入祠祭拜参观。在两座祠堂的附近，有新民小学和新民幼儿园，小朋友在上学和放学时，都要经过自己祖宗的祠堂。

琦生钟公祠

离开维良钟公祠和元亮钟公祠两座祠堂，向东南前进300米就是深坑陇，这里是新民钟氏最早迁来的地点。深坑陇始建于清乾隆年间，因地势比四周低，形似一条深坑，故名深坑陇。

穿过密密麻麻的民居，又一座祠堂出现在我们眼前，这就是琦生钟公祠。琦生钟公祠始建于乾隆年间，20世纪50年代（一说1972年）被毁。20世纪90年代，其后裔宗亲（以巴拿马籍后代为主）共同商议决定重建，1995年冬建成。现祠坐西向东，三间两进，占地面积约120平方米。重建后的琦生钟公祠与重建后的维良钟公祠十分相似，表面也被鲜艳的绿色瓷砖覆盖，祠堂大门嵌花岗岩门夹，石门额阴刻"琦生钟公祠"五字，门额下方的对联是："琦花映月；生瑞华堂。"祠堂门口有一占地100多平方米的半圆形水塘。琦生钟公祠内有供桌、香炉、祖先牌位等。

值得一提的是，琦生钟公祠与前三个祠堂有一个很大的不同，前

琦生钟公祠

三个祠堂都坐落在十分繁忙的公路旁，呼啸声和鸣笛声此起彼伏、不绝于耳，而琦生钟公祠则被当地村民的房屋团团包围，周围环境十分安静。琦生钟公祠的大门也是常年打开的。

元扬钟公祠

元扬钟公祠

向东屋在深坑陇东北，仅隔着一条金狮大道，因该村坐西朝东，故得名向东屋。向东屋钟氏人才辈出，不乏各类行业翘楚，约有200名后裔侨居世界各地，占向东屋钟氏总人口的一半。

村中始建于清朝咸丰年间的元扬钟公祠，在岁月的侵蚀下逐渐残破，村民以及海外侨胞不忍看到承载家族精神的祠堂破败下去，于是男女老幼齐心合力、慷慨解囊、踊跃捐款，于2014年重建了祠堂，并在2016年举行了元扬钟公祠重光庆典活动。当天，向东屋钟氏宴请了来自世界各地的钟氏宗亲5000多人，参与活动的宗亲赠送了18副极具文化艺术价值的菠萝格木制对联，现在这些对联整齐划一地悬挂在宗祠内，非常有气势。

元扬钟公祠坐西向东，三间两进，占地面积约300平方米。祠堂大门嵌花岗岩门夹，石门额阴刻"元扬钟公祠"五字，门额下方的对联是"元亨祖德；扬播孙枝"。在祠堂左前方有元扬龙井，井四周建有围栏保护，以提醒族人要饮水思源。祠堂正前方有一占地7000余平方米的半椭圆形水塘，后方有宗亲筹资80万元修建的"新元扬楼"，楼内挂有多幅钟氏名家书画、各地钟氏送来的锦旗和钟氏宗亲联谊合照。现在的元扬钟公祠已成为钟姓村民祭祖和大型宴会的专门地点，而后方的新元扬楼则是宗亲娱乐交流聚会的场所，祠堂的重光大大增强了钟氏后辈们的凝聚力和向心力。

宗祠是族人的根，是一个氏族的温馨家园。宗祠蕴含着深厚的历史文化，是族人敬仰先祖和传承接受祖德教育的圣地，也是族人学艺习武和开展各类有益活动的良好公共场所，是人们心中的殿堂，是家族的根，可以展现一个家族的精神风貌。因此人们应该重视对祠堂的保护，让祠堂成为人们心中的家园。

奕代流芳不忘祖

——访前进村东坑南枝王公祠

◎侯丽佳

南枝王公祠坐落在位于狮岭镇前进村东坑社前街13号,该祠始建于清康熙年间。与东坑村相邻的自然村有联珠坑、横岭、番背,均属于前进村,是狮岭镇的附城村。

东坑村村民均为王姓,常住人口约400人,祖籍在本村的华侨约100人。南枝王公祠历经朝代更迭,仍彰显昔日宗祠气派。

南枝王公祠

定居东坑　宗功浩大

祠堂内景

据《王氏族谱》记载，王氏的入粤始祖王俦是北宋进士，由河南迁广东兴宁（今梅州市兴宁县），任梅州判官。十二世祖王祖熙在明朝末期携第二、第三、第四房族人迁入永安县桥头围（今河源市紫金县）。十五世祖王粤士，号南枝，与兄弟王君士于康熙二十七年（1688）从永安县迁徙至花县花城（今花山镇花城村），王南枝（王粤士）和部分子孙于清康熙年间再迁东坑村。

王氏家族历尽千辛万苦，终于寻到风水宝地，即在现在的狮岭镇东坑村开基创业，从此安定下来。王氏先祖王南枝为何会选择此地呢？据说在康熙二十五年（1686），花县刚建县，王永名是首任知县，为了县城的发展建设，颁布了一项优惠政策，鼓励百姓到花县定居参与建设。当时王南枝才13岁，闻讯后，他认为眼见为实，最好能深入当地考察，了解是否有发展前途。于是，王南枝告别家人，只身从永安徒步来到花县的花城。当时人生地不熟，居无定所，他只好边谋生边了解。

两年后，他认为花县地理位置好，山清水秀，适合居住创业，就赶回永安家中，对族人说："花县建制不久，有发展前途，优惠政策好，不如我们举家到花县定居。"得到族人的允许后，他先在紫金县娶妻成家，然后与兄弟带着整个家族几十人浩浩荡荡来到花县。开始，他们在花峰书院（今花城小学）旁边买了一块地，建了房子，后来还在此建祠堂纪念先祖。王南枝带领家族在花城住了20年，靠抬轿子养活全家。这20年，孩子越生越多，王南枝又以卖豆腐营生，他在芙蓉集贤村办磨豆腐工厂，派大儿子王志渊带一部分人过来负责磨豆腐，一家人担豆腐到处去卖。王南枝从集贤村担豆腐到西头的冯村，路过军田老王屋，觉得此地不错，当时就萌发了搬家的念头。

清康熙四十八年（1709），全家人搬到军田老王屋村子居住，种田、养鸭，过着田园耕种日子。后来发现从军田到东坑有松树和山地，适宜发展副业，即烧炭。于是在东坑烧炭，担到老王屋卖，足足干了五年。清康熙五十二年（1713），聪明的王南枝觉得，常常来回担炭，不如在东坑建村，于是决定开发东坑村。

最先建的是王氏祖居屋,由王南枝亲手所建。当时只建了上下两个厅,由泥砖砌筑。王南枝出生于清康熙十二年(1673)农历八月初八,建祖屋时40岁。王南枝生有6子4女,因劳累过度,49岁就去世了。后来,祖屋重建时,易名南枝王公祠。

几建祠堂　彰振家声

先人建祠堂非常讲究线位,即风水。建祖居屋时,有三个风水先生从清远过来,站在西坑庙山峰一看,看到东坑村红光一片,当即觉得这里风水好。于是三人来到此地,只见村民在平地,即将杂草、树木砍下来用火烧。他们说:"此地风水好。"村民问:"此话怎讲?"三人说:"我们会看风水,相信我们。"于是村民便请他们帮忙,用罗盘定位,定出来的线位是"壬丙兼亥己",适宜建祠堂,这是第一次测出的线位。

嘉庆十八年(1813),族人赚到钱,决定将祖居屋改建为南枝王公祠。他们把祖居屋拆了,改建了三进三间的南枝王公祠,新祠堂焕然一新。这次扩建重修,测出的线位是"坐癸向丁兼子午"。

光绪元年(1875),族人接连发生不测,寻找根源发现,62年间家族不顺,不但没有兴旺发达的景象,还有衰败的迹象。族人认为是改建的南枝王公祠线位不妥,应该按第一次建祠堂测出的线位来建。于是,祠堂重新拆建,线位用第一次测的,但内外建筑保留扩建时的风貌。

1932年,南枝王公祠又大修一次。中华人民共和国成立后,政府把祠堂作为粮仓使用,神位全部拆除。再后来,祠堂又变成学校,前进村、军田村以及附近村的适龄儿童都到这里念书。20世纪80年代初,学校搬迁,恢复祠堂用途。1985年,南枝王公祠再次大修,恢复了神位以及被"文革"破坏的雕刻绘画等。

至今保存下来的南枝王公祠,无论是外观还是内部都非常大气宏伟。南枝王公祠坐北朝南,广三路,深三进,占地面积500多平方米。主祠两侧有衬祠。两侧青云巷门楼上刻着"居仁""由义"

庑廊梁架

意为内心存仁，行事循义。

祠堂两侧有檐柱，虾公梁上有石狮，檐柱里侧的梁架木雕精美。头门额蓝色阴刻"南枝王公祠""荫堂廷楠书"。祠堂的横梁、托、柱、座，均采用各种石雕和木雕工艺。

两扇仪门上有对联："屏设礼门通义路；风敦槐树振家声。"头厅左侧山墙内嵌砖雕神龛，两侧刻对联："门从积德大；官自读书高。"中堂有屏门，议事时要关上屏门，以示庄重，木柱上贴有对联："玉树暖迎沧海日；珠帘光动锦城春。"后墙正中设神位，"加官晋爵"四个醒目大字，红底金色福字居中，木柱上贴有对联："壮岁未酬名利愿；老年唯望子孙贤。"祠堂墙楣绘有"日近龙门""赏菊图""王子晋登仙""寄扬州韩绰判官"等众多壁画与古诗。2008年5月，南枝王公祠被公布为广州市花都区登记保护文物单位。

三槐传奇　百世流芳

与不少王氏宗祠的堂号一样，南枝王公祠的堂号也是三槐堂。三槐王氏是当今王氏中最大的一支，闻名天下。"三槐堂"是太原王氏的一衍派。以"三槐堂"堂号的家谱目录，占有王氏家谱总数的40%。

三槐堂的来历颇多，但基本上都跟历史上的王氏有关。王氏三槐堂的来历有一段传奇故事。王氏根植山西太原，宋朝族人王祐在朝为官，遭幕僚讥笑。于是王祐就在其宅院内，手植槐树三棵，以三槐比拟三公。他发誓："吾子孙必有为三公者。"后来的事实果不出其所料，他的儿子王旦进士及第，在宋真宗时做了宰相，其孙王雍、王仲、王素分别任兵部、户部、工部尚书，位居三公。他的预言变成了现实。

封檐板上的木雕"百子千孙"

"王子晋登仙图"是南枝王公祠墙壁上绘画之一。典故来源于《列仙传》中记载的神话故事,太子晋喜欢吹笙,声音酷似凤凰鸣唱,游历于伊、洛之间,仙人浮丘生将他带往嵩山修炼。30余年之后,一个名叫桓良的人遇见太子晋,太子晋对他说:"请你转告我的家人,七月七日与我在缑氏山相会。"到了那一天,太子晋乘坐白鹤出现在缑氏山之巅,可望而不可即,几天之后,太子晋挥手与世人作别,升天而去,这就是"王子登仙"的传说。

南枝王公祠在日本侵华期间险遭焚毁,据《花都村情·狮岭镇卷》记载:"南枝王公祠受到敌机轰炸,损毁严重,中厅瓦面曾被炸出一个大窟窿,直径两米有余,上厅外壁也受到损害。因祖先公棚十分美观,均雕刻通花,且贴有金箔,金光闪闪,引来众多日军爬上祠堂,动手拆祠。他们认为大火焚烧即可取出黄金。正当其时,一名佩长剑的日军军官见石牌匾上写着南枝王公祠,便知只是贴了金箔,令部下住手,祠堂才免于拆除。"

先人遗风　心灵驿站

无论是古代还是当代,王姓人才辈出。对于东坑村来说,王水泉是被村民们传颂的名人,他曾在联合小学、益群小学当校长。20世纪70年代,广州日报曾报道过他,称他为革命的老黄牛。后因受伤,于20世纪80年代退休。回村生活后,王水泉关心生产队发展,热心参与修祠堂等事,组织年轻人舞狮等活动,直到2018年逝世,享年90岁。

东坑村注重南枝王公祠文化的传承及维护,重视开展文体活动,丰富村民生活。早在20世纪60年代末期,村里就经常组织参加公社的文艺活动,文艺骨干自编自演节目,多次在文艺活动中获奖,并受到上级表扬。到了二十世纪七八十年代,生产队搞青年试验田、少年试验田,提高了产量。闲暇时间,大家大多聚集在一起,看书、看报和打球。进入21世纪,东坑村发出了秉承先辈之品行、树立新风貌的倡议,村里的南枝公后裔近50人自愿参加村狮鼓队,他们的签名张贴在南枝王祠堂内,在全村树立了勤奋上进之风。

至今,每逢清明、重阳以及节庆喜事,村民都在祠堂祭祖、办宴席,南枝王公祠成了家族成员心灵的驿站,弘扬家风、决定重大事项、教育儿孙、交流联谊的重要场所。

三槐门第两晋风

——记马岭村汝翼王公祠

◎黄永奎

在狮岭镇马岭村第一经济社马头岭，有一座汝翼王公祠。正门石额阴刻"汝翼王公祠"，门两边一副对联："三槐门第；两晋家风。"这座祠堂建于清代，坐南朝北，三间三进，悬山顶，人字山墙，碌灰筒瓦，虽然是客家祠堂，但风格与广府祠堂无异，装饰得富丽堂皇。该祠背靠山林，前有水塘。

重建后的汝翼王公祠改变了客家建筑的特色

祠堂对联及界域趣闻

汝翼王公祠门口有副对联："三槐门第；两晋家风。"这跟历史上的王氏有关。

王氏是中华姓氏中的大姓，而三槐王氏则是王氏子孙繁衍最大的支派，根植山西太原。在宋朝，王祐在朝为官，官封一品。王祐手植三棵槐树于庭前，取号"三槐堂"，并预言"吾之后世，必有三公者"。未到三年，果有其子王旦，仕至宰相，位晋

屋脊灰塑博古纹

太保，且其孙王雍、王仲、王素分别任兵部、户部、工部尚书，兄弟同朝，位居三公。故世有"三槐门第"之颂。"两晋家风"是指在两晋时期出了王祥、王览、王浑、王湛、王承、王坦之、王愉、王浚、王戎、王导、王敦、王羲之、王献之等名人，是王氏家声的鼎盛时期，故有"两晋家风"之美誉。汝翼王公祠中堂屏风上有堂号"启臣堂"，意味着王氏祖上曾做过大官。两旁对联为"太原发脉祖德功勋源流远；三槐门第枝繁叶茂世泽长"，似乎交代了汝翼王公祠的源流。

祠堂的后面还有一大片空地，然后就是山岭。据王氏族人说，这块地是村中族老于乾隆二年（1737）从本族宗亲王大鹏手中花了200两银子买来的，用于祠堂日后扩建。有证明人，也有地契，但是地契于咸丰四年（1854）被土匪焚毁无存，但是石界还在。所以汝翼王公祠在重修时，不断向后扩建。至于石界现在何处，村里人肯定仍在，但是由于后山林茂草深，无从查起。

破解王氏迁移之路

康熙二十五年（1686），花县建县。由于花县地广人稀，大片山林尚未开发，建县消息传出之后，引起了各地的老百姓眼馋和骚动。特别是地稀人密地区的老百姓纷纷迁移而来，都想食"头啖汤"。

在今狮岭镇中北部有一道山岭，因为这道山岭像一匹马，不仅有马头，还有马背，名唤"马岭"。在马头的地方，山脚是一片平地，但是长满树木和杂草。据《花县志》记载，建县时188个村落里并无马岭村。但马岭村《谢氏族谱》记载，清康熙五十八年（1719），谢氏先祖谢茂生、谢云生从龙川县石井村迁入马头岭。而据马岭村《王氏族谱》记载，康熙三十一年（1692），王姓先祖从永安县迁入花县狮岭，康熙五十四年到五十七年（1715—1718）由王汝翼迁入马头岭立村。从族谱上看王氏要先于谢氏，但是也有谢氏村民指出，早在康熙五十八年

(1719）以前，已有先祖谢芹生从龙川迁居于此，由于后来发现英德有块地更适合居住，便举家迁走。之后马岭王氏先祖才迁来。到底谁先入驻马岭，至今没有厘清。

笔者从汝翼王公祠墙上的碑文上了解到一些情况。经询问村中长老，又查阅了相关资料，终于破解了马岭王氏的迁移之谜。

据说，马岭始祖王汝翼的父亲王梅，原居永安县（今紫金县），祖上从山西太原迁入江西临川，后来子孙又一路南下，移居广东兴宁，至营公入驻永安黄坭塘。黄坭塘本是一穷乡僻壤之地，王梅是个有远见的人，一直想着为子孙后代另觅新地。清康熙二十八年（1689），他听闻广州府新开一花县，便携子举家沿着九连山路，直奔花县而来。据说历时两年多，康熙三十年（1691）在狮岭马鬃营（今属振兴村双龙自然村）落脚。

王梅有四个儿子，长子王汝翼。此人为人忠厚老实，克勤克俭，生有五子，五子均成家立业。康熙五十四年到五十七年（1715—1718）间，有一日，忽闻狮岭西北部有一座形像马头的山岭无人开发，汝翼便带领五个儿子来此开荒，最开始在马岭的马草塘一带开村。康熙五十八年（1719），谢氏也迁来，但是家族人少，无力开发这大片山林，便迁至马岭对面黄泥田。汝翼家族人多，顺势迁入马头岭，于是成就了一番基业。

王氏的祖墓和族谱

据《王氏族谱》记载，王汝翼的坟墓在百夫田嫩草垂珠台砂，丑艮山向，太婆叶氏坟在左砂，艮丑山向。如今，王汝翼与其妻的画像供奉在汝翼王公祠的后堂。

近年来，祠堂两次重修，一次是在2007年农历八月二十二日动工重建，是年十一月十六日落成重光。2008年5月，马头岭汝翼王公祠被公布为广州市花都区登记保护文物单位。第二次是在2011年，马头岭汝翼王公祠在原来的基础上扩建，是年农历十一月初四落成。

在马头岭居住的，是王汝翼第五个儿子的后代，称为"五房"。因此，汝翼王公祠厅堂门上有副对联："汝入花邑开基一代流传千载盛；翼停马岭建业五房支派万年昌。"

王氏迁入花县后，在康熙五十一年（1712）修过族谱，族谱是由王梅次子王汝为所修。后来这个族谱在嘉庆年间丢失。于是，王梅的曾孙王恭与王寅，在嘉庆二十一年（1816）重新修谱。后有《马头岭族谱序》，明确修有新谱，并续修到二十四世，第三次修谱时间和修谱人均不详。最终的族谱中清楚地记载了王氏的辈分。马头岭梅公世系王氏字派为："誉复琼祚可汝文，相缵金均爵辅纲。修齐积善贻谋远，务本藏书衍庆长。光宗耀祖功献显，建德树勋名永扬。宏开麟趾祯祥集，大展鸿模福寿康。"

有族谱当然好，孩子取名会有所依据。只可惜当代人很多丢失了族谱，孩子取名许多已经没有依据。南方人祠堂多，很多族谱仍在。现在人们在孩子取名上已经好多不按族谱，原因是在代代传承中，人们失去了族谱，或远走他乡，对祖先的概念模糊，只知前三代亲人了。

血战马岭坳

在马头岭村后,有一山脉,就是马岭,在低洼处名唤马岭坳。据一些村中老人说,在20世纪50年代,这里曾发生了一件怪事。

有一年夏天,天突降暴雨,在马头坳上马头岭书房下的小山塘里突然冲下一些死人的头颅骨。这事把马头岭的人吓个半死,都以为出了神鬼之事。想必是马岭坳上有个死人堆,一场大暴雨把这些头骨冲了下来。大胆的人们上山查看,果见有个死人堆。正当人心惶惶之时,村中有个上了年纪的老人终于站了出来,向人们说出一段掌故。

话说当年太平军与清兵曾在马岭坳有一场生死之战。太平天国运动失败后,有一支太平军撤到了广东梅县,为了保存实力,这支队伍中有一股分队昼伏夜行,悄悄地来到了洪秀全的出生地花县,驻守在马岭山上,并且在山里建起了自己的营盘,安营扎寨。时间一长,隔墙有耳,清军还是得到了消息,他们火速派大军前来镇压。双方在马岭坳狭路相逢,两军展开大战,太平军寡不敌众,但是仍血战到底,最终全军覆灭。可怜尸横遍野,无人收尸,日晒雨淋,最终尸体腐烂,骨头被后来上山的村民随便掩埋。近百年过去了,20世纪50年代的一场山洪,才让这些骸骨重见天日。这位老人也是听祖上传闻,是否属实,还是让科学家和史学家考证吧。

客家特色民俗民风

马头岭王氏除了像别的宗族正常祭祖外,还有正月十六游灯、投灯的习俗。一般是"狮子"开道,大人小孩手提灯笼,鱼贯而出。游灯并不像炭步一些村俗那样,挨家挨户狮子拜门,而是绕村一圈后,回祠堂进行投灯,灯笼一般六盏,寓意"六六大顺",王家的老少爷们围坐一圈,给钱多的中。这些钱都会用于村中的公益事业。

马头岭王氏族人中谁家生了儿子,需在正月十一到祠堂点灯,寓意"添丁",并录入族谱,这盏灯点着后就要拿回家中,油不能断,悬挂在正堂,一直燃过正月十六才能拿下来,直到油燃尽才能熄灯。

中秋节,马头岭的出嫁女要给娘家送礼。村中老人过生日有"小生日"和"大生日"之分,子女成家后,每年回来祝贺父母诞辰,称为"小生日"。50岁或60岁之后,每十年过一次生日,称为"大生日"。客家人过

仪门

大生日有"男做齐头,女做一"习俗,就是男的按实岁,女的按虚岁来过。

王氏后人及寻根之路

300多年来,王氏后人不忘先祖,开拓创新,不乏人才涌现。王德仁(1945—1999),在20世纪90年代担任过花都市(今花都区)市委副书记。王金泉(1927—1997),马岭大队书记,曾任广州市人大代表、广东省人大代表。王奇辉,狮岭皮革产业的企业家,热心公益事业,致富后不忘乡情,2008年主动为村中的第一、第二、第三、第六经济社安装路灯。从这一年开始,他每年春节、中秋节给马头岭60岁以上老人派发红包。在2011年重修祠堂时,他捐款120万元,并在多次公益活动中捐款。近年来,村中考上大学的学子不胜枚举。

中堂屏门

为了明确祖先,探寻王氏迁徙之路。2013年,村民王奇辉、王天洪等人,前往紫金县南坑村黄坭塘寻根,后又继续到兴宁追溯源头,一直追至兴宁叶塘。从那以后,马岭村民便自发前往紫金祭祖,甚至有村民到兴宁祭拜。

据村民说,现在狮岭马鬃营(今属振兴村双龙自然村)尚有王氏族人约100人。马岭王氏相对就多了,据2018年统计,共有383人,他们每年祭祖,先去马鬃营祭梅公,再回来祭汝翼公。

作为一支客家人的后裔,王氏后人传承着先辈们的拼搏意志、勤俭持家、奋发有为的家风,努力披荆斩棘,在新时代里不断谱写着新的华章。

同心同德宋家族

——记中心村裕轩宋公祠

◎刘小慧

黎村，在今狮岭镇中心村西南部。相传最早在这里开村的人姓黎，所以得名黎村。后来，宋氏始祖宋豪寓一家，为逃避战祸，从羊城豪畔街搬迁到距离黎村一公里内的南陂塘生活。宋氏始祖一家在这里扎根后，人口逐渐兴旺，子孙的居所逐渐扩张至黎村。而黎姓的人丁却明显减少，可能是觉得这块土地只兴旺了宋氏，于是黎姓便决定全族人迁往赤坭，在那觅得一土名为"牛窿"的地方，重新建居。黎姓迁走之后，宋氏再相土卜居，举族迁至黎村。因黎村的村名由来已

裕轩宋公祠

久，即便这里已没有黎姓人居住，仍沿用旧名。也有一说是，宋氏初来乍到，所幸有黎姓人家的救济才能栖身于此，为了让后人铭记恩德，所以才继续沿用黎村之名。

迁入黎村的宋氏家族，人口日益增多，居住地也越发狭窄。于是有部分族人选择向黎村西面移居，亦有部分族人在黎村以西500米处建立新的屋场（指今新村）。到民国年间，黎村的宋氏大致分布在黎村东头、黎村西头、新村三个自然村居住。中华人民共和国成立后，黎村东头因人口密集，又拆分为东一社、东二社。1958年后，大队下设生产队，由于东一人口过多，于是将东一又分为黎村北队、黎村南队。至今，黎村分为黎村西头、黎村东二、黎村北队、黎村南队四个经济社，包括邻近飞庄的新村及利隆庄，黎村宋氏的后人共有上千人生活在此。

裕轩宋公祠概貌

建村悠久的宋氏，至今尚保存有三座宋氏宗祠，都是广州市花都区登记保护文物单位，而这其中一座便是裕轩宋公祠。它所纪念的先祖为宋立宽，名宁，字宏逊，号裕轩，是八世祖宋务进的第四子，生于永乐十一年（1413）十月二十五日，终于景泰五年（1454）四月初八，终年四十二岁，娶妻毕氏，生三子光时、光席、光秀。

墙上壁画为现代题材

裕轩宋公祠，堂号"康礼堂"，与轻轩宋公祠并排而立于黎村西头社。祠堂建于清朝，先后于民国二十一年（1932）、1998年重修。20年来，祠堂保全尚算完整。

眼观祠堂，主体坐东北朝西南，面阔为三间，进深为两进，建筑面积约400平方米。祠堂前有一开阔的地坪及半月形水塘。左侧带一座一间两进的衬祠，与主体建筑以青云巷相隔。建筑特色为花岗岩石脚，青砖墙，人字封火山墙，灰塑博古脊，碌灰筒瓦。

细看祠堂，门口正中有三级台阶，两侧有一石狮型垂带石，又称为垂带踏跺。大门嵌有花岗岩门夹，石门额上阳刻"裕轩宋公祠"，上款刻"民国二十一年壬申孟夏吉旦"，下款刻"禺山宗弟百龄敬书"字样。前廊左右两次间均设有一条虾公横梁，梁上设有石雕狮子的柁墩，虾公梁下两侧各有一对石雕雀替衬托。而在立柱和横梁交界处，有一异形斗拱相互对称。檐柱上方正面向外飘出的挑头,用青石雕刻了生动的人物造型。

走上前廊,抬头看梁架上刻有精美的木雕,以卷草纹装饰,工艺精湛。封檐板上也同样刻有木雕,以花草为主题。前廊的墙楣上绘有"瑶池耍乐""王子晋登仙""赏菊图"等数幅壁画,保存完整。

推门而进,前堂明间设有中门,后有一长方形天井,并铺设有花岗岩石。前堂与后堂之间带有两廊。后廊门带拱形。后堂面阔三间,矗立四条圆形坤甸木金柱,金柱间上悬挂"康礼堂"木匾,下方设有神龛。

历久弥新的祠堂壁画

在《花都祠堂壁画》一书中,共收录有狮岭镇的15幅壁画,其中10幅来自中心村黎村的三座宋氏祠堂,仅是裕轩宋公祠便占有6幅,可见该祠的壁画保存完整、精美绝伦、历史悠久。

祠堂前堂的墙楣上,左侧绘有一幅"好鸟枝头立",画中题词为:"好鸟便是枝头立,人来鸟不惊。"这里绘的鸟是一只美艳的孔雀。众所周知,孔雀是民间的吉祥鸟,它能为人间消灾解难,又被认为是美丽与智慧的化身,所以祠堂的壁画多有它的身影。这里有寄寓宋氏子孙吉祥安康,聪明伶俐之意。

墙楣右侧绘有"富贵万年"图,这是一幅以喜鹊、松树、牡丹、山石为主的风景画。松树历来象征长寿,而牡丹花开则象征富贵吉祥。此壁画寓意子孙后代生活幸福久远。

祠堂后堂的左前廊墙楣上,依次保留有三幅精美绝伦的壁画,分别是"日晴花晒锦""刘伶醉酒""日近龙颜"。其中"日晴花晒锦"题有"若得日晴花晒锦,皆因风静鸟飞鸣",表现出风和日丽的花鸟和谐的环境。后堂右前廊墙楣上,绘有"锦上添花"图,寓意为好上加好,美上添美。

从裕轩宋公祠的这些壁画中可反映出,黎村宋氏宗族对美好愿望的寄寓,他们渴望拥有平静和谐的生存环境,族人之间能和睦相处、自得其乐。

石狮装饰

历经沧桑的裕轩宋公祠

裕轩宋公祠自建成以来,一直作为供奉先祖牌位、祭祀及瞻仰先祖德能的地方,也是裕轩公后裔子孙之间议事、联谊之地,素来也作为族人婚礼、丧礼的宴会活动场所。抗日战争时期,祠堂未遭受严重的破坏,所以壁画、砖雕均保存得较为完整。

据族人回忆,裕轩宋公祠曾作为人民公社初级社办公室、大锅饭饭堂、粮仓、扫盲学校等使用。在裕轩宋公祠的墙体上,20世纪60年代所写的大字仍清晰可辨,例如"十好干部公约""五好社员条件""给农村人民公社干部和社员的一封信",这些都见证着当时裕轩宋公祠曾为初级社办公室使用。而像"东头包产队一九六一年社员工分每月公布""东头包产队农业生产表"等的字迹,反映出了公社化时期,粮食种植的各类统计、经济作物的情况及工分的计算,都一一在祠堂进行汇报登记。

人民公社化时期,黎村西头社村民的一切生产物料和公共财产都归农业社所有,社员实行工资制和口粮供给制的分配制度。1958年,全国大力宣传公共食堂的好处后,西头社也在裕轩宋公祠架起了大锅,办起了公共饭堂,"跑步进入共产主义"。社员纷纷到此吃起"大锅饭"。后来,这种制度导致了消极思想的产生,最终"大锅饭"被废除,祠堂也收起了炉灶,结束了"大锅饭"时代。

裕轩宋公祠在人民公社化时期,同时还作为粮仓使用。村民回忆,黎村田亩众多,每年需上交的稻谷便多达13万斤。当时黎村的田亩分为一级田及沙田。一级田能亩产450斤稻谷,而沙田亩产只有350斤。每年到了稻谷的丰收季节,整个裕轩宋公祠堆满了金黄的稻谷。当时社员们一台接一台的大板车在祠堂前运转,然后又将稻谷一车又一车的运送至军田粮仓。这情景,村民说仍历历在目。

在祠堂后堂的前廊处,墙体上仍印有一个字迹模糊的拼音表。中华人民共和国成立后,一场红红火火的"扫盲运动"在全国开展起来。当时西头社的社员们学习热情高涨,每天生产完毕后,到裕轩宋公祠学习文化政治的村民非常多,甚至一些背着孩子的妇女也到这里学习。当时生产队队长聘请一些有一定文化基础知识的社员开展教学活动。虽然物资缺乏,但社员都会充分利用身边的一切物资开展教学,而祠堂的这一块墙便是当年的黑板。

百年沧桑,裕轩宋公祠经历了战火纷飞、政治运动频繁的年代,早已残破不堪,1998年裕轩公后人捐资重修了祠堂,但这些记载着历史的痕迹,并没有一一抹去。它似乎在时刻提醒宋氏子孙,勤勉生活,砥砺前行。

同气连枝的宗族活动

黎村宋氏源远流长,自古以来,宗族活动不分各房,团结一致、同气连枝。如游灯、投灯和投茨菇等活动,以及每年的清明祭祖及重阳敬老活动,都是同心同德,统一筹办。

中华人民共和国成立前,每年正月十五日,黎村宋氏会统一举办游灯活动。当天傍晚,宋氏族人先请"南无佬"到西冈庙摆坛作法,作法需要一个半小时,之后由村内的长老们合力将洪圣公神像抬出。游灯队伍中,头排为四个木制的四方牌灯,牌灯高约一米,分别由当年新婚的男丁负责提灯,若新婚男丁不够四人,则按照当年添丁人的先后顺序接上。紧跟在牌灯之后便是洪圣公神像,紧接下来的是各个社的醒狮队伍。整支游灯队伍,敲锣打鼓,浩浩荡荡地从西冈庙出发,沿途经过姓邹庄、松仔岭、沙泥坵、坟岭,到流溪河旁的小庙(现已毁)时,再请"南无佬"在此作法一个多小时后,游灯队伍再沿着黎村的大迳路回到今黎村东二社的"正屋"(始祖豪寓公的祖屋)。众人在此合祭,祈求新的一年全村风调雨顺、五谷丰登。

祠堂内景

据说,整个游灯活动从傍晚出发,一直游至第二天凌晨的三四点才结束,将黎村所属的田地全部游完为止,全程二三公里。可见黎村拥有田产之多,故有"白银重过你芋头"的俚语。据说这句俚语的来由十分有趣。话说当年黎村邻乡附近盛产芋头,有一次宋姓人跟邻乡人闹矛盾,双方起了争执。宋姓人自豪地说:"我们黎村族人多、田产多,称白银都重过你种的芋头啊,你还敢欺负我?"邻乡人听后,自知不如他,便灰溜溜地走了。自此,"白银重过你芋头"这句俚语就在村中流传开来。中华人民共和国成立后,游灯活动逐渐消失,现今不再举行游灯活动。

宋氏大宗祠(堂号为敦睦堂)在中华人民共和国成立前也会举办投灯活动。抗日战争时期,该祠被毁,族人生活陷入水深火热之中,后又经历各种政治活动,灯会活动因此搁置了数十年。2010年,在族人的积极筹办下,黎村恢复了投灯活动,并举办了第一届灯会。由于宋氏大宗祠并无重建,裕轩、轾轩两座宋公祠也久未重修,所以举办灯会的场所统一在静轩宋公祠。正月十五当晚,全族人一同晚宴后,灯会开始。先在祠堂后堂挂上九盏彩灯,并一字排开九碗茨菇。每一盏彩灯上都贴有红纸,并写有美好祝愿的字句。由"南无佬"对彩灯逐一唱赞后,投灯活动正式开始,彩灯价高者得。通常头灯与尾灯最备受瞩目,且价格最高,因为有取寓意"先拔头筹"与"拿个尾彩"之意。彩灯多由经商人士竞投。而茨菇因外形被寓意为子嗣,则由盼望添丁之人所

祠堂天井

竞投。

一年一度的灯会既增添了节日的气氛，又是公益慈善之举，族人对此津津乐道。以往只允许本村人竞投彩灯，近年来不少族人带上亲朋，齐齐参与竞投。每年所得的善款均由委任的族人专项保管，用于支付第二年的投灯及重阳节敬老活动的宴席费用或祠堂添置，等等。

清明节，黎村宋氏与番禺宋豪宇后裔及佛冈的宋氏宗亲一早便会前往南陂坑岭等地祭祖，每年随行祭祖的子孙逾千人。由于宋氏家族在黎村立村久远，先祖墓地众多，且分散数个山岭，族人拜祭完已天黑。此时，众人便在祠堂聚餐。据说每年宴席达100桌，场面热闹盛大。

重阳节，历来由黎村宋氏到番禺南亭村拜祭太祖宋昭墓。据族中长老口述流传，黎村宋氏初立村至此时，艰难险阻，因经常有兵戈扰攘的情况，且世代相隔久远，所以与豪宇祖宗支一直没有往来。直到光绪十三年（1887），黎村一宗兄名宋斤，在广州经营小本生意，担货上街叫卖时忽然看见南亭村有一座纪念太始祖宋昭的宋氏大宗祠，经访问后才知道太始祖宋昭与宋豪宇在南亭立村，并建有七座宋氏宗祠。之后黎村宋氏的长老委托竹朋祖前往南亭，查证此事。经查明，南亭宋氏确实是宋豪宇一房的后裔。于是族人约定，每年的重阳节组织宗亲们前往南亭兄弟处，共同祭祀太始祖宋昭，以加深两地的宗亲之情。2003年因广州市政府征地兴建广州大学城，族人商议后，宋昭墓与豪宇墓被同迁至黎村的南陂塘。此后的重阳节，改由番禺南亭兄弟到黎村，共祭先祖。

近几年的重阳节，黎村宋氏都会配备佳肴，邀请村中的长者与番禺南亭远道而来的宗亲们共度佳节。借着节日既可缅怀先祖，又能发扬敬老尊贤之德。

2019年的重阳节，笔者再次到黎村采访。虽然天公不作美，下着毛毛细雨，但祠堂内早有一群热心宗族盛事的年轻人在张罗当天的晚宴。一众老者也聚首在祠堂内，好一派和乐融融的景象。对于我们的突然造访，族人也是热情相待，笑意相迎。

信念一致的黎村宋氏，子孙后代定能上下和睦，生生不息。

族谱记载的家史

——记中心村轻轩宋公祠

◎ 刘小慧

狮岭之西,有一支本地宗族建村历史悠久。相传自宋朝以来,他们的先祖便在这里立村。在历经朝代迭替、战火纷飞的乱世后,这一支宗族至今仍有过千族人生活在此,这便是黎村宋氏。

黎村宋氏后人宋海清对自己宗族的源流历史十分热心,曾编写过一本狮岭利隆庄的《宋氏学云家谱》。笔者与他一一细看了《宋氏族谱》,其中收录一些关于宋氏家族中流传的故事。再次

轻轩宋公祠

翻看黎村的《宋氏族谱》，细看后发现，他们的族谱也记录了有关黎村宋氏的家史。

黎村《宋氏族谱》载："父讳昭公任朝散郎官，因谏伐辽贬于海州，见彼金人侵疆天下纷纭时，以豪寓祖与岭南双门底任提领官吴公之妹缔亲，逮于中兴，父昭复回京任，遗下祖兄弟三人遂居于羊城豪畔街，厥后三祖。豪寓立庄于本处南陂塘，藉附南海，随归址于黎村，坐未向丑之第。"始祖宋豪寓在宋朝已在南陂塘立庄，追溯至今已有800多年。

黎村不姓黎，姓宋

族谱所提的"南陂塘"距离现在的黎村不足一公里，按族谱所载立庄于南陂塘的宋氏家族，为何却在黎村繁衍生息？

屋檐木雕

清乾隆二十一年（1756），十八代孙宋族璋续修宋氏族谱时写的弁言提及："不惮梯山航海，来于本处南陂塘立庄，厥后，又相土卜居，择迁于此。"对迁入黎村的概况，族谱中虽然并没有详细提及，但世人流传，黎村始称黎溪，囊括冯村一带，是这一片村落的统称。最初由姓黎的人立村，所以才称黎村。宋氏先祖宋豪寓因逃避战祸，举家从广州豪畔街迁入黎村对面的南陂塘立庄。初来乍到，生活艰苦，幸好有黎姓人家的帮助，才能栖身安居。之后，宋氏族人不断壮大，子孙的居屋扩建至黎村，黎姓人家见宋氏日渐丁旺，察觉此地不宜久居，便迁至赤坭的牛隆一地重新立村。而宋氏一族的后人在黎姓人走后，便在黎村根生土长起来。而黎村至今没被易名，据说是宋氏为了纪念黎氏的守望之恩。这也是为什么黎村村民不姓黎而姓宋的原因。虽然是传说，但村中有一村民忆述，约在上世纪90年代，村中有一个宋姓村民以收破烂为生，恰逢走到芦苞涌附近一带，遇见一位姓黎的人士，攀谈起来才知此人先祖便是从黎村迁居至此。看来黎村由黎姓立庄，并非空穴来风。

修建轻轩宋公祠的缘由

原在黎村西头社有一座宋氏大宗祠，堂号"敦睦堂"，是宋氏后裔子孙为纪念始祖宋豪寓所修，历来宗族议事、活动大多在此进行。抗日战争时期，宋氏大宗祠被日军拆毁，并无重建。今黎村矗立有三座宋氏祠堂，分别是铚轩宋公祠、静轩宋公祠、裕轩宋公祠。三座公祠的先祖均是黎村宋氏八世祖宋务进之后，其中宋铚轩为长子。

铚轩宋公祠，堂号"明德堂"。祠堂是一座东北朝西南的三间两进祠，建筑占地273平方米。主体建筑为青砖石脚，人字封火山墙。祠堂前有一开阔的地坪及半月形水塘。祠堂头门面阔三间，封檐板木雕保存完好。大门嵌花岗岩门夹，石门额阴刻"铚轩宋公祠"，落款刻"禺山宗弟百龄敬书"。前廊次间设虾公梁，青石挑头已毁。前廊墙楣绘有"暗八仙"壁画和博古纹，保存完整。明间设中门。后堂坤甸木金柱，后金柱间上悬挂"明德堂"木匾。后堂前带两廊，面阔三间，后廊门拱形。天井以花岗岩条石铺地。头门屋顶设双龙戏珠陶脊，建筑瓦面全部改用黄色釉筒瓦。

明德堂

关于铚轩宋公祠，族谱中亦有所提及。该祠始建于民国二十一年（1932），由佛冈鲤鱼塘的宋氏宗亲倡议修建，并提供修建资金。据说是因为当时宋铚轩一房在黎村的后裔子孙人数并不多，而佛冈鲤鱼塘的这支宋氏又是宋铚轩二子宋光明、宋光大的后裔子孙，故修建先祖祠堂的费用主要由佛冈的宋氏后裔支付。在修建中族人发现，当时负责管理修建祠堂的人有用款不正的行为，致使未能完整建好这座祠堂。在今第八世汤氏、蔡氏的太婆墓前，立有一副旗杆夹石，是清朝同治三年（1864）壬戌科中第四十名举人宋铨山到黎村拜祖时立下的。据2001年出版的《佛冈县志》中第二十二篇《人物》第一章《人物传》中记载：宋铨山（1824—1901），号衡苑，吉河乡神迳堡（现三八镇诚迳）大塘村人。族谱的记载及旗杆夹石的存在，证实了黎村宋氏与佛冈宋氏有宗亲往来关系。至今，这副旗杆夹石犹在。

2001年，铚轩宋公祠重修，将头门和两廊瓦面改盖黄色琉璃瓦当，墙体粉刷石灰水，地面改铺水泥石米水磨地面，天井改铺水泥，两廊廊柱加贴白色釉条砖。2010年4月，该祠被公布为广州市花都区登记保护文物单位。

英年早逝的宋轻轩

轻轩宋公祠所纪念的先祖是宋立美，名安，字启逊，号轻轩，后裔子孙习称他为安公，生于永乐元年（1403）正月初九日辰时，娶妻汤氏，生二子光明、光大。《宋氏族谱》中对安公的离世有一阐述。我们大概得知，在明朝正统六年（1441）十一月十二日，有一贼人把宋安家的牛偷走到冯村中贩卖，宋安知道后，立马前往追赶，并在冯村截获了偷牛贼，将牛夺回村中。贼人的同伙知道后，恼羞成怒，再次来到黎村，继续滋生事端，宋安亦随之失踪。直至晚上，他身负重伤回到家中，最终不治身亡，年仅40岁。宋安父亲宋务进，年逾古稀，却要白发人送黑发人，内心悲痛欲绝，拖着年迈的身躯到官府处控告，誓要陈情申冤。官府知情后，派一队人马前去放牛湖，捉拿一众贼匪。逐一审问后，在贼窝中有一个叶姓贼人供出，宋安确实被他打伤。县官当下便将此贼人处决。宋氏一家虽昭雪其冤，但也为英年早逝的宋安感到惋惜痛心。

宋安死后葬于清远疋口江（今北江河）的鲶鱼塘岗。清雍正十年（1732），闻说清远派人来通知宋安的子孙需前往将祖先山坟迁走。后各子孙前往起迁之时，才发现宋安的骸骨已不知去向，只好用木牌代替骸骨，迁葬于清远县东村近郊东坑岭。咸丰年间，黎村子孙欲将宋安坟墓回迁至本处安葬，发现坟墓已被佛冈兄弟迁走。

七次续修的《宋氏族谱》

黎村宋氏，向来重视木本水源。现存的《宋氏族谱》页数约100页，记载了他们自建村以来，曾有七次续修族谱的举措。

据现存的《宋氏族谱》中记载，谱帙不知始自何人，最初由十世祖宋月溪在此基础上，以始祖宋豪寓为第一世，编修至第九世。此乃第一次续修。

第二次则是由十二世祖宋伻（字汝衡，号月宾）继志重修，续画宗图。序言落款时间为明嘉靖二十一年（1542），这是黎村最早的族谱序言，距今约470年。据宋月宾所述，他所持的《宋氏族谱》在几经流传之下仅幸存数篇，故将其逐一订正，补充各祖世系，续编至第十、第十一世。

及后，宋氏家族在黎村经历了明清两朝更替、兵荒马乱的年代。200多年后，乾隆二十一年（1756），族中长老提议，由十八代孙宋璋（字壁士，号薰沐）续修《宋氏族谱》。他在序言也有提及，明末清初，因盗寇充斥、兵贼交横，多户人家不得不抛家弃畜，各处奔走，以致乡间十室九空，族谱也逐渐散失。遗下的族谱多已被蛀蚀，仅剩残篇数页，担心日后族人无法稽查源流，故将残篇进行订正，续编第十二至十七世的内容。宋薰沐在此次修谱之时，较之前增添了十条族谱凡例，阐明了此族谱的纂修原则和体例，例如明确以族中的长幼次序排列、生卒年需按统一格式编排等等。

清乾隆三十一年（1766），十九代孙宋洪列再次续修族谱。这次续修距离上一次时间较短，仅增编第十八、第十九世。此为第四次续修《宋氏族谱》。

最后一次大规模修谱是在清道光十一年（1831），二十代孙宋斌常与二十三代孙宋作球共同商议后，由族人筹资重修族谱。在第五次编修的族谱中，一共有三篇序言，由此略知当年编修族谱的一二事。第一篇序言由宋澍（字怀怡、润生，号萼楼，道光乙酉拔贡戊子举人，赤坭锦山村人）所写。序言所说，有黎村宋氏子孙亲翔、扬朝、扬德、扬宸、威璋诸长老请宋澍为他们编定一首五言诗，作为宋氏的世次派名。宋澍根据《论语》，按次序去其重字，到第十字则用七阳

祠堂内景

韵，使人传诵时容易记起。第二篇序言由二十世宋显宇所写，他认为自己才疏学浅，诚心邀请在冯村设教的宋澍为本族作字派诗，既给先祖加以派名，又为后人所沿用。这样有派可依，昭穆清晰不会混淆。据他所述，祖上流传下来的族谱原是用木板刻印，雕版藏在庠生恢先公的高楼。道光元年（1821）正月初五酉时因高楼失火，雕版被烧毁，族人本想再雕版留存，但族中长老们认为花费巨大，便让宋显宇在静轩书堂修正草谱后重抄一份。第三篇序言由二十三代孙宋作球所写，大意与第二篇序言相近。因此前的雕版被毁，故此次重编重新从始祖宋豪寓记载至二十世，作为黎村宋氏的总谱，流传后人。重修后的族谱，每一房族均存一本。

编定派名诗列："时习朋来乐，君生务立光；谋交传敬信，节爱谨亲扬；致友威如厚，良恭让得方；礼和先美义，安慎富斯芳；政共诗齐志，从心蒸发彰；新师端禄直，庄善益为祥。"

中华人民共和国成立后，族谱由祠堂管理人存放。据说当时存有总谱的族人甚少，有一些会摘抄自己房的作为家谱流传。20世纪50年代，国内政治运动频繁，黎村宋氏存有的总谱在修礼堂（静轩宋公祠）门前，众目睽睽之下被相继焚毁。流传至今的《宋氏族谱》，谱牒凭记原载于宋定房（八世祖宋务进的第三子），由二十四世宋善才，在光绪二十八年（1902）前后按原谱摘抄下来的。仅作为宋善才一房的家谱，而非总谱，故所载的世系并不全面。宋善才的这本手抄本补录了本房的世系至二十四世。据闻此家谱是族人历经艰辛，从海外传回家乡的，并在1995年才公之于众，弥足珍贵。所幸存得此谱牒，黎村宋氏的宗族源流才不至于失真。此乃第六次续修之举。

1997年，二十五代孙宋仲玲依据定公房的家谱，续修定公房至二十六世。因断修的年代久远，宋善才的家谱亦无记载别房的世系。160多年以来，黎村宋氏部分列祖亦奔走四散，查无据证，故重修完整的总谱，实属难事。此次的续修仅为补录黎村定公房第二十世祖宋建常属下源流的已知的世系。至此，黎村宋氏历经了七次续修族谱的举措。

两次大规模重修祖坟

在今狮岭葛麻坑水库旁，有南陂坑山岭及松仔岭，黎村宋氏的数座先祖墓安葬在此。从各祖墓的碑文可知，清朝嘉庆十一年（1806）及道光十五年（1835），黎村宋氏先后两次大规模地重修祖坟。嘉庆年间（1796—1820）重修的祖坟，有立在南陂坑山岭的八世祖妣宋门汤氏蔡氏安人墓、十世祖妣宋门黄氏老安人墓，立在松仔岭的有三世祖前宋考宋乙臣宋公妣许氏安人墓、十一世祖考宋帅广公妣李氏安人墓；道光年间重修的祖坟，有立在南陂坑山岭的一世祖宋豪寓、二世祖宋京、五世祖宋也藩、八世祖宋务进的合葬墓、一世祖妣宋门吴氏太老安人墓，立在松仔岭的有六世祖考景堂妣龚夫妇墓、七世祖妣宋门毕杜氏老安人墓，等等。2003年，对太婆与始祖两墓再次重修。

在一众祖坟中，有一座被称为"五子葬母"的祖坟，它指的是八世祖妣宋门汤氏蔡氏安人墓。此墓由八世祖务进公的五子安、石、定、宁、琼所立。据说此墓原立在红崩岗水库旁的排岭，与三华徐氏先祖墓的九卦山（九座墓地）同葬一山岭，被称为"九牛拖磅"。后徐氏因此事与宋氏族人闹上官司，2006年宋氏后人将此墓迁回南陂坑下头。

数百年来，黎村宋氏族人对族谱不遗余力地续修及两次大规模地重修祖坟，是对本族源流的重视。宋氏家族能在这一片土地上开枝散叶，源远流长，想必与他们族人不忘先祖艰辛过往、常思祖德、子孝孙贤、家族团结一致、互助友爱有关。

千锤百炼成大族

——记中心村李氏大宗祠

◎张运强　万可欣

  李氏大宗祠位于狮岭镇中心村内，毗邻赤坭镇的大乌石村，北面紧靠西头村，东面与义山、军田两村接壤，连接狮岭镇和赤坭镇的培正大道（旧称杨赤线）在村旁经过，距肇花高速马岭出口三公里，交通比较便利。中心村有15个经济社，户籍人口3260人。其中李姓村民有1775人，占村总人口的一半以上。

李氏大宗祠

始祖来自白云神山

大宗祠内景

据族谱记载，狮岭镇中心村李氏宗族来自广州市白云区神山镇郭塘村。郭塘村开基始祖李维愈，幼年时被遗弃在郭塘村附近，路过此地的一位姓彭的郭塘村人收留了他。李维愈长大成人后，彭氏见他眉清目秀，为人诚实可靠，于是将女儿许配他为妻，从此李维愈在郭塘村开枝散叶。李维愈与彭氏生下一子李显道，李显道的孙子（郭塘四世祖）李贵什学得一身打铁手艺，他凭借这身手艺行走百里十乡。

明孝宗年间（1488—1505），李贵什来到狮岭镇冯村从事打铁生意，成为中心村李氏的开基祖。

李贵什的子孙为了在冯村有更好的发展，特请风水先生为李氏寻觅风水宝地。风水师在群山之中，发现有座坐北向南的山岗，形状似蟹，山岗前面有两块突出的大石头似蟹眼，好似一只蟹举着蟹钳在一片肥沃开阔的田中觅食，这可是个旺丁旺财宜居的好地方。于是他建议李氏族人把以小山岗蟹眼为中心附近的土地买下建房建祠堂。李氏宗族从此便在这一带开枝散叶，子孙繁盛，现冯村李姓人口约3000多人。

中心村李氏后人主要分布在花都区狮岭、佛山三水、江西，也有部分在中国香港、美国、东南亚等地生活。狮岭中心村李氏后裔，自十八世开始，按清代年间贡生李恒新所题二十字为传承派系，分别是："崇礼贻谋远堂开日永昌；嘉星钊伟学亭训绍诗香。"而香港族李氏谱略有改动，前十派一样，从昌字派后面则变成"家声昭励学庭训绍梓乡"，有些同音不同字。

祠堂村中林立

狮岭中心村李氏宗族自李贵什在冯村开基创业以来，历经数十代人的苦心经营，祠堂不断增建，除了李氏大宗祠，李氏后人在周边还相继建了建亭李公祠、文贵李公祠、翠琳李公祠、嘉孥李公祠、云管李公祠等李氏祠堂。

据资料记载，李氏大宗祠位于狮岭镇中心村南社，建于清道光二十三年（1843）。坐北向南，主体建筑深三进，左侧带一路建筑，建筑占地790平方米。主体建筑为青砖石脚，人字封火山墙，灰塑博古脊，碌灰筒瓦。前檐柱挑头为人物造型花岗岩石雕，次间虾公梁设石狮异形斗拱。石门额上阴刻"李氏大宗祠"，上款"道光癸卯仲秋吉旦"，

建亭李公祠

下款"香山鲍俊拜书"。门墩石雕有石狮、竹节纹饰。八角形红砂岩后檐柱，风格古朴。中堂石前檐柱，坤甸木金柱，后金柱间悬挂"崇礼堂"木匾。中堂前带两廊，面阔三间。门楣施灰塑图案，分别书有"桂馥""兰馨""威凤""祥麟"等。

左路建筑为衬祠，单间三进，青砖石脚，硬山顶，灰塑博古脊，碌灰筒瓦，与主体建筑以青云巷相隔。

李氏大宗祠历经时代的洗礼，几度沧桑。20世纪50年代初期到80年代，祠堂一直是大队部、学校、扫把厂的所在，祠堂内部出现不同程度的损坏。虽有修葺，但因经费不足，未能令人满意。

1992年、2001年，李氏大宗祠曾先后两次重修，重修时头门正脊右侧博古纹饰改为混凝土，前廊梁架改为钢筋混凝土结构，墀头砖雕已毁。中堂梁架被白蚁蛀毁，改为钢筋混凝土结构。2016年，香港宗亲李远凌捐资200万元人民币，加上村民的集资，对李氏大宗祠进行了一次大修，大修时把原来混凝土部分换成复古的材料按原貌复原。

建亭李公祠位于中心村横西社。建于清道光十九年（1839），坐东朝西，三间两进，占地240平方米。人字封火山墙，灰塑博古脊，碌灰筒瓦，青砖石脚。正脊灰塑狮子、墀头砖雕和壁画"教子朝天"等均保存较好。前檐柱挑头为人物造型花岗岩石雕，次间虾公梁设石雕异形斗拱。石门额上阴刻"建亭李公祠"，落款"道光己亥秋九月立"。后檐两次间砌青砖墙为房间，并用杉木板搭成阁楼。祠堂两侧有青云巷与民居相隔，巷石门额分别刻"履中""蹈和"。

翠琳李公祠位于中心村横东社，建于清同治八年（1869），先后于光绪十九年（1893）和1994年两次重修。坐东朝西，三间两进，占地218平方米。硬山顶，灰塑博古脊，碌灰筒瓦，夯土墙基，青砖墙。墙楣壁画较为精美，有"三星耍乐"等，落款"光绪癸巳重阳"，保存较好。

石门额上阴刻"翠琳李公祠",上款"同治八年仲秋谷旦",下款"俊卿任杰"。

传闻轶事流传广

李贵什的孙子李云管,娶正室胡氏,生嫡子李贵松。娶庶室孟氏,生庶子李子松、李德松。李子松移居三水县莘田村,李德松移居三水县芦苞镇大宜岗。据闻三水的李氏后代现已有6000多人。

当年李氏太祖婆孟氏因家庭原因,带着两个儿子回到三水娘家,开了两间打铁铺,一间在大塘,一间在芦苞。某日,孟氏去探望儿子,行至芦苞祖庙,恰遇电闪雷鸣、雷雨交加,不知何因,她突然晕倒在地,因无人救助去世了。她的两个儿子见老母亲多日不归,出来寻找,发现在芦苞祖庙附近有孟氏生前用过的蓑衣等遗物却不见人。后来经打探,原来有对一直没有孩子的夫妻路过这里,见孟氏去世,怕她的遗体被肉食动物咬坏,在没有棺木的情况下,在附近挖了一个泥坑,把孟氏掩埋。某天的夜晚,夫妇梦见孟氏报梦对他们说,由于他们的好心,感动了上天,明年他们就会有子嗣。果然,第二年,这对夫妇生了男丁。后来这对夫妇的家族越来越庞大。来芦苞祖庙祈福求生子女的有心人士听闻这事,也过来李氏太祖婆墓拜祭、祈福,很多前来拜祭过李氏太祖婆墓的外姓人,据闻都如了心愿。此事一传十十传百,从此百里十乡的乡亲、海外华人,在清明节都会过来参与这活动。李氏太祖婆墓的香火一年比一年鼎盛,现在还被当地文化部门列为文物保护单位。

翠琳李公祠

如今，每年的清明节，本土各地的李氏族人，怕外姓人士抢先在他们的前面拜祭太祖婆墓，已经形成了一个习惯，即在清明节前十天拜祭太祖婆墓。更有意思的是，外姓人的男丁，拜过李氏太祖婆墓后，都会把旧的裤头带或旧的裤皮带，放在墓两边的山手上，然后拿出新的裤头带或新的裤皮带穿戴上。寓意在李氏太祖婆的庇佑下，早生贵子，儿孙昌盛。

杰人英雄辈出

中心村出了一位革命烈士，名李守纯。该烈士原名宋耀宏，1908年出生在黎村。他任中共广东区委机关机要交通员。1944年6月19日，李守纯和妻子在韶关东河坝被捕，1944年9月牺牲于狱中。在李守纯的革命生涯中，他数次回乡省亲，每次都在李氏大宗祠内秘密联络有志之士投身革命，向贫苦乡邻宣传党的政策和革命道理。

中心村李氏一直以来有习武、舞狮的传统。20世纪30年代，由于狮岭各地匪患的骚扰，中心村南阳里的李氏族人为了保卫家园和强身健体，在民国三十年（1941），专门去神山郭塘村聘请李氏宗族的武术教头，来南阳里教授村中李氏子弟十八般武艺。在20世纪80年代初的全国搏击比赛中，李志明获75公斤级冠军，他的祖籍就在这里。

20世纪50年代初期，中心村李远芳、李冻贤与宋沛文等先后参加了中国人民志愿军，在冰天雪地的朝鲜战场，李冻贤因冻伤，脚趾被截掉退伍。李远芳在抗美援朝战争中，身体多处负伤，近年去世，遗体火化后，家人发现他的骨灰里还有多块弹片。二十世纪七八十年代，村中子弟李金发、李月照到广西前线参加对越自卫反击战。

在20世纪90年代，中心村小学校舍损坏严重，1995年12月，港澳宗亲、乡贤、村民与区镇村干部、学校教师一起捐资建新校，新的教学楼和校舍于1996年9月1日投入使用。

村中习俗丰富多彩

每年春节，中心村南阳里都有舞狮贺新春的习俗，在元宵节前后（正月十二、十五、十六、

青云巷

十七），有舞狮、摆茨菇酒、投灯、飘色、游灯、摆庆灯宴等活动。

正月十二，南阳里的男丁集资摆茨菇宴。宴会后，开始投茨菇。在当地，茨菇是代表男丁的意思，一般新婚夫妇参与这活动较多，投得茨菇，寓意来年早生贵子，丁财两旺。投茨菇后接着投灯。村民竞投九盏灯笼，取长长久久之意。投灯（丁）寓意来年添丁发财。投茨菇、投灯所得款项，用作宗族管理上的日常开支和公益事业等。

元宵节当日，村民要吃"圆仔"，寓意合家团圆。先在南阳里武馆（灯棚）集合，敲锣打鼓，举着排灯，进庙拜祭，再按指定的路线到每个村庄游灯。每家每户在门口，摆设年品、茨菇和小孩衣服，点香烛、烧炮仗吸引狮队前来，祈求丁财两旺，小孩快高长大、身体健康；希望风调雨顺、国泰民安。

庆灯宴在正月十九举行，村中老人和对村有贡献的人士共同进餐，庆贺新春圆满结束。

瓜瓞延绵人兴旺

——记西头村嘉孥李公祠

◎ 邓沛煊

西头村建于明弘治十八年（1505），村名的由来有两种说法：一是因位于冯村最西端而得名，二是先人立村时讲究风水坐向，大多选择背山面水，前方开阔地带而建。相传初时有悖风水，经人点拨后，把原先所建坐西向东的居屋，全改成坐东向西，并把村落称为西向。这个自然村落就称为西向庄，也就是西头村。西头村原住村民有12个姓氏，其中李姓人口最多，达1300多人，占全村总人口的三分之一。

嘉孥李公祠

西头李姓迁徙轨迹

层层叠叠的柱础

嘉孥李公祠有遗世联云:"耳公垂万福;陇水发千枝。"由此看来,西头村李姓尊李耳为得姓始祖。

西头村李姓,出自宋代广州路刺史李安政后人。其后人有明、良、登、丰四大房,因西头村李姓族谱缺失,无法查证具体出自何房。据村民传,西头李姓始祖原居今广州市白云区郭塘,李维愈为一世祖,二世祖李显道,三世祖李世新、李世昌(居郭塘)、李世华(居雅窑),四世祖李贵源(居郭塘)、李贵标(迁江西)、李贵什。

明弘治十八年(1505),四世祖李贵什以打铁为业,迁入冯村西头。李贵什第五代孙居住在冯村东北角,坐西南向东北,地形三角,所以村名叫北向村。李氏至今繁衍二十三代,1300多人分布在西头村南闸、北向、旧兴、新兴、八座、大巷、和平及中心村的八甲、格塘。

嘉孥李公祠位于狮岭镇西头村北向庄,建于清代,为纪念西头村北向庄开基祖李嘉孥而建。后于同治十三年(1874)、2000年两次重修。坐西南向东北,三间两进,建筑面积近300平方米。青砖墙,硬山顶,灰塑博古脊,碌灰筒瓦。2008年5月,被定为花都区登记保护文物单位。

头门檐柱挑头为人物造型花岗岩石雕,次间虾公梁蝙蝠纹异形斗拱。石门额上阴刻"嘉孥李公祠",上款"同治甲戌岁谷旦重修",下款"俊卿任杰书"。门额书写者任杰为咸丰六年(1856年)补考乙卯科优贡副取生。此人民国《花县志》未载,但在《广东全省历科优贡题名录》中被列为全省八名正取副取优贡之一,是花县有史以来唯一与优贡沾边的人。这位秀才以一手漂亮的书法闻名,在花县,多处留有任杰的翰墨。如赤坭心和村禾地垧的印荣黄公祠、花山镇平山村水巷庄的梁氏大宗祠石额、新雅街清潭村的其兰家塾,还有同治八年(1869)重修的翠琳李公祠。在花山镇东湖村,原有一座聚龙古庙,其石额也是他的书法。中堂有堂联遗世,上联"耳公垂万福",下联"陇水发千枝"。重修时地面改铺耐磨砖,后堂梁架和金柱改为钢筋混凝土结构。

宗祠是供设祖先牌位,举行祭祀活动之场所。每逢节日,喜庆日或重大民间活动,各族人依奉旧制,带备香烛元宝和酒肉果品之类,到祖宗祠堂虔诚地烧香点烛,拜祭祖先。

传说与族人爱心

四世祖李贵什迁入冯村西头建村500多年，留下很多的古迹及民间传说，有些是全村各姓氏共有的，如"石姑爷留下的神仙脚印石"故事和"镇龙祖庙选址"的传说，有些是李氏族人所独有的。

有一个跟李姓人有关系的传说是"四点毁功名"。说的是西头村有一个人名叫李望新，自幼勤奋好学，满腹经纶。有一年应考童试，试前他登上自家的屋脊，仰望天空，祈求上苍保佑。几天后李望新参试，写成了一篇好文章，但不知道是粗心还是心急，文中的"马"字下边四点写成"一"字。考官评卷时说："文章虽好，但'馬'无四脚怎飞跑？"结果落第。至今，村民还告诫后人，常拿此事传说："学子才学虽优，但不得粗心大意，李某为可鉴，'四点'毁功名。"

民间传闻未知真假，但当今李氏族人的事迹更显爱心。李启芝，西头村人，生卒年月不详，旅居香港。20世纪90年代，李启芝的后人不忘祖训，捐资60万元人民币，与乡亲、政府共同新建西头小学，并成立李启芝基金会，扶贫助学。1995年，西头小学更名为李启芝小学。2007年，与联星小学合并，校址设在西头村，校名仍称西头李启芝小学。

乡贤李瑞贤，世居香港，她关心家乡建设，热心支持教育事业。1994年西头小学楼建设时捐资60万元，1994年至2003年，连续十年给西头村五保户补助，深得村民敬佩。

李国锋是农民企业家，2006年起，当选为花都区第十二届至第十五届人民代表大会代表。他大力支持西头村的公益教育事业，自2011年起每年资助村五保户、贫困户生活费。中秋节、春节等节日给70岁以上老人送去节日礼品和慰问金。2013年，西头村委会编纂村志，他捐助编纂村志的全部费用。

"九牧之后"看新林

——记西头村翰屏林公祠与玉山林公祠

◎邓沛煊

新林庄是花都区狮岭镇西头村的自然村,坐北朝南,平面布局呈棋盘状,村古建筑纵巷7列,横巷12列,达1.6万平方米,这些建筑平整规肃,四通八达。村民多姓林。

村面地坪广阔,前有面积约6000平方米呈半月形的水塘。村面除玉山林公祠和翰屏林公祠外,其余均为厅堂建筑。村面后座起为民居,均为三间两廊式建筑,青砖墙,红泥阶砖铺地,硬山顶,碌灰筒瓦。村前水塘及平野,后倚山丘,呈半包围式。

翰屏林公祠

村头村尾各设门楼一座，分别叫"迎祥"与"挹瑞"，也是青砖墙，硬山顶。整个村落防御功能极好，两座门楼，两相峙立，东门楼门额阴刻"迎祥"，两侧刻门联："迎福招财家兴旺；祥星拱照发新林。"西门楼门额阴刻"挹瑞"，两侧刻门联："挹霞辉映千家乐；瑞气常临万家欢。"因年深日久，村中古建筑部分或损毁，或湮灭，或改建，但整体村貌尚能保存下来。

姓氏由来及迁徙

据《林氏族谱》载，3000多年前的殷商时期，商帝太丁的儿子比干是林姓人的始祖。比干被纣王残杀后，其妻陈氏怀孕三月，闻讯后逃至长林（今河南省淇县南部）石室，产子名泉。周武王灭纣后，寻找比干后裔，陈氏抱泉拜见，周武王因泉在长林而生，赐林为姓，改泉名坚。

自一世始祖林坚受封后，子孙世袭其爵，发展繁衍，形成望族。因博陵位于河之西，故称西河林，是林姓第一个发祥地。汉代，林姓子孙官仕迭出，历任少府、太子太傅诸职。在济南形成望族，此为林姓第二个发祥地，林尊为开基始祖。汉末，中原战事频繁，林姓渐次南迁，居江苏徐州下邳。林隶长子林懋生六子，号称六龙，嗣裔世居下邳，形成望族，为林姓第三个发祥地，林懋为下邳林始祖。

林懋之弟林禄全家入闽居晋安。晋安为林姓第四个发祥地，林禄为福建晋安林之始祖。莆田世系，晋安林之最大支派，其家族繁盛，为继西河、济南、下邳、晋安林之后第五个发祥地。开基祖林茂由晋安迁居莆田之北螺村（今芦浦）。七代孙林披生有九子，均明经及第，俱任刺史（州牧），兄弟九人，号称"九牧林家"。

据《西头村志》记载的有关林氏来源是这样的。西头林姓为"九牧林家"后人。南宋末年，林氏四兄弟思容、思礼、思义、思宁自惠州府归善县（今惠东县）黄埔村向南迁徙。其中，次子思礼与三子思义徙居花县。思礼居今秀全街马溪村，思义居今炭步镇南涌村。南涌村八世祖林晋德后迁居赤坭镇鲤塘村立业。清乾隆年间，十七世祖林琼秀自鲤塘村迁狮岭镇冯村西头立村，成为西头村林氏一世祖。西头村林姓自三世起，以"尚怀启日新，世德传芳远，英达开兴泰，超志益群贤"为20传字辈排列。

相传，在嘉庆年间，开基祖林琼秀在东头村立村，一家以种田为生。秋夏两季播种育秧时节都要在鱼塘浸谷种，但每逢浸谷种，谷种都会被人偷走。后来，林琼秀带着三个儿子侯彦、英彦、邦彦从东头村迁往现在的旧林庄，他们每天

石雕人物栩栩如生

上山砍柴度日。

一日，邦彦遇见一个衣衫褴褛的老者倒在路边，他把老者背回家，还送他到郎中处就诊。老者病愈后告诉他，自己是风水师赖布衣，因追龙脉奔波辛劳累病了。他感谢邦彦的救命之恩。赖布衣对邦彦说："你在庄中间位置（今邦彦书舍）插上一根竹杆，于明晚三更时分，看竹竿的影子到哪里，你就在哪里挖开泥土，能挖到宝藏。"邦彦半信半疑，他按赖布衣的话，在庄中间插上一根竹杆，影子走到哪，他就跟到哪，终于在三更时，影子停在今仙古王庙之地。他立即用锄头挖了起来，挖开泥土，果真有一埕金灿灿的金银珠宝。邦彦把宝藏取回家，与家人商量后，决定建六间大屋，择吉日良辰时动工，升六根橡梁。邦彦怕别人说他很有钱，故意将六间大屋分三年落成，每年建两间。因此，后人称之为"晒橡梁"，又称"腊梁杆"。

林氏祠堂概貌

玉山林公祠和翰屏林公祠位于新林庄。玉山林公祠建于清道光二十年（1840），坐北朝南，三间两进。建筑占地280平方米。红阶砖铺地，青砖墙，硬山顶，灰塑博古脊，碌灰瓦筒。祠堂内绘有众多壁画，门额背面绘日近龙额图，落款"道光辛丑年"。其余大多为花鸟画，保存较好。

次间有杉木板搭建的阁楼，两根方形石金柱。封檐板和前廊梁架的木雕保存较好。前檐柱挑头，雀替均为人物石雕，虾公梁有雕工精细的石狮和蝙蝠图案的石雕异形斗拱。石门额阴刻"玉山林公祠"，落款刻"道光庚子季冬吉旦"。门面为水磨青砖墙，嵌花岗岩石脚。有堂联遗世："九龙世泽；双桂家风。"石前檐柱，硬木金柱。明间设有神龛一座，上悬挂"敦厚堂"木横匾。后堂前带两廊，拱门嵌花岗岩门框，石门额分别刻"履中""蹈和"，后左右石门分别刻

玉山林公祠

"饬纪""敦伦"。天井花岗岩条石铺地。

翰屏林公祠建于清道光二十五年（1845），坐北朝南，三间两进。建筑占地284平方米。人字封火山灰墙，灰塑博古脊，碌灰筒瓦，青砖墙，红阶砖铺地。前檐柱挑头为人物石雕，虾公梁上有八仙图案的石雕柁墩和雕花异形斗拱。石门额阴刻"翰屏林公祠"，落款刻"道光乙巳仲冬"。后堂门面为水磨青砖墙，嵌花岗岩石脚。有堂联遗世："西河世泽；东鲁儒风。"

石前檐柱，杉木金柱。明间设有神龛一座，上悬挂"五桂堂"木横匾，后堂前带两廊。

两祠堂的建造时间相距五年，建筑风格相同。但是，林玉山是林翰屏的儿子，在辈分上按道理应是翰屏林公祠先建于玉山林公祠，为什么玉山林公祠还建在了翰屏林公祠之前呢？查阅了族谱资料及采访了族中老

柱础别具一格

人，原来林玉山在冯村年高德昭，望重乡里，被朝廷封为乡饮宾，授文林郎。道光庚子年（1840），他80多岁为自己盖祠堂，后来，他深感幸福来自父亲祖荫，自己建祠而父亲没有，极为不孝。随即召集各房子弟，合众人之力建了翰屏林公祠，后更是把自己的功名移赠给父亲。历代祖宗神位都摆放在翰屏林公祠内。

新林庄林氏有记载完整的《林氏族谱》遗世，族谱为毛笔抄写，分上下卷。上卷分载林氏源流总序，重修林氏春秋序，得姓考、谱历考、南涌林氏族序，以及周武王、唐太宗等圣帝祭太师文，历祖考文、官业文范、忠义、行略等传，分朝代载历祖科第、明经、举人、进士名录等76篇。下卷载追远图，追远考略，详记福建莆田仙游分派各房迁居备考，粤东分支各房徙别居备考，更详细记录了十五世祖迁居冯村世系。

根据广州双桂书院志略记叙，林琼秀，清登仕郎，是林翰屏的父亲，林玉山，清乡饮宾，贻赠文林郎。林玉山的儿子林怀仪是例授修职郎，林怀仪的堂兄林怀恒为登仕郎，林翰屏更是在当地被称为十大地主之一。林怀仪妻子李氏守节50年，立有"节孝流芳"牌坊。

新林庄近代林姓也出了一些名人，如林辉明（1932—1952），1949年10月参加中国人民解放军，编入第四野战军193师578团三连。1951年林辉明参加中国人民志愿军入朝作战，1952年在朝鲜战场牺牲。陶丽珍（1894—1974，烈士林辉明亲属），1956年被评为广东省烈军属荣誉、退伍军人建设积极分子，1962年7月起连续12年当选为花县、广州市人大代表，1974年去世。

林兆南，生于1955年，属于新林庄林姓新一代的成功人士。改革开放后，他开办私营企业，取得较大成就。他热心家乡建设，捐资33万元帮助新林庄美化村容村貌，捐建一座造价18万元的牌坊，赞助20万元支持西头小学教学楼房建设。他还带本村40多人去他的酒店学厨艺，这些人学成后很多都做了大厨。林兆南的善举，深得西头村人民的赞赏。

盛世修祠聚乡情

——访前进村清华刘公祠

◎ 邓静宜

清华刘公祠位于狮岭西北角的前进村刘屋,村后就是横贯花都的山前旅游大道。在狮岭镇经济高速发展的这些年,很多村集体收入突飞猛进,而距镇政府所在地只有三里路的前进村与这些富裕村相比,还有不少差距。然而,在这个很不起眼的小村,一座由村里刘氏族人出资筹建的清华刘公祠却以其清新脱俗的景象进入了人们的视线。

清华刘公祠

刘屋人的先祖

广东刘氏一族之所以兴旺繁衍,有一支庞大的支系不能不提,即刘广传之后裔。刘开七被广东刘氏族人共尊为入粤始祖。据文献资料记载,刘开七是福建汀州府(今三明市)人,南宋末年任广东潮州都统制,镇守粤东,后不幸遭贼暗算,为国捐躯。刘广传为刘开七之子,马、杨两夫人为其生14子,有孙86人,曾孙360人。据考证,现在花都刘氏基本为刘广传的后裔。

刘氏后裔支脉繁多,在花都也不例外,花都刘氏按行政区自然聚居点有几十处之多。中华人民共和国成立前,这些村由于各种原因,很少往来。如今交通资讯发达,一些刘氏宗亲交往密切。

花都至少有刘氏祠堂20多间,刘姓人数三万人以上,族人分布在各街道和镇村。目前刘氏族人聚集较多的村有大东刘氏、田美刘氏、平山刘氏、天星塘刘氏等,而狮岭一带的刘氏,大都是刘广传长房刘巨源的后人。刘屋人的祖先是从狮岭联合村的葛冈自然村分支到前进村刘屋的,距今有280多年的历史,开基祖是刘清华。

由"厅"变身祠堂

狮岭镇前进村刘屋,原名茅草屋,20世纪50年代才改为刘屋。它和芙蓉嶂集贤村刘氏、狮岭镇军田村刘屋、田心村刘氏、花山牛牯屯刘氏等刘氏后人一样,都属刘广传长房刘巨源后裔。刘屋开基祖刘清华来自葛冈村刘氏第三代,葛冈村开基祖刘提光约在1710年从梅县迁入,当地现有刘姓人口250多人。提光刘公祠建于清道光年间,1983年进行过重修。

清乾隆三年(1738),刘清华来到前进村茅草屋开庄。据说刘清华并不是赤手空拳来的,刘清华有四兄弟,分别是清富、清贵、清荣、清华,他排行第四。父亲买了茅草屋周边80亩地交给刘清华打理,他到这里后,娶妻生子,繁衍生息,

两祠之间有青云巷相隔,设有门楼

茅草屋刘氏一支就这样发展起来了。100多年前，刘清华的后人为了纪念开基祖，建了一个"厅"，作为全村人红白喜事的聚集地。该"厅"有左右四房，称五间两廊，作用跟祠堂差不多。因刘厅是由土夯墙建的，年久失修逐渐倒塌。于是在2011年，村热心人士召集商议重建，重建后改为清华刘公祠。

祠堂作为族姓图腾地的象征，一般建在村的核心位置，背山面水、丰衣足食、生活富裕的寓意也表现在祠堂建筑的布局上。重建的清华刘公祠于2011年农历四月初八兴工，农历八月初九，祠堂入伙大吉。重建后的祠堂位置、朝向不变，三间两进，占地400多平方米，有三间两廊，带吉祥、如意两条青云巷。花岗岩基，青砖筒瓦，硬山顶，博古脊，古色古香。屋脊以灰塑图案为主，如鳌鱼、花鸟、瓜果等。清华刘氏公祠属于典型的岭南祠堂建筑风格，是村里最漂亮的建筑。

门额上蓝色"清华刘公祠"五个字刚劲有力，进入祠堂，迎面是双扇仪门，祠堂右侧廊壁上的黑色大理石刻有重建清华刘公祠的序，上书："清华刘公从狮岭葛冈分枝到前进刘屋，约280年历史，因此重建清华刘公祠是本村刘公后裔多年的心愿，更是百年盛事，这是我们尊宗敬祖、告慰先祖、激励子孙的善事，谨向鼎力支持、慷慨解囊的热心人士表示衷心的感谢……"后附捐资人士的芳名。

祠堂有两进，天井后面便是享堂，享堂的陈设比较简单，只有一个木制神台和香案，神台做得比较精致，各种雕刻鎏金溢彩，只供奉了刘氏二十五世、刘屋开基祖刘清华和夫人吉氏的牌位。神位的上方悬挂着堂号"彭城堂"。在祖先牌位的右侧，悬挂着入粤始祖刘广传与马氏、杨氏夫人的画像，在花都几乎所有的刘氏宗祠，享堂的墙壁上都悬挂着这张画像。画像下方附了一首诗，据说是刘广传的祖训："骏马骑行各出疆，任从随地立纲常。年深外境皆吾境，日久他乡即故乡。早晚勿忘亲命语，晨昏须顾祖炉香。苍天佑我卯金氏，二七男儿共炽昌。"

乡愁点滴拾贝

在刘屋自然村，花都有较高知名度的金狮华庭住宅小区就在这里。近300年过去，这个过去贫穷落后的偏僻小村也逐渐让人看到了现代化的曙光，但它同时给人留下的，还有那淡淡的乡愁。

祠堂、书室、古树、水塘以及古井几乎是岭南农村的标配，在刘屋村也可看到这一景。与祠堂几乎同时建起来的还有一个书室，书室以碧泉公命名，碧泉公是刘清华之子。这是给刘屋村子弟读书的地方，该书室现在依然保持原貌，100多年没有变化，村里凡是上了年纪的村民都在这里面读过书和玩耍过。

村前有一口古井也是刘屋人祖先开基时挖掘的，古井紧邻村前的水塘。井沿已被井绳磨得圆滑，有一处还缺损了一块，近300年过去，井水依然清冽，村民一直在饮用这口井水。20世纪90年代至21世纪初期，狮岭镇的皮革皮具产业非常红火，也不可避免地造成了一些工业污染，水塘不时有些污水渗入。为了不波及这口水井，村人特意对这井的周围环境做了一些改造。将井周的水抽干，靠近水井的地方全部用水泥封死，只留泉眼的出水口直通井底。

刘屋曾出过一名国民党少将，此人叫刘景兴，他是刘屋村第五代传人。刘景兴从戎之路上得到过他的舅公宋士台指引。宋士台是赤坭镇锦山村人，抗日英雄，因屡建战功，擢升为66军160师中将师长。昆仑关大战后，调任广东绥靖公署中将高参、第12集团军第二指挥所主任等职，中将军衔。刘景兴早年跟随宋士台部征战南北，获得少将军衔。抗战胜利后，刘景兴去了香港，后在香港病逝，子女也全部在香港。

古井井沿由整块花岗岩打造

兄弟同心聚力

刘屋村只是个100多人的小村，一间如此规模的祠堂在不到半年就落成，这除了村人心齐，还与理事长刘有桂兄弟的鼎力支持是分不开的。在2011年，刘家兄弟拿出100多万元用于建祠堂，有这种胸怀和远见的人还是不多的。

说起刘屋的刘有桂兄弟，不仅村里家喻户晓，在花都也是赫赫有名。他家原来是村里最穷的一户。刘有桂的祖母与父亲刘社云原在香港，20世纪40年代，香港沦陷，一家人回到老家刘屋以躲避战乱，父亲多年劳累，积劳成疾，年仅38岁就吐血而亡。父亲走后三个月，最小的儿子才出世。刘家兄弟的母亲带着五个儿子，生活难以为继，只好把最小的送人。穷人的孩子早当家，正是这种艰难困苦的日子，锻炼了刘家兄弟坚忍不拔的意志和灵活机智的头脑。

刘家兄弟五人在改革开放后全部都做生意，近40年在商场上的打拼积下了丰厚的基业，尤其是二哥刘有桂成就最大，创办了狮峰集团。多年来，他致力于国内事业发展，同时引进国外先进技术及管理理念来发展壮大集团公司。1988年，他创立狮峰皮革实业掘得了第一桶金。1993年在海南省成立房地产开发公司，开始进军地产领域。1995年涉足商业地产，建立广州花都五华综合市场。1997年，他向长江三角洲扩张，在浙江湖州开发新世纪花园、管道天然气等多元领域。1998年，他再次投资海口文昌等地，收购及开发项目总数达15个。2005年，刘有桂回到家乡，开发了一系列有品质的小区，如狮峰花园、狮峰公馆、四季花园、狮峰华庭等项目，树立了高端品牌形象。2006年，与东莞新世纪公司合作开发新世纪新城。2012年，进入中山，成立中山狮峰置业，开发纯棉时代项目。2017年布局惠州，以博罗为切入口，开发云锦项目。狮峰集团年产值达

虾公梁上的石狮栩栩如生

20多亿元。刘有桂热心家乡建设，当选为花都的政协委员。弟弟刘桂和花县师范学校毕业后，1992年停薪留职开校办工厂，后下海，也开创了一番自己的事业。除了物业出租，还有自己的皮具代理品牌，事业有声有色。

致富后，刘氏兄弟看到花都其他的同姓兄弟都建起了祠堂，特别是花都的大东村、新华的田美村刘氏祠堂给人印象深刻，兄弟俩跟村里的热心人士一商量，也将祠堂的建设提到议事日程。

刘屋虽然离镇政府不远，但村里的路况不好，建祠堂首先要建一条像样的水泥路。他们先投入十几万元建了一条村道，然后再建祠堂。为确保祠堂重建顺利进行，村成立了理事会，刘有桂为理事长，刘桂和为副理事长，理事刘社棠、刘伙财、刘航政、刘国良，由刘屋第五代的两位长者刘社棠和刘航政主持。建祠堂全村人集资120万元，刘有桂兄弟就占了110万元以上，大家齐心协力，五个月就建成了清华刘公祠。祠堂落成后，逢年过节，婚丧嫁娶，都在这里面举办。祠堂成为村民的好去处，村民们感到很欣慰。说自从有了祠堂，村里的面貌有很大改变，村民更加亲近，凝聚力更强。

每年春节或元宵，刘家兄弟都会买来烟花爆竹在祠堂前燃放，绚丽的烟花凌空绽放，彰显着刘屋刘氏族人如今幸福的生活。

峻秀毓英话遗珠

——记西头村邱氏宗祠

◎余鸿浩

邱氏宗祠位于狮岭镇的西北部西头村,西头有15个自然村,属邱姓的分别是西一和西二村。邱氏宗祠在西二村,该村坐落于广花平原地带,地势平坦,坐东向西。距镇政府不到三公里,相邻的自然村有大巷庄和龙眼角庄等。邱氏宗祠始建于清同治五年(1866),1926年重修。

邱氏宗祠

邱丘同源　避讳改姓

中国古代曾发生过多次"丘改邱"事件，原因都是为了避孔子的名讳，而最大规模的有三次：西汉元光元年（公元前134），汉武帝刘彻为避孔丘的名讳，下诏在丘字右边加"邑"（阝）部，造出"邱"字来，令全国范围内姓丘的人都改姓为邱；金朝明昌三年（1192），金章宗完颜璟修曲阜孔庙，也以避孔丘讳为由，命所有丘姓改姓邱；影响最大、范围最广泛的一次丘改邱，则在清雍正三年（1725），雍正帝同样以尊孔避讳孔丘之名诏令，除四书五经的内容外，所有"丘"字，一律都改为"邱"，这次诏令得到了非常彻底的落实，所有姓丘的人都把自己的姓氏改写为"邱"。

中华人民共和国成立后，邱姓的写法又经历了两次变化，1955年12月，文化部和文改会联合发布了《第一批异体字整理表》，表中将"邱"作为"丘"的异体字予以淘汰。包括姓氏在内，全国所有的"邱"字统统都变回了"丘"。到了1988年3月，国家语言文字工作委员会与新闻出版署发布《关于发布〈现代汉语通用字表〉的联合通知》，将"邱"作为姓氏专用的规范字收入《现代汉语通用字表》，不再作为淘汰的异体字，而其他"丘"字不做改变。至此，邱（丘）姓绵延几千年的变动终于尘埃落定。所以，今天的丘姓与邱姓同祖同宗、息息相通。

西头村邱氏在近代可谓多灾多难，民国四年（1915），乙卯大水灾爆发，西头大片良田、房屋被洪水淹没或冲毁，村民颗粒无收、无家可归。民国二十八年（1939）四月，日本侵略者的飞机轰炸西头多处地点，群众死伤100余人，十余座房屋被炸毁。同年及1941年、1942年、1946年，西头村地区发生四次虫、旱灾，水稻大面积绝收，村民只能寻找野菜、山果、竹籽充饥。

中华人民共和国成立前，村民有种植冬麦的习惯，20世纪70年代后再无种植。除传统经营的农业外，西头村还开办了针织厂、打火机厂、车木厂、弹簧厂、吹塑厂等，20世纪90年代后在狮岭镇皮革产业的带动下，村民除了经营传统行业，还经营皮革编织织带等行业，也有部分青壮年到城镇打工。

现时村民以农业为生的人数已经寥寥无几，留在村中的村民主要以经营店铺、开办工厂、出租房屋为生，此外还有村集体经济分红。

先祖避战乱落户西头

狮岭镇西头村的邱姓发祥于河南，南北朝时因战乱南迁广东南雄珠玑巷。明朝嘉靖年间，避朝廷株连之累，又从珠玑巷迁入马岭（今狮岭镇马岭村）落户。

然而，100多年过去了，迁入马岭的邱氏人丁并未有大幅增长，以邱康养为首的大多马岭邱氏族人认为，之所以会有这样的情况，是因为马岭村这块土地风水不好，不能旺丁，于是决定举族搬迁。清朝雍正八年（1730），邱康养携家带口从马岭迁入西头择吉地建村，成为西头村邱氏一世祖。因村内居屋建成时坐西向东，后改建为坐东向西，故村庄被命名为西向庄。

这支邱氏繁衍至五世时开始分家，分为长房邱燕山、二房邱明山、三房邱观山。邱燕山这支的第十三世祖邱兴如在宣统元年（1909）迁居福龙庄开枝散叶，另一位十三世祖邱兴齐及其后代则留居西向庄，西头邱氏大多是邱兴齐的后裔。邱明山部分后裔分支新华建村，后全村迁往海外谋生，至今已杳无音讯。邱观山这支的七世祖邱黎国后来迁居清远。村内有一本《冯村邱氏族谱》，编于2014年，撰修者不详。

20世纪50年代末，西向庄被划分为西一队、西二队两个生产队，西一村、西二村的名字由此而来并沿用至今，而村子的本名西向庄，则逐渐被人遗忘。目前西一、西二两个自然村（经济社）的户籍人口约800人，其中邱姓村民人数最多，大概600余人，自一世祖邱康养至今，已繁衍至二十代。邱氏后裔除居西一、西二村外，军田、芙蓉嶂、花山紫西、赤坭锦山都有邱氏后人居住。清明节拜山时，花都邱氏康养房各地的男丁加起来有1000多人。

邱氏宗祠与祠堂文化

邱姓在保护传承祖先文化这方面，是西头村中做得最好的。邱氏宗祠是村内年代最久远、保存状况最完好的祠堂。

邱氏宗祠始建于清朝同治五年（1866），民国十五年（1926）重修。该祠坐南朝北，原为三间两进，现后堂已毁，仅存头门和中堂，祠堂建筑占地近300平方米。主体建筑人字封火山墙，灰塑博古脊，碌灰筒瓦，青砖石脚。墙楣壁画有"福禄寿全""王子求仙"等内容，保存完好。石前檐柱，封檐板木雕有戏曲人物故事、花鸟图案。前檐柱挑头为人物造型花岗岩石雕，虾公梁设石狮、异形斗拱。石门额上阴刻"邱氏宗祠"，落款"丙寅岁次重修，仲冬中浣吉旦立"。有堂联遗世："西河世泽；渭水家风。"中堂石前檐柱，杉木金柱。后金柱间悬挂"永锡堂"木匾，这是祠堂的堂号，昭示子孙要以孝为本，出自《既醉》："孝子不匮，永锡尔类。""锡"通假"赐"，意为"孝顺的子子孙孙层出不穷"。堂前三级石阶。中堂前带两廊，各两根八角形石檐柱，檐柱有墩接加高的痕迹。

祠堂曾做过西头小学，村里的游灯投灯都在祠堂中进行。抗战时，祠堂遭日军飞机轰炸击中。20世纪50年代，村里的镇龙庙被毁。"文化大革命"时，祠堂内的神主牌被搬走，文笔塔等也被破坏。改革开放后，邱氏宗祠又恢复了祭祖功能。

每逢节日、喜庆日或重大民间活动，西头村邱姓村民会依奉旧制，带备香烛元宝和酒肉果品等祭品，到邱氏宗祠虔诚地烧香点烛、拜祭先祖。除村民祭祖外，该祠还作为村民喜庆宴席的场所。此外，西一、西二村的邱姓各家各户都设有神阁、神台、神位，在节日、喜庆日和农历每月初一、十五时，都不忘给列祖列宗上香点烛供奉。

2008年5月，邱氏宗祠被公布为广州市花都区登记保护文物单位。

此外，西一、西二两村的邱姓村民还编制有《冯村邱氏族谱》一本，这本族谱极其详细地介绍了邱姓的由来、西头邱姓几千年来的具体迁徙过程、西头邱姓的世系，更难能可贵的是，该谱内还有多张详尽的大幅族谱图，西头邱姓村民的辈分、关系一目了然。

西头村有十几个姓氏，除了邱姓，还有李、林、汤、罗等姓氏，邱姓与其他姓氏都能和睦相处。《西头村志》还记录了这么一件趣事。说的是西头村每逢时节，村民都有拜神的惯例。有一年端午节，村民林三与邱六两人喝酒聊天。林三喝酒喝到兴头，得意地说："我的枪法很准，你信不信？"邱六说："我没见过，凭什么信？"这时正好林三的妻子捧着托盘出来，她准备到"井爷公"处拜祭。林三当即举枪把妻子的耳环打掉。妻子吓得魂飞魄散，顿时托盘落地，盘中的油瓶碎了一地。见此情景，林三也后悔不迭，因为儿子正准备参加童试，油瓶碎了怕是不祥之兆。正惴惴不安中，邱六则安慰道："好事也。打烂了油瓶，这'油'字散落了，倒看不就成了'三甲'吗？令郎得中了。"后来，林三的儿子果真中了秀才，族里的"公偿"以十亩沃田作为奖赏。

镇龙祖庙与石姑爷传说

村内流传有石姑爷的故事，村正对面有三座小山丘，名叫石头岭。传说很久以前有位仙人为把美好时光带给民间，经常云游四海。一天仙人来到丫髻山地界时，见一块巨石滚下来，先滚到西头村石头岭，后又滚到分水口，一路石叠石，仙人一路追踪，在石头上留下一串串脚印。从此之后，冯村地带风调雨顺，村民过上美好生活。后人为感谢仙人，把他踏过的大石称为石姑爷，并前往拜祭。1963年新修水利时，这些石头被炸毁修山塘，现仅存上岗岭上的神仙脚印石。

祠堂内景

据村民们回忆，除邱氏宗祠外，西二村南面还曾建有一座庙宇——镇龙祖庙。关于镇龙祖庙的选址，村内有一段传说。传说西头各家族相继建好宗祠后，又想在村内择一吉地建座庙宇，借此祈福消灾，让大家平平安安过日子。但村民一时间无法选定合适的庙址，正在犹豫之时，发生了一件奇事。冯村市头一屠户某日宰猪，猪已被宰杀，正要开膛破肚时，猪突然复活站起，它走出猪肉铺，直到龟岗（今西二村）才停下倒地再次死去。村民见状，个个目瞪口呆，大为吃惊。围观的人群中不知谁说了句："此乃天下之大奇焉，龟岗峻秀毓英灵矣！"众人听后，觉得有道理，认为龟岗这地方是建庙宇的灵地，便于道光十年（1830）在此建起"镇龙祖庙"。

镇龙祖庙占地100多平方米，深两进，青砖墙绿色琉璃瓦。山门石额阴刻"镇龙祖庙"，两侧花岗岩石柱阴刻"龙脊镇威通气脉，龟岗俊秀毓美灵"对联。正面东西两方各设有石狮，龙口两颗珠子能活动，用手拨弄时会发出"咯咯"的响声。正脊有陶瓷工艺品，门顶及正面檐下有各种壁画。中间有一天井，天井置有一个生铁大香炉。第二进是神厅，正中设有三米高的神像，中间是北帝，左边是医宁（即专管治病的神），手中拿一粒丹珠，右边是观音，手里托着一个净瓶。左边放置一个大鼓和一个表面刻有"风调雨顺"的大铁钟。龙脊有灰塑人物、花草、葫芦八宝等。庙的前方为100多平方米的空地，为每年游神和乡里大型活动的集中地点。游神，是东南沿海地区普遍盛行的传统文化，在珠三角被称作菩萨行乡，是指在新年期间或其他喜庆节日里，又或诸神圣诞的这一天，人们到神庙里将行身神像请进神轿里，然后抬出庙宇游境，接受民众的香火膜拜的行为，此举寓意神明降落民间，巡视乡里，保佑合境平安，每年游神之日便是村中最热闹之时。每逢过年过节、农历每月初一和十五，都有很多村民进庙上香点烛拜神，香烟缭绕、钟鼓齐鸣、十分热闹。

然而可惜的是，镇龙祖庙已于1957年被拆除，青砖被用于建大饭堂，木材被用来筑造水车叶、水车头等，庙内诸多器物、神像尽数被毁，入庙烧香拜神、游神等民俗活动也同时被严令禁止。大庙至今未有重建，上述民俗活动也逐渐被村民遗忘。

朱子后裔话今昔

——记益群村朱屋朱氏宗祠和族文化

◎ 邓静宜

朱屋位于狮岭镇北部,一看村名就知道是一个以姓氏命名的自然村落。该村始建于清嘉庆年间,这个仅300多人的小村,隶属益群村,它也和其他地方的村庄一样,是中国农村的一个缩影。

朱氏宗祠

溯源新丰荆竹园

朱氏宗祠位于村的中心，是朱屋村朱姓唯一的祠堂。但说到朱屋村人的历史，村民都不是很清楚。村里没有族谱，了解到与他们同宗的新扬村杨氏塘朱氏有一本《朱氏族谱》，那上面应该会有他们祖先的一些信息。于是，笔者约好时间，与族谱的主人朱石养见了面。

据朱石养介绍，狮岭的朱屋村、杨氏塘村、军田村与赤坭的牛背岭、榄树脚和造福村的朱氏，都是约350年前从广东韶关新丰（原称长宁）荆竹园村迁来，至今已有十四五代人了。他说，他们这一支是正宗的朱熹直系后人，祖上从江西婺源入福建尤溪再迁广东新丰。朱熹在中国的历史上是个颇具影响的人物，祖籍徽州府婺源县（今江西省婺源），出生于南剑州尤溪（今属福建三明市），是南宋著名的理学家、思想家、哲学家、教育家、诗人、闽学派代表人物，世称朱子，是孔子、孟子之后最杰出的儒学大师，其功绩为后世所称道。据说现在全世界朱熹的后代有一两百万人。

翻开《朱氏族谱》，狮岭的朱屋村、杨氏塘村、军田村与赤坭的牛背岭、榄树脚和造福村一带的朱氏，供奉的太祖公是朱九郎。族谱记载，十九世祖朱祯娶妻李氏、萧氏、曾氏，生九子。九子名曰一万、二万、三万、四万、五万、六万、七万、八万、九万郎。朱祯是朝廷的一名官员（任职年代不详），他在解粮上京途中，去世于任上。几个儿子特上京接父亲灵柩回家，路过惠州府和平县淡邦（地名），在此地留宿。夜里，几兄弟都做了同一个梦：梦见一白头老翁，拱立床前，老翁说此地是龙聚之所，在此立足，后代定能大富大贵。天亮后，他们发现此地果然山清水秀，跟梦境里出现的一样，于是他们将父亲的骨骸安葬于此，兄弟在此开宗。

笔者查阅朱氏的入粤始祖资料，发现《朱氏族谱》所载与资料有一些出入。资料所载入粤始祖是朱廷琛，原籍江西建昌县，元朝元统甲戌科进士，初授文林郎，升任广东惠州府为官，因水土失调，在任身故。家人扶灵柩还乡，行至和平东西界址时，因饥饿困苦，其子朱瓒兄弟恳求当地地主谭文娘借舍暂停。文娘孀守无嗣，家业丰厚，看这家人仁厚有礼，于是让朱瓒兄弟将其父真骸葬于和平县探邦江口。

朱瓒兄弟契拜文娘，谭文娘将樟树镇宅场、山林田园、山岗禽地，尽付朱瓒兄弟。后文娘去世，朱瓒兄弟嘱咐子侄九人以及孙辈每年八月初一祭拜文娘。朱廷琛娶江氏、宋氏，生子仁瓒、仁通、仁达。瓒、通、达三兄弟共生九子，以年龄长幼分别次第。这里看出，两处说的有不少相似之处，"祯"与"琛"音相近，而且都是死在任上。杨氏塘族谱是祯公生九子，而资料说的是琛公生三子，三子又各生三子，共九子，也是以一万、二万、三万、四万、五万、六万、七万、八万、九万郎称。"谈邦"与"探邦"音相近，究竟谁的正确，现已时过境迁，难以查证了。

《朱氏族谱》记载花县（今花都）朱氏供奉的始祖朱九郎（九万）是朱祯的第九子，朱九郎娶妻蒋氏，生三子。第三子娶妻钟氏，生两子，在幼子朱念两岁时，逢天下大乱，钟氏抱幼子逃难到广东韶关新丰荆竹园居住，后在此开枝散叶，遗下六大房。

朱姓消失奇才营之谜

清初，朱氏后人有六兄弟因老家生活窘迫，人多田少，从新丰荆竹园来到花县另谋出路。当时花县的环境是"值花城初开，清朝始定，天时干涸，贼寇猖獗"。这群客家人先来到狮岭的奇才营村滞留。

奇才营原名旗寨营，据说最早的居民是在这里安营扎寨的明末残兵。清康熙二十五年（1686）清军曾在这里驻兵，改称奇才营。当时这里已经有十几个姓氏的居民，其中以萧姓村民居多。朱石养说他的父亲在20世纪三四十年代，要走十里路来这里读小学，可见这个村是条大村。奇才营居民讲的是白话，而周边的村讲的却都是客家话，这说明萧姓等姓氏是早于朱氏来到这里的。

六兄弟中，居杨氏塘的是大房，居榄村角的是二房，牛背岭、造福、军田三村的朱姓都是五房的后裔，另外三房中，有两房人在花都消失，也不知道是什么时候离开的，去了哪里。

过去，六房朱氏同拜一座太公山，他们还年年回新丰老家祭祖。后来因为路途遥远，道路难行，加上有两房人不知所终，于是回老家祭祖的活动便停止了。新丰老家的原村民说，在花县回乡祭祖的六兄弟中有一支很显赫，每年都有几十人骑着高头大马来祭祖，他们一直到今天还在找这支人，但不知是哪一支。

当时他们曾锁定朱屋村这支，几十年从事宗亲工作的朱石养对朱屋村的历史进行过反复的调查，最后否定了这个猜测。因为朱屋村原来是一个非常穷的村，改革开放前，全村连100人都不到，村里一座青砖屋都没有，怎么可能会有一个有马队的祖先。至今朱屋村也只有300多人，加上迁出村的才500多人。目前从新丰来的朱氏这几条村中，没有一个村有他们所说的那样辉煌

祠堂香火很旺

过。《朱氏族谱》有诗云："单身赤足到杨塘，做出功劳万代扬。借户傍门成造化，经霜历雪见风光。买田造屋知多少，传子乃孙望久长。我等知恩难报得，晨昏敬奉一炉香。"由此看来，杨氏塘的朱氏先祖曾经富有过，但单凭此诗不能证明这支后裔就是骑马回乡的那支人，还有个可能性就是消失的那两房。

杨氏塘朱石养爱上宗亲工作，起初也是为了寻

找这消失的两房人。找了十几年,至今都没有找到。原来听说散落在罗定一带,他去查证后,结果也是失望而归,后来他又到广西、英德、罗定、恩平、河源等地寻找,都没有结果。朱姓之间每年都有多次宗亲聚会,目前在花都姓朱的有一万多人,其中秀全街朱姓人最多,但与朱屋朱氏的关联不大。与他们血缘相近的主要有牛背岭村、造福村和军田村的宗亲。赤坭三房加起来有2000多人,杨氏塘1000人,朱屋村人较少,仅300人,不包括迁出户籍和在海外的。

老人说以前在奇才营村发现了朱姓的石门额,但现在奇才营却没有朱姓。族谱上明明说得很清楚,朱姓首迁的地址是奇才营。他们是什么原因搬走的呢,这里有一个故事。

朱村的太婆姓潘,是附近的太平庄人,朱氏六兄弟中的老五在太平庄打工,在奇才营居住。奇才营人是广府人,朱氏来自客家。广府人与客家人习俗不同,朱氏兄弟这群客家人来此居住后,与本地人共用一口水井。客家人习惯用木桶打水,而本地人爱用陶器,有一次朱姓祖先打水的时候,不慎打碎一本地妇女的陶器,双方发生激烈冲突,这名妇女被失手打死,于是朱姓祖先带着怀孕的妻子逃往妻子的娘家太平庄。在太平庄西面的300米处住下,这里有五亩地和一些房屋,久而久之,这个寮屋周边就成了朱屋村。

朱屋村原来有族谱,后来搞"四清运动"的时候遗失了,所以这些传说未有真正的文献记载,只剩下乡民的口口相传,几百年过去,一些真相已无从考证。

祠堂重建彰显凝聚力

中华人民共和国成立后,祠堂失去了原有的功能,成为村里堆放粮食或杂物的仓库,年久失修,漏雨腐朽。朱氏宗祠之前有个老人厅,主要是作为族中老人濒死或死后停放的场所。1994年,村里修建了一座朱氏宗祠,祠堂与老人厅并行,一边是活人的活动场地,一边是死者的安身之所。老人厅是泥砖建的,常年风吹雨淋也倒塌了。祠堂地基较低,每逢大雨就会发生雨水倒灌的现象,2017年,朱屋重建祠堂又提上议事日程。

新祠堂在原地推倒重建,地基比原来抬高了60公分,前面有广场和水塘,广场下面是悬空

灰塑"福寿长春"

祠堂重光时,宗亲送的对联

的,占了水塘的一半面积。朱氏宗祠由村民集资兴建,建祠堂的时候,村里有一个三年计划,从2017—2019年,每个村民出资3000元修建祠堂。近些年朱屋村大力发展皮具皮革产业,村民都富裕了,全村土地全被征完,村里盖了很多厂房,村民收租度日,村集体经济分红一年人均5000多元,最多的一万多元,修祠堂族人都很踊跃,赞助最多的有7万多元。

资金到位,工程进展很快,包工包料,一年后新祠堂落成。整个祠堂重建,包括整治周边环境花了200多万元。新祠堂占地290平方米,三间两进带两廊,博古脊、琉璃瓦、虾公梁、石狮斗拱、挑头、石雕,脊上二龙拱珠,灰塑色彩夺目,墙楣上有戏剧人物和花鸟图案,镶嵌石门戏廊。石门额上阳刻蓝色"朱氏宗祠"四个大字。后堂四根金柱全部采用菠萝格木,气派雄浑的青铜大香炉来自温州。最特别的是后堂挂满了金字排联,金光闪闪一片,数一数,竟有21副之多。加上金柱上的楹联和前厅墙上的各种联匾琳琅满目,这些牌匾都是宗亲出钱赞助的,牌匾上的对联,也是宗亲自己拟的。

朱氏宗祠的堂号是"六圣堂"。比较有特点的是后堂楹联所题的内容,右边是同宗兄弟村牛背岭村送的牌匾"同祖同宗同日月",左边是狮岭榄树脚村兄弟送的"兴宗兴族兴贤才"。前两根金柱是:"宗功伟业浩大再展辉煌立根基耀中华;祖泽福禄绵长永发中枝创奇迹振乾坤。"后两根金柱是:"由长宁发脉而来敬所尊爱所亲一脉渊源远可溯;自花县开居以后祖有德宗有功万年俎豆纪生香。"分别是由巴拿马朱氏宗亲会、念九郎、念八郎、念七郎、念六郎裔孙,赤坭造福村敬贺。

在首进的墙上挂着一块红底金字的木标,上书"九子源一脉",这大概是对入粤朱氏的一个概括吧。

氏族文化代代传递

朱屋村朱氏是客家人，客家人的习俗和性格在这里得到充分的彰显。朱村人热爱生活，吃苦耐劳，勤俭节约，似乎是与生俱来的。

朱屋村民习惯用竹篮装着剩余的食物挂起来保存，抗日战争时期，日军入侵朱屋村后实行"三光政策"，把村民的竹篮全部烧掉，村民经常忍饥挨饿，苦不堪言。二十世纪五六十年代，朱屋人几乎家家织布，编织箩筐，以此赚取家用。有的还会到广州买纱线，拿回家纺织，织好后拿到市场销售，赚取更大利润。过去，每年农历正月十五，村民会提着煤油灯围绕村子走一圈，祈求新的一年有好兆头，村里现在还保留每年正月十五烧烟花、游灯的传统习俗。正月初八，凡是家中有双岁数的男丁就可以一起办灯宴，清明节村民会到祠堂拜祭祖先，传统节庆食品炒米饼、糕饼、钵仔糕、酿豆腐依然流行。

除传统习俗外，村里现在还流行一些新民俗，如成立慈善基金会，逢年过节给村里的老人、孤儿和五保户发慰问金和慰问品，给考上重点学校的子弟颁发奖学金。20世纪90年代，随着狮岭镇皮革产业的兴起，大多数村民从事皮革皮具产业，村民有工资收入、房屋租金、集体分红，皮具五金加工等企业带动了当地经济发展，增加了农民收入。人们生活富裕了，客家人性情开朗，一出门就唱山歌，如今在花都各大公园里，唱山歌的人都来自客家。

白云向北好家园

——益群村奇才营萧氏宗祠和萧氏文化

◎ 邓静宜

在花都，以军营命名的村子有三个，一个是水口营，另一个是铁屎营，再一个就是奇才营了。奇才营位于狮岭镇的中北部，在清康熙二十五年（1686）花县设县时，奇才营村随同原属番禺县的狮岭巡检司一同划归花县。中华人民共和国成立后，该属地行政建制几经变化，现为花都狮岭益群村管辖的一个自然村庄。与周边村相比，奇才营建村较早，整个村被分为东向、西向、南向，有多个姓氏族人在此安居乐业，其中萧姓是村中大姓，居住在西向，有户籍村民300多人。

萧氏宗祠

先祖白云北上奇才

奇才营是益群村内唯一的广府人聚居的自然村落。追根溯源，奇才营萧氏来自今广州市白云区寮采，据奇才营的萧氏族人说，寮采的祖先又是来自今白云区鸦岗，如要追溯更早，那就是从珠玑巷走来。

正脊陶塑"二龙戏珠"

若查源流，萧姓源自子姓。萧大心因助宋桓公平叛有功，被封于萧地，建立了萧国，被后人尊为萧姓的得姓始祖。萧姓发源于今山东省兰陵，在西汉形成几大郡望。"永嘉之乱"士族南迁，萧姓族人播迁于南方诸省。南北朝时期，萧姓建立了齐、梁两朝，繁衍昌盛，人才辈出，进入了鼎盛时期。唐宋年间，由于居住在中国北方及东北的契丹族萧氏劲族的加入，萧姓从而成为一个显贵、庞大的家族。在此期间有萧姓开始迁入广东定居。

位于广州市白云区石井街道鸦岗村的萧氏大宗祠，是萧氏宗族的太公祠堂，始建于清嘉庆十五年（1810）。萧氏大宗祠内《建造君举始祖祠宇碑记》和《重修君举始祖祠宇碑记》详细记载着始祖萧君举在南宋咸淳十年（1274）初从南雄珠玑巷迁至老鸦岗定居，后在黄石街马务、钟落潭镇寮采等地繁衍的说法。这一支萧氏后人已有三万余人，遍布世界各地。每年清明节，萧氏宗亲很多都会回到鸦岗拜山祭祖，包括花都狮岭奇才营的萧氏后人。

狮岭镇益群村奇才营村萧氏的迁徙线路曲折磨难，祖先自南宋以来，从安徽迁山东，转江西泰和落广东梅州，往从化到白云区钟落潭寮采村，最后才到了狮岭镇益群村奇才营。从十三世祖萧华玉、萧慎德两位堂兄弟发展到现在，萧氏在花都已1000多人。

百年萧氏历经风雨

狮岭镇益群村奇才营开基祖萧华玉从白云区钟落潭寮采村分支，笔者看到了萧氏宗亲萧文忠在2017年9月翻抄复印的《萧氏家谱序》，上面记录的是清宣统元年（1909）二月十二抄列的宗支情况。

钟落潭镇寮采这支的始祖是萧宣义,一世萧永昌,二世萧丹七,三世萧荣公、萧相福。一共记录了从一世祖至十七世,其中五世萧宣梅在寮采开基,十三世就是萧华玉。关于奇才营的开基始祖萧华玉,《萧氏家谱序》这样记载:"华玉公,妣谭氏,生三子,长殿客,次殿兴,三殿友。"萧华玉是明朝人,《萧氏家谱序》中记录他卒于康熙三十四年(1695),享年60岁。妻子谭氏享年76岁,卒于康熙五十九年(1720)。如此算来,萧华玉在康熙二十五年(1686)开基奇才营时,已是半百的年纪,他因何事而迁居,未有稽考。在这里我们还看到,萧华玉的另一位堂兄弟萧慎德去了花东镇北兴村。

据村人说,祖先萧华玉以采藤编织各种生活用品为生,属于编织手艺人。当他来到奇才营村后的山里割藤时,看到这里有大量的土地无人耕种,想到老家人多地少,生活贫困,于是决定来这里安家。于是萧华玉来到这里建房造屋,娶妻生子,开枝散叶。他生了三个儿子,三个儿子中,长子无嗣,现在奇才营的萧氏都是二房和三房的后代。

萧氏宗祠始建于清同治三年(1864),是萧华玉的后人建的。该祠坐东向西,三间两进,占地面积200多平方米。在"文革"时祠堂后进被拆,只保留了门面和首进。祠堂做过晒谷场、牛舍、碾米场和塑料厂。1997年,祠堂的前柱被一外地农用车撞断,整座祠堂面临倒塌,重修祠堂提上议事日程。当时村经济较差,村民每人一两百元地捐款,最多的出到一万元,整整积攒了三年,才将建祠堂的费用筹备完毕。又花了近一年时间,终于把祠堂重新修复。以前的祠堂都是青砖墙,现在是红砖贴绿瓷片,改了瓦面。祠堂有专人管理,主要用于清明祭祖和聚餐。

萧氏是广府人,周边都是客家人,以前奇才营有东西南三个片区,萧氏集中在西向,南向姓李,东向姓周、梁。全村很团结,因为建村的时候就有很多姓同居,习惯了多姓氏同居一地,所以没有什么冲突。但跟外村就因为争水问题发生过很多冲突。奇才营在水源上游,在中华人民共和国成立前,常因争水问题跟周边村发生械斗,中华人民共和国成立后,成立了农村合作社,这种现象就再没发生了。

在抗战时期,奇才营被日军轰炸,村里有两个村民被炸死。奇才营属山区,平时很平静,如果没有山前旅游大道,村人几乎不出村。村里六七十岁的男人娶的老婆绝大多数是来自更偏远的清远地区。

村中原有十几个姓氏,后来朱姓、胡姓都迁走了。这两个姓氏为什么迁走,据传说是,村里正月十六要烧烟花放炮仗。有一年正月十六,村里又开始在今金狮大道一带放炮仗,巨大的响声把清廷的官兵吸引过来,官兵以为是太平军的枪炮声,于是对村民大开杀戒。奇才营原来有1000多居民,被杀得只剩几百人,以致村里的朱姓、胡姓基本绝迹。

柱础

朱姓离开奇才营还有一个传说，朱屋村的祖先曾在奇才营居住，朱姓是客家人，他们与本地人共用一口水井。客家人习惯用木桶打水，而本地人用陶器打水，有一次朱姓先祖打水的时候，不慎打碎一本地妇女的陶器，双方后来发生激烈冲突，致使这名妇女被打死，于是朱姓先祖带着妻子逃离奇才营去了朱屋村定居。

岁月静好的兰陵后人

奇才营的萧氏族人吃苦耐劳，过去以种植水稻为主，农闲则在家织带，拿到市场去销售。改革开放后，在狮岭皮革皮具产业的带动下，大多数村民从事皮革皮具制造业或自设家庭作坊。村民收入也大幅提升，村貌大有改观，村里建了新村，村民以房屋出租和村集体经济分红为主要收入来源。

这里山好水好，空气也不错，村里90岁以上的老人有八九个。珠三角环线高速在村北面经过，山前大道与南航大道交汇于此，交通方便也给奇才营的经济带来了好处。各种民俗活动也如常进行，每年的农历正月初一，村中会有舞狮表演。正月初，家中有男丁出生的会办起灯宴。清明节期间，村中各姓氏会聚集族人祭祀先祖，重阳节村里组织长者聚会吃饭、外嫁女回乡。

"萧"与"肖"都是古老的姓，"萧"姓两千多年来一直在使用，"肖"姓在汉代以后基本绝迹。然而现在肖姓却很普遍，这主要是因为我国内地在20世纪70年代推行二简字之后，"萧"字的所有义项都被合并到"肖"字（不仅姓氏），于是所有的萧姓被写为肖姓。可后来正式废除二简字之后，由于户籍管理部门的相关规章，更改姓氏十分困难，所以有不少人没有改回萧姓。奇才营的族人在推行二简字后用的都是肖，后来在办第二代身份证的时候，全村统一将"肖"改回"萧"。

萧氏族人注重宗亲情谊，白云区萧氏宗亲庆典活动，他们要去庆贺。花东北兴村也有一族萧姓，与奇才营萧氏是同宗，他们一直保持着联系。作为兰陵萧氏后人，萧姓子孙不忘祖训以治家，用亲身实践传承着"忠孝节义""纲纪人伦""务本修身"等家族家训。每年他们都要回白云钟落潭参加萧氏年会，清明祭祖。

和善乡风绵世泽

——记益群村太平庄潘氏祠堂

◎卢福汉

　　太平庄，位于狮岭镇中北部，隶属于益群村，包括平东、平西、平南三个经济社，相邻自然村有黄屋、朱屋、胡屋、向东屋、义兴、合境、南塘。该村为潘氏单姓客家村落，开基于清康熙年间。

维龙潘公祠

新丰望族迁太平

太平庄潘氏是宋淳祐状元潘任的后裔。潘任原籍江西寻乌项山，其孙潘法明迁居福建汀州宁化。元朝期间，潘法明的后裔潘琴携弟潘瑟从宁化迁居广东嘉应长乐（今五华）南段，是潘氏一族入粤的始祖。明洪武年间，潘琴长子潘文质分迁兴宁世居。自此，潘氏在长乐、兴宁世居，经过数代的发展壮大，成为当地颇具影响的家族，其中潘琴第八代孙潘伯澜是潘氏发展史上的传奇人物。明成化四年（1468），潘伯澜因抗军役和瑶役，与县令结仇，为避官祸，携眷从长乐迁至韶州翁源南浦杨岸坝开基，数年后重振家业，富甲一方。潘伯澜生有五子，分别为潘玙、潘玟、潘玲、潘瑞和潘珠。潘伯澜秉性刚直、疏财仗义、疾恶如仇，好为百姓出头，因此得罪中饱私囊的县官，被诬告陷害，于弘治十年（1497）被官府缉拿。潘伯澜遂支散家人分赴各地营生，与长子潘玙留在当地与官兵周旋搏斗，最后身负重伤而丧生。后潘玙幸存，迁徙顺德冲鹤堡，又转迁惠州府河源仙塘开基。潘玟、潘珠携同潘玙之子潘千迁居长宁（今新丰）沙田，迅速发展成当地一大望族，占据该县64个村庄，民国时期有"潘半县"之称。清康熙年间，潘伯澜的第九代孙潘维龙从长宁大水坑迁居花县狮岭太平庄。

潘维龙迁居花县时，正是新县建置不久，长期受"花山寨"土匪的滋扰，北部山区荒无人烟，田畴没人耕种，于是官府鼓励周边山民来此开垦落籍。经过几代的发展，潘维龙的第六代孙潘成珍向平南拓展，形成了现在的村落格局。

潘氏尊崇祖先既定的字辈排序，并撰写成长联印刻在族谱上，方便迁居外地的本族子弟认祖归宗。潘氏字辈长联为："玉宗文士维世廷宏定成元绪允啟熙康；英才昌济明德纯雅学至名兴宪锡勋华。"1985年，族人又续写了字辈长联："国器掌珠天必有常超群益众万古传扬；善积四海兰桂腾芳恒心立业发福悠长。"目前，太平庄潘氏发展到"才"字辈，已经在此开枝繁衍到第十四代，人口800多人，约170人在外生活，其中华侨约80人，主要旅居在巴拿马。

潘氏祠堂耀宗光

太平庄现存祠堂三座，分别是位于太平庄旧村的维龙潘公祠、位于平南社的成珍潘公祠及"公厅"潘氏宗祠。

维龙潘公祠，原名"潘氏宗祠"，堂号"衍庆堂"，始建于民国初年，为祠宅合一的典型客家建筑。1947年，潘氏宗祠移建平南社，1958年被拆除，改建成生产队的仓库。1997年，族人筹款13万元，在旧村潘氏宗祠原址上重建祠堂，改称"维龙潘公祠"，以纪念太平庄潘氏始祖潘维龙。该祠坐东北向西南，三间两进，面积约212平方米。现在，祠堂被周边幢幢高楼簇拥着，显得比较简陋，前面是宽广的地堂和一口半月形的鱼塘。

维龙潘公祠头门张挂着一副楹联："河阳世泽；毕水家风。"河阳，指晋代潘岳（即潘安

成珍潘公祠

潘氏宗祠

曾出任河阳县令，后多以"河阳"指称潘岳，所谓"陶潜彭泽五株柳，潘岳河阳一县花"。毕水，则与潘氏姓氏源流有关。《姓纂》上记载："周文王后毕公之子季孙，食采于潘，因氏焉。"

祠堂后堂的楹联为："赐姓自毕公食采分封佐武烈继文谟功列治臣千古仰；开基本龙祖携淋与湘由长宁至花邑堂名衍庆万年昌。"说明了潘氏的源流世系，潘维龙携带潘世淋、潘世湘由长宁（今新丰）到花县开基。

随着农村城镇化的推进，该村潘氏族人拟重建维龙潘公祠的规划，成立了维修筹备小组。这次拟重建维龙潘公祠，就是将祠堂、公厅、老人娱乐中心、狮武健身活动中心重建，连成一个整体，所需费用约600万元。

成珍潘公祠，位于平南社。潘成珍（1796—1871），潘维龙第六世裔孙，于同治二年（1863）携族房向南拓展，从旧庄搬迁到平南。该祠始建于1947年冬，原建筑比较朴素，保留客家建筑特色。1982年，续建成三间两进格局。2017年，族人筹资200万元，对成珍潘公祠原地重建，融入本地祠堂特色。该祠坐东北向西南，三间两进，五级台阶，人字硬山顶，青砖墙，花岗岩石脚，花岗岩檐柱，垂脊饰博古纹，正脊为博古脊，碌灰筒瓦。该祠造工精良，全屋墙楣饰以壁画，博古脊饰以灰塑，墀头饰以砖雕，雀替挑头饰以石雕，琳琅满目，富丽堂皇。祠堂周围被村民自建的高楼包围，宽阔的地堂外是一口半月形的鱼塘。

该祠的后堂前金柱挂着一副对联："维龙祖贻厥孙谋开基花邑；成珍公绳其祖武派衍平南。"描述了太平庄潘氏的源流世系，突出潘维龙是太平庄的始祖，之后潘成珍拓展到平南播衍。该祠的后堂两侧墙壁悬挂着近十副对联，是各地潘氏宗亲祝贺祠堂重光时赠送的。

成珍潘公祠的左侧为潘氏宗祠，其实是客家村落的"公厅"，就是客家村落老人离世的地方，平时还赋予了衬祠的功能。

良好家风代代传

太平庄潘氏一族迁居仅300余年，人口繁衍至今才800余人，氏族并不算庞大，潘氏宗祠也是在民国年间才相继建成，建筑体量不大且相对简陋，由此可见他们的生活水平一般。然而，改革开放带动了太平庄的经济腾飞，潘成珍后裔于2017年筹款200余万元重建了成珍潘公祠，将公厅扩建为潘氏宗祠，平西社用42万元买下村民房舍用于将来建设村狮武健身活动中心，并拟集资600万元将对维龙潘公祠、平东平西社公厅、狮武健身活动中心进行重建。这对于只有800人的村庄来说，是何等的不容易，体现了宗族的兴旺与宗亲的团结。是什么精神支撑着他们去尽心维护这份血肉亲情呢？翻开《潘氏族谱》《潘氏祖训家训》《潘氏伯澜公家传箴规》醒目地放在了族谱的前面，这似乎给出了答案。

《潘氏族规家训》曰："守祖上之遗训，遵先圣之格言，修身齐家为要，生营耕读为务，当重其纲常，叙其彝伦，先在忠孝勤俭，礼义廉耻。毋妄作匪为，毋欺凌族党，毋嫉贤妒能，毋恃强凌弱，以争斗夺才吞贫贱。循规蹈矩，守之勿违。"

《潘氏伯澜公家传箴规》曰："一、自吾族以来，积德有数百年矣。由太始祖中牟公至始祖琴公，于今吾身当八世耳。

两廊精美的彩绘

塱头砖雕

以此支分派别，亲疏莫辨，尊卑难序，故编世系而列昭穆，使不相淆，一日谱成，作其规戒，以示后世子孙。即当重存斯谱，谨守其成规也，宜凛遵。毋违！二、凡吾祖宗之裔，先宜谨守祖宗遗训，遵行先圣格言，修身齐家，以安营业。以耕读为急务，当重乎纲常，叙其彝伦。先在忠孝勤俭，礼义廉耻，毋妄作匪为，毋欺凌族党，毋恃强欺弱，毋嫉贤妒能，毋以嫌生竞，毋以富娇贫。要循于规矩，各宜敬之，勿视轻言。毋违！三、凡议婚当必须告鸣宗族，择其门阀相当，方许结合。其间有良贱不等，不可贪伊丰富而私计财物，亦不可厌他贫穷而自行鄙视。凡后嗣子孙，各宜权度。有无相称，以成姻亲，谊属焉可。倘不遵凛，重法不恕。毋违！四、凡先世所葬坟墓、庙宇、屋场及山林等项，累累各有界址分明，后之子孙，不得盗侵，改毁强灭，则当思一脉之相承，一气之同分。岁遇春秋二祭依期祭拜，合虔尽诚。忱自箴规，以后子子孙孙宜守之敬之，慎勿弃之，奉遵为要。毋违。"

端蒙养、重家教，是我国的优良传统，运用族规家训来教诫家人子弟已有悠久的历史。由于传统思想和伦理道德特别强调修身齐家与治国平天下的密切联系，因此族规家训的目的是"整齐门内，提撕子孙"（就是整治家庭，提携子孙，即树立家庭观念，建立家规家训，让子孙后代不逾矩）。宗族亦赖此生生不息，长盛不衰。潘氏这些家训箴规由潘伯澜于明成化壬寅年（1482）九月重九编修族谱时撰写，旨在向子孙阐明关于"仁义礼智信"的做人准则，讲述个人在家庭和社会中应该承担的责任和义务，以及富含哲学思辨的修身立德治家之道。

的确，潘氏后辈数百年来为人处事，均秉承着先祖的族规家训。譬如，客家村落一般都在村的偏僻处建一间"公厅"，安排村中老人在此过世。而太平庄潘氏却继承着"慎终追远"优良传统，把公厅与宗祠并列，并重新修葺，扩大规模，规格与宗祠并列，使村中老人得以有尊严地与尘世告别。村里还成立了祠堂理事会，采取佣工制度处理村中白事，将村中已结婚至49岁的男丁进行分组，分担村中白事相关工作，体现了村族亲切的人文关怀。还有，村中每年春分、重阳举行春秋二祭，全村男女老幼齐出动，按先祖辈分分级进行拜祭，场面肃穆而温馨。

太平庄潘氏历经300多年，凝聚成了一个团结和睦的大家庭。金碧辉煌的维龙潘公祠矗立在村中最醒目的位置，这位太平庄的开基者看到子孙后辈的美好生活，定会备感欣慰。

昔日山村变商城

太平庄位于狮岭的北面,北靠六花岗水库,地处偏僻,后面是连绵的山岭,土地瘦瘠,村民以传统的水稻种植为主,兼种红薯补充粮食的不足。因此,村民的生活水平长期处于全区的中下游水平。

改革开放给了太平庄一个很好的发展机遇,潘氏承继了客家人勤劳刻苦、敢闯敢干的文化性格,靠着村前为山前旅游大道的地利,纷纷做起皮具皮革原材料销售及成品加工,生意红红火火,一幢幢规整的村民自建房接踵而起,很快就由一个客家小山村蜕变成名副其实的城中村。便捷的陆空交通、优良的营商环境、和谐的村民关系,吸引了全国各地的电商进驻,益群村成为广东著名的淘宝村,聚集了外来人口约50000人,而太平庄的电商商家占了全村的四分之一。

益群淘宝村在1998年开始形成,繁盛于2012年至2017年。民居的一楼大多是密集的淘宝店,不少工厂或店面都贴着"互联网+"这个时代最具中国特色的产物——二维码。可见,互联网正在悄悄改变着这个村子的一切。自从这个村子成为淘宝村后,有不少人慕名而来,参观、取经、谈合作。自从有了电商,村民们利用一根网线,将村落和外部世界相连,开设网店,把村庄里最负盛名的皮具箱包销售出去,以此来实现互联网时代的财富梦想。

现在,村集体虽然已经没有了农田,但是添置了不少物业出租,村集体经济仍可持续发展。村民洗脚上田不再与农田打交道,生活来源主要有四方面,一是自己经营皮具皮革及配件等生意,二是村中自建房的租赁,三是在周边打工,四是经济社的分红。太平庄三个经济社集体建筑约40000平方米,集体收益约500万元,村民以股份形式加入经济社,年底分红、各社收入不尽相同,社员年终分配人均约5500元,日子过得有滋有味。

太平庄潘氏每每饮水思源,时刻不忘祖恩,以祠堂作为旗号凝聚族人心,以善为和,团结互助,享受着美好的幸福生活。

客来温氏种新田

——记新杨村新田温氏宗公祠

◎卢福汉

在狮岭镇的东北角,有一群客家村落散落在芙蓉嶂的脚下,如老虎窿、水井岭、龙岗岭、龙岗围、深坑陇、瓦沥、古岭、新田等,从村名可略知其地貌及周边环境。这些客家人大多于建县

温氏宗公祠

之后从粤东地区迁来,广花平原的良田沃土大多已经被本地人占有,他们只能在瘦瘠的山间坰地刀耕火种,艰难生存。然而,客家人秉持着勤劳、坚忍、敢闯的文化特质,抓住了改革开放的机遇,大力发展特色手工业,走上了富裕的道路,过上了幸福的生活。

新田温氏说源流

狮岭有两个新田庄,两者相距不到十里,属新杨村的村民主要姓温,属旗新村的村民主要姓钟,这里介绍的是新杨村的新田庄。

新田庄位于狮岭镇中北部,村庄坐北朝南,东靠河背村,东北与何亚南村相邻,南临老虎窿,西北是奇才营村。流溪河灌溉河流经村前,村后有尖峰岭拱卫,

次间墙楣上的灰塑"怀少安老"

环境优美清幽。交通相当便捷,村前就是金狮大道,村东是旗岭圩,村西是狮岭圩。

新田庄是温氏单姓村落。温氏始祖温其利(1758—1828),嘉应州镇平县(现蕉岭县)赤岭村人,其子温志达在清道光年间携父母骨殖迁居花县,先在新塘坰堡西岗头村(又称圆岭仔,仍属新扬村)立足。二世祖温志达在村中建了一间祖屋,用于摆放父母的神主牌位,并亲手撰写联对:"自镇邑分居赤岭祖德宗功惟愿箕裘传万载;由花峰卜宅子肖孙贤还期俎豆播千秋。"向后辈陈述温氏从嘉应州镇平县赤岭村迁居花县圆岭仔的历史。

温氏在西岗头生活了上百年,已经扎稳了根基,积累了一定的财富。到了清光绪三年(1877),由七世祖温猷芳、温猷璋兄弟及叔叔温宏泰、温宏耀牵头,购得西岗头以北100米处的田地另建新村,因村子建在新购买的良田上,故名新田庄。

新田庄温氏有感于先祖只身千里迢迢来此开基创业的艰难,有感于族人离乡别井来此客居的辛酸,有感于百年繁衍人心凝聚的需求,于是趁着在新田立庄的机遇,规划构筑祠堂及私房厅奉祀祖先,教育后辈当饮水思源,不要数典忘祖。不过,祠堂为何名为"温氏宗公祠",村民没有合理的解释,花都现存350多座祠堂,也没有发现其他有"宗公祠"这个叫法。

温氏的字派世辈诗为:"其志乃才缵,宏猷定德成。泰元开景运,天义永维新。"温氏在此世代繁衍,生生不息,到现在已经传承了十五代,发展到"运"字辈,约有650人,其中户籍人口约450人,在美国、巴拿马、中国香港等生活的约200人。

温氏宗公祠重光

清光绪三年（1877），温氏从西岗头移居新田庄，在村面陆续建了"一祠四塾"，即温氏宗公祠、宏泰家塾、耀财家塾、猷芳家塾、猷璋家塾。祠堂与四座家塾一字排开，祠堂在正中间，每座家塾互为相通，井然有序，恢弘规整。祠塾前面有宽阔的地堂及一口半月形与村等长的水塘，再前面就是广袤的田野。在群山掩映下有这一块平畴，难怪叫"新田"了。

"一祠四塾"均是典型的客家排屋，称之为"五龙过脊"（亦称"上五下五"）。这种建筑的特点就是上下两排都有五间，上下排屋之间的明间为天井，次间为廊房。客家民居的特点是悬山顶，房屋四周都带有飘檐，这与客家人所居山里多风雨的环境是分不开的。温氏宗公祠为纪念温氏先祖而建，而家塾为各房头的"私房厅"。

改革开放后，新田庄的环境大大改变，一幢幢高楼鳞次栉比，与历经百年风雨而破败不堪的温氏宗公祠形成了巨大的反差。先祖当年辗转来此客居，才有了新田庄的今天，客家人常怀感恩之心。于是，在村中族老的倡议下，村里成立了祠堂修缮理事会，于2011年对祠堂进行扩建重修。

重修温氏宗祠碑记

重建扩建的温氏宗公祠

重修后的祠堂，一是体量变大了，原来是"上五下五"格局，也就是只有两进，重修时拓展成三进，变成了"三堂四围"，也就是"五间三进"，而且前廊为两间宽而使深度更长，后廊占了次间和梢间，因此祠堂可以摆饮的地方就大了。二是风格变了，原来是典型的客家建筑格局，现在由悬山顶变成了硬山顶，从祠堂主题的山墙、梁柱、梁架，到屋脊、柱子、墙楣等装饰工艺，已经融入浓厚的广府特色。

祠堂的头门采用"凹斗式"设计，梢间砌墙。大门两侧张贴对联："太原瑞气；永德祥光。"说明温氏乃山西太原的望族，"永德堂"则是该祠堂的堂号。左侧张挂家族字辈榜，旁边对联为："要好儿孙需从尊祖敬宗起；欲光门第还是读书积善来。"彰显温氏尊祖敬宗、读书积善的美德。

中堂4根方形石檐柱，8根圆形石金柱，前带两廊，两间宽，天井显得较深。中堂金柱悬挂一副对联："自蕉移花祥开新田秋尝春祀报宗功；由闽迁粤溯松源木本水源思祖德。"是祠堂2012年入伙时，由梅州蕉岭赤岭村温氏宗亲所赠，说明温氏先祖先从福建入粤、再从蕉岭迁花县的源流，表明赤岭温氏与新田温氏是血脉宗亲。

后堂不设檐柱，8根圆形石檐柱，前带两廊占据了次间和尽间，只留明间为天井。后堂设神坛，供奉温氏历代祖先。后金柱有一副对

墙壁上悬挂着多副对联

联："自镇邑而至花峰祖德宗功昭百世；由西岗以徙新田孙贤子肖耀千秋。"这副对联是先祖留下的，已经流传了100多年。

该祠的特点是广施灰塑、壁画等装饰工艺，灰塑题材有"双龙戏珠""双凤朝阳""金玉满堂""麒麟吐书""一路连登""松鹤延年""鲤跃龙门"等，壁画有"八仙贺桃""书中金玉""福寿双全""一气高升""教子名扬""诗礼传家""源远流长""青山亭影""松茂竹苞""莲生贵子""和气生财""骏马图""山水有相逢""喜上眉梢"等，使整座祠堂美轮美奂，富丽堂皇。

和谐长寿并蒂花

花都主要有广府人和客家人两大民系，广府人先来，客家人居后。随着社会的发展和生活的交集，两者相互影响，而花都的地理位置决定了以广府文化为主导，客家人的很多习俗都基本广府化了，然而客家人尊祖敬宗、勤俭节约、敦亲睦族、艰苦创业、敢为人先的精神特质还很好地保留着，我们不妨走进新田庄去解读。

新田庄的村面建筑以祠堂和家塾为主，其门口均为"凹斗式"设计，在村子前面一字排开，线条明朗清晰，气势恢宏规整，既在感官上给人以美感，又形成了生生不息的"回形纹"，寓意富贵不断头。

走进祠堂，只见一大班老人在娱乐聊天，我们采访了温来贵老人，他向我们介绍了本村风

客家村落新田庄

俗:"这次重修祠堂是非常严谨的,从奠基、上梁到入伙,都选定良辰吉日。我们在2011年农历八月二十八日奠基,同年农历十一月十九日上梁,翌年农历七月二十三日入伙。"客家祠堂只办喜事,老人归世在各房头的私房厅(即家塾)进行。每年的年初一、初二最为热闹,村民齐集祠堂拜祖先,各家各户的拜篮摆满了祠堂,祖先神位前的香炉红烛高照、香烟缭绕,祠堂的红色爆竹纸铺满一地,煞是热闹喜庆。

新田全村出自一个太公,因此就是一个大家庭,长期以来各房族和睦共处、相互照应,亲如一家。

曾经当过社长的温志通向我们介绍了修祠堂捐款的事:扩建祠堂共需资金近300万元,这在一个加上在外生活的村民全村才604人的小村子,的确不是一件容易事。经过祠堂维修理事会讨论,全村604人每人捐资500元,另参加当年分红的340名村民每人再捐出500元,共筹得47万多元,每个人都献出了自己的一份爱心。然后再倡议自由捐资筹得230多万元,两项共筹款280万元。还有,原来祠堂是两进的,祠堂后面是温天记、温路平等村民的猪圈、草屋、灰屋及菜地等,听说要把祠堂扩建,村民自愿把地贡献出来,毫无怨言,也没有其他要求,非常难得。

村干部温子强告诉我们,新田是狮岭著名的长寿村,全村户籍人口450余人,60岁以上的有93人、80岁以上近30人、90岁以上有6人,长寿人数为新杨村18个自然村之最。我想,这里的村民之所以长寿,除了这里的自然环境宜居之外,村子的经济发展及村民的和谐团结、生活安逸是重要的原因。

谈起村中德高望重的长者,各人均推温玉山。他为人敦厚谦和,原在家乡教书、行医,中华人民共和国成立前去了香港开医馆。他人在他乡,却心系故土,深受村民敬重。在生活艰难的年代,他经常回乡接济村民。每次回来,都会购买一些礼物赠送村民,20世纪70年代曾购买电视机、单车等赠送给村集体。生前把自己珍藏的族谱复印回来,使得温氏后人得以追宗溯源,不忘根本。目前,他的小儿子还在村里,将近80岁了。

堪舆寻龙发八坜

——记合成村八坜垳兴邦袁公祠

◎ 吕金乐

  八坜垳,地处花都北部,毗邻横坑、紫石岗、高坜、益群村,是狮岭镇合成村下的一个自然村。村民有勤俭节约、热情好客的客家人风俗习惯,聚居于此已有300多年。人勤春来早,八坜垳人乘改革的春风,经营纺织和皮革加工业享誉世界,为狮岭镇成为花都区经济强镇添砖加瓦。

兴邦袁公祠

兴邦立庄溯村史

八坊坵袁氏，立村开基祖为袁兴邦，袁兴邦本人就是一位堪舆师。据袁氏族谱记载："袁兴邦生于康熙丁未年六月二十九日酉时，终于康熙辛酉年十一月十七日辰时。"笔者认为族谱记载有误，因康熙辛酉年袁兴邦才14岁，应该是终于乾隆辛酉年（1741），袁兴邦享年74岁比较合理。

因行堪舆（俗称风水师或地理先生），在康熙年间，袁兴邦从江西省赣州府定南县迁至广东省广州府花县狮岭洞太平堡开基立庄，当时属地归狮峰局辖。立嗣堂（祠堂）甲庚向坐甲向庚兼卯酉。族谱上面有备注："康熙年间，袁兴邦、袁兴周两兄弟和侄子宗才、侄孙胜龙迁花县。"袁兴邦在八坊坵开基，侄子袁宗才迁赤坭镇蓝坑村开基，弟弟袁兴周与侄孙袁胜龙在石拱桥开基。八坊坵袁氏另外一支始祖为袁日昇，传说他是个铁匠，以打铁为业至八坊坵，见有袁姓宗亲居于此，故从广东龙川迁入此地。查谱方知，两支袁姓同为白眉公（袁清隐）后裔，实为同宗兄弟，遂定居于此。现八坊坵袁氏包括袁兴邦、袁日昇后裔，共计1300多人。

该地为何名曰"八坊坵"？传说袁兴邦当年行堪舆，从王子山脉到芙蓉嶂盘古王山一路追寻龙脉。行至紫石岗后，看中紫石岗的风水。所以他就在紫石岗租下田地以种花生为计，但田主只准耕种不肯给地建房屋。因租种日久加上大家和谐相处，袁兴邦就认了紫石岗一个妇人为契妈。契妈见袁兴邦为人敦厚老实，就在附近给了袁兴邦八坊田耕种（坊，指"一行"的意思），从此袁兴邦立村于此，后称八坊坵村。袁兴邦本行堪舆，想必他也认可八坊坵是块风水宝地，所以才在此立了村，立村后果然财丁两旺。现村中存有1987年11月农历九月十三日，重修袁兴邦裔族谱一本。首页有联曰："由赣州乔迁粤海源远流长孝第有恭昭百世；寄花邑创建狮峰根深奕茂诗书礼乐振千秋。"八坊坵袁氏族人尊袁安第三十八世孙袁志君为入粤始祖，袁志君曾任福建建宁县令，后由赣州信丰全下堡迁东莞茶园开基立业。袁志君传至五世，有清陡、清隐、清茂三兄弟。长子清陡（出生时双眉发红，后裔称红眉公）生六子，其裔迁南京。次子清隐（出生时双眉发白，后裔称白眉公）是元朝进士，娶妻曹氏、游氏、温氏。生十八子，名谷旦、谷升、谷顺、谷良、谷政、谷财、谷宝、谷昌、谷存、谷德、谷清、谷明、谷微、谷敏、谷有、谷梅、谷松、谷启，俗称"谷十八"。三子清茂生两子，谷文、谷武，迁江西吉安北城。袁兴邦

廊架木雕

是清隐（白眉公）六子谷财之四子亭六郎的后裔。袁氏排辈分诗为："仕国兴宗胜，家传万世昌。仁能存正道，福禄永祯祥。"现已排至道字辈，为第十五代。

原村内有袁姓花厅，是村民袁提青的房屋。建于清朝道光年间，是一座砖木结构，上五间下五间二连廊的房屋。道光二十五年（1845），洪秀全曾在此设立私塾任教，有学生20余人。教了两年后，至道光二十七年（1847）秋，才离开此处去广西。洪秀全在此任教期间写了《原道救世歌》《原道醒世训》《原道觉世训》。现此泥砖房屋已被拆除，给村民建了民宅。1957年，花县科教文部门在八埗垱村征集到洪秀全在袁姓花厅教书时用过的筷子筒和学生书桌各一件，现由洪秀全纪念馆收藏。

八埗垱村有"起灯"习俗，初四起灯，十五落灯。清明族中祭拜先祖，凡上年生男丁者，需出丁鸡一只。现生活富裕了，就改为出烧猪一头。村中有一块清代禁碑，立于光绪十九年（1893）农历十二月十八日，讲述了光绪十九年，德国传教牧师在狮岭八埗垱村买地建教堂，由于当地村民反对，将教堂拆毁，德国牧师诉讼到花县县衙，经知事邹翼清判决，由村民赔偿经济损失。但此地亦不准再建屋或者开井，并立禁碑。碑文为："示此地断作袁姓众族公产，只准耕种，不准起屋开井，各宜禀遵毋违，特示。"东西宽三丈三尺，南北深三丈四尺，署"花县正堂务光绪十九年十二月十八日立"。

新立祠宇闪金光

兴邦袁公祠，为纪念袁兴邦而建，坐落在八埗垱祠堂街一号。后靠绿花岗，前有水塘。左建有民居，右有村道环绕。祠堂始建于康熙末年，1958年被拆，1986年由袁仕球、袁天财、袁仁厚、袁兆强、袁振云、袁冠林等人发起重建，香港侨胞袁记廷、袁水记和村民热心捐款重修，后因年久失修造成破旧，直至2012年在宗亲袁松发、袁仕球、袁连新等长辈大力支持下，袁干平、袁美福及各房代表牵头，倡议大家捐款重建祠堂，众宗亲和旅居加拿大、巴拿马华侨踊跃热心捐款。牵头人袁干平、袁美福大力捐资，袁卫民、袁伟球、袁金有、袁奇威、袁成忠、袁桂桐、袁国华、袁富承、袁永强、袁志华等人筹谋划策，共筹集300多万元全面重建。祠堂占地360多平方米，坐东朝西。三间三进，左右各有一间衬祠和青云巷。祠前宽阔地堂铺大理石地砖，两边各摆放八个圆石墩。靠水塘一边，用大理石围栏。每两个大理石栏墩之间隔一块大理石板，石墩也雕花。大理石板亦雕立体花卉图案，显得栩栩如生。萋萋芳草，茂盛绕塘。

近观祠堂，因祠堂几经拆建，已经没有古构件，全用现代仿古构件，显得亮丽崭新，砖墙用砖需切割打磨。青砖墙体，碌灰筒瓦，人字封火山墙，博古脊，硬山顶。大理石地脚，五级台阶，台阶两侧有护云踏跺。两根石前檐柱，虾公梁上设石狮。前檐梁架斗拱及封檐板木雕戏曲人物、花鸟虫鱼、瑞兽等图案，描上金漆，显得金碧辉煌。墀头砖雕工艺精致，左右青云巷门额大理石阴刻繁体字"人杰""地灵"，衬祠亦描寓意吉祥壁画二幅。门头正脊灰塑装饰上置"双龙

新修祠堂壁画"五老观太极"

戏珠",下雕"龙凤呈祥"。中堂、后堂正脊均有灰塑装饰。门洞两边墙各有寓意美好壁画"花开富贵""五子登科""教子成名""青山不老水长流"四幅。正门画"八仙贺寿"壁画一幅。大理石门夹阴刻祠联:"仁风世泽;卧雪家声。"门额阴刻"兴邦袁公祠"五个大字,右刻小字"满房美福赠",左刻"二〇一二年季夏重建"。石门槛,二门当,双开红木门板,配一对虎形铜门环。

一进门抬头可见屋顶两条红漆正梁,上挂客家人特有的祈福红布。前有两条坤甸木金柱设木屏门,大理石铺天井,二连廊通中堂。左右有门通衬祠,青云巷,右衬祠现还摆放一块1986年重修时大理石门额,有字载:"一九八六年,丙寅孟冬重建,记廷赠。"左衬祠摆放舞狮用品,中堂设木制屏风,上悬金字"卧雪堂"木匾,匾刻小字"广州花邑八坜坵重建兴邦袁公祠志庆"。八坜坵堂号为卧雪堂,传东汉袁安没做官的时候,他客居洛阳,很有贤名。一年冬天,洛阳令冒雪去拜访他。院子里的雪很深,洛阳令叫随从扫出一条路才走进袁安屋里。袁安正冻得蜷缩成一团在床上发抖。洛阳令问:"你为什么不求亲戚帮助一下呢?"袁安说:"大家都没好日子过,大雪天我怎么好意思去打扰人家呢?"洛阳令佩服他的贤德,举荐他为孝廉,后官至楚郡太守,河南尹,为东汉"四世三公"世家大族。这就是"卧雪堂"的由来,袁氏后人用它作为堂号纪念袁安。

纵观祠堂前厅、中堂、后堂、连廊画寓意吉祥壁画多达三十多幅。有"竹林七贤""山乡春早""渔樵耕读""麒麟送子""竹报平安"等诗画。彩绘描金,显得书香味浓,画意无穷,也显示了村民经济实力雄厚,生活奔康。后堂有四根坤甸木金柱,前柱嵌金字联:"由赣州乔迁粤海源远流长孝悌有恭昭百世;寄花邑创建狮峰根深奕茂诗书礼乐振千秋。"中间摆红木案台一张,亦雕龙画凤,上金漆。大理石台上放雕龙画凤、奇花瑞兽鎏金神楼,金光灿灿,辉煌庄重。上刻:"世代源流远;宗枝奕叶长。"香炉上供神牌"袁门堂上历代宗亲兴邦神位"。总观整座祠堂,典雅古朴,亮丽崭新。恰到好处金色渲染,更是显得金碧辉煌,处处闪耀金光。

人勤春早袁氏强

勤劳实干的客家人,总能第一时间嗅到春的气息,起早迎春。八坜坵袁氏立村时间虽短,但在清朝就已经有轻纺织带的手工业，这行业一直承传至今。清嘉庆年间（1796—1820），杭州纺织丝质"栏杆带"技术传入花县后，在客家庄农户中得到发展。该村约有70户从事织带行业，是织带行业当中人数最多的村庄。清光绪年间（1875—1908），村民将织好的栏杆带交到广州，运往港澳及东南亚各地销售。

20世纪90年代，在狮岭镇皮革产业带动下，村民除经营传统的织带行业外，还经营皮革加工业。如手袋厂、五金压铸厂等，使家家户户富裕了起来。现八埒埔村变成城中村。村中楼宇林立，家家都过着小康的生活，商场酒店就在家门口，交通四通八达，距白云国际机场只需要30分钟车程，东有广乐高速、西有广清高速、北有肇花高速，出行十分方便快捷。村民年年集体有分红，出行有小车代步，出国旅游也成平常事。老人月月有养老金，学生读书有奖学金，真正做到居者有其屋，人人有医保，个个有工作，老有所医、所养、所乐，小孩幼儿有书读，大家都过上了中国社会主义的农村新生活。

八埒埔村人杰地灵，丁财两旺，在各行各业中大展身手。经商、政界、教育人才辈出，近代宗亲袁桂杨任南沙区区长和广州市农业农村局局长。我国水稻之父、工程院院士袁隆平2018年赠八埒埔亲笔题词，现已刻成匾。

水稻专家袁隆平院士的题字

凤子龙孙振家声

——记合成村凤岗仕魁温公祠与海垢吴氏宗祠

◎ 吕金乐

合成村位于狮岭镇的中部，东临秀全水库，西接联合村，南通杨二村，北连益群、振兴二村，东北与新杨村接壤。古时候的合成村贫瘠荒凉，人烟稀少。星移斗转，300多年过去，如今合成村已成为一个现代化城市的后院。交通四通八达，贯穿东西南北，村中有商场、皮革城、酒楼、高档小区，村民住上小区楼房，小车代步。户户富裕安居乐业，提前实现小康。真可谓凤子龙孙振家声，耀祖荣宗。

仕魁温公祠

南迁茅岗栖凤子

凤岗,合成村辖下的一条自然村,原名茅岗。祖先刚来时这里长满茅草,后来因住宅建在岭下,改名凤岗。村东有田螺岭,东南有一条黄沙河,西有工板河、东北有洪秀全水库。三面环水,实为宜居之福地。

据温氏族谱记载:温仕魁为凤岗开村始祖,生于康熙丁丑年(1697)十月初四日寅时,终于乾隆辛巳年(1761)五月初二申时。清朝中期,温仕魁携妻曾氏用布袋裹着祖父温敬春、父亲温承恩的遗骨,从祖居地梅县石坑千里迢迢、跋山涉水来到花县狮岭海圩河旁谋生(据村中老人讲,曾氏还生有一子留在梅县石坑)。传说温仕魁是个铁匠,几年后,温仕魁移居附近茅岗岭定居。此时他又续娶李氏(1728—1815),依此推算,温仕魁大李氏31岁。李氏生下四子:长子圣文、次子道文、三子尚文、四子达文。温仕魁勤劳俭朴,节衣缩食,在这里买良田60亩,开发山坡地20亩,建立了凤岗村。他还在村前开挖鱼塘,在村后植树,从此温仕魁在凤岗村开枝散叶,开花结果。后因人口众多,温仕魁后裔外出立庄。如兴隆庄、楼屋庄、新龙庄均系温仕魁后裔所开。老鸦塘村开基祖是温仕魁伯父的后裔,字辈与温仕魁一样,都是梅县迁来。温仕魁确

光绪皇帝钦点牌匾

立了凤岗村对联:"梅县始迁居念先人侯爵功名昭世德;凤岗初建业期后裔孙杰翰墨振家声。"拟定了字辈诗:"敬承仕文清,元运毓群英。鸿业开基后,祥光耀子明。"凤岗温氏尊梅县石坑温良善为一世祖,温仕魁为温良善第十六世孙,现梅县石坑尚存温良善用过的古井及磨刀石。凤岗温氏现已传至"开"字辈,为第十三代,全村有温氏1000多人。

相传温姓太公当年与王姓、郭姓、陆姓先祖同坐一条船到花县谋生,不料在途中各姓先祖的遗骨混淆了。后来大家商议,彼此视为兄弟。从此温、王、郭、陆不结姻亲。只因是个传说,现村民不再恪守。该村有添灯民俗,年初八起灯,十五落灯,还有闹元宵、投灯等风俗,投得善款作为下届灯会活动经费。凤岗村还有一条不成文的规定,凡是该村村民都不允许讲脏话,否则会受到长辈的惩罚。

温仕魁后裔名人辈出,古有温名标,道光十二年(1832)壬辰岁贡,又称明经进士。《狮岭镇志》1992年记载,旗杆石就在楼屋(现狮岭镇新民村)矗立。族人里考取重点大学的有温洁珍、温婉柔等,还出了温运智、温运记、温伯如等人才。

五建祠宇慰祖先

祠堂内景

凤岗仕魁温公祠是纪念开村始祖温仕魁而建,坐落在凤岗经济社一巷六号,历经五次拆建,现在看到的是2012年11月重建的祠堂。据2008年《温氏族谱》载:仕魁温公祠始建于清乾隆四十一年(1776),坐北朝南,由温仕魁四个儿子圣文、道文、尚文、达文筹建而成。祠堂泥砖结构,五龙过脊,三进祠堂,上厅、中厅、天井各一个,两排附水门及两排横屋。

祠堂历经百年风雨,日渐破败。抗日战争前曾将天面修复,岂料日寇侵华期间强行拆了中厅,材料用作筑炮楼用。战后再修复原状,此为第二次修建。20世纪50年代末,三进祠堂被拆建成养猪场,族人被迫迁往邻村居住数年。1961年族人迁回原地,仍住养殖场房舍,此为第三次拆建。1981年,族人将原三进祠堂改为二进祠堂,从留存图片可见,当时为木匾门额,此为第四次重修。现在看到的仕魁温公祠是2012年4月26日动工,同年11月8日竣工,此为第五次重建的祠堂。祠堂重建用了资金260多万元,占地面积320平方米,三间二进二衬祠。原前面有水塘,现已成村中物业。仕魁温公祠青砖墙,博古脊,碌筒灰瓦,硬山顶,正脊灰塑雕双龙戏珠。封檐板雕精美花草鱼、瑞兽。檐前两石柱,柱贴祠联:"仕魁新祠落成祖德留传大展鸿图绵后裔;宗功永保家声子孙繁沔开枝发叶振前徽。"虾公梁,梁上置石狮。异形斗拱,梁架雕龙凤。三级大理石台阶,大理石墙脚。门洞左右墙画壁画"梅开五福""源远流长""莲生贵子""春江秀色"。门头正上方画"八仙贺岁"。大理石门夹,贴祠联:"太原盛世;三彦家声。"门额大理石阴刻"仕魁温公祠"五个大字,旁刻小字"壬辰年四月重建"。

迈进门槛,前厅设两石柱,两坤甸木金柱,置一木屏风,雕精美窗花。上挂一木匾,匾刻:"光绪己丑科,钦点翰林院庶吉士,臣温仲和恭承。"温仲和(1848—1904),嘉应州松口大塘村人,1889年考中进士,钦点翰林院庶吉士。挂个同宗同祖功名进士牌,是为了鼓励族中子弟好好读书,考取功名,好光宗耀祖。前厅墙上贴满了历代温氏名人画像,介绍温氏三彦(温彦宏,字大雅;温彦将,字大临;温彦博,字大有)、六龙(温美、温瞻、温峤、温祇、温充、温裕)的来历,世称"三彦家声,六龙世泽",说明了温仕魁世系图及迁徙路线,温姓源流。四方天井铺大理石，放一大虎座铜铸香炉。二连廊，有门通衬祠，里面摆放狮鼓用具。

连廊两边各刻有一块黑色花岗石功名碑，其中右侧这块详细记录了2012年重修过程及捐款芳名录。廊架雕工精美，造型美观，中堂正脊用灰塑装饰，两石柱支架金字刻"金玉满堂"，底部刻"百子千孙，长命富贵"。而前厅、中堂、上厅壁画处处可见，都是寓意美好，教育子孙的图画，彩绘描金，十分好看且非常有意义。只见上厅八根金柱，其中靠神楼两金柱刻对联："梅县始迁居念先人侯爵功名昭世德；凤岗初建业期后裔孙杰翰墨振家声。"两边挂满入伙时海内外温氏宗亲赠匾，细细一数，竟有40多块。上面的赠言都是教人要为善、上进、孝悌。

族人排除万难，五修祠宇，为的就是让祖先灵魂有归处，祖先得安稳，方能佑子孙得昌盛。现祠堂修得光洁明亮，古朴有诗情画意，除了聚会议事，更是教育后裔、承载乡愁的地方。

龙盘海垌浛龙孙

合成村辖下的另一条自然村海垌建于清康熙年间，因村庄位于河边的一块大草坪上，每逢下雨，河水涌入，导致该村经常水浸，像一片海洋，故取名海垌。现村前有天马河、天狮岭公园，东南是洪秀全水库，村西是雅宝新城，北有广州工商学院，东与107国道相邻。交通发达，楼盘

维龙吴公祠

林立。海垞村人经营皮革制造,成为花都第一批富起来的村民。现海垞有吴氏300多人,加上梯面镇吴维龙后裔则有800多人。

据海垞吴氏族谱记载:海垞吴氏开基祖为吴万宗(字维龙)。清乾隆年间由龙川县新田约(现新田镇新三源村)湾里村迁徙至花邑巴油都甫(埔)属管下太平堡茅岗村(今花都区狮岭镇海垞村)立籍。吴维龙到此立庄开村,有说他是以帮耕户的身份留居该地,也有说他是教书先生的。海垞吴氏尊南宋末年吴坤二为入粤始祖,吴坤二生三子:长子泰甫、次子兴甫、三子吉甫,现广东吴姓大都是"三甫"后裔。

吴万宗(字维龙)有三兄弟,分别是万宗、文宗、儒宗(在龙川)。万宗有三子,分别是廷秀、海秀、芳秀之后裔。吴芳秀由海垞移居百步梯田心庄开基,即现在的梯面镇。现居住海垞吴氏均为廷秀、海秀、芳秀之后裔。辈分排行诗为:"维秀愈朝仕斯重,文英奕世振家邦。"传至十五代,后加排辈诗:"远接绍昌绩善良,仁和俊雅伟贤章。木本水源怀先德,华国江山万年长。"族中还有一首诗为吴氏宗亲外出联谊用,据说只要讲出此诗,对方就知你出自哪房哪支:"不膺王爵孟家封,跋涉云山几万重。来到江南为始祖,后人千古仰高风。"吴氏族谱载有家训、家规,定下孝父母、友兄弟、敬长上、和乡里的规矩让族人遵守。

村中元宵节有游灯、抢炮、游观音等民俗活动,为防引发冲突,游灯时只可在本村范围内进行,不可以游到别的村,初十起灯,十五落灯。在抗日战争时期,日军在天狮岭修筑炮台战壕,不少村民被迫做苦力。日军要拆走村大门修建工事,当时的村长吴记通胆大过人,他出面和日军交涉,村大门才没有被拆。

村里还有传闻,有一天黎明时分,日军抓住一位村民,把他拖到祠堂边准备枪毙。这时天色刚亮,日军保安队队长看到这里的吴氏祠堂,因他自己也姓吴,念及同姓情分,他向上司求情,放走了村民。

百年祠堂立宝地

海垞维龙吴公祠,是纪念吴万宗(字维龙)而建。祠堂坐北向南,坐落在现海垞街43号。据族谱记载:祠堂在1763年始建,为桂花堂式,1823年重修,1883年修成三间二进祠堂,2003年重建三间三进式祠堂。现在看到的祠堂,就是2003年族人捐款38万元重建的,占地面积300多平方米。200多年来,祠堂巍巍矗立,佑后裔荣昌。

祠堂前有一广场,广场前有水塘。祠堂三间三进,三级大理石台阶。封檐板雕精美图案,檐前两根石柱,虾公梁,异形斗拱。人字山墙,檐头各立一只陶艺雄狮。大理石墙脚,贴灰色瓷片。黄琉璃筒瓦,硬山顶。门头正脊下贴"八仙贺寿"瓷片,上置陶艺"双龙戏珠"。门头三面贴瓷片画,其中门头上贴"五子登科"。

迈进门槛,前置两根金柱,有屏风,上写一大的"福"字。三进两天井,两连廊,全为水泥框架结构,连廊琉璃瓦,瓷片诗画贴墙,既现代又不失古韵,连廊下族人下棋打牌娱乐。中堂四根金柱,两金柱间挂"联庆堂"堂号匾一块,两旁配"竹报平安""年年有余"画。连廊右嵌黑色大理石刻上重修祠堂铭文。

后堂四根坤甸木金柱,金柱刻:"渤海源流江南系接祖德宗功福荫后人传百世;龙川支脉花邑基

祠堂内景

开子承孙继连绵瓜瓞播千秋。"描龙画凤,镂空雕花,神楼上供吴氏历代祖先神位。神楼左右各挂木制祠联一副:"维龙光辉千秋馨香子肖孙贤绵后裔;祖德永耀万载祖立兰桂腾芳振前徽""龙盛家声祖功宗德流芳远;维新世界子孝孙贤世泽长"。总观祠堂门头古朴典雅,中堂、后堂、连廊装修既现代又融入古意,实为时代刻下的烙印。

维龙吴公祠四经拆建,从上五间下五间泥砖桂花堂屋到三间两进,再到三间三进,一次比一次靓,一次比一次宽阔,一次比一次完善。族人无论生活多么艰难困苦,都要把祠堂修好。穷不忘根,富不忘祖,这就是吴氏族人不忘根本、不忘孝悌的见证。百年祠宇庇佑吴氏丁财两旺,宗亲吴耀添历任海垌小学、合成小学校长多年,从事教育事业二十多年,桃李满园。

世外桃源百夫田

——记联星村曹氏宗祠

◎卢福汉

联星村位于狮岭镇的西部,有4个经济社,辖5个自然村,分别是百夫田、南蛇头、牛利咀、松树排、铁屎坑,其中南蛇头、牛利咀、松树排、铁屎坑4个自然村属第一、第二经济社,村民

曹氏宗祠

有潘、陈、黄三姓，为客家人，是1955年修建三坑水库时从三坑搬过来的移民户。第三、第四经济社在百夫田，三社曹姓、四社麦姓，为广府人，在此生活了600年。该村原属赤坭田心，1957年修建马岭水库而划归狮岭管辖。村常住人口150户570人，是狮岭镇人口最少的行政村。过去交通闭塞，后有山前旅游大道在村东面通过。土地以山地为主，主要经济以农业为主，20世纪90年代引进中华万亩荔枝园，2001年改为叶海生态园，发展千亩鹰嘴桃园，打造成为现代农业生态旅游景点。本篇主要介绍百夫田村的曹氏及其宗祠。

从百畎田到百夫田

百夫田四周被群山包围，南面为黄岗岭，东面为大松脚、灰河山，西面为松仔岭，北面为牛牯石、后底岭和大石牯脚，东北为蛇岭。村里只有东面一条小溪，叫石陂坑，从大石牯流向马岭村。村前的水塘有近10亩，后来南面的山塘也被建设成马岭水库。

村子处于山窝中，到处都是干旱的沙质坭地，人们只能在山涧石隙间开垦出大小不一的水田，这些高低不一的梯田养活了村里百来口人。村民说，村名原来叫"百畎田"，后来才改成百夫田。因粤语的"块"读作"幅"，又与"畎"谐音，而"百"表示田数量多面积小，加上村里人口不多，只有百来人丁，因此称作百畎田。据《康熙字典》注，"畎"字是"耕田"的意思，而"夫"则指成年男子，一个突出田地状况，一个突出人丁数量，这样上述村名由来可以解释得通。

过去，百夫田的村貌跟现在差别很大，主要是村落向东拓展了。原百夫田村在村前大榕树的后面，共有曹、麦、袁、胡、关、萧、欧、周、马、谢、李、朱、邓等姓，除了曹、麦两姓外，其余的姓人数很少，仅有三两户人家，大多是兵荒马乱因生活困难逃荒到此落脚的。后来由于种种原因，都陆续搬离另寻居所，只剩下曹、麦两姓生活在百夫田。

当时，村里麦姓出了一个叫麦耀的"大爷"，他自幼在广州生活，是一位行走江湖的强人，村民们早听说过他的种种神勇故事，于是请他回来保护村子。回到村后，他在村外驿道上设卡"收坨地"，成了地方一势力。旧时，农耕社会最根本的是解决吃饭问题，村族之间容易产生矛盾。百夫田是山多水少，田产边界纠纷、争夺水源灌溉，成了村民产生矛盾的焦点，曹、麦两族也因此结下了梁子。曹姓一直比麦姓人多，理应是人多势众。但是，由于麦耀这位"大爷"，曹家人惹不起。于是，曹姓族人计划在竹洞村附近买地建新村，中华人民共和国成立后，曹氏没能迁往竹洞村落户。曹氏虽然没有迁走，但是为了避免与麦姓的摩擦，还是把村子往东挪，形成了现在麦姓在西、曹姓在东的格局。

凡事一分为二，由于曹氏合族往村东移，村子逼窄的状况改善了，成就了现在村面宽阔、民居错落、绿树掩映的环境，成了城里人眼中的世外桃源。

从曹氏公厅到曹氏宗祠

百夫田是花都曹姓唯一的居住地。

据三水南边大塘坵曹氏族谱载,曹氏入粤始祖为曹东庆(1106—1179),于宋高宗建炎绍兴年间从南雄播迁南海县三江都丰湖堡,籍贯为同德坊敦仁堡丰湖二十八图六甲,户名为曹应星。1526年三水建县后,此地属三水先觉院乡。在先觉院乡生活了约300年,曹氏已经繁衍第九代,曹万余于明朝永乐十八年(1420)迁居花县百夫田村,当时百夫田与先觉院村同属南海县。

听村民说,先祖曹万余从三水放鸭子过来的,看到这里偏僻幽静,可以躲避乱世,于是迁此定居,靠山吃山,就此落地生根。麦氏也是从三水区兔跃村放鸭而来的,两个同乡正好在百夫田比邻而居。

定居下来后,曹氏族人在村中建了一座三间两进的公厅,作为全族人祭祖、办事、议事、聚会等公共地方。后来,由于一些原因,曹姓族人的房子需要往村的东面移动,公厅就被拆除了。到了光绪二十九年(1903),曹氏在新村建成了曹氏宗祠。由于族群不是很大,经济不是很充裕,因此祠堂面积维持原来的三间两进,建筑工艺仍然以舂墙为主,只是头面墙体改为青砖。"土改"时,生产队将祠堂分给五六户没住房的贫农,后来祠堂成了危房,原住户也建新房从祠堂搬出。2003年,村里山地承包给人挖瓷泥,当年分红每人1000元,曹氏族人把分红款30万元全部捐献出来,在外面生活的曹氏宗亲也筹得4万元,共筹得34万余元。就这样,曹氏利用这34万元,雇用了一个工程队,在原址上重建祠堂。而这个工程队只有三个人,两个大工,一个小工,这样单凭这三人,从2004年开始,一干就是两年多,祠堂于2006年入伙重光。

祠堂内景

该祠堂三间两进,墙体为红砖贴灰色条形砖,人字山墙,黄色琉璃瓦,除了外表保持祠堂建筑式样,以及石檐柱、虾公梁、石狮柁墩等构件外,其余均采用现代建筑工艺。祠堂两侧建有门楼,上刻"东成""西就"。头门石檐柱上刻有对联:"一曲颂红日霞光普照山清水秀;八方添翠艳夫田胜境人杰地灵。"盛赞这里山清水秀、人杰地灵。大门上贴上门联:"东庆世泽；万余家风。"希望曹氏子孙永记先祖曹东庆、曹万余的恩泽，传承曹氏良好家风。

中堂屏门上悬挂着醒目的堂号，由麦氏族人麦传声手书，曹氏祠堂请麦姓人写，可见两家早就和好如初。曹氏祠堂的堂号"道学堂"，旨在告诫曹氏族人要遵循儒家道德学问。

后堂摆放着供奉曹氏先祖的神桌，神桌两旁刻有对联："父慈子孝；兄友弟恭。"表达了族人美好的愿望。后堂金柱上挂有一副对联："万余育夫田喜迎枝繁叶茂满园竞秀；东庆开塘坼欣看子贤孙慧合族峥嵘。"这是2006年祠堂重光入伙时由先觉院大塘坼村曹氏敬贺，饱含对先祖的尊崇赞美以及对后代的深厚寄望。

从万亩松涛到世外桃源

百夫田由于山多地少，生产力极度低下，村民生活水平长期处于狮岭的中下游，因此流传着"有女不嫁百夫田"的说法。

然而，山多则树茂，百夫田最多的就是松树，尤其是大松脚、松仔岭，还有北面的山脉，长满了五六个人才能合抱的大松树。因此，当时这个小村子是掩映在万亩松涛中，真是美不胜收。

但是，松树遭受人为的砍伐，到20世纪70年代，消失殆尽。主要分三个时期遭受破坏：

一是日军侵华时期。当时，广州是远东最大通商口岸之一，是中国对外联系的重要港口。上海失守以后，中国军队的补给80%是由国外经广州粤汉铁路北运到内地，要瓦解中国军队士气，一定要占领广州，切断粤汉铁路。花县，地处华南大都市广州的北沿，扼进出南岭及粤汉铁路全线要冲，设有新街、军田两个火车站，地理位置十分重要，因此也成为日军铁蹄蹂躏的重灾区。而军田火车站就在狮岭，因此整个狮岭地区都没能幸免。1940年，日军在狮岭扎营，埋地雷炸毁军田火车站，炮击盘古岭，盘古王山的半山亭、盘古神坛的盘龙柱等都是日军毁坏的。而百夫田粗壮的松树也成了日军砍伐的目标，他们强迫当地村民进山砍松，用于修筑军事工事以及烧炭取暖等。

二是大炼钢铁时期。1958年是"大跃进"的年代。中央提出"全党全民大炼钢铁"的方针，提出了钢产量要达到1000万吨以上，于是全国掀起轰轰烈烈的全民大炼钢铁运动，各类小高炉、土高炉的数量达几百万座。姑且不论群众把家里铁锅铁锹等拿来炼铁的笑话，连山林树木也遭了殃，因为炼钢铁需要大量的木材，百夫田的万亩松林被砍去了一半。

三是20世纪60年代末。花县辖内地下藏煤丰富，早在民国年间，崔广秀任花县县长时已着手开采，到了20世纪60年代末，煤窑达到了鼎盛时期，全县小煤窑发展到150多个，煤窑形式不一，有国营的，有联营的，有大队经营或生产队经营的等，采煤人近4000人。狮岭长岗的长排岭、石狮岭、杨屋黄岭等地下也开了多个煤窑，搭建煤窑最好的就是老松树，于是百夫田的松树又被新一轮砍伐。到了20世纪70年代中期，万亩松涛被砍伐殆尽，周边大山成了光秃秃的山岭。

改革开放给狮岭带来翻天覆地的变化，一跃成为国际皮具皮革之都。而联星村由于地处偏

百夫田村口的百年古榕

僻，遍地山林，交通闭塞，因此经济水平长期处于狮岭各村的下游。然而，古语说得好，"留得青山在，不愁没柴烧""靠山吃山"，20世纪90年代，村里引进了科技种植大户，在光秃秃的山上种植了万亩荔枝园，从此荒山变成绿海。2001年，万亩荔枝园改名为叶海生态园，并发展千亩鹰嘴桃园、嘉宝果、木瓜、葡萄等果园，以及药材、绿化苗木和蔬菜等生产，还衍生了蜂蜜、畜牧养殖等，成了远近闻名的现代农业生态旅游示范基地。

　　联星村正是靠着周边的青山，创出了一条致富幸福路。踏进联星村，不同季节会有不同的感受，阳春三月千亩桃花争相开放，盛夏时节万亩荔枝红透山头，金风送爽木瓜葡萄等瓜果飘香，联星的冬月犹胜春秋……在此流连踯躅，会顿时产生一种归隐田园的冲动。

花山镇

爱国佳话永流传

——记花城村福荫祠

◎欧政芳　倪西赟

祠堂是族人祭祀祖先或先贤的场所。在花都区内，绝大多数祠堂是族人为了祭祀祖先而修建的，但在花山镇有这么一个祠堂，是为先贤积善而建。

从花山镇的山前旅游大道往前一公里，有个村子叫花城村，在村中的花城小学校园内，有座古色古香、朴素典雅的祠堂叫福荫祠。据史料记载，福荫祠始建于花县建县初期，是当地民众祭祀供奉造福乡梓、福荫子孙的先贤们的祠堂，是一座为了纪念乡贤们捐资助学的无量功德，以及官吏们造福一方百姓的功绩而建造的祠堂。

修葺一新的福荫祠

福荫祠别具一格

福荫祠历经多次战火焚劫,早已坍塌,现存建筑为后期复建的,仅头门是原物。福荫祠坐北朝南,三间两进,建筑占地227平方米。主体建筑为人字封火山墙,碌灰筒瓦,青砖墙。石前檐柱。次间设虾公梁。石前檐柱,后堂前带两廊,天井铺水泥沙。头门面墙贴绿色瓷片,后堂金柱均为钢筋混凝土柱。大门嵌花岗岩门框,第一层石门额刻"福荫",上款"乾隆癸卯岁仲冬谷旦立,民国辛酉季春重建",下款"江阴王廷柏题"。第二层门框为水磨石,门额阴刻"福荫祠",下款"罗锦煌撰并书,一九九四年六月立",对联是:"福泽荫后人图书满壁;弦歌承先哲学海扬波。"

福荫祠门额的这些简短文字,寥寥数语,记载着福荫祠厚重的历史,隐藏着福荫祠源远流长饱经沧桑的前世今生。

学校钟楼

福荫祠经历了三次修建,今作为花城小学的仓库,里面堆满了弃置的桌椅,报废的教学设备,以及各种残旧的器材,平日大门紧闭,大门右侧有三块刻着福荫祠为文物保护单位的牌匾默默地镶嵌墙上。作为祠堂,今天福荫祠的功能正在渐渐失去。

原为修建文庙

为什么要修建福荫祠?据民国十三年(1924)的《花县志》记载,福荫祠倡议建造人为当时的知县王廷柏。乾隆四十八年(1783),知县王廷柏为纪念和祭祀我国伟大思想家、政治家、教育家孔子,重建文庙(又称孔庙)。因缺乏资金,于是政府发文件,游说、鼓励当地有一定经济能力的乡绅富户捐款。

为了筹到足够的资金重修文庙和儒学署,王廷柏可谓用心良苦。他上任花县县令之初,就向时任花县教谕梁应乾询问修建文庙的进展。梁应乾对王廷柏说,万事开头难:一是侵占文庙建筑基址范围的民居没有搬迁;二是花县是个小县,百姓贫穷,财政拨款有限。王廷柏听了当即拍板:"拆迁工作我来做,建筑材料钱和工钱,你和修建文庙的主持商议解决。"梁应乾为难地向王廷柏说,县拨款是4000余两,现在已经用完了,修建戟门等各种工费至少还需要3000余两,实

学宫前竖立的下马石碑

在难以筹办。王廷柏说，修建文庙捐资是好事，请县内各位乡绅们努力加捐，就能修建好了。王廷柏和梁应乾反复商议讨论各种可行的筹款方法，想方设法筹到足够的资金。

王廷柏的反复劝捐游说感动了当时的督理举人冯英联（太平天国南王冯云山的父亲）、修职郎宋参一、太学士危行达、上舍曾廷敬、毕升禄、冼嘉献、罗举扬等，他们加捐银700余两。王廷柏又劝毕廷英、侯英达、叶赞先、何选正这几个学生各捐银100两。这时候文庙用地也征收完毕了，又得知政府拨款1680两时，王廷柏高兴得手舞足蹈，连声说好。万事俱备，王廷柏随即和梁应乾及修建文庙等人开会，商议开工事宜，并一一感谢各位同仁与他并肩作战。王廷柏说，文庙的规制，不够完善。当今天子推崇教育，立孔子为万世师表，造福花县人民，文庙得以重建，捐款的各位善长仁翁功不可没。

为了褒扬这些慷慨解囊的乡贤，王廷柏在文庙西侧，建了一座祠堂叫福荫祠，凡捐款数目达到50两以上的，按捐款数目多少而列名次立长生牌位供奉在福荫祠内，享受后人世世代代的祭祀。祭祀的时间定在每年春秋两季的第二个月，即在文庙祭祀孔子的后一日，接着同样举行隆重的仪式，祭祀供奉在福荫祠内的乡贤。

当时的福荫祠内，刻有牌名、祭田土名、神前对联，由教谕梁应乾撰写祠序，然后一起装订成书卷，分发给这些善长仁翁人手一册，让捐款人及其后代享受无限的荣光。

由此可见，知县王廷柏修福荫祠供奉捐款人，让其子孙后代获得祭祀的权利，这都体现出执政者对捐款人的推崇与敬仰，同时也对百姓起到宣传推广的作用。在古代，生产落后，法律制度不完善，劝捐容易演变成为向普通百姓征收苛捐杂税的借口，从而加剧社会矛盾。王廷柏在文庙旁修建福荫祠，的确是一个明智之举，深得民心。

花县县城曾历经红巾军焚烧和侵华日军飞机的轰炸，成为废墟。世事沧桑，风云变幻。如今，文庙已经荡然无存，而昔日"文武官员至此下马"的下马石仍孤零零地立于小学内，钟楼下的一角，曾经的威严不再，令人惋惜。

见证红色革命

在民国时期，福荫祠作过花县参议会的办公室，中华人民共和国成立后，还被作为花县军事管制委员会的办公室。它位于花县花山镇第一高等小学原校址旁，与中国工农红军第四师（简称

福荫祠周边环境

红四师）的成立遗址近在咫尺，它见证了20世纪20年代那场波澜壮阔的革命运动。

1927年，中国共产党领导的广州起义失败后，为了保存革命力量，起义部队1200余人在12月15日，从广州撤退到花县县城，进驻到花县县立第一高等小学。

12月16日，起义部队在这间小学的教室里召开党的会议，决定将部队进行整编，花县县委及农军领导参加了会议。会议命名部队为"中国工农红军第四师"，推选叶镛为师长，宋湘涛为副师长，袁裕（袁国平）为师参谋长，唐维为党委书记，王侃予任师党代表。并在各团设立党代表，徐向前、缪云人、陆更夫分任各团党代表。12月17日午后，部队集合在小学操场，举行红四师成立大会。在一面绣有镰刀锤子和步枪的军旗下，叶镛庄严宣布：中国工农红军第四师成立！同时花县苏维埃也宣布成立。12月18日晚，部队决定去海陆丰根据地，临行前送了一些枪支给花县县委，以扩大地方农民武装。县委派刘绥华作部队向导，100多名花县农军在刘绥华带领下，编入工农红军第四师。

为庆祝中国共产党成立100周年，花都区委利用红四师成立遗址，学校旁的福荫祠举办陈展，复原了这一段历史，成为当地的爱国主义教育基地。昔日破旧的福荫祠焕然一新，门口和墙面都进行了修葺，大门的左墙下有广州市文化局2007年9月28日立的广州起义史迹——红四师成立遗址纪

红四师诞生地陈列馆

红四师成立图片展

念碑。碑文上写:"红四师成立遗址位于花都区花山镇第一高等小学处,抗日战争时期,学校毁于战火,此地后改为花山中学。1927年12月16日,参加广州起义的教导团,警卫团和黄埔军校特务营1000多人在叶镛、袁国平、徐向前等人率领下,撤返到花县,在此举行党的会议,决定将部队改编为工农红军第四师,以叶镛担任红四师师长,下辖第十、十一、十二团,军队整编后帮助花县成立苏维埃政府,12月18日,红四师撤离花县,奔赴海陆丰继续斗争。"

祠堂里面陈列了当年红四师成立时期的各种图片和人物事迹,来这里参观和接受教育的市民和学生非常踊跃。

福荫祠还曾作为花县军事管制委员会的办公室。1949年10月,解放军43军128师382团是负责攻打花县后从北面包围广州的部队,地委分工罗光连(地委组织部长)带队跟随该团接管花县。10月13日清晨,解放军解放了花县县城,直插广州去了。14日,接管组即随地方同志进城,开始一系列的接管建政工作,当时所有政府机关都是借用祠堂庙宇办公的:县政府借用西坛村张家祠、参议会借用一六圩福荫祠、警察局借用徐家祠……接管组到达县城的第一天便在参议会原址(即福荫祠)成立花县军事管制委员会,对花县实行军事管制。花县军管会成立后,第一件事是张贴安民告示,派出人员到街上向各商店宣传共产党的政策和解放军的"三大纪律、八项注意",动员商家开店照常营业;第二件事是发出通知,敦促旧职人员限三天内前来登记自新,并表态是否愿意留下工作;第三件事是筹备"花县各界庆祝中华人民共和国诞生暨花县人民政府成立大会";第四件事是派出工作组下乡借粮支前;第五件事是做好县人民政府的人事安排。直到10月22日花县人民政府成立后,花县政权的接管工作才基本完成。

福荫后代亦流芳

在修建文庙和福荫祠的过程以及维护中,不得不说有三个人十分重要,这三个人就是福荫祠的祠序撰写人,当时花县的教谕梁应乾,知县王廷柏,爱国华侨罗锦煌先生。

梁应乾,字作霖,号观澜,惠州长宁县人,举人出身,原在湖北襄阳府宜城县做官,立有军功。由于他秉性谦逊沉静,后来改任职花县教谕。当时县令王廷柏修文庙要用很多钱,梁应乾帮忙出谋划策,四处筹集资金,协助王廷柏将文庙修建起来,同时还将两学衙门修葺一新,并且用奖励的方法激励学子奋发读书学习，他踏实诚挚勤恳的工作作风得到上下一致称颂。梁应乾担任花县教谕十二年，后来在教谕任上病逝。

王廷柏，山阴副贡。王廷柏多才多艺、能书善画，花县的亭台楼宇很多匾额对联都是他写的。王廷柏在乾隆四十三年（1778）八月初八日到任知花县。他在任职期间，实行户籍编制管理制度、消除境内盗贼、均平赋税、调剂贫富、审理诉讼案件秉公执法，施政有方，政绩显赫。王廷柏给城隍庙写有这样的一副对联："鉴察两隅看我良善报施何曾差了半点；照临三层任尔奸邪诡秘几时逃过一人。"从这副对联可看出，王廷柏对自己要求严格，公正廉明，明镜可鉴，即使是在"善行到此心无愧，恶过吾门胆自寒"的城隍庙，面对奖善罚恶的城隍判官也问心无愧。

王廷柏令百姓称道的主要政绩有三：一是收复前任知县徐耀祖参与修文庙时规划一定范围的基址。王廷柏到任花县知县后着手修建文庙，随即清理旧址，将侵占文庙学署用地的18户民房清除掉，然后筑起高大崭新的围墙。二是集资重新修建文庙，建造福荫祠，为花县的教育文化事业写下了浓墨重彩的一笔。三是五年任期满，王廷柏奉命委办省局，这时候花县有土豪王老虎滋事，1000多同党被逮捕，惊动了邻县。王廷柏一个人单骑迅速赶往花县，将王老虎绳之于法，然后释放其他同党，恩威并施，事情得以圆满解决，大快人心，百姓欢欣。由此可见，王廷柏是一个百姓心目中办实事造福花县的好县官。

罗锦煌，男，1914年4月14日出生在花县（今花都区）花山镇红群村建龙庄，在家兄弟姐妹中排行第八。父亲罗文坚，母亲赖氏。罗文坚于1884年背井离乡，远赴美国加利福尼亚州谋生。罗锦煌出生的时候，父亲已经52岁了。罗锦煌自小聪明伶俐，父亲及家人对他宠爱有加。

1936年年底，22岁的罗锦煌来到马来西亚闯出自己的人生道路。起初，他用牛、马车做运输工具，将货物运至铁路旁边，然后用火车运至吉隆坡、新加坡等城市销售。业务发展顺利，生意越做越大。1941年12月7日，太平洋战争爆发，日军攻入马来西亚，白人纷纷逃离，罗锦煌眼光独到，冒险收购了一些廉价山林。"二战"结束后，木材成了抢手货。罗锦煌成为南洋的"木材大王"。

罗锦煌身居异国，但心怀祖国，常念家乡。在我国解放初期和三年困难时期，罗锦煌每年都会寄钱回乡，给乡亲济贫，即使在政治运动中伤害过他家属的人，也不例外。

事业成功之余，罗锦煌热心家乡的公益事业，先后捐了1300多万元，兴建了花都区人民医院文坚楼、秀全中学、红群小学（今文坚小学）和花城中学实验楼（今花城小学传道楼）等。而且罗锦煌先生在广州市与马来西亚的怡保市结成姐妹城市的过程中起到了搭桥牵线的作用，推动了两地的文化、经济交流。1995年，广州市政府授予他"广州市荣誉市民"称号。

罗锦煌也是一位爱国华侨，他青少年时期在福荫祠内上中学，后来在花城村工作四年，他对花城村怀有深厚的感情。1989年他从马来西亚回国，故地重游，发现昔日声名远扬的花县中学，如今校舍设施都比较落后。为了给花城中学师生创造一个良好的学习环境，他决定全额出资援建教学楼、图书馆、实验大楼，连校园内右邻的福荫祠也修葺得很雅致，福荫祠被保护在新建校门的围墙内。

峥嵘岁月烽火天

——记龙口村江氏宗祠

◎ 石 政

  花山镇龙口村，南连新雅街清㘵村，北接花山镇小㘵村，东邻花山镇东湖村，西至新华街莲塘村。村域以东不远有广州白云国际机场，人们在此看见飞机起落，掠过天空。国道106线终日车水马龙，两条主干道呈"T"字形，恰好将龙口村分为新村、新庄、长㘵村三部分。

  龙口村新村坐落在商业大道北侧，紧邻大道有方塘一亩，塘前有祠堂一间，石门额阴刻"江氏宗祠"，上款"公元一九八六年重建"，下款"江荜书"，祠堂坐北朝南，绿瓦青砖，样式古朴，诉说着龙口村的历史故事。龙口村有江、范两姓，江姓分居新庄、新村两处，范姓居于长㘵

江氏宗祠

村。龙口江姓源出小㘵，迁入龙口已有数百年历史，古时风水传说小㘵圩东侧有龙脉蛰伏，南延至此为龙首之地，故有龙口之名。数百年来，龙口江姓繁衍生息，英豪辈出，有民国花县县长江侠庵、名医江勒卿、侨胞江熙年等，人潮往复，也留下许多故事。

悄然兴起的"乡村教育"

抗日战争时期，花县乡村教育实验区青年学校就设在龙口村，造就了龙口村流传至今的一段传奇。当时中国社会教育社在全国范围内建立两处乡村教育实验区，一处位于河南洛阳，另一处位于广东花县。花县乡村教育实验区由中国社会教育社、国立中山大学、广东省教育厅联合创办，总部位于花县龙翔市跃云书院（现清㘵村南阳庄附近），基础学校位于南阳庄张氏宗祠，龙口村江氏宗祠则是实验区青年学校的校址。

20世纪20年代中，新文化运动的余波尚未散去，传统文化与西洋文化在中华大地上碰撞出阵阵火花，在新学与旧学的夹缝中，一场乡村教育运动悄然兴起。

在动荡的时局中，以晏阳初、梁漱溟、陶行知等为首的一批教育家着眼农村，以教育为枢纽，开展了针对农村经济、政治、教育等事业的建设运动，史称"乡村教育运动"。这场运动始于华东，波及全国。

黄桥辉
（图片来源于《中共花县地方史》）

1936年1月18日，在中国社会教育社第四届年会上，考虑到广东地区学风渐浓，广东省教育厅、国立中山大学及中国社会教育社决定在广东地区合办一处乡村教育实验区，以推动中国民众教育发展。1937年9月，在综合考虑人口密度、经济发展程度、交通条件等因素后，董事会选定花县龙翔市（现花都区新雅街清㘵村南阳庄附近）为实验区址。花县乡村教育实验区总部位于花县龙翔市跃云书院，分设基础学校、青年学校及小㘵、大窝㘵等分教处，设有青年班、儿童团、农民夜校识字班等，花县乡村教育实验区自此设立，成为中国社会教育社在全国范围内的两大乡村教育实验区之一。

蓬勃发展的青年学校

在设立之初，花县乡村教育实验区就确定了区内的教学方针和纲领。实验区明确了学员的学习内容，包括民族意识之觉醒、社团生活之训练、组织能力之培养、时事问题之讨论、近百年来中日问题之研究。在实验区的青年学校,办学的宗旨则是"训练乡村青年,养成农村服务之中坚人物"。

1937年9月出版的《教育研究(广州)》期刊中,详细记载了青年学校的组织架构:青年学校上属花县乡村教育实验区,下分教务、教学、教师三部分。教务部分又分为教务、事务、农场三类;教学部分包括生活指导、各科导师、农事指导,合管青年学校学团;教师部分名为"导师会议",或为教师们讨论学校大小事项的组织。

万事俱备,青年学校开始从理论走进现实。办学的第一个问题是难以找到合适的场地,因学生均采取寄宿模式,且开办农业农事课程,故需有一定规模的农舍,还要有大片农场。校方在龙翔市一带找不到合适校址,又向北寻觅,终于在邻近的田美乡找到一片房舍,不久后,在俞庆棠、崔载阳等董事与当地村庄的协调下,校方借用龙口村江氏宗祠一带土地办学,与之对应,龙口村人进入青年学校学习免收学费,青年学校的校址就这样被确定下来。

校址确定下来便要开始招生,学校规定每期学员的学习时间为六个月,通过考试进入学校,要求应试者年龄自18至25岁,思想纯洁、品行端正、身体健全,高小毕业或有同等学力。1937年11月15日至17日,青年学校开始招考,各乡前来考试青年合计约130人,经笔试(国文、算术、常识)、口试后,其中30人被录取,成为青年学校的第一期学员。

青年学校的课程内容繁杂,整体可分为四部分,分别为:一是精神讲话、民族运动讲话、音乐;二是国语、算术簿记、社会、自然;三是农业概要、农事实习、国防大意、军事训练、医药卫生;四是乡村学校设施法、农村合作、乡村问题、乡村服务。经过半年建设,青年学校蓬勃发展,基本实现了配置教室、书报室、娱乐室、导师办事处、学团团部、农场(水田园地)、寝室、厨房及食堂、储藏室及其他的目标。

日常教学活动之余,青年学校还向学员发放专用的日记本,以记录学员在学习、生活中遇到的问题和取得的收获。学员江玉泉、梁汝袖、杜保汉的节选日记被刊登在刊物《教育研究(广州)》上,成为还原实验区学员学习生活情况的珍贵材料。

抗日救亡运动如火如荼

1937年7月,抗日战争全面爆发。10月,日机开始轰炸花县各地。1938年,广州沦陷,日军北犯花县,身处国家存亡浪潮中的花县乡村教育实验区,不可避免地担负起了抗日救亡的重要任务。

花县乡村教育实验区建立之初,由几名中共地下党员及一批进步青年教员负责领导和任教。共产党员黄焕秋负责群众教育组工作,李志坚任该区副总干事,杨甫任小坳分教处负责人,廖树宏任图书馆和儿童团工作负责人等。进步青年教职员有刘展平(女)、区若然、何霏(女)、雷操胜、雷捷胜、黄郁周、蔡凌光、张志雄、蒙冶中、潘翙云(女)、梁以全、陈益华(女)、黄松等人。他们积极配合当时的形势展开抗日宣传工作，形式活泼多样，深受当地群众的欢迎。

为了突出抗日救亡的主题，实验区的教师队伍对原有的教学内容和方法进行了改进。一方面，他们将抗日救亡融入日常教学中，如在国语课上控诉日本侵略者的罪行，歌颂人民英勇抗战的事迹，在算术课上对日军兵力进行计算，在音乐课上教学抗日救亡歌曲等。另一方面，教师们在课外时间里带领学生进行劳动，并将许多革命故事讲述给学员们听，收到了很好的效果。

祠堂内景

1938年7月，经过实验区党员们一段时间的努力，中共花县乡村教育实验区党支部正式成立，支部书记李志坚，支部成员杨甫、廖树宏、何霈，隶属中共广东省委领导，由李大林负责联系，中断七年后（1931年夏，中共花县行动委员会在田螺湖村被花县国民党县政府破坏），花县重新开始有了中共的基层组织活动。

同年8月，在花县活动的中共党员黄桥辉、卢克文、王岳峰等获悉实验区成立了党支部组织，遂派出代表与党组织联系。黄桥辉与廖树宏在实验区图书馆见面确认后，双方很快达成共识，在实验区一带建立抗日救亡宣传阵地。在实验区，共产党员杨甫等亲自给学生宣讲中国共产党《抗日救国十大纲领》，并组织了歌咏队、粤剧队、话剧队、演讲队等，开展多种形式的抗日宣传工作，宣传范围北至小埗、三輞，南至白鳝塘。在九湖村一带，黄桥辉、卢克文等党员率领学生张贴标语，编写壁报，影响了许多学生和农民群众。

在党支部的领导下，实验区青年学校组织学员和农民群众一道进行军事训练，还在农场内进行农事活动。1938年10月，广州沦陷，日军北犯花县，花县乡村教育实验区随之撤往罗定，这场乡村教育活动也告一段落。经过近一年时间，花县乡村教育实验区培养出一批出色的青年人，《中共花县地方史》评价："实验区在普及社会文化教育，培养有用人才，发展党的力量等工作中做出了贡献，同时有效地推动了花县的抗日救亡运动。"

旧址新祠，初心不改

日军侵华战争，是刻印在龙口村许多村民心中一道深深的伤疤。村中有经历了抗战的老人，

祠堂垂脊陶狮

回忆起那段过往,想起亲友四散、骨肉分离、天人永隔,每每泪眼婆娑。在这段暗淡的记忆中,花县乡村教育实验区青年学校是难得的一抹亮色。

有老人幼年见过青年学校办学,依稀能记起当时学校的一些情况。当时青年学校就位于现在江氏宗祠及两侧衬祠一带,所谓"农场"则是江氏宗祠面朝的大片农田,如今早已变成了繁华喧闹的106国道和道路两旁的栋栋民房。当时的青年们,在农场里劳动耕作,收成后将农作物分门别类地装进麻袋里,整齐地摆放在江氏宗祠前备用。在老人印象中,青年学校的学生与一般面朝黄土的农民不同,他们既要耕田侍禾,又要上课学习,应该是政府培养的"干部",又或者是"地下党"。久远的记忆经过一代代口耳相传,到了今天就变成了脍炙人口的传奇故事。

花县沦陷后,龙口村一带属沦陷区,花县乡村教育实验区被迫迁往罗定,青年学校的教职员随之转移,江氏宗祠就此废弃。日军占领龙口村期间,江氏宗祠被拆毁,所得石料用作修筑村庄附近的炮台、炮楼,原本的青年学校不复存在,仅余两侧衬祠。

中华人民共和国成立后,江氏宗祠的遗址被用作龙口小学的教学场所,再次承担起教书育人的作用。1953年,花县进行教育改革,龙口小学被并入新和小学。同年,龙口村开展扫盲运动,村中不识字的村民要在夜晚到江氏宗祠学习认字。扫盲运动后,江氏宗祠先后做过集体的幼儿园、仓库、办公室等场所,其作为花县乡村教育实验区青年学校的历史被逐渐遗忘。

1985年,经过讨论后,龙口村决定重建江氏宗祠。1986年,在全村乡亲、顺德北滘高村宗亲、南海里水河塱沙宗亲及龙口村海外华侨、港澳台同胞的合资合力下,龙口村江氏宗祠建成。祠堂内的壁画由龙口村香港同胞江作锋等捐资绘制,色彩鲜艳,精美动人。值得一提的是,祠堂头门虾公梁上的石狮子为原江氏宗祠遗留,抗日战争期间祠堂被毁时被沉入门前的水塘里,至祠堂重修时又被挖出用在新祠虾公梁上。

20世纪90年代,花县启动《花县志》编修工作,90年代末全书完成并出版。在编修过程中,工作组深入发掘了花县乡村教育区青年学校的历史,并深入村庄进行调查核实,青年学校的故事就这样被记录下来。2008年5月,江氏宗祠被公布为广州市花都区登记保护文物单位。如今,江氏宗祠是龙口村村民休闲娱乐的好去处,也是村中设宴议事的重要场所,每年正月十八,祠堂内会举行投灯活动,热闹非凡。祠堂门前,刻着"花县乡村教育实验区青年学校旧址"的铭牌静静悬在墙上,如虾公梁上的一双石狮子一般,默默地讲述着近百年前的那段传奇故事,也见证着龙口村在中国特色社会主义建设新时期里新传奇的诞生。

红色印记烙乡愁

——记东湖村翔斋何公祠

◎余清平

　　沿三东大道一路往东，走到新华街与东湖村接壤处，有一条双车道的水泥路从万绿丛中切入。驶入水泥路到尽头，"车到乡居疑无路，万紫千红又一村"，一个现代化的美丽乡村直逼眼帘。

　　东湖村居民有5000多人，其中何姓有700多人。东湖村旧称田螺湖村，村的地势是中心低洼，周边略高。东湖村前有一条小河穿村而过，接入新华街河流，最后流入珠江。距东湖村学校30米，就是东湖村何姓祠堂翔斋何公祠。祠堂前一方池塘，约三亩水面，碧绿绿的水点缀着村前的果园。

翔斋何公祠

始祖创业

何氏始祖何龙意,字翔斋,颇有头脑和眼光,原是今佛山市顺德伦教羊额村何氏第二十二代传人。万历四十六年(1618),何龙意在顺德家乡做点小生意(小商贩),买卖日常咸杂品,走村串户。当他来到田螺湖(今东湖村),一眼就看上了这处地方,东湖村不仅有大片土地待开垦,更是水陆交通便利。水路、艇船可以沿河坐而下,通广州越番禺穿南海直达顺德河流的两岸。陆路更是四通八达,北越韶关入江西、两湖(湖南、湖北),西通广西,南依广州,是块得天独厚的风水宝地。

何龙意携妻子卢氏来到此处,夫妇俩一边开杂货铺,一边开垦荒地。几年间,积蓄了一些家财,建起了房子,生了两个儿子。可是,何龙意思念老家,便独自回顺德羊额村,因为,羊额村他还有两个儿子。何龙意回去时,什么也没带。不曾想,回去没几年就驾鹤西去。而留守在此的卢氏独自操持家务,一手养大两个儿子。卢氏虽是一介女流,但是她精明能干,做生意打理田地很有一套。两个儿子也很争气,娶妻生子,开枝散叶,安居于此。后来,卢氏去世后,儿子将她埋葬在东面的鱼珠山,为了纪念卢氏,儿孙将这座小山改称太婆山。21世纪初,由于广州白云国际机场征地建设,东湖村何氏后人又将卢氏移葬到相隔一公里的西面大埗,也将此处改称太婆山。所以,时至今日,东湖村何氏只有太婆坟,没有太公始祖坟。

经过十多代人的繁衍,何氏在村里已经算得上是大族了,到中华人民共和国成立前夕,何氏在东湖村已经发展到60多户,有200多人。中华人民共和国成立后,人民当家做主,百姓生活得到了天翻地覆的改善,到今天,何氏已是十八代传人,达到了700多人。

1963年,何氏族人由于人口增加,住房不够,又没有空地建房,便开始迁往梯横(高坐)。到1964年,搬迁出来建房的族人越来越多,到2001年,何氏家族建房已达100多户,且每户最少面积230平方米,大半是楼房。家家户户的楼房排列有序,美观整齐,绿树环绕,景色迷人,更兼一条条水泥、沥青路四通八达,东湖村今非昔比。

墙上壁画《燕山图》

翔斋何公祠

翔斋何公祠始建于康熙四十七年（1708），距今有310多年。康熙年间，正是废除旧制、百废待兴、鼓励开垦的时候，农民得到了休养生息。何家第三代传人何绍元、何绍英和何家第四代传人何象其、何象公等人在田螺湖村不仅站稳脚跟，而且颇有家业。他们在田螺村修建聚龙古庙时出资出力，也开始筹划修建何家祠堂。

康熙年间修建的祠堂原地址在村中间。当时户数不多，村子不大，利于宗族祭祖和决定执行某些大事。但到了后来，人丁越来越兴旺，房屋越来越多，为了能让祠堂举办更多的大型活动，容纳更多的族人，于是，族人一致决定，于光绪戊戌年（1898）将祠堂迁移到村前重建。

现在的翔斋何公祠就是光绪戊戌年重建的，呈明清建筑风格。祠堂占地300平方米，二进模式，并在祠堂左边加建一间"庐江书院"。祠堂祭祖，书院育人。祠堂堂号为"光远堂"。大门两边张贴一副对联："龙意先君传祖德；翔斋后裔振家声。"

"破四旧"运动中，祠堂与书院遭到不同程度的毁损。祠堂变成当时生产大队放置农药、化肥、石灰和农具的地方，所有雕塑被拆，墙体被粉刷，遭到严重破坏。现在的祠堂是2009年所修。当时，为了传承何氏文化、祭祖、办敬老宴，族中几个有威望的老人一起相商，决定张榜召集何氏族人，有钱出钱，有力出力，经过一年多的修葺，才复原了祠堂和书院的原貌。

祠堂廊檐左边是一根花岗石立柱，右边是一根水泥立柱（前几年有耕牛打架，将原花岗石立柱顶断），走廊两面墙上，各有花草雕饰。

大门两侧各一个花岗岩大石墩，可以供人歇息。推开大门，迎面是一扇木质屏风，屏风有一块牌匾（原来的牌匾在"破四旧"时被损毁，现在的牌匾是按原来的尺寸仿制的）。牌匾红底上有四个鎏金大字"坎惠思乾"，左边竖写四个鎏金小字"何应钦题"，右边竖写五个鎏金小字"光远堂留存"，屏风两边各有一间厢房。

绕过屏风，有一口天井，约十几平方米，两边是走廊。走过走廊，就是祠堂的正厅。正厅构建独特，一般的祠堂大厅以四根立柱支撑，而何氏祠堂不同于其他祠堂。大厅没有立柱，是在屋顶处左右各用六根横梁，呈人字形支撑，让厅堂显得很宽敞别致，更方便宗祠祭祖等活动。靠北正墙置一香案，香案正面雕刻二龙戏珠图案，香案上摆祖先牌位，上写"何门堂上历代考妣宗先神位"。牌位前有香炉，香案下有口敬献炉，供办活动时烧香烧钱纸。

民国陆军一级上将何应钦题匾"坎惠思乾"（仿制）

红色烙印

1910年11月,孙中山、黄兴、赵声等革命党人在马来半岛的槟榔屿召开会议,史称"庇能会议",决定再次在广州发动武装起义。

4月23日,起义组织者在两广总督署附近的越华街小东营五号设立起义总指挥部,赵声任总指挥(留守香港),黄兴任副总指挥。将原定十路进军计划改为四路:黄兴率一路攻总督衙门;姚雨平率军攻小北门;陈炯明带队攻巡警教练所;胡毅生带队守南大门。东湖村何容茂与几个宗族叔伯兄弟参加了这次广州起义。

东湖村(当时是田螺湖村)何公祠第八代孙,20多岁的同盟会会员何容茂与几个宗族叔伯兄弟受同盟会徐维扬的影响,加入了推翻腐朽清政府的起义队伍。徐维扬是同盟会革命军十位敢死队队长之一,4月27日下午5时30分,他率领花县敢死队员何容茂等几十人与黄兴所率队伍合力进攻两广总督署。他们一起突入总督府,但是,没有搜到总督张鸣岐,根据当时的形势,便转攻督练公所。一行人奔至东辕门便遇上水师提督李准的大队清兵,大家奋勇力战,虽然杀死敌卫队管带,但是,终究寡不敌众,弹药不继,更因黄兴负伤,何容茂与徐维扬他们凭借对广州大街小巷路线十分熟悉,在朋友的帮助下走脱。

何容茂后来走避香港,几年后又潜回田螺湖村。当时澎湃在广州创办农民运动讲习所。广州农民运动讲习所名义上是由中国国民党中央农民部主办的,但实际上是由中国共产党领导。1925年底,广州农民运动讲习所学员郑铁斯被派到花县一带活动。何容茂听了郑铁斯的演讲,深切地感受到只有共产党才能救中国,共产党才是为穷苦人说话为穷苦人办事的政党,加上看透了国民党内贪污腐败的现象,于是,与郑铁斯一起成立了花县农运会,会所设立在何公祠,更发展了宗族何德全等十几个热血青年成为会员。大会规定了农会章程,向会员派发了会员证。何容茂是田螺湖村农会主要负责人之一。几个月时间,会员迅速发展到几十人。

可是,孙中山去世后,国民党假革命真反共的嘴脸原形毕露,1927年开始大肆屠杀共产党人和进攻共产党领导下的工农武装,花县反动民团在国民党县府的指挥下暗中袭击了田螺湖村农运会,同时也暗中袭击了花东九湖农会。何容茂率领农会会员奋起抗击,死守农会会所,掩护其他会员撤退,最终在弹尽后中弹牺牲,献出了年仅30多岁的生命。

东湖村何姓第九代孙何德余,青年时期投身于工人革命运动洪流之中。他1925年毕业于广东省高工业专门学校化工专业,1926年参加了广州轰轰烈烈的工人运动——省港大罢工。当时,何德余化名何足三,被编为工人纠察总队第三大队一中队的队员。由于工作表现积极,遇事奋勇向前,处理事情稳妥到位,因此,何德余很快成为纠察队的中坚骨干,调入中队做训育员,到后来,更被提拔为大队教导员。

此时,正值国共合作时期,何德余认识了黄埔军校的何应钦。何应钦出自同姓之谊,题字"坎惠思乾"赠何德余。省港大罢工是由共产党人邓中夏和苏兆征组织的,受他们的影响,何德余成为进步青年,先后活动在广州、中山、鹤山等地。可后来国民党蒋介石背离了孙中山先生的三民主义，实行反共剿共的反动政策，压迫破坏工人运动，屠杀共产党人，何德余经过疏散，随即转回花县，幸得教育前辈出面斡旋，介绍加入花县教育事业，在花县县城教书，先后任花县小学主教师、中学教导主任等职。1949年，何德余返回东湖村务农。

何德应，也是东湖村何姓第九代孙，读了几年私塾，不仅有一颗报效国家的心，更能吃苦耐劳，与很多爱国青年一起，于1924年考入黄埔军校一期生。在军校里，不论是功课还是军事训练，都是全力以赴，不落人后。可是，不幸的是，他在临近毕业时，患了严重的眼疾，又因医治不愈，无法参加部队北伐，只能回家休养。1937年抗日战争爆发，战火燃及岭南，在日本侵略者的铁蹄下，山河破碎，民不聊生，有很多热血儿女为了将侵略者赶出中国献出了生命，一些烈士的后代无人抚养，何德应看了，心痛万分。1938年，他参加了李维汉、曹文玉夫妇主办的广东省临时战区困难儿童救护会，他冒着生命危险，多方奔走，先后十几次跋涉几百里，穿过日军的封锁线，将几十位烈士的子女送到韶关儿童收养院，确保了烈士遗孤的安全。

中华人民共和国成立后，翔斋何公祠保持了尊老爱幼的优良传统，也保留了过年舞狮祭祖的活动。庐江书舍以前为私塾，墙上挂有"进士"牌匾（现已遗失）。2009年开始，书舍成为东湖村东光经济社文化活动中心，书舍里经常举办大型活动，每次春节举办敬老宴，何姓的大姑娘小媳妇们会自发地组织起来，一起下厨，做出最拿手的菜，盛情邀请全村老人共同进餐。2015年，在庐江书舍还举办了盛大的纪念抗战胜利70周年的活动，邀请了花都社会各界人士参加，取得了圆满的成功。

翔斋何公祠不仅承载了何氏这个宗族的发展和变迁历史，是岭南祠堂文化无数珍珠中的一颗，更是历史的见证者。

庐江书舍

永存青史的铭记

——访东湖村沈氏宗祠

◎ 梁业荣　黄永奎

一条村子有一段血雨腥风的历史,一座祠堂隐藏着诸多革命故事。在花山镇南隅,有一个村叫东湖村,原名田螺湖村,该村原面积约9.6平方公里,常住人口5700多人,该村地形中间低、周边高,活像一只巨型的田螺,是一个人杰地灵的宝地。它毗邻广州白云国际机场,当一架架飞机从头顶上呼啸而过,人们会赞叹这里是离世界最近的地方。

沈氏宗祠

与机场一墙之隔，有一座鲜为人知，面临着机场第三期扩建征地搬迁，不久就要消失的祠堂，它就是沈氏宗祠。

沈氏宗祠三间两进，约300平方米。这座宗祠建于何时，沈氏族人又于何时迁入东湖村呢？近日，两位沈氏族人沈永牛、沈锦辉向我们道出了沈氏宗祠的前世今生……

沈氏渊源

沈姓主要源自嬴姓、姒姓、姬姓和芈姓。沈氏最早起源于今河南、安徽两省之间。嬴姓沈氏的历史至少有4500年，姒姓沈氏有4000年的历史，姬姓沈氏有3000年的历史，芈姓沈氏也有2600多年的历史。唐朝时期，沈氏曾两次从中原出发，南下移民。当时发生过两次移民潮，沈氏为其中一姓进入福建，随后移民广东。

而东湖村沈氏，据族人沈锦辉听祖辈说，先人最早从江浙一带进入福建（大概在唐朝时期），后来他们这一支进入广东，先在番禺雅湖村（那时属番禺，现属白云区人和镇）定居。

在明末清初时，沈氏有三兄弟，分别为文华、文球、文锐，来到了花县狮岭杨屋村暂住。这三兄弟以种田和放鸭为生，至于为什么要来花县，沈氏族人也说不清楚。或许是因为战乱逃难而来，或许是放鸭而来，那时放鸭人往往没固定居所，鸭走人走，哪里水草肥美就去哪里。

三兄弟在杨屋村住了很短时间，他们很快就来到了东湖村定居下来。从此，沈氏在东湖村开始繁衍生息。据说，现在东湖村沈巨之子沈成林的旧屋就是沈氏最早居住的地方。

白云区水沥镇的沈氏族人与花山东湖村的沈氏同出一脉，都是从雅湖分离出来的。所以东湖与水沥沈氏族人经常互动交流，清明时共同祭祖。

清末，民间立祠在花县盛行，沈氏族人也建起了沈氏宗祠，具体什么时间始建，沈氏居然没人知道，这是什么原因呢？原来这座旧祠堂已经不存在了，而现存的沈氏宗祠是1987年重建的。

垂脊上的灰塑狮子

祠堂变迁

据族人沈永牛回忆说，沈姓原来在旧村有一座宗祠，原址在梁姓"国能祖厅"邻近，距梁氏大宗祠不远。两祠逢年过节醒狮活动都有来往，两姓氏非常和谐，舞狮高手沈坤全也常到梁氏狮队参加活动。

后来，沈氏宗祠在解放初期"土改"时分给贫农居住，居住户的小孩不慎失火，结果把祠堂烧毁了。幸好火势没有殃及"国能祖厅"和邻近房屋，但沈氏宗祠已不复存在了。

时至1984年，原任生产队队长沈燮常、沈万海、沈进财牵头发起，成立了宗祠筹建小组，当时小组成员有：沈锦泉、沈永牛、沈其光、沈永珍等。沈氏宗祠重新选址，在土名"大秧坎"，按原来沈氏宗祠的规模、规格重建沈氏宗祠。那时还是村民经济十分拮据的年代，以沈燮常为代表的筹建小组集思广益，充分调动村民的积极性，发动本族的善长人翁、有识之士进行集资和捐款，硬是把沈氏宗祠建成了。

值得一提的是，沈燮常是东湖村革命先烈沈荣谦之子，他为村民所想、为村民所做，为了建造宗祠，他废寝忘食，骑着自行车外出联系施工、购买材料，常常是过了用餐时间也舍不得花钱在外面吃饭，这些表率行为使他在本族中有很大的号召力和凝聚力。

在祠堂建设中，除了善长人翁和村民募捐集资外，还在有些工程项目、壁画上实行冠名出资。沈氏宗祠历时三年时间，终于在1987年春建成。当时摆了三天的入伙酒，宴请了同宗兄弟村和本村60岁以上的老人，热闹非常。

祠堂门联

英雄故事

沈氏宗祠几经风雨，它孕育了伟大的爱国精神和奉献精神，激励着后人奋发图强。早在1927年大革命高潮中，以沈载典、沈荣谦为代表的一批农民革命军，在中国共产党领导下，与反动势力、反动武装进行了热血奋战，他们为广大劳苦群众抛头颅洒热血，在白色恐怖中，他们在黑夜里常到"松仔岭""老罗岭"等山地召开秘密会议，与反动派斗智斗勇，在极其艰难的环境下，坚持不懈地与反动派斗争，为花县的解放贡献力量。

沈载典，又名沈典，中共党员。1887年出生于田螺湖村，他的父亲是一位教书先生，母亲是位地地道道的农民。从小，父母就教导沈载典做一个真正无私的人，父母的谆谆教诲使他养成了刚正不阿、真诚朴实的性格。

1923年，上级派阮啸仙、黄学增、高恬波等人来到花县宣传农民运动的政策主张以及海陆丰农民运动的经验。沈载典常常放下手中的农活跑去聆听，他思想上深受启发，心灵感到震撼。

1924年底，花县农民协会成立，设在九湖村王氏大宗祠。沈载典便带着本村的几位进步青年向王福三请教，回来以后，秘密召开会议，筹备建立农会事宜。他们挨家挨户进行宣传和发动本村农民群众。1925年初，田螺湖村农会正式宣告成立，沈载典担任文书管理及宣传工作。

后来，在成立农会的基础上，田螺湖村又在王氏宗祠创办了知行农民学校。他们白天上文化课，晚上讲马列主义，宣传革命思想，沈载典和其他进步青年非常认真地听讲，接受革命道理。

花县农民运动的蓬勃发展，让地主阶级非常恐惧。1927年6月11日凌晨，反动派在国民党军队支持下，以"清乡"为名，包围田螺湖，这次战斗共有五名农军战士牺牲。村子最终被攻破，沈载典逃了出来，不久潜回村里，继续秘密坚持革命斗争，农会也转入地下活动。

1930年6月，中共广东省委又派沙伟文、王佐才来花县，目的是恢复党的组织。不久在田螺湖成立花县行动委员会，沙伟文、王佐才、曾梓华、黄桥辉、沈载典共五人为行动委员。沈载典分管财政工作。

1931年4月，国民党对刚刚恢复工作的花县共产党组织进行"围剿"，一天夜里，村子突然被包围。敌人在沈载典、沈锦良家里同时搜出了一批有关农民运动的报刊、宣传文件等，随即对沈载典、沈锦良进行审问，沈载典在法庭上大骂国民党反动派，罗列其种种罪行，并向敌人宣称："我是共产党员，有什么事冲我来！"

后来，沈载典被押往广州市南石头继续审问，敌人逼着他交出中共地下党员名单，沈载典宁死不从，始终守口如瓶，视死如归。敌人把他打得昏死过去，但是沈载典醒来后，仍然痛骂国民党反动派和地主恶霸，继续揭露他们的罪行。1931年4月底，坚贞不屈的沈载典被敌人押赴刑场执行枪决，时年44岁。

让东湖村沈氏族人感到骄傲的还有沈荣练和沈荣谦兄弟俩，至今村里还流传着他们的故事。

沈荣练，1875年出生于花山田螺湖村。他早年读过六年书，后来随父母在家务农，此人为人忠厚老实，待人宽厚大方，深受村里人的喜爱。

1924年，田螺湖村农民协会成立。沈荣练在其弟弟沈荣谦的影响下，也走上了革命道路。参加农会以后，工作非常积极，为革命活动不辞劳苦，不断奔忙。

1926年农历八月下旬，国民党军队伙同杨村民团围攻杨村农会。花县各村农军纷纷支援杨村农会，沈荣练也随田螺湖农军一道赶去救援。战斗中，突然一颗子弹飞来，击中他的头部，沈荣练当场牺牲。时年51岁。

沈荣谦，1888年出生于花山田螺湖村，8岁读书，后在家帮父母种地。九湖农会成立后，阮啸仙到田螺湖指导工作。在与沈荣谦和沈载典的接触中，阮啸仙觉得这两个青年有理想、有抱负，可以着力培养。阮啸仙就专门安排他们到九湖村学习农运的经验。回来后，沈荣谦和沈载典就组织进步青年，成立农会。1924年下半年，田螺湖农民协会成立，沈荣谦被选为农民协会委会长。

为了进一步提高农民的政治觉悟和文化水平，在沈荣谦的推动下，农会在王氏宗祠创办了"知行农民学校"。沈荣谦既是学校领导，也是学校学生。

1926年农历八月下旬，杨村农军被围，沈荣谦带领田螺湖农民前去营救。当时，一些农军战士和一名中共特派员被敌人围困在一炮楼里，危急时刻，他冲入炮楼，亲自把他们营救出来。

1927年6月，国民党军队和花县民团围攻田螺湖。当天，天降暴雨，沈荣谦带领农民战士应战，敌人进攻了几个小时也无法攻入村内，后来他们增加了兵力，才冲破了农军的防线。由于农军战士已死伤多人，沈荣谦决定指挥农军突围。

当他们冲出村口时，沈荣谦中弹倒地。战友们争着搀扶他撤退，他对战友们说："你们不要管我，赶快突围！"可是战友们不肯放弃他，硬是拖着他撤退，不料当他们撤到离村不远的山脚下时，沈荣谦再次身中数弹，壮烈牺牲，年仅39岁。

中华人民共和国成立后，在社会主义革命和社会主义建设中，沈氏族人积极投身建设，为国家添砖加瓦，彰显才华。

面临拆迁

1998年广州白云机场移址花都，征用了沈氏在"老虎头""松仔岭""瓦窑门口"一带的住房和农田。经过政府细致的工作，制订合理的拆迁补偿政策，村民愉快地搬迁到新的安置区居住，新白云机场如期破土动工。沈氏村民在社会主义建设中又一次充分体现了族人弃小家为国家的奉献精神。

如今，沈氏村民已经全都搬迁到安置区居住，沈氏即是今天的第十六、第十七、第十八经济社，统称东联片。常住人口250户960人，族人现在的经济来源靠出租厂房、商铺为主，年终分红人均5000元，最高的经济社可达8000元，沈氏族人过上了富裕的生活。

祠堂内景

而与新机场一墙之隔的沈氏宗祠静静地留守在东湖村的"大秧坎"之地，默默无闻地守望白云机场飞机的起落，见证着祖国的繁荣与昌盛。由于白云机场第三期扩建工程，东湖村整个村都要搬迁，这就意味着，沈氏宗祠即将拆毁消失，但是肯定还会重建，相信沈氏宗祠重建后会更加完善，更加辉煌。沈氏家族和这座沈氏宗祠一样，具有不平凡的经历和光荣的历史，会被东湖的沈氏族人永远铭记。

历史曾在此驻留

——记城西村西坛张家祠（张建若书院）

◎邓静宜

在花山镇城西村村委会所在地的西坛自然村，村中心有一个上千平方米的禾塘，禾塘前有两座祠堂建筑，其中一座名为张建若书院，这就是闻名的张家祠。张建若书院建筑规模宏大，位居花城要地，它被三届花县政府借用，反映了花县历经磨难的历史，是中国基层社会的一个缩影，具有非同寻常的故事。

村民习惯将"张建若书院"叫作"张家祠"

先祖来自紫金县

康熙二十五年（1686）花县建县，县府设在今天的花城圩，作为全县政治、经济和文化中心，花城圩历经多年的发展变迁，商贸繁华，人口众多，而距此不足一公里的城西村，则是当年的附城村，其发展与周边也是不可同日而语。城西村是人口迁入而形成的村落，因是附城村，姓氏繁杂，形成了以客家人为主的群居部落。当地百姓为求一方平安，特在县城西边的李公岭上设坛祭拜，西坛村由此得名。

据村民口述，西坛最早是钟姓、李姓人来此开基。村内有一山岭，被称李公岭，李公岭脚下在清代是刑场，被称"杀贼坳"，如今村内钟、李后人极少。据查西坛村张姓族谱，张姓先祖为清雍正元年（1723）从惠州永安县（紫金县）石坑乡迁入的张建若。《花都村情·花山镇卷》介绍，西坛村张姓来源有两支，除了张建若这支，还有另一支张氏张良耀也是来自紫金的茶坑村，在康熙年间迁入，两支在紫金是否同宗无考。良耀张公祠，坐落于张建若书院西侧，1993年重建。

张建若这支在迁西坛村前，曾在花县城西门外的三八街居住，其后才搬至西坛。传说张建若在梯面与人合伙以烧炭为生，因其合作伙伴要制成品炭，而张建若只要炭窑地，双方意见不合，张建若便与伙伴分了家。后来张建若赚到足够的钱财，准备置地立庄，刚好钟姓人家有一块空地，该地块为沼泽地，盖楼楼倒，钟姓觉得不吉利，于是便将地卖给了张建若。

张建若却认为此地为宝地，有利家族繁衍。于是，他在这里盖了房子居住，即今天的张建若书院，他又将先祖的遗骸悄悄从紫金县运到花县安葬。果然，后来张姓族人不断繁衍，丁财兴旺。至今，除西坛村，城西村张姓族人遍布莲塘下、张庄等多个自然村庄，有3000多人。西坛村内的张庄自然村，是张建若之孙张永珣在此开庄的自然村，至今还有一座"百忍家塾"，又称"九如祖屋"，占地3955平方米，该建筑规模宏大，五路建筑与后楼之间，有一个用石块铺地800多平方米的院子，该建筑在花都区的规模之宏大，较为罕见，也是反映当地客家文化和建设的一个实物资料。

改革开放后，众多张姓族人走出家乡，涌向世界各地，其中在巴拿马的乡亲就有300多人，曾任巴拿马花县同乡会主席的张德南就是该村人。在院内的墙壁上有张姓排行字辈诗："嘉若文元永世昌，广修懋德集贤

张家祠旁边的"良耀张宗祠"

良。宏开吉士腾云汉，大振家声庆显扬。百忍庭中凝瑞应，千秋鉴内叠祥光。青钱名誉隆今古，裕后诗书接宋唐。一脉源流多富贵，万年之萼远芬芳。四处播迁皆发达，五湖居徙各馨乡。"张建若书院是村里的文化活动中心，每年春分祭祖，张氏连宗祭拜开基始祖张建若。

风采依旧的书院

张建若书院伫立在宽阔的禾塘上，书院是为族人学子提供就学之地，以张建若为名，是城西村张氏族人对始祖的纪念。书院出现于唐朝，到了清代，许多书院以宗族力倡文德的祖先姓名命名，兼有纪念先人的宗祠性质，除供教学之用，亦作祭祖和族内办喜丧事用地。花都有很多被称为书舍、家塾、书院的建筑，其功能与祠堂也是一样的。

张建若书院，俗称张家祠，始建于清雍正元年（1723），原来是泥砖墙；咸丰四年（1854）重修，1931年改用青砖墙。1940年失火损坏，分别在1946年、1985年两次重修。书院坐北朝南，三间两进，占地564平方米。人字封火山墙，灰塑博古脊，碌灰筒瓦，青砖石角。正脊有一对鳌鱼，有福禄寿、暗八仙等灰塑图案。前廊梁架木雕博古纹，封檐板遍刻花鸟瑞兽，戏曲人物。石门额阴刻"张建若书院"，上刻"民国廿年冬谷旦"，下刻"塱头黄翰臣书"。坤甸木金柱，后堂前带两廊，左右路建筑各面阔3.5米，与中路建筑紧靠相连。

在张建若书院内，有重修张建若书院碑序，原文半白半文，亦无标点，大意是始祖张建若于清雍正元年（1723）携同三子由紫金县石坑村移居花县城西乡西坛村的经历。简述泥砖祠堂改为火砖建造以及1940年迭遭劫火摧残以及1985年书院重修的事迹，记叙海外乡亲和张建若后人踊跃捐款及对新修祠堂的赞美。

书院二进，堂前高悬堂号"百忍堂"，"百忍堂"三个字，从字面上看无非是百般忍耐的意思，查广东众多书院祠堂，以"百忍"为堂号，实为张氏家族才有。百忍堂是很多张姓族人的祠堂堂号。据史书记载，唐代郓州有人曰张公艺，九代同居，竟和和睦睦，相安无事。唐高宗甚是好奇，便问其故，张公取出一张纸，写了100个"忍"字，唐高宗大加赞赏，奖励张公艺100尺绸缎，并亲书"百忍义门"四个大字，从此各地张姓大都以"百忍"为堂号，并列为祖训。这反映了古代同族人团结一心，以大局为重的精神，至今很多地方人家的厅堂上书有大写"忍"字，以修身养性。

从前匪贼当道，几乎全

张家祠正脊的灰塑《九鱼图》

封檐板木雕人物及"世代兴隆"字样

西坛村都被抢过，特别是红山村贼匪头目李禄、朱记龙等经常来村骚扰，村民常年惶恐。抗日战争时期，日军对花县进行了狂轰滥炸，为了缩小目标，花县县城的围墙大面积拆除，凡是楼层高一些的民房，房主都自动拆除，不少人家将楼房改成平房。1943年，国民党飞机与日本侵略军飞机发生空战，一架日机被击中，坠毁于西社坛。花都很多祠堂历史悠久，多有破损或遭焚毁，张建若书院至今近300年，还保存完好，这期间就经过多次重修。

张建若书院的横额和楹联文采丰富，内涵深厚，书法上乘，具有较高的欣赏价值和文物价值。大门额刻阴文楷书"张建若书院"五个醒目的大字款题为塱头黄翰臣书。黄翰臣是当时花县炭步塱头村一位颇有名气的书法家。

张建若书院多副楹联中，有的交代姓氏源流的出处，如中堂屏门对联："远祖当年创业卜宅城西百忍能成垂后世；宗祠此日重光扬声花邑千秋永记祀先人。"由黄倚云撰并书。后堂金柱联："由永邑易宅花山祖德肇基无忘千秋世泽；出清河移居粤海宗功远播须遵百忍家风。"由汤耀书。清河是古代黄河一段，汉初清河下游张姓一脉源于此，从此开枝散叶。还有楹联是赞美风水宝地的，古人建祠讲究选址的风水格局，认为风水好才能福荫后人，如书院仪门有对联："狮舞前山，朝向宗祠行贺礼；牛眠福地，上承祖泽播贤声。"联由黄倚云撰，汤耀书。书院坐北朝南，南面有小岭，朝向书院，视为祈福之寿，常被民间用来祝贺盛世，而牛眠福地，象征吉祥。

黄倚云、汤耀、王伯荣都是花都有名的联家和书法家，有他们的墨宝在此，可见书院非同一般。

百忍容得天下事

由于城西村地理位置特殊，这里也成为中国近代风云的一个缩影。张建若书院不仅仅是一座普通的书院，或是一个普通的族人祠堂，它在近代中国历史上，留下了浓墨重彩的一笔。如今查花都的历史档案，人们会发现，有不少历史事件都跟这座书院有着密切的关系。在花都的历史舞台上，张建若书院扮演了重要角色。

花县建县至今已300多年，清代和民国时期的县衙、县政府设在今天的花山镇花城村，然而，在1955年县府搬迁到新华之前的270年中，花县的县衙（县政府）曾经迁出迁回达十多次，特别是后100年就没有安定过。

咸丰五年（1855）一月，甘先和朱子儒的反清武装部队响应太平天国起义，攻占了花县县城，同年四月，他们北上追随太平军，临走前把县衙烧毁。知县张起鹇回到花城后，只好借张建若书院办公。一年多后，新县衙建成才搬走，这是张建若书院第一次被征用。1912年1月，清朝被推翻，中华民国成立，花县清朝官兵逃走，县衙遭民间武装朱记龙等人掠抢后焚毁。1913年，民国

悬挂着的灰塑"瑶池赴会图"

省政府成立花县政府，也只好借张建若书院办公。直至1915年才搬去新县政府，这是书院第二次被征用。1939年，日本飞机轰炸花城，县政府遭炸毁，随后兵临城下，县政府搬往西部赤坭国泰，后又流亡清远、四会。1945年8月，日本宣布投降，国民党花县政府从四会县迁回花县，但花县县城已是一片废墟，县政府只好借用三华村资政大夫祠办公，1947年秋又搬往新华横潭村办公。在抗日战争结束三年后，1948年7月1日，经省政府批准，花县县政府迁回花城筹建县城，暂借花城附近的西坛村张建若书院办公。这是书院第三次被县政府借用。1949年10月13日凌晨，中国人民解放军进入花城，7时30分，中国人民解放军进攻县政府西坛张建若书院，在强大的火力摧毁下，驻守纱帽岭第一连及保安营第三连被击溃，县长杜湛津在县府内指挥保安营第二连反抗，被打得四散逃窜，杜湛津身边只剩下三名侍卫。最后，杜湛津带着县政府一枚铜印和国民党花县委员会一枚木印，化装逃往南海县，留下了一座残破败落的花县县城。

1949年10月13日，花县解放。10月22日，花县人民政府成立，谢光任花县第一任县长，县政府设在花城西坛村张建若书院。这是该书院第四次被借用。

张建若书院反映了宗族的优良传统，尤其是百忍精神，容得下许多为难之事，张建若书院四度做县政府办公之用时，成为花都区众多祠堂中绝无仅有的传奇故事，这是张氏族人百忍精神的体现。

张建若书院多次被花县政府借为办公之用，究其原因，是因为在花城一带，张建若书院建筑规模最大，前有广场，后有院子，两旁还有衬屋，环境优美，交通方便。县政府屡屡被毁，唯借此办公最为理想，县政府有权有力，难以抗拒，不过这也与张氏族人的百忍精神有关。据说初次被县政府借用时，族人深有抱怨，但经族长解释百忍家风，族人便无意见。以后多次借用，族人反以此为荣，说张家祠是花县政府的救星。如今，张建若书院已成为花都区登记保护文物单位。

画荻尚武传家风

——记五星村欧阳氏宗祠

◎卢福汉

  五星村,位于花都区花山镇西北部,是花山镇一个较为偏僻的行政村,由华安、沙龙、圳奄、南社、姓谭庄、太来庄、卢庄、毕庄、鸭凼庄、坦塘、梁经庄11个自然村组成,分华安、沙龙、圳奄三个经济社。它东邻两龙村和永明村,南临罗仙村木桥庄和均义庄,西连和郁村,北接

欧阳氏宗祠

儒林村和铁山村。进出村落的交通尚算便利，西侧是芙蓉大道可通芙蓉嶂，东侧106国道可达梯面镇，284县道从五星村北经过，往东可到花山镇城区，往西可直通赤坭镇。

建在沙堆之旁的村庄

五星村的诸多自然村中，要数沙龙庄最有特色。沙龙庄也称沙龙里，位于五星村的最南面，相邻的自然村有铁山村何庄、华安里、圻奄。沙龙地势平坦，果林茂密，小村庄隐藏在田园绿野中，玉带水与松园坑两道水涌从村北向南蜿蜒流淌，途经铁山河与铜鼓坑，分别汇入田美河与新街河，松园坑堤坐种满水翁花，环境十分宁静、秀美。

沙龙的村名与地形和村民来源有关，过去这里有一个大沙堆，蜿蜒状似游龙，沙堆上到处是流动的沙坑，而村子就建在沙堆之旁，因而美其名为"沙龙"。另外，沙龙庄欧阳氏来自番禺沙蚬村，为怀念故祖，仍用"沙"字为村名。后来，村民在沙堆上种上树木，成了一片树林，"大跃进"时期改种荔枝树。现在，荔枝林像一个个翠绿的小山丘似的，沙堆的痕迹无可追寻，而"沙龙"这个名字却一直叫下来。沙龙庄共有四个经济社，在人民公社化之前是独立的村落，"大跃进"时期才并入五星村，主要姓氏有欧阳姓、邓姓和黄姓。

累世刺史的源流世系

据《欧阳氏族谱》载，欧阳氏得姓于越王无彊之子蹄，他被封为欧阳亭侯，欧阳亭在浙江湖州乌程欧余山之阳，其子孙后来便以欧阳为氏。汉代，有欧阳氏为涿郡太守者，子孙外迁，一支居青州千乘，一支居冀州之渤海，千乘式微，以后欧阳一族便以渤海为系下传，直到欧阳修这一世系。晋以后天下大乱，欧阳氏诸族南迁，散居于丹阳、吴郡、豫章和湖南临湘，前面三支都不名于世，长沙临湘一支逐步彰显。

沙龙庄欧阳氏一族入粤始祖为欧阳彪。欧阳彪的上八世祖欧阳琮原居湖南，因祖上赐"累世刺史"任吉州刺史，于唐天宝年间从临湘入籍江西吉州。欧阳彪初为江西安福令，于唐乾符三年（876）擢升广州刺史，从江西庐陵（今江西吉安）落户广州番禺，十三世欧阳潋迁居番禺沙蚬村（现广州市白云区江高镇沙溪村）。欧阳潋的曾孙十六世祖欧阳玉成于宋末元初从沙蚬村迁居花县珠村石狮岭（现五星村沙龙庄），立村已有七八百年，欧阳玉成为五星村沙龙庄欧阳氏的始祖。

花都的欧阳氏均从沙蚬村分迁而来，主要分布在花山、花东等地，如花山的五星、欧岗、仙阁、小杨等村，花东的狮子岭、大水坑、七星、四联、六合庄、田心庄、李溪、鸡啼圳、十八岭等村，人口约8000人。

琳琅满目的欧阳氏宗祠

中堂梁架上精美的壁画和灰塑

沙龙庄欧阳氏宗祠为该村欧阳姓村民的祖祠，建于清道光二十六年（1846），1985年重修，1994年再次重修。祠堂坐西北向东南，主体建筑三间三进，左侧带一衬祠。人字封火山墙带博古纹垂脊，灰塑博古脊，青砖石脚。祠堂的东北侧为一间两进的沙龙古庙，1994年初维修祠堂时重建。

祠堂最为精美的是壁画，遍布前廊与屋内的墙楣，主题有"教子朝天""壶里乾坤""瑶池耍乐""仙杖化龙""三聘草庐""苏武牧羊""魏犨伏貘""武松打虎""英雄得鹿""旨诏李太白赏牡丹""杨贵妃教鹦鹉""引福归堂""福禄寿图""三星图""玉皇大帝""五谷神"以及各种花鸟、诗词，等等，画工精巧古拙，造型生动形象，色彩凝重朴素，历经170多年风吹日晒，仍历久弥新，琳琅满目。

一般而言，祠堂壁画反映的主题大多为人们对福禄寿考的追求、对高贤隐士的歌颂、对归隐林泉的热衷、对渔樵耕读的向往，等等，而欧阳氏宗祠却有三幅壁画是描写武打场景的，分别是"武松打虎""魏犨伏貘""英雄得鹿"，这在其他祠堂是比较少见的。"武松打虎"，为《水浒传》的故事，讲述梁山好汉武松回家探望兄长，途经景阳冈，至酒家沽饮十八碗，醉后欲行赶路，在冈上遇一条吊睛白额虎，武松奋起平生之力以双拳将虎打死，被传为佳话。"魏犨伏貘"，取材自《东周列国志》，魏犨是春秋时期晋国大夫，为晋国"五贤士"之一，以勇力闻世，追随公子重耳流亡在外十九年。故事讲述晋文公重耳周游列国时，遇一四不像怪兽侵害，侍卫魏犨显出神勇，用尽平生之力，以双手扼兽颈将其制服，为后世称颂。"英雄得鹿"，取自《逐鹿中原》的故事，得鹿者得天下。又因"鹿""禄"同音，意为当官受朝廷俸禄。唯有马上英雄，才能取得高官厚禄。古代鹿是指猎取的对象，也用来比喻政权，以追逐野鹿来比喻争夺天下。古代有群雄逐鹿，就是说谁能打下天下，夺取政权。

欧阳氏宗祠门前有一对旗杆夹石，为光绪五年（1879）已卯科中式第四十九名武举人欧阳清所立。祠堂的中堂西侧墙壁有一个临时神位，中间写着"前传后教白鹤先师之神位"，两侧对联为："拳头堪获南山虎；棒尾能拿北海龙。"

这就诠释了祠堂壁画武术题材的原因。

画荻琢玉的传世家风

欧阳氏以欧阳修为最著名,他是欧阳彪三弟欧阳万的后裔,传奇故事"画荻教子""琢玉诲学"可谓家喻户晓。翻开《欧阳氏族谱》,其族规、祖训、堂号、行辈字派一应俱全,从中可体现欧阳氏"端蒙养,重家教""整齐门内,提撕子孙",以先贤的德范作为指引族人人生的航标,以族规祖训来规范族人的言行举止,以堂号与行辈字派来告诫族人不要数典忘祖,形成了良好的家风,世代相传,以臻繁盛,达到"修身、齐家、治国、平天下"的最高理想。

堂号族规与祧字。沙龙庄欧阳氏宗祠的堂号是"斯敬堂","敬"有推重、敬重的意思,寄语族人要相互敬重,和睦共处。欧阳氏族规为:"敦孝悌,重忠信,明礼义,守法纪,振书香,知廉耻,务正业,讲团结,重婚姻,禁赌博,重宗祠,惜谱牒。"它以"修身、齐家、治国、平天下"的儒家思想为纲领,从"仁义礼智信""温良恭俭让""忠孝廉耻勇"等方面,给后辈在修身处世、规范伦理道德上以告诫、劝勉和激励,成为欧阳氏倾心企慕的治家良策,成为"修身""齐家"的典范。欧阳氏自南宋建炎年间开始确立行辈字派,首立8字派,明永乐年间又立8字,到明弘治年间继立16字,到清嘉庆十年(1805)再立16字,共48字派,分别是:"仲国叔景,高先以民。永广时之,崇曰文思。充士振立,今尚于光。汝克可效,天兆孔良。彝伦攸叙,寿尔载尝。保佑盛鼎,厥后定昌。"2002年,家族中德高望重者,新立16字派,将其延长,分别是:"智勇诚仁,义廉达黎。安泰怀德,贤善如源。"词句寓意深刻,饱含对先祖功业的缅怀,对儿孙进取的希冀。由于年代久远,古代信息交流滞慢,国内其他地区欧阳氏的字辈多不尽相同。

成立"百子会""文风会"。欧阳氏于嘉庆十二年(1807)成立"百子会",以教育子孙饮水思源,感恩祖先。采取入会募集的形式,筹得原始会553份,每份会银二十五文,充会以作会本,以后宜增不宜减,许顶不许除。会期为每年三月二十七日、九月二十七日,逢春秋二祭,子孙须肃整衣冠行礼,同修祀典,61岁者登祠叙饭,加胙肉一份,71岁、81岁亦然,91岁与百岁者,加胙肉两份。同时还成立了"文风会",奖励后辈发奋读书,考取功名,光宗耀祖。规定考学院试者送2银元,入科者送6银元,赴北闱者送20银元,会试者送30银元,殿试者送100银元,文武一体。

墀头砖雕

世代传承的尚武之乡

洪拳的始创者洪熙官是花县人,青壮年时曾返乡,在赤坭圩关帝庙设馆授徒,洪拳武术在此盛极一时。洪熙官教出了不少武功高强、锄强扶弱、惩恶除奸、行侠仗义的武林高手,其中杨升郎(花名"咩口郎")武功高强,骁勇善战,在太平天国运动中屡建奇功。太平天国运动失败后,他潜回家乡以授拳为生,杨屋村、三华村、大华村、罗洞村、大珠村等皆有他的徒弟,以大珠村的武举人欧阳清为最著,沙龙庄亦因此成了尚武之乡,传承洪拳武术100多年。

欧阳清,族名光监,沙龙庄欧阳氏第三十八代孙,清光绪五年(1879)己卯科武举人。据传,欧阳清生得方脸豹眼,虎背熊腰,相貌堂堂,尤其是力大惊人,使用的大关刀净重144斤,舞动起来却如舞竹棍般轻巧,在十里八乡远近闻名。欧阳清一生行侠仗义,好打抱不平。有一次,一伙无赖到花东田心庄(也称欧阳庄)滋事捣乱。欧阳清得知后提着大关刀大步流星赶到,豹眼圆瞪,把大关刀往地上一插,大声说:"谁能把关刀拔起,此事我就不管了。"无赖们面面相觑,估计自己没这个能力,无人敢上前拔刀,只好悻悻离去。欧阳清考取武举人后,广州各地的欧阳氏宗祠纷纷竖起欧阳清的武举人旗杆夹。因此,欧阳氏在花县虽然不算是大族,但是从来没人敢欺负。

欧阳清的后裔现在已经发展到第六代了,而且均喜欢习武,其中儿子欧阳全、孙子欧阳券、曾孙欧阳章、玄孙欧阳锋深得欧阳清的真传,铁线拳、三线拳、快拳、连桥拳、双攻拳、追打拳、七星拳等拳术,和长棍、大刀、三齿耙、双刀、藤牌刀等器械套路,以及拳拆、棍拆等各种对练套路样样皆精,有着较高的武术造诣。当地,流传着欧阳全拜师学武的故事。

武举人欧阳清之孙,时年71岁的欧阳券表演横头凳舞功夫

欧阳全,花名"大碌全",跟他父亲一样,长得非常高大,力大无穷。到了学武的年龄,欧阳清请来一位老师教儿子学拳。欧阳全看到老师生得矮小,想给他一个下马威,于是把大海碗放在打禾石上,用打禾石作托盆盛茶给老师,打禾石起码有一两百斤。老师初来乍到不知内里,见此阵势不敢接茶。过了几天,老师熟悉了情况,叫人拿了一个猪仔盆,自己手持木棍,跳上中间凸起的地方,叫包括大碌

全在内的八个学生手持木棍攻击自己,如果学生的木棍碰到猪仔盆就算自己输,没本事教学生。结果,任凭学生怎样攻击,他们的木棍就是碰不到猪仔盆。这时,大碌全才知道老师的真功夫,于是全心全意拜师学艺,武功猛进。

欧阳全还有一个小故事,据说他的关刀重185斤,比他父亲的还要重41斤,有一次在表演耍云手花时,收式时不慎失手,关刀从手中脱落,但他临危不惧,机智地把快落地的关刀踢向空中,再用手收回,失误中创造了"飞星踢斗"招式,备受称道。不过,他回家后发现脚背肿得像猪蹄似的,也没敢跟家人说。

欧阳券是欧阳清的孙子,村民尊称他为"券叔"。他继承了爷爷和父亲的良好基因,长得高大威猛、玉树临风。据花县《花山镇志》载:"全公社有狮队53个、武术队12个,五星村还成立武术协会,在文化室开展武术活动,由老教头欧阳券培训新手,对继承和发扬中国武术起了积极作用。"

20世纪80年代,券叔活跃在省市县的武坛上,参加比赛屡获佳绩。如,他参加1988年广东省第一届农民运动会获老年组南拳第一名,参加1989年广州市第十届运动会获老年组南拳第一名、长兵器长棍第一名、短兵器单刀第二名,参加2011年广东省第二届农民运动会获老年组南拳第一名、长器械舞大耙第五名、武术对练(与林宝嫦)第一名。现在,村里仍有一大批武术爱好者痴迷洪拳,这些大多数是券叔的徒弟徒孙。

沙龙俊彦数欧阳

过去,由于水利设施落后,好天干旱下雨涝,生活环境十分恶劣,农民常年食不果腹。当地流传着这样一首民谣:"又有平原又有山,年年揾食咁(这样)艰难;响归(在家)耕锄难度日,漂洋过海去谋生。"同时,这里原属"三不治"地带,"花山寨"贼匪占据北部群山,到处打家劫舍,社会极不稳定,而沙龙庄离"花山寨"不足十里。因此,沙龙庄的村民多选择出洋谋生,并形成了家族式移民,大多去安南(现越南)、中国香港、美国和巴拿马等地。

这些先侨因居乡谋生不易而出国,在异域更是备受磨难,艰苦的环境锻炼出他们敢为人先的精神,不管条件如何恶劣,总是坚忍求存,奋力拼搏,对当地社会做出重大的贡献,甚至成为当地社会的栋梁。

巴拿马侨领欧阳河。欧阳河是沙龙庄欧阳氏的第四十代孙,祖父欧阳万友生了汝伙、汝祝、汝亨、汝球、汝伦五子,其中汝亨在家乡生了克本后到了巴拿马谋生,在巴拿马生下欧阳河(克字辈),欧阳河曾为巴拿马的政要人物。而克本后来去了中国香港,其孙子欧阳效涛为欧阳氏宗亲会的骨干。

商业巨子欧阳可添。欧阳可添生于1940年,旅美华侨。他家族四代从商,爷爷欧阳汝佳在香港开设同发牛栏(即牛屠宰场)。父亲欧阳桂昌(1916—2000)早年在香港先后经营猪肉档口、肉食公司，之后经营饮食酒店，是新雅餐饮酒店集团的主要股东之一，旗下有新雅酒楼、新雅酒店、高雅酒楼、高雅酒店、珠海酒楼、海上夜总会、东方明珠餐饮游船、银矿湾酒店等企业。1976年底，欧阳可添、欧阳可年、欧阳可应三兄弟从家乡到香港生活，1979年移居美国。欧阳可添本着公平、公正、诚恳、诚信做人和勤奋、务实、改革、创新做事的人生理念，在美国与朋友合作经营两间长江海产肉食有限公司、一间超级市场和昌添盛国际实业投资有限公司。1990年，回国投资广东省广美佛宝矿泉有限公司。2000年，回国投资新源粮油批发市场、锦东批发市场集团有限公司，并与中国饮食名家利永周合营餐饮业，包括有"饮食名店"之誉的广州半岛明轩酒家、半岛明珠酒家、花都半岛豪苑酒家等。欧阳可年（1946—）在美国经营五金建材生意，开设鸿年五金有限公司、屋苍建材五金公司等，连续几年进入美国五金建材销售五百强企业，在中国东北、上海等地设有木材、橱柜加工厂。欧阳可应（1957—），美国伯克利加州大学毕业，曾任美国加州公路局办公室主任。

欧阳可添一家热心家乡公益事业，积极发起和参与修祠堂、修族谱、筑村道、敬老奖学等善举，历年来共为家乡捐资400多万元。

梦笔读月振家声

——记平山村上下堡江姓祠堂

◎卢福汉

花都旧时流传"东边一条江,西边一碗汤,中间一支笔(毕)"一说,意思是花都东隅以"江"为大姓,西隅以"汤"为大姓,中部以"毕"为大姓。的确,花都东隅的花山、花东镇等地均有江姓聚居,如花山镇的平山、洛场、东华、小垃、龙口、东湖、唐村、红群等村,花东镇的石角、保良、凤岗、大东等,人数众多,也留下不少纪念江氏先祖的祠堂。本篇介绍的是平山村上下堡三座江姓祠堂——江氏大宗祠、至善江公祠和著贤江公祠。

江氏大宗祠

姓氏源流

江氏大宗祠堂号为"近月堂"

《花县平山村江氏族谱》载，江氏肇于伯益，佐虞掌火有功，封于江国，遂以江赐姓焉。自后男有江革，孝行传闻；女有秋莲，助夫高中，亦千古之伟人。迄至于晋，有江淹者，梦笔生花，文思大进，当时无不称为人杰也。讵而五胡散乱，中原云扰，而子若孙共遭国之不泰，各相逃避。

"是时，始祖江一龙生三子，长曰寔，次曰同，三曰禄，遂由江西省吉安府越梅岭而下，寓于广东省之南雄府保昌县沙水村珠玑巷焉。及后，唐乾符二年（875），黄巢贼反，大恣猖獗，乱东京湖浙而陷广东，人遭戮灭，土地荒芜。时昭宗景福元年（892），奸妃弃水，众忧遗累，共议联呈禀诉，迁徙他方。遂蒙上官下令，而行迁徙之法，准许什丁抽一，不许多移。吾祖值在徙中，遂由长男寔孙洲，自南雄而入广州，寓于光孝街，后又在都城之北四十里长河之上而卜居焉。时乏陶瓦，但土壁而篷盖，列成里巷，见其山秀而水长，遂名之曰江村……至朱温称帝（907），同禄二祖带同家人入广，至都城之北，途遇江洲……于是父子夫妻兄弟叔侄相见。"

这是江一龙（837—935）的第十五代孙江志善在明永乐年间为本族族谱作的序，记叙江姓入粤始祖江一龙于唐末从江西省吉安府迁南雄珠玑巷，再自珠玑巷迁广州光孝街，后从光孝街迁广州北郊，开基江村，花都所有姓江的都是江一龙的后代。

江一龙的第十四代孙江胜清（1322—1389）于元末从江村迁来今花都平山村（兄长胜留守业边），生四子，分别是江著贤、江至善、江嫩奴、江仁可（迁从化）。明初，江著贤开基下堡，江至善（1353—1428）开基上堡，之后族人先后建了三座祠堂予以纪念。

祠堂概况

三座祠堂都建在村里的重要位置，门前有宽阔的禾坪，禾坪前面是半月形的水塘，周边荔枝、龙眼、黄皮等岭南果树掩映，环境清雅幽静。2008年，三座祠堂被公布为花都区登记保护文物单位。

江氏大宗祠位于平山村上堡自然村，是平山村江姓一族的大宗祠，祭祀江胜清，亦称"胜清祖祠"。建于清光绪十八年（1892），1996年作最后一次重修。坐北朝南，三间三进另带两衬祠，建筑面积约600平方米。该祠的堂号"近月堂"，取自"江泌读月"的故事。该村还有一座华侨碉楼叫"读月楼"，又名"德仔楼"，中西合璧式建筑，带巴洛克风格，设计图纸从加拿大带回，顶层设"燕子窝"，由江长林、江长德、江长龄三兄弟合资兴建，建于民国十六年（1927），门额上有灰塑"勋庐"，旁边为"祺勋家塾"，同样取自该故事。该祠在最近一次重修时把碌灰筒瓦换成了黄色琉璃瓦，破坏了原来的建筑风格。前金柱对联："胜地喜钟灵开千载良图伟业；清泉长遍溉序一家世代源流。"

至善江公祠位于平山村上堡自然村，为纪念开村始祖江至善而建。该祠建于清光绪六年（1880），先后于1924年、1986年两次重修。坐西朝东，三间三进，建筑面积约420平方米。主体建筑为人字形山墙，垂脊饰博古纹，碌灰筒瓦，青砖墙，花岗岩石脚。前廊梁架、柁墩、斗拱木雕花鸟、瑞兽、戏台、戏曲人物等，工艺精细。大门嵌花岗岩门夹，石门额阴刻"至善江公祠"，上款"光绪庚辰孟夏吉旦"，下款"骆天保敬书"。骆天保是晚清八大名臣之一骆秉章的长子，钦赐郎中，炭步华岭村人。该祠堂号为"继承堂"，寓意子孙承继祖先的德范。

祠堂禾坪左右各有一副旗杆夹，上饰石狮，下有石基座，阴刻"光绪甲辰恩科钦点翰林院臣江孔殷立"。江孔殷（1864—1951），南海张槎人，光绪三十年（1904）中了中国历史上最后一届科举考试的进士，入翰林院，后到南京任江苏候补道，最后回广州任清乡督办。1911年，"三二九"广州起义失败，他力担风险，协助潘达微把七十二烈士葬在黄花岗，成一大义举。祠堂的南侧为帝圣古庙，石门夹篆刻对联"庙壮定盛千古祀；山平常绕万家烟"，现损毁严重。

至善江公祠

著贤江公祠

　　著贤江公祠，位于平山村下堡自然村，为纪念开村始祖江著贤而建，堂号为"醴泉堂"。该祠建于清道光十六年（1836），先后于1924年、1986年两次重修。坐西朝东，三间三进，占地约460平方米。主体建筑为人字形山墙，碌灰筒瓦，灰塑博古脊，青砖墙，花岗岩石脚，山墙嵌花岗岩石条，墀头饰以砖雕。现为"江煊国术体育会"会址，作为体育会练武健身的场所。

　　江氏族人能够请来骆天保为祠堂题名，还竖上南海进士江孔殷的旗杆夹，说明江家是当地的名门望族，也说明江家与官宦有渊源、有交往，还说明江家当时也涌现了德高望重的人物。

江氏俊彦

　　江氏大宗祠门口贴着一副门联："楼头读月；笔底生花。"指的是"江泌追月"和"江淹梦笔"的典故，期望子孙以两位先辈为榜样，承继家风，虚心苦学，成就大器。

　　江泌追月，说的是江泌家贫，买不起油灯，但他刻苦好学。他住在一间小屋里，月亮一出便坐在窗下读书，一会儿月升到东南上空，江泌不畏深秋寒凉，走出屋外斜倚着门框读书。夜静更深月西归，江泌爬上屋顶，追着月光看书。有一次困极了瞌睡打盹，不小心从房顶跌下来，他忍着痛又爬到房顶，依旧苦读起来。江淹梦笔，说的是江淹在睡梦中见一神仙，授他一支闪着五彩的神笔，自此文思泉涌，成了一代文章魁首，被后世传为"梦笔生花"。相传他到了晚年，同样做了个梦，梦见那个神仙说要取回五色彩笔，其后他的文章就日见失色，于是便有"江郎才尽"一说。

　　平山村江氏秉持楼头读月的承训，无畏艰难险阻，坚持追求理想，成就了一批名流先哲。尤其在近代，江氏族人勇敢走出国门，凭着刻苦勤劳的拼搏精神，发挥精明创新的智慧胆识，在他乡创出一片新天地，逐渐融入当地的主流社会。

　　江先根，平山村上堡人。1919年出生于家乡，曾在乡间读书。1936年赴美谋生，初在加州一家肉店工作，再半工半读补习英文。1941年正式在超级市场任切肉师，因交易公平，待人和气，在广大顾客中建立了信誉。1948年，与友人集资创办超市，开始进行商贸经营。他经营崇实，不投机取巧，唯靠"诚信"二字，故数十年来，业务稳步上升，直至1980年退休。他重视对子女的培养，二子二女在商界、教育界、医疗卫生界发挥其所长。他热心公益事业，对社团工作不遗余力，历任美国花县总会馆理事、英文书记达20年之久，1991年任美西三益总公所主席，1993年任美国花县总会馆主席。

江浩权，平山村上堡人。跌打医生，在平山开办医馆，专治疑难杂症，后移民澳大利亚，所育四子皆热心家乡事业，出资修建天桥，向村中老人发放敬老金，捐资修建江氏大宗祠。

江浩檀，平山村上堡人。出生于哥伦比亚，1931年回国，就读于花县乡村师范学校，毕业后再度出国。第二次世界大战时，在加拿大国防部国家生产建设保卫局工作，熟练驾驶和修理飞机。

著贤江公祠墙上壁画《花鸟图》

江继复（1865—1911），平山村下堡人。"未出世而父见背，事母至孝。母死，泣血绝食数日。世业农，精于射击。"愤恨清廷专制，经徐维扬介绍入中国同盟会。"辛亥革命之役，争任先锋。维扬怜其老，却之。"烈士笑曰："吾年虽老，当少黄忠十余岁，岂遂无用哉！""乃提枪射击，发必命中，由是人皆詟服。"在"三二九"之役，攻击督署，奋勇当先，在莲塘街巷战时不幸被流弹击中，英勇牺牲，葬在黄花岗。

江和偕，祠内挂有江和偕的照片，此人为广州市国民政府侦缉大队长，曾经为东江纵队曾生司令提供军火。

江安（1900—1975），平山村下堡人。16岁拜师学拳，以武艺、医术名贯省城，出任军教官及医官，进而襄助成立两广国术馆。1937年，被编入三十六集团军八十三军邓龙光部任军中教官，后参加南京保卫战，与日寇巷战，第五战区司令李宗仁颁发嘉奖令。抗战结束后，将江安国术体育会迁至香港九龙花园街，继续授徒，并以跌打医术悬壶济世。

江兴，江安之子，平山村下堡人。自幼随父习武，思维敏捷，为人侠义，人称"赛诸葛"，又因武艺高强，素有"铁胆"之称，故许多人称其为"铁胆诸葛"，其医术高超，在骨科方面有极深造诣，声名远播。

江福煊，平山村下堡人。江安的首徒。自幼习武，

1986年参加广州市运动会武术项目,获大刀组冠军,十字拳组冠军,后在花都地区开馆授徒。1989年广州市第十届运动会武术项目,获得长器械项目的冠军。目前,仍在国术体育会任教。

民间故事

志善江公祠前的江孔殷旗杆夹石

平山村,因该地原有小山,先民将山丘移平,建立村庄而名,有18个自然村,在广野平畴中犬齿交错,交相掩映,江、危、刘、梁4姓在此毗邻而居,世代和睦相处。当地流传"两江夹住舟(周)难撑,流(刘)梁逆水危恶行"一说,究竟是怎么一回事呢?

原来,这是当地江姓族人自诩江氏在当地各姓氏中人多势众而作出的骄矜之语。头一句"两江夹住舟(周)难撑",说的是最早在平山立村的是周姓,后江姓兄弟迁至平山开基,长兄住在下堡,弟弟住在上堡,江姓一族逐渐壮大,周姓村民被夹在上下堡之间,难以生存和发展,纷纷搬离平山村,而江氏自诩"东边一条江",于是就有了"两江夹住舟(周)难撑"一语。其实,平山村梁、刘、危三姓人口也不少,上堡之北除岳备庄是姓危的,其余衡聚庄、三成庄、百吉庄、肥宪庄等都是梁姓的,下堡之南的向东庄、同威庄、仕明庄、向南庄、庙边庄、塘贝庄、结韵庄都是姓刘的,姓梁的东塱庄、姓危的水巷庄夹在上下堡之间。上下堡的江姓比作是两道"水",而梁、刘、危三姓在"两江"的夹缝生活,就好像"逆水"而行,那肯定是"恶行",即是难行了。

这个说法只在过去姓江村落中流传,梁、刘、危等其他姓氏并不关注,也不上心,更不计较,继续在这片土地上勤奋地耕耘,开心地生活。

子孝孙贤世代彰

——记五星村康明梁公祠

◎ 吕麒麟

花山镇的五星村与和郁村是20世纪50年代成立人民公社时，由大珠村分成的两个行政村，康明梁公祠坐落在五星村。

康明梁公祠

梁氏溯祖

梁氏大珠村房世系由蓼江分支,他们的始祖是梁康明。梁康明约明朝弘治十三年(1500)出生,在明朝正德年间(1506—1521)迁居到番禺县大珠村(又名珠村),就是现在的花山镇五星村。那时的大珠村还属于番禺管辖,直到清康熙二十五年(1686)花县建县,大珠村划归花县。

梁康明的后代人丁兴旺,枝繁叶茂,并不断向外开枝散叶。清乾隆年间(1736—1795),梁康明公十代孙梁福爵携家人迁往南海和顺村耕种。后来,梁福爵的子孙于该村繁衍生息,开启了梁康明子孙向外发展的先河。

自同治年间至抗日战争爆发前(1862—1931),康明公十二代孙至十四代孙几代人不断往外搬迁,是向外迁徙人数最多的时候。康明公十二代孙梁德炳,约道光二十年(1840)出生,于清光绪元年(1875)携妻儿举家迁往越南。从德炳公开始,开启了康明公后人到国外和港澳地区定居的先河。这些定居海外的后人有的去了东南亚,有的去了欧美等地,很多梁氏后裔几代都是异国华侨,因世事变幻、通讯方式落后等原因,那些远在异国他乡的梁氏后裔,好像那断了线的风筝一般,与故乡断了音讯。

在五星村,梁康明的后代现在已传至十八代孙。目前,土生土长在本地的村民只有130多人。

据看护祠堂的梁世安介绍,1978年,在对越自卫反击战之前,有在越南的华侨捎信回来,信中介绍了他们是哪一房的后人,哪个年代出去的,现在在越南当地有多少人,等等。村中的长者接到来信后很高兴,还召集村中族人拍了照片托人捎去越南。后来因为战事,捎信的人回去后,杳无音信。自此,那些在越南的华侨再也没有同村里的族人联系过。现在,老一辈华侨大都过世了,在越南成长的年轻人,对故乡没有什么印象,寻根的意识也就淡了。

康明太公、太婆墓在花山镇花城市场东侧的新庄水库大坝西侧,其后的二世至十一世的坟墓均已被毁无存。每年清明节,村里有不少宗亲从外面回来,他们都会到祠堂及新庄水库康明太公墓遗址前烧上一炷香,祈福平安。

中堂祖训

康明梁公祠于同治十三年(1874)兴建。"康明梁公祠"花岗岩门额,字体雄浑稳健,为布政司梁佐忠所书。

在康明梁公祠中堂上方,悬挂"诒燕堂"木匾。"诒燕堂"堂内设有大神龛,陈列着宗族先祖神牌。"诒燕堂"是祠堂的堂号,现在,很多人只知道祠堂堂号却不知其意,更不知其出处。

"诒燕堂"有何来历呢?陈奂传疏:"诒,遗也……言武王以安敬之谋遗其孙子也。"引申为善为子孙后代谋划,出自《诗·大雅·文王有声》:"武王岂不仕,诒厥孙谋,以燕翼子。"

意思是，周文王定计欲灭商朝，后来周文王将这些计谋传给他的儿子周武王。周武王灭商，建立周朝，周朝发展了800多年。它告诫梁氏族人，诒燕堂是祖先给后人留下的优良传统和宝贵的精神财富，子孙后代只要遵从祖训，定会兴旺发达。作为子孙者，不可不知尊祖敬宗的道德行为规范，如果能做到恭敬祖宗，保持谦虚谨慎，就可保存家业，事业有成。

祠堂内墙上图文并茂，有一首诗词内容出自唐代王勃《滕王阁序》，原文是："层峦耸翠，上出重霄；飞阁流丹，下临无地。鹤汀凫渚，穷岛屿之萦回；桂殿兰宫，即冈峦之体势。"有意思的是，当初书写的人可能没排列好，写到最后，"之体势"这三个字，没有地方可写了，只好写成三个小字，如果不熟悉《滕王阁序》的话，乍一看，还以为是书写者的落款。还有一首诗文，出自唐代王维的《山居秋暝》："空山新雨后，天气晚来秋。明月松间照，清泉石上流。竹喧归浣女，莲动下渔舟。随意春芳歇，王孙自可留。"

屏门上的"丹凤朝阳""花开富贵"木雕

祠堂工艺

青砖碧瓦的康明梁公祠已有100多年的历史，因为历史的变迁，原物留存已不多。尤其是在民国十六年（1927），国民党军队187师驻扎康明梁公祠，祠堂前进的左边厢房木板间墙和二进悬挂的四块匾牌、楹联以及祠堂内的木制设施，大多被劈开当作煮饭用的柴火，只剩下"状元及第""诒燕堂""达勇公"匾牌。值得庆幸的是，石雕、砖雕、灰塑等的保存还是较为完整的。

祠堂壁画较有特色，室内室外的"丹凤朝阳""喜鹊登梅""花开富贵"等图案古色古香，配以精妙绝伦的彩绘，以青绿、土黄为主调，间以橙、赭、玫瑰红等对比色，画面典雅生动。

墙檐上的木雕栩栩如生，人物形象以感恩先祖、恢弘祖德、敦睦亲情、教化后人为主题，有的威武刚强，有的温文尔雅，表情神态清晰可辨。

香案上雕刻的是福、禄、寿三星，周边精雕细刻着各类色彩斑斓的花卉植物，如牡丹、桃花和莲花等，代表四季生生不息，表现出梁氏先人对如花似锦的安宁生活的追求和向往。

从外观上看，"旺相堂"保存得较好，只是原物件内的文字内容不清晰了，张贴了红纸，内

封檐板木雕人物

容为:"年月招财童子,日时进宝仙官,南昌五福车大元帅,门官土地福德正神,三田和合樟柳仙。""南昌五福车大元帅"的简称即车公元帅,是华夏民间信仰的一个神祇,车公诞正日为农历正月初二。福德正神就是我们平时拜的土地公。

良好家风

500年来,五星村梁氏人才辈出,无论是为官还是为民,他们都秉承了梁氏先祖良好的家风。

梁康明的十一代孙梁廷湘(1815—?),获军功六品,在清代的官职是营千总,是当时大珠村梁氏一族中官职最高的。十一代孙梁廷禧(1814—1881),博学能文,为廪贡生,入太学,是候补知县。梁廷禧留下两亩良田,田租专用于每年祭祀之用。十二代孙梁达勇,字镇光(1875—1942),曾任鱼珠炮台要塞指挥官,祠堂曾悬挂其官职匾牌:五品顶带、布政司(署)、鱼珠炮台要塞梁镇光武魁。十三代孙梁朝灿,一代名医,光绪三十四年(1908),瘟疫流行,地方征召其医治苍生,救人无数,但其本人也因为感染瘟疫去世。

梁康明的十五代孙梁仲燎,于2008年编纂了《广州市花都大珠村梁氏族谱》,其在康明梁公祠的修缮与维护上付出了不少的心血。

宗亲梁文樟80多岁了,他在香港做生意,过去每年清明他都会回乡祭祖。早上七点多从香港坐车,十二点赶到五星村,中午不吃饭,拜完山之后就赶回香港。如今年纪大了,身体不好没有回来拜山,但他人虽然没来,却托人把钱带到。

康明梁公祠有专门的管理者,平时负责祠堂的打扫,管理祠堂里的各种物件。每年外地回乡祭祖的宗亲,从吃住到拜山等事项,都由康明梁公祠的管理者负责安排,让外来的宗亲有一种归属感、亲近感。有一段时间,因怕祠堂物件被人偷盗,他们就把锅碗瓢盆带回家,待祠堂里要操办事情时,再拿过来。为族人服务,他们不拿一分报酬。

祠堂是家族文化传承的核心载体,精神的归宿。宗祠在,先贤神位在,海外寻根的意识就一直存在。祠堂是祖宗留给后人的非常有纪念意义的遗产,守护祠堂,更多的是基于一种责任,一种文化的认同,而这种责任、这种文化认同,随着年龄的增长,意识也会越来越强。

"三省传家"佑后世

——记五星村贵寿曾公祠

◎邓静宜

孔、孟、曾、颜四姓用的是"通天谱",所谓"通天谱",即字辈相同的家谱。这四家的祖先可分别追溯到孔丘、孟轲、曾参、颜回四大圣贤。他们所排的字辈,完全是一样的。入此家谱,在古代可以免税,如不按此字序起名,则不许入族谱。

贵寿曾公祠

花都的曾氏规模也不小,据花都的各种史料族谱记载,本地的曾姓基本上是曾子的后人。其中,五星村的曾氏一族也位列其中。

宏大的曾氏源流

说起曾氏源流,可谓源远流长。据2016年广府曾氏全国理事会会刊创刊号记载,武城曾氏为轩辕黄帝之裔,黄帝第二十五子,名昌意。昌意之后在封地鄫,即如今的山东临沂地区郯城县和苍山县一带,现改为兰陵县。公元前567年,鄫国被邾人和莒人所灭,国人避乱而奔鲁,"国亡己邑而除之",遂去鄫字之邑(阝)为曾,此为曾姓得姓之始。宗圣参公(公元前505—435),世称曾子,字子舆,春秋末鲁国南武城人。他16岁拜孔子为师,"吾日三省吾身"的修养方法就是曾子提出来的。曾参一生"尽传孔子之道",故后世尊他为"宗圣"。

曾子被尊为一派宗圣。御赐统一辈字源自曾参。曾子之后至四十八派曾泉,是入粤最早的祖先。曾泉字德蕃,居广州城内甜水巷,生于宋徽宗宣和辛丑年(1121),卒于宋淳熙六年己亥年(1179),葬广州东北白云山北麓磨刀坑(土名金钟堂),2011年按原貌搬迁至花都赤坭镇石坑村石头岭长龙坑窿。曾泉墓在明代曾大修过一次,清嘉庆十六年(1811)最后一次重修。清道光年间,曾泉的四个儿子柄、槐、机、权的后裔四大房合建祠堂于番禺雅荷街(今广州市德政北路雅荷塘44~46号)。

曾泉生的四子柄、槐、机、权,形成了广府泉公四大房系,其后人散居珠三角为主,分支繁衍外地及海外,英才辈出。花都曾氏大多出自曾槐、曾机之后,这些后裔分布在花山镇五星村、东湖村,花城街道石岗村,新雅街道团结村,新街圩心塘村,赤坭镇荷塘村、瑞岭村,狮岭镇合成村、杨氏塘村,秀全街道大陵上社村、大陵莲溪村,花东镇山下村、大东埗村等几十个行政(自然)村。其中,新华街的莲塘村是曾机之后裔,其余都是曾槐的后人。

与五星村曾氏一族关系最近的是花城街道的石岗村和花东镇大东埗村。石岗村的曾氏、大东埗村曾氏与五星村曾氏同宗同源,从曾槐、曾美(开基鱼钟潭村)、曾元鲁、曾省沅、曾祥吉、曾普厚到曾留税(石岗村开基祖),曾留税生四子,分别是帝宁、帝养、帝

柱础

聪、帝昌。其中，老四曾帝昌迁居大珠村，老三曾帝聪的曾孙曾军用为花东大东埔开基祖。也就是说，石岗村的开基祖是五星村开基祖之父，从曾帝昌迁居大珠村来算，五星村曾氏也有近600年的历史了，至今已有二十代。

贵寿曾公祠描述

曾氏大多聚集在花山镇五星村南社，有贵寿曾公祠一座。这是一间规模很小的祠堂，约150多平方米，与其他气势恢宏雕梁画栋的祠堂相比，显得非常简陋。祠堂门前是一个操场，左边有个水塘。首进只有一米深，天井之后便是后堂，这里供奉着曾氏祖先的牌位。

曾氏属于广府人，但看祠堂的外观却有点像客家祠堂，弓形门，平脊，斗拱雀替，没有虾公梁，更没有楹联壁画。门额的石门上阴刻"贵寿曾公祠"，题字的作者是宗侄群超，右边有"民国九年重建"的字样。门额上的墙楣原有壁画，但已被涂抹看不清楚。左上角有一幅花鸟灰塑画，也是残旧不堪。村里的老人对祠堂始建于何年，何人所建均称不详，只知道因老祠堂塌毁，此祠堂在原址上后退十米重建。据说，祠堂里最值钱的就是供台上的那只香炉，香炉直径有一尺，用白石雕刻，两边各有一个狮子头，神情威猛，刀功细腻，充满了古味。香炉是祖宗传下来的，至今每天仍然用于供奉老祖宗。

后堂的金柱上挂着一面锦旗，是新华街道莲塘村曾氏宗亲联谊活动时候赠给他们的，上书："世代源流，宗族规模。"族人说祠堂里原来还供奉有菩萨，"破四旧"的时候被全部烧毁。

墙上有35字曾氏家族辈传，即："宏闻贞尚衍，兴毓传纪广。昭宪庆蕃祥，令德维垂祐，钦绍念显扬。鼎新开国运，克复振家声。"目前村里辈分最长的是七十二派昭字辈，最小的是七十八派德字辈。现在村里的小孩出生，还是基本上按照这个字辈起名，除了"蕃"与"烦"同音，他们觉得意头不好，便将"蕃"改成"仲"，其他都不变。

20世纪50年代，贵寿曾公祠曾分给村民，成为私产。20世纪80年代有华侨回乡，见祠堂破旧，还在私人手里，于是，几位热心华侨捐款重修，贵寿曾公祠在2006年又重修了一次，至今墙上还保留有重修祠堂捐款芳名录。

五星村与其他的曾氏村落相比，村集体经济

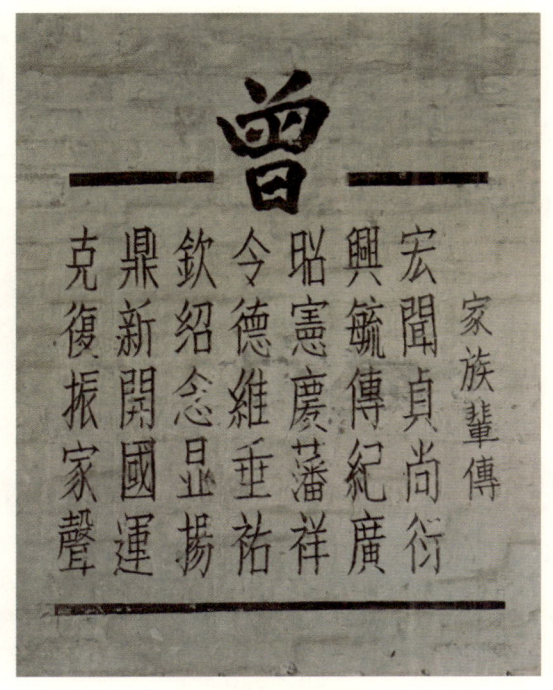

曾氏家族辈传

比较薄弱。村民大多数靠打工或做些小生意维持生活。而他们的同宗石岗村因其地理位置正好处在花都区中轴线中心地带，村貌大变，村民迅速致富。而五星村的地理位置就比较尴尬，虽然说也是城区范围，284县道旁，却不如石岗、罗仙等村的地理位置优越，与紧邻的铁山、和郁、儒林等村相比，在交通和环境方面都不占优势。五星村曾氏一族，目前户籍人口不到300人，年轻人都外出打工了，村里只剩下老人和小孩。村里也面临空心化的危机。贵寿曾公祠平时大门紧锁，只有在清明拜山、重阳敬老或春节时才会打开，供村民祭祀和办酒席之用。每到清明节全村祭祖，村人就从各地赶来，准备各种祭品，还会与其他曾氏连宗祭祖，一起去拜位于狮岭水库儒林村附近的太公山。村里原来还有舞狮活动，后来因年轻人外出打工，无人训练，也逐渐消失了。

习俗轶事拾遗

　　曾氏村民迁居五星村近600年来，守着一方水土，辛勤劳作，曾有不少习俗轶事，因无人记载，大部分都消失在历史的长河中。20世纪60年代前，村里有正月十五游灯习俗，每年正月初七，有新婚新丁自家备酒菜、公家出米饭，在祠堂宴饮，新婚者排队领糖梅（橄榄草）的习俗。

　　花都区地方资料《花都村情·花山镇卷》中提到五星村曾氏只是简单记录了该村的两件大事，一是1970年9月20日五星大队（当年称大队）粮食加工厂，由于无人值班，引发大火，机器厂房全部烧毁。还有就是1988年成立"五星村移风易俗理事会"，禁止封建迷信。

　　笔者此次采访该村，又听到了几则轶事。第一件是说抗战时，有日本人进村，因村里有个懂日语的女人及时跟日军交涉，所以村里没有受到侵害。此事无从考证，只能当逸闻来听。第二件是在20世纪50年代，村里发生了一次大水灾，全村被淹没，三四十公分深的水几天都没有退，正当全村准备外出逃难的时候，水突然消退了。最离奇的一件事是村头有一棵老榕树，在原地生长了100多年，刚进入21世纪时，这棵百年老榕树死了。村人深感可惜，将老榕树的枯根围了起来。没想到到了2013年，这棵树居然枯木逢春，复活了，如今长得比以前还茂盛，村民们都说这棵老榕树有先祖的保佑，是有灵性的。

曾氏的爱乡情怀

　　五星村的户籍人口虽然不多，但是，从这里走出去的族人却不少，五星村是有名的侨乡。村里虽然不富裕，但这些海外华侨华人热心捐助，村里的各种活动也搞得有声有色。

　　据了解，村里的海外华人华侨大都分布在美国、加拿大、越南等国家和中国香港、澳门地区。早年因生活所迫，很多人去了越南谋生，后部分人辗转到其他地方。20世纪80年代初，村里有位族人去了美国,他在美国立足后,带了众多乡亲到美国发展,于是这几十年,村里的人纷纷投亲靠友,迁居海外。

说到乡贤曾庆玲,村民们都会竖起大拇指。在20世纪80年代初,曾庆玲中学刚毕业就投身建筑业,通过几十年的打拼,成为卓有成就的商人,身家渐厚。他为了家乡的公益,热心捐款。从284县道进入村里,有300多米小路难行,过去因为村里道路难行而影响了发展,于是,村里发出了修路的倡议。这条路5米宽、300多米长,总投资要90多万元,曾庆玲个人就捐款50万元。除此之外,曾庆玲对村里其他的公益活动也是出手大方,赢得了乡亲们的赞扬。曾庆玲事业有成,子女也大有出息,他的儿子曾仲彬考上清华大学,是村里唯一在清华就读的大学生。

曾庆贤、曾庆伙、曾庆源三兄弟都在美国从事餐饮业,听闻家乡修路的消息也纷纷捐款。凡是村里拜太公山、修太公墓、维修祠堂需要经费,这些海外华侨华人就慷慨解囊。两千多年前,宗圣曾子的"吾日三省吾身:为人谋而不忠乎?与朋友交而不信乎?传不习乎"的"三省传家"至今还在曾氏一族广为流传,无论这个家族分布有多广,时间有多长,它都将会世世代代永远流传下去。

岁月磨砺待重光

——记平山村梁氏大宗祠

◎ 吕麒麟

步入花山镇平山村，青石板、青砖房、苔藓，仿佛时光穿越。大热的天，梁氏大宗祠里面，视线通透，空气清新。没有空调，没有风扇，却是十分凉爽。岁月更迭，梁氏大宗祠历经沧桑。

梁氏大宗祠

祠堂渊源初探

中国允许民间广建宗祠始于明代。据说古时建祠堂很有规矩，同室宗亲中一般要达到1000人才可以立祠堂（不同地方，规矩可能各有不同）。那时候要完整地修建好一座祠堂，包工头带着泥水匠、木匠、石匠等工人，大概要几年时间。铺地砖时，一天只能铺少量的砖，每块砖都是精工制作，完全靠手工把石头打磨得像现在的瓷砖，工期长，造价不菲。旗杆夹石一般都是整块巨石雕成。在梁氏大宗祠里可以看到的石柱、横梁等物件，也是由整块巨石制作而成的，以前没有机械进行加工，其难度可想而知。

现存的梁氏大宗祠，是同治年间重修的，门额上有"同治岁次丁卯仲秋重修"字样。初建祠堂时间，按族人估算，祠堂可能是始祖梁宇雄的七代孙或八代孙所建，族谱上的八世祖梁龙波，出生年月是清康熙三十六年八月十八日，即1697年。如此推算，梁氏大宗祠距今已有300余年。

据查阅族谱《梁族观铭房宗支簿》及村民讲述，梁氏先祖从南雄珠玑巷迁至广州城北侧六十里靠近社亭的地方，后从社亭迁移到平山村。梁观铭（有些资料记载为梁观明）后裔从东塱迁至东塱庄。

《梁族观铭房宗支簿》于公元1985年冬抄录，族谱中已显示到二十二世祖梁律桐。当时的记载为："梁律桐的家人还在越南居住，但不知有多少儿女。"据了解，梁律桐一家后来与老家人基本没有联系，现不知其近况如何。梁氏观铭房宗支已传至二十四代孙。

梁氏后裔祭拜太公，是去狮岭矮岭脚山拜太公梁观铭（三世祖），其后人相继葬于或迁坟于矮岭脚山，穴形龟头嘴，故被后人称为九公山。梁观铭后裔中，现在平山村的约有1600余人，在平东村十队、十一队等经济社的有十来户，在两龙村十三队有100多人。在国外的有2000多人，主要是去了美国。

旗杆夹石上的故事

梁氏大宗祠的前面，以前有一口水塘。后来因为交通建设，水塘被填平，由于淤泥堵住了排水，所以祠堂前面即便是三伏天，也积着一些水。

梁氏大宗祠建筑工艺精湛，旗杆夹石上蹲坐的石狮，驮着一片白云。旗杆夹石底座雕有龙、凤、麒麟、鱼、鹤等吉祥图案，雕工精致，造型优美；一只大鸟向坐在古树下的童子问好请安，一只长颈鹿在向童子回

旗杆夹底座石雕

状元梁耀枢旗杆夹石

望,这寓意读书人通过读书可博取高官厚禄;有一幅图,在描述这样一个情节,书生衣锦荣归,书童手拿喜帖在前面引路,后面有人手撑罗伞。

说到旗杆夹石,则须提顺德状元梁耀枢。梁耀枢是顺德杏坛光华村人,清同治十年(1871)状元,也是广东的最后一位状元。其高中状元后,族人以梁耀枢为荣,在很多梁氏宗祠前都建有状元旗杆夹石,平山村梁氏大宗祠的状元旗杆夹就是其中之一。

旗杆夹石上的文字依稀可辨:"同治十年钦点状元梁耀枢"。听说这两块夹石,在"文革"时期曾被拆去做了小桥,被生产队的拖拉机长期碾压,但这两块夹石看上去却没有什么损坏,由此可见旗杆夹石的选材之坚固。

村里很多40岁以上的人都见过祠堂前的杉木旗杆,又高又大又长,直指蓝天。它见证了梁氏后裔的很多荣光,只是多年的风吹日晒雨淋,旗杆底部有些毁损,后来旗杆不知所踪。

祠堂里的壁画破坏得比较严重,有些用石块划过,有些用石灰等涂抹过。专家建议,今后在修复这些古建筑的内饰时,最好先请教有古建筑装饰修复经验的师傅,遵循"修旧如旧"的原则,用水先清洗干净。在梁氏大宗祠的外侧,有两块断石弃于草丛碎砖中,一块上有"耀桥"字样,一块上有动物及花卉图案。

据查阅族谱,十一世祖梁廷誉育有五子,分别为梁耀雄、梁耀祖、梁耀文、梁耀伦、梁耀武,但没有"耀桥";进一步翻查族谱,发现族谱上的排行依次是:"宇义观诒燕,蕃昌庆松时。彤阶兰桂茂,翰苑竹松滋。秀毓饶英彦,灵钟裕伟奇。为霖征硕辅,作楫耀香埠。"而十二世祖的显示为"梁耀祖公,字阶保,誉祖次子",由此可看出排行有时是在人名的"字"中出现。断石上的"耀桥"来历,暂时少有人知晓,不过当务之急是能让这两块石头物归原处。

1958年，梁氏大宗祠用来做人民公社饭堂，改革开放后，梁氏大宗祠做过工厂。经历了岁月沧桑的磨砺，已显衰败破落的梁氏大宗祠，亟待修缮。

家族里的杰出人物

梁国梓（1942—2008）。1956年，年仅14岁的梁国梓移居香港，投靠舅父。1965年，他创办了香港凤鸣烧腊公司。梁国梓刻苦研究烧腊技术，博采业界众家之长，名扬全港烧腊行业。后其顺应港人工作和生活节奏快的特点，创办了香港最早的"美而廉"快餐店，使其生意如虎添翼，在九龙开设了八家分店。进入20世纪90年代，梁国梓审时度势，投入1000多万元巨资，建成了著名的"花都大酒楼"。梁国梓多次参与扶贫助学、扶贫助残、抗灾救灾等活动，极尽拳拳爱心。1994年，梁国梓被花都市政府授予"荣誉市民"称号。

石雕"爵禄封侯"

心安之处即故乡

——记南村大贤罗公祠

◎杨晓敏

南村因地处花山之南,故名南村。村里的大贤罗公祠是以罗氏第一百六一世罗大贤命名建造的典型的客家祠堂。这座祠堂由罗大贤孙子罗维标、罗维鼎建造,大约建于清咸丰年间,距今160多年。南村现有600户2250人,罗姓约1800人,八个罗姓经济社共奉大贤罗公祠。

典型客家风格的大贤罗公祠

无根浮萍漂到花山

花山南村罗氏客家人的先祖们，自元朝至正年起，到清朝咸丰年，500多年的时间里，在江西、福建、广东境内经历了七次迁徙。明正统十二年（1447），罗仁义率兄弟第四次迁徙，首进广东。从江西安远迁移到韶关府乳源县，景泰七年（1456）又迁移至英德县。明嘉靖年间（1522—1566）第六次迁徙来到新丰（古称长宁）。在新丰立足定居近300年，稳定的生活使罗氏家族得到较好的发展。身为独子的罗大贤，于乾隆五十年（1785）在新丰县城北建造了罗氏祠堂，同时列出罗氏辈序48字。

清朝咸丰年间，花山南村罗氏先祖移居花都南村。按南村罗氏族谱记载和推算，南村罗氏一族应是在咸丰年间，由第一百六十三世罗维标、罗维鼎率族人从长宁（今广东新丰）迁到花县南村。

花都建县前北部山区统称花山，历来是"贼寇"之薮。康熙二十五年（1686）建县。

罗文斐肖像

因从外地迁来，宜于耕种的平地已被本地人所占，客家人只能选择山区高地居住。从南村罗氏先祖们入粤生活的地域来看，不论是韶关乳源、英德还是新丰，都是地无三分平的山区。

南村之名从罗氏一族建村起一直沿用至今。地处花山之南的南村，地势平缓，气候温暖湿润，日照充足，水源丰沛，气候宜人，适合种植业的发展，是难得的宜居之地。可以想象得到当年罗维标、罗维鼎两兄弟在找到这片土地时是何等兴奋。常言道："树移死，人挪穷。"客家人每次迁徙和路上颠沛流离，财产损失都很大。他们希望自己的子孙后代，永远结束处处为客、居无定所的生活，如今终于找到了水草丰茂之地，所以他们变卖家产，放弃生活了近300年的新丰，用300两白银在南村购买了大片良田，率领族人完成了第七次迁徙，也许这也是南村罗氏一族的最后一次迁徙。

对客家人这个迁徙人群来说，祠堂是他们的精神家园，不管生活多么艰难，第一个要建的就是祠堂，有了祠堂，客家人才真正有了家，这里供奉着他们的先祖，是祖先灵魂的栖息地，所以维标、维鼎两兄弟除建屋居住外还修建了大贤罗公祠。

玄孙扩祠正家风

大贤罗公祠,对南村罗氏一族来说,除过年过节、添子添孙、红白喜事要到祠堂拜太公外,这里也是村里言大事断是非的地方,祠堂里的各种仪式,增添了大贤罗公祠的庄严与神秘。

罗维标和罗维鼎修建大贤罗公祠时,采用的是典型的客家祠堂的建筑风格,三间二进,为方便雨天行走,保留悬山式屋顶,墙体为金包银(里面是泥砖,外面是青砖)。因客家人处处为客,"维恨所居之不远,所藏之不密",财不露富,小心谨慎的意识,所以祠堂外立面的装饰相比本地祠堂的镬耳重彩,显得朴素低调。但与本地祠堂一样,都是村落的核心,前有半月塘,右有水井,这口水井大旱之年也不干涸,现在村民还在饮用。

习武,是古代村落常有的习惯,一为健体,二为防御外敌,土客之争历来都有,客家人更是要习武。罗氏一些族人,开设武馆,先是抗御外族,时间长了,渐渐地对本族人也骄横跋扈,强买强夺。

维标之孙罗文斐时任广州地区河泊所(管理水上居民的机构)所长。有一年清明回来祭祖,在祠堂分配祭祖烧猪等食物时,发现有身强体壮的欺负体弱的,人丁兴旺的欺负人丁稀薄的,堂兄弟、妯娌间互相指责谩骂等现象。目睹这一切,又听闻本族老弱的哭诉,罗文斐决心扩建祠堂平衡族群,让整个家族重新凝聚在一起,让族人宗亲们知道顺天伦,懂礼教,一脉同胞情同手足的道理。

俗话说:"谁家的祠堂宽又大,不出状元就出官。谁家的祠堂窄又小,不出强盗就出贼。"于是他请来风水师,把原来的三间二进扩建为九间五进,最后一间是安放祖先牌位的寝堂。寝堂前设有屏门,祖先牌位后墙又有一夹层通道,谓之有后路。正门两边的墙东宽西窄,大贤罗公祠由原来进深36米,变为现在的57.7米,其规模几乎是广东地区最深的客家祠堂,每逢节日舞龙,龙不敢入祠,据说从此以后家族人丁兴旺、安乐祥和。

此祠堂于1985年重新修葺。坐北朝南偏东,总面阔32米,总进深57.7米,占地面积约

祠堂内景

600平方米。客家建筑,九间五进,俗称九龙过脊。原为泥砖结构,重建时改用混凝土砖,原两侧各有水门和一排横屋,现横屋已毁。主体建筑为青砖石脚墙,硬山顶,碌灰筒瓦。

门头阔九间。大门嵌花岗岩石门夹,石门额上阴刻"大贤罗公祠"。前廊墙楣绘有"八仙过海""百花迎春"等壁画。第三进门额上原悬挂有"司马第"横匾,现已遗失。后金柱间设有木屏门。第四进前带两廊,现做临时厨房使用。2010年4月,大贤罗公祠为花都区登记保护文物单位。

积善之家有余庆

异姓同宗不同祖的赖、罗、傅皆为黄帝子孙,原均聚居于河南地带,各因有功于国,封地赐爵。后来先后被楚国所灭,楚国怕他们图谋复国,在较长的一段时间里先后对罗、赖、傅三姓大肆杀戮,于是罗、赖、傅三姓互为改姓依托关照,后来楚国虽停止杀戮,已历时数代,子孙众多,混淆不清,均未再复姓,所以三姓遂相议不通婚姻,以表示同气连枝的血缘关系,平日相见,均以"亲堂"互称。

遍查南村罗氏祖谱,自第一百零一世罗珠到第一百七十一世罗振池止,除唐天宝年间进士出身第一百二十七世的罗义真娶过一位傅姓女子外,再无罗姓、赖姓、傅姓联姻的记录。

"冬至大过年"是本地人的习俗,冬至之时正是农事基本完成之时,忙了一年的人们可以放松地享受一下丰收的喜悦,男人杀鸡宰羊,女人烧香拜佛包汤圆,一家人聚在一起吃一顿丰盛的"团冬饭"。花山南村罗氏一族原来也和本地人一样过冬至。有一年冬至,大家都忙碌着准备着冬至的食材物件,太公家的一个小丫鬟提着一篮东西到祠堂前的半月塘清洗,此时正是隆冬季节,天冷地滑,小丫鬟不慎跌落池塘溺水而亡。太公太婆深以自责,从此立下规矩:冬至不拜神,不食荤腥。

中华人民共和国成立前,花都狮岭旗新村罗氏一族,因人丁稀少被人所

大贤罗公祠层层递进,颇有气势

欺。就在要被赶出旗新村的绝望之时，南村罗氏毅然出手相助，出人出物，替旗新村罗氏一族化解危难，保住家园。事情虽然过去了七八十年，但旗新村的罗氏一族至今仍不忘南村罗氏兄弟，每年清明时节都要抬着烧猪等物品，到南村大贤罗公祠祭奠南村罗氏先祖。

他乡明月故国情

南村也是侨乡，南村罗氏一族的子孙至今分布世界各地，其中以巴拿马人数最多。他们凭着客家人与生俱来的吃苦耐劳、仗义疏财的精神和浸透在骨子里的故乡情结，在巴拿马不但自己闯出了一片天地，也为在巴拿马的华侨华人提供了许多帮助。

在巴拿马有名的"双喜酒店"就是南村人罗金荣、罗炳年父子的产业。罗金荣曾在1989年至1994年担任巴拿马花县同乡会主席，1990年7月，拉丘雷拉市发生了暴力排华事件。为了制止事件发展，担任同乡会主席的罗金荣与中华总会会长侯观祥率众与同乡会各侨领联合起来，积极走访巴拿马内政部、移民局并请求拜会总统，一面抗议当局的残暴行为，一面组织人力跟当局内政部交涉。寻求舆论的支持，披露真相，同时安排被拘同胞亲属的食宿，解决生活上的困难。经不懈努力，当局终于释放被拘同胞，同乡会众侨领也为同胞争取到了合法的居留权，并妥善处理后续事宜，共涉及侨民3000多人。

罗金荣卸任同乡会主席之后，仍然热心中巴两地交往，因为当时中巴两国还没有建交，而民间的来往已经很多，他希望能探索出一条旅巴乡亲与祖国之间广泛经济合作和友好交往的途径。

1973年，罗金荣组织成立了巴拿马花县青年醒狮队。醒狮外形活泼可爱，色彩夺目。花都青年醒狮队为南派醒狮，加上中国武术的元素，在锣鼓声中腾挪跳跃，走梅花桩上高梯，不但中国人喜欢，巴拿马人也同样喜欢，所以在巴拿马喜庆及各种活动中都能看到花县青年醒狮队的身影。在一次巡游活动中，巴拿马一位军政要人站在醒狮团的花车上，用西班牙语高呼："花县万岁！"而花县醒狮已成为巴拿马人心目中战神和财富的象征。

2009年12月，应国台办、国家体育总局、对外交流协会的邀请，巴拿马花县醒狮队参加了"文化中国·全球华人中

南村外嫁女回乡

华才艺（龙狮）大赛"，荣获大赛银奖和最具特色奖。2008年罗金荣去世，他生前多次回国参加华人华侨的联谊活动，他不止一次地对家乡人说："巴拿马一定会和中国建交的。"2017年，中巴建交了，但他没能等到这一天。

罗金荣的儿子罗炳年，不但继承发扬光大家族事业，也继承了父亲对祖国的一片赤诚之心。2017年10月，任巴拿马华人工商总会会长的罗炳年作为被邀请的29个国家华侨华人代表之一，回国共商国是。

开水闸玉碎山洪

罗玉宏（1926—1960），花山人民公社福利委员。1960年在坜岗村抗洪救灾中，因保护国家财产壮烈牺牲，被民政部广东省人民政府追认为革命烈士。

据《花山志》记载："玉宏兄弟三人，其为长子，早年居新加坡，1941年15岁时回国。年少家贫，八岁入学，时学时辍，常随父外出干杂工。1943年，17岁的玉宏被日军强迫当挑夫，至清远、英德等地，无法忍受日军的奴役，一天深夜乘日军熟睡，逃出营地，几经险阻才返回家乡。"

因罗玉宏读了几年书，平时也喜欢读书看报，写写画画，1958年他调到乡政府，当上了公社福利委员。他上衣口袋常插着一支英雄牌钢笔，口袋里装着记事本，随时记录工作上的事情，然后再整理出来交给领导。

1960年5月，几乎一个月的时间都阴雨绵绵。罗玉宏和同事们日夜在各个村里、河坝上检查指导工作。5月底，连续下了几天暴雨，罗玉宏和几个同事已经几天没有回家了，他们被派驻到坜岗村，衣不解带睡在救灾现场。

一天夜里，电闪雷鸣，大雨倾盆，罗玉宏和他的同事都不约而同地想到河坝的安全，于是他带领一名本地干部，戴上斗笠，穿上蓑衣，打着手电筒向东灌河奔去。他们快步登上东灌河坝，只见山洪倾泻，河水骤涨，眼看就要漫顶了，一旦河水漫顶整个坜岗村都会被淹，后果不堪设想。

罗玉宏对同事大喊："赶快开闸放水。"他把斗笠蓑衣丢给同事，然后顶着狂风暴雨向水闸方向奔去。他双手抓住闸板，用尽最后的力气奋力将闸板提起。一瞬间，洪水夹杂着泥土、碎石、树木奔流而下……

大坝保住了，坜岗村保住了，罗玉宏却失踪了，人们顺着河道寻找他，却只找到了那支他从不离身的英雄牌钢笔。几天后，大水退了，人们在水闸下面的河道里发现了罗玉宏的遗体。罗玉宏牺牲了，他的名字被镌刻在花县革命烈士纪念碑上，供后人永远纪念。

族风祖训育杰人

——记平东村黄氏大宗祠

◎袁 野

平东村位于花山镇东南部,东临九一村,西南近小㘵村,北临洛场村,交通十分便利。平东村的自然村杨村于1957年被评为红色革命根据地革命老区,在这片土地上,流传着许多动人的故事。

黄氏大宗祠

始祖源自珠玑巷

据平东村黄氏族谱记载，黄氏始祖黄鳌和妻子伍氏本是南雄府保昌县珠玑里人。唐昭宗景福元年（892）六月，黄鳌偕同胞弟三人雇船，带着家眷仆人、牛马骡驴向南进发。其中，一人留在清远，一人去了东莞，一人到达新会。

据《黄氏族谱》记载，始祖黄鳌血气方刚，遇事果断。平生清廉、有节操、忠诚，要求自己讲

祠堂内景

义气，对家人要求严格，却以仁慈对待下人，乡邻有时发生争斗，他都会做出公正的评判。《黄氏族谱》重修之时定下宗派二十个字，从第十世派数起，每一代统一用一个字派记载于家谱中。黄鳌生了四个儿子，长房黄廷瑞，二房黄廷佐，三房黄廷信，四房黄廷俊。传到第五代，族谱被截断缺录。

平东黄氏祖先400多年前迁入此地，黄鳌的后人黄德常来平东村做小贩生意。平东村最早居此的是杨姓人，所以当时此地也叫杨村。黄氏认杨氏做干爹，在这里开枝散叶。后来黄氏人口越来越多，杨氏搬走，于是黄氏改了村口的朝向，由西北向改为东北向，平东村成为以黄氏族人为主的群居地。目前该村总人口约1800人，其中黄氏就有1000多人。

华丽祠堂彰显实力

平东村黄氏大宗祠建于清乾隆三十七年（1772），光绪十八年（1892）重修。祠堂坐西朝东，广三路，深三进，建筑占地1000平方米。祠堂外观大气庄重，青砖石脚，镬耳封火山墙，灰塑龙船脊，碌灰筒瓦。大门镶嵌着花岗岩门夹，门上悬挂"黄氏大宗祠"木匾，原件早已经遗失，现存木匾是后期重置的。

前檐设置了虾公梁、雀替，前廊梁架和封檐板上雕刻着花鸟瑞兽、戏曲人物等图案。因20世纪的"破四旧"运动，封檐板上许多人物头像都被削平了，看不到人物的五官及表情。两次间建

庑廊壁画与灰塑

有砌石包台（也叫塾台），墀头上的砖雕工艺非常精细。中堂坤甸木金柱，堂前的天井地面用砂砖铺成，遗憾的是中堂两廊已经被毁。后堂也是坤甸木金柱。左右路建有衬祠，前檐墙楣有砖雕，与中路建筑以青云巷相隔，头门墀头上的砖雕局部损坏，右侧青云巷门楼是用红砖砌筑而成。祠堂前立有旗杆。

黄氏大宗祠华丽端庄，看得出建设之时家族颇有实力。祠堂分别在1892年、2007年重修，目前90%都是原貌。祠堂曾经做过小学，1992年学校搬出，后来祠堂主要用作老人活动中心，族人结婚、小孩满月、重阳节老人聚餐、投灯、放烟花、清明祭祖、宗亲聚会等活动都在祠堂进行。清明期间，平东黄氏去花东石角祭祖，到盘古王拜太婆山，平时也会与岐山、炭步的黄氏宗亲每年聚会一次。

村里除了黄氏大宗祠外，还有另外两座祠堂——琼伯黄公祠、象贤黄公祠，都是黄氏后人为纪念祖先而建的。

琼伯黄公祠始建于清同治六年（1867），建筑占地345平方米，主体建筑坐西朝东，深两进，左路建筑为衬祠。青砖石脚，人字山墙，碌灰筒瓦。大门镶嵌着花岗岩门夹，石门额阴刻"琼伯黄公祠"，上款"同治六年孟冬吉旦"，下款文字不清。祠堂现在做仓库使用。

象贤黄公祠始建年代不详，据黄氏族人介绍，象贤黄公祠距今已有400多年，分别于清同治七年（1868）、2002年两次重修。祠堂坐北朝南，三间两进，占地290平方米。青砖墙，人字封火山墙，灰塑龙船脊，碌灰筒瓦。石前檐柱，前廊梁架木雕花鸟、瑞兽。次间虾公梁设石狮、异形斗拱，雀替、挑头均为花岗岩石雕。大门镶嵌着花岗岩门夹，石门额阴刻"象贤黄公祠"，落款"同治七年重建"。后金柱间悬挂"崇德棠"横匾，上款刻"杨村上社"，下款刻"二〇〇二年十一月重立"。堂上没有神位，后堂前带两廊，四架卷顶棚，木雕异形梁架，天井地铺砂砖。全祠内墙面已改批荡白灰，祠堂原貌已改变。

故事里的不朽精神

平东黄氏人才辈出,故事很多,其中流传最广的是农民运动积极分子黄湛居的故事。黄湛居(又名黄沛鲸)是民国时期的教师,其父为杨村农会成员,黄湛居名为教师,实为农会成员,曾经跟随王福三进行农民运动,在均田、上古岭一带活动。

民国十四年(1925),农运领袖王福三被杀害,黄湛居到洛场村与平东村交界处高呼农会口号为王福三鸣冤。他妻子是洛场人,被洛场村民称为"农会婆",后来经不住娘家舆论的困扰,逃至今白云区竹料一带避难。民国十六年(1927),黄湛居参加九湖乡鱼笱庄战役,被困王彭大楼内,逃脱后先后在修业学校、近月学校、蚌湖学校任教。民国二十六年(1937),蚌湖小学被日本侵略军炸毁。传说黄湛居在爆炸中幸存,后来他前往越南。中华人民共和国成立后,一直未有黄湛居音讯,至今只有一枚农会印章能够证明其人存在过,但因证据不足,无法确认其为烈士。

在这片红色根据地,像黄湛居一样的人还有很多,光史料记载的就有十多人。他们或在战场上牺牲,或被敌人杀害,为人民献出了宝贵的生命。

黄毅雄(1882—1927),又名黄雄,中共党员,花县农会会员,民国十五年(1926)参加农会,民国十六年(1927)在杨村被民团杀害。

黄锦江(1884—1927),花县农民自卫军,民国十五年(1926)参加革命,民国十六年(1927)在杨村牺牲。

黄演(1885—1926),花县杨村农会会长,民国十五年(1926)参加花县农民运动,同年4月11日,在下岭村与反动民团战斗牺牲。

黄秋声(1888—1927),花县农民自卫军成员,民国十五年(1926)参加革命,民国十六年(1927)在杨村被民团杀害。

黄锦燎(1888—1927),花县农民自卫军,民国十六年(1927)参加农会,同年6月在杨村被民团杀害。

黄日仑(1890—1927),花县农民自卫军成员,民国十五年(1926)参加农会,民国十六年(1927)民团攻打农会时牺牲。

黄桥辉(1907—1982),早年参加农民运动,加入中国共产党,民国三十三年(1944)在杨村担任保长,曾参加花县政协文史委员会召开的革命老人座谈会。

黄其居(1910—1950),平山乡长,中共党员,民国三十七年(1948)参加革命,1950年2月在两龙被土匪杀害。

平东黄氏其他乡贤也积极为家乡做贡献。

黄其(1922—?),1938年侨居美国,为美国加州科技协会理事。他致力于果树栽培的研究,并为家乡果树栽培提供技术支持。

黄日鎏(1907—1994)黄侣文(1937—)父子,父亲黄日鎏1928年去美国加州,于1953年创

先贤黄家骏功名碑

立黄氏超市。黄侣文毕业于美国加州大学伯克利分校，之后继承父业。黄氏的商业超市采用连锁发展的模式，在20世纪90年代中期达到鼎盛，拥有16间大型超市，分布于美国加州中部及洛杉矶等地。

黄日鎏、黄侣文父子分别于1979年、1982年和1985年三次返乡。当了解到家乡杨村小学仍在昏暗破旧的祠堂上课时，黄日鎏当即捐赠8万美元（当时折合人民币60万元）作为杨村小学的重建经费（后学校改名日鎏小学）。黄日鎏去世后，黄侣文谨记父训，以造福家乡为己任，三次捐资24万美元（折合人民币200多万元），为日鎏小学完善"七室一场"及其他教学设施。黄侣文曾任美国加州中部中华文化中心主席、董事局副主席，1994年，被授予首批"花都市荣誉市民"称号。

另有清朝末年的黄佩星，精于数学，为当时教育界人士器重，先为广东省某地府官，后为广东省立工业专门学校聘任数学教师。著有《微积通诠》一书，送朝廷审阅，书稿送商务印书馆出版后，清廷钦赐其为工科举人。

个人的命运和轨迹始终离不开时代和民族的烙印，黄氏族人历代子孙遵循族风祖训，顺应时代发展，人才辈出。近几年，花山镇平东村所在片区纳入机场轻轨征地范围，于2016年底被批准为广州临空经济示范区，杨村整体搬迁，土地已经全部被征完。相信在新时代的发展历程中，黄氏一定能够继续繁荣昌盛，更多人将取得更加辉煌的成就。

展实力的免役碑

——记铁山村光远邵公祠

◎袁 野

　　花山镇西北面有个铁山村，村辖8个自然村，在铁山村20个生产队中，有10个队姓邵，约有1000人。集中在中心村、铁山新庄、锡全庄、榄岭等自然村落。

光远邵公祠

邵氏宗祠　岭南建筑

中心村西有铁山河,自北向南流向新街河。据村里的老人说,最早是陈氏先祖迁来此地,后来邵氏迁来之后,瓜瓞延绵,人丁兴旺,以至于陈氏慢慢地搬迁到村子的北面了。

光远邵公祠始建年代不详,曾经分别于光绪十一年(1885)、1992年、2014年重修。邵氏宗祠面貌秀丽,幽静而又清新。祠堂面积300平方米,是典型的清代岭南建筑,祠堂现状保存较好,整体结构完整,瓦面梁架坚固。听老人们说以前祠堂门前有只石雕大狮子,现在只有小狮子了。堂前的池塘边设有花岗岩板石,可以供村民们乘凉。

祠堂坐北朝南,人字封火山墙,灰塑博古脊,碌灰筒瓦,青砖石脚。面阔三间,深两进,右侧一路建筑。祠堂左廊墙上嵌着一块《邵宅遵限免役碑》,这块内碑是邵氏祠堂的宝贵遗存,也是研究铁山村和当年社会历史文化的实物资料。

《邵宅遵限免役碑》为清道光六年(1826)知县包锦灿所立,文内说的是道光年间的一条规定:能够提前完成钱粮的耕户,可以免除供役。具体规定是要"四月完半,九月扫数全完"。这条村的邵尚举等20多人,因为踊跃纳粮,获得了知县的奖励——免除徭役。为了防止地方豪强与官差骚扰他们,知县立碑为证,以后有敢来向他们勒派差役、索取钱粮的,可以直接禀告县太爷为他们做主。

邵宅遵限免役碑

除了光远邵公祠,中心村里还有一座邵氏家塾和两座炮楼,炮楼在中华人民共和国成立前为地主住处,20世纪50年代因村民修建新楼而拆除一座,目前只留存一座。

早年邵氏宗祠内有枪,武器装备非常好,一般土匪贼人不敢光顾,那时铁山村又叫"坚固村"。在抗日战争时期,日军进犯花山地区后,曾扫荡铁山村,中心村被日军围村,祠堂被日军破坏过。1952年,铁山中心村曾为"土地改革"运动试点,全面展开"土地改革"运动。1958年"大跃进"时期,祠堂分给私人居住,后来又做过生产队的仓库、牛棚。1992年,由邵汝强主持捐款,集资十多万元对邵氏宗祠进行修整,将头门前檐柱和虾公梁改为混凝土构件,祠堂内墙体粉刷石灰水,天井地面改铺水泥。2008年5月,邵氏宗祠被公布为广州市花都区登记保护文物单位,现为铁山村老人活动中心,有时也用作喜庆宴席和祭祖。

邵氏宗祠作为清代岭南建筑的代表，祠堂的文化内涵因时代的变迁而发生了一些改变，如部分地面和墙面已经改建为现代化的建筑，失去了祠堂原本的韵味，不得不说是一种遗憾，族里的老人希望祠堂能够修缮得更符合传统一点。

邵氏先祖　养鸭教书

邵氏族谱因年长日久，无法完整地修谱，只有根据一些口传资料整理族谱。邵氏是周文王之后，邵与召本属一姓，是周文王第五子召公奭的后代，先人因避事，汝南安阳之族迁徙到别处，往西北方向去的都姓召，往东南沿海去的都加邑（阝）部，故姓邵。

邵氏始祖邵五才（字文翰，号奕贤）是宋仁宗景祐丁丑科（1037）进士，夫人陈氏生一子邵德皋，称为二世祖，原籍福建省福州府闽县，后来到广东省做官，后世慢慢迁至南海桂华乡（现称三山）。松柏塱邵氏始祖邵保琚（也称邵氏九世祖）自明朝中末年从南海县三山村迁出，曾任学正。先住郭塘，后定居番禺县和风乡松柏塱，此地在清朝康熙二十五年（1686）设置花县后归花县管辖。邵保琚在郭塘设馆授徒，娶郭塘彭氏为妻，生了四个儿子：长子邵光大、次子邵光汉、三子邵光北（广成）、四子邵光远。三子邵光北因抽壮丁而改名，四子邵光远尚未成家，于是带着盘缠来到铁山村定居，一边养鸭，一边做教书先生。当时陈氏家有一谢姓侍女，后来成为邵光远的妻子，二人共育有七子，在铁山村开枝散叶。

始祖邵奕贤葬于原籍福建省闽县三山村，现在南海三山村的墓是其衣冠冢。邵保琚原葬于松柏塱祖山坳，后来邵光远将其迁葬至铁山村石岗岭，墓状蜂窝形，邵光远夫妇也葬于此处。邵保琚夫人彭氏原来葬于郭塘岭，1990年因征地迁至松柏塱祖山坳。邵光远后人为了防止松柏塱的同宗兄弟把邵保琚之墓迁回松柏塱，故意另外做了四个假墓，共五个山头。现在每年清明节的第二个星期六或星期日，是铁山村邵氏后人拜山祭祖日，松柏塱的邵氏族人来到铁山村祭拜太公，而重阳节，铁山村的邵氏族人去东镜村祭拜太婆，同时开展赛龙舟等一系列活动，加强同宗联系。

封檐板上精美的木雕

铁山邵氏不仅仅住在中心村，铁山新庄、锡全庄、榄岭也有邵姓居民。2011年，铁山村制定《花都区花山镇铁山村村规民约》，全村村民生活行事均以此为规范。

邵氏后人　成绩卓著

邵氏后人中比较有名的有邵成村、邵瑞禁等人。

邵成村是非遗灰塑的第三代传承人，出身灰塑世家，邵成村的父亲邵耀波拜师黄席棠学习灰塑工艺，八年后出师，技术过硬，在业内颇具名声。

中华人民共和国成立初期，灰塑工艺因被列为"四旧"而废止，改革开放后，再次被重视，邵耀波于1979年参加六榕寺灰塑修复工作，同时邵成村开始学习灰塑技术。邵成村1965年出生，15岁跟随父亲成了一名民间灰塑艺人。作为灰塑的传人，邵成村有着丰富的人生经历。从小耳濡目染，让他对灰塑产生了浓厚的兴趣，学成后的邵成村成了技术最全面的灰塑艺术家之一，目前已经是广东久负盛名的灰塑师傅。近几年，邵成村先后被命名为市、省、国家级"非物质文化遗产项目'广州灰塑'代表性继承人"，2012年他被评为"国家级非物质文化遗产项目代表性传承人"。

除了陈家祠和资政大夫祠以外，邵成村先后对广州的六榕寺、五层楼、光孝寺、南海神庙、三元古庙、锦纶会馆，从化的广裕祠，佛山的祖庙等古建筑的灰塑进行修复。为了更有效地保护及传承这门古老的工艺，他还成立了古建筑灰塑修复队，开设了专门的工作室。

祠堂内景

做灰塑不但要日晒雨淋，还要耐得住性子，邵成村一干就是40年，他还用言传身教影响着每一位徒弟。在邵成村的带领下，他的徒弟越来越多，徒弟中有的还被评为省级非物质遗产传承人，邵家班的名声也是越来越响了。

邵氏名人中还有邵瑞禁（1931—1950），花县烈士，1950年参加花县大队，同年2月在狮岭剿匪战斗中牺牲。

神仙守护的地方

——记东方村仙阁燕伦刘公祠

◎刘武松

在花山镇东北约三公里的地方,有个叫东方村的村落。东方村辖仙阁、元田两个自然村。刘姓主要居仙阁自然村,现有人口420多人。

燕伦刘公祠

❈ 大仙传说 ❈

刘凤翔功名旗杆石

仙阁建村历史不详，但仙阁的传说却广为流传。传说古时仙阁村一带地势低洼，村中有一黑洞，洞中藏有一黑鱼精，经常出来兴风作浪，致使仙阁村常遭水患。洪水一来，庄稼必淹，百姓不但颗粒无收，还要拖儿带女逃荒他乡，搞得仙阁村民常常妻离子散，家破人亡。

此事惊动了天上的赤脚大仙，他非常同情仙阁村民的遭遇，决心为民除害。有年四五月间，村民正在田里劳作，黑鱼精又出来了，一时风云突变，乌天黑地，大雨如注，村民暗暗叫苦："不好，黑鱼精又要出来作怪了！"村民们赶紧往家里跑，准备带着一家老小奔走他乡。

赤脚大仙见黑鱼精又要作恶，怒不可遏，立即下凡来到仙阁村，一脚踩死了黑鱼精。黑鱼精虽死，可仙阁村地势低洼，一下大雨还是被淹，赤脚大仙决心根治仙阁村的水患。他发现村西不远处有几座连绵的小山，可以用西山的土来填平仙阁村的低洼地。于是赤脚大仙在一个漆黑的夜晚，趁着村民熟睡之机，一脚踏在西山上，一脚踏在仙阁村，不断地将西山之土运来仙阁村。经过一个晚上，天亮时村民惊喜地发现，原来低洼的田地早已填平，而西边原来连绵不断的几座小山，有两座竟在一夜之间消失得无影无踪。

后来，人们得知这一切都是赤脚大仙的功劳，便在村子周边寻找赤脚大仙的踪迹，结果怎么也找不到，最后在村后的山上，发现了一个巨大的脚印，大家认为这就是赤脚大仙来到仙阁村的痕迹。村民为了感恩和纪念这位救苦救难的大神仙，也为了让赤脚大仙回来有地方居住，专门集资在村头建了个阁楼，取名仙阁，并把这里改名为仙阁村（东方村原名即为仙阁村）。

刘氏宗亲以前在祠堂里摆添丁酒时，同姓的人要吃三天喜酒，第一天全部是豆腐席，第二天才允许吃少量的肉食，第三天又是豆腐席。现在村里添丁摆酒虽不摆三天了，但主菜和第一道菜还是以豆腐为主。村民的早餐也与其他村不同，他们习惯吃由香芹、韭菜和豆腐一起制作的早餐。这些习俗只有仙阁村独有，附近其他村均无。究其原因，刘氏宗亲说是因为仙阁村是神仙来过的地方，神仙不吃肉，只吃豆腐，百姓了为感恩和纪念赤脚大仙，也就只吃豆腐，不吃肉了。

牧鸭而居

据仙阁村刘氏族谱记载，该村刘氏均为刘巨江之后。

仙阁村刘氏祖先是清朝中期从今白云区竹料镇迁徙过来的。建村始祖为刘燕伦，刘氏后人敬称燕伦公。刘燕伦有兄弟二人，在竹料靠养鸭为生。竹料开发比较早，居住的人口也比较多，养鸭人也多。鸭子一多，觅食的地方就不够，养鸭人只好将鸭子赶往其他地方觅食。刘燕伦赶着一群鸭子，一路向北。不久，刘燕伦牧鸭先到了花山两龙，在这里呆了一段时间后，还是觉得两龙不是理想之地，又赶着鸭

塱头砖雕

子继续往北走。走到了仙阁村，顿觉眼前一亮，这里人烟稀少，土地平坦，水网纵多，最适合养鸭了，况且也没有其他养鸭户。没有竞争，加上村民和谐，很好相处，于是刘燕伦决定在此落户，并用养鸭的积累在村里买了田地，建起了房子，不久就将全家迁了过来。

扎根仙阁村的刘燕伦，一边养鸭，一边种植水稻，农闲时还榨点油出售，有时也贩点小百货，日子越过越红火，家业越来越殷实，没过多久就成了村里的大户。刘燕伦为人和气，乐于助人，积福积德，子嗣发达，先后生了刘朝、刘翰、刘茂三个儿子，儿子开枝散叶，到现在已传十二代。据不完全统计，到目前为止，刘燕伦的后代已发展到600多人，其中有200多人移民去了越南、美国等地。

燕伦后裔

刘燕伦的后人牢记祖训，为人和气，不喜争斗，乐意过平常日子，不会刻意追求大富大贵的生活，因而在外面发大财、当大官的不多。不过也有例外，据村里老人讲，中华人民共和国成立前，村里有位叫刘应湘（听说后来改了名）的宗亲，读书很厉害，他以岳飞为榜样，立志尽忠报国。后来日军侵华，他毅然投笔从戎，考入黄埔军校第六期，成了一名国民党军官，后升任上校团长，征战抗日各战场。后来他去了台湾，活到了101岁。民国时期，仙阁村还出过一位叫刘炽华的知名人物，他于1934年从广东省警官学校毕业，中华人民共和国成立前曾任梅县县长。

祠堂镬耳山墙

抗日战争时期,仙阁村村民曾两次遭到日军蹂躏。一次发生在1939年,日军为了侵占花县北部地区,多次出动飞机对仙阁村一带实施狂轰滥炸,致使一对刘姓兄弟被日机炸死。还有一次发生在1940年,日军妄称仙阁村藏有抗日武装,他们将全村包围并搜捕,抓走部分村民押往豸边村,强迫村民排成一行跪在鱼塘边,用刺刀刺死村民,然后将尸首推下鱼塘,连续杀害了三人。

祠堂风韵

　　仙阁村燕伦刘公祠是刘氏后人为了纪念开村始祖刘燕伦而建造的一座祠堂,初建年代不详,重建于清光绪十二年(1886),先后经过多次维修,最近一次重修时间为2002年,由刘氏宗亲集资23万元完成。2008年此祠被花都区人民政府公布为花都区登记保护文物单位。

　　中华人民共和国成立初期,燕伦刘公祠先后住进了七户异姓村民,祠堂里不但住了几十个人,还喂养了不少猪和牛,祠堂的结构遭到破坏。到了20世纪70年代,随着人口的不断增多,祠堂已经不适宜居住了,最终成了村民的杂物间,到最后更成了危房。

　　20世纪90年代,村民的经济状况大有改善,政府也开始提倡恢复传统文化,维修燕伦刘公祠的呼声越越来越高,仙阁刘氏宗亲一致决定集资重修。先是出资将燕伦刘公祠从七户村民手中买回,再按原样着手重修。重修时主体未做大的改动,主要是恢复了祠堂格局,更换了屋瓦、房梁、部分墙体、破损的壁画,尤其是整治了被猪、牛污染的环境。

　　现存的燕伦刘公祠不大,但很精致。祠堂坐东朝西,三间两进,建筑总面积344平方米。主体建筑为镬耳封火山墙,灰塑博古脊,碌灰筒瓦,青砖石脚。祠堂台阶和大门均为大理石砌成,大门上方阴刻"燕伦刘公祠"五个黑色大字,壮美庄重。大门前两侧分别立有大理石石柱,石柱方形,每面刻有两条垂直槽线,增加了石柱的流线美感,柱基为六边形的莲花石座,美观大方。石柱和边墙之间的虾公梁也是大理石制成,中间的承重则是一对威风凛凛的石狮,既实用又漂亮。更值得称道的是祠堂大门上方走廊里的木雕,雕工精细,故事感人,栩栩如生。整个祠堂的壁画，尤其是原来保留下来的壁画，虽经百多年风雨侵蚀，风采依旧，令人叹为观止。

两进之间设有天井，既利风水，又可采光。后堂前后金柱间重置"兴业堂"木匾，后堂设有刘氏祖先神龛，神龛右侧挂有著名的刘广传及马、杨二位夫人的合像。祠堂主建筑左右路建筑是衬祠，单间二进，与中路建筑以青云巷相隔。衬祠保存较好，特别是笔直、整齐、散发着悠悠古韵的小青砖，经过百多年的风雨洗礼，仍完好无损，诉说着悠远的故事。

雀替木雕

燕伦刘公祠前面有一口水塘。祠堂前的水塘一为风水，二为防火。但燕伦刘公祠水塘的护坡材料与众不同，是上百条条石，依次竖排列，远远看去就像一群威严的哨兵，日夜守卫着燕伦刘公祠。

这排长条石，已经默默在这里坚守了100多年。

寻根路上有亲情
——记龙口村长坭范氏宗祠

◎ 范剑峰

在花都区花山镇南部,龙口村与东湖村交界的地方,有一座小山丘叫西岭(土名),西岭西边有一个村庄叫长坭村,这里居住着近800人。长坭村建村时间没有任何记载,但他们有一个共同姓氏——范氏。因原族谱已失传,该范系一族迁徙史不详,生活在这里的范氏始终把寻根问祖当作一件心头大事。

范氏宗祠

宗祠古建筑概貌

长埔村沿西岭而建,呈长方形,范氏宗祠坐落在这个"长方形"的中间。门前视野开阔,门口有一个灰沙硬底小禾坪,禾坪往外有个月形池塘。

范氏宗祠始建年代不详,于清光绪十六年(1890)重建。宗祠坐东向西,青砖石脚,硬山顶,人字封火山墙,碌灰筒瓦,三进两天井,占地面积400多平方米。大门嵌花岗岩门夹,石门额阴刻"范氏宗祠"四个大字,左边阴刻"光绪庚寅年春月重建",右边阴刻"宗侄缉熙敬书"。门额上面的壁画精美,有"福禄寿绵长""醉乡常驻太和春"等人物和花鸟图案。

祠堂内景

大门前檐次间设花岗岩石虾公梁、狮形斗拱、雀替。青石挑头雕花草木、雀鸟瑞兽、戏曲人物等图案。宗祠右边有一建筑,硬山顶低于宗祠,也是人字封火山墙,碌灰筒瓦,青砖石脚墙,与主体建筑连为一体,但建筑内的梁、柱被白蚁蛀蚀严重,头门梁架、封檐板均刷红漆。

一进大门,前堂石前檐柱是杉木红柱。前柱间木雕"松鹤延年"图案,精致细腻,台基前设一级石阶。前设四架轩廊,两天井分别由两廊过道连接,六架卷棚顶,青砖拱形门,条形大理石铺地。右廊壁画有"竹林七贤"等。两个天井都以花岗岩条石铺地,天井中间用红砖硬化,左右两排水孔。中堂六扇红色木门屏风,屏风顶端悬挂木刻牌匾,牌匾阴刻"怀德堂"三个金漆大字,两旁楹联"文正家声远,高平世泽长"。堂中四木柱花岗岩石脚,台基高半米,前设一级石阶。

进入祠堂后殿,在墙角有一破旧大鼓,虽然残旧但是还能够隐约在鼓上看到"高平堂"字样。一个用砖砌的大神龛居后堂正中,一个木刻神主牌立于中间,有烟熏拜祭的痕迹,很显然这是祭祀的地方,作为宗祠使用,除了清明的祭祀,以前大年初一会有舞狮、正月十五游灯等民间活动。

范氏宗祠两边分别有门楼和炮楼一字排开,左边为炮楼,建于民国初年,也是坐东朝西,占地面积44平方米,共五层,高约20米,首层夯土石脚座底,青砖石脚墙厚实坚固。第二层至第五层为木板楼面,木楼梯上下。每层墙体四周均设有小窗和射击孔,具有防御能力。据村中老人回忆,抗日战争时期,该村村民与日本侵略军曾在此交战,墙体上还遗留有明显的枪弹痕迹。

宗祠右边为门楼,青砖石墙脚,硬山顶,碌灰筒瓦,相当于村门,之前村民都从此出入。两门两进,设一中廊,高4.3米,楼长6.2米,门上约一米,左右各一炮眼,同样具有防御能力。据传此门楼一开始为逢贤公祠堂，新建范氏宗祠后，作为入村的第一大门。现在村中四通八达，门楼基本不用。

范氏宗祠从结构造型上看，是典型的岭南客家祠堂风格，但遗憾的是，关于范氏本族的刻录有限，加上族谱已于20世纪"四清"时销毁遗失，找不到宗族的相关记载，该村所有范氏宗族的历史都是靠口口相传，关于先祖立村的传说也一直口传至今。

叔侄结伴　一祠两祖

旗杆夹石

据村中年近九旬的范识佑老先生口述，范氏宗祠供奉长埔村开基祖范逢贤、范世浩，他俩是叔侄关系，世浩为叔，逢贤为侄。据传范逢贤比范世浩更早来到长埔立村。

范世浩是因补镬（古代烹煮食物的大锅）而经此地的，目的地原为三水，经此地时见山清水秀，山峦回顾，水曲有情，认为此地适宜居住，决定在此地落业居住。但其妻（李氏太婆）住了几天后，觉得地虽广，但渺无人烟，怕土匪作乱，不情愿留下。最后，长子范生凤随父亲在长埔居住，并繁衍生息，妻子携次子生根到三水三江村居住发展。因此，范世浩的山坟葬在东岭后背山脚，太婆李氏墓葬在三水三江大海洲牛屎岗山脚。20世纪90年代，因机场建设征地，太公墓迁往三水与太婆墓合葬，名曰"罗裙铺地"。2007年，再迁往花东。

长埔村立村之初，四周均是无主的野地，范世浩与范逢贤叔侄二人到处"插签"（竹签）圈地作田。范世浩因此圈了很多田地。但因其妻说"在老家欠下那么多债，现在圈那么多地，会招来杀身之祸"，因心虚，范世浩连夜把竹签拔出来，据说足有两箩筐之多，所以现在长埔村属范氏的田地并不多。

范世浩、范逢贤叔侄两人开基长埔，繁衍生息，他们开宗立祠，并以祠堂为界。居于祠堂右边为逢贤后人，居祠堂左边为世浩后人，改革开放后交叉混居，才没有地域之分，但一个祠堂供奉两支祖先的情况实属少见。

溯本追源　寻根在路上

因族谱和建祠堂等的资料在20世纪"四清"时被销毁，关于长埔村范氏宗族历史记载几乎为零,本宗族的人物、事迹只能靠口口相传,现唯一知道的就是长埔村范氏宗祠供奉开基祖范世浩、范逢贤,是叔侄关系。长埔村范氏村民一直有个心愿,就是找到本族的来龙去脉,虽然仅凭村中长者蛛丝马迹的记忆,寻找难度太大,但长埔村范氏宗亲没有放弃,一直努力寻根问祖,追本溯源从未停歇。

梁架木雕

因花山与花东地缘较近,长埔村范氏与花东镇藕塘村(又名莲塘村)范氏一直有着亲缘往来,花东镇藕塘村范氏也一直有参与长埔村范氏的清明扫墓活动。据两村长者回忆,他们的祖先有的说是叔侄关系,有的又说是堂兄弟,有些事情因年代不远,相互可以印证。他们从先人传说中知道,范逢贤有后裔居于藕塘村的藕塘(经济社名),范世浩有后裔居于藕塘村水产社、向南屋、白沙坪(经济社名)等,所以可以证实花东镇藕塘村范氏是花山镇长埔村迁徙过去的一支旁系。

长埔村范氏因之前的石刻、旗帜、大鼓都印着"高平堂",而花都王子山范氏也属高平堂,两族范氏宗亲也试图找到某些联系。但"高平堂"是范氏最早最大的一个堂号,跟范氏名人范仲淹有莫大关系。高平学派是北宋初范仲淹所创学派,此学派门生众多,政治上提倡忧国忧民。"先天下之忧而忧,后天下之乐而乐",遇事先想到国家、民众,后想到自己。其后人学生为纪念范仲淹创立高平学派,定做匾额"高平堂"。在全国范围内,很多范氏祠堂也用"高平堂"做堂号。从王子山范氏一本清朝留存下来的族谱来看,王子山范氏对自己祖先的来龙去脉记录比较清晰,找不到与长埔范氏任何有关联的记录,无证据证明是属同一支系。另因花山镇石下村范氏与王子山范氏属同宗同族,石下范氏与长埔范氏也找不到属同一支系的任何证据。

听说增城范氏一个堂号也叫"怀德堂",从怀德堂的堂号来看,这支增城范氏来自四川盐亭。一来无证据证明长埔范氏来自四川盐亭,二来单凭增城的族谱记录也难以证明两者有关联,故增城寻根未果。

据村民范识佑回忆,小时候听长者口传,过去长埔村范氏会去赤坭镇锦山村参与范氏的扫墓活动,而赤坭镇锦山村范氏坟墓的主人是来自佛山三水的,且李氏太婆是携范世浩次子生根到三水县三江村(今高岗村)发展的,很可能与那里的范氏有联系。他们也曾到那里寻亲,但记录实在太少,找不到关联,倒是在三水县三江村找回李氏太婆所携次子范生根发展起来的一系,也算有所收获。

虽然寻根问祖至此没有成功,但在寻根过程中,长埔范氏也不是一无所获的。找到花东镇范氏宗亲,接上三水范氏同宗,随着时代的发展,相信在通信发达的年代,一定可以厘清长埔村范氏一族的来龙去脉。

历经风雨见彩虹

——记花城村和永乐村的邝氏祠堂

◎ 邝丽梅

在花山镇文笔岭南北两处的永乐村和花城村，分别有邝氏宗祠、巨臣邝公祠和承三邝公祠。这三座祠堂，是永乐村和花城村邝氏族人的祠堂。

邝氏宗祠

迁徙足迹看先民

永乐村的邝氏家族，历经沧桑，繁衍生息，发展至今已有1500人。该村有族谱《西祠务本堂邝氏四房族谱》，由三十代孙邝有通于1938年7月抄，1990年三十一代孙邝达章重抄，2001年三十二代孙邝国福重新校对。

邝氏家族十分注重尊祖敬宗和家族文化。传说邝氏尊奉的"朝王爷"三弟兄，因在王母蟠桃会上分食仙桃而位列仙班，世代有木雕像三尊和竹轿一顶轮流供奉。每年春节，邝氏家族都要举行盛大集会。除夕之夜，阖族男女老少在本门族长率领下，敲锣打鼓，鸣放火铳鞭炮，高舞竹龙到宗祠向"朝王爷"跪拜请安。由族中德高望重之人将"朝王爷"抬至祠堂前的广场上，阖族大小分班次围坐，依次跪拜进香。焚化纸钱之际，三条龙灯舞动，鼓乐齐鸣，以此向"朝王爷"拜年，迎春祈福。寅时再次向"朝王爷"进香，卜卦预测来年农事收成、生意盈亏、人畜平安等事项，一直热闹到天明。正月初三，由族长安排当年农事及工商贸易事项，并对族中学业有成者进行褒奖，发给学费，然后各自归家。

清明祭祖，是邝氏家族的又一项重大活动。除了祠堂之外，族中置有公田，田租由族长掌管，用于族中集会开销。每年清明节，邝氏家族由族长主持清明会，并筹备酒菜，阖族大小均来祠堂祭祀先祖，展读家谱，认祖追宗，按辈请安，俗称"吃清明会"。祭祀先祖有固定程序，除燃放鞭炮、焚化香烛、行叩拜大礼之外，还要给列祖列宗焚烧纸钱，谓为"烧包"。烧包也是客家人共同的风俗，即给每一位先人的纸钱要分别封包，上边写明先人的称谓和名讳，以便在地府查收；清明会上，还要对不遵守国法族规、不忠不孝的子孙进行责罚，以儆效尤。

花城村一带的邝氏，源于神山两丫潭，属于广东邝氏诚公系。据西祠务本堂所记载："九世祖考讳端号西门，娶舒氏，公生于宋度宗咸淳七年八月十一午时，终于元至顺三年十二月二十四子时，享年六十有一。祖妣舒氏出何岭坊舒展峒，生于宋度宗咸淳七年十月十五，终于元顺帝至元元年九月初九，享年六十有四。舒氏太安人家饰整备垄田一十五顷。公大兴，家业益隆，立灌塘沥村、钟岗（现在的象湖村）

巨臣邝公祠

胜陂等处，庄租一千余石。其后裔于明代陆续北迁至此。"

建筑材料看祠堂

永乐村有两座邝氏祠堂，一座是邝氏宗祠，始建年代不详，于清光绪二十三年（1897）、民国二十九年（1940）重修。邝氏宗祠坐北朝南，三间两进，总面积227平方米。主体建筑为悬山顶，碌灰筒瓦，青砖墙，内有一口水井。该祠堂整体结构基本完整，但后堂瓦面下陷变形，整体风化严重，曾做生产队仓库。

另一座为巨臣邝公祠，始建于清道光年间，先后于清光绪二十五年（1899）、2003年两次重修，坐北朝南，三间两进，建筑面积355平方米，主体建筑为硬山顶，人字封火山墙，碌灰筒瓦，整体结构基本完整。后堂金柱改为钢筋混凝土柱，现供村民喜庆宴席和祭祖之用。两座祠堂都在2008年5月被公布为广州市花都区登记保护文物单位。

祠堂是宗族的核心，族人结婚、生了儿子要到祠堂摆酒挂灯，祠堂内常常是一派张灯结彩、觥筹交错的景象。祠堂承载了人们美好的记忆。如今，重修的祠堂再次呈现出往日的辉煌。

花城象湖自然村曾用名钟岗庄，村有承三邝公祠。承三邝公祠，始建于光绪二十三年（1897），该祠坐北朝南，三间两进，占地275平方米。硬山顶，碌灰筒瓦，泥砖墙。门前有旷地和水塘，大门嵌花岗岩门夹。祠堂门额阴刻"承三邝公祠"。上款刻"光绪丁未冬月吉旦"，下刻"钟庆韶书"。

该祠在抗日战争全面爆发后，迭遭各种磨劫，已经残破不堪。承三邝公祠在"人民公社"时期，被当地生产队改为粮仓，另外四根红砂岩石柱由于岁月侵蚀，只有两根保存完好，另外两根以钢筋混凝土取代。从2017年底开始至2018年6月止，这座荒草丛生的破旧祠堂经过热心人士的集资修复，面貌焕然一新。

承三邝公祠从青瓦红砂岩石柱、龙船脊等建筑材料来看，这座祠堂虽历经风雨，仍依稀可见昔日风采。祠

承三邝公祠

堂的大门两边还保留着对联:"宣城世泽;淡墨家声。"大门前两边各立花岗岩柱一根,柱底座为花岗岩三叠圆盘制式,精致秀美。前廊两边各置一花岗岩虾公梁,石狮柁墩威猛厚实,与屋檐相接,既起到了承重作用,又为祠堂增添了美感,民间还有避邪的说法。

祠堂最为精美之处要数前廊梁架上的木雕,远远看去,金光一片。走近细观,栩栩如生。梁架托脚为三只金色鳌鱼,最下端的鱼嘴紧紧吻住梁架金瓶里的花枝,动感十足。三层梁架上都雕满了戏曲人物,从整个画面中出现的两个喜字来看,应该是描绘"双喜临门"或者"喜结连理"之类的故事。

梁下雀替为中国传统神话故事《八仙过海》《晚景凉风》和《百子千孙》木雕图案,刀法简练,神态各异,道骨仙风,跃然画上。前檐柱挑头和前檐柱雀替均为花岗岩石雕,古朴飘逸,憨态可掬。墀头盘头位置有砖雕,依稀可见一对善男善女各带男孩女孩在"金殿"前叙旧,寓意多子多福,家庭兴旺,家庭温馨。

在祠堂主体建筑的两端还建有衬祠。衬祠正面灰塑有《蓬莱仙境》《麒麟吐珠》《群狮献瑞》《富贵寿考》等。祠堂和衬祠之间有巷,名"长廊",巷宽一米有余。巷子的正面灰塑《教子名扬》,巷额两边分别刻有"腾蛟"和"起凤",希望宗族子弟勤劳持家,教育子女像蛟龙腾跃、凤凰起舞一样,功成名就,为族争光。

中堂前设四架轩廊。石前檐柱,坤甸木金柱。前金柱间有木雕《松鹤延年》,金漆图案,精致细腻。台基前设三级石阶。中堂前带两廊,面阔三间,六架卷棚顶。右廊壁画有"迎客松"等。祠堂墙镶嵌重修纪念碑一块,落款为2017年。

举人旗杆夹石

杰出人物看家风

永乐村(灌塘沥村)杰出的人物有邝树楷,又名邝贤元,生于1854年,花城村象湖村人,县学附生,光绪二十三年(1897)丁酉科第二十二名举人。邝树楷是象湖村开基祖有壬公六代孙。据《历科备中荐卷杂姓录》记载,邝树楷出自寒门,为人清廉,有操守。光绪二十三年(1897)他高中举人,不少人纷纷给他送礼,他一概拒收。还有人送来一批杉木建房子,他也退了

邝维煜小学

回去。最让人难忘的传闻是，当县衙门听说他高中了，立马就将监狱里所有邝姓的犯人给放了。他终生未仕，没有纳妾，与发妻生有八子，只有两子有后。如今，邝树楷的故居早已拆毁重建，他的四代孙还保留着邝树楷夫妇睡过的床板及横头凳。从床板来看，邝树楷生活清苦，跟普通人家没有什么两样。

祠堂前原来还有一对旗杆夹石，有着高高的石柱，如今这对旗杆夹石堆在祠堂门边，已断了一块。村民制作了新的旗杆夹石，将三名姓邝又同科的举人并名刻上。除了邝树楷，还有邝兆彤与邝芝祥，他们是南海的一对父子。

邝笛云，是一名出色的教育家。当时名震穗北的"树英学校"就是他捐资创办的。中华人民共和国成立前，村里稍有点余粮的人家，都会把子弟送到邝笛云的书院读书，邝先生也不定时地到村里走走，联络亲情，帮村民排忧解难，村里老一辈长者很多人都认识他。晚辈虽然没见过他，但从长者平时的言谈中，对邝笛云也有一定的了解。

热心家乡教育，邝维煜纪念中学创办人邝肖卿、邝准（原名邝宗准）姐弟是花城村新旧庄人。新旧庄邝氏由象湖村迁入。1937年，抗日战争全面爆发，邝肖卿与弟邝准南下广州避难，后与商人郭得胜结婚并移居香港。

1995年，邝肖卿以郭得胜基金会名义斥资3800万港元，助建一所完全中学，学校以她父亲邝维煜的名字命名。该校从选址到兴建，她和胞弟邝准都亲自过问，并先后多次亲临现场，提出许多具体意见。如今，邝维煜纪念中学设施日臻完美，已成为花都乃至广州地区一所设施一流、功能齐全的重点中学，每年都有大批学生考进全国各地的高等院校。2000—2001年，邝肖卿又先后捐资200万港元支持花都区邝维煜小学校园建设工程。为表扬邝肖卿的贡献，花都市政府、广州市政府先后授予她"荣誉市民"称号。邝准现为康业控股有限公司主席及旗下十多间附属公司董事。1995年，邝准开始协助集团开拓内地房地产市场，主要负责华南地区的房地产项目开发，包括花都凯旋门、花都狮岭御华园、中山奕翠园及东莞珑汇等，均为当地瞩目的优质楼盘。

邝准一方面为事业打拼，同时热心家乡公益事业。20世纪90年代，邝准与邝肖卿先后共捐资

60万元扩建花山敬老院，并致力保育文物及赈灾扶危，捐赠总额数以亿元，他先后获花都市、广州市及东莞市授予的"荣誉市民"称号，亦是中华海外联谊会名誉理事。

邝纪胜，生于1901年，14岁出国，侨居法国属地塔希提岛，经营椰油及热带作物，是当地巨富。新加坡会馆元老邝宗祐祖籍也是象湖村，邝宗祐1918年在家乡出生，十岁那年来到新加坡。1946年，邝宗祐开了自己的电器维修公司，从1971年以来的20多年，他一直担任花县会馆的产业信托人、财政主管，颇有威望，是新加坡花县会馆的主要领导人之一。

邝宗祐纪念大道门楼

邝宗祐的大儿子邝正广，毕业后直接接管父亲的公司，后做发电机生意，事业越做越大，他从家乡亲人的口述以及他们宗族的族谱上寻到了自己的根。2002年，他捐赠了100万元分两期建了一条"邝宗祐纪念大道"。

福荫后代德泽世

——访平西村唐氏宗祠

◎陆志丹　侯丽佳

　　唐氏宗祠坐落在花山镇西部平西村，唐村、金龙庄和金常庄三个自然村均为唐姓，唐村更是因为唐姓而得名。与唐村相邻的自然村有姓吴庄、兴隆庄等，均属于平西村，都是经济繁荣的重点侨乡。

唐氏宗祠

唐姓三条村常住人口约550人，在海外有100多人。百年风雨沧桑，洗尽铅华，寂静的唐氏宗祠朴素典雅。2008年5月，唐氏宗祠被公布为广州市花都区登记保护文物单位。

家道昌庾　光照子孙

唐村的唐氏宗祠建于清代，曾于1931年、1981年两次重修，至今大部分保存完好。祠堂大门口有两条石柱，虾公梁上的石狮栩栩如生。祠堂门额上方有一幅壁画"三星拱月"，体现了村民们祈求神仙保佑全村吉祥如意的美好心愿。唐氏宗祠坐北朝南，宗祠主体建筑人字封火山墙，碌灰筒瓦，灰塑博古脊，青砖石脚，建筑占地325平方米，深两进，右侧带一路建筑，明间设有神位。

后堂前带两廊，右路建筑改建为钢筋混凝土结构，平顶，与主体建筑以青云巷相隔。祠堂的墙上挂着村里的一些荣誉证书。

祠堂内有几块黑石碑，记录了"唐村祖祠重修捐款""唐村千禧年元宵欢聚捐助""二〇〇一年唐村兄弟欢聚捐资""二〇一二年捐资维修祠堂"等捐资活动中捐款人的名字，反映出村民对传统文化的热心和踊跃参与宗族大事的积极性。

隋唐时期，有河南固始唐姓人移居福建漳州，成为著名的"客家人"中唐姓人的祖先。据文字记载以及村里长者回忆，花山镇平西村唐姓先祖唐大成，从今佛山市南海区里水镇文教村力边迁至唐村开基，至今已传到二十余代，为南海唐氏家族六房中的小房。虽因穷困潦倒被迫迁徙，却因此得福。祖先从南海迁到适宜安居乐业的花县唐村开基，后来唐大成的后裔唐金常自唐村迁至金常庄开基，唐氏子孙唐金龙于清末自唐村迁至金龙庄开基。至此，唐姓在唐村和与唐村邻近的金常庄、金龙庄安居乐业，逐渐开枝散叶，发展成上千人的大家族。

唐姓族人不忘传承祭祖习俗。每逢重大节假日，都要举办有代表性的民俗文化娱乐活动。在清明节、重阳节和元宵节这些传统节日，唐村唐氏宗祠成了聚集团圆重要场所。

每到清明节、重阳节，唐村、金龙庄、金常庄的唐姓村民就要在唐氏宗祠祭拜祖先。正月十五元宵节，全庆堂狮队表演舞狮，之后便在唐氏宗祠举行投灯和游灯活动。人们手持花灯绕着唐

墙楣上的卷草纹饰图案

村、金龙庄、金常庄三个唐姓村庄游行一圈，狮队跟随游行队伍起舞，热闹壮观。游灯结束后，举行传统的"跳火马"仪式，寓意庇护全村来年五谷丰登、家顺人和。"跳火马"即为在宽阔的场地，把事先准备好的稻草堆点燃，火焰腾起有五六米高。狮子跳过火堆，引来一片欢呼声。

牢记祖训　勤劳爱乡

唐村人勤劳朴实，信奉"敬宗爱祖，合和共赢"祖训，靠双手打拼发家创业，他们事业有成，不忘故乡，不忘先祖，热心家乡建设。在花山镇唐姓族人中，以下这几位最令乡亲们称赞。

封檐板纹饰

唐国勉（1932—2013），曾任花县总会馆主席。他在美国开办了美臣肉食公司，父子共经营七间肉食市场，兼营唐宫大酒楼和地产物业。财运亨通，业务不断发展，他热心家乡建设，捐资建设小学及重修唐氏祠堂等，是唐氏宗祠重修主要捐款人。他成立了美晨（美国加州）房地产综合开发有限公司，成为旅美乡亲在家乡创办的首家实业公司。他还捐资赞助当时的花都市侨联会购买交通设备。村里的灯光球场是唐国勉、唐广溪捐资修建的，为此，祠堂门口为唐国勉立碑铭记。

唐佩湛是花县城北街（今花山镇花城村）人，1885年出生，1980年95岁高龄时在巴拿马病故。在世时，他是成功的爱国商人，慷慨捐资助力家乡公益慈善事业，深得华侨和乡村敬仰爱戴。他连任巴拿马花县同乡会主席长达16年。

唐佩湛多次赴巴拿马经商。民国初年，唐佩湛在花城圩经营唐怡和号商行，财源亨通。民国十六年（1927），因时局动荡不安，他在巴拿马与人合股创办顺发公司，办理批发业务。由于经营有方，积累了不少资金。唐佩湛有志发展祖国民族工商业，曾回国与长兄唐佩鉴及唐庭辉等合股兴办中国火柴厂，又独资开设银号（钱庄），经营汇总信贷业务。当时旅巴乡亲的侨汇，多从他的银号转回乡。抗日战争爆发，华南沦陷，火柴厂及银号被迫关闭，他只好再赴巴拿马经商。

抗战胜利后，唐佩湛又再次回国经商，在广州珠玑路开办穗丰商行，代理亚细亚美孚煤油，又召集原中国火柴厂的一班人马在江村高塘圩重办火柴厂，并在花城圩开设同兴商店，经营酒米榨油。中华人民共和国成立前夕,唐佩湛再赴巴拿马,之后长期在海外拓展商务。唐佩湛具有爱国情怀,抗战期间与旅巴乡亲发动侨胞捐款支援抗战和救济难民。

唐佩湛热爱乡梓,1929年,他与旅巴侨胞捐资给花县乡村师范学校建造钟楼、舞台等。20世纪30年代,他与旅巴乡亲发动捐款给两龙广惠善堂作为施粥、施药的费用。他还与旅巴乡亲捐款,资助因经济拮据停刊的《华声报》,使其复刊(后易名《花县新报》)。他还经常为孤独患病老人提供食宿,赠送药物。

唐广溪,20世纪80年代是承包工程的建筑商,后期建工厂。家乡的学校、祠堂等的建设,唐广溪都积极捐资。除了唐姓宗亲外,在唐村的吴姓宗亲也为家乡的发展出钱出力。村民吴锦培,20世纪90年代去美国,主要经营建筑业。他热心家乡建设,慷慨解囊,为村民安装自来水。他捐资相助的项目还包括村道修改、小学扩建、祠堂重修、敬老活动等,他一年回家乡几次,只要接到通知,他都会尽量安排回乡,每年的敬老活动,他都回来给老人发利是,帮助特困老人。为此,唐氏宗祠也立碑表彰,同亲思故里,情义流水长。

珍记饼家　飘香四溢

在花山镇坪山圩百年历史骑楼的平山老街上,唐珍其家族40年传承嫁女饼手艺,在花都成为特色。珍记饼家是与改革开放一起走过四十年的老店,男婚女嫁时向亲戚朋友派送嫁女饼这一民间习俗仍保留至今。

据珍记饼家老板唐永广回忆,父亲唐珍其(1918—2002)13岁便在花县一家饼铺学做嫁女饼。15岁跟随他人到越南,三年后又到马来西亚。父亲很有经商头脑,在马来西亚开熟食店。大

唐氏三代传承的珍记饼家　　　　　　珍记嫁女饼

伯逝世后，为了照顾祖母和大伯的儿子，父亲携家眷从马来西亚回国定居，曾在广州培正中学旁边开大排档。父亲60岁时，迎来了改革开放好时代，他决定创办珍记饼家，了却青年时传承嫁女饼手艺的心愿。父亲带领唐永广和哥哥唐永远一起创业，父亲常教导他说："力不到不为财。"他们用心地传承这一工艺，包括每一个细节都做到十足。如送给长辈的嫁女饼，不但要香酥精致，还要做工考究，以示对长辈的尊重。在他们兄弟的打拼下，嫁女饼风靡珠三角，父亲不再担心嫁女饼手艺失传，放心安度晚年。

40年来，珍记嫁女饼手艺人三代传承三次搬迁，始终未离故土，老街多数人家两代人的婚事都在珍记饼家订购嫁女饼，从化、白云、清远等都会有顾客前来订嫁女饼。一次订购200至300斤，多的达到500～1000斤，在唇齿留香中，亲情永驻。如今，祖籍花都远在美国、巴拿马等地的海外华侨回乡探亲，多数人都会到珍记饼家买上一袋嫁女饼，回味久别的故土浓情。

异地生根是吾乡

——记平东村老邱庄允达邱公祠

◎ 邓沛煊

老邱庄又称小杨庄,隶属花山镇平东村。老邱庄的第三、第四经济社村民全姓邱,户籍人口约380人,移居巴拿马约120人。

邱姓的迁徙和祠堂

老邱庄邱姓始祖发祥于河南省,祖先因避战乱而南迁广东南雄珠玑巷。宋代,入闽八族中,邱姓有入粤分支,居广东饶平、梅县、龙川等地。

允达邱公祠

祠堂内景

祖宗祠堂，是族长聚集各个家庭议事的地方。逢年过节，各族各家都挑着各种供品，到这里祭祀祖先。男儿娶亲，须在祠堂拜天地，叩先祖，宴宾客；女儿出嫁，向列祖辞行后，方可盖上红头盖，踏着象征团圆的大红匾出阁。有些地方，老人谢世，祠堂成了举哀发孝的灵堂。

老邱庄的允达邱公祠，是老邱庄邱姓族人的祖宗祠堂。由于族谱遗失，灵堂上神位没标注祖先讳号，所以，邱族祖先属何朝何代，已无权威文字考究，只知道老邱庄的邱氏均来自客家。

允达邱公祠，是典型的客家人祠堂。其大门嵌花岗岩门夹，石门额阴刻"允达邱公祠"。根据上款"光绪十八年孟冬吉旦"，下款"长口敬书"来推算，允达邱公祠应该是建于光绪十八年（1892），迄今已有100多年了。

允达邱公祠保留着浓厚的客家人风格，客家祠堂比较朴素，没有镬耳墙，没有华丽的屋脊，大都采用悬山顶，主要方便放杂物，下雨时不会被雨淋湿。

允达邱公祠坐北朝南，广三路，深二进，建筑面积407平方米。中路建筑为悬山顶，碌灰筒瓦，泥砖墙。头门石前檐柱，前檐虾公梁上设石狮，异形斗拱。面墙外砌青砖，内砌泥砖（俗称金包银）。后堂设有神坛，天井地铺砂砖，左右路衬堂与中路建筑有青云巷相隔。

村社干部邱国强、邱可珠带我们参观祠堂，他们指着后堂西侧屋顶告诉笔者，屋杉与桁角都被白蚁腐蚀，下雨就漏，再不维修就要塌了。1998年曾维修过一次，那时每人捐了20元。现在再要维修，人工、材料等都很贵，村里邱姓人生活都不算富裕，捐钱数额不足，无法动工。

允达邱公祠的后堂只有拜桌、香炉、灵牌，却没注明先祖属几世祖，给人留下谜团。据老邱庄几个年长的村民讲述，原来允达邱公祠是有完整的族谱的，如邱国强说他的父亲就曾见过，但在"文革"时遗落了。听说有个旅居巴拿马的叔辈曾用毛笔手抄一本带出国外，但时过境迁，老人亡故后，村里人曾去信给他的后人寻找手抄本族谱，可惜至今未有回音。

"邱允达"是十八世祖

据老人回忆，老邱庄的先祖先在阳山县居住，明末清初从新丰县转入阳山县，当时阳山县多为客籍。大约在同治年间（1862—1874），邱姓族人继续南下迁到广州花县花山文笔岭定居。

文笔岭位于花山镇坳岗村，在旧花县县城东南面。其山迤逦叠翠，祥云缭绕，山势壮丽，犹如文笔高耸，山上建有观音寺。

文笔岭又叫纱帽岭，据民国《花县志》中，有如下记载：骆秉章很相信风水，他是花县炭步镇华岭村人，做了大官后，觉得"纱帽起文风"很有道理，认为花城纱帽岭风水真的荫了他。于是，他提议在花城纱帽岭建一座七层宝塔，并把这座宝塔题名"文笔塔"，于是后世人又把纱帽岭叫作文笔岭。

大约在光绪初年间，从阳山迁入文笔岭的邱氏族人，再次分支迁徙。一部分迁入赤坭镇剑岭村；一部分迁入狮岭镇振兴村；另一部分迁入花山镇紫西村；而允达邱公这一支迁入花山镇平东村，聚居在老邱庄，并于光绪十八年（1892）建起了允达邱公祠。根据上述论证，可以确定老邱庄邱允达一支的迁徙路线图如下：河南省开封迁广东新丰县，再迁阳山县，至花县文笔岭，最后落脚花山镇平东村老邱庄。

由于老邱庄遗落了族谱，无法查出邱允达一支的世系。笔者根据花都区其他镇村邱姓族人的分布，发现狮岭西头、马岭、花山文笔岭、平东、清远等地，始祖均发祥于河南省，因避战乱南迁，他们是同宗同源。

位于狮岭镇西头村二社的邱氏宗祠，从建筑规模、样式等均与老邱庄的允达邱公祠大同小异。西头村邱氏宗祠对联："西河世泽；渭水家风。"平东村老邱庄允达邱公祠对联："河南新业；渭水旧家。"西河，夏朝都城所在地，即今河南省安阳市汤阴县菜园镇西河村。既然花都邱姓同宗同源，按西头村邱姓族谱世系，邱姓从十世开始，字辈分别是："文学兴朝国，永远达华堂。"按此推算，老邱庄允达邱公祠，属达字辈，应该是第十八世。

传统手艺制豆腐

老邱庄的邱姓族人，除了耕种水稻粮食外，还有两项特长：一是栽番茄。可能是先祖传授栽种技术加上老邱庄的土壤适宜，栽种出来的番茄又红又甜又大，深受各村民的喜爱；二是磨豆腐，老邱庄族人家家户户都会磨制豆腐，这是祖上留传下来的工艺。20世纪70年代以前，老邱庄是闻名的"豆腐庄"。邱国强的大哥是磨豆腐的师傅。老邱庄的豆腐由上等豆类、文笔岭天然的泉水磨成，老邱庄旁的小山有一股山泉水，清澈甘甜，十分适宜制作豆腐。在制作时，用石磨把黄豆磨成豆浆，费力费神。制作出来的豆腐，纯天然不含任何添加剂。除制作豆腐外，还制成油豆腐、干豆腐、豆腐花等品种，那时各村饭堂都来订购老邱庄制作的豆腐。

改革开放后，庄里年轻人外出读书、就业、打工，豆腐制作手艺基本失传。邱国强的大哥由于年纪大了，也退出磨豆腐行列，现在老邱庄已没人磨豆腐了。

老邱庄后裔人生精彩

具有客家特色的悬山顶

老邱庄的族人在第二次国内革命运动中，出过两位革命烈士。一位是邱社彩（1885—1927），另一位是邱仕冲（1887—1927），两位都是大革命时期的农会会员，民国十五年（1926）参加革命，民国十六年（1927）被民团杀害。其中邱社彩烈士就是邱国强的爷爷，邱社彩牺牲时，邱国强的父亲才三岁，由其祖母一手养大成人。在花县革命烈士陵园烈士纪念碑上，在第一、第二次国内革命战争时期65名烈士中，邱社彩、邱仕冲芳名在列。

广州白云国际机场2004年8月投入使用，老邱庄与机场跑道相隔不远，航班整天在头顶上起飞、降落，噪声极大。年轻一代及生活富裕的族人都选择到城区购房居住了。所以，允达邱公祠除了在春节、元宵、清明、端午、中秋、冬至等节日进行民间祭祀活动外，平时都比较冷清。进入21世纪以后，族人都是先集中在祠堂燃鞭炮，点香烛，摆上牲禽果品拜祭，然后各家回去，不再集中聚餐。喜庆结婚宴席，现在都流行在酒店摆宴，很少在村祠堂开席了。

民国四年（1915），族人曾建了一间"容意堂"，属允达邱公祠分支，现成为村民活动中心。每年清明、重阳、春节，原来从文笔岭分支赤坭、振兴、紫西等地的邱姓族人宗亲，都会选派族人回到文笔岭旧址祭祀，追忆先祖。老邱庄的邱姓族人尽管族谱遗落，但每代人都会回到允达邱公祠祭祀。

探寻美丽"桃花源"
——两龙村豸边文济俞公祠侧记

◎ 梁业荣　黄永奎

想找到豸边村文济俞公祠确实不容易,我们在花山镇两龙村转来转去,全是小路,最终迷路。却见小路两边的田里,种了近20亩的桃花树,可惜还没到桃花开的时节,否则的话,那将是何等壮观。我们驱车开过一座古桥,见一村民,询问后便知,这里就是两龙豸边(自然村)。在村民的带领下,终于找到了文济俞公祠。

文济俞公祠

这间数百年的古祠屹立在村头，祠堂前有一断桥，桥下小溪水潺潺流过。村中的族老见我们到来，甚是高兴，摆出花生、砂糖桔和茶水，然后带领我们参观了文济俞公祠，并聊起了它的故事。

祠堂现状

文济俞公祠正门石门额阴刻"文济俞公祠"，落款"裔孙滕芳敬书"。从日期上可以看出是光绪二十四年（1898）重建，村民们说后来又进行了两次重修，一次是1988年，另一次是2014年。

该祠堂坐西朝东，祠堂三间两进，主体建筑深两进，右侧带一路建筑，建筑面积379平方米。主体建筑为人字封火山墙，灰塑博古脊，碌灰筒瓦，青砖石脚。石前檐柱，正脊塑有博古纹饰及暗八仙图，图案精美。次间设虾公梁、石狮，异形斗拱、雀替。两墀头砖雕如意花纹，大门嵌花岗岩门夹。

祠堂正堂供奉着先祖灵位，墙角竖着舞狮的硝黄旗。在破旧脱落的侧壁上，内嵌着各种造型的罗汉，形态各异，实属罕见。这不是一间普通的祠堂，带着疑问，笔者与几个族老前堂饮茶，他们方道出了原委和祖先迁徙的故事。

先祖的故事

祠堂仪门与内景

隋唐以前，俞姓人曾长期生活在今山西、河南、河北、湖北等地，武则天称帝时，湖北有俞姓人斗胆进言，称新丰之地出现了怪异之事，是武则天"女主居阳位"所故。这句话激怒了武则天，于是就把俞姓人流放到当时尚属蛮荒之地的岭南，俞姓的后裔也就由此到达了广东和广西一带。

到广东的这一支，先到南雄珠玑巷住了下来。宋咸淳九年（1273）三月十六日，这天注定是一个不寻常的日子，从南雄府保昌县牛田坊珠玑巷走出两拨人马，他们分别是俞氏两兄弟俩的家族队伍，两兄弟一个叫俞陆详，一个叫俞陆安，他们拖家带口，启程向南迁移。

两兄弟家族最终并没有走到一起，南迁后分道扬镳。具体是什么原因，至今还是个谜。是家族内部有矛盾，还是为躲避战乱，还是有难以启齿的纠结？现在已没人知道。两兄弟分开后，俞陆详移居到番禺井岗村立籍，俞陆安则移居至新会河塘村立籍。后又有子孙分支至番禺江村。

俞陆详这支在番禺井岗村立足后，开枝散叶。俞陆详有国宾、瑞宾两子。宋末元初，番禺发生战乱，俞氏家族由于人少族弱，加上年年征战，几乎灭门。因村中的青壮年都会被拉去充军，所以青年人纷纷外逃。俞国宾生有两子文贞、文济，老大文贞只有十五六岁，老二文济也只十岁。一日深夜，宋军前来抓壮丁，俞国宾连忙把文贞、文济藏在后面柴房里，自己开门抵挡，宋军找人不到，哪肯罢休，便赖着不走，俞国宾命夫人煮饭好生伺候。到后半夜，俞国宾趁宋军睡熟，便包了兄弟俩的两包衣物，摸进柴房，让兄弟俩快逃。

廊门额灰塑"入孝""出弟"

两兄弟一路向北，不知道走了多少路。为了不被官兵捕到，他们俩进了大山，衣服被荆棘挂破，干粮吃光，三天之后，因口渴难忍，弟弟晕倒在地，哥哥挣扎去找水，向北走了两里，想必已经离开了大山，忽见前面一片桃林，正是花开时节，姹紫嫣红，落英缤纷，似乎可以听到水流的潺潺声。

走出桃林，见有一条小溪，后密林处有三五户人家。俞文贞蹲下来喝了点溪水，清凉可口。这时一位老人家走过来，细问之下，才知道这个村里几户人家当初也是躲避战乱逃荒于此，此处村名为豸边，村民长年以捕猎为生。老人家听说文贞兄弟俩的遭遇之后，回村里找了几个猎户，和文贞一起回山中救了文济。

就这样，俞文贞和俞文济落户豸边村，后娶妻生子，繁衍生息。后文济的孙子滕芳为了纪念祖父，决定修建文济俞公祠。相传滕芳是村里的秀才，村中大小事族老都找他商量。文贞的子孙听说后，也决定修建文贞俞公祠。就这样，村里建起了两座祠堂。

也不知道过了多少年，两座祠堂变得破旧不堪，都倒塌了。清朝光绪年间，文贞和文济的后代们有人发了财，回村又掏钱重建了这两座祠堂。

心中的家园

清末民初时，各地军阀混战，素有"世外桃源"之称的豸边村也不得安宁，强盗土匪也常来抢劫，豸边村西边和北边都建有围墙，南边有条河，东边是进村的唯一道路，但是没有屏障。于

砖雕"天官赐福"

是，村民们自发在村头的祠堂前建起了一座高三层的更楼，更楼坚固无比，三楼上有瞭望台和枪眼。平时，选派村里的几个青壮年轮流站岗放哨，一个作用是打更，另一个作用也是更重要的，就是一旦发现有土匪来袭，他们就敲锣，土匪强行进村，他们就用自制的土枪对付。在那个兵荒马乱的时代，村民们只能用这种方法来自卫。

如今，祠堂前的更楼早已拆除，对于更楼，年轻人自然没有一点印象，但是村里的老人仍能清楚记得更楼的准确位置。

两间祠堂在风雨的洗礼中发生着岁月的嬗变。终于有一天，文贞俞公祠再次倒塌了，而文济俞公祠也成了负重的"老人"，它在民国时做过村里的小学，中华人民共和国成立后，政府搞管理区，在20世纪60年代，曾作为两龙管理区办公的地方，再后来成了生产队的仓库。

岁月飞逝，2014年的一天，一场暴风雨之后，豸边村的人们发现，因为有一条大梁断了，文济俞公祠正堂倒塌了一个角。村民认为这样下去不行，祠堂是祖先留下的宝贵财富，一定要及时维修好。于是，村里的几个族老夜不能寐，为维修祠堂的事而奔忙。终于，政府批下了三万元，加上村民们自己捐款五六万元，就是这八九万元，使文济俞公祠又恢复原貌了。祠堂修好后，人们用红纸把捐款人的名字统统写上，贴在祠堂的墙壁上，至今尚存。

而文贞俞公祠再也没有重建，随着断壁残垣的消失，渐渐淡出了人们的视线。但是俞氏的子孙没有忘记先祖。每逢过年，舞狮队会去村委或镇里拜年；每逢清明，村民要扛上烧猪，前呼后拥到村后祭拜先祖文贞和文济。

豸边村的子孙们虽没有出过什么大官大富，但一直过着勤劳安宁的日子。他们中有的漂洋过海，去了美国，还有的在新加坡、马来西亚、越南、瑞士谋生，留在家乡的俞氏兄弟姐妹仍靠着祖辈传下来的手艺——种桃花为生。村中遍布近20亩桃花树，每年桃花盛开，落英缤纷，蔚为壮观。每到二三月，桃花怒放，村民们便把这些桃花连枝剪下来，拿到集市上卖，一亩地的桃花可以卖两三万元，可以称为名副其实的"桃花源"。

瓦砾巷里有乾坤

——记小㘵村瓦砾巷缪氏宗祠

◎ 卢福汉

瓦砾巷,不是一条巷子的名字,而是花山镇小㘵村一个自然村的名称。它距离花山镇政府南部五公里,位于小㘵村的最北边,属小㘵村第13经济社。该村村民主要姓缪,缪姓于明末清初从广东连平(今属河源市)迁入,立村近400年,现村中户籍人口约350人。该村处于广花平原腹地,远离其他村庄,地势平坦,土地肥沃,到处绿野田畴,铜鼓坑河从村东经过,自然资源丰富。

缪氏宗祠

缪氏源流

据江西龙南《缪氏族谱》载,粤赣缪氏的播迁,宋朝以前无可考,于是尊宋代缪衍真为太始祖。缪衍真原居金陵(今南京),为虔州(今赣州)邮镇司,解组后携二子卜居江西龙南,后迁大龙堡横岭头立业。二至六世,多住龙南。七世有"聪"字辈九兄弟,东西南北各自拓展。其中,聪二迁往广东连平安居。到了第九世,缪广胜从连平迁到花县小圫村瓦砾巷居住,成为缪氏迁居花县的始祖,到现在繁衍到第二十七传共十八代。

十四世祖缪乙秀小时候长期在铁山村外婆家看牛,长大后长居铁山村不回瓦砾巷,后在铁山村成家就此落户。经过十多代人的繁衍,人口有400多人,比瓦砾巷还要多。此外,花都还有铁山、清圫等地有缪姓人家居住。

按缪氏祖上生活区域来分,缪氏属于客家人,散落在其他地区的缪氏宗亲绝大部分操客家话。而瓦砾巷缪氏原来也是客家人,只是到花县后才逐渐被广府化,操广州方言。族谱载,缪、廖、颜三姓本同宗,均来自山东兰陵,当地建有缪廖颜三姓宗祠。

村名来由

据《花都市地名志》载:"该村原称浮莲村,后因拆建房屋,造成遍地瓦砾,故名。"

浮莲村的格局为蛙形,蛙喜欢居于水草间,因此村名与村的格局相符。村子地势平坦,周边湿地连片,鱼塘照影,浮莲掩映,蛙声鸣噪,生机盎然。后来,平山村建了一座八角古庙,庙前一半月形水塘有如一把拉紧弦的弓,直射该村。而八角古庙刚好是蛇形,蛇喜欢吃蛙,因此村的局势一下子处于破败状态。

为了破解这个风水格局,该村历史上曾多次改变朝向,村中房屋多次拆毁,村巷堆满瓦砾。后来,有人在清理村中瓦砾时,发现瓦砾空隙间藏有很多蛙,凭着瓦砾的掩护逃过长蛇的吞噬。于是,村民把村里瓦砾集中堆放在正对八角古庙的一条巷子里,以破解这个"蛇吃蛙"的风水格局。果然,从此之后,事态有所好转,于是村子易名为瓦砾巷。

村中祠庙

瓦砾巷有庙宇、祠堂各一座,庙为侯王古庙,祠叫缪氏宗祠,处于村面的最西侧,坐北朝南,始建于清代,现保存完好。

侯王古庙很小,只有一间阔,一进深,人字山墙,青砖墙,花岗岩石脚。大门嵌花岗岩门夹,上刻"侯王古庙"四字。门夹两侧刻门联一对:"赐爵侯王承北阙;齐天勋业指西京。"上款刻"同治元年仲冬吉旦重建",下款刻着捐献者的姓名。赐爵,赐予爵位。侯王,泛指诸侯。承北阙,蒙受朝廷恩惠。齐天,与天齐。勋业,功业。西京,指京都长安。从联面解释,希望借助神恩,建功立业,封侯加爵,沐浴皇恩。可见,这是一座祈求官位亨通的庙。而摆在小庙神桌上的不是"侯王",而是"猴王"孙悟空,村中老人缪树福说这是一座"保子"庙,而不是"求官"庙(原因在"保子传奇"章节中再做解释)。该庙曾于2016年猴年时维修。

侯王古庙

缪氏宗祠,三间两进,人字山墙,青砖墙,花岗岩石脚,大门嵌花岗岩门夹,门额上刻"缪氏宗祠",上款刻"民国廿五年重修",下款刻"培南书"。祠堂题字者名缪培南,是国民党中将、集团军总司令。他是五华人,历经百战,官位显赫,在北伐、抗日中屡立战功,尤喜医好读书,中医一道,功力尤深。乡居正厅挂一联:"观古今数百年世家无非积德;论天下第一等好事还是读书。"彰显他一生积德弘善、喜好读书的高贵品德。该祠堂号为"兰陵堂",明示缪氏望出山东兰陵。祠堂于2016年作维修,现存《五桂联芳》《群贤毕至》等壁画。

光荣历史

瓦砾巷村民常戏谑"瓦砾巷是小埗村被遗忘的角落",可能是瓦砾巷处于小埗村的最北端,较其他经济社偏僻;也可能是小埗村其他经济社都姓江,只有瓦砾巷姓缪,村民的心里有些落差。但是,瓦砾巷曾在历史上的某个时段全国闻名,以致全国各地甚至国外友人都组团来参观,更引来中央文化工作队到来体验生活。

1965年,毛泽东主席作出了"把卫生重点放到农村去"的指示,小埗大队第十三生产队(即瓦砾巷)因村子环境卫生整洁、村民健康长寿而荣获"全国卫生村"称号,奖状由毛主席亲笔签写。一时间,瓦砾巷成了全国上下参观学习的榜样,各地群众争相赶来学习经验,就连日本、印度、锡兰(斯里兰卡)等国家都曾派人来参观,最多一天有四台大巴,偏僻冷清的瓦砾巷从此人来车往,络绎不绝。为此,瓦砾巷专门培养几个解说员,天天陪着来访者讲解本村创建全国卫生村的经验。同时，为了配合毛泽东思想宣传工作，瓦砾巷还成立了20多人的宣传队，队员大多数是本村刚毕业的中学生，有少数为下乡本村的知识青年，比大队的宣传队还要有朝气。他们利用晚上排练节目，白天为参观团队唱"语录歌"，跳"忠字舞"。跟我们交谈的缪满桷、缪树福老人对这段历史如数家珍，言辞之间充满对过去回忆的神往与留恋。缪树福说，1966年9月，中央文化工作队由郭沫若带队，进驻小垅大队第十三生产队体验生活，吃住在村民家里，与农民一起生产劳动一个多月，郭沫若还曾到过他家呢。

那两年，瓦砾巷是全县最风光最热闹的。

家训传承

瓦砾巷缪氏只有300多人，因此没有独立编纂本村缪氏族谱，而是将本族世系融进江西龙南族谱，通过龙南缪氏族谱可查找到瓦砾巷缪氏繁衍的脉络。

龙南《缪氏族谱》序言道："谱者所以记祖德，考世系，与夫创业垂统之艰，衣冠文物之盛，令后之子孙，有所感触，而追思奋发而兴起……"这是编修族谱的要义。而"家训"是族谱的重要内容，所谓"不有家训，何以示之"，族谱列举"兰陵家训"："务本业，考岁用。尊礼度，禁奢靡。言约束，慎守典。"从六个方面55个小节，劝诫族人应该遵从的行为准则和思想规范。族谱还编写了"训蒙歌"："幼儿曹，听教训。勤读书，要孝悌。学谦恭，循礼义。节饮食，戒游戏。毋狂言，毋贪利。毋任情，毋斗气。毋责人，但自治。能下人，是有志。能容人，是大器。凡做人，在心地。心地好，是良士。心地恶，是凶类。譬树果，心是蒂。蒂若坏，果必坠。吾教汝，全在是。汝谛听，勿轻弃。"提出教育要从小教起，缪氏子孙要代代传诵。这些，瓦砾巷缪氏俱谨记。

乡贤旧居

缪氏"聪"字辈九兄弟走南闯北，在各自领域闯出了一片天。由于历史的原因，各地缪氏后人很少有联系。改革开放以来，人民生活水平日益提高，也促进了宗族的交流，缪氏宗亲架起了血胤的桥梁，很快就建起各地宗亲群，一来二往又是一家人了。因此，近二十年来，每到重阳佳节，瓦砾巷缪氏宗亲必组团到江西龙南祭祖。同时，每逢村中办喜事，如结婚、生日、小孩满月、过年过节等，村民都会去古庙和祠堂祭拜神灵。

一方水土养一方人，瓦砾巷也出了一位叫缪满洪的名人。他生于1938年4月，1961年在湖南大学毕业后分配到广州军区空军后勤部搞工程技术工作，曾先后在广东兴宁和佛山、湖南溆浦、湖北光化、青海格尔本、内蒙古、甘肃、山西、浙江等地的空军、军民合用的机场直接参与机场的设计及施工管理，1998年4月退休，享受专业技术五级待遇。现居于广州空军部队后勤部大院。

保子传奇

该村于明末清初建村，数百年来村落的朝向几度改变，东南西北都试过，直到1936年才定型为现在的格局。

究其原因，村民说是村中风水出现了问题，导致缪氏长期发展不尽如人意。一是祖业不断减缩。本来，缪氏先祖留下很多田地，经过几百年的变迁，田地几乎缩小了一半。比如，瓦砾巷有300多亩农田与平山村接壤，为这些农田经常与平山村发生纠纷，还一度对簿公堂。后来由于要修祠堂，为免纷争就把这些农田卖了。二是人丁不上百。在较长的一段时间里，村里男丁从来没有突破百人，尤其是从1933—1943年这十年间，村里竟然只添了一个男丁，就是后来当了军官的缪满洪，因此人人都说他命格好。

最后，村民请来地师重新确定朝向，于1936年在原址上重建新村。侯王古庙与缪氏宗祠也重新归位，在村中最西侧重建。至于侯王为何变成孙悟空，求官变成保子，原因有二：一是"侯王"跟"猴王"同音，对联中又有"齐天""西京"之类，村民就以为是奉祀齐天大圣孙悟空的庙；二是因为该村经历过"十年不丁"的遭遇，保子尤为迫切，孙悟空能七十二变，一根毫毛就可以幻变出一万只猴子，因此象征众多子嗣。于是，就成了奉祀猴王孙悟空的庙了，村民生男孩后都到侯王庙酬神，与侯王上契，认侯王做"契爷"，以庇佑小孩健康成长。

说来也奇怪，经过这么一改，过了几年，村民所生的男丁都可以健康长大，很少夭折了。

和谐共生居花邑

——记儒林村向东屋廖罗林三姓祠堂

◎邓静宜

  花山镇西北部的儒林村,原名满乡儒,无论是儒林还是满乡儒,都跟读书人有密切的关系。向东庄是儒林村下属的一条自然村,四面环山,环境优美。它与向西屋、向南屋、黄圳田等自然村相连,铁山河在村东南经过,自北向南流入新街河。儒林村有18个经济社,向东屋属于第十七经济社,这里主要住着廖、罗、林三大姓氏的村民。他们都是在建县后,从粤东地区迁居而来,均为客家人。每姓各有祠堂一座,一字排开,并立村头。由北至南分别为君儒廖公祠、文贤罗公祠、仕耀林公祠。

  祠堂、池塘、古榕,微风轻拂,古意浓浓。

君儒廖公祠

廖氏开基有三说

并立的三座祠堂，文贤罗公祠居中，左边是君儒廖公祠，右边是仕耀林公祠。廖姓祠堂供奉的先人名字叫廖君儒，而村名叫儒林村，总感觉廖君儒跟村名有些关系。向村民打听，村民说，廖姓较早来此开基，太公名君儒，希望后代多出读书人，君儒的孙子就是个秀才。

据一些史料和旧谱记载，廖姓尊廖花为先祖，南宋中叶，廖姓于福建上杭开枝散叶，其后裔分彻、政、敏三房。敏房三十一世廖德山后裔廖锡时从福建桥头迁广东花县满乡儒（儒林村）开基。

廖氏宗亲拿来了厚厚的一大袋廖氏族谱，我们在《武威廖氏花公世系谱（第十册）广东紫金城东至花都、从化》（第二十一世至三十世敏房）找到了开基花都的这一支，这里记载，儒林村廖氏开基祖为廖仕玉。廖仕玉下有元金、元亮、远达三房。而据村民的讲述，他们的先祖廖君儒与同村林氏的先祖林仕耀于清乾隆年间，自永安县（紫金县）放牛到满乡儒开基。廖君儒下分毕（必）奎、毕（必）达两房。这三种说法因流传已久，至今已无法考证。向东庄廖姓在花东象山、赤坭门口坑、梯面五联等村都有同宗，花山镇花城村廖姓也是从儒林分支。另外，在周边地区和城市，如从化、增城、怀集甚至广西等地都有大量的从儒林村分支的廖氏后人。

君儒廖公祠是三座祠堂中最早重建的，是客家祠堂与广府祠堂的结合体，既有客家祠堂的简朴实用，又有广府祠堂的瑰丽。整体建筑为广府祠堂风格，后堂保留有客家建筑特色。君儒廖公祠始建于光绪十二年（1886），1984年在原址上重建，由旅居巴拿马的华侨廖玉棠带动本村华侨及村民集资重建。该祠三间三进，人字山墙，灰塑博古脊，碌灰筒瓦，青砖墙，花岗岩石脚，占地约300平方米。由于重建时间较早，资金相对不足，故祠堂建筑用料一般，梁檩为杉木，梁架、金柱均为水泥构件。重修时画有壁画，如《葫里乾坤》《天下同春》等。

后堂神楼两旁贴有一副对联："紫金发迹源流远；花邑安居世泽长。"说明了廖氏从粤东紫金（旧称永安县）迁往花县花山满乡儒（儒林村）的历史。后堂神楼右侧嵌一石碑，上刻："我祖发源河北、河南，迁江西、福建永安，移粤花邑后，见子孙众多，字辈芳名恐不画（划）一，今将字辈开列，以后永垂不错。字辈开列：君必才光仕，华宗达朝堂。诗书传世远，学业广声扬。英雄能定国，富贵德祯祥。仁义礼智信，乾坤日月长。"如今廖氏一族已传十六代，但真正按字辈起名的却很少。目前廖姓在村里有600多人，在国外却有1000多

廖氏字辈碑

人，大多数分布在美国、巴拿马、厄瓜多尔。

墙上有重建君儒廖公祠的碑记："君儒廖氏丁财两旺，三房手足，骨肉情长，饮水思源，叶落归根，海外侨胞爱我家乡，光宗耀祖，造福裔孙，重建宗祠，慷慨解囊，筑桥修路，热心赞助，楷模迹褒，辉照千秋，承前启后，继往开来，立碑功名，百代流芳。君相龙飞先凤舞，儒家燕语后莺歌。"祠堂两廊墙壁上嵌有功德碑，碑上篆刻重修捐款芳名榜。

据村民说，罗文贤是廖君儒的舅子，当地有"天上雷公，地上舅公"的说法，舅舅最大，村里的一些活动，廖姓总要让着罗姓。譬如，村里舞狮，如廖姓狮队与罗姓狮队相遇，廖氏狮队一定要让罗氏狮队先过。村里每年春节和清明节都有祭祀活动，主要为春分、清明、重阳祭祖。春分当天，该村村民会前往君如廖公祠祭拜先祖，在清明节，村民分头拜祭各房先祖，祭祖后村民聚集就餐，无论男女老少，人越多越好。廖氏家族还出了烈士廖朝木。廖朝木是花山复兴村的村长，1950年被国民党特务杀害，廖朝木的后人如今移民巴拿马。

四修祠堂话罗氏

儒林村有两座罗氏祠堂，一座在窝肚自然村，名曰茂锦罗公祠。另一座就是向东屋的文贤罗公祠了。两座祠堂同根同源，都是罗千四入花始祖罗受泰之后。

文贤罗公祠位于三座祠堂的中心位置，正前方正对水塘。据罗氏族谱记载，罗氏先祖万八郎，从江西吉安府吉水县移居福建省泉州府安溪县，后迁往福建宁化县。万八郎有四子，分别是千一郎、千二郎、千三郎、千四郎。千四郎移居福建汀州府上杭县，再迁往福州汀州府上杭县大洋坝赖铺平，其十世孙罗受泰移居惠州府永安县黄花约赤珠坑。康熙二十五年（1686）花县建县，受泰之子良盛携文儒、文贤、文选、文炳四子由惠州迁居花县。罗文儒于今狮岭镇旗新村龙

文贤罗公祠

岗围开基，文儒后代迁至向南屋建村，罗文选于花县城西山羌开基，罗文贤是儒林村的开基祖，他依靠耕种来到儒林村。目前罗文贤的后裔总人口已达1200人。到康熙年末，雍正年初，文贤罗公祠有良田80多亩，分布于老贤洞十八岭一带，罗氏一族更是枝叶繁茂，人丁兴旺。

　　文贤罗公祠四次重修和重建的故事流传后世。文贤罗公祠始建于光绪二年（1876），该祠原为八柱厅式。到了民国年间，有一位风水先生称该祠堂风水不佳，分金不对。此时正值1937年，抗战爆发，战乱不断。罗氏族人也认为是祠堂的风水不好才遭逢兵灾，于是改建祠堂。将原来的八柱厅式拆掉，将祠后楼拆为平地，改建为四柱厅式，保留后座主厅，留有松树园。1950年，文贤罗族属下良田80余亩及公偿统归国有，罗族各项祭祀活动也全部停止。文贤罗公祠成为当时乡政府及农会办公所在地，后来又为储粮仓库和大队集体稻谷脱粒碾米加工坊。1969年，大队又将原稻谷加工场全部拆掉，祠前厅及两中厢房拆除，文贤罗公祠仅残留右边厨房为大队输电房，后厅成为大队集体铸铁仓库，整座祠堂残垣断壁，千疮百孔，1969年祠堂被拆，直至1986年重建。

　　1986年，文贤罗公祠的后人与乡政府协商归还祠堂用地，收归回罗族所有。得到批准后，罗氏族人召集宗亲踊跃捐款重建祠堂。各户捐款30元人民币以上，稻谷每百斤作价25元，派人去广州购买醒狮鼓乐。农历八月十六日重建祠堂，罗氏男女老少齐响应，他们不畏艰辛，日夜奔波，同心协力，终于将祠堂建成。20多年过后，文贤罗公祠已陈旧渗漏，到了2010年，又有人提出要重修祠堂。此时，因经济快速发展，加上村里有很多人在海外，经费宽裕了很多，因此，这个倡议得到众人响应，并由罗治本、罗天送、罗荣辉、罗天估、罗成行等成立祠堂重修筹委会，通过了集资捐款及整修方案。在家乡的文贤罗公子孙每人出资500元人民币，在巴拿马的侨亲每人500美元。后来又补捐了一次，村中罗氏按男丁每人300元，巴拿马的侨亲男丁每人300美元。罗玉文、罗树先、罗天佑、罗仕宏、罗成行等捐款超万元，出嫁女也踊跃捐款，文贤罗公祠重建工程于2012年正月17日吉时动工。新建成的文贤罗公祠三间两进，左右各有一衬祠，人字山墙，琉璃脊塑二龙戏珠，黄色琉璃瓦，门面仿青砖墙，其余均为水泥批荡，整体建筑为广府祠堂风格。

茂锦罗公祠

儒林村罗氏的杰出人物有罗记添。罗记添1962年出生在家乡，1989年移民巴拿马。他白手起家，从开小杂货店做起，逐渐经营起大型超市和跨行业发展。20世纪90年代末，他的生意走向国际市场。2007年，罗记添担任了中华总会秘书长，2009年至2012年任华人工商总会会长。2013年至2016年，罗记添任花县（花都）同乡会会长。罗记添关心家乡建设，他参与家乡儒林小学的捐建、捐钱修建水泥路、资助贫困学子。2019年6月27日，巴拿马省政府授予罗记添华人最高荣誉证书，并授予"英雄勋章"，以表彰和肯定他对当地社会政治、经济、文化所做的特殊贡献。

林祠重建十八年

儒林村向东庄林氏先祖林仕耀与廖氏先祖廖君儒于清乾隆年间（1736—1795），自永安县（紫金县）放牛到满乡儒开基。镶嵌在祠堂内两廊的石碑也记载，始祖林仕耀源自永安县（紫金县）新庄村，于清乾隆年间迁来花县满乡儒（儒林村）开基，林氏在此地繁衍生息至今将近300年。向东庄林氏在巴拿马、美国也有二三百人。

仕耀林公祠位于三间祠堂的最南面，始建于清光绪年间，祠堂因年久失修，早已倒塌。村民对重建祠堂念念不忘，1994年，村筹划重建祠堂，却因各种原因，竟然历经18载，重建工程好事多磨，直到2012年新祠才在村民的期盼中重光。祠堂三间两进，人字山墙，碌灰筒瓦，仿青砖墙。里面的梁架、梁檩、桁桷等都是水泥构件。在三座祠堂中，仕耀林公祠的内饰是最精美的。

仕耀林公祠

壁画"教子名扬"

该祠重建时运用了灰塑、壁画等建筑装饰工艺,灰塑主要用在屋脊、两廊檐口挡番等地方,题材有"龙凤呈祥""金玉满堂""宝鸭穿莲""福在眼前""松鹤延年"等。壁画主要画在墙楣处,主要有"教子朝天""三仙弈棋图""教子名扬""招财进宝""公孙棋乐图""书经换鹅图""渔樵耕读""福禄寿全图""琴棋诗酒"等。后堂有联:"西河源流远;定枝奕叶长。"

从西河源流可知,儒林村向东庄林氏来自林氏西河郡。林氏得姓始祖林坚,是殷商皇叔比干之子。比干被暴君纣王剖心杀死,夫人妫氏怀孕三月逃往牧野(今河南淇县)。河南淇水地处古黄河之西,世称西河,故林氏郡望为西河郡。林坚被周武王封于西河或清河,又封于博陵(今河北安平),至子孙林载赐爵为博陵公,以他出生地一带作为食邑,子孙得以世代享有这一爵位。后来,人们习惯称林姓为"西河林",名源于此。唐朝时,闽林始祖林禄的十六世孙林披,官至太子詹事,他生了九个儿子,都做了州刺史。由于州刺史又称州牧,九人被合称"九牧"。"九牧"后代,自唐宋由莆田分衍到福建以及广东潮州、梅州、韶州、雷州、广西横州等地,在林姓各支派中拥有较大的影响。向东庄林氏究竟来自九牧的哪一支,这里没有具体的说明。

仕耀林公祠的墙壁上嵌有建祠碑记:"林氏后裔之繁荣昌盛,本族本有祠堂是先辈所建,前期不幸损毁,十分可惜。本族宗亲众所渴望,屡屡提议重建祠堂,于1994年开始策划重建。在全体宗亲鼎力支持下,历经了18个春秋,终于在2012年秋建成仕耀林公祠。"

仕耀林公祠落成志庆这日,同村的廖氏、罗氏都送来了贺匾,罗文贤全体裔孙送的楹联上写:"紫金迁徙林氏纪念祠同心缔造;花邑安居祖德显光辉源远流长。"廖君儒后裔赠:"世祖兄弟团结子秀孙贤世泽大;新祠落成源流祖德宗功传芬芳。"楹联上的这些文字说明了廖、罗、林三家的渊源关系和他们对美好生活的愿望。

20世纪80年代开始的移民浪潮,儒林村旅居巴拿马的花都乡亲越来越多,儒林村被人称为"巴拿马村"。该村家家户户都有亲属移居巴拿马,有的甚至是举家移民,如今,在巴拿马的侨民比本村的村民还要多。在巴拿马的华侨为了不忘家乡,他们一般都会把小孩送回国内读书,让他们学习祖国的文字和文化,不忘根本。

过去村里春节有舞狮、游灯、起灯等习俗,每到春节,村中狮队表演舞狮,正月十五手持花灯绕全村游灯,但如今狮队人数锐减,舞狮、游灯习俗渐渐消失。但育有男丁的家庭,会选择某一年为男丁在家中升起花灯,以示添丁之意,直至正月十五才将花灯取下,这一习俗沿袭至今。

客家王族紫金来

——记城西村西坛王氏大宗祠

◎邓静宜

在花山镇城西村西坛自然村有一座王氏大宗祠,它是花都不少王姓族人的祖祠。据西坛《王氏族谱》记载,王氏祖先在康熙二十五年(1686)从惠州永安(紫金县)迁移到花县,后为了发展,继续开庄西坛。

王氏大宗祠

迁徙花县

王氏始祖源于山西太原，后迁河南，宋朝时由河南迁徙广东兴宁。到明朝，该族王氏已分出十房人口，居住在广东兴宁县荣仙乡。约1640年，王氏有一支人马从兴宁迁惠州永安（紫金县）落户。

1686年，兴宁十五世祖王元士携五岁胞弟王朝士与二伯父王应捷、堂弟王粤士等不辞劳苦，从紫金县迁居花县，当年王元士38岁。迁徙的原因是紫金县山高地贫不利发展，而花县是新建县，机会多，大有前途。康熙三十年（1691），花县城池建成，红墙绿瓦，城墙用大石砌成，层高6米，层顶宽三四米，设有东西南北门，占地几百亩。城内街道纵横交错，建有学校、商铺、民宅等。南门桥外有一条街，街道宽6米，两边商铺整齐紧凑，主要经营生活用品及农具，最多是打铁铺，故称打铁街。西门墙外同样有一条街，与打铁街大致相同，商铺林立，生意兴隆。南门有一六街，即初一、初六为赶集圩，西门街初三、初八为圩日，又称三八街，这种称呼一直延续至今。整座城池背有大山，镇南门前，左有文笔岭山，右有李公岭，实为风水宝地。

王氏一族首选花县花城落脚。王元士为人正直，不骄不躁，性格温厚仁慈，他毅然挑起家庭重任，侍奉母亲，照顾年幼的弟弟，为其自家立业，在花县打下了坚实的基础。两年后，王氏在东门城内建立应炳公总祠。王应炳是王元士的父亲，该祠是十二世祖王文台（熙公）后裔迁花县开基首祠。

王元士后裔再迁西坛开村，经过一番艰辛创业，终事业有成，人丁兴旺。王元士大多后裔居住在西坛村，部分迁居本镇两龙及南村茶亭尾，也有部分迁花东七星村东坎垌。相当部分居住两龙，起初是王元士有族馆、米铺等物业，在两龙街需人管理，久而久之后人在此立籍，人口续增。两龙街一直以来是市场，近代更是花县的商业中心，南村茶亭尾，原是王族买下的10多亩田地，派人去居住管理后，族人就此立籍，花东镇七星村东坎垌也是先祖在该地买下田地，有水田、果园，同样派人居住管理。

王元士后裔迁西坛后艰辛创业，立稳根基，兴建了王氏大宗祠，买下了商铺和大片农田、果园，族人有了经济来源，免遭饥饿之苦，加上管理有方，和气生财，日子蒸蒸日上。事业有成，人丁兴旺，买田置业新建房屋，敬老爱幼积善行德，并办了很多好事，王氏成为当地的望族。族谱记载，光绪三年（1877），恩贡李杰材等人在县城南门外建育婴堂，收养贫家女婴，使其免遭弃溺，请母乳哺乳，王氏族人捐银十两，得立特排于神楼内。

王元士享寿82岁，有四子，其弟王朝士也有四子，王朝士一家后迁居狮岭洞另立祠堂。王元士后裔历经清朝民国乃至今，几百年风雨，顽强生息，现有很多移居海外，特别是近代有很多子孙移居巴拿马。

西坛王氏是最早落户花县的王氏之一，与狮岭前进村、马岭村等村王氏都有亲缘关系，他们都是西坛王氏的后人。2001年3月与2006年，狮岭东坑族兄一行人曾两次紫金寻亲无功而返，原因是王氏熙公子孙全部迁走了，当地虽有王姓，但他们已无家谱。

祠堂风景

西坛王氏一族的祠堂遍布花都，有20多座。西坛王氏族谱有各祠堂备录，如王应举是王元士大伯，应举公祠在狮岭金田村老屋。王粤士是王元士的堂弟，他的祠堂在狮岭东坑村，还有君士公祠、志渊公祠，等等。

王氏大宗祠坐落在城西村西坛，始建于光绪十六年（1890），为纪念立村始祖王元士所建，至今有130多年。王氏大宗祠实为迁花县、清远、龙塘王氏族人的总祠，为后人敬之。祠堂在20世纪80年代至2011年多次大修，每次大修全凭族裔热心募捐。2008年重阳节，王氏大宗祠举行先人灵牌坐堂大典，2011年集资重修先祖山坟，维修祠堂天井瓦面，2012年撰写新族谱。2012年，又买下祠堂右边一分二厘田地用于扩大门面。

祠堂砖瓦结构，青砖墙（金包银），大门两边有两条四方形花岗岩石柱支撑瓦檐，石柱两边各一条横梁，梁上写有"王氏大宗祠"五个大字，旁注"光绪庚寅岁仲冬吉日旦任文灿书"字样。任文灿祖籍是炭步水口村，后迁居赤坭红门楼，是光绪十六年（1890）庚寅科二甲第十四名进士，由皇帝亲自钦点为翰林院庶吉士，负责为皇帝起草诏书或讲解经籍等，后来被诰封中宪大夫、奉政大夫和户部主事。任文灿为王氏大宗祠题写门额，可见这座王氏大宗祠非同一般。

事实也确实如此。祠堂分两沓，中间有天井。第一沓门边有两个石墩，第二沓有四条圆柱支撑大梁及瓦面。整座祠堂内外屋檐下有山水画，这些壁画在"文革"时虽被涂抹，但还能依稀可见。1970年祠堂遭白蚁危害，因发现得早请专家治理成功，1978年祠堂大梁霉烂掉落，住户请来工匠自费修缮。

王氏大宗祠在中华人民共和国成立后维修过，在"文革"时曾做过牛棚，堆放过肥料。

如今，随着国家政策得力，国强民富，村民拆了泥砖屋，改建了新楼房。生活水平的提高，族人想到了先祖，认为有祖先的庇佑，才有今日的小康生活。

王族遗风

20世纪60年代"文革"期间，周边祠堂绝大部分被拆毁，而王氏大宗祠因有人居住幸免于难。从1956年开始，村里有四户人家在王氏大宗祠内居住，其中两户姓郭，两户姓王，王姓是王氏后裔，四户人家和睦相处，互相接济，情同手足，一住就是20多年。直到1978年6月，四户人家才迁出。

王氏族谱记载，王世昌原是广宁县东乡本册村人，因兄多家贫，幼年被卖，后随国民革命军逃离，转至花县保安团，结识王氏家族成员王记成，并结拜为兄弟。中华人民共和国成立后，他随王记成落户西坛村。王世昌在这里娶妻，并育有四男两女，因当时无所居住，只能住在祠堂里。王世昌从王记成那里学会了补锅手艺，并以此为生，直至1978年病故。而祠堂几次遭难却能保存完好，这与王世昌是分不开的。

村里有闹灯棚习俗，据西坛《王氏族谱》记载，正月十五闹灯棚的习俗自古沿续至今。每年正月十五前用竹搭建好高达两三丈的灯棚，族人聚于灯棚，个个点燃手上的灯火，在族老的带领下，祈求先祖庇护人丁兴旺、五谷丰登、六畜兴旺。同时向族人派发水果、甘蔗、糖饼之类。最为精彩的是放礼炮，礼炮头用红布包好，向空中燃放，红球飞出数丈远。族人争抢红球，抢到者寓意好兆头，族长奖给幸运者猪仔一只饲养，待来年闹灯棚，已养了一年的大猪抬出来宰杀庆贺。正月十六晚游灯，族人手持灯笼火把，挨家参神敬拜，族人彼此问候道安共祝佳节。小孩举起灯笼游转，犹如火龙舞动。

该村还有起灯习俗。西坛《王氏族谱》记载，按祖宗所传习俗，但凡有儿子未完婚之前，必须在每年春节至正月十五之间举行上灯仪式。正月初四在主厅挂灯一盏，摆上香烛，祈求添丁发财，设酒席款待亲朋好友。族中若有老人去世，族人齐聚吊唁并送白金。每逢清明扫墓，族人齐聚一堂，争捐烧猪等。

古寺梵音

鹫岭一般借指佛寺。鹫岭古寺位于离城西一里路的106国道旁，坐西北朝东南，原寺的正殿为两进，供奉观音神像，故又称飞来观音。鹫岭古寺由花都首任知县王永名会同县内绅士于清康熙二十五年（1686）创建，康熙四十四年（1705）重修时，由县令施允中撰立碑记。

鹫岭古寺在嘉庆十九年（1814）、1927年和1986年先后多次重修。寺两旁有配殿，左侧配殿为僧房，右侧配殿为书房，古寺现仅存头门部分，单间一进，45平方米左右。悬山顶，碌灰筒瓦，绿釉瓦当，青砖墙。石门额阴刻"鹫岭古寺"，上刻"嘉庆十九年立"，下刻"两谭邝口桂书"。

在《民国花县志》，笔者看到了康熙四十四年乙酉重修，

鹫岭古寺现状

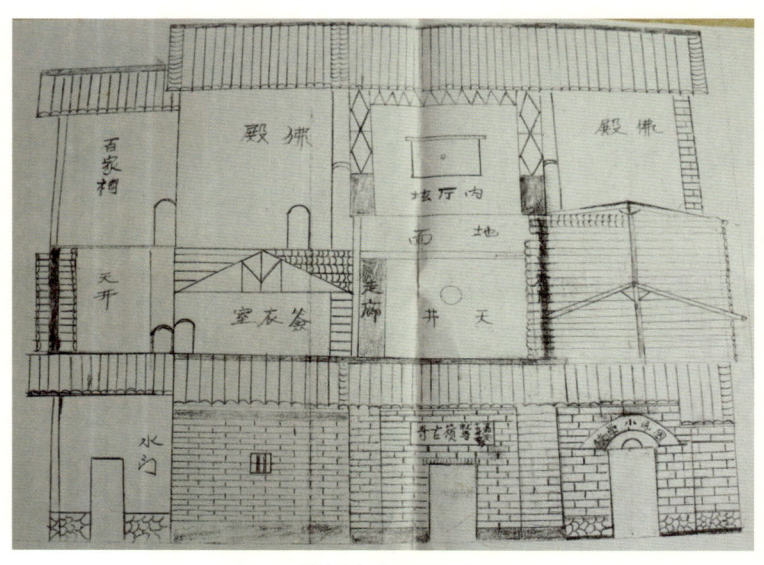

鹫岭古寺平面图

邑令施允中撰写的碑记原文。他提到"建都立国,必先选一佛地为祝",描写了鹫岭寺的"晨钟暮鼓"。鹫岭古寺现由村里的四位老者打理,平时有爱心人士捐些香火钱,寺庙里摆满了附近村民送来的观音像。

管理者冯永浩拿出两张手绘图,一张是整个鹫岭古寺的平面图,另一张是曾在古寺旁边的国民小学平面图。

据冯永浩说,这两张图是他父亲绘制的。当年他的父亲冯炳权在此读书,对这一带的布局了如指掌。村老书记怕古寺的面貌被后人遗忘,让他父亲凭借记忆,准确画出鹫岭古寺的平面图。从这两张图纸上我们看到,原来的鹫岭古寺与我们现在所看到的大相径庭。首先是面积大大缩小,现在仅有过去的十分之一,原址占地500多平方米,正门居中是鹫岭古寺大门,左边是国民小学,右边是水门,中间有两个天井,后面中间是祭坛,祭坛左右有佛殿,右边是百家祠。

现在古寺左边的国民小学已全部消失,完全被106国道占去。国民小学中间是管理古庙人员住房。太平天国领袖洪秀全于道光十年(1830)到县城考秀才时,曾在此做陪读一年。如今天井、玄坛、佛殿、百家祠早已无踪无影,仅剩残缺的古寺头门和"鹫岭古寺"几处遗迹记载着那流逝的岁月。